Sabrina Hasenbein

Hawai'i

REISE-HANDBUCH

Inhalt

Wissenswertes über Hawai'i

Wissenswertes für die Reise

Unterwegs in Hawai'i

Kapitel 1 – O'ahu

Kapitel 2 – Maui

Kapitel 3 – Hawai'i Island

Kapitel 4 – Kaua'i

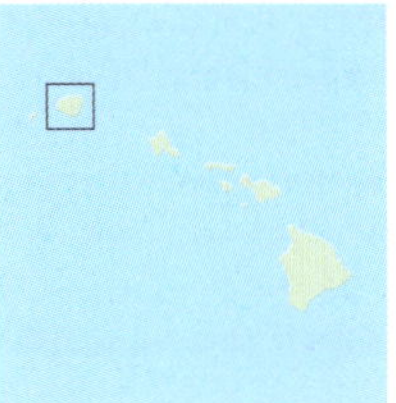

Kapitel 5 – Moloka'i

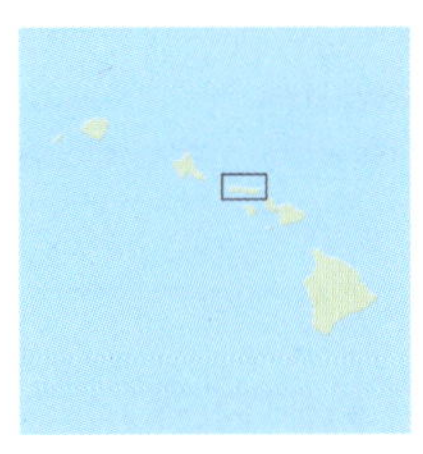

Kapitel 6 – Lāna'i

Themen

Alle Karten auf einen Blick

Der Zauber Hawai'is – Natur, Kultur, Gastfreundschaft und Aloha

Hawai'i strahlt eine besondere Magie aus. Imposante Vulkan- und Küstenlandschaften, tropische Vegetation, Traumstrände und eine faszinierende Kultur beflügeln Reiselust und Abenteuergeist. Doch der Aloha Spirit der Inselgruppe berührt auch das Herz – und genau diese Kombination macht Hawai'i, sowohl als US-Staat als auch als Südseeziel, einzigartig.

Die Entstehung der hawaiianischen Inseln vor Millionen von Jahren war im wahrsten Sinne des Wortes ein Kraftakt. Was Vulkanismus und Erosion zu schaffen vermögen, ist bis heute in seiner schönsten und beeindruckendsten Form inmitten des Pazifik zu sehen: Acht Inseln spiegeln die erdgeschichtliche Vergangenheit in Form von fast schon unwirklicher Naturschönheit wider und lassen uns – das ist ein Privileg – an neuen Schöpfungsprozessen teilhaben. Hawai'i gewährt Besuchern eine kleine Vorschau in die ungewisse Zukunft, deren einzige Beständigkeit in der Veränderung liegt. Hawai'i führt die ungebändigte Kraft der Naturgewalten vor Augen. Und erinnert daran, dass diese, mit oder ohne uns, die Welt verändern und Karten aus dem Geografieunterricht von heute auf morgen in Altpapier verwandeln.

Für Geowissenschaftler, vor allem für solche mit Schwerpunkt Vulkanologie, ist Hawai'i ein Forschungsparadies. Doch sosehr auch gemessen und ausgewertet wird, es gibt einen Faktor, der trotz modernster Technik in keine Vorhersage einberechnet werden kann: die Macht von Pele, der Feuergöttin. Götter existierten schon, bevor Hawai'i von den Polynesiern vermutlich um 400 n. Chr. besiedelt wurde. Die Legenden, Mythen und das polynesische Kulturgut sind nicht nur ein fester Bestandteil von Hawai'is Geschichte, Gegenwart und Zukunft, sondern vielmehr die kostbare Basis, auf der Alltag, Handlungen und Entscheidungen basieren. Das Wertesystem und die physische und spirituelle Verantwortung, die mit dem Wort Aloha und dem Konzept Mālama 'Āina (sich um das Land kümmern und darauf achtgeben) einhergehen, sind Herz und Seele Hawai'is und seiner Bevölkerung.

Das Aloha-Prinzip in Maßnahmen umzusetzen ist, vor allem im Tourismussektor ein langer, komplizierter Prozess. Die fragile Inselwelt zu schützen, Traditionen zu erhalten und weiterzugeben und die Interessen der einheimischen Bevölkerung zu wahren, gleichzeitig aber die Tourismusindustrie als wichtigsten Arbeitgeber zu unterstützen ist ein Spagat, der allen Beteiligten viel abfordert. Mit Feingefühl und vor allem Aufklärung ist das Unterfangen jedoch möglich. Den notwendigen Bemühungen und Aktionen kommt ein Trend zugute: die neue Art des Reisens. Die Tourismuswerbung ist ohne »Storytelling« nicht mehr vorstellbar und auch das Unterwegssein nimmt neue Formen an. Das, was früher ganz wunderbar funktioniert hat – an einen Ort reisen, der zumindest nicht in unmittelbarer Nähe der Heimat liegt, es sich im Hotel gemütlich machen, eine vorgegebene Liste an Sehenswürdigkeiten abhaken und Bekannten im Anschluss davon erzählen, spricht immer weniger Urlauber an. Heute ist das Verreisen ein im besten Fall lebensveränderndes

Erlebnis. Es beinhaltet das Eintauchen in fremde Kulturen, das Besuchen auch weniger bekannter, nicht in jedem Reiseführer beschriebener Orte, den Austausch mit Einheimischen, den Blick hinter das Offensichtliche und: Momente, die uns auf ganz unterschiedliche Weise berühren.

Wer nach Hawai'i reist, wird eine Fülle solcher Erlebnisse haben, darunter mit Sicherheit auch solche, die nachdenklich machen. Auf den ersten Blick erfreut man sich an der aus den Medien bekannten, scheinbar vertrauten Kulisse. Auf den zweiten Blick kratzt man an der Oberfläche, um zu entdecken, dass jede Bewegung im Hula-Tanz eine Bedeutung hat, jedes Naturphänomen in seinem Namen eine Erklärung trägt und jeder Ort mit wunderbaren Geschichten gespickt ist. Man spürt, dass das Gegenwärtige ohne das Vergangene in dieser Form nicht existieren könnte und die Zukunft eines ganzen Kulturkreises an einem seidenen Faden hängt, der nur durch eine respektvolle Haltung gegenüber Mensch und Natur sowie (Nächsten-)Liebe vor dem Reißen bewahrt werden kann. Eine endgültige Abtrennung würde den Verlust der hawaiianischen Identität bedeuten.

Den ersten Schritt, um Hawai'i tiefgründig zu entdecken, haben Sie mit dem Blick in dieses Reise-Handbuch getan: Sie sind neugierig und offen dieser Destination gegenüber. Und genau diese Grundhaltung wird Sie zu all den besonderen Erlebnissen führen, die die sechs Inseln zu bieten haben. Besuchen Sie Strände, die menschenleer sind, weil sie ein paar Kilometer von den touristischen Zentren entfernt sind, lauschen Sie einer Zeremonie zum Sonnenaufgang, wenn alle anderen noch schlafen, und tanzen Sie mit dem Ozean, statt nur darin zu schwimmen. Hawai'i ist ein Reiseziel für die Sinne, eine Destination, die viel Freude macht. Es wird Sie bereichern und möglicherweise zu einem Wiederholungstäter machen!

Die Autorin

Sabrina Hasenbein

www.pine-apple-stories.com
Instagram: @pine_apple_stories

Die Verbindung zu den USA besteht bei Sabrina Hasenbein seit ihrem ersten Amerika-Urlaub mit elf Jahren und hat sich nach einem High-School-Jahr in Austin, Texas und einem längeren Arbeitsaufenthalt in New York intensiviert. Seitdem reist die in München lebende, freiberufliche Autorin jedes Jahr für mehrere Wochen in die Vereinigten Staaten, um ihr Fern- und Heimweh zu stillen und den Kreativspeicher aufzutanken. Am liebsten tut sie das (im Idealfall mit Zwischenstopp in New York) in Hawai'i. Die Frage nach einer Lieblingsinsel kann die Autorin nur mit »Jede einzelne« beantworten. Sobald sie in Hawai'i ankommt, führt ihr erster Gang zum Ozean. An der Surfkarriere arbeitet sie allerdings noch.

Reisen in Hawai'i

Inmitten des Pazifik zählen 137 Inseln und Atolle zur hawaiianischen Inselkette – eine Gruppe von Eilanden, die landschaftlich und kulturell eine Magie umgibt, die in dieser Kombination nur selten zu finden ist. Der Archipel ist die entlegenste bewohnte Inselgruppe unserer Erde. An vielen Orten in Hawai'i ist dies deutlich spürbar, an anderen vergisst man den Abstand zum Festland fast vollständig – mit Betonung auf fast, denn ganz gleich, wo man sich im 50. Bundesstaat der USA befindet, kommt man mit einem ganz besonderen Lebensgefühl in Berührung, das Hawai'i nicht nur vom amerikanischen Festland, sondern auch von anderen Südseedestinationen unterscheidet.

Von den acht größten Hawai'i-Inseln sind sechs touristisch erschlossen: Kaua'i, O'ahu, Moloka'i, Lāna'i, Maui und Hawai'i Island. Vor über 5 Mio. Jahren entstand Kaua'i und ist damit die älteste der bewohnten hawaiianischen Inseln. Im Laufe der Zeit haben Wind, Regen und Wellen hier eine der beeindruckendsten Steilküsten der Welt geformt. Die jüngste Insel, Hawai'i Island, ist dagegen nur ein paar Hunderttausend Jahre alt. Aufgrund der Vulkanaktivität, oder anders gesagt, dank der Feuergöttin Pele, entsteht auf Hawai'i Island kontinuierlich neues Land – so ist der schwarze Pohoiki Beach an der Puna Coast einem Ausbruch des Kīlauea im Frühjahr 2018 zu verdanken. Auch im Hawai'i National Volcanoes Park kann man als Besucher Zeuge erdgeschichtlicher Prozesse werden.

Kaho'olawe, die kleinste Insel südwestlich von Maui, ist unbewohnt. Auf Ni'ihau, südwestlich von Kaua'i, ist die Zeit vor ungefähr 150 Jahren stehen geblieben. Geschätzt leben hier heutzutage rund 200 Menschen. Ein Besuch ist nur auf Einladung hin möglich.

Wer seinen Urlaub in Hawai'i verbringt, unternimmt eine Vielzahl von Reisen – jede der sechs hawaiianischen Inseln hat ihren ganz eigenen Charakter. Hinzu kommt, dass die Atmosphäre auf ein und derselben Insel sich von Küste zu Küste stark unterscheidet. Die Vulkanlandschaften, der Ozean, das Klima und die historischen Stätten können auf der Ostseite trotz überschaubarer Distanzen Welten von dem entfernt sein, was man im Westen kennenlernt.

Kein Wunder, dass die Filmindustrie Hawai'i zu einer ihrer Lieblingsdestinationen erkoren hat. Die sechs Inseln können so ziemlich jede Naturlandschaft darstellen. Und auch als Großstadtkulisse mit mehrspurigen Autobahnen und Hochhäusern kann vor allem O'ahu dienen. Traumstrände und die unwirklichen Blauschattierungen des Pazifik bleiben dabei immer in erfahrbarer Nähe.

Natürlich lassen sich die vielen Eindrücke, die man auf einer Reise nach Hawai'i sammelt, hervorragend in Bild und Film festhalten. Doch das, was Hawai'i über das Naturerlebnis hinaus einzigartig macht, ist der Aloha Spirit – und dieser besondere Zauber findet seinen Platz zwar auch im Fotoalbum, hauptsächlich aber im Herzen.

Der Aloha Spirit als Lebenseinstellung

Das Wort »Aloha« besagt viel mehr als nur »Hallo« und »Auf Wiedersehen«. Aloha bedeutet, respektvoll mit dem Land, mit Flora und Fauna, mit seinem Gegenüber und sich selbst umzugehen. Aloha erklärt, woher die Hawaiianer kommen und was ihre Kuleana, ihre Verantwortung ist. Aloha drückt sich in Liebe, Warmherzigkeit, Friede, Mitgefühl und Barmherzigkeit aus. Die Anfangsbuchstaben des Wortes setzen sich wie folgt zusammen: Akahai (Güte durch Zärtlichkeit), Lokahi (Einheit durch Harmonie), 'Olu'olu (Übereinstimmung durch Freundlichkeit), Ha'aha'a (Demut durch Bescheidenheit) und Ahonui (Geduld durch Ausdauer). Nur wer alle diese Prinzipien verinnerlicht, lebt Aloha. Während einer Konferenz 1970 hat Auntie Pilahi Paki dem modernen Hawai'i erstmals die tiefere Bedeutung von Aloha in dieser Form präsentiert.

Zeitlose Naturschönheit

Um Hawai'is Landschaft sowie die Flora und Fauna zu beschreiben, muss man die Wortkiste der Superlative plündern. Jede einzelne Insel leistet dazu ihren Beitrag: Kaua'i mit der spektakulären Nāpali Coast und dem Waimea Canyon, O'ahu mit den Big Waves und wunderschönen Stränden, Moloka'i mit den höchsten Meeresklippen der Welt und kilometerlangen Riffen, Lāna'i mit von Norfolk-Tannen gesäumten, rotsandigen Schotterpisten und rauen Felsformationen, Maui mit der Mondlandschaft des Haleakalā und regenbogenfarbigen Eukalyptuswäldern und Hawai'i Island mit seinen aktiven Vulkanen, dem klaren Sternenhimmel und fast allen Klimazonen dieser Welt. All das macht die hawaiianische Natur in ihrer Vielfalt einzigartig auf dieser Erde.

Tradition und Kultur

Hawai'i ist der einzige US-Bundesstaat, in dem es zwei offizielle Sprachen gibt: Hawaiianisch und Englisch. Außerdem gab es nur hier, im Aloha State, eine Monarchie: Das Kingdom of Hawai'i, gegründet 1810 von König Kamehameha I. Doch die Grundsteine für das kulturelle Erbe Hawai'is wurden bereits von den ersten Siedlern, polynesischen Seefahrern, gelegt. Viele Bräuche und Traditionen, die immer noch bzw. wieder fester Bestandteil des gesellschaftlichen Lebens

Zum Sehnsuchtsziel wurde Hawai'i vor allem durch seine paradiesische Natur

sind und sich häufig außerhalb Hawai'is als Klischeevorstellungen verankert haben, lassen sich auf die ersten Jahrhunderte nach Christus und die Polynesier sowie ihre Akua (Götter) und Ali'i (Herrscher und Häuptlinge) zurückführen. Hula, Surfen, Navigation nach den Sternen, Auslegerkanus, Tattoos, Blumenschmuck und viele andere hawaiianische Stereotype haben ihren Ursprung in der bewegten Geschichte der Inselgruppe – und werden heutzutage mehr als je zuvor in den Alltag integriert.

Auf eigene Faust unterwegs

Hawai'i kann man problemlos auf eigene Faust bereisen. Während der Hauptreisezeit sollte man Flug und Unterkünfte in touristischen Hotspots möglichst frühzeitig buchen. Gleiches gilt für beliebte Aktivitäten wie Sonnenaufgangstouren auf den Haleakalā und Helikopterrundflüge über die Nāpali Coast oder Wanderungen mit begrenzter Zahl von Permits wie den Kalaupapa Trail. Öffentliche Verkehrsmittel gibt es nur auf O'ahu, auf allen anderen Inseln ist ein Mietwagen erforderlich. Man bucht ihn am besten schon im Heimatland, wo man von günstigeren Tarifen und größerer Rechtssicherheit profitiert. Die meisten Reisenden planen den Besuch von mehreren Inseln ein. Dank zahlreichen Interisland Flights und Gabelflügen vom und zum US-Festland (bzw. Asien) ist Inselhüpfen unkompliziert. Zwischen Maui und Lāna'i besteht eine Fährverbindung.

Pauschale Arrangements

Wenn man nur begrenzte Zeit zur Verfügung hat oder lieber in Gemeinschaft reist, bietet sich die Teilnahme an einer geführten Gruppenreise an. Die Auswahl an Veranstalterangeboten ist vielseitig. Es gibt Spezialisten (u. a. www.pacific-travel-house.com, www.canusa.de, www.fti.de), die neben Rundreisen auch Reisen mit Themenschwerpunkten (Camping, Wandern, Radfahren etc.) anbieten oder die gefragten Hochzeitsarrangements.

WICHTIGE FRAGEN VOR DER REISE

Welche **Reiserouten** sind zu empfehlen? s. S. 17

Welche **Dokumente** benötigt man für die Einreise und unterwegs? s. S. 66

Worauf ist bei der **Anmietung eines Leihwagens** zu achten? s. S. 68

Gibt es **kulturelle Besonderheiten,** über die man sich vorab informieren sollte? s. S. 74

Welche **Zahlungsmittel** eignen sich und tauscht man **Geld** besser schon zu Hause oder erst vor Ort? s. S. 93

Welches **Budget** sollte man für die Reise einplanen? s. S. 93

Welche **Kleidung und Ausrüstung** muss in den Koffer? s. S. 96

Welches ist die beste **Reisezeit** für Hawai'i? s. S. 98

Was gibt es bei der **Handynutzung** zu beachten? s. S. 106

Was ist bei **Datumsangaben in Reservierungen** zu berücksichtigen und in welcher **Zeitzone** liegt Hawai'i? s. S. 107

Planungshilfe für Ihre Reise

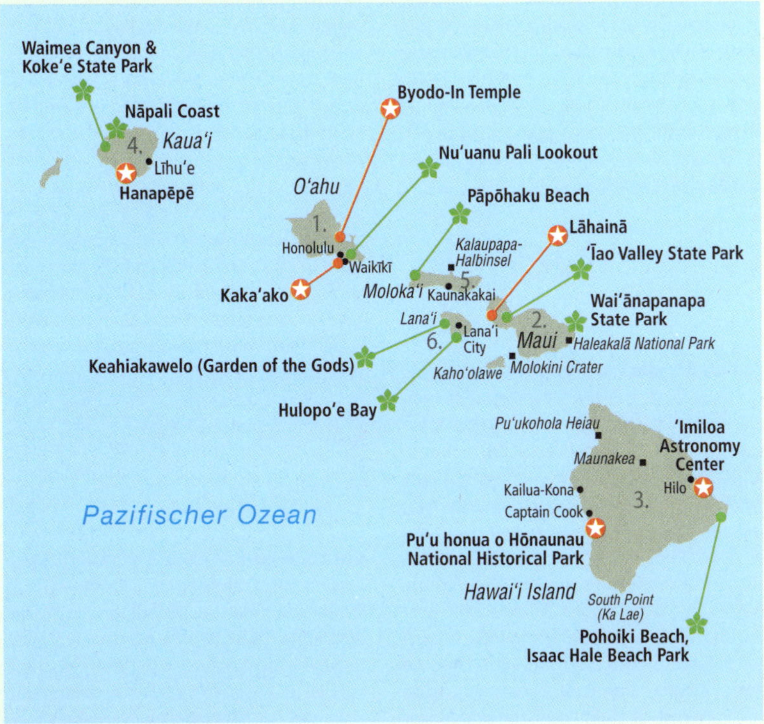

Waimea Canyon & Koke'e State Park
Nāpali Coast
4. Kaua'i
Līhu'e
Hanapēpē
Byodo-In Temple
Nu'uanu Pali Lookout
O'ahu
1.
Honolulu
Waikīkī
Kaka'ako
Pāpōhaku Beach
Kalaupapa-Halbinsel
5.
Moloka'i
Kaunakakai
Lāhainā
'Īao Valley State Park
Wai'ānapanapa State Park
2.
Maui
Haleakalā National Park
Molokini Crater
Kaho'olawe
Lana'i
6.
Lana'i City
Keahiakawelo (Garden of the Gods)
Hulopo'e Bay
Pu'ukohola Heiau
Maunakea
'Imiloa Astronomy Center
Hilo
Kailua-Kona
Captain Cook
3.
Pu'u honua o Hōnaunau National Historical Park
Hawai'i Island
South Point (Ka Lae)
Pohoiki Beach, Isaac Hale Beach Park
Pazifischer Ozean

Kulturerlebnis

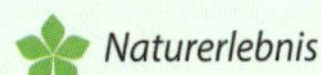
Naturerlebnis

Angaben zur Zeitplanung

Bei den folgenden Zeitangaben handelt es sich um Empfehlungswerte für Reisende, die ihr Zeitbudget eher knapp kalkulieren.

1. O'ahu

Wahrscheinlich ist O'ahu die hawaiianische Insel, die am meisten überrascht – wenn man sich ausreichend Zeit für sie nimmt. So besitzt Honolulu nicht nur Wolkenkratzer zwischen Bergen und Ozean, den legendären Waikīkī Beach und eine bunte ethnische Vielfalt, sondern auch sehenswerte historische

Die Kapitel in diesem Buch

Gebäude und Museen wie das Bernice Pauahi Bishop Museum. Im Stadtgebiet liegen zwei erloschene Vulkankrater und sogar tropischer Regenwald. Die grüne Umgebung kann man auf dem Nu'uanu Pali und dem Tantalus Drive erkunden. Ein geschichtsträchtiger Ort, der schon häufig Kulisse für Hollywood-Blockbuster war, ist Pearl Harbor. Neben Waikīkī Beach gibt es viele weitere fantastische Strände, und an der North Shore kann man im Winter dabei zusehen, wie Surfprofis aus aller Welt bis zu 10 m hohe Monsterwellen reiten.

- *Kaka'ako*
- *Byodo-In Temple*

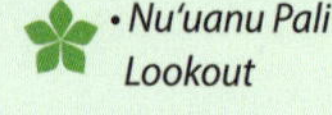

- *Nu'uanu Pali Lookout*

Gut zu wissen: O'ahu ist flächenmäßig die drittgrößte der sechs Hawai'i-Inseln, verzeichnet allerdings mit rund 1,4 Mio. Menschen, von denen ungefähr 350 000 in Honolulu leben, die höchste Einwohnerzahl. Hinzu kommen rund 6 Mio. Besucher, die einen Anteil von knapp 50 % aller Hawai'i-Touristen ausmachen. Speziell Honolulu ist eine amerikanische Großstadt mit allem, was dazugehört: von sechsspurigen Autobahnen über Bürohochhäuser bis zu riesigen klimatisierten Shoppingzentren. Für viele Besucher, die am Flughafen Honolulu ankommen, trübt das zunächst das Bild vom Südseeparadies. Wenn man jedoch auf die Realität vorbereitet ist und auch über den Tellerrand von Waikīkī hinausguckt, stellt sich das Aloha Feeling ganz schnell ein. Die beiden Gesichter O'ahus – Stadt und Land – sind in ihrer Gegensätzlichkeit unglaublich faszinierend und abwechslungsreich.

Zeitplanung:

Honolulu und North Shore: ca. 3 Tage

Zusätzliche Exkursionen: Wer auf O'ahu wandern und die facettenreichen Küstenlandschaften erkunden möchte, benötigt ca. 5 Tage, denn auch wenn die Entfernungen nicht allzu groß sind, kann der dichte Verkehr viel Zeit kosten.

2. Maui

Malerische Sonnenuntergänge, exklusive Resorts an traumhaften Sandstränden, charmante Orte: Maui ist der perfekte Ort für einen entspannten Urlaub und hat zudem einen hohen Romantikfaktor. Den Beweis liefern zahlreiche Hochzeits- und Honeymoon-Paare. Doch das süße Nichtstun sollte auf Maui mit etwas Aktivität kombiniert werden: Der Sonnenaufgang am Haleakalā, das grüne Upcountry im Inselinneren sowie die an zahlreichen Wasserfällen vorbeiführende Road to Hāna sind Erlebnisse, die man nicht verpassen sollte. Im Molokini Crater kann man herrlich schnorcheln und an der Westküste in den Wintermonaten vorbeiziehende Wale beobachten.

Lāhainā

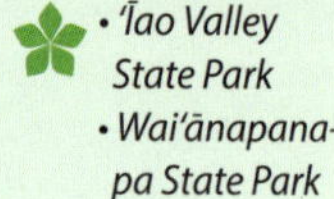

- *'Īao Valley State Park*
- *Wai'ānapanapa State Park*

Gut zu wissen: Maui ist die etwas ruhigere Version von O'ahu mit ähnlich guter Infrastruktur. Die meisten Unterkünfte liegen an den langen Stränden im Nordwesten, Westen und Südwesten der Insel. Vom Flughafen Kahului bis in den Westen der Insel muss man aufgrund der geografischen Verhältnisse einen relativ großen Bogen fahren. Idealerweise wählt man einen Flug mit nicht zu später Ankunft, denn die Strecke ist abends so gut wie gar nicht beleuchtet. Bevor man zu Ausflügen startet, sollte man das Auto möglichst volltanken, denn auf dem Weg zum Haleakalā oder auf der Road to Hāna wartet zwar eine Fülle von Eindrücken, es gibt aber so gut wie keine Tankstellen.

Zeitplanung:

Inseltour: 4–5 Tage

Zusätzliche Exkursionen: Wer im Haleakalā National Park wandern möchte oder sich mehr Zeit für die Road to Hāna nehmen will, sollte 1–2 Extratage einplanen.

3. Hawai'i Island

Aktive Vulkane, schwarze Lavafelder und surreale Mondlandschaften, tropische Regenwälder, grünes Weideland und ausgedehnte Zuckerrohr- und Kaffeeplantagen – auf Hawai'i Island steht die Natur im Vordergrund, und sie ist ungeheuer vielfältig. Man findet zwar nicht so viele Badestrände wie auf den anderen Inseln, dafür aber schwarze, rote und sogar grüne. Der Himmel über der Insel ist einer der klarsten der Welt, weswegen ein Besuch des 'Imiloa Astronomy Center oder der Observatorien auf dem Maunakea unbedingt lohnt. Es gibt aber auch bedeutende historische Stätten wie den Pu'uhonua o Hōnaunau National Historical Park, eine Zufluchtsstätte, und den Pu'ukoholā Heiau, einen der letzten größeren, von König Kamehameha I. errichteten Tempel.

- *'Imiloa Astronomy Center*
- *Pu'u honua o Hōnaunau National Historical Park*

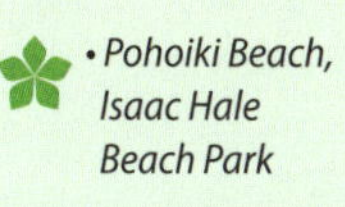

- *Pohoiki Beach, Isaac Hale Beach Park*

Gut zu wissen: Auf Hawai'i Island sollte man wettertechnisch auf alles gefasst sein. Wer zum Sonnenauf- oder -untergang auf den Maunakea fährt, muss sich auf Nullgrade einstellen und dementsprechend Handschuhe, Mütze, Fleecejacke und eine lange Hose mitnehmen. Im Osten, in Hilo, herrscht tropisches Regenwaldklima, entsprechend üppig ist auch die Vegetation. Regen fällt regelmäßig, aber meist in der Nacht. Da sowohl Kailua-Kona als auch Hilo über einen internationalen Flughafen verfügen, ist es kein Problem, beide Seiten zu besuchen und das Mietauto an der Ostküste abzuholen und an der Westküste zurückzugeben. Wichtig ist es, einen Wagen mit Allradantrieb zu buchen und die Distanzen nicht zu unterschätzen.

Zeitplanung:

Inseltour: 5–6 Tage

Zusätzliche Exkursionen: Allein im Hawai'i Island Volcanoes National Park kann man mit Wanderungen und Fahrradausflügen Tage verbringen. Wer den Park intensiver erkunden möchte, sollte dafür mindestens 2 Tage einkalkulieren.

4. Kaua'i

Die Garteninsel im äußersten Nordwesten der hawaiianischen Inselgruppe beeindruckt durch Naturwunder wie die atemberaubende Nāpali Coast und den Waimea Canyon, die in Hollywood-Blockbustern wie »Jurassic Park« eine zentrale Rolle spielten. Häufige Niederschläge am Wai'ale'ale formten Kaua'is Gestalt: Es gibt tropische Regenwälder, den meist in Nebel gehüllten Alaka'i-Sumpf, unzählige Wasserfälle und navigierbare Flüsse. Die Insel bietet Gelegenheit für zahlreiche Outdoor-Aktivitäten, zu den spektakulärsten gehört eine Wanderung auf dem Kalalau Trail. Eine entspannte Atmosphäre herrscht in Kleinstädten wie Hanalei, Kōloa und Hanapēpē, die mit ihrer historischen Holzarchitektur zum Bummeln einladen.

- *Hanapēpē*

- *Waimea Canyon & Koke'e State Park*
- *Nāpali Coast*

Gut zu wissen: Große Teile der Insel sind für Pkw nicht zugänglich. Um die Garteninsel in all ihrer Schönheit zu erkunden, bieten sich Wanderungen, Bootstouren und vor allem Helikopterrundflüge an. Die Hubschrauber fliegen fast ausnahmslos über den Waimea Canyon und die Nāpali Coast. In den Bergen und im Norden der Insel fällt mehr Regen als an der Ostküste oder im Süden – im Süden befinden sich wegen des sonnigen Klimas und der zum Baden und Schnorcheln einladenden Strände die meisten Unterkünfte. Am wenigsten regnet es an der Westküste. Zumeist kommt der Regen in der Nacht, wenn es tagsüber Schauer gibt, ziehen diese schnell vorbei.

Zeitplanung:

Inseltour: ca. 4 Tage

Zusätzliche Exkursionen: Kaua'i ist ein Natur- und Wanderparadies. Für abwechslungsreiche Outdoor-Aktivitäten und einen Strandtag zur Erholung sollte man zusätzliche Tage einplanen.

---

5. Moloka'i

Von allen hawaiianischen Inseln hat sich Moloka'i seine Ursprünglichkeit am meisten bewahrt, viele Bewohner sind Native Hawaiians. Die touristische Infrastruktur ist begrenzt, und genau das macht den besonderen Reiz der Insel aus. Als Besucher wird man automatisch Teil des entspannten Alltags und kommt in den Genuss, fast menschenleere Strände zu erkunden, darunter den Pāpōhaku Beach, einen der längsten weißen Sandstrände Hawai'is. Landschaftliche Highlights sind die Pali Coast mit den höchsten Seeklippen der Welt, das Hālawa Valley und die Kamakou Preserve, ein Naturschutzgebiet mit vielen endemischen Tieren und Pflanzen. Ein besonderes Erlebnis ist ein Besuch der ehemaligen Lepra-Kolonie auf der Kalaupapa-Halbinsel.

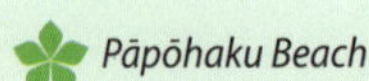

Pāpōhaku Beach

Gut zu wissen: Wer Moloka'i besucht, wird zum Entdecker der Langsamkeit und zum Wertschätzer einfacher Dinge – wer ein schnelles Tempo schätzt und Wert auf eine gute Infrastruktur legt, sollte den Fokus eher auf die vier hawaiianischen Hauptinseln legen. Ganz gleich, ob es um Unterkünfte, Restaurants oder Mietwagen geht, das Angebot auf Moloka'i ist sehr begrenzt. Das Hotelzimmer (im einzigen Hotel) und der Mietwagen (bei der einzigen Autovermietung) sollten unbedingt rechtzeitig im Voraus gebucht werden.

Zeitplanung:

Inselerkundung: ca. 3 Tage

Zusätzliche Exkursionen: Für den Besuch der Kalaupapa-Halbinsel sollte ein Extratag eingerechnet und der Ausflug rechtzeitig im Voraus gebucht werden.

---

6. Lāna'i

Dass Lāna'i für Exklusivität steht, liegt nur bedingt daran, dass es die kleinste Insel ist. Der Grund ist vielmehr, dass neben dem ersten auf Lāna'i erbauten Hotel nur zwei luxuriöse Four Season Resorts Besuchern Unterkunft bieten. Sie sind im Wesentlichen auch die einzigen Anbieter von Aktivitäten. Dazu gehören Schwimmen in der Hulopo'e Bay, Wandern auf dem Munro Trail oder eine Offrad-Tour zum Garden of the Gods und zum Shipwreck Beach. Weil nur 48 km Straße geteert sind, benötigt man ein Allradfahrzeug und etwas Abenteuergeist, um die Insel zu erkunden.

- *Hulopo'e Bay*
- *Keahiakawelo (Garden of the Gods)*

Gut zu wissen: Wer sich auf Lāna'i nicht in einem der teuren Hotels einquartieren möchte, kann die Insel auch von Maui aus im Rahmen eines Tagesausflugs mit dem Flugzeug oder mit der Fähre erkunden. An der Hulopo'e Bay gibt es einen Campingplatz, für den ein Permit notwendig ist. Viele Ausflüge und ein Mietwagen (unbedingt auf Allradantrieb achten) können auch von Nichtgästen über die Hotels gebucht werden. Die Überfahrt mit der Fähre ist unkompliziert und wegen der tollen Ausblicke (im Winter sieht man mit etwas Glück auch Wale) ein Erlebnis für sich. Auf Lāna'i passen in einen Tag eine Wanderung oder Offroad-Tour, der Besuch des kleinen Ortes Lāna'i City, die Einkehr in einem Restaurant und ein bisschen Beachlife hinein.

Zeitplanung:

Tagesausflug: 1 Tag

Inselerkundung: ca. 2–3 Tage

Vorschläge für Rundreisen

Von O'ahu über Hawai'i Island nach Maui (15 Tage)

Auf dieser Reise lernen Sie die beiden unterschiedlichen Gesichter O'ahus kennen, fahren an der West- und Ostküste von Hawai'i Island entlang, besuchen die Observatorien auf dem Gipfel des Maunakea und genießen anschließend Strände und Natur auf Maui.

1.–4. Tag: Ankunft in Honolulu auf der Insel O'ahu (bei Abreise aus Europa am Abend). Zwei volle Tage stehen für Honolulu und Umgebung zur Verfügung. Für die Besichtigung von Pearl Harbor, die Fahrt nach Hale'iwa an der North Shore oder den Besuch der Kualoa Ranch sollten Sie mindestens einen halben, besser aber einen ganzen Tag einplanen. Ein schöner Ausflug ist die Wanderung auf den Lē'ahi (Diamond Head), wo Sie vom Kraterrand einen herrlichen 360-Grad-Blick genießen. Anschließend laden in der Monsarrat Avenue mehrere nette Cafés zur Einkehr.

4. Tag: Weiterflug von Honolulu nach Hilo auf Hawai'i Island. Ankunft in Hilo, Ortsbesichtigung.

5. Tag: Fahrt über Pāhoa zum Lava Tree State Park und zum neu entstandenen Pohoiki Beach im Isaac Hale Beach Park.

6. Tag: Tagesausflug in den Hawai'i Volcanoes National Park. Start im Visitor Center. Erkundung zu Fuß, mit dem Fahrrad und/oder dem Auto. Fahrt entlang der Chain of Craters Road bis zum Hōlei Sea Arch.

7. Tag: Besuch der Observatorien auf dem Maunakea, Weiterfahrt auf der Saddle Road an die Westküste. Entspannen am Strand.

8. Tag: Stadtrundgang in Kailua-Kona und Fahrt in den historischen Ort Hōlualoa, Besuch einer Kaffeefarm.

9. Tag: Flug nach Maui, Ankunft in Kahului. Fahrt zum Hotel.

10. Tag: Je nach Lage des Hotels: Erkundung von Kā'anapali oder Wailea, Nachmittag und Abend in Lāhainā. Je nach Saison Walbeobachtungstour oder Segeltörn.

11. Tag: Ganztägiger Ausflug auf der Road to Hāna.

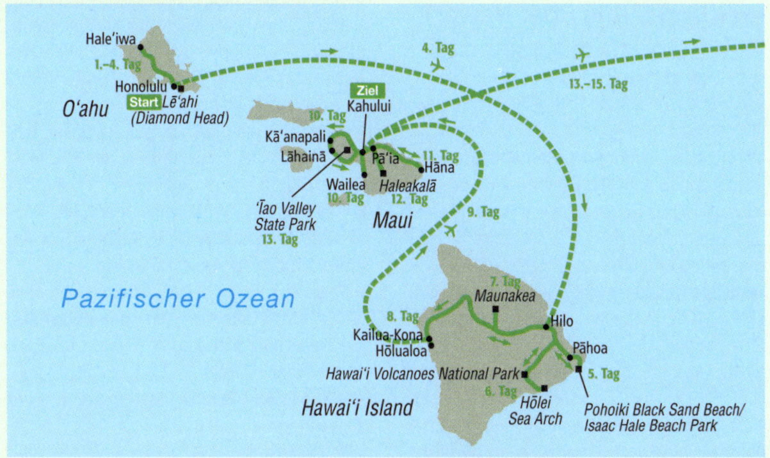

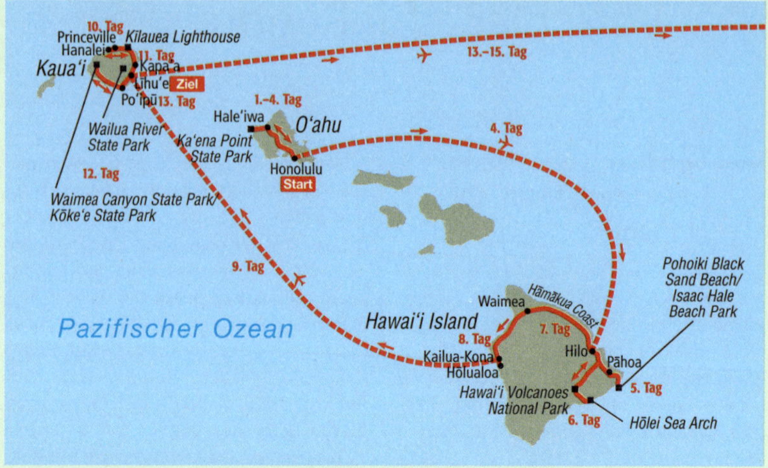

12. Tag: Sonnenaufgang auf dem Haleakalā, danach Frühstück in Pā'ia. Abends Teilnahme an einem Lū'au.

13. Tag: Vormittag am Strand. Besuch des 'Īao Valley, frühes Abendessen im Upcountry, im The Mill House. Fahrt zum Flughafen.

13.–15. Tag: Rückflug nach Europa. Achtung: Die meisten Verbindungen von den hawaiianischen Inseln über das US-Festland sind mit der Überschreitung von zwei Datumsgrenzen verbunden.

Von O'ahu über Hawai'i Island nach Kaua'i (15 Tage)

Natur pur. Sie wohnen außerhalb von Honolulu und sind auf O'ahu aktiv unterwegs. Auf Hawai'i Island legen Sie den Fokus auf die Ostseite und nehmen sich auf Kaua'i Zeit für das aktive Erkunden von Nationalparks. Sie verlassen Kaua'i mit unvergesslichen Eindrücken von der Nāpali Coast.

1.–4. Tag: Ankunft in Honolulu auf O'ahu (bei Abreise aus Europa am Abend). Wer abseits des touristischen Trubels wohnen möchte, kann von seiner Basis an der West- oder Nordküste aus Hale'iwa und die North Shore erkunden, einen Tag für Pearl Harbor einplanen, Honolulu mit Waikīkī als Tagesausflug integrieren oder reizvolle Wanderungen zum Beispiel im Ka'ena Point State Park unternehmen.

4. Tag: Weiterflug von Honolulu nach Hilo auf Hawai'i Island. Ankunft in Hilo und Ortsbesichtigung.

5. Tag: Fahrt über Pāhoa zum Lava Tree State Park und weiter zum neu entstandenen Pohoiki Beach im Isaac Hale Beach Park.

6. Tag: Tagesausflug in den Hawai'i Volcanoes National Park. Start im Visitor Center. Erkundung zu Fuß, mit dem Fahrrad und/oder dem Auto. Fahrt entlang der Chain of Craters Road bis zum Hōlei Sea Arch.

7. Tag: Morgens Besuch der Rainbow Falls und 'Akaka Falls. Fahrt entlang der Hāmākua Coast nach Waimea und weiter entlang der Kohala Coast im Westen zur Unterkunft.

8. Tag: Stadtrundgang in Kailua-Kona, anschließend entspannen am Strand.

9. Tag: Fahrt in den historischen Ort Hōlualoa, Besuch einer Kaffeefarm. Am späten Nachmittag Weiterflug nach Kaua'i. Ankunft in Līhu'e und Fahrt zum Hotel.

10. Tag: Fahrt entlang der Ostküste zum Kīlauea Lighthouse und weiter nach Princeville und Hanalei.

11. Tag: Morgens Helikopterrundflug. Mittags Besichtigung von Kapa'a und Radtour entlang des Coastal Bike Path.

12. Tag: Fahrt zum Waimea Canyon State Park und Kōke'e State Park mit Gelegenheit zum Wandern oder diverse Aktivitäten im Wailua River State Park.

13. Tag: Strandtag am Po'ipū Beach. Souvenir-Shopping und frühes Abendessen im Po'ipū Shopping Village, im historischen Old Kōloa Town oder The Shops at Kukui'ula. Fahrt zum Flughafen.

13.–15. Tag: Rückflug nach Europa. Achtung: Die meisten Verbindungen von den hawaiianischen Inseln über das US-Festland sind mit der Überschreitung von zwei Datumsgrenzen verbunden.

Von O'ahu über Hawai'i Island und Kaua'i nach Maui (21 Tage)

Diese Tour ist ein »Best of« der vier Hauptinseln. Im Fokus stehen die Kultur und Natur Hawai's. Sie sind auf allen Inseln aktiv unterwegs und erkunden die schönsten Aussichtspunkte, die dramatischsten Landschaften und erleben Begegnungen mit der einheimischen Tier- und Pflanzenwelt.

1.– 4. Tag: Ankunft in Honolulu auf O'ahu (bei Abreise aus Europa am Abend). Zwei volle Tage stehen für Honolulu und Umgebung zur Verfügung. Wer sich mit der Kultur und Geschichte Hawai'is beschäftigen möchte, sollte unbedingt den 'Iolani Palace und das Bernice Pauahi Bishop Museum besuchen. Zudem werden in Honolulu historische Touren, Führungen durch die ältesten Hotels der Stadt und kostenfreie Hula-Aufführungen am Kūhiō Beach angeboten. Chinatown und das angesagte Kaka'ako-Viertel mit Street Art, Boutiquen und Cafés sind gut mit dem Bus zu erreichen, falls Sie keinen Mietwagen buchen möchten.

4. Tag: Weiterflug von Honolulu nach Kailua-Kona auf Hawai'i Island. Ankunft und Ortsbesichtigung.

5. Tag: Erkundung der Kona Coast mit Pausen am Strand.

6. Tag: Fahrt entlang der Kohala Coast bis zum Pololū Valley Overlook.

7. Tag: Auf der Saddle Road geht es zu den Observatorien auf dem Gipfel des Maunakea. Weiterfahrt nach Hilo.

8. Tag: Besuch des Hawai'i Volcanoes National Park, Fahrt entlang der Chain of Craters Road bis zum Hōlei Sea Arch.

9. Tag: Stadtrundgang in Hilo, anschließend Flug nach Kaua'i. Ankunft in Līhu'e und Fahrt zu den 'Opaeka'a Falls.

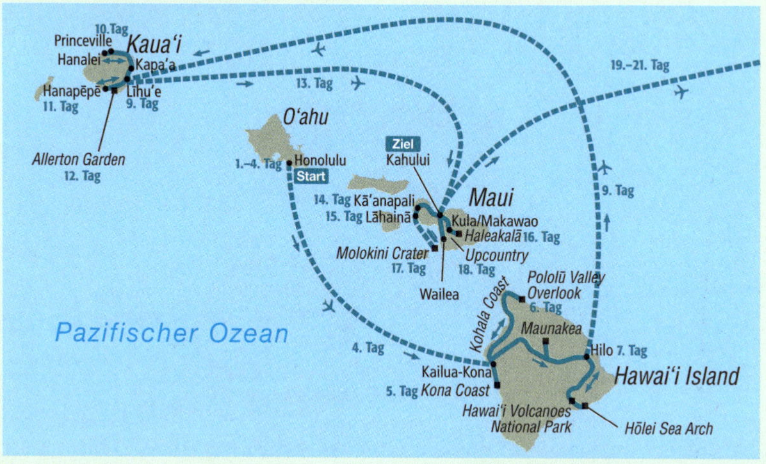

10. Tag: Morgens Helikopterrundflug. Anschließend Fahrt nach Kapa'a und weiter nach Princeville und Hanalei.

11. Tag: Kaua'i Boat Tour entlang der Nāpali Coast (z.B. Snorkel Tour oder Sunset Sail), davor oder danach Stadtrundgang in Hanapēpē.

12. Tag: Besuch eines der vielen botanischen Gärten, z. B. McBryde Garden oder Allerton Garden. Besonders schön: die Allerton Garden at Sunset Tour.

13. Tag: Weiterflug von Līhu'e nach Kahului. auf Maui. Erkundung von Pā'ia.

14. Tag: Strandtag am Kā'anapali Beach oder in der Region Wailea.

15. Tag: Stadtrundgang in Lāhainā, je nach Saison Walbeobachtungstour. Abends Teilnahme an einem Lū'au.

16. Tag: Sonnenaufgang oder -untergang auf dem Haleakalā. Danach oder davor Besuch von Kula oder Makawao.

17. Tag: Schnorchelausflug zum Molokini Crater.

18. Tag: Erkundung des Upcountry Maui mit Farmbesuch.

19.–21. Tag: Entspannen am Strand und abends Rückflug nach Europa. Achtung: Die meisten Verbindungen von den hawaiianischen Inseln über das US-Festland sind mit der Überschreitung von zwei Datumsgrenzen verbunden.

Von Hawai'i Island nach Moloka'i nach Maui (16 Tage)

Davor mindestens eine Übernachtung auf dem Festland. Natur- und Kulturerlebnisse stehen bei dieser Tour im Vordergrund, aber auch ein paar Strandtage gehören dazu, schließlich sind Sie in Hawai'i! Zuerst erleben Sie im Hawai'i Volcanoes National Park Erdgeschichte live mit, dann reisen Sie an den Ort, wo der Hula geboren wurde, und zum Schluss kombinieren Sie Beachlife und die schönsten Naturerlebnisse auf Maui.

1. Tag: Ankunft in Hilo auf Hawai'i Island. Fahrt zum Tropical Botanical Garden.

2. Tag: Ganztagesausflug in den Hawai'i Volcanoes National Park. Start im Visitor Center. Erkundung zu Fuß, mit dem Fahrrad und/oder dem Auto. Fahrt entlang der Chain of Craters Road bis zum Hōlei Sea Arch.

3. Tag: Sonnenaufgangs-Tour zum Maunakea. Besuch des 'Imiloa Astronomy Center und Stadtrundgang in Hilo.

4. Tag: Morgens Besuch der Rainbow Falls und 'Akaka Falls. Fahrt entlang der Hāmākua Coast nach Waimea und von dort weiter entlang der Kohala Coast im Westen zur Unterkunft in Kailua-Kona.

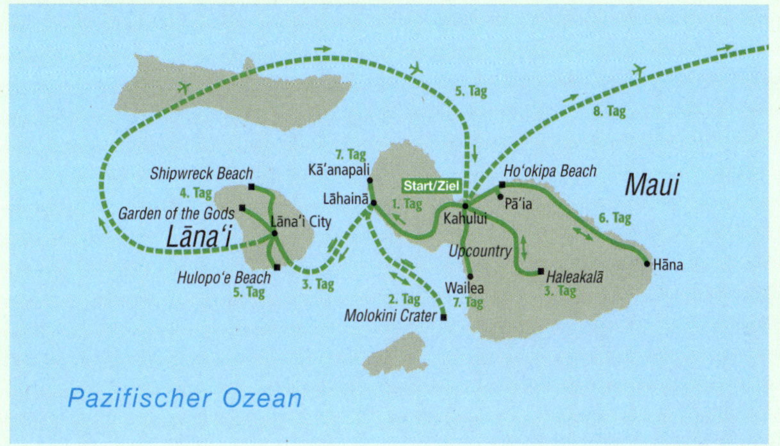

5. Tag: Flug von Kailua-Kona nach Moloka'i. Besuch der Purdy's Macadamia Nut Farm und Fahrt nach Kaunakakai.

6. Tag: Ganztägiger Ausflug zur Kalaupapa Peninsula oder ins Hālawa Valley.

7. Tag: Fahrt über Maunaloa in den Westen der Insel zu kilometerlangen, einsamen Sandstränden wie dem Pāpōhaku Beach.

8. Tag: Flug von Moloka'i nach Kahului auf Maui. Besuch des 'Īao Valley State Park.

9. Tag: Ganztägiger Ausflug Road to Hāna.

10. Tag: Erkundung von Lāhainā in Kombination mit einer Walbeobachtungstour oder einem Segeltrip zum Sonnenuntergang.

11. Tag: Sonnenauf- oder -untergang auf dem Haleakalā.

12. und 13. Tag: Strandtage.

14.–16. Tag: Erkundung von Pā'ia. Frühes Abendessen im Upcountry und Fahrt zum Flughafen. Achtung: Die meisten Verbindungen von den hawaiianischen Inseln über das US-Festland sind mit der Überschreitung von zwei Datumsgrenzen verbunden.

Von Maui nach Lāna'i nach Maui (8 Tage)

Davor mindestens eine Übernachtung auf dem Festland. Das Motto der Tour lautet: Luxuriös entspannen und landschaftliche Highlights erkunden. Starten Sie Ihre Reise auf Maui und zelebrieren Sie am Abend ein Lū'au, ein hawaiianisches Festessen. An den ersten drei Tagen kommen Sie auch gut ohne Auto aus, ohne dabei auf schöne Ausflüge verzichten zu müssen. Mit der Fähre geht es weiter nach Lāna'i. Kombinieren Sie Ausflüge und Strand, bevor es auf Maui mit dem eigenen Auto aktiv weitergeht. Zum Abschluss tanken Sie für die Rückreise Energie am Strand.

1. Tag: Ankunft in Kahului auf Maui. Transfer nach Lāhainā. Am Abend Besuch eines Lū'au.

2. Tag: Stadtrundgang in Lāhainā und Schnorchelausflug zum Molokini Crater.

3. Tag: Organisierte Tour zum Sonnenaufgang auf dem Haleakalā. Nachmittags Überfahrt mit der Fähre nach Lāna'i.

4. Tag: Ausflug zum Shipwreck Beach und zum Garden of the Gods.

5. Tag: Vormittags Sonnenbaden und Schwimmen am Hulopo'e Beach. Mittagessen in Lāna'i City. Nachmittags Rückflug nach Kahului.

6. Tag: Ganztägiger Ausflug Road to Hāna.

7. Tag: Vormittags Erkundung des Upcountry mit Farmbesuch. Nachmittags entspannen am Strand von Kā'anapali oder Wailea.

8. Tag: Fahrt zum Ho'okipa Beach. Am Nachmittag Erkundung von Pā'ia. Fahrt zum Flughafen.

Wissenswertes über Hawai'i

»Kein fremdes Land auf der ganzen Welt nimmt mich mit seinem Zauber so ein wie dieses. Kein anderes Land könnte mich (…) ein halbes Leben lang so sehnsüchtig und flehentlich (…) verfolgen.«
Mark Twain in einer Rede im Delmonico's in New York, 1889

Surfen ist nicht nur ein Sport, sondern ein Lebensgefühl – beim Reiten der Wellen entsteht eine magische Verbindung zwischen Mensch und Ozean

Steckbrief Hawai'i

Daten und Fakten

Name: Hawai'i
Fläche: 16 600 km²
Hauptstadt: Honolulu (ca. 350 000)
Amtssprache: Hawaiianisch und amerikanisches Englisch
Einwohner: ca. 1,43 Mio.
Bevölkerungswachstum: Zunahme zwischen 2010 und 2018 rund 5,2 %
Lebenserwartung: 82,4 Jahre (Frauen 85,6 Jahre, Männer 79,2 Jahre)
Währung: US-Dollar ($). 1 Dollar ist unterteilt in 100 Cents. Banknoten gibt es über die Beträge von 1 $, 2 $ (sehr selten), 5 $, 10 $, 20 $, 50 $ und 100 $.
Zeitzone: Hawai'i-Aleutian Time (–11 Stunden im Winter, 12 Stunden im Sommer, keine Umstellung auf Sommerzeit)
Landesvorwahl: 001
Internetkennung: .us

Landesflagge: Die hawaiianische Flagge besteht aus acht horizontalen Streifen in den Farben Blau, Weiß und Rot, die die acht Hauptinseln (Ni'ihau, Kaua'i, O'ahu, Moloka'i, Lāna'i, Kaho'olawe, Maui und Hawai'i Island) symbolisieren. In der linken oberen Ecke ist der Union Jack, die Staatsflagge des Vereinigten Königreichs von Großbritannien und Nordirland, zu sehen. Er erinnert an die Kolonisierung durch das britische Empire.

Geografie

Die hawaiianischen Inseln können viele Superlative vorweisen. So gehören sie zu den abgeschiedensten aller bewohnten Inselgruppen der Welt. Der nächstgelegene Nachbar ist Alaska und befindet sich in rund 3600 km Entfernung, bis zu den Marquesa-Inseln sind es gut 4160 km und die Distanz zu Japan beträgt ca. 6100 km. Der gesamte Archipel umfasst mehr als 130 Inseln und Korallenriffe und erstreckt sich über 2400 km inmitten des Pazifik. Die acht Hauptinseln beanspruchen eine Fläche von ungefähr 16 635 km². Zum Vergleich: Das entspricht weniger als 4 % der Gesamtfläche von Deutschland, Österreich und der Schweiz sowie 0,2 % der USA. Sämtliche Inseln sind durch eine ähnliche Entstehungsgeschichte geprägt: Sie sind vulkanischen Ursprungs und ihre geografischen und klimatischen Zonen werden durch ein Bergmassiv, das prominent in der Inselmitte liegt, unterteilt. Hawai'i Island ist die größte Insel, die aufgrund der regen Vulkanaktivität stets weiterwächst. Alle anderen Inseln würden flächenmäßig auf Hawai'i Island Platz finden.

Geschichte

Bis ca. 1000 n. Chr. besiedelten Polynesier die hawaiianischen Inseln in zwei Wellen und etablierten eine Gesellschaftssystem mit Ali'i – Häuptlingen und Königen. Mit der Ankunft des Entdeckers James Cook im Jahr 1778 begann die zweite wichtige Phase in Hawai'is Geschichte. Ein Jahr später wurde Cook von Einheimischen getötet. Bis 1810 führte Kamehameha I. die Inseln zum Königreich Hawai'i zusammen. Er begründete eine Dynastie, die bis 1873 regierte, danach folgten noch drei gewählte Könige. 1820 trafen die ersten Missionare von der Westküste Amerikas ein;

sie förderten u. a. den Anbau von Zuckerrohr und Ananas. Weil es an Arbeitskräften mangelte, wurden Plantagenarbeiter aus Japan, China, Korea, von den Philippinen und aus Portugal nach Hawai'i geholt. Die Monarchie endete 1893 mit dem Sturz von Königin Li-li'uokalani durch einen Putsch, 1884 wurde Hawai'i zur Republik erklärt. 1898 annektierten die USA Hawai'i und erklärten die Inselgruppe 1900 zum US-Territorium. Der Ausbau von Pearl Harbor zum amerikanischen Flottenstützpunkt und der Überraschungsangriff der Japaner 1941 hatten die Beteiligung der USA am Zweiten Weltkrieg zur Folge. Seit dem 21. August 1959 ist Hawai'i offiziell der 50. Bundesstaat der Vereinigten Staaten. 1983 überschritt die Bevölkerungszahl erstmals die 1-Million-Grenze.

Staat und Politik

Die 50 Bundesstaaten der USA sind gleichberechtigt, verfügen jedoch über eigene Verfassungen. Der Gouverneur wird für vier Jahre an die Spitze eines jeden Staates gewählt – seine Amtszeit ist auf zwei Legislaturperioden begrenzt. Zwei Kammern, der Senat und das Repräsentantenhaus, zeichnen für die Landespolitik verantwortlich. Die höchste Instanz der Rechtsprechung ist der Oberste Gerichtshof (Supreme Court). Ihm sitzt ein Richter vor, der vom Gouverneur ernannt wird. Die Bundesstaaten verfügen über ihre eigenen Polizeieinheiten und eigene Streitkräfte in Form von Milizen und Nationalgarden. Der erste Gouverneur des Bundesstaats Hawai'i war William F. Quinn, ein Republikaner. Seither standen, mit Ausnahme von Linda Lingle (2002–2010), der ersten Gouverneurin, stets Demokraten an der Regierungsspitze. Mit George Ariyoshi gelangte 1974 erstmals ein Bürger japanischer Abstammung in das höchste Amt, das er drei Wahlperioden lang verteidigen konnte. Auf ihn folgte John Waihee, ein Hawaiianer mit polynesischen Wurzeln. Seit 2014 ist David Ige Gouverneur des Bundesstaats.

Wirtschaft und Tourismus

Lange Zeit war die Landwirtschaft, speziell der Anbau von Zuckerrohr und Ananas in Monokulturen, der wichtigste Erwerbszweig auf den Inseln. Die Zuckerrohr-Ära ging 2016 nach rund 180 Jahren mit der Schließung der letzten Plantage zu Ende. Inzwischen gehören Kaffee und Macadamianüsse, tropische Blumen, Früchte und Gemüse zu den wichtigsten agrarischen Exportgütern. Als Arbeitgeber spielt nach wie vor das Militär eine bedeutende Rolle. Die meisten Einnahmen erwirtschaftet jedoch die Tourismusindustrie. Knapp 10 Mio. Besucher aus aller Welt, vor allem vom nordamerikanischen Festland und aus Asien, besuchten Hawaii 2018 und ließen rund 17,8 Mrd. $ auf den Inseln. In den letzten Jahren förderte die Regierung verstärkt zukunftsträchtige Branchen wie die Gewinnung von Energie aus Wind- und Wasserkraft, Erdwärme und Biogas sowie die Meeresforschung.

Bevölkerung und Religion

Als Native Hawaiians bezeichnet man Hawaiianer, die direkt von den Polynesiern abstammen. Heutzutage liegt ihre Zahl bei weniger als 10 000 Menschen. Einheimische, die zumindest einen hawaiianischen Großelternteil nachweisen können, und Native Hawaiians machen zusammen etwas mehr als 20 % der gesamten Inselbevölkerung aus. Ungefähr 50 % der Staatsbürger haben Wurzeln in asiatischen Ländern wie Japan, China, Korea und den Philippinen. Bei etwas über 20 % liegt der Anteil der weißen Bevölkerung, die meisten stammen vom US-Festland. Viele Inselbewohner haben aber auch europäische, speziell portugiesische Wurzeln.

Seit 1840 besteht in Hawai'i Religionsfreiheit – entsprechend leben hier viele Weltreligionen in friedlicher Koexistenz. Dem Christentum fühlen sich rund 50 % der Hawaiianer zugehörig. Viele Anhänger haben auch asiatische Religionen wie Konfuzianismus, Daoismus und Buddhismus.

Natur und Umwelt

Hawai'i ist wie eine Wundertüte der Natur: Die isolierte Lage mitten im Pazifik, Vulkanismus und Erosion haben im Laufe von Jahrmillionen Landschaften sowie eine Flora und Fauna geschaffen, die in ihrer Vielfalt einzigartig ist. Allen wissenschaftlichen Erklärungen voran steht aber das Handeln Peles, der Göttin des Feuers.

Vulkanismus

Hawai'i liegt in einem Gebiet, das vom Ring of Fire umgeben wird, einem Vulkangürtel rund um den Pazifik. Hier treffen verschiedene Platten der Erdkruste aufeinander und es kommt zu tektonischen Verschiebungen, die Vulkanausbrüche, Erdbeben und Tsunamis zur Folge haben. Hawai'i liegt auf der riesigen Pazifischen Platte, die jährlich bis zu 10 cm nach Nordwesten driftet und sich dabei über einen sogenannten Hotspot, eine unter hohem Druck stehende Magmakammer, hinwegbewegt. Dabei wird die Kontinentalplatte punktuell durchlöchert und heiße Gesteinsschmelze steigt an die Oberfläche, wo sie Lavaberge bildet. Deren Spitzen erreichen nach Millionen von Jahren die Meeresoberfläche, Inseln entstehen. Wenn die Platte sich weiterbewegt, erlischt der Vulkan, das Magma erkaltet. Unterirdische Zuflüsse verschließen sich und die Magmaströme suchen sich neue Wege. Das Ergebnis: immer wieder neue Inseln, die wie an einer Schnur aufgereiht aussehen. Je weiter nordwestlich ein Eiland liegt, umso älter ist es.

Über Jahrmillionen hinweg wirkten dann Kräfte wie Regen, Wind und Wasser, Sonne und in hohen Lagen auch Kälte und Frost auf die Inseln ein und veränderten ihre Oberfläche. Die verwitterte Lava verwandelte sich in fruchtbare Vulkanerde, die eine vielfältige Flora gedeihen ließ. Weil die Erosion schon länger auf sie einwirkt, weisen die älteren Inseln im Nordwesten des Archipels die niedrigsten Erhebungen auf, während die Berge auf den jüngeren Inseln noch höher sind. Die am weitesten nordwestlich gelegene hawaiianische Insel ist Kaua'i – ihr höchster Berg, der Kawaikini, misst knapp 1600 m. Maui, rund 300 km südöstlich, hat den Haleakalā mit 3055 m

Höhe zu bieten. Die jüngste und damit bisher am wenigsten von der Erosion gezeichnete Insel Hawai'i Island verfügt über den höchsten Berg der Inselgruppe. Hawai'i Island hat immer noch eine Verbindung zum unterirdischen ›Magma-Rohrleitungssystem‹, daher ist die Insel weiterhin im Wachsen begriffen. Es gibt dort drei aktive Vulkane: den Maunaloa, den Kīlauea und den Hualālai. Alle anderen Vulkane des Archipels sind tot, der Maunakea auf Hawai'i Island und der Haleakalā auf Maui gelten als schlafend. Genau über dem Hotspot, etwa 35 km südlich von Hawai'i Island, entsteht ein neues Eiland namens Lō'ihi. Der höchste Punkt befindet sich bereits knapp 1000 m unter dem Meeresspiegel. Bis sich Lō'ihi allerdings der Welt zeigt, wird es noch rund 10 000 bis 100 000 Jahre dauern.

Landschaftsformen

Ozean

Das Meer erreicht rund um die hawaiianischen Inseln Tiefen von 5000 m. Häufig fallen die Küsten steil in den Ozean ab, manchmal haben sich aber auch nahe unter der Wasseroberfläche große Korallenriffe gebildet, die die Küsten vor Erosion schützen und einer bunten Meeresfauna Schutz und Nahrung bieten. Das größte Riff ist das Maro Reef im unbewohnten Nordwesten des Hawai'i-Archipels, das längste durchgängige Saumriff des Bundesstaates ist der Südküste von Moloka'i vorgelagert. Hawai'is weiße Sandstrände bestehen zum größten Teil aus Korallensand, der von Papageifischen

Hawai'i ist die Heimat der Feuergöttin Pele – alle Inseln sind vulkanischen Ursprungs

produziert wird: Die Tiere knabbern mit ihrem schnabelförmigen Maul Algen von den Korallenbänken ab und nehmen dabei Kalkstein-Partikel auf, die sie nicht verdauen können und mit ihrem Kot wieder ausscheiden. Ein einzelner Papageifisch kann über 300 kg Sand pro Jahr produzieren. Er wird ans Ufer gespült und türmt sich dort auf.

Die Hawai'i-Inseln sind durch unterschiedlich breite Meeresstraßen voneinander getrennt, sogenannte Channels. Die schmalste ist der rund 11 km breite Alalākeiki Channel zwischen Kaho'olawe und Maui, die breiteste mit 115 km der Kaua'i Channel zwischen Kaua'i und O'ahu. Besucher unterschätzen häufig die Distanzen – zwischen Kaua'i und O'ahu besteht kein Sichtkontakt, wohl aber zwischen Moloka'i, Lāna'i und Maui. Mit dem Flugzeug beträgt die längste Flugentfernung rund 50 Minuten (zwischen Lī'hue auf Kaua'i und Hilo auf Hawai'i Island), die drei Inseln von Maui Nui (Moloka'i, Lāna'i und Maui) liegen weniger als 20 Flugminuten voneinander entfernt.

Küsten

Mit mehr als 200 Küstenkilometern (hierzu gibt es, je nach Messmethode, unterschiedliche Zahlen) nimmt Hawai'i einen Platz unter den Top Five der US-Bundesstaaten mit dem längsten Küstenanteil ein. Hawai'i Island führt die Liste der hawaiianischen Inseln an. Besonders an den Nordküsten haben Wind, Wellen und Sturzregen bizarr zerklüftete Felsformationen geschaffen. Die Meeresklippen von Moloka'i, die fast senkrecht in 1000 m Höhe schießen, sind die höchsten der Welt, ähnlich spektakulär ist die Nāpali Coast auf Kaua'i mit ihren verwitterten, smaragdgrün überwucherten Vulkanbergen. Es gibt aber auch flache Küstenabschnitte mit Lavagestein und sanft geschwungene Buchten, in denen Flüsse ins Meer münden. An manchen Stellen schützen Nehrungen Lagunen vor der Brandung, die im Falle von Pearl Harbor zum Hafen ausgebaggert wurden. Alle Inseln besitzen schöne Sandstrände – teils nur wenige Meter breit, teils kilometerlang und zusätzlich von Dünen geschützt.

Strände

Hawai'is Strände sind weltbekannt, einige sogar legendär. Und ungeheuer vielfältig. Sie variieren nicht nur bezüglich ihrer Infrastruktur, sondern auch in Größe, Hinterland und Sandfarbe. Es gibt weiße und goldgelbe, aber auch rote, schwarze und sogar grüne Strände wie den Papakōlea Beach auf Hawai'i Island, dem Olivinkristalle seine intensive Färbung verleihen. Der Red Sand Beach auf Maui ist reich an Eisen, das über die Jahrhunderte hinweg korrodierte. Einige Strände haben kulturelle Bedeutung, andere sind in Naturschutzgebiete eingebunden. Während Wind und Wellen an der Küste nagen, lassen die Naturgewalten andererseits auch neues Land entstehen. So hat der Ausbruch des Kīlauea auf Hawai'i Island im Frühjahr 2018 2 km neue Küstenlinie und einen Strand mit feinem schwarzem, Sand geschaffen, den Punalu'u Beach.

Berge und Täler

Landeinwärts werden die Hawai'i-Inseln fast immer von Bergen geprägt, in die sich tiefe Schluchten (Gulches) eingeschnitten haben. Die vulkanischen Gipfel sind oft von enormer Höhe, weil sie tiefer ins Meer hinabreichen, als sie aus dem Wasser herausragen. So ist der Maunakea auf Hawai'i Island mit seinen 4205 m Höhe nicht nur der höchste Berg Hawai'is, sondern genau genommen der höchste der Erde. Rechnet man seine bis zu 5400 m unter dem Meeresspiegel liegende Basis hinzu, stellt er sogar den Mount Everest in den Schatten. Knapp hinter dem Maunakea rangiert der Maunaloa, der von allen Bergen der Erde das größte Volumen besitzt und mit seiner schieren Masse die Pazifische Platte nachweisbar verformt.

Die feuchtigkeitsgesättigten Passatwolken regnen an den Bergen ab und sorgen auf den Hawai'i-Inseln für stetig neue Regenrekorde. Der Wai'ale'ale auf Kaua'i gilt als niederschlagsreichster Ort der Welt. In den Bergen muss man nicht nur mit mehr Nässe, sondern auch mit deutlich niedrigeren Temperaturen rechnen: War es am Strand noch tro-

Kalo – die heilige Lebenskraft

Kalo ist ein Zeuge der hawaiianischen Geschichte. Die immergrüne Pflanze wurde als Kanupflanze von den Polynesiern nach Hawai'i eingeführt und dort kultiviert. Noch heute wird sie auf riesigen Feldern angebaut, denn Kalo versorgt die hawaiianische Bevölkerung traditionell mit Nahrung, spielt aber auch in der hawaiianischen Mythologie eine zentrale Rolle.

Ganz gleich, auf welcher Insel Sie sich in Hawai'i befinden, eine Pflanze wird Ihnen immer wieder begegnen: Kalo. In seinen Herkunftsländern ist das Aronstabgewächs unter dem Namen Taro bekannt. Die Pflanzen, die bis zu 2 m hoch werden können und durch ihre großen, teils herzförmigen Blätter auffallen, gelangten ursprünglich an Bord der polynesischen Siedler nach Hawai'i. Auch wenn sie etwas mehr Pflege und vor allem viel Wasser benötigten, wurden sie der Süßkartoffel vorgezogen.

Im gekochten Zustand sind alle Teile der Pflanze – von der Wurzel über die Stängel bis hin zu den Blättern – genießbar und werden in zahllosen Varianten zubereitet. Die Blätter der vitaminreichen Pflanze werden beispielsweise für Laulau verwendet, ein Gericht, das man häufig während eines Lū'aus serviert bekommt. Aus der gedämpften Knolle wird Poi hergestellt, ein nahrhafter, zartlilafarbener Brei. Dazu wird die Knolle geschält, mit fast meditativer Hingabe, bei der sich die Aufmerksamkeit ganz auf die Aufgabe richten sollte, jemanden zu ernähren, und unter Hinzugabe von Wasser weich gekocht. Das Zerstampfen erfolgt traditionell mit einem steinernen Stößel (Pohaku Ku'i 'ai) auf einem Brett (Papa Ku'i'ai).

Früher wurde Kalo auch als Heilpflanze verwendet. In der heutigen Zeit wird aus Kalo häufig Mehl für Brot und Pfannkuchen hergestellt – genau wie Poi haben die Backwaren eine zartlila Färbung. Außerdem sind Kalo-Chips als Snack sehr beliebt. Im Zuge der Rückbesinnung auf hawaiianische Traditionen kann man als Besucher an Gemeinschaftsprojekten oder Farmtouren teilnehmen. Dabei pflanzt und erntet man Kalo, bereitet daraus Poi und andere Gerichte zu und verkostet die Erzeugnisse.

Kalo hat für die Hawaiianer allerdings nicht nur wegen seiner polynesischen Herkunft, wegen seines hohen Nährwerts und seiner vielseitigen Verwendbarkeit eine besondere Bedeutung. Kalo symbolisiert für die Hawaiianer auch die Lebenskraft. Im Kumulipo, der hawaiianischen Entstehungsgeschichte, wird berichtet, dass der Erstgeborene von Wākea, dem Himmelsvater, und seiner Tochter Ho'ohokuokalani tot auf die Welt kam. Er wurde begraben und aus seinem Körper erwuchs eine Kalo-Pflanze. Bald darauf brachte Ho'ohokuokalani ein zweites Kind zur Welt, einen Sohn namens Hāloa (das bedeutet übersetzt »ewiger Atem«). Er war der erste Hawaiianer. Hāloa musste sich fortan um die Kalo-Pflanze kümmern, die im Gegenzug seine Ernährung sicherstellte. Die Beziehung zwischen den beiden Brüdern symbolisiert das Gleichgewicht zwischen Mensch und Natur.

pisch warm, kann es auf 1000 m Höhe bereits sehr frisch sein, und mit zunehmender Höhe sinken die Temperaturen weiter, zum Teil bis auf den Gefrierpunkt. In Hawaii gelangt man mit dem Auto in Gipfelregionen bis 4000 m. Während der Fahrt ändert die Landschaft sich drastisch, von üppig grün und regenwaldig zu trocken, karg und strauchig. Wer auf dem Haleakalā oder Maunakea die Wolkengrenze durchfährt, findet sich in einer surrealen Mondlandschaft wieder.

Üppige Vegetation, Bäche und Wasserfälle prägen das Bild in den Tälern, die sich trichterförmig zum Meer hin öffnen. Wo immer genügend Platz ist, wird der Boden für Landwirtschaft genutzt. Im Landesinneren verwandeln sich die Täler in tiefe, häufig unzugängliche Schluchten. Besonders beeindruckend sind das Hālawa Valley auf Moloka'i, das Kalalau Valley und der Waimea Canyon auf Kaua'i, das 'Iao Valley auf Maui, das Pololū und Waipi'o Valley auf Hawai'i Island und das Waimea Valley im Norden von O'ahu.

Flora und Fauna

Die Einzigartigkeit Hawai'is zeigt sich auch in seiner vielfältigen Flora und Fauna, die sich von Insel zu Insel unterscheidet. Aufgrund der isolierten Lage des Archipels haben sich hier Pflanzen- und Tierarten entwickelt, die an keinem anderen Ort der Welt vorkommen. Erste leichte Samen und Sporen wurden vermutlich vom Wind und von Vögeln auf die Inseln gebracht. Das Meer schwemmte widerstandsfähigere Samen und entwurzelte Bäume an, in deren Geäst auch Schnecken und Insekten den Weg übers Meer fanden. Das Leben musste sich auf die neuen, zunächst kargen Bedingungen einstellen und Nachfolgearten entwickeln oder untergehen. So erschuf die Natur im Laufe von Jahrmillionen hochspezialisierte, optimal angepasste Spezies. Manche Pflanzen adaptierten sich so gut an ihre neue Umwelt, dass sie kaum noch Ähnlichkeiten mit den Vorgängerarten in ihrem Herkunftsland haben.

Wegen ihres verführerisch-zarten Dufts werden Plumeria-Blüten gern für Leis verwendet

Pflanzenwelt

Nutzpflanzen

Schon die ersten polynesischen Siedler brachten Saatgut und Setzlinge mit nach Hawai'i, um ihre Versorgung sicherzustellen. Unter den rund 30 importierten Pflanzensorten, den sogenannten Canoe Plants, befanden sich Kalo, Brotfrucht, Süßkartoffel, Banane und Kokosnuss.

Schon Captain Cook, spätestens aber die Missionare sollen Kürbisse, Wassermelonen, Kohl und Zwiebeln eingeführt haben. Später kamen Ananas, Mangos, Papayas, Guaven, Passionsfrüchte (Liliko'i) und Zuckerrohr hinzu, weiterhin Kaffee, Kakao und Macadamianüsse.

Blumen

Zur Verschönerung ihrer Gärten hatten die Einwanderer zudem Blumensamen mit im Gepäck – Bougainvilleen, Oleander und Strelitzien sind überall in Hawai'i zu sehen. Berühmt sind die Inseln für ihre Anthurien und Orchideen, die hier gezüchtet und in die ganze Welt exportiert werden. Im Regenwald blühen Roter Ingwer und Helikonien. Eine weitere tropische Blumenschönheit ist die Plumeria (Frangipani). Zu den endemischen Pflanzen gehört der Hibiskus, Hawai'is Staatsblume. Er kommt in zahlreichen Farben vor.

Durch eingeführte Pflanzen wurde die einheimische Flora stark dezimiert – ein Überlebender ist das prächtige Silberschwert. Die Pflanze wächst nur auf vulkanischem Boden und auf Höhen über 2000 m – entsprechende Bedingungen bieten der Haleakalā und der Pu'u Kukui auf Maui. Wegen ihrer Seltenheit steht sie unter strengem Naturschutz. Das Silberschwert ist entfernt mit der Sonnenblume verwandt, was man ihm aber nicht ansieht. Es bildet zunächst Rosetten von schwertförmigen, silbrig behaarten Blättern aus, aus deren Mitte nach fünf bis 20 Jahren ein bis zu 2 m hoher Stamm mit bis zu 500 Einzelblüten emporwächst. Nach dieser Höchstleistung hat die Pflanze gerade noch ausreichend Kraft, um reife Samen abzuwerfen – danach stirbt sie.

Bäume

Auch bei den Bäumen wurden viele endemische Arten von eingeführten Spezies verdrängt. Es gibt aber seit geraumer Zeit Bemühungen, invasive Spezies zu dezimieren und größere Areale mit einheimischen Bäumen wiederaufzuforsten.

Zu den Native Trees gehört z. B. der Koa-Baum, eine Akazienart, die Höhen bis 35 m und einen Stammumfang von bis zu 3 m erreicht. Ihr dichtes Holz nutzten bereits die Polynesier, um Speere, Ruder und Angelhaken zu fertigen. Auch beim Hausbau fand es Verwendung. Heutzutage wird Koa-Holz zu Möbeln und traditionellen Surfbrettern verarbeitet. In Handarbeit gefertigte Koa-Boards können mehrere Tausend Dollar kosten.

Offizieller Staatsbaum von Hawai'i ist der Kukui (Kerzennussbaum). Er erreicht eine Wuchshöhe von 20 m. Das aus den Samen gewonnene Öl nutzten die Polynesier als Leuchtmittel, in Speisen diente es als natürlicher Geschmacksverstärker. Außerdem wurde Kukui als Pflegemittel für Haut und Haare eingesetzt. Auch bei der traditionellen Lomilomi-Massage findet das Öl Verwendung. Heute werden Gäste oft mit Leis aus Kukuinüssen begrüßt.

'Ōhi'a Lehua wird als Strauch 3 m groß, der Baum erreicht eine Höhe von über 15 m. Die Pflanze gehört zu den immergrünen Myrtengewächsen, ihre pomponförmigen Blütenbälle sind meist rot, seltener pink, orange oder gelb. Von den Polynesiern wurde 'Ōhi'a als Baumaterial für heilige Stätten und zum Schnitzen von Götterfiguren verwendet. Heute nutzt man das Holz zur Herstellung von Musikinstrumenten, die den Hula begleiten, und von Möbeln. Der Eisenholzbaum ist endemisch in Hawai'i. Schon lange bevor die ersten Siedler kamen, hatte er hier seinen Platz gefunden. 'Ōhi'a wächst auf unterschiedlichen Böden und ist zudem recht anspruchslos, was Temperaturen und Niederschlagsmengen angeht. Die Pflanze kommt in den tropischen Regenwäldern, aber auch in den trockenen Buschsteppen Hawai'is vor. Weil sie keine Erde, sondern nur Wasser benötigt, ist sie das erste Grün, das sich auf Lavafeldern verwurzelt und dort für neues Leben sorgt. Neuerdings wird die Pflanze aber von einem Pilz bedroht, dem Rapid 'Ōhi'a Death. Unter der Webadresse www.gohawaii.com/saving-ohia-trees bekommt man Hinweise dazu, welchen Beitrag man leisten kann, um das wichtige Kulturgut zu schützen.

Ein weiterer historisch und kulturell bedeutender Baum ist die Banyan-Feige (auch Bengalische Feige), die beeindruckende Ausmaße annehmen kann – Prachtexemplare stehen beispielsweise in Lāhainā auf Maui und in Hilo auf Hawai'i Island. Die Früchte des Brotfruchtbaums ('Ulu) ähneln von der Konsistenz und vom Geschmack her Kartoffeln und können zu Mehl verarbeitet werden. Sie weisen einen hohen Anteil an hochwertigen Proteinen auf und sind reich an Kalium und Ballaststoffen. Das Superfood deckt zudem den täglichen Vitamin-C-Bedarf. Da sich Brotfrucht leicht anbauen lässt und in jeder Wachstumsphase gegessen werden kann, wird sie im Kampf gegen den globalen Hunger eingesetzt. Teil des National Tropical Botanical Garden auf Kaua'i ist das Breadfruit Institute, in dem rund um die Brotfrucht geforscht und aufgeklärt wird.

Tierwelt

Säugetiere

In Hawai'is Fauna am stärksten vertreten sind Vögel und Meerestiere. Nur zwei Säugetierarten stammen ursprünglich von den Inseln: die heute unter strengem Naturschutz stehende Eisgraue Fledermaus und die vom Aussterben bedrohte Hawai'i-Mönchsrobbe. Wenn sie nicht gerade auf Beutefang sind, lieben die Robben es, sich am Strand zu sonnen. Bei Strandspaziergängen sollte man ihnen niemals den Weg zum Wasser abschneiden, darauf können die Tiere aggressiv reagieren. Bemühungen, die am meisten gefährdete Tierart in den USA zu schützen, tragen inzwischen erste Früchte. Aktuell geht man von einem Bestand von etwa 1400 Tieren aus, die meisten davon leben rund um die nordwestlichen Hawai'i-Inseln.

Alle anderen Säugetiere wurden eingeführt. Die Polynesier hatten Schweine, Hunde und Hühner an Bord. Letztere dienten zum Verzehr, als Opfergabe für die Götter und für Hahnenkämpfe. James Cook brachte Ziegen als Geschenk mit. Später kamen Rinder, Schafe und Pferde hinzu.

Zu einer großen Gefährdung für das ökologische Gleichgewicht haben sich streunende Katzen und Mungos entwickelt. Mungos wurden Mitte des 20. Jh. ausgesetzt, um die von Schiffen eingeschleppten Ratten zu bekämpfen. Weil Ratten aber nachtaktiv sind und Mungos am Tag jagen, blieben die Nager letztlich unbehelligt, während die Mungos für andere Tierarten, insbesondere für die einheimische Vogelwelt, bis heute eine große Bedrohung darstellen.

Meerestiere

In den Gewässern rund um Hawaii tummeln sich rund 600 Fischarten, darunter auch der hawaiianische Staatsfisch, der Humuhumunukunukuapua'a (Picasso-Drückerfisch). Relativ häufig sind Begegnungen mit Mantarochen und Delfinen. Eine ganz besondere Bedeutung in der hawaiianischen Geschichte und Kultur haben Wale. Schon im Kumulipo, einer gesungenen Entstehungsgeschichte Hawai'is, werden die Meeresriesen erwähnt. Der Sprechgesang lehrt, dass Wale sowohl Teil der göttlichen als auch der weltlichen Sphäre sind. Strände, an denen sie häufig erschienen, galten als heilig und wurden von Priestern bewacht. Der Legende nach zeigt sich der hawaiianische Gott des Ozeans, Kanaloa, in Gestalt eines Wales. Bis zu 600 Buckelwale ziehen alljährlich zwischen Dezember und April von Alaska nach Hawai'i, um hier ihre Jungen zur Welt zu bringen. Es gibt zahlreiche Aussichtspunkte zur Walbeobachtung.

Wieder etwas erholt haben sich die Bestände der Grünen Meeresschildkröte (Honu). Beim Tauchen und Schnorcheln stehen die Chancen recht gut, einem dieser Tiere zu begegnen, die älter als Dinosaurier sind. Man sollte immer einen gewissen Abstand zu ihnen halten und sie nicht berühren, auch wenn das noch so verführerisch sein mag.

Vögel

Der Staatsvogel von Hawai'i ist die Nēnē-Gans (auch Hawai'i-Gans). Weil nicht nur Mungos, sondern auch Menschen sie jagten, war ihr Bestand Anfang der 1940er-Jahre auf rund 30 Tiere zurückgegangen. 1949 wurde ein Schutz- und Aufzuchtprogramm ins Leben gerufen. Auch wenn Hurricane »'Iwa« 1982 die Zahl der Tiere erneut reduzierte, leben aktuell wieder rund 2800 Nēnē-Gänse in Hawai'i, davon etwas über 1000 auf Hawai'i Island, im Hawai'i Volcanoes National Park.

Ein spezielles Verhältnis haben die Hawaiianer zu 'Ō'ō und Mamo sowie zu 'I'iwi und 'Apapane. Aus den gelben und roten Federn dieser Vögel wurden Staatsumhänge ('Ahu 'ula) und Helme (Mahiole) für Könige gefertigt. Man verwendete sie auch zur Herstellung von Federstandarten (Kāhili), einem weiteren wichtigen Rangabzeichen. Die intensive Bejagung durch spezialisierte Vogelfänger führte dazu, dass der 'Ō'ō und der Mamo inzwischen ausgestorben sind.

Groß ist die Artenvielfalt bei den Seevögeln. Hobbyornithologen können neben Sturmtauchern und Tölpeln auch Fregattvögel und Laysan-Albatrosse beobachten. Zugvögel wie der Pazifische Goldregenpfeifer fliegen aus weit entfernten Tundragebieten an, um die kalten Wintermonate in Hawai'i zu verbringen.

Reptilien, Schnecken und Insekten

In Hawai'i gibt es keine Schlangen, weder giftige noch harmlose. Die Aga-Kröte und der Goldbaumsteiger, ein Frosch, wurden in den 1930er-Jahren zur Mückenbekämpfung ausgewildert, beide sondern giftige Sekrete ab. Erstaunlich ist die Artenvielfalt bei den Schnecken. Die meisten leben auf Bäumen im Regenwald, viele sind endemisch, immer wieder werden von Forschern neue Spezies entdeckt. Der Regenwald ist auch Heimat vieler bunter exotischer Schmetterlinge. Hawai'is Staatsfalter ist der endemische Pulelehua (Kamehameha Butterfly).

Begegnungen mit Delfinen machen glücklich – nicht nur, weil die Tiere zu lächeln scheinen

Wirtschaft, Soziales und Politik

Ananas hat als Wirtschaftsfaktor inzwischen an Bedeutung verloren – die milliardenschwere Dollar-Industrie ist heute der Tourismus. Die Folgen: teure Lebenshaltungskosten, Umweltbelastungen und zu viele Menschen auf zu wenig Platz. Deshalb ist das Ziel, Insel-Traditionen zu fördern und Touristen für die hawaiianische Kultur zu sensibilisieren.

Walfang

Im 19. Jh. war der Walfang noch vor der Landwirtschaft der wichtigste Erwerbszweig auf den Hawai'i-Inseln. Die Nachfrage nach Substanzen wie Walrat, Waltran, Ambra und Fischbein war damals in den USA und Europa groß. Nachdem die Fanggründe im Nordatlantik leergefischt waren, kamen 1819 die ersten Walfänger nach Hawai'i. Viele Einheimische heuerten auf den Schiffen an, die auch instand gehalten und mit Proviant versorgt werden mussten. Die Matrosen gaben bei ihren Landgängen in Honolulu und Lāhainā viel Geld in eigens für sie eröffneten Kneipen, Spielhallen und Bordellen aus. In beiden Städten eröffneten Geschäfte, Kaufhäuser und Banken, der Geldverkehr trat an die Stelle der früheren Tauschgeschäfte. Der Walfang brachte Arbeit und Wohlstand.

Die Zeit zwischen 1843 und 1860 war das »Golden Age of Whaling«. Erfindungen wie die Walharpune und speziell für den Walfang konzipierte Dampfschiffe trugen dazu bei, dass mehr Beute gemacht wurde als je zuvor. Die Meeressäuger wurden jedoch so erbarmungslos gejagt, dass ihre Zahl bald drastisch abnahm. Die Walfänger zogen nach Alaska und in die arktischen Gewässer weiter. Die Fahrt zu den weit entfernten Fanggründen dauerte immer länger und wurde immer beschwerlicher, was die Preise in die Höhe trieb. Gleichzeitig wurden chemische und pflanzliche Substanzen immer billiger und besser und ersetzten schließlich die unwirtschaftlich gewordenen Walprodukte.

Missionare und Plantagenbarone

Kurz nach den Walfängern trafen auch die ersten protestantischen Missionare in Hawai'i ein. Sie bekehrten Mitglieder der Führungsschicht und besetzten bald wichtige Positionen in den Bereichen Politik und Wirtschaft. Bis heute spielen Nachfahren der ersten Missionare eine wichtige Rolle in der hawaiianischen Gesellschaft.

Die Missionare erkannten schnell das Potenzial von Zuckerrohr und Ananas. Durch die Great Māhele, eine Landreform zu Zeiten von Kamehameha III., wurden sie in die Lage versetzt, sich im großen Stil Grundbesitz anzueignen. Die Einheimischen, denen das Gesetz eigentlich Landtitel sichern sollte, hatten das Nachsehen. Bald besaß eine kleine Gruppe weißer Familien einen Großteil des Landes. Sie legten Plantagen an, deren Erträge durch neue Bewässerungssysteme und billige Arbeitskräfte aus Asien noch gesteigert wurden. Zuckerrohr und Ananas entwickelten sich zu den wichtigsten Exportgütern. Die 1901 von James Dole gegründete Hawaiian Pineapple Company wurde zum weltgrößten Ananas-Produzenten. Einen wichtigen Beitrag zu dieser Erfolgsgeschichte leistete Henry Ginaca, der im Auftrag von Dole eine vollautomatische Maschine zum Schälen und Entkernen der Ananas erfand, die Ginaca-Maschine.

Die Plantagenbarone wollten sämtliche Geschäftszweige in der eigenen Hand behalten und gründeten Handelsgesellschaften,

Banken, Versicherungen und Transportunternehmen. Bis zur Mitte des 20. Jh. hatten sich fünf große Unternehmen herausgebildet, die die gesamte hawaiianische Wirtschaft dominierten und dafür sorgten, dass auch in ihrem Sinne Politik gemacht wurde: Castle & Cooke, Alexander & Baldwin, C. Brewer & Co, American Factors und Theo H. Davies & Co. Als der Widerstand gegen die ›Big Five‹ wuchs und die Plantagenbarone aufgrund von König Kalākauas Außenpolitik befürchteten, Mächte wie Japan könnten die Rechtmäßigkeit ihres Landbesitzes anzweifeln, setzten sie sich verstärkt für einen Anschluss an die Vereinigten Staaten ein. Das US-Festland war außerdem der wichtigste Abnehmer für ihre Erzeugnisse. Die Folge dieser Bemühungen war eine Anpassung des Wahlrechts zu ihren Gunsten und damit die Entmündigung eines großen Teiles der hawaiianischen Bevölkerung.

Tourismus

Die Ananas steht symbolisch für Gastfreundschaft – deshalb findet man sie häufig als Dekoration in touristischen Einrichtungen. Die tropische Frucht wird im Gegensatz zu Rohrzucker noch immer in Hawai'i angebaut, hat aber längst nicht mehr die frühere Bedeutung. Heute sind Kaffee, Macadamianüsse, tropische Früchte und Blumen die wichtigsten agrarischen Exportgüter. War früher die Landwirtschaft der wichtigste Arbeitgeber, so ist es heute der Tourismus. Als in den 1920er-Jahren die ersten Hotels in Waikīkī erbaut wurden, begann die Nachfrage nach Hawai'i als Urlaubsdestination zu steigen. Das Moana Hotel hatte bereits 1901 seine Tore geöffnet, 1927 folgte das Royal Hawaiian Hotel, ebenfalls am legendären Waikīkī Beach. Ab 1935 bot PanAm Linienflüge von

Lange Jahre drehte sich in Hawai'i alles um die Ananas – wie noch heute auf der Dole Plantation

Kalifornien nach Pearl Harbor an – Flugzeit: knapp unter 20 Stunden. Bevor die Gäste mit dem Flugzeug ankamen, nahmen sie den Seeweg. Schon damals war Hawai'i ein eher hochpreisiges Reiseziel; die Urlauber, die sich Anreise und Aufenthalt leisten konnten, blieben meist über einen Zeitraum von mehreren Wochen und waren in großer Gesellschaft, mit Angestellten und jeder Menge Gepäck unterwegs. In den 1930er-Jahren nahmen die Besucherzahlen zu, der Zweite Weltkrieg unterbrach diese Entwicklung allerdings von heute auf morgen. Als ab 1959 Düsenjets auf O'ahu landen konnten und Hawai'i gefühlt nicht mehr unerreichbar weit mitten im Pazifik lag, wurde die Infrastruktur massiv ausgebaut und günstigere Hotels lösten einen neuen Boom aus. Ein Grund für die steigenden Besucherzahlen war mit Sicherheit auch die Erklärung Hawai'is zum 50. US-Bundesstaat. Schätzungen zufolge zog die Inselgruppe Ende der 1960er-Jahre bereits über 1 Mio. Besucher an. Sie entwickelte sich zu einer Sehnsuchtsdestination, die mit jeder Menge Südseeklischees behaftet war.

Wachstum um jeden Preis?

Im Verhältnis zur Größe Hawai'is sind die aktuellen Touristenzahlen beachtlich. Die meisten Reisenden kommen aus den USA und Kanada, aus Japan und China sowie Ozeanien mit Australien und Neuseeland.

Es ist noch nicht lange her, dass das wichtigste Ziel der Branche Wachstum war. Nachhaltigkeit spielte keine Rolle. Das steigende Angebot an Unterkünften, Mietwagen, Flügen und Attraktionen – Shoppingmalls inbegriffen – sorgte für ein explosionsartiges Wachstum nicht nur der Besucherzahlen, sondern auch der Summen, die vor Ort ausgegeben wurden. Dabei waren Strand- und Badeferien die beliebteste Urlaubsform – die meisten Besucher entspannten am liebsten bei Sonne, Sand und Meer, verließen das Hotel nur, um ein Restaurant zu besuchen. Die Nachfrage nach kulturellen Angeboten oder Aktivitäten in der Natur war gering.

In den letzten zehn bis 15 Jahren hat sich die Situation aber grundlegend geändert. Auch wenn das Veranstalterangebot weiterhin wächst, liegt der Fokus vermehrt auf der Sensibilisierung für die hawaiianische Kultur. Immer mehr Hotels haben einen Kulturbeauftragten, der Aufklärungsarbeit leistet und Erklärungen zu Hawai'i-spezifischen Themen anbietet. Wissen über die hawaiianische Sprache, über Gebräuche und Traditionen wird nicht nur von den Unterkünften, sondern auch von Tourveranstaltern vermittelt. Der nachhaltige Umgang mit der Natur wird im Alltag gefördert. Die Strategie ist nicht mehr, um jeden Preis die Besucherzahlen in die Höhe zu treiben, sondern die Aufenthaltsdauer zu verlängern, das Inselhüpfen zu fördern und Aktivitäten anzubieten, bei denen Natur und Kultur im Vordergrund stehen. Erlebnisse mit konkretem Hawai'i -Bezug sollen standardisierte Erfahrungen ersetzen.

Besonders in Honolulu sind die Folgen der Globalisierung unverkennbar. An der Kalākaua Avenue reihen sich Geschäfte internationaler Modeunternehmen, H & M findet man neben Gucci, Dior, Chanel und Prada. Markenshopping ist die Lieblingsbeschäftigung von asiatischen Urlaubern auf O'ahu – hier wird viel Geld verdient, von dem aber der größte Teil zurück an ausländische Investoren fließt. Inzwischen gibt es jedoch immer mehr hawaiianische Textil- und Bekleidungsfirmen und von Einheimischen geführte, unabhängige Geschäfte.

Auf den Nachbarinseln sieht das zum Teil komplett anders aus. Allerdings ist »Overtourism« insofern ein Thema, dass die wachsenden Touristenströme für ein Explodieren der Mieten sowie der Haus- und Grundstückspreise sorgen. Viele Asiaten und wohlhabende Amerikaner kaufen Eigentumswohnungen oder Ferienhäuser, sodass das Angebot an Mietwohnungen sinkt und die Preise steigen. Weil nach wie vor vieles verschifft werden muss, sind auch Lebensmittel und anderer Alltagsbedarf relativ teuer. Viele Hawaiianer arbeiten in zwei oder sogar drei Schichten, um ihr Leben finanzieren zu können. Am stärksten davon betroffen ist O'ahu. Hier wird man in den Außenbezirken, aber auch in Honolulu selbst auf das Problem Obdachlosigkeit stoßen. Zelte und Konstruktionen aus Industriepaletten behausen diejenigen, die ihr Dach über dem Kopf verloren haben. Die Regierung geht die Thematik zwar an, häufig aber nur oberflächlich und mit Fokus darauf, das Bild von Waikīkī so paradiesisch wie möglich zu erhalten. Die anderen Inseln haben andere Probleme – die Infrastruktur konnte bislang nicht an die steigenden Besucherzahlen angepasst werden, viele Touristen missachten Regeln wie Betretverbote für private Grundstücke, die Instagram-Generation geht auf der Suche nach dem Best Shot nicht selten lebensgefährliche Risiken ein.

Maßnahmen der Politik

Die staatliche Tourismusbehörde in Hawai'i hat einen ganz klaren Auftrag von der Regierung: den Einfluss, den der Tourismus auf die Gemeinden und die Natur hat, kontrollierbar zu machen und so zu gestalten, dass nicht nur die Wirtschaft, sondern auch Bewohner der Inseln profitieren. Verschiedene Abteilungen widmen sich ausschließlich diesem Thema, indem sie in regelmäßigem Kontakt mit touristischen Organisationen und Einheimischen stehen und besondere, kulturelle Projekte fördern. Veranstalter, die einen kulturellen Ansatz verfolgen, können sich umgekehrt bei der Behörde um Fördergelder bewerben. Die Mitarbeiter, die diesen offiziellen Kulturauftrag haben, verantworten beispielsweise Trainings, die Wissen über die hawaiianische Sprache, über Geschichte, Gebräuche und Traditionen vermitteln. Teilnehmer können internationale Marketingagenturen und ortsansässige Hotelmitarbeiter ebenso wie Tourismusbranchenneulinge sein. Permanent werden Ideen und Vorschläge dazu gesammelt, wie die Kultur in den (touristischen) Alltag integriert werden kann. Ein großes Anliegen ist mehr Bewusstsein für die hawaiianische Sprache. Das 'Aulani, A Disney Resort & Spa an der Ko'olina Bucht auf O'ahu wurde beispielsweise dafür ausgezeichnet, dass beide Sprachen gleichwertig behandelt werden. Über das ganze Hotel verteilt sind hawaiianische Wörter für Alltagsgegenstände – Stuhl, Lampe etc. – angebracht, sodass Eltern und Kinder in vielen Situationen mit 'Ōlelo Hawai'i in Berührung kommen. Die Speisekarte ist ebenfalls zweisprachig.

Die Rolle des Militärs

Ein wichtiger Arbeitgeber ist neben der Tourismusbranche auch das amerikanische Militär mit ca. 35 000 Soldaten und rund 20 000 Zivilangestellten auf den Inseln sowie ca. 8000 Militärangehörigen, die vor Hawai'i im Pazifik stationiert sind. Die US-Regierung gibt Milliarden von Dollars für die Streitkräfte in Hawai'i aus, man schätzt, dass das Militär fast 20 % der Gesamtausgaben auf den Inseln verantwortet. Das United States Indo-Pacific Command (USINDOPACOM) hat auf O'ahu seine Basis und kontrolliert von hier aus mehr als 50 % der Erdoberfläche. Sein Zuständigkeitsbereich reicht von der Westküste der USA bis zur Ostküste Afrikas und von der Antarktis bis zur Arktis.

Alternative Wirtschaftszweige

Um die Abhängigkeit vom Tourismus und vom Militär zu verringern, wurde in den letzten Jahren vermehrt in neue, zukunftsträchtige Wirtschaftszweige investiert. Dazu gehört die Gewinnung erneuerbarer Energien aus Wind- und Wasserkraft, Erdwärme und Biogas.

Viel Unterstützung von staatlicher Seite bekommt auch die Meeresforschung. Um den Welthunger zu bekämpfen, entwickelt sie u. a. Modelle für saubere Offshore-Aquakulturen, die nicht mehr Ozeane und Umwelt belasten. Andere Projekte haben das Ziel, aus Mikroalgen große Mengen von Biotreibstoffen herzustellen.

Geschichte

Hawai'i ist ein klassischer »Einwandererstaat« – schon die ersten bekannten Siedler kamen in Kanus über den Pazifik aus Polynesien hierher. Was zwischen der Gründung des Königreichs Hawai'i und der Erklärung zum 50. Bundesstaat der USA geschah, prägt den Alltag der Bevölkerung bis in die Gegenwart ganz wesentlich.

Besiedlung durch die Polynesier

Wann die ersten Polynesier auf den Hawai'i-Inseln landeten, ist unter Forschern umstritten. Man vermutet, dass es zwei Besiedlungswellen gab: eine zwischen 200 und 600 n. Chr. von den Marquesas-Inseln und eine um 1000 n. Chr. von Tahiti aus. Bei ihrer Reise über den Pazifik legten die Polynesier in Doppelrumpfkanus Tausende von Kilometern zurück, ganz ohne nautische Geräte – eine unglaubliche Leistung. Sie navigierten nach den Sternen, beobachteten Wolkenbildungen, Meereströmungen und den Flug von Seevögeln. Auf ihre Reise ins Ungewisse nahmen sie Nutzpflanzen und -tiere mit.

Die Gesellschaftsordnung der Polynesier beruhte auf einer Art Kastensystem, dem Ali'i (Häuptlinge) vorstanden. Sie führten ihre Abstammung auf Götter zurück, besaßen Mana, eine heilige Kraft, und herrschten mit Kapus (Tabus), strengen Bann- und Schutzbestimmungen, die das Zusammenleben regelten. Kahunas (Priester) sorgten für ihre Einhaltung. Wer ein Kapu brach, zerstörte die Stabilität der Gesellschaft und wurde ausgeschlossen oder sogar getötet. Die einzige Chance auf Rettung bestand darin, eine Pu'uhonua (Zufluchtsstätte) zu erreichen. Bei religiösen Zeremonien wurden in Heiaus (Tempeln) zahlreiche Götter verehrt, denen man auch Menschenopfer darbrachte – besonders in Zeiten kriegerischer Auseinandersetzungen, die zwischen den rivalisierenden Stämmen häufig waren.

Ankunft der Europäer

Ein neuer Abschnitt in der Geschichte Hawai'is wurde 1778 mit der Ankunft von Captain James Cook in der Waimea Bay auf Kaua'i eingeläutet. Der britische Entdecker nannte die Inselgruppe Sandwich-Inseln, zu Ehren seines Auftraggebers, dem Earl of Sandwich. Cook erstellte auch erstes Kartenmaterial von Hawai'i. Durch Tauschgeschäfte mit den Einheimischen kamen Ziegen, Schweine und Samen von Pflanzen auf die Inseln, die sich später als Bedrohung für die heimische Flora und Fauna erweisen sollten. Noch verheerendere Folgen hatten die Krankheiten, die durch Kontakte von Besatzungsmitgliedern mit hawaiianischen Frauen eingeschleppt wurden.

Während Cook anfangs freundschaftlich empfangen wurde, kam es auf seiner zweiten Reise zu Auseinandersetzungen mit den Hawaiianern, in deren Verlauf der Entdecker getötet wurde. Im Rest der Welt war man aber nun auf die Inseln aufmerksam geworden. Schon wenige Jahre später legten Handelsschiffe aus England, Frankreich, Spanien, Russland und vom amerikanischen Festland in Lāhainā und Honolulu an. Sie nutzten die Inseln als Zwischenstation bei ihren Pazifikreisen.

Der Weg zur Monarchie

Kamehameha I. (1758?–1819)

Kamehameha I. wurde um 1758 auf Hawai'i Island in eine Familie mächtiger Häuptlinge hineingeboren und die Vorzeichen für seinen

Hōkūle'a – wenn die Sterne den Weg weisen

Die Polynesier waren, das beweisen von ihnen mitgebrachte Pflanzen, ein reisefreudiges Volk. Für ihre langen Seefahrten nutzten sie ihre guten Kenntnisse des Sternenhimmels und die Fähigkeit, höchst seetüchtige Auslegerboote zu bauen. Beides geriet nach dem 14. Jh. in Vergessenheit. Mit dem Bau der »Hōkūle'a«, des »Sterns der Freude«, wurden diese beeindruckenden Traditionen jedoch wieder zum Leben erweckt.

Als die »Hōkūle'a« das erste Mal 1976 von der Honolua Bay auf Maui nach Tahiti aufbrach und ihr Ziel, den Hafen von Pape'ete, in 34 Tagen erreichte, wurde sie von über 17 000 Menschen begeistert in Empfang genommen. Diese Seefahrt über den Pazifik brachte zwei der wichtigsten Traditionen des polynesischen Volkes ins Bewusstsein seiner Nachfahren zurück. Sie war ein Meilenstein für die Renaissance eines scheinbar verloren gegangenen und nun wieder als wertvoll erkannten polynesischen Kulturerbes. Die Basis legten der Künstler Herb Kawainui Kāne, der Anthropologe Benn Finney und der Seefahrer Charles Tommy Holmes. Als Künstler und Historiker mit besonderem Interesse an den polynesischen Seefahrertraditionen wollte Kāne ein traditionelles Auslegerkanu nachbauen, mit dem eine Gruppe Seefahrer ganz ohne nautische Geräte, nur mit Hilfe astronomischer Navigation, 4000 km über den Ozean nach Tahiti reisen sollte. Da zu diesem Zeitpunkt mehr als 600 Jahre vergangen waren, seit ein solches Boot zuletzt gesichtet wurde, vereinte er Menschen mit völlig unterschiedlichen Lebensläufen und Kenntnissen für seine Vision und gründete die Polynesian Voyaging Society (PVS).

Nach traditionellen Vorbildern wurde die »Hōkūle'a« erbaut und das erste Mal 1975 an der heiligen Kualoa-Küste in der Kāne'ohe Bay auf O'ahu zu Wasser gelassen. Zu diesem Punkt war auch schon Nainoa Thompson, heutiger Präsident der PVS, an Bord. Er wurde als Teilnehmer für dieses Unterfangen ausgewählt und von Mau Piailug, einem Seefahrer von der Karolinen-Insel Satawal, trainiert. Mau galt in seiner Heimat nicht nur als einer der besten Lehrer für die Navigation ohne Geräte, er war auch der Einzige, der sich bereit erklärte, zum Erhalt der polynesischen Traditionen seine eigenen kulturellen Grenzen zu überwinden.

Nach der ersten Reise 1976 navigierte Nainoa mit seinem Team die »Hōkūle'a« 1980 erneut nach Tahiti und wieder zurück. Es folgten Reisen nach Neuseeland und Rapa Nui. 2013 brach die »Hōkūle'a« zu einer Weltumsegelung auf, die sie in drei Jahren zu 150 Häfen und in über 20 Länder brachte. Sinn der Reise war es, ein globales Bewusstsein für den Umweltschutz zu schaffen – außerdem wurde eine neue Generation für das traditionelle Navigieren trainiert. Die PVS setzt sich dafür ein, Mensch und Natur und junge Seefahrer mit ihren Vorfahren über das traditionelle Navigieren zu verbinden. Die Reisen der »Hōkūle'a« können auf der Website www.hokulea.com online nachverfolgt werden.

späteren Aufstieg zum Herrscher standen in jeder Hinsicht gut. Kamehameha brachte erst ganz Hawai'i Island, später dann auch alle anderen Inseln in blutigen Kriegen unter seine Herrschaft. Wertvolle Hilfe leisteten dabei zwei gefangene Engländer, durch die er in den Besitz von Feuerwaffen gelangte: Auf seinen ersten Feldzug gegen Maui im Jahr 1790 nahm er zwei Kanonen mit. 1795 gelang es ihm schließlich, die Insel zu erobern, noch im gleichen Jahr sicherte er sich die Macht über Moloka'i und O'ahu. Zwei Versuche, sich nun auch noch Kaua'i einzuverleiben, scheiterten zunächst. Um weiteres Blutvergießen zu verhindern, ließ sich Kaumuali'i, der damalige Herrscher der Insel, jedoch auf Verhandlungen ein und unterwarf sich Kamehameha als Vasall. Damit war das vereinte Königreich von Hawai'i geschaffen und Kamehameha sein erster Monarch. Kamehameha der Große, wie er später genannt wurde, pflegte Kontakte zu Weißen und knüpfte Handelsbeziehungen mit ihnen an. Er kleidete sich zu bestimmten Anlässen westlich und blickte voller Neugier auf das britische Weltreich. Gleichzeitig behielt er das Kapu-System bei und opferte den alten Göttern. Kamehameha bescherte seinen Untertanen eine lange Friedenszeit und wurde wegen seiner Weisheit und Großzügigkeit verehrt. Am 8. Mai 1819 starb er bei Kailua-Kona und wurde an einem geheimen Ort beigesetzt.

Walfänger und Missionare

1819 machten die Hawaiianer erste Bekanntschaft mit Walfängern, die u. a. aus Portugal stammten. Die Jagd auf die Meeresgiganten war bis 1860 der wichtigste Erwerbszweig auf den Inseln – in der Saison legten bis zu 500 Schiffe in Lāhainā und Honolulu an, die versorgt werden mussten. Was wirtschaftlich ein Segen war, erwies sich jedoch in anderer Hinsicht als Katastrophe. Die Seeleute schleppten bei ihren Landgängen Krankheiten ein, und beim Umgang mit der einheimischen Bevölkerung waren Gewalttätigkeiten

1820 trafen die ersten Missionare in Hawai'i ein und bestimmten fortan die Politik auf den Inseln

an der Tagesordnung. Die raubeinigen Walfänger bezeichneten sich zwar als Christen, taten aber genau das Gegenteil von dem, was die fast gleichzeitig eintreffenden Missionare den Hawaiianern predigten.

Die ersten aus Neuengland stammenden Missionare betraten 1820 hawaiianischen Boden. Durch ihren unermüdlichen Arbeitseinsatz und ihre Anspruchslosigkeit sicherten sie sich bald die Gunst des Königshauses, das sich auf ihre Ratschläge verließ und ihnen erlaubte, den protestantischen Glauben zu verbreiten. Mit schwerwiegenden Folgen: Die Missionare verboten den Hawaiianern nicht nur die Verehrung ihrer alten Götter, sondern auch die freizügige Bekleidung, das Surfen und Schwimmen und, was wohl am schlimmsten war, den Hula. Obwohl sie viel Gutes taten, war ihr Verhältnis zu den Einheimischen generell von Überheblichkeit gegenüber einer Kultur geprägt, die ihnen heidnisch und primitiv vorkam. Waren sie auf der einen Seite puritanisch und intolerant, erwarben sich die Missionare auf der anderen Seite auch viele Verdienste: Sie bauten Kirchen und Krankenstationen, gründeten Schulen und verschriftlichten die hawaiianische Sprache, um die Bibel und viele Kirchenlieder ins Polynesische zu übersetzen.

Königreich Hawai'i

Kamehameha II. (1819–1824)

Nach Kamehamehas Tod bestieg sein Sohn Liholiho als Kamehameha II. den Thron, die Regierungsgeschäfte wurden aber von Ka'ahumanu geführt, der Lieblingsfrau seines Vaters. Sie etablierte ein neues Gesellschaftssystem, das den Missionaren und dem Christentum großen Einfluss einräumte. Ka'ahumanu schaffte das Kapu-System ab, verbot Menschenopfer und ließ viele Heiaus abreißen. 1824 reiste Kamehameha II. mit seiner Frau nach London, um König George IV. zu besuchen. Unterwegs erkrankten beide tödlich. Die einbalsamierten Leichname wurden nach Hawaii zurückgebracht.

Kamehameha III. (1825–1854)

Kamehameha II. hatte seinen jüngeren Bruder, Kauikeaouli zum Nachfolger bestimmt; weil er aber erst zwölf Jahre alt war, regierte Ka'ahumanu bis zu ihrem Tod 1832 weiter. Kamehameha III. hatte während seiner Herrschaft mit großen innen- und außenpolitischen Problemen sowie einem Ausbruch der Pest zu kämpfen. 1840 verabschiedete er eine erste Verfassung für Hawai'i. Sie regelte das Justizwesen und etablierte nach englischem Vorbild ein Zweikammersystem, in dem die Ali'i das Oberhaus und gewählte Volksvertreter das Unterhaus besetzten. Mit einer Landreform, der Great Māhele, beendete er den hawaiianischen Feudalismus. Das Stammesland ging in den Besitz des Staates über und konnte nun gekauft werden, vom Grundsatz her eine Idee, die dem Volk zugute kommen sollte. Tasächlich erwarben aber wohlhabende Weiße bis 1886 zwei Drittel der Agrarfläche und bauten darauf ertragreiche Zuckerrohr- und Ananasimperien auf. Den Hawaiianern blieb nichts anderes übrig, als sich dort als Arbeiter zu verdingen.

Zu den größten Verdiensten von Kamehameha III. gehört es, Hawaii die Unabhängigkeit bewahrt zu haben: 1843 erkannten Frankreich, England und die USA die Souveränität des Inselstaates an. 1845 verlegte der König den Regierungssitz von Lāhainā nach Honolulu. Unter seiner Herrschaft gab es erstmals Überlegungen, Hawai'i dem US-Staatenbund anzugliedern. Aufgrund seines frühen Todes wurden sie aber nicht weiter verfolgt.

Kamehameha IV. (1855–1863)

Alexander Liholiho 'Iolani war ein Adoptivsohn von Kamehameha III. Während seiner Herrschaft nahm die Bevölkerungszahl, auch wegen der grassierenden Lepra-Epidemie, stetig ab. Zu seinen Verdiensten zählt die Gründung einer ersten Handelskammer und die Verabschiedung eines Gesundheitsprogramms, das den Bau des ersten Krankenhauses Hawai'is (Queen Emma Hospital) umfasste. Um ein Ge-

gengewicht zum Einfluss der amerikanischen Missionare zu schaffen, lud er die Anglikanische Kirche ins Land ein und erreichte, dass die Souveränität Hawai'is in Verträgen mit den Großmächten festgeschrieben wurde. Kamehameha IV. kämpfte mit Alkoholproblemen, die ihn zunehmend unberechenbar machten. Nach dem Tod seines Sohnes zog er sich bis zu seinem eigenen Ableben 1863 vollständig aus der Öffentlichkeit zurück.

Kamehameha V. (1863–1872)

1863 trat Lot Kapuaiwa als Kamehameha V. die Thronfolge an. Er verabschiedete eine neue Verfassung, die die beiden Parlamentshäuser durch ein Einkammersystem ersetzte und so das Königtum gegenüber der Legislative stärkte. Wählen durfte nur noch, wer über Besitz oder ein Einkommen verfügte und lesen und schreiben konnte. Im Gegensatz zu seinem Vorgänger war seine Politik proamerikanisch – so gründete er eine Einwanderungsbehörde, die Arbeiter für die boomende Zuckerindustrie rekrutieren sollte, dem gleichen Zweck diente ein Freundschaftsvertrag mit dem japanischen Kaiserhof. Unter der Herrschaft von Kamehameha V. blühte die Wirtschaft und auch der Tourismus entwickelte sich dank neuer Dampfschifffahrtsrouten, die die Westküste der USA und Ozeanien mit Hawai'i verbanden. 1872 starb Kamehameha V. an den Folgen einer Krankheit. Da er Junggeselle war und auch keinen Nachfolger bestimmt hatte, war er der letzte König der Kamehameha-Dynastie. Die neue Verfassung sah für diesen Fall vor, dass die Legislative aus den Reihen der Ali'i einen König wählen sollte.

William Charles Lunalilo (1873–1874)

William Charles Lunalilo konnte die Volksabstimmung für sich entscheiden. Ab 1873 regierte der äußerst populäre »Prince Bill« Hawai'i in einem sehr volksnahen Stil. Doch seine Alkoholsucht und eine Lungenentzündung fesselten ihn bald ans Krankenbett. Seine Amtszeit betrug lediglich 13 Monate. In dieser Zeit konnte er einen anvisierten Handelsvertrag mit den USA nicht abschließen. Da auch Lunalilo keine Nachkommen hatte, musste erneut eine Königswahl angesetzt werden.

David Kalākaua (1874–1891)

David Kalākaua (1874–1891) hatte die erste Wahl gegen Prince Bill verloren, diesmal war er allerdings der einzigen anderen Kandidatin, Königin Emma, überlegen. Weil er gern feierte und seine Möglichkeiten als Herrscher voll auskostete, gab man ihm den Spitznamen »The Merrie Monarch«. Kalākaua orientierte sich an den europäischen Königshäusern und baute u. a. den 'Iolani Palace in Honolulu, den einzigen Königspalast der Vereinigten Staaten. Trotz seiner Bewunderung für die Alte Welt vergaß er aber auch seine polynesischen Wurzeln nicht und zollte diesen u. a. mit der Errichtung der Kamehameha-Statue in Honolulu Tribut. Hula und hawaiianische Musik erlebten unter seiner Regierung eine Renaissance. Kalākaua reiste als erster Monarch in die USA und konnte während seines Aufenthalts mit Präsident Grant den lange angestrebten Handelsvertrag abschließen. Hawaiianischer Zucker konnte nun zollfrei exportiert werden. 1881 trat er als erstes hawaiianisches Staatsoberhaupt eine Weltreise an, bei der er Bekanntschaft mit vielen anderen Potentaten machte.

Unter Kalākaua setzte in Honolulu eine rege Bautätigkeit ein. Repräsentative öffentliche Gebäude, breite Prachtstraßen nach europäischem Vorbild und moderne Einrichtungen wie Straßenbahnen und Straßenbeleuchtung machten die Stadt zum Magneten der hawaiianischen Inseln. Während der König das Geld mit vollen Händen ausgab, lebte ein Großteil der Bevölkerung in Armut, besonders schlimm waren die Zustände in Chinatown. Als es hier 1886 zu einem (gezielt gelegten?) Brand kam und Tausende Menschen starben oder obdachlos wurden, schien den Zuckerbaronen die Zeit für einen Putsch und eine engere Anbindung an die USA günstig. Bei einem unblutigen Staatsstreich wurde Kalākaua entmachtet und mithilfe einer neuen Verfassung zur Repräsentationsfigur degradiert. Ein Gegenputsch, der von dem Halb-Hawaiianer Robert Wilcox initiiert und von rund 150 Revolutionären ausgeführt wurde, scheiterte. 1890 reiste der Merrie Monarch aus Gesundheitsgründen nach San Francisco, wo er 189 starb. Seine Schwester Lili'uokalani folgte ihm als erste und letzte Königin Hawai'is auf den Thron.

Von der Monarchie zur Republik Hawai'i

Lili'uokalani machte ihre Position deutlich: eine weiße Oberschicht, die über die eigentliche Macht in Hawai'i verfügte, wollte sie als Königin des Inselstaates nicht dulden. Sie versuchte auf verschiedenen Wegen, den Einfluss der Großgrundbesitzer einzuschränken, diese hatten mit dem amerikanischen Botschafter in Hawai'i jedoch einen verlässlichen Verbündeten. Unter dem Vorwand, Leben und Besitz der amerikanischen Bürger schützen zu müssen, ließ dieser ein Kriegsschiff mit Marinesoldaten nach Hawai'i entsenden. Nachdem sie Honolulu besetzt hatten, ernannte er eine provisorische Regierung unter der Führung von Zuckerbaron Sanford B. Dole. Zu ihrem Sitz wurde der 'Iolani Palace bestimmt, über dem nun die amerikanische Flagge wehte.

Der amerikanische Senat und Präsident Grover Cleveland äußerten Kritik an dieser Vorgehensweise und plädierten dafür, die Königin wieder in ihre verfassungsmäßigen Rechte einzusetzen. Die provisorische Regierung weigerte sich jedoch und rief am 4. Juli 1894 die Republik Hawai'i aus, mit Dole als erstem Präsidenten. Die Royalisten und Robert Wilcox planten im Einvernehmen mit der Königin einen Putsch gegen die Regierung, der aber scheiterte. Die Rebellen wurden vor ein Kriegsgericht gestellt und Lili'uokalani mit der Begründung, in ihrem Garten ein Waffenlager eingerichtet zu haben, zu einer hohen Geldstrafe und fünf Jahren Zwangsarbeit verurteilt. Um weitere Revolten zu verhindern, wurde die Strafe jedoch in Hausarrest umgewandelt und Königin Lili'uokalani ein Jahr lang im 'Iolani Palace festgehalten. Proteste gegen diese Maßnahme fanden keinerlei Gehör. US-Präsident William McKinley unterschrieb eine Resolution, die Hawai'i in ein Territorium der USA umwandelte. Der amerikanische Botschafter in Hawai'i nahm am 12. August 1898 das ehemalige Königreich symbolisch als »Geschenk« von Sanford B. Dole entgegen. Lili'uokalani dankte ab und setzte damit der Monarchie und der Souveränität Hawai'is ein Ende. Bis zu ihrem Tod am 11. November 1917 lebte sie in ihrer Residenz Washington Place. Sie wurde unter der Teilnahme von Zehntausenden Hawaiianern im Mauna 'Ala (Duftende Hügel), dem heutigen Royal Mausoleum of Hawai'i, beigesetzt.

Der letzte Abkömmling des hawaiianischen Königshauses war Jonah Kūhiō Kalaniana'ole. Er vertrat als Delegierter das Hawai'i-Territorium im US-Repräsentantenhaus und starb am 7. Januar 1922.

Auf allen Inseln lebt das monarchische Erbe weiter. Zahlreiche Straßennamen und Highways sind nach Familienmitgliedern der Kamehameha- und Kalākaua-Dynastie benannt. Sowohl Kamehameha I. als auch Prinz Kūhio wird in Hawai'i in Form eines Feiertages gedacht. Statuen von Kamehameha stehen auf O'ahu, Hawai'i Island (in North Kohala und in Hilo) sowie in Washington, DC.

Territorium Hawai'i

1899 hatte der Inselstaat mit gravierenden Problemen zu kämpfen: Eine von asiatischen Schiffen verbreitete Pestepidemie suchte Honolulu heim und forderte vor allem in Chinatown mit seinen beengten und unhygienischen Wohnverhältnissen zahllose Menschenleben. Die Regierung versuchte die Seuche mit Feuer zu bekämpfen, das jedoch außer Kontrolle geriet und große Teile der Stadt in Schutt und Asche legte. Der Unmut in der Bevölkerung war groß: Man vermutete gezielte Brandstiftung, mit deren Hilfe neues Bauland erschlossen werden sollte.

Im gleichen Jahr erarbeitete der US-Kongress eine neue Verfassung, die am 14. Juni 1900 in Kraft trat und es ermöglichte, Hawai'i den USA als Territorium anzugliedern. Zum ersten Gouverneur ernannte man erneut Sanford B. Dole. In der Bevölkerung stieß die Angliederung auf Widerstand, da in der Folge die hawaiianische Kultur zugunsten der amerikanischen zurückgedrängt wurde. Die ehemalige Königin Lili'uokolani schien sich hingegen mit der Entwicklung abgefunden zu haben, denn sie zeigte sich hin und wieder bei offiziellen Anlässen an der Seite des Gouverneurs.

Aufstieg der Big Five

Infolge der Landreform hatten sich die weißen Großgrundbesitzer in Hawai'i schon vor der Angliederung zur eigentlichen Führungsschicht entwickelt. Sie besaßen große Teile des landwirtschaftlich nutzbaren Bodens und hatten zudem die wichtigsten Positionen in Politik und Wirtschaft inne. Als Territorum musste Hawai'i nun keine Zölle mehr zahlen und bekam von der Regierung zusätzliche Geldmittel, von denen auch die Plantagenbesitzer profitierten. Sie investierten in Land, Arbeiter und Ausrüstung und konnten so den Gewinn ihrer Unternehmen weiter steigern. Durch Heirat und Zusammenlegung von Plantagen entstanden nach und nach fünf große Unternehmen, die gemeinsam die ganze hawaiianische Wirtschaft beherrschten: Castle & Cooke, Alexander & Baldwin, C. Brewer & Co., Amfac und Theo H. Davies & Co. Die Big Five konkurrierten nicht miteinander, sondern sorgten durch Absprachen dafür, dass die Preise für ihre Erzeugnisse hoch blieben. Sie bekämpften die ersten sich bildenden Gewerkschaften und sorgten auch auf dem US-Festland dafür, dass Politik in ihrem Interesse gemacht wurde. Lange Zeit hatten nur Weiße und Republikaner Chancen auf ein Regierungsamt in Hawaii.

Der wachsende Bedarf an Arbeitskräften hatte zur Folge, dass eine neue Welle von Einwanderern aus der ganzen Welt, besonders aber aus China, Japan, Puerto Rico und von den Philippinen, nach Hawai'i kam. Sie waren weitgehend rechtlos und lebten unter ärmlichen Verhältnissen in Massenunterkünften. Zwischen 1902 und 1910 kam es immer wieder zu Streiks, die aber gewaltsam aufgelöst wurden und folgenlos blieben. Nach und nach verbesserte sich aber die Strategie: 1924 schlossen sich japanische und philippinische Arbeiter unter der Führung von Pablo Manlapit zusammen und traten in einen achtmonatigen Streik ein, der sich auf 23 der 45 existierenden Zuckerplantagen ausweitete. Auch diesmal knüppelten Soldaten den Aufstand nieder, es gab Verhaftungen und Gefängnisstrafen. Initiator Manlapit wurde des Landes verwiesen. Die wachsende Solidarität der Arbeiter rang den Unternehmen aber erste Zugeständnisse ab, wenn auch zunächst nur kleine. Erst nach dem Zweiten Weltkrieg kam es infolge der veränderten Verhältnisse zu Verhandlungen zwischen Großgrundbesitzern und Gewerkschaftsvertretern.

Die Zeit bis zum Zweiten Weltkrieg

Zwischen 1900 und 1941 durchlief Hawai'i viele Hochs und Tiefs. Durch eine bessere Anbindung des Staates an das internationale Nachrichtennetz wurde es nicht mehr als abgeschiedene Inselgruppe irgendwo weit weg im Pazifik empfunden. Das Interesse an Hawai'i, auch als Urlaubsdestination, stieg. Besonders für amerikanische Reisende wurde Hawai'i zum touristischen Massenziel. Dieser Entwicklung setzte der Zweite Weltkrieg ein Ende. Der Angriff auf die US-Militärbasis Pearl Harbor (s. Thema S. 46) sorgte dafür, dass Streiks, soziale Ungleichheit und andere Probleme vorübergehend in den Hintergrund traten.

US-Bundesstaat Hawai'i

Die Zeit nach dem Krieg brachte für Hawai'i viele Veränderungen mit sich. Es gab eine weitere große Einwanderungswelle von Menschen aus Asien und dem pazifischen

Raum. Die Bevölkerungszahl explodierte. In den 1950er-Jahren wurden neue Straßen, Wohnsiedlungen und Hotels, Flughäfen und Kreuzfahrtterminals gebaut, Honolulu entwickelte sich zum Drehkreuz zwischen Westen und Osten. Die eingewanderten Asiaten und US-Amerikaner machten die Hawaiianer immer mehr zur Minderheit im eigenen Land. Das zeigte auch das Ergebnis eines Volksentscheids, bei dem 1959 über den Status von Hawai'i abgestimmt wurde und bei der die große Mehrheit für einen Beitritt zu den USA stimmte. Gegen die Eingliederung sprachen sich nur die Bewohner der Insel Ni'ihau aus, bei denen es sich fast durchweg um Native Hawaiians handelt. Ihre Stimmen konnten den nächsten Schritt jedoch nicht verhindern. Am 21. August 1959 unterschrieb Präsident Dwight D. Eisenhower die Urkunde, die Hawai'i zum 50. Stern auf der amerikanischen Flagge und zum Aloha State machte. Immerhin entschuldigte sich der US-Senat 1993 für den Putsch gegen das Königreich Hawai'i. Die polynesische Urbevölkerung fordert aber bis heute mehr Unabhängigkeit.

Hawai'i heute

1974 wurde mit George Ariyoshi der erste Hawaiianer asiatischer Abstammung zum Gouverneur gewählt, ihm folgte John Waihe'e im Amt, ein Native Hawaiian. Mit Linda Lingle führt ab 2020 erstmals eine Frau die Regierungsgeschäfte. Seit 2014 besetzt David Ige das Amt des Gouverneurs. Im Zentrum seiner Politik stehen Maßnahmen gegen den Klimawandel und der Umstieg Hawai'is auf erneuerbare Energien. Seit der Erklärung zum Bundesstaat hat Hawai'i vor allem als touristische Traumdestination Geschichte geschrieben: 2005 überschritt die Besucherzahl erstmals 7 Mio. Als Barack Obama, der in Hawai'i geboren wurde und aufwuchs, 2009 zum Präsidenten gewählt wurde, brachte das Hawai'i ein neues Maß an Aufmerksamkeit ein. Durch Obamas Ankündigung, das UNESCO-gelistete Papahānaumokuākea Marine National Monument nordwestlich der Hauptinseln Hawai'is mehr als zu verdoppeln, wurde der Blick wieder auf Hawai'i und seine Naturschönheiten gelenkt.

Vor allem Einwanderer aus Asien haben das Gesicht des heutigen Hawai'i geprägt

Pearl Harbor

Im frühen 20. Jh. wurde Hawai'i mit der Welt verbunden: durch Seekabel der Pacific Cable Company zwischen San Francisco sowie Kreuzfahrtschiffe und Flugverbindungen zwischen Kalifornien und Honolulu. Das Interesse an und Reisen nach Hawai'i nahmen zu, bis der Blitzangriff der Japaner auf die US-Militärbasis Pearl Harbor am 7. Dezember 1941 dieser Entwicklung ein jähes Ende setzte.

Schon 1887 hatten sich die Amerikaner die Nutzungsrechte für die Bucht von Pearl Harbor gesichert, in der zunächst Handelsschiffe ankerten, bevor ihre militärische Bedeutung erkannt wurde. Die besondere Form des großen Naturhafens mit seinen weit ins Land hineinreichenden Meeresarmen bot Schutz vor Angreifern vom Wasser aus. Die strategisch günstige Lage zwischen Asien und dem US-Festland spielte bei der Annexion Hawai'is eine wichtige Rolle. Von hier aus ließ sich die Westküste der USA wirksam verteidigen. 1908 begann die Navy mit der Errichtung einer Kriegswerft, bis 1911 vertiefte man den Hafen, damit auch große Schlachtschiffe Zugang zum offenen Meer hatten.

In den 1930er-Jahren wurde das Verhältnis zwischen den USA und Japan immer angespannter. Die Amerikaner verfolgten die nationalistische Außenpolitik Japans mit großer Skepsis. Seit 1937 führte das Kaiserreich in China Krieg und bereitete sich darauf vor, in Französisch-Indochina einzufallen. 1940 schloss Japan mit Deutschland und Italien den Dreimächtepakt. Die Amerikaner versuchten mit diplomatischen Mitteln und Embargos, die Japaner zum Einlenken zu bringen, und verlegten schließlich ihre Pazifikflotte von San Diego nach Pearl Harbor. Die Japaner fühlten sich durch diese Maßnahmen bedroht und verhandelten weiter, alle Zeichen deuteten jedoch auf einen Krieg hin. Mit dem japanischen Blitzangriff auf die Militärbasis Pearl Harbor hatten die Amerikaner allerdings nicht gerechnet.

Admiral Isoroku Yamamoto zielte darauf ab, mit diesem schnellen Angriff die US-Pazifikflotte außer Gefecht zu setzen und so einen Gegenangriff zu verhindern. Die japanischen Kriegsschiffe und Flugzeugträger konnten sich fast unbemerkt ihrem Ziel nähern, die Flotte erreichte am frühen Morgen des 7. Dezember 1941 ihre Angriffsposition rund 370 km nördlich von O'ahu. Von hier aus nahmen die japanischen Bomber und Jagdflugzeuge ihr Ziel ins Visier. Der 7. Dezember war ein Sonntag, viele Schiffe waren unbemannt und lagen aneinandergereiht im Hafen. Zwei Angriffswellen zerstörten fast die gesamte Pazifikflotte, mehr als 2400 Menschen kamen ums Leben, die meisten von ihnen bei der Explosion der »USS Arizona«. Die Flugzeugträger befanden sich jedoch während des Angriffs auf See und erlitten keine Schäden, auch die Treibstofflager und die Werften blieben weitgehend unzerstört.

Der Schock, mit dem dieser Angriff die Amerikaner traf, war letztendlich auch für die Kriegsgegner der Auslöser, in den Zweiten Weltkrieg einzutreten. Präsident Franklin D. Roosevelt erklärte Japan noch am gleichen Tag den Krieg, Deutschland und Italien reagierten am 11. Dezember mit ihrer Kriegserklärung an die USA. Die Amerikaner rüsteten ihre Pazifikflotte in kürzester Zeit wieder auf, produzierten Waffen und bildeten Soldaten aus. Es wurden Beobachtungsposten auf allen Inseln eingerichtet, denn die japanischen Angriffe waren noch nicht abgeschlossen. Doch die Amerikaner waren nun vorbereitet und kriegsbereit und stärkten ihre Position im Pazifik. Die Kampfgebiete verlagerten sich immer mehr in den Westen. Den-

Für die amerikanische Nation ein Symbol militärischer Demütigung – das von japanischen Bombern versenkte Schlachtschiff »USS Arizona«

noch flohen viele Hawaiianer aus Angst vor den Japanern aufs Festland. Erst als die USA Atombomben über Hiroshima und Nagasaki abwarfen, die Japan zur bedingungslosen Kapitulation zwangen, fühlten sich die Hawaiianer wieder sicher. Dieser Tag, der 14. August 1945, wird auch als V-J-Day (Victory over Japan Day) bezeichnet.

Für die 160 000 Hawaiianer, die von japanischen Plantagenarbeitern abstammten, war dieser Krieg besonders schmerzhaft. Als Nisei oder Americans of Japanese Ancestry hatten sie zwar ihre Wurzeln in Japan, ihren Lebensmittelpunkt aber jetzt im amerikanischen Hawai'i, zu dessen Wohlstand sie beitrugen. Auf dem Festland wäre eine solche Gruppe in ein Internierungslager gebracht worden – doch sowohl in Hawai'i als auch in Washington war man sich einig, dass dies aufgrund der besonderen Situation keine Option war. Das bis dato unbelastete Verhältnis ethnischer Gruppen in Hawai'i wurde allerdings auf den Prüfstand gestellt. Nisei wurden streng kontrolliert, verdächtigt, teils sogar festgenommen. Allerdings hatte das keine Auswirkungen auf den Kriegsdienst: Die Hawaiianer mit japanischen Wurzeln kämpften in amerikanischen Einheiten. Bis Nisei allerdings außerhalb der Kriegsschauplätze, innerhalb der ethnischen Gruppen und Gemeinden wieder vorurteilslos akzeptiert wurden, dauerte es noch viele Jahre.

Pearl Harbor ist immer noch eine aktive Militärbasis. Allerdings auch eine Sehenswürdigkeit, die rund 2 Mio. Besucher im Jahr anzieht. Der Angriff auf den Flottenstützpunkt hat die Amerikaner tief und nachhaltig getroffen, jedes Jahr finden hier Veranstaltungen zum Gedenken an die Verstorbenen und zu Ehren der Veteranen statt. Die historische Stätte umgibt eine sehr spezielle Stimmung. Vor allem das USS Arizona Memorial, das über den Überresten des gesunkenen Kriegsschiffes »USS Arizona« erbaut wurde, ist – nicht nur für Amerikaner – ein Ort des Innehaltens.

Zeittafel

200–600 n. Chr	Von den Marquesas aus, die rund 5000 km entfernt liegen, erreichen die ersten polynesischen Seefahrer die noch unbesiedelten hawaiianischen Inseln – eine Meisterleistung der Navigation.
1000	Die nächsten Siedler stammen aus Tahiti – astronomische Navigation und Auslegerboote machen es möglich, die Entfernung von über 5000 km zu bewältigen.
ca. 1758	Kamehameha I. wird auf Hawai'i Island geboren.
1776	Die amerikanische Unabhängigkeitserklärung wird unterzeichnet.
1778	Der englische Seefahrer und Entdecker James Cook erreicht Hawai'i. Ein Jahr später wird er bei einer Auseinandersetzung mit aufgebrachten Einheimischen getötet.
1810	Häuptling Kaumuali'i tritt Kaua'i an Kamehameha ab; nachdem alle anderen Inseln bereits erobert wurden, ist Kamehameha nun alleiniger Herrscher über den gesamten Archipel und erster König von Hawai'i: König Kamehameha I. (auch Kamehameha der Große).
1819	Kamehameha stirbt.
1820	Lāhainā auf Maui wird zur Hauptstadt des Königreichs Hawai'i. Zeitgleich kommen die ersten protestantischen Missionare von der Ostküste der USA in Hawai'i an.
1834	»Ka Lama Hawai'i«, die erste Zeitung in hawaiianischer Sprache, wird von der Lanainaluna Seminary Press auf Maui veröffentlicht. Ihr folgen im Verlauf des 19. Jh. fast 70 verschiedene weitere hawaiianische Titel.
1840	Die absolute Monarchie in Hawai'i wird in eine konstitutionelle Monarchie umgewandelt.
1842	Die USA erkennen das Königreich Hawai'i an.
1845	Die Hauptstadt wird von Lāhainā nach Honolulu verlegt.
1852	Die ersten Vertragsarbeiter erreichen Hawai'i. Bis 1930 sind es über 200 000 Menschen, die, meist aus China, Japan, Korea, Portugal und von den Philippinen stammend, auf den Plantagen tätig sind.
1866	Die ersten Lepra-Patienten werden zur Kalaupapa-Halbinsel auf Molokai'i gebracht.

Abschluss von Gegenseitigkeitsverträgen mit den USA.	**1875**
Fertigstellung des 'Iolani Palace in Honolulu.	**1882**
Königin Lili'uokalani besteigt den hawaiianischen Thron.	**1891**
Die Königin wird von einer provisorischen Regierung gestürzt.	**1893**
Die Republik Hawai'i wird gegründet.	**1894**
Hawai'i wird von den Vereinigten Staaten annektiert und ein Jahr später zum US-Territorium erklärt.	**1898**
Bombardierung von Pearl Harbor durch japanische Flugzeuge; die USA treten in den Zweiten Weltkrieg ein.	**1941**
Hawai'i wird als 50. Bundesstaat in die USA aufgenommen.	**1959**
Von der Polynesian Voyaging Society initiiert, bricht die »Hōkūle'a«, der Nachbau eines traditionellen hawaiianischen Auslegerbootes, zu ihrer ersten Reise in den Südpazifik auf und setzt ein wichtiges Zeichen hinsichtlich des kulturellen Wiedererwachens.	**1976**
'Ōlelo Hawai'i wird wieder zur offiziellen Sprache.	**1978**
John Waihe'e wird als erster indigener Hawaiianer zum State Governor gewählt.	**1986**
Bill Clinton entschuldigt sich mit der »Apology to Native Hawaiians« für die Beteiligung am illegalen Umsturz vor 100 Jahren.	**1993**
Papahānaumokuākea wird zum Marine National Monument ernannt.	**2006**
Der in Honolulu auf O'ahu geborene Barack Obama wird der erste afroamerikanische US-Präsident.	**2009**
Der Kīlauea befindet sich seit 1983 in einem kontinuierlichen Eruptionszyklus, 2015 verstärkt sich seine Aktivität. Im Mai 2019 kommt es zu einem ungewöhnlich heftigen Ausbruch, die Erde bebt, rund 2000 Menschen müssen evakuiert werden.	**2018**
Auf dem Maunakea soll mit dem TMT ein weiteres Teleskop der Superlative errichtet werden. Die Bewegung »Protect Maunakea« kann den für Mitte Juli angesetzten Baubeginn vorerst verhindern.	**2019**

Gesellschaft und Alltagskultur

Abgesehen von denjenigen, die erst kürzlich hierhergezogen sind, wird man in Hawai'i kaum einen Inselbewohner finden, der nicht mindestens zwei oder drei ethnische Gruppen in sich vereint. Die große Kunst bestand schon zu Zeiten der Polynesier in der Anpassung. Und die funktioniert, solange man die eigenen Traditionen nicht vergisst, sondern mit Sorgfalt pflegt.

Bevölkerung

Hawai'i ist ein Schmelztiegel der Nationen – nirgendwo werden so viele multiethnische Ehen geschlossen wie hier. Eine klare Abgrenzung zwischen den Volksgruppen lässt sich kaum mehr vornehmen, Statistiken zufolge sind aber etwas mehr als 50 % der heute in Hawai'i lebenden Menschen asiatischer Abstammung. Keine einzelne Volksgruppe hat einen Anteil von mehr als 30 % an der Gesamtbevölkerung. Es gibt weder eine dominierende Ethnie noch eine echte Minderheit.

Noch vor 150 Jahren lag der Anteil der Inselbewohner mit polynesischen Vorfahren bei über 90 %, inzwischen ist er verschwindend gering. Die Zahl der Native Hawaiians war im Laufe der Zeit großen Schwankungen unterworfen. Man nimmt an, dass zu Zeiten von James Cook 300 000 bis 400 000 Menschen auf den Inseln lebten. Durch aus Europa eingeschleppte Krankheiten wurde die einheimische Bevölkerung aber stark dezimiert.

Als sich der Plantagenboom abzeichnete, mussten in Asien und Europa Arbeiter angeworben werden, um die Lücken zu schließen. Ab 1882 wuchs die Zahl der Gesamtbevölkerung innerhalb von wenigen Jahren wieder auf über 150 000 an. Um 1900 stellten Japaner mit rund 60 000 Menschen die größte Bevölkerungsgruppe, gefolgt von Hawaiianern (30 000), Chinesen (26 000) und Portugiesen (18 000). Hinzu kamen etwa 10 000 Abkömmlinge aus Mischehen und rund 9000 Vertreter anderer Nationalitäten, darunter Deutsche, Franzosen und Briten.

Anfang des 20. Jh. boomte die Plantagenwirtschaft, erneut wurden Tausende von Vertragsarbeitern auf die Inseln geholt. Sie kamen aus Korea, Vietnam, Thailand, Puerto Rico und in besonders großer Zahl von den Philippinen. Kurz vor dem Zweiten Weltkrieg war die Bevölkerungszahl wieder so hoch wie zu Zeiten der ersten europäischen Siedler.

Schätzungen zufolge sind heute weniger als 10 000 Menschen Native Hawaiians (eine gesetzliche Definition findet man unter der Webadresse https://definitions.uslegal.com/n/native-hawaiian). Fasst man den Begriff nicht ganz so eng, dann sind etwa 20 % der Bevölkerung Hawaiianer. Voraussetzung ist, dass man einen hawaiianischen Großelternteil nachweisen kann.

Unter den Native Hawaiians gibt es eine Bewegung, die mehr Autonomie innerhalb der USA anstrebt, das Hawaiian Sovereignty Movement. Die verschiedenen Gruppen fordern mehr politische und gesellschaftliche Mitbestimmung für die Hawaiianer. Ihre Vertreter erklären sowohl den Sturz des Königshauses als auch die Annexion für illegal und kämpfen dafür, als unabhängige Nation anerkannt zu werden. Die Aktivisten sprechen zudem Probleme wie Obdachlosigkeit, Armut, wirtschaftliche Benachteiligung und den Verlust der kulturellen Identität aufgrund mangelnder einheimischer Beteiligung in der Politik an.

Seit 1865 gibt es den Royal Order of Kamehameha I., der ursprünglich von Kamehameha V. ins Leben gerufen wurde, um die Unabhängigkeit Hawai'is zu bewahren und zu verteidigen. Der Orden besteht auch heute noch und setzt sich u. a. für den Schutz hawaiianischer Bräuche und Traditionen ein. Er ist zudem ein wichtiger Ansprechpartner für die US-Regierung und den Staat Hawai'i, wenn es z. B. bei offiziellen Staatsempfängen um die Einhaltung von für die Hawaiianer wichtigen Protokollen geht.

Aktuell leben mehr als 1,4 Mio. Menschen mit ganz unterschiedlichen ethnischen Hintergründen in Hawai'i. Die durchschnittliche Lebenserwartung beträgt 82,4 Jahre und übertrifft damit die aller anderen amerikanischen Bundesstaaten. In Hawai'i verzeichnet man die zweitniedrigste Adipositasrate im gesamten Land und die drittniedrigste Raucherrate. Die Anzahl der Ärzte, die der Gesamtbevölkerung zur Verfügung stehen, ist überdurchschnittlich hoch. Allerdings sind die Gesundheitsstatistiken nicht gleichermaßen repräsentativ für alle ethnische Gruppen. Hawaiianer, die polynesischen Vorfahren haben, neigen eher zu Adipositas und sind stärkere Raucher als der Staatsdurchschnitt.

Verständigung

Hawaiianisch ist eine sehr poetische Sprache. So gibt es z. B. für Regen nicht nur ein Wort, sondern etwa 130 verschiedene, die zugleich erklären, wie der Regen beschaffen ist und woher er kommt. Noch mehr Wörter, nämlich 160, gibt es für den Wind. Hawaiianisch wurde anfänglich nur gesprochen und über die Bewegungen des Hula-Tanzes artikuliert, es gab keine Schrift. Die führten erst die Missionare ein. 1837 wurde die erste Grammatik der hawaiianischen Sprache veröffentlicht, im Jahr davor erschien das erste hawaiianisch-englische Lexikon, mit dem Ziel, die Schreibweise zu vereinheitlichen. Bis dato folgte man nämlich bei der Niederschrift meist nur dem eigenen Gehör – die Folge war eine Vielzahl unterschiedlicher Schreibweisen für das gleiche Wort. Die Missionare erarbeiteten ein Wörterbuch, um Kirchenlieder und die Bibel übersetzen zu können. Obwohl das Hawaiianische keiner in ihren Heimatländern gesprochenen Sprache glich, erlernten sie es erstaunlich schnell. Das Alphabet wurde 1823 festgelegt. Es besteht aus insgesamt dreizehn Buchstaben: fünf Vokalen (a, e, i, o, u), sieben Konsonanten (p, k, m, n, w, l, h) und dem 'Okina (nicht mit einem Apostroph zu verwechseln – dr Apostroph gleicht einer kleinen Neun, das 'Okina einer kleinen Sechs). Das 'Okina trennt aufeinanderfolgende Vokale und zeigt eine Sprechpause an.

Zudem gibt es noch das Kahakō-Zeichen über einem Vokal – es bedeutet, dass dieser lang gesprochen und die Silbe betont wird. Das hawaiianische Alphabet ist das kürzeste der Welt. Die Wörter hingegen können extrem lang sein, durch das 'Okina werden sie aber in kleinere Abschnitte geteilt. Diese Portionierung erleichtert – mit etwas Übung – auch die Aussprache von Bandwurmwörtern wie Humuhumunukunukuapua'a – bei diesem Zungenbrecher handelt es sich um den hawaiianischen Nationalfisch.

Mit jeder neuen ethnischen Gruppe kam auch eine neue Sprache auf die Inseln. Wo – wie auf den Plantagen – Menschen ganz unterschiedlicher Herkunft aufeinander trafen, entwickelte sich ein Kauderwelsch namens Hawaiian Pidgin (oder Hawaiian Creole English = HCE). Die ersten Mischwörter entstanden bei Verhandlungen zwischen ausländischen Kaufleuten, Walfängern und Hawaiianern, die versuchten, sprachlich irgendwie auf einen gemeinsamen Nenner zu kommen. Als in der Plantagenära Arbeiter aus Portugal, China, Japan, Korea und den Philippinen nach Hawai'i kamen, bereicherten sie das Pidgin-Englisch um weitere Dialekte. Im 19. und 20. Jh. wurde HCE dann auch vermehrt außerhalb der Plantagen gesprochen und verdrängte das Hawaiische schließlich fast vollständig. In den 1980er-Jahren gab es Unterrichtsprogramme in Hawaiian Creole English, um Schüler beim Erlernen von Standard English zu unterstützen. Noch heute wird in Hawai'i im Alltag Pidgin gesprochen. Inzwischen verwenden es auch gebildetere Bevölkerungsschichten, um sich als Einheimische auszuweisen.

'Ohana – die Familie

Aufgrund der hohen Lebenshaltungskosten in Hawai'i, speziell auf O'ahu, ist es vielen jungen Menschen nicht möglich, das Elternhaus nach der Schule oder während des Studiums zu verlassen, um sich eine eigene Wohnung zu suchen. Man lebt häufig in Zwei- oder Drei-Generationen-Haushalten. Allerdings haben die Hawaiianer ein anderes Verhältnis zu ihren Familienangehörigen. Die 'Ohana (Familie) geht über alles. Vor allem ist Respekt gegenüber den Älteren, die ungeachtet der Blutsverwandtschaft Auntie oder Uncle genannt werden, ganz wesentlich. Wie in vielen Alltagssituationen ist Aloha auch beim Umgang mit der Verwandtschaft die Antwort auf fast alle Fragen. Viele Familien in Hawai'i sind groß – das liegt weniger an der heutigen Generation als an früheren, die sehr kinderreich waren. Meist sind die einzelnen Familienmitglieder allerdings über die Inseln verteilt. Manchmal trennen sich Familien auch räumlich aufgrund der Arbeitssituation auf ihrer Insel. Dass Elternteile auf getrennten Inseln leben, um die Lebenskosten decken zu können, ist durchaus üblich. Doch zu Familienfesten, die regelmäßig und mit großem Aufwand gefeiert werden, kommen alle zusammen, Auntie, Uncle und zahlreiche Cousins inklusive. Musik, Tanz, Gesang, Essen und »Talk Story«, reger mündlicher Austausch, machen die Events zu großen Festivitäten, die mehrere Tage dauern können.

Kamehameha-Schulen

Eine wichtige Bedeutung im Gesellschaftsleben der Hawaiianer haben auch die Kamehameha Schools, ein privates Schulsystem, das vom Bernice Pauahi Bishop Estate ins Leben

Zuletzt zum Touristenkitsch verkommen, wird der Hula als hawaiianisches Kulturerbe heute wieder gelebt

gerufen wurde. Bernice Pauahi Bishop, die der Kamehameha-Dynastie angehörte, legte in ihrem Testament die Gründung einer Stiftung fest, die heute Hawai'is größter privater Landbesitzer ist. Die erste Schule, die ausschließlich hawaiianische Jungen besuchen durften, wurde 1887 auf dem Grund des Bishop Museum errichtet. Weitere Schulen, auch für Mädchen, folgten. 1965 wurde die Koedukation eingeführt. Durch diese Einrichtung sollten Kinder mit hawaiianischer Abstammung von der Preschool bis zur zwölften Klasse eine Schulbildung erhalten, in der die hawaiianische Sprache und Kultur den ihnen gebührenden Platz erhielten. Die Schulen sind auf drei Campus-Anlagen verteilt, in denen über 5000 Schüler betreut werden. Um einen Platz in der Kamehameha-Schule zu bekommen, müssen Kinder ein anspruchsvolles Bewerbungsverfahren durchlaufen. Nachkommen von Native Hawaiians werden bei der Anmeldung bevorzugt, grundsätzlich kann aber bei Nachweis der entsprechenden Eignung jeder die Kamehameha-Schulen besuchen.

Traditionen und Alltagskultur

Wahrscheinlich gibt es keinen anderen Staat in den USA, der so intensiv von Traditionen geprägt ist wie Hawai'i. Die Riten und Bräuche, die seit der Besiedlung durch die Polynesier bestehen, sind untrennbar mit der Alltagskultur verflochten. Ob das nun ein Aloha zur Begrüßung ist, ein Lunch Plate mit Poi zum Mittagessen, ein abendlicher Ritt auf den Wellen oder ein Blick in die Sterne des Nachthimmels. Fast alle Gedanken und Handlungen sind in irgendeiner Form mit einer Tradition verbunden. Viele Dinge, die uns alltäglich erscheinen – dazu gehören z. B. auch das Tragen eines Aloha-Hemdes oder einer Blume im Haar –, sind für Hawaiianer eine direkte Verbindung zu ihren Vorfahren oder zur Natur. Dazu zählt auch das Tätowieren (Kākau) auf die Art, wie es schon vor Tausenden von Jahren praktiziert wurde, mit schnellen Schlägen. So durchlebt der Tätowierte genau die Schmerzen, die schon seine Vorfahren erleiden mussten.

Natürlich hält die Hawaiianer aber die Tiefgründigkeit nicht davon ab, einen entspannten bis sehr entspannten Alltag zu führen. Das Motto ist prinzipiell »Hang Loose« und dazu wird das Shaka-Zeichen gezeigt: Daumen und kleiner Finger sind abgespreizt und die drei mittleren Finger zeigen nach innen. Für ein Foto wird die Hand stillgehalten, wenn man sich z. B. im Vorbeifahren bedanken möchte, bewegt man das Handgelenk mit dem Shaka-Zeichen hin und her.

Das Leben findet wann immer möglich im Freien statt, am Strand, im Park, am liebsten mit Freunden und Familie, mit Musik und jeder Menge Essen. Die Hawaiianer sind sehr freundlich und zuvorkommend, der größte Fauxpas, den man begehen kann, ist unhöflich zu sein, denn Unfreundlichkeit ist eine Form von Respektlosigkeit und damit ein absolutes No-Go.

Religion und Kulte

In der polynesischen Mythologie gibt es unzählige Götter, die wichtigsten sind Kane, Kū und Lono. Diese drei Hauptgötter haben die Erde, das Meer und die Gestirne erschaffen. Sie wurden aufgrund ihrer Kräfte besonders verehrt, waren aber sehr unterschiedlich. Kane und Lono galten, im Gegensatz zu Kū, dem Kriegsgott, als freundlich und mussten nicht mit Menschenopfern zufriedengestellt werden. Zu diesen drei Gottheiten gesellten sich viele weitere, die man auf allen polynesischen Inseln verehrte, darunter Kanaloa, der Gott des Meeres und der günstigen Winde, Wākea, der Himmelsvater, Pele, die Göttin des Feuers und der Vulkane, sowie ihre Schwester Poli'ahu, die Schneegöttin. Der Halbgott Maui soll die hawaiianischen Inseln aus dem Meer gehoben und mit seinem Lasso die Sonne eingefangen haben.

Die alten Hawaiianer hatten für jeden Lebensbereich eine Schutzgottheit, der sie mit der Bitte um Beistand Opfer darbrachten. Zu ihrer Verehrung wurden Heiaus (Stammestempel) erbaut, die von großen Holzfiguren (Tikis) umgeben waren. Einige dieser aus Lavasteinen erbauten heiligen Stätten können noch heute besucht werden. Die religiösen Zeremonien wurden von Kahunas (Priestern) geleitet, die auch als Heiler, Astronom und Wahrsager fungierten und großen Einfluss besaßen. Häufig waren sie als Berater von Häuptlingen und Königen tätig, die sie in wichtigen Fragen konsultierten.

In der hawaiianischen Kultur sind zwei Grundprinzipien von Bedeutung: Kapu und Mana. Der Begriff »Kapu« kommt dem deutschen Wort »Tabu« sehr nah und bezeichnet Menschen, Orte, Sachen oder Taten betreffende Verbote, deren Übertretung schwerste Strafen nach sich zog. Die einzige Chance, diesen zu entgehen, war das Erreichen einer Fluchtburg (Pu'uhonua), in der Tabubrechern Zuflucht gewährt wurde.

Mana ist eine spirituelle Kraft, die Dingen, Orten und Menschen innewohnen kann. Durch herausragende Leistungen oder Versagen, gute und schlechte Taten kann sie größer und kleiner werden. Wer ein Kapu bricht, verliert sein Mana.

König Kamehameha I. war bis zu seinem Tod ein großer Verfechter des Kapu-Systems und blieb seinen polynesischen Wurzeln damit treu. Er umgab sich mit einem Harem adliger Frauen, folgte dem Rat der Priester, erkannte die Ali'i-Ordnung an und opferte den Göttern. Ein besonders streng eingehaltenes Kapu war, dass Frauen und Männer nicht gemeinsam essen durften. Ka'ahumanu überzeugte Prinz Liholiho davon, diese Regel zu brechen, und schaffte damit die alte Ordnung ab. In der Folge wurden auf allen Inseln die Tempel und Standbilder der alten Gottheiten zerstört. Die hawaiianische Religion geriet immer mehr in Vergesenheit.

Mit den Missionaren, zumeist protestantischen Kongregationalisten, kam das Christentum nach Hawai'i. Auch der Katholizismus fand viele Anhänger, obwohl Königin Ka'ahumanu 1827 den Protestantismus zur Staatsreligion erklärte und drei Jahre später den römisch-katholischen Priestern die Missionstätigkeit untersagte. Seit 1840 besteht Glaubensfreiheit in Hawai'i, heute bezeichnet sich etwa die Hälfte der Gläubigen als Christen. Viele Hawaiianer bekennen sich auch zu asiatischen Religionen wie Konfuzianismus, Taoismus oder Buddhismus. Die vielen verschiedenen Glaubensgemeinschaften koexistieren friedlich, diese Offenheit und Toleranz fällt immer wieder positiv auf. Besucher werden dementsprechend ganz unabhängig von ihrer Glaubensrichtung in allen Kirchen, Pagoden, Moscheen, Synagogen etc. mit offenen Armen empfangen.

Spiele

Die Hawaiianer waren sehr erfinderisch, was sportliche Wettkämpfe und Spiele anging. Um zu trainieren, aber auch zum Zeitvertreib veranstalteten sie Kanurennen, Boxkämpfe und Wettbewerbe im Surfen, Speerwerfen oder Bogenschießen. Ein Vorgänger heutiger Adrenalinsportarten war Holua – dabei rutschte man auf einem hölzernen Schlitten die Flanke eines Berges hinab, über erkaltete Lava und scharfkantige Felsen.

Ruhiger ging es bei Kōnane zu, einem beliebten Strategiespiel, das an Mühle erinnert. Man spielte es auf flachen Felsen oder Bastmatten, später auch auf tragbaren Spielbrettern. In kleine Vertiefungen oder auf quadratische Felder wurden abwechselnd schwarze und weiße Steine gelegt. Dann nahm man aus der Mitte des Spielfelds zwei Steine heraus und teilte per Los jedem Spieler seine Farbe zu. Anschließend ging es darum, durch Überspringen gegnerische Steine zu schlagen. Gewinner war, wer den letzten möglichen Zug machte.

Ein weiteres traditionelles Spiel war 'Ulu Maika: Von einer Startlinie aus galt es, einen scheibenförmigen Stein auf einem speziell präparierten Pfad zwischen zwei Pfosten hindurchzuwerfen. Dabei ging es zum einen ums Treffen, zum anderen um die Weite des Wurfs. Bei diesem ebenso wie bei anderen Spielen wurde gern gewettet.

Tattoos – eine spirituelle Verbindung

Tattoos in Hawai'i gehen gleich doppelt unter die Haut. Nicht nur, weil die Farbe in stundenlanger Klöppelarbeit in die tieferen Hautschichten »geschlagen« wird, sondern weil der Prozess des traditionellen Kākau auch eine spirituelle Erfahrung ist. In Hawai'i gibt es nur wenige, die dieses alte Handwerk noch beherrschen und ihre Nachfolger ausbilden dürfen. Keone Nunes ist einer davon.

Natürlich kann man in Hawai'i in ein Tattoo-Studio gehen, sich ein schönes Motiv aussuchen und den Tätowierer bitten, die Nadel anzusetzen. Allerdings sollte man in dem Fall nicht das Studio von Keone Nunes aufsuchen. Und wenn man doch bei ihm aufschlägt, würde er den Auftrag höflich ablehnen. Keone ist einer von wenigen Kākau-Meistern, die das traditionelle Tätowieren erlernt haben, praktizieren und ihr Wissen auch an ausgewählte Schüler weitergeben dürfen.

Um sich auf den Prozess, der für Tätowierer, Tätowierten und Helfer gleichermaßen anstrengend ist, einzustimmen, gibt es verschiedene Rituale. In den frühen Morgenstunden, wenn sich das Körperliche und der Geist vermischen, werden die Werkzeuge, die für das Tattoo verwendet werden, am Ozean für Kahekili, den Gott des Tätowierens, »aufgeweckt«. Man schickt ein kurzes Gebet und taucht die Werkzeuge ins Wasser, um sie darauf vorzubereiten, dass sie heute heilige Arbeit leisten werden. Diese Zeremonie ist ganz simpel, aber in eine jahrtausendealte Kultur eingebettet.

Nunes hat Kākau in den 1990er-Jahren zurück nach Hawai'i gebracht – sein Lehrer war der Samoaner Sua Suluape Paulo. Bei dieser Praktik werden keine Maschinen, sondern traditionelle, selbsthergestellte Werkzeuge verwendet. Die Geräte bestehen aus Walknochen, Holz und Fasern.

Die Kākau-Motive, die Nunes erstellt, hängen von den Vorfahren und Familiengöttern seines jeweiligen Kunden ab und von der spirituellen Verantwortung (Kuleana), die diese mit sich bringen. Bevor seine Arbeit beginnen kann, sagt er ein Gebet und bittet darum, dass die Tinte und die Werkzeuge gut zusammenarbeiten, um etwas zu kreieren, das dem Individuum Mana gibt. Dies ist eine ganz besondere Zeremonie, die fast für immer in Vergessenheit geraten wäre. Wenn der Kākau-Prozess beginnt, wird man automatisch in einen Moment versetzt, den die eigenen Vorfahren vor 1000 Jahren genau so erlebt haben. In der heutigen Welt ist es schwierig, das Leben unserer Ahnen nachzuvollziehen oder einen Teil davon zu erleben – in diesem Fall wird die Verbindung direkt hergestellt, der Moment und die Gefühle sind die gleichen.

Aber auch die Verbindung zwischen Tätowierer und Tätowiertem muss stimmen, denn nur so kann der Tätowierer sicherstellen, dass der Tätowierte vom ausgewählten Motiv profitiert, um beispielsweise sein Mana zu vergrößern.

Kunst und Kultur

Zeitgenössische Kunst in Hawai'i umfasst zumeist Elemente, die einen direkten Natur- oder Kulturbezug haben. Die Architektur ist pragmatischer: Bauten waren und sind hauptsächlich zweckdienlich. Während in der Musik weiterhin der entspannte Inselstil vorherrscht, werden in der Bildenden Kunst auch kritische Töne angeschlagen.

Architektur

Antike Bauten

Zu den ältesten in Hawai'i erhaltenen baulichen Strukturen gehören die Reste von Kultstätten, sogenannten Heiaus. Von den Tempelanlagen sind heute nur noch Mauerreste und Steinplattformen erhalten, auf denen einst Grashäuser, Gebetstürme, Opfergerüste und hölzerne Götter- und Wächterfiguren (Ki'i) standen. Die Sorgfalt, mit der die Steine ohne Mörtel aufeinandergeschichtet wurden, beeindruckt. Die Tempel dienten unterschiedlichen Zwecken – in manchen wurden Heilrituale durchgeführt, in anderen um eine gute Ernte, um Regen oder Kriegsglück gebetet. In dem Kriegsgott geweihten Tempeln (Luakini) wurden auch Menschen geopfert. Heiaus durften nur von Ali'i und Kahunas (Priestern) betreten werden, und für viele Hawaiianer sind sie bis heute heilige Orte. Zu den besterhaltenen Tempelanlagen gehört der Pu'ukohola Heiau auf Hawai'i Island.

Ein Ko'a ist ein Schrein, an dem für erfolgreichen Fischfang gebetet wurde. Häufig handelt es sich nur um ein paar aufgeschichtete Steine, die mit Korallen und Muscheln geschmückt waren. Einige Ko'as wurden unter Wasser errichtet.

Die Häuser und selbst die Paläste der Ali'i bestanden aus einem tiefgezogenen Grasdach über einem Holzgerüst. Bastmatten dienten als Seiten- und Trennwände. Eine Federstandarte (Kāhili) über dem Eingang kennzeichnete den Wohnsitz eines Häuptlings.

19. Jahrhundert

Die weißen Einwanderer brachten im 19. Jh. ihre eigenen Bautraditionen mit, die sie an die Bedingungen in den Tropen anpassten. Beispiele für diese Verbindung von historischer Architektur und Zweckmäßigkeit kann man in Old Kōloa Town auf Kaua'i, in Hilo auf Hawai'i Island und in Lāhainā auf Maui entdecken: Hier überdachte man die Gehsteige vor den Geschäfts- und Wohnhäusern, um Passanten vor Regen und zu intensiver Sonneneinstrahlung zu schützen. Privathäuser wurden mit umlaufenden Balkonen und überdachten Veranden (Lānais) umgeben, auf denen sich das Leben der Familie abspielte, wenn es im Inneren zu heiß wurde. Besondere architektonische Schmuckstücke sind die vielen kleinen Missionskirchen, deren Fassaden häufig bunt gestrichen sind. Einen farbigen Außenanstrich haben auch die Arbeiterhäuser aus der Plantagenzeit, ein besonders schönes Beispiel ist die Hauptstraße von Lāna'i City. Die prächtigen Anwesen der Zuckerbarone haben Plantagenarchitektur auf ein neues Level gehoben – sie dienen auch heute noch als Inspiration für neu erbaute Luxusvillen.

Gegen Ende des 19. Jh. hielt besonders in Honolulu der Historismus Einzug. Die Cathedral Basilica of Our Lady of Peace wurde im Stil der Neogotik erbaut, 'Iolani Palace orientiert sich an Vorbildern der italienischen Renaissance. Der neoromanische Baustil zeichnet sich in Hawai'i durch die Verwendung wuchtiger dunkler Basaltblöcke aus, das Bernice Pauahi Bishop Museum ist ein gutes Beispiel.

Moderne

In den 1920er- und 1930er-Jahren fand der Art-déco-Stil Verbreitung, der sich ähnlich wie in Miami im US-Bundesstaat Florida tropischer Motive bediente. Als schönstes Beispiel gilt das Hawai'i Theatre in Honolulu. Es wurde in das National Register of Historic Places aufgenommen. Für den hawaiianischen Bauhausstil steht das State Capitol, bei dem es ebenfalls viele lokale Bezüge gibt, wie die als Königspalmen gestalteten Säulen. Der bedeutendste Vetreter der Moderne in Hawai'i war der in Russland gebürtige Vladimir »Val« Ossipoff (1907–1998).

Seit einiger Zeit wird, zumindest in Honolulu, auch in den Himmel gebaut: Wohnungen und Platz sind Mangelware, daher setzen immer mehr moderne Wolkenkratzer in der Skyline Akzente. Andere Inseln wie Kaua'i und Moloka'i bleiben sich treu und versuchen den Status quo zu erhalten.

Musik

Die traditionelle hawaiianische Musik ist von Sprechgesängen (Mele) geprägt, in denen das gesamte Wissen einer schriftlosen Gesellschaft weitergegeben wurde. Den Gesang begleiten Rhythmusinstrumente wie 'Ulī'ulī, Kürbisrasseln, und Pū'ili, geschlitzte Bambusstöcke. Die 'Ukulele ist eine Adaption der Braguinha- oder Cavaquinho-Gitarre, die von portugiesischen Einwanderern nach Hawai'i eingeführt wurde und sich schon damals großer Beliebtheit erfreute. Heute ist sie aus keinem hawaiianischen Musikstück mehr wegzudenken. Die Stahlgitarre soll Joseph Kekuku 1895 zum ersten Mal gespielt und dabei den speziellen Slide Sound erfunden haben, bei dem er ein Stück Metall über die Saiten gleiten ließ. Ein spezieller Spielstil kennzeichnet auch die Slack Key Guitar, Hawai'is wohl bekanntesten Beitrag zur Musikgeschichte.

Honolulu ist eine moderne Großstadt, in der man leicht vergessen kann, dass man sich mitten im Pazifik befindet

Leis – eine Anleitung

Vielleicht kommt es Ihnen seltsam vor, dass Sie für das Tragen eines Kranzes eine Anleitung benötigen. Aber auch der Lei hat in der hawaiianischen Kultur eine besondere Bedeutung und daher besteht die Gefahr, aus Unwissenheit heraus beim Tragen und Ablegen des Lei einen oder gleich mehrere Fauxpas zu begehen. Und das wäre bei einer so schönen Tradition sehr schade!

Hawai'i ohne Blumenpracht, ohne tropisch üppige Vegetation – unmöglich! Eine Hawai'i-Reise, ohne zumindest einmal einen Lei getragen zu haben – undenkbar! Im Idealfall beginnt Ihr Aufenthalt damit, dass Sie am Flughafen mit einem duftenden Blumenkranz herzlich in Hawai'i willkommen geheißen werden. Der Brauch ist uralt und geht auf die ersten polynesischen Siedler zurück, die die Lei-Tradition in Hawai'i einführten. Dabei gab es, genau wie heute, viele Lei-Varianten – nicht nur aus Blumen und Nüssen, sondern auch aus Schnecken, Muscheln und sogar aus Tierknochen oder -zähnen wurden Kränze hergestellt. Es gab auch Leis aus bunten Federn, die allerdings den Ali'i und Königen vorbehalten waren. Eine symbolische Bedeutung bekam der Lei, wenn gegnerische Häuptlinge in einem Heiau (Tempel) die grünen, glänzenden und duftenden Blätter der einheimischen Maile-Pflanze miteinander verflochten und damit ein Friedensabkommen schlossen.

Heute werden Leis zu ganz unterschiedlichen Anlässen verschenkt – die Betonung liegt auf schenken. Sie können den Kranz als Begrüßung oder Dankeschön, zum Geburtstag oder einem anderen besonderen Anlass oder als Zeichen der Liebe und Wertschätzung erhalten. Der Lei wird mit beiden Händen über den Kopf gehoben und auf den Schultern abgelegt. Solange der Geschenkgeber bei Ihnen ist, sollten Sie den Kranz tragen. Wenn Sie den Lei im Hotel abnehmen, wässern Sie ihn, dann hält er ein paar Tage. Steht der Rückflug bevor und Sie können einen Blumen-Lei nicht mitnehmen, dann verschenken Sie ihn an eine andere Person oder geben Sie ihn im Idealfall der Natur zurück. Legen Sie die Blüten z. B. unter einen Baum oder lassen Sie sie von den Wellen aufs Meer hinaustragen – achten Sie dabei unbedingt darauf, die Schnur zu entfernen, damit sich keine Fische darin verwickeln.

Der 1. Mai ist Lei Day – an diesem Tag sehen Sie wunderschöne Exemplare, können bei der Herstellung zusehen und mehr über die Bedeutung von Materialien und Farben erfahren. Jede der hawaiianischen Inseln hat z. B. ihren eigenen offiziellen Lei mit Blüten in bestimmten Farben. Auf Hawai'i Island werden rote 'Ōhi'a-Lehua-Blüten verwendet, auf O'ahu gelbe Ilima. Typisch für Kaua'i sind violette Mokihana-Blüten, für Moloka'i grüne Kukui-Blätter. Kaunaoa, ein orangefarbenes Rankengewächs, wird zu Lāna'i-Leis geflochten, auf Maui bevorzugt man pinkfarbene Lokelani.

Leis werden verpackt am Flughafen verkauft ... wenn Sie die Blüten unterwegs immer wieder mit etwas Wasser beträufeln, bleiben sie bis zu Ihrer Ankunft in Europa frisch und bereiten Ihren Liebsten mit Sicherheit große Freude!

Nachdem sie zwischenzeitlich durch westliche Musik wie Rock verdrängt worden war, erlebte die hawaiianische Musik seit den 1970er-Jahren eine Renaissance, und mit ihr auch die Stahlgitarre. Bekannte Interpreten waren Raymond Kāne, Cyril Pahinui und Dennis Kamakahi. Zu den heutigen Slack-Guitar-Größen zählt George Kahumoku Jr.

Wenn man heute in Hawai'i lokale Radiosender hört, kommt man mit den Genres Hawaiian Reggae, Island Music und Jawaiian in Berührung. Die Musik ist sehr entspannt und die Texte handeln von Sonne, Strand und Meer. Auch berühmte Surfer wie Jack Johnson und Makua Rothman haben sich der Musik angenommen. Die Kombination Musik und Surfen scheint hervorragend zu funktionieren. Eine vielversprechende junge Künstlerin, die in Hawai'i Kultstatus hat, ist Kimié Miner. Ihr Album »Proud as the Sun« mit dem Titel »Bamboo« wurde für neun Grammys nominiert. Der Künstler Kalani Pe'a erhielt 2017 für sein Album »E Walea« einen Grammy für das Best Regional Roots Music Album. Der Sänger aus Maui war der erste Native Hawaiian, der einen Grammy gewann.

Kunst und Kunsthandwerk

Petroglyphen

Felsbilder gibt es vielerorts in Hawai'i zu bestaunen, die meisten wurden aber auf Hawai'i Island entdeckt. Die Deutungen sind vielfältig, aber letztlich spekulativ. Manche Forscher sehen in den Bildern Alltagsszenen, wahrscheinlicher ist jedoch ein spiritueller Hintergrund. Häufig dargestellt sind menschliche Figuren, Kanus, Fische, Meeresschildkröten und andere Tiere, weiterhin abstrakte geometrische Symbole. Eine Gemeinsamkeit besteht darin, dass die meisten Petroglyphen auf Felsen in Meeresnähe zu finden sind und die Fundorte häufig auf der trockenen Westseite der Inseln liegen. Einige Felszeichnungen entdeckte man auch in der Umgebung von Heiaus. Die Ki'i Pōhaku wurden vor Jahrhunderten in Lavasteine geritzt, möglicherweise waren sie einst farbig bemalt. Zu den bedeutendsten Fundstätten zählt die Puakō Petroglyph Archaeological Preserve an der Kohala Coast auf Hawai'i Island.

Muschelschmuck

Die wohl bekannteste Muschel in Hawai'i ist die Ni'ihau Shell. Ni'ihau-Muscheln gibt es in den unterschiedlichsten Mustern und Farbschattierungen – zum Schmuck (und durchaus auch zur Investition) werden die unglaublich kleinen Sammlerstücke in Form von Leis (Ketten) aufgefädelt. Der Begriff »Ni'ihau Shell« ist eigentlich Muscheln vorbehalten, die tatsächlich am Strand von Ni'ihau gesammelt wurden. Er bezeichnet aber auch drei Muschelarten, die für die Herstellung einer echten Ni'ihau-Kette verwendet werden: Kahelelani, Momi und Lāiki. Die Muscheln sind winzig klein und sie auf eine Kette aufzufädeln ist extrem zeit- und arbeitsintensiv. Es gibt unterschiedliche Arten und Weisen, wie die Muscheln in der Kette verarbeitet sind – neben- oder übereinander, mehrere ineinander verdrehte Ketten etc. Ni'ihau-Muschelschmuck kann je nach Länge und Anzahl der Ketten und nach Aufwand der Herstellung fünfstellige Dollarbeträge kosten.

Federmäntel

Federmäntel und -helme gehören zu den spektakulärsten hawaiianischen Artefakten aus voreuropäischer Zeit. Sie symbolisierten Macht und Prestige der Ali'i und wurden über Generationen weitervererbt. Besonders prächtige Mäntel wie der von König Kamehameha I. im Bernice Pauahi Bishop Museum in Honolulu bestehen aus Hunderttausenden von Federn, ihre Herstellung nahm Jahrzehnte in Anspruch. Bevorzugt verwendet wurden Federn in den Farben Rot und Gelb, wegen denen der 'I'iwi und der 'Apapane, der Mamo und der O'o extensiv gejagt wurden. Der O'o ist heute ausgestorben.

Holzschnitzerei und Scrimshaw

Unter den traditionellen Kunstformen im alten Hawai'i war die Holzschnitzerei die am höchsten entwickelte, obwohl als Werkzeuge anfangs nur Steine oder Zähne zur Verfügung standen. Aus Koa und anderen einheimischen Hölzern wurden Kanus und Paddel, Speerspitzen, Angelhaken und andere Dinge für den Alltagsbedarf gefertigt, aber auch meterhohe Götterfiguren und reich verzierte Pfosten für Tempel und die Behausungen von Ali'i. Die ältesten Götterbilder sind vermutlich nicht erst in Hawai'i entstanden, sondern wurden von den ersten Siedlern mitgebracht, denn sie ähnelten polynesischen Vorbildern. Historischen Abbildungen lässt sich entnehmen, dass die Figuren mit Federn und Muscheln geschmückt waren. Charakteristische Eigenschaften wurden besonders herausgestellt – so zeigte der Kriegsgott Kū eine furchteinflößende Fratze, und den Fruchtbarkeitsgott Lono zierte ein riesiger Phallus. Für Schnitzarbeiten wurde nicht nur Holz, sondern auch Kokosnussschale, Knochen und Walelfenbein verwendet. Aus Flaschenkürbissen stellte man dünnwandige, hauchfein geschliffene Gefäße her. Schöne Beispiele hawaiianischer Schnitzkunst sind im Bernice P. Bishop Museum in Honolulu zu sehen, im Museumsshop kann man auch Repliken erwerben.

Scrimshaw ist eine Kunstform aus der Walfängerzeit. Die Männer vertrieben sich damit an Bord die Langeweile und besserten ihre Heuer auf. In polierte Walzähne und -knochen ritzten sie vorwiegend marine Motive, die durch großflächig aufgetragene und anschließend wieder entfernte Farbe sichtbar wurden.

Kapa (Rindenbaststoffe)

Die Polynesier stellten aus dem Rindenbast von Papiermaulbeerbäumen, aber auch von Brotfruchtbäumen und Banyan-Feigen Kleidung, Schlafunterlagen, Decken und viele andere Textilien her. Der Rohbast wurde in Streifen geschnitten, eingeweicht, mit Muscheln gesäubert und dann mit einem flachen, vierseitigen Holzschlegel so lange geklopft, bis die Fasern miteinander verfilzten. Mehrere Stoffbahnen wurden durch weiteres Klopfen oder durch Verleimen mit Pflanzenextrakten miteinander verbunden. Abschließend färbte oder bemalte man die Rindenstoffe mit Farben, die aus verschiedenen Naturmaterialien gewonnen wurden. Auch Stempel aus Holz, Bambusstäben oder geflochtenen Pflanzenfasern fanden Verwendung. Die Muster waren ursprünglich meist geometrisch oder abstrahierten der Natur abgeschaute Formen wie Blätter, Fischgräten, Vogelfedern oder Haifischzähne. Nach Ankunft der ersten Weißen erweiterte sich das Bildrepertoire um Motive wie Segelschiffe, Pferde oder Gewehre. Auf-

wendig gefertigte Kapa-Stoffe waren Statussymbole und sagten etwas über den Rang ihres Trägers aus. Sie fanden auch bei religiösen Zeremonien Verwendung. Die Priester trugen Kapa-Gürtel und die Götterfiguren wurden mit Kapa-Stoffen bekleidet.

Zeitgenössische Kunst

Aloha A'ina

Aloha Ā'ina – Liebe zum Land – ist ein zentrales Konzept in der hawaiianischen Kultur. Es geht nicht nur darum, das Land zu schützen und respektvoll mit den natürlichen Ressourcen umzugehen, sondern auch um die Frage, wie sehr man sich mit dem eigenen Land identifiziert und Verantwortung dafür übernimmt. Aloha Ā'ina nannte sich im 19. Jh. eine politische Bewegung, die sich für Hawai'is Unabhängigkeit einsetzte. Im 20. Jh. wurde unter diesem Motto gegen große Bauprojekte gekämpft. Im 21. Jh. ist Aloha Ā'ina auch in der Gegenwartskunst ein äußerst relevantes Thema. Wie drückt sich Aloha Ā'ina bei jungen Menschen aus und wie verarbeiten sie ihre Gedanken dazu mit unterschiedlichen Materialien in zeitgenössischen Werken? Zu den modernen Künstlern, die sich mit dieser Fragestellung befassen, gehören Kaili Chun, April Drexel, Marques Mazan, Kapulani Landgraf,

Mit der Wiederentdeckung der hawaiianischen Kultur erlebte auch die Holzschnitzerei eine Renaissance

Abigail Romanchak und Maika'i Tubbs. Sie alle verwenden in ihrer Kunst – wenn auch auf unterschiedliche Weise – Symbole, die einen direkten Bezug zur Kultur und Natur Hawai'is haben, und sparen dabei auch Probleme wie die Verschmutzung der Meere nicht aus.

Fotografie

In Hawai'i gibt es zahlreiche professionelle Fotografen, die die Landschaft und speziell den Ozean im Fokus haben – einer davon ist Clark Little. Little wurde 1968 in Napa, Kalifornien, geboren, zog aber im Alter von zwei Jahren mit seiner Familie an die North Shore von O'ahu. In den 1980er- und 1990er-Jahren machte er sich einen Namen als Surfer an der Waimea Bay. Als seine Frau eines Tages mit einem Ozean-Foto aus dem Souvenirshop nach Hause kam, glaubte er Besseres liefern zu können. Er verband die Liebe zum Meer und den Wellen mit seinem Fototalent und investierte in eine wasserfeste Kamera. Sein Blick auf das Meer ist einzigartig, das Ergebnis sind atemberaubende Fotos aus höchst dramatischen Perspektiven, die ihn in kürzester Zeit zu einem der erfolgreichsten Wellen-Fotografen weltweit gemacht haben. Für einen spektakulären Schnappschuss geht er so manches Risiko ein. Inzwischen hat Clark Little eine eigene Galerie in Hale'iwa, in der er seine Werke verkauft (www.clarklittlephotography.com).

Surf Art

Auch Heather Brown verbindet in ihrer Kunst die Leidenschaft für das Meer und das Surfen. Heather wuchs in Südkalifornien auf und studierte Kunst an der University of Hawai'i, ihren Lebensunterhalt verdiente sie sich als Bootskapitänin und Tauchlehrerin. Bei ihrer Ausbildung legte sie den Schwerpunkt auf Radierungen, Tiefdrucke, Linol- und Holzschnitte – das hat ihren unverwechselbaren Stil geprägt. Hea-

Mal Modesünde, mal Kult – das Aloha-Shirt hat seit seiner Erfindung in den 1930er-Jahren viele Phasen durchgemacht

thers linienbetonte, reduzierte und farbintensive Bilder zeigen das Meer, Wolken und Wellen, tropische Flora und Strände, an denen sich Surfergirls und Surferboys tummeln. Ihre Kunst verkörpert die einfache Schönheit des Lebens am Meer. Heathers Zeichnungen werden in zahlreichen Galerien inselweit verkauft (www.heatherbrownart.com).

Keramik

Dean McRaine hat sein Atelier und seine Werkstatt in Kapa'a auf Kaua'i. Er ist ein Autodidakt, für den seine Kunst anfangs ein Mittel war, um von seinem häufig belastenden Arbeitsalltag als Familientherapeut Abstand zu gewinnen. Seine Keramikkunst ist fröhlich und bunt – »Happiness made solid«. Die leuchtenden Farben spiegeln seine Liebe zu Hawai'is Natur und seinen Menschen wider. Seine Inspiration sind Bäume, Blumen, Vögel, Fische, Schmetterlinge, Sonnenauf- und -untergänge und das Licht auf dem Ozean (www.lightwavepottery.com).

Modedesign

Die bekanntesten hawaiianischen Modeschöpfungen sind das Aloha-Hemd und das Mu'umu'mu, ein bodenlanges Kleid, das locker von den Schultern hängt. Vor allem die Aloha-Hemden sind auch bei Touristen beliebt, die den Aloha Spirit im Urlaub leben und vielleicht auch danach nach Hause retten möchten. Der Variantenreichtum ist unerschöpflich – das Spektrum reicht von billigen, wild gemusterten Shirts von zweifelhafter Qualität bis zu exklusiven Designerhemden, deren Prints kleine Kunstwerke sind. Einige hawaiianische Modemacher haben es sich zur Aufgabe gemacht, das Aloha-Shirt modisch upzudaten, durch traditionelle Muster und Motive aber den Bezug zur hawaiianischen Kultur zu bewahren. Erfolgreiche junge Marken, die Herz und Seele Hawai'is mit ihrer Mode symbolisieren, sind u. a. Noa Noa Hawai'i, Manaloa und vor allem Sig Zane, der für authentische hawaiianische Mode steht wie kein anderer. Seine Karriere begann in einem kleinen Atelier in Hilo auf Hawai'i Island. Mittlerweile sind seine Designs sogar in den Flugzeugen von Hawaiian Airlines zu sehen. Jedes Muster, das er kreiert, hat einen Bezug zur hawaiianischen Kultur. So wählt er für florale Motive ausschließlich endemische Pflanzen. Andere Designs haben Muster zum Vorbild, die von den polynesischen Einwanderern auf Kapa-Stoffe gedruckt und ganz ähnlich auch für Tattoos verwendet wurden.

Literatur

Der amerikanische Reisejournalist Paul Theroux hat sich in Hawai'i verliebt – in die paradiesische Natur der Inseln und in seine jetzige Frau, die er hier kennenlernte. Wann immer möglich, überwintert er in seinem Haus in Hale'iwa an der North Shore. In Hawai'i gelang es dem Autor, das Gefühl von Fremdsein und das von Sich-zu-Hause-Fühlen zusammenzubringen. »Ich lebe weit weg von den USA – und doch in meinem Heimatland«, erklärte er. »Hier kann mir keiner sagen: Du gehörst nicht hierher!«. Auf O'ahu schrieb Theroux den Bestsellerroman »Hotel Honolulu«.

Die jüngere Literatur steht im Zeichen der »Hawaiian Awareness«, einer Rückbesinnung auf die eigene Vergangenheit und Kultur. Kiana Davenport verarbeitet in Familiensagas wie »Shark Dialogues« (dt. »Haifischfrauen«) hawaiianische Geschichte vom 18. Jh. bis heute. Frances Kakugawa berichtet in »Kapoho. A modern Pompeji« vom Leben japanischer Einwanderer in der kleinen Plantagenstadt Kapoho auf Hawai'i Island, die 1960 einem Ausbruch des Kīlauea zum Opfer fiel. Um Jugendliche aus asiatischen Einwandererfamlien geht es auch in den Novellen von Lois-Ann Yamanaka, die häufig Pidgin-Englisch verwendet.

Hanya Yanagihara lebt und schreibt heute in New York, sie wuchs aber in Hawai'i auf, ihr Vater ist gebürtiger Hawaiianer japanischer Abstammung. Sie steht für eine Generation, für die es zum Alltag gehört, sich zwischen verschiedenen Welten zu bewegen.

Wissenswertes für die Reise

Anreise und Verkehr
Übernachten
Essen und Trinken
Outdoor
Feste und Veranstaltungen
Reiseinfos von A bis Z

Seit geraumer Zeit besinnt man sich in Hawai'i wieder auf das polynesische Erbe

Eine Hinterlassenschaft der Missionare sind die hübschen Holzkirchen, die gern für Hochzeiten gebucht werden

Sein modernes Gesicht zeigt Hawai'i in Honolulu, dem Manhattan des Pazifik – Wolkenkratzer und Verkehrsstaus gehören zum Stadtbild

Anreise und Verkehr

Einreisebestimmungen

Für einen Aufenthalt von bis zu 90 Tagen benötigen Deutsche, Schweizer und Österreicher einen maschinenlesbaren Reisepass. Das Dokument muss mindestens für die gesamte Aufenthaltsdauer, einschließlich Tag der Ausreise, gültig sein. Kinderreisepässe (gültig bis zum 12. Lebensjahr) werden nicht für eine visumfreie Einreise in die USA akzeptiert. Reisende müssen spätestens 72 Std. vor Flugantritt unter https://esta.cbp.dhs.gov eine elektronische Einreisegenehmigung (ESTA, Electronic System for Travel Authorization) beantragen (falls Sie nach Abschluss der Online-Registrierung nicht umgehend eine Genehmigung erhalten, können Sie den Status später über die Registrierungsnummer auf der Website verfolgen). Die einmal erteilte Erlaubnis gilt für beliebig viele Einreisen für die Dauer von jeweils maximal 90 Tagen innerhalb eines Zeitraums von zwei Jahren. Die ESTA-Gebühr beträgt aktuell 14 $ und muss per Kreditkarte oder mit PayPal bezahlt werden.

Die europäischen Fluggesellschaften sind gesetzlich verpflichtet, den Zollbehörden der USA Flug- und Reservierungsangaben von Passagieren zur Verfügung zu stellen. Zusätzlich zu diesen Daten ist die Angabe einer Adresse (Straßenname, Hausnummer, Stadt, Bundesstaat und Postleitzahl) erforderlich. Dies kann gegebenenfalls auch die Anschrift des ersten Hotels sein. Ohne diese Angabe kann die Einreise in die USA verweigert werden. Im Flugzeug müssen Passagiere ein Zollformular ausfüllen, die Customs Declaration.

Nach Ankunft am Einreiseflughafen/Seehafen erfasst die Immigration Agency von jedem Reisenden biometrische Daten (Scannen der Fingerabdrücke, digitales Porträtfoto). Der Tag der Ausreise wird in den Pass eingestempelt. Häufig stellen die Grenzbeamten Fragen zum Zweck der Reise und zu Bekannten in den USA, auch Gepäckkontrollen sind möglich.

Handgepäck

An den amerikanischen Flughäfen ist die Behörde TSA (Transportation Security Administration) für die Sicherheitskontrolle von Gepäck und Personen zuständig. Die Bestimmungen, z. B. zum Mitführen von Flüssigkeiten im Handgepäck, können sich schnell ändern, daher ist es empfehlenswert, sich kurz vor Reisebeginn aktuell zu informieren (https://www.tsa.gov). Flüssigkeiten und Gels sollten im aufzugebenden Gepäck verstaut werden.

Für die Reise benötigte und im Handgepäck mitgeführte Flüssigkeiten und Gele sind aktuell auf 100 ml pro Behälter und auf eine Gesamtmenge von knapp 1 l begrenzt. Die Behälter müssen in einem Klarsichtplastikbeutel mit Reißverschluss aufbewahrt werden. Jeder Reisende darf einen Beutel mit sich führen. Von Begrenzungen ausgenommen sind Säuglingsnahrung, Muttermilch und Babynahrung, wenn Sie mit einem Kleinkind reisen, weiterhin Medikamente, Flüssigkeiten oder Gelees für Diabetiker und Reisende mit anderen medizinischen Bedürfnissen (nachweisbar z. B. durch ärztliches Attest). Artikel, die gemäß der Ausnahmeregelung zugelassen sind, müssen einem Sicherheitsbeamten gegenüber deklariert und zur Überprüfung gezeigt werden.

Im Handgepäck mitgeführte elektronische Geräte wie Laptop und Handy müssen auf Anweisung in Betrieb genommen werden können. Zudem müssen den Geräten entsprechende Ladegeräte zuweisbar sein, d. h. Ladekabel, Akkus, Adapter etc. sind ebenfalls im Handgepäck zu befördern. Die Gepäckbestimmungen für die USA ändern sich häufig, informieren Sie sich vor Reiseantritt auf den entsprechenden Website. Recherchieren Sie auch die (Hand-)Gepäckvorschriften Ihrer ausgewählten Fluggesellschaft (Unterschiede kann es u. a. zwischen Langstrecken-, Inlands- und Inselflügen geben).

Haustiere

Wer auf einer Reise in die USA sein Haustier mitnehmen möchte, sollte sich vorzeitig bei einem Generalkonsulat oder der amerikanischen Botschaft über die entsprechenden Bestimmungen informieren. Die Vorschriften variieren hinsichtlich der Tierart und des Zweckes (z. B. Blinden- und Assistenzhunde). Sie unterscheiden sich auch von Bundesstaat zu Bundesstaat. Zum Teil haben Fluglinien darüber hinaus eigene Bedingungen für die Mitnahme von Tieren festgelegt.

Zollbestimmungen

Gemäß den Bestimmungen des amerikanischen Landwirtschaftsministeriums ist die Einfuhr von frischem, getrocknetem oder in Dosen eingemachtem Fleisch sowie von Fleischprodukten verboten. Nicht mitgeführt werden dürfen weiterhin frisches Obst, Gemüse, Pflanzen, Samen und Erde. Bäckereiprodukte und haltbar gemachter Käse sind erlaubt – weitere Informationen finden Sie auf der Website der amerikanischen Lebensmittelbehörde(https://www.cbp.gov/travel/international-visitors/agricultural-items). Sämtliche landwirtschaftlichen Produkte müssen deklariert werden.

Erwachsene ab dem 21. Lebensjahr dürfen zoll- und steuerfrei 1 l Alkohol (Bier, Wein, Schnaps), 200 Zigaretten, 50 Zigarren oder 2 kg Tabak einführen. Zahlungsmittel von über 10 000 $ sind meldungspflichtig. Dazu muss ein spezielles Formular ausgefüllt werden.

Bei der Wiedereinreise in EU-Länder gelten folgende Freimengen: 200 Zigaretten, 100 Zigarillos, 50 Zigarren oder 250 g Tabak, 4 l nicht schäumende Weine, 1 l Spirituosen über 22 Vol.-% und Geschenke im Wert von 430 Euro (175 Euro bei Reisenden unter 15 Jahren).

Freimengen für die Schweiz: 250 Zigaretten/Zigarren oder 250 g Tabak, 5 l alkoholische Getränke bis 18 Vol.-%, 1 l alkoholische Getränke über 18 Vol.-%, Geschenke im Wert bis 300 CHF.

Detaillierte Infos unter www.zoll.de, www.bmf.gv.at und www.ezv.admin.ch.

Anreise

Mit dem Flugzeug

Von Europa aus gibt es keine Direktflüge nach Hawai'i. Ganz gleich, ob Sie über das US-Festland oder über Asien anreisen, die Flugzeit ist ungefähr gleich – Hawai'i liegt genau auf der anderen Seite der Welt! Sie sind mindestens 18 Stunden unterwegs, die Zeitverschiebung nicht miteingerechnet. Die unkomplizierteste Verbindung führt von Frankfurt/Main bzw. München über San Francisco oder Los Angeles nach Honolulu. Sie wird z. B. von United Airlines in Kooperation mit der Lufthansa angeboten. Da der Flughafen von Los Angeles sehr groß ist und die Einreiseprozedur viel Zeit kosten kann, verläuft der Flug über San Francisco etwas entspannter. Weitere Verbindungen führen über Chicago, Dallas, Denver, New York, Washington DC oder Seattle, Air Canada fliegt von Frankfurt/Main über Vancouver nach Honolulu. Bei Flügen über Asien steigt man z. B. in Singapur, Seoul oder Bangkok um. Möglich sind auch Zwischenstopps in Neuseeland und Australien. Viele Airlines bieten interessante Stopover-Programme. Rückflugtickets sind ab 1200 Euro zu haben; in der Nebensaison ergattert man mit etwas Glück auch Flüge unter 1000 Euro.

Für Flüge von Honolulu zu anderen Inseln haben Hawaiian Airlines und Mokulele Airlines das dichteste Netz. Prinzipiell ist es auch möglich, vom US-Festland (z. B. Chicago, Denver, Dallas etc.) alle anderen Inselflughäfen (Kahului/Maui, Kona/Hawai'i Island, Līhu'e/Kaua'i etc.) anzusteuern, allerdings muss dazu eine Übernachtung auf dem Festland eingeplant werden. Sie sollten auf jeden Fall ausreichend Zeit für die Einreiseprozedur in die USA einplanen. Achtung: Die Flüge vom US-Festland nach Hawai'i sind Inlandsflüge, es wird daher kein kostenfreies Essen angeboten und viele Maschinen sind nicht mit Bildschirmen ausgestattet. Da Sie aber noch einen mehrstündigen Flug vor sich haben, sollten Sie sich am Flughafen mit Proviant eindecken und z. B. bei United vorab die App herunterladen, mit der Sie Zugriff auf das Unterhaltungsprogramm haben. Flüge zwischen den Inseln sind ab rund 60 $ pro Strecke buchbar.

Flughafentransfer

Ein Taxi vom Flughafen zu den Hotels in Waikīkī kostet ca. 45 $ plus Trinkgeld. Sie können am Airport oder bereits vorab auch Transfers, z. B. mit SpeediShuttle (www.speedishuttle.com, ab 16 $ einfache Fahrt) oder Roberts Hawai'i Airport Shuttle (www.robertshawaii.com, ab 17 $ einfache Fahrt) buchen. Manche Hotels bieten gegen Gebühr private Transfers an. Limousinenservice und private Inseltouren sind z. B. über den Anbieter Royal Hawaiian Limousine (www.royalhawaiianlimousine.com) buchbar.

Verkehrsmittel

Flugzeug

Alle sechs Inseln verfügen über mindestens einen internationalen Flughafen, auf Hawai'i Island gibt es sogar zwei. Die meisten großen amerikanischen und asiatischen Fluggesellschaften bedienen die Strecken mit täglichen An- und Abflügen. Alle Flughäfen werden zudem von Hawaiian Airlines (www.hawaiianairlines.com) angeflogen. Mokulele Airlines (www.mokuleleairlines.com) bedient mit seinen Propellermaschinen vorwiegend kleinere Flughäfen auf den Inseln – zu Mokulele gehört Lānai Air, der Luxuscharter nach/von Lānai. Tipp: Wer sich online für das Meilenprogramm von Hawaiian Airlines anmeldet,

Honolulu unterscheidet sich vom Rest Hawai'is nicht nur durch Hochhäuser, sondern auch durch dichten Verkehr

spart bei jedem Gepäckstück – das Gepäck ist im Ticketpreis nicht inkludiert und wird erst beim Online-Check-in oder am Flughafen dazugebucht.

Helikopter

Helikopterfirmen bieten nicht nur Sightseeing-Flüge, sondern auch Transfers zwischen den Inseln oder zu ausgewählten Hotels an.

Fähre

Zwischen Lāhainā auf Maui und dem Manele Harbor auf Lāna'i gibt es fünfmal täglich Fährverbindungen mit der Maui-Lāna'i Passenger Ferry (Tel. 808 661 3756, Toll Free 800 695 2624, www.go-lanai.com, einfache Fahrt 30 $). Falls die Buchung über die Website nicht funktioniert, muss man entweder einen Kontakt in den USA darum bitten oder beim Fährunternehmen anrufen.

Kreuzfahrt

Norwegian Cruise Line (www.ncl.com) bietet ganzjährig einwöchige Hawai'i-Kreuzfahrten mit der »Pride of America« an. Sie starten vom Aloha Tower in Honolulu. Gäste können entweder begleitete Ausflüge buchen oder die Inseln auf eigene Faust erkunden, in diesem Fall sollte ein Mietwagen schon von zu Hause aus vorbestellt werden. Die Zeit an Land reicht zwar nur für einen ersten Eindruck – der könnte aber als Inspiration für eine längere Reise dienen.

Bus

Alle Inseln bis auf Lāna'i bieten öffentlichen Busverkehr an, das Streckennetz ist allerdings sehr eingeschränkt und auf die Bedürfnisse von Berufspendlern eingestellt. Die einzige Ausnahme stellt O'ahu dar, wo TheBus (www.thebus.org) in und um Honolulu ein dichtes Netz mit häufigen Verbindungen unterhält. Für wenig Geld (aktuell 2,75 $ einfache Fahrt, Tagespass 5,50 $) kann man auf teils sehr schönen Routen Chinatown, Pearl Harbor, das Aloha Stadium und den Lē'ahi (Diamond Head) sowie viele Strände und Einkaufszentren erreichen. Ein Verkehrsknotenpunkt ist das Ala Moana Center, wo sich viele Buslinien kreuzen. TheBus verkehrt auch zur North Shore – die Fahrt ist allerdings ein Ganztagesunternehmen. In den Fahrzeugen dürfen keine Koffer transportiert werden.

Shuttle

Holo Hale'iwa (www.holohaleiwa.com) bietet einen Shuttleservice von mehreren Haltestellen in Waikīkī zur North Shore an, mit jeweils zwei Abfahrtsterminen für die Hin- und Rückfahrt (Di, Do, Fr, Sa, Abfahrt Waikīkī 7.30 und 10.30, Abfahrt Hale'iwa 15 und 18 Uhr, 50 $).

Mietwagen

Um die Inseln in all ihrer Vielfalt erkunden zu können, ist ein Mietwagen erforderlich. Die Autos sind standardmäßig mit einem Automatikgetriebe ausgestattet – darauf sollte man vorbereitet sein. Grundsätzlich muss der Anmieter mindestens 21 Jahre alt sein, unter 25-Jährige zahlen meist einen Aufschlag. Zur Übernahme des Wagens sind ein nationaler Führerschein und eine gängige Kreditkarte ausreichend. Über die Karte werden in der Regel eine Tankfüllung und die Kaution geblockt – wenn man auf mehreren Inseln ein Auto mietet, kann der Verfügungsrahmen dadurch stark eingeschränkt sein. Ein zweiter Fahrer muss im Vertrag eingetragen sein (auch hier wird meist eine Zusatzgebühr fällig), bei einem Unfall besteht sonst kein Versicherungsschutz. Bei den Versicherungen sollte man keinesfalls sparen – wer das Auto vorab in Deutschland mietet (empfehlenswert), bucht zumeist ein Komplettpaket, das sämtliche Eventualitäten abdeckt. Wichtig bei der Anmietung in Hawai'i: Auf Hawai'i Island und Lāna'i ist für manche Ausflüge ein Geländewagen mit Allradantrieb erforderlich. Das bedeutet allerdings nicht, dass Sie alle Straßen befahren dürfen: Es gibt zahlreiche Schotterpisten (Dirt und Off Roads), die in den Verträgen der Mietwagenanbieter von der Haftung ausgeschlossen sind. Für die Fahrverbote gibt es gute Gründe und entsprechende Vorschriften sollten unbedingt eingehalten werden.

Die gängigen Mietwagenfirmen in Hawa'i sind Alamo (www.alamo.de), National Car Rental (www.nationalcar.de), Dollar Rent a Car (www.dollar.com), Thrifty (www.thrifty.de), Enterprise Rent-A-Car (www.enterprise.de) und Hertz (www.hertz.de). Sixt (www.sixt.de) ist aktuell mit einer Station am Kahului Airport auf Maui vertreten.

Wenn Sie in Deutschland, Österreich oder der Schweiz Mitglied ausgewählter Automobilklubs sind (z. B. ADAC, ÖAMTC oder ACS), können Sie die AAA-Karte beantragen (oder online herunterladen und ausdrucken) und damit bei Vorlage Ihrer Klubkarte vor Ort bei vielen Partnern von Vergünstigungen bei Sehenswürdigkeiten, Mietwagenfirmen, Shops und manchmal sogar Hotels profitieren.

Campervans

Das Angebot an Campervans in Hawai'i ist relativ begrenzt. Es gibt eine Reihe kleiner Unternehmen, die umgebaute VW-Busse vermieten (u. a. www.hawaiibeachcampervans.com, www.campervanhawaii.com, www.hawaiisurfcampers.com). Da es keine geeigneten Stellplätze für RVs (Recreational Vehicles) gibt, handelt es sich bei den meisten »Wohnmobilen« um umgebaute Kleinbusse.

Motorräder

Einige Straßen in Hawai'i lassen die Herzen von Motorradfahrern mit Sicherheit höher schlagen – dazu gehören die Küstenstraßen im Osten O'ahus, die Road to Hāna auf Maui und der Waimea Canyon Drive auf Kaua'is ebenso wie die Traumstraßen auf Hawai'i Island. Harley-Davidson hat Vertretungen auf diesen vier Inseln. Der USA-Spezialist CANUSA (www.canusa.de/hawaii-reisen/motorradreisen) arbeitet mit EagleRider (www.eaglerider.com) zusammen und hat sowohl Harleys als auch Maschinen anderer Marken im Programm.

Versicherungen

Loss Damage Waiver (LDW) und Collision Damage Waiver (CDW): Bei Verträgen mit europäischen Anbietern sind LDW und CDW zumeist eingeschlossen. Die LDW entspricht einer Vollkasko mit Haftungsbefreiung auch bei Diebstahl. Die CDW deckt nur Unfallschäden ab und sieht meist eine Selbstbeteiligung vor, die durch Abschluss einer Super CDW auf ein Minimum reduziert werden kann. Bei Anmietung vor Ort sind diese Versicherungen unbedingt empfehlenswert.

Additional Liability Insurance (ALI): Damit wird die Deckungssumme der gesetzlichen Haftpflichtversicherung pauschal auf 1 Mio. $ für alle Personen- und Sachschäden für jeden einzelnen Schadensfall bzw. Versicherungsfall erhöht. Die Kosten liegen bei rund 11 $ pro Tag.

Liability Insurance Supplement (LIS): Wie bei der ALI, zusätzliche Deckung für Personenschäden bei unterversicherten Unfallgegnern.

Uninsured Motorist Protection (UMP): Zusatzversicherung bei unterversicherten Unfallgegnern im Fall von Verletzungen oder Tod.

Personal Accident Insurance (PAI): In Deutschland ist eine Insassenversicherung unnötig. In Amerika sollte man die Extrakosten dafür zumindest in Betracht ziehen. Mit der Versicherung, die nur zum Teil im Paket des Mietwagenanbieters inkludiert ist, sind die Insassen und mögliche Folgeschäden nach einem Unfall oder der Rücktransport unabhängig versichert.

Personal Effects Protection (PEP) oder Personal Effects Coverage (PEC): Diese Versicherung deckt Gepäckschäden im Falle eines Unfalls ab. Oft kann die Versicherung aber nur mit Selbstbeteiligung abgeschlossen werden. Gegenstände wie Brillen und Kameras sind grundsätzlich von der Haftung ausgeschlossen, daher ist der Abschluss nur in seltenen Fällen notwendig.

Verkehrsregeln

Prinzipiell ist das Autofahren in Hawai'i entspannt. Die Straßen sind in der Regel gut und der Verkehr überschaubar – mit Ausnahme von O'ahu, wo der Berufsverkehr sehr anstrengend und stauintensiv sein kann. Auch auf Kaua'i ist häufig Schleichtempo angesagt – hier gibt es nur zwei große Highways, die zudem auf langen Abschnitten einspurig sind. Das Tempolimit liegt bei 75 mph, das langsamere Tempo auf den Inseln ist also auch beim Autofahren spürbar. Man sollte es den Locals gleichtun, sich in Gelassenheit üben und nur im äußersten Notfall die Hupe benutzen – alles andere wird nicht gerne gesehen bzw. gehört. Auf den wenigen mehrspurigen Straßen wird auch rechts überholt, vor einem Spurwechsel sollte man daher in beide Rückspiegel schauen. Verhalten Sie sich partnerschaftlich, lassen Sie Überholer einfädeln und werden Sie bei fragwürdigen Aktionen nicht gleich ungeduldig. Die anderen Fahrer werden es Ihnen mit einem Hang Loose (Shaka-Gruß) danken.

Einige Verkehrsregeln unterscheiden sich von den Bestimmungen in Deutschland: Man darf z. B. an roten Ampeln rechts abbiegen, wenn ein Schild es nicht ausdrücklich verbietet (»No Turn on Red«). An Kreuzungen ohne Ampeln darf derjenige als Erster weiterfahren, der als Erster an der Kreuzung zum Halten kam. Gelbe Schulbusse, die durch Blinken anzeigen, dass gerade Kinder ein- und aussteigen, dürfen auf keinen Fall überholt werden. Auch der Gegenverkehr muss warten, bis der Bus weiterfährt. Wenn Bauarbeiten an der Straße stattfinden, wird man meistens schon im Voraus durch Schilder gewarnt (z. B. »Prepare to Stop«). Wenn Sie sich der Baustelle nähern, halten Sie an oder fahren langsam vorbei. Und mit langsam ist wirklich langsam gemeint. Auch in der Nähe von Schulen gibt es sehr strikte Geschwindigkeitsbeschränkungen, die Sie unbedingt einhalten sollten. Moloka'i ist Vorreiter in Bezug auf langsames Fahren, schon am Flughafen gibt ein Schild die Devise »Slow Down, this is Moloka'i« aus. »Slow Down« ist auf der Insel allerdings mehr als eine Geschwindigkeitsempfehlung, es ist eine Philosophie.

Strafzettel

Wenn Sie einen Strafzettel (Ticket) für falsches Parken oder eine Geschwindigkeitsüberschreitung erhalten haben, bezahlen Sie diesen am besten umgehend. In Einzelfällen kann Ihnen die offene Rechnung bei der nächsten USA-Reise Unannehmlichkeiten bereiten. Wenn Sie Einwände haben, setzen Sie sich mit der Stelle, die den Strafzettel ausgestellt hat, in Verbindung – auch wenn Sie die USA bereits verlassen haben. Die Botschaften können Ihnen in solchen Fällen keine Hilfestellung leisten. Wenn Sie von einem Polizisten auf der Straße angehalten werden, fahren Sie rechts ran und bleiben mit den Händen am Steuer sitzen, bis der Officer Ihnen weitere Anweisungen erteilt.

Pannen

Sollten Sie unterwegs eine Panne haben, fahren Sie an den Straßenrand und klappen Sie die Kühlerhaube hoch – damit signalisieren Sie, dass Sie Hilfe benötigen. Benachrichtigen Sie zuerst Ihren Autovermieter – der bietet gegen Bezahlung (außer, Sie haben eine entsprechende Roadside Assistance Insurance abgeschlossen) Pannenhilfe an. Sie können sich auch bei Ihrem Automobilklub erkundigen, ob Pannenhilfe, z. B. über den AAA, angeboten wird. Den ADAC-Auslandsnotruf erreichen Sie unter Tel. +49 89 22 22 22 oder +1 888 222 1373.

Verkehrsinformationen

Infos zu Straßensperrungen etc. sind unter http://hidot.hawaii.gov abrufbar.

Tanken

Erfragen Sie beim Vermieter, welches Benzin Sie tanken müssen – in den meisten Fällen ist es *regular*. Die Maßeinheit für Benzin ist die Gallone, 1 gal entspricht 3,785 l. An den Tankstellen können Sie entweder für eine bestimmte Summe tanken oder den Tank komplett auffüllen. Der Tankvorgang wird durch vorherige Eingabe der Kreditkarte gestartet. Sie können aber auch vorab am Schalter Ihre Kreditkarte hinterlegen.

Ganz wichtig: Es gibt Strecken in Hawai'i, an denen es über Kilometer keine Tankstelle gibt, z. B. auf dem Weg zum Haleakalā auf Maui oder entlang der Saddle Road auf Hawai'i Island. Tanken Sie möglichst vor jedem längeren Ausflug Ihren Wagen voll, damit es zu keinen unliebsamen Überraschungen kommt.

Übernachten

Hotels und Resorts

Auf allen sechs hawaiianischen Inseln gibt es eine große Auswahl an Unterkünften in verschiedenen Kategorien. Prinzipiell ist das Preisniveau, egal ob es sich um ein Fünfsterneresort oder eine Budgetunterkunft handelt, eher hoch, die Spanne ist allerdings auch entsprechend breit und reicht von rund 100 $ bis zu über 1000 $ pro Zimmer. Die angegebenen Rates sind immer Nettopreise, zu denen noch verschiedene Steuern hinzukommen. Typisch für hawaiianische Resorts ist die Resort Fee, eine Gebühr, die pro Tag und Zimmer für unterschiedliche Dienstleistungen (Internet, Bereitstellung von Strandhandtüchern etc.) erhoben wird. Sie wird auch bei Nicht-Inanspruchnahme berechnet und kann bis zu 30 $ betragen. Manche Hotels werben damit, dass Sie keine Resort Fee verlangen. Frühstück ist in den meisten Hotels im Zimmerpreis nicht eingeschlossen.

Große amerikanische Hotelgruppen wie (Courtyard by) Marriott, Sheraton, Hilton, Westin etc. sind auf den Hauptinseln vertreten, ebenso Luxusresorts wie St. Regis, Four Seasons, Ritz-Carlton, Fairmont etc., wenn auch nur vereinzelt. Lāna'i und Moloka'i bilden Ausnahmen – auf Lāna'i sind von drei Hotels zwei Four-Seasons-Anlagen und auf Moloka'i gibt es nur ein unabhängiges Haus. Zu den verbreitetsten Hotelgruppen in Hawai'i zählen Outrigger und Aqua Aston; beide Ketten verfügen über Hotels und Resorts in unterschiedlichen Kategorien. Zahlreiche größere Hotels und Luxusunterkünfte bieten sogenannte Club- oder Executive-Level-Angebote. an Sie können diese als Upgrade hinzubuchen und profitieren dann vom Zugang zum Club oder zur Lounge, in der häufig Frühstück, Lunch, Dinner und Snacks sowie eine Auswahl an Getränken serviert werden. Dies kann unter Umständen eine kostengünstigere Alternative zu drei Restaurantgängen am Tag sein. Allerdings wäre es schade, wenn Sie aufgrund dieser Zusatzleistung die kulinarische Szene in Hawai'i verpassen würden. Viele Hotels wurden in den letzten Jahren nach und nach renoviert, zahlreiche Hotels haben allerdings auch noch unrenovierte Zimmer, deren Ausstattung und Einrichtung angestaubt ist. Erkundigen Sie sich vorab bei Ihrem Reisebüro oder Reiseveranstalter oder bei Direktbuchung im Hotel, ob das Hotel über renovierte und nicht renovierte Zimmer verfügt – das erspart Unannehmlichkeiten oder Enttäuschungen beim Check-in.

Kleine Design- und Boutique-Unterkünfte sind in Hawai'i bisher noch unterrepräsentiert. Vor allem in Honolulu werden aber immer mehr alte Hotels von Grund auf umgebaut, um den Ansprüchen und Wünschen moderner Reisender zu entsprechen. Falls Sie nicht unbedingt auf Meerblick bestehen, lohnt es sich in Honolulu durchaus, ein Hotel »in zweiter Reihe« zu buchen. Die Zimmerpreise sind etwas günstiger und der Blick am Abend auf die Wohnhäuser an den Bergflanken kann auch sehr charmant sein. Das Meer erreichen Sie von den meisten Hotels aus in wenigen Gehminuten.

Die Auswahl an Motels und Hotels der Marken Best Western, Holiday Inn etc. in Hawai'i ist begrenzt. Eher finden Sie kleinere, unabhängige Hotels und Inns.

Ganz gleich für welche Art von Unterkunft Sie sich entscheiden – kümmern Sie sich rechtzeitig darum, so haben Sie mehr Zeit für Preisvergleiche. Prinzipiell erhalten

BETTENGRÖSSEN

King Size: 190 x 200 cm
Queen Size: 150 x 200 cm
Full oder Double Bed: 137 x 190 cm
Twin oder Single Bed: 99 x 190 cm
(eher selten)

Sie bei einer Hawai'i-Reise, die Sie über einen Veranstalter oder ein Reisebüro buchen, ein gutes Paketangebot mit Unterkunft, Mietwagen, einzelnen Ausflügen und eventuell sogar (Inlands-)Flügen. Die Leistungen einzeln zu buchen kann den Gesamtpreis Ihrer Reise in die Höhe treiben.

Bed & Breakfast und Privatunterkünfte

Auf allen Inseln finden Sie kleine, privat geführte Inns und B & Bs. Wenn Sie gerne mit Einheimischen ins Gespräch kommen und sich über Insidertipps freuen, ist diese Form der Unterkunft gerade bei längeren Aufenthalten eine gute Alternative. Manche Inns und Hostels vermieten neben Zimmern auch einzeln stehende Cottages. Die B & Bs sind allerdings nicht unbedingt günstiger als ein Hotel.
Natürlich gibt es auch Airbnb-Angebote in Hawai'i. Vom einfachen Zimmer bis zu Anwesen mit Strandzugang, in denen eine Großfamilie Platz hat, ist alles buchbar. Wie überall auf der Welt kann man mit Airbnb-Unterkünften viel Glück haben und netten lokalen Anschluss finden, aber auch in seinen Erwartungen enttäuscht werden. In jedem Fall versteckt sich unter den kleinen, privat vermieteten Unterkünften so manches Juwel, wie z. B. ein Baumhaus in unmittelbarer Nähe des Hawai'i Volcanoes National Park (s. S. 242).

Apartments und Ferienhäuser

Wer in größerer Gesellschaft reist, einen längeren Aufenthalt plant oder einfach nur gewisse Freiheiten genießen möchte, kann sich auf eine Anzahl von Apartments und Ferienhäuser freuen, die über offizielle Agenturen vermietet werden. Zahlreiche Anbieter sind inselübergreifend vertreten, andere haben sich auf eine Destination spezialisiert. Die Kosten können je nach Kategorie Hotelpreise unter- oder weit überbieten. Die Mindestmietzeit liegt meist bei drei Übernachtungen. Eine Auswahl an Unterkünften finden Sie auf der Internetseite www.gohawaii.com/de/trip-planning. Einige Reiseveranstalter bieten ebenfalls Ferienhäuser in ihrem Hawai'i-Programm an.

Retreats

In Hawai'i sind Yoga, Meditation und Spiritualität in ganz unterschiedlichen Formen wichtige Themen. Zahlreiche Hotels bieten Yoga-Retreats an, es gibt aber auch Center, die zu ihren Retreats die passende Unterkunft offerieren (eine Auswahl finden Sie unter www.bookyogaretreats.com, Link »Hawaii«).

Farm- oder Ranch-Aufenthalte

Wenn Sie im Urlaub gern bei der Landarbeit mithelfen oder mit Tieren arbeiten möchten, bieten sich Aufenthalte auf aktiven Farmen und Ranches an. Ob Sie aktiv zupacken oder nur beobachten (und genießen!), hängt von der Einrichtung ab. Eine gute Adresse für einen Farmaufenthalt ist die Pu'u o Hoku Ranch auf Moloka'i (www.puuohoku.com).

Camping

Wer der Natur noch näher sein möchte und auf Sternekomfort verzichten kann, kann in Hawai'i natürlich auch zelten – allerdings nur auf offiziellen Campingplätzen. Genehmigungen müssen im Voraus online oder über ein District Office eingeholt werden und kosten Gebühr, die Papiere sind nicht direkt bei den Campsites erhältlich. Nähere Infomationen unter https://camping.ehawaii.gov/camping/welcome.html. Auf den jeweiligen Seiten der National und State Parks ist ersichtlich, ob Camping am ausgewählten Ort grundsätzlich erlaubt ist.

Essen und Trinken

Ono, onolicious oder *broke da mouth* – so schwärmt man in Hawai'i, wenn das Essen ganz besonders lecker schmeckt. Und man kann auf den Inseln ganz hervorragend essen – selbst in einfachen Restaurants und sogar an Straßenständen. Die Küche ist so vielfältig wie der ethnische Mix der Bewohner, die aus ihren Herkunftsländern ganz unterschiedliche kulinarische Traditionen mitgebracht haben.

Polynesische Gerichte

Authentische hawaiianische Gerichte bekommt man als Tourist eher selten – die von den Hotels veranstalteten Lū'au (Festessen) machen viele Zugeständnisse an den westlichen Geschmack. Bei einem traditionellen Lū'ans wird ein ganzes Schwein in Ti- und Bananenblätter gewickelt und anschließend im Erdofen (Imu) über einem Holzfeuer und heißen Lavasteinen gegart. Nach sechs bis acht Stunden kann das Fleisch verspeist werden, Kālua Pig ist wunderbar zart und saftig. Wenn außer Schweinefleisch noch andere in Ti-Blätter gewickelte Speisen wie Fisch, Kalo-Knollen und Kochbananen im Erdofen schmoren, nennt sich das Ergebnis Laulau. Typische Beilagen bei einem Lū'au sind Yams, Süßkartoffeln und Brotfrucht, weiterhin Poi, das polynesische Grundnahrungsmittel. Der zartlilafarbene, ungeheuer nahrhafte Brei wird aus zerstampften Kalo-Knollen hergestellt.

Ethnische Küchen

Nach 1778 brachten Missionare von der amerikanischen Ostküste neue Lebensmittel mit – Kohl, Kartoffeln und Zwiebeln, Kürbisse und Melonen. Die Walfänger führten gesalzenen Fisch ein, woraus sich später der Lomilomi Salmon entwickelte. Anfang des 19. Jh. entstanden die ersten Zuckerrohr- und Ananasplantagen, auch Zitrusfrüchte und Kaffee wurden gepflanzt. Der wachsende Bedarf an Arbeitskräften auf den Plantagen führte dazu, dass Einwanderer aus der ganzen Welt nach Hawai'i kamen: Chinesen, Koreaner, Japaner, Philippinos, Puerto Ricaner und Portugiesen. Jede Volksgruppe bereicherte die hawaiianische Küche um Spezialitäten, auf die man auch in der neuen Heimat nicht verzichten wollte: Die Chinesen ersetzten Poi durch Reis, ihnen haben die Hawaiianer zudem Dim Sum zu verdanken sowie Sweet-and-Sour- und Stir-Fried-Gerichte. Koreanische Beiträge waren Bulgogi, Galbi, Bibimbab und Kimchi, fermentiertes Gemüse. Die Portugiesen bauten spezielle Öfen, in denen sie süßes Brot und Malasadas (gefüllte Krapfen) backen konnten. Durch die vielen japanischen Einwanderer fanden Sashimi, Tempura und Nudelsuppen Verbreitung, auch Tofu und Sojasauce wurden nun auf den Inseln hergestellt. Die Puerto Ricaner trugen mit Eintöpfen und Fleischpasteten, die Philippinos mit Adobo zum kulinarischen Mix bei. Nach dem Vietnamkrieg hielt die südostasiatische Küche mit Zutaten wie Zitronengras und Fischsauce Einzug.

Hawaiianische Spezialitäten (Local Food)

Wo die ganze Welt mitkocht, kann von einer hawaiianischen Küche kaum die Rede sein. Es gibt aber eine Reihe von Gerichten, die bei den Einheimischen besonders beliebt sind und die man auch als Urlauber einmal probiert haben sollte. Ein Beispiel ist Loco Moco – Hackbraten auf einem Berg von Reis mit Spiegelei und einer speziellen Sauce. Eine Poke Bowl enthält Sushi-Reis und rohen, marinierten Fisch. Huli Huli Chicken wird am Spieß gegrillt. Für die Marinade hat jede Familie ihr eigenes Rezept, unverzichtbar sind aber Ananassaft, brauner Zucker, Ingwer und Knoblauch. Ein Renner bei den Locals ist auch Saimin, eine Nudelsuppe mit Frühlingszwiebeln und gegrilltem Schweinefleisch. Wer einen Plate Lunch bestellt, bekommt einen Teller mit Makkaroni-Salat und Reis, dazu reichlich Proteine in Form von Kālua Pig, Chicken Katsu, Beef Teriyaki oder Mahimahi.

Als Nachtisch kommt Bananenbrot auf den Tisch oder Haupia, ein Kokospudding. Kulolo besteht aus Kalo und Kokosnuss. Für Shave Ice wird Wassereis kleingeschabt, bis es von der Konsistenz an frisch gefallenen Schnee erinnert, und dann mit regenbogenbunten Sirups übergossen – das Resultat ist ebenso lecker wie fotogen.

SPAM

Um es gleich klarzustellen: Hier ist nicht von unerwünschten Werbe-E-Mails die Rede, sondern von Dosenfleisch. In einem Hawai'i-Reiseführer ist es unvermeidlich, diesem Nahrungsmittel zumindest einen kurzen Absatz zu widmen. SPAM wurde 1937 von der Firma Hormel Foods auf den Markt gebracht, der Name ist wahrscheinlich eine Abkürzung für Spiced Ham (gewürzter Schinken). Da es im Zweiten Weltkrieg schwierig war, die Soldaten an der Front mit frischem Fleisch zu versorgen, stieg man auf Formfleisch in Dosen um. Das war billig, ließ sich gut transportieren und hatte quasi kein Verfallsdatum. SPAM wurde ein wesentlicher Bestandteil der Truppenernährung und bekam deshalb auch den Beinamen Special Army Meat. Mit den Soldaten kam SPAM nach Hawai'i, wo es auch die Zivilbevölkerung bald in ihren Speiseplan integrierte. Bis heute haben die Hawaiianer weltweit den höchsten Pro-Kopf-Verbrauch und die Auswahl an SPAM-Gerichten ist schier unerschöpflich. Bei McDonalds bekommt man Spam Eggs and Rice zum Frühstück, auf Speisekarten findet man SPAM Mac and Cheese, SPAM Burrito oder SPAM Musubi – dabei wird das Dosenfleisch auf Sushi-Reis gelegt und mit einem Nori-Blatt umwickelt. Das Nahrungsmittel ist auf den Inseln so beliebt, dass es den Beinamen Hawaiian Steak trägt. Sogar ein eigenes Festival wurde ihm gewidmet: Jedes Jahr im April wird auf der Kalākaua Avenue mit Verkaufsständen, Musik und Restaurantbeteiligung das Waikīkī SPAM JAM Straßenfestival gefeiert. SPAM-Mails lassen sich abwehren, dem Dosenfleisch konnten bislang aber selbst fanatische Gesundheitsapostel nichts anhaben und vermutlich wird es auch den Weltuntergang unbeschadet überstehen.

Hawai'i Regional Cuisine

Der auch als Pacific Rim Cuisine bekannte Kochstil wurde ab 1991 von zwölf Chefköchen entwickelt: Sam Choy, Mark Ellman, Roy Yamaguchi, Beverly Gannon, Roger Dikon, Amy Ferguson Ota, Jean Marie Josselin, Peter Merriman, Philipe Padovani, George Mavrothalassitis, Alan Wong und Gary Strehl. Die Grundidee bestand darin, die besten einheimischen Erzeugnisse kreativ zu nutzen – Rindfleisch von den Hochlandweiden auf Hawai'i Island, Obst und Gemüse aus dem fruchtbaren Upcountry auf Maui, Kaffee und Kakao von Kaua'i, Macadamianüsse von Moloka'i und hochwertige Speisefische wie Ahi (Gelbflossenthunfisch), Onaga (Red Snapper) und Opakapaka (Pink Snapper). Die Chefs, die in der ganzen Welt Kocherfahrungen sammelten, verarbeiteten auch Einflüsse verschiedener internationaler Küchen. Das Ergebnis waren Gerichte wie Mahimahi mit Macadamiakruste oder Liliko'i Cheese Cake. Mittlerweile können Sie Hawai'i Regional Cuisine auf allen Inseln genießen und sich von der erstklassigen Produktqualität sowie der Kreativität, mit der die Gerichte zubereitet werden, überzeugen.

Getränke

Hawai'i ist bekannt für den Kona Coffee, der auf Hawai'i Island rund um Kailua-Kona angebaut wird. Rund um Volcanoe und an der Hamakua Coast gibt es einige kleine, oft nachhaltig wirtschaftende Teeplantagen. Auf Farmer Markets und an Straßenständen wird frisch gepresster Saft aus Ananas und anderen exotischen Früchten verkauft. In den Strand- und Hotelbars mixt man damit Cocktails wie den Mai Tai, bei dem noch Rum und Curaçao hinzukommen. Der Trend der Micro Breweries ist inzwischen auch nach Hawai'i hinübergeschwappt, wo kleine Brauhäuser mit Aromen wie Kona Coffee oder Liliko'i experimentieren. Die Craft-Biere von Kona Brewing mit dem Gecko-Logo genießen inzwischen internationalen Ruf, jüngere Unternehmen sind Honolulu Beerworks, Waikiki Brewing, Big Island Brewhaus, Koholā Brewery und Kaua'i Island Brewing. In Maui wird auf der 'Ulupalakua Ranch Wein angebaut und auf Hawai'i Island erzeugt die Volcano Winery ungewöhnliche Tropfen, z. B. mit Guave.

From Farm to Table

In Ihre Reiseplanung sollten Sie unbedingt einen Farmbesuch einbeziehen – und diesen rechtzeitig buchen, da die Touren sehr beliebt sind. Ganz gleich auf welcher Insel Sie sich befinden und über welches Erzeugnis Sie mehr wissen möchten: Die Auswahl ist groß und es ist im wahrsten Sinne des Wortes für jeden Geschmack etwas dabei. Nicht nur frisches Obst und Gemüse wird angebaut, sondern auch Kaffee, Kakao und Macadamianüsse. Sie können Ziegenkäse, Wein, Wodka, Rum und andere Spirituosen aus eigener Herstellung probieren. Oft werden die Führungen mit einem Frühstück oder Mittagessen, zumindest aber mit einer Verkostung angeboten.

Ein schönes Erlebnis ist auch der Besuch eines Farmers Market. Sie kommen mit Einheimischen ins Gespräch, sehen, was die Region an Produkten zu bieten hat, und können sich durch verschiedene Spezialitäten durchprobieren. Es lohnt sich, früh da zu sein, da die Märkte schließen, wenn die Ware ausverkauft ist – »pau« heißt es dann (fertig, beendet).

Restaurantbesuche und Esskultur

Bei einem Besuch in amerikanischen Restaurants ist für Europäer vor allem eines befremdlich: Sobald der letzte Bissen im Mund verschwunden ist, liegt die Rechnung auf dem Tisch. Auch wenn sie mit dem Satz »Take your time, whenever you are ready« (»Nehmen Sie sich Zeit, Sie geben Bescheid, wenn Sie fertig sind«) überbracht wird, ist sie dennoch eine Aufforderung, nicht viel länger zu verweilen. Die Restaurants in Waikīkī und auch andernorts sind gut besucht, daher ist Zeit, vor allem für die Kellner, die sich über ihr Trinkgeld finanzieren, bares Geld. Es ist nicht üblich, nach dem Essen noch sitzen zu bleiben und einen Drink zu bestellen – dafür wechselt man in eine Bar.

Prinzipiell sollten Sie eine Reservierung für Ihren Restaurantbesuch (hauptsächlich abends) vornehmen (telefonisch oder online). Sollte Ihr Tisch zum gewünschten Zeitpunkt noch nicht frei sein, werden Sie zumeist gebeten, kurz an der Bar Platz zu nehmen. Wenn Sie sich stark verspäten, ist es gut möglich, dass Ihr Tisch an andere Gäste vergeben wird. Das Schild »Wait to be seated« (»Bitte warten Sie, bis Sie zum Tisch gebracht werden«), weist darauf hin, dass man nicht den ersten besten freien Tisch stürmen, sondern warten sollte, bis einem der Kellner einen Platz zuweist. Zum Essen wird stilles Wasser serviert, dabei stellt sich Ihre Bedienung mit Namen vor.

Die meisten Restaurants in Hawai'i verfügen über eine gute Auswahl an vegetarischen und veganen Optionen. Wünsche nach speziellen Milchsorten für den Kaffee können hingegen nicht immer erfüllt werden – auch das Angebot an Kaffeevarianten wie Cappuccino etc. ist in einfacheren Restaurants eingeschränkt.

Häufig sind die Portionen in hawaiianischen Restaurants überdimensional groß. Wenn Sie zum Frühstück Lust auf Pfannkuchen haben, erkundigen Sie sich besser vorab, wie viele Exemplare ein Stack of Pancakes umfasst. Meistens reicht er für zwei Personen. Sie mussten schließlich dennoch kapitulieren? Kein Problem. Der Kellner packt Ihnen übrig gebliebenes Essen gern in eine Box zum Mitnehmen.

In schicken Restaurants galt in den USA früher die Regel: je dunkler und kälter, desto vornehmer. Kälte ist, egal für welche Restaurantkategorie, noch immer ein Thema. Meist läuft die Klimaanlage auf Hochtoure und bevor Sie mit klammen Fingern eine Serviette über Ihren Schoß breiten, ziehen Sie besser lange Hosen an und nehmen eine Strickjacke oder einen Pullover mit. Mit Ausnahme von Honolulu geht man in Hawai'i eher früher zum Dinner – ab 17.30/18 Uhr sind die Restaurants bereits gut besucht. Wenn Sie im Anschluss noch in einer Bar einen Drink zu sich nehmen möchten, werden Sie eventuell gefragt: Do you want to open a tab? Das bedeutet, dass Sie Ihre Kreditkarte hinterlegen und nicht für jedes Getränk einzeln zahlen, sondern bestellen und beim Verlassen des Lokals die Gesamtsumme begleichen.

Wie im Rest der USA ist die Esskultur auch in Hawai'i im Alltag häufig von »To go« geprägt. Die Mengen an Verpackungsmüll, die dabei produziert werden, sind beträchtlich. Traditionell basiert die hawaiianische Kultur darauf, sich der Natur gegenüber respektvoll zu verhalten und Land und Ozean zu schützen. Entsprechend fallen Ideen zur Nachhaltigkeit hier auf fruchtbaren Boden. Vor allem in Supermärkten werden Sie dennoch immer noch viel in Plastik verpacktes Essen und Plastikbecher erhalten.

Food Trucks

Food Trucks haben den Vorteil, dass man ganz unterschiedliche Gerichte ausprobieren und beim Essen im Freien sitzen kann, außerdem ist man zeitlich völlig ungebunden. Auf allen Inseln gibt es einzelne Trucks oder Parks, in denen sich verschiedene mobile Restaurants sammeln. Die angebotenen Spezialitäten sind vielfältig: Das Spektrum reicht von Shave Ice und Malasadas über internationale Gerichte aus Griechenland, Thailand oder Korea bis zu hawaiianischem Local Food und gesunden Bowls. Zum Teil gibt es feste Orte, an denen die Food Trucks stehen, manche Trucks sind aber auch inselweit unterwegs und geben ihren Standort über Instagram oder Facebook an.

Food Trucks stehen in Hawai'i an jeder Ecke – das Essen ist ebenso frisch wie lecker und eine günstige Alternative zu den meist teuren Restaurants

Outdoor

Das Leben in Hawai'i findet draußen statt, egal ob am Strand, im oder auf dem Wasser, in den National und State Parks, auf dem Golfplatz, auf dem Rücken eines Pferdes, beim Radfahren oder beim Ziplining. Starten Sie früh, am besten direkt bei Sonnenaufgang, und gönnen Sie sich in der heißen Mittagszeit eine Pause. Passen Sie Ihren Rhythmus dem der Natur an und genießen Sie es, am Abend erschöpft, aber voller neuer Eindrücke ins Bett zu fallen.

Golf

Die Golfplätze in Hawai'i gehören zu den schönsten weltweit und begeistern durch eine traumhafte landschaftliche Kulisse. Gepflegte Greens, in denen tropische Flora Akzente setzt, kontrastieren mit dem tiefblauen Ozean, schwarzem Vulkangestein und weißen Stränden. Die meisten Plätze sind öffentlich, einige gehören aber auch zu exklusiven Resorts und dienen regelmäßig als Austragungsort von internationalen Meisterschaften. In Hawai'i gibt es über 70 Golfplätze, zu den beeindruckendsten gehören der Princeville Makai Golf Club (Kaua'i), der Turtle Bay Resort Golf Course (O'ahu), der Manele Golf Course (Four Seasons Resort Lāna'i), der Wailea Golf Club (Maui) und der Hawai'i Golf Course (Fairmont Orchid Hawai'i Island). Eine Übersicht finden Sie unter www.gohawaii.com/de/experiences/golf.

Hochseefischen

Die besten Fanggründe für Hochseefischer liegen vor der Kona Coast von Hawai'i Island. Kailua-Kona nennt sich selbst »Deep-sea Fishing Capital of the World«. Hier findet jedes Jahr im August das prestigeträchtige Hawaiian International Billfish Tournament statt, zahlreiche Unternehmen vermieten Boote für Angelexkursionen, bei denen nicht nur der riesige Marlin, sondern auch Bonito, Mahimahi, Schwertfisch und verschiedene Thunfischarten gefangen werden. Angeltouren starten auch vom Nāwiliwili und Port Allen Harbor (Kaua'i), vom Lāhainā und Ma'alaea Harbor (Maui) sowie vom Kewalo Basin in Honolulu (O'ahu). Mindestens so wichtig wie das Fischen selbst ist das anschließende Abwiegen und Präsentieren der Beute am Kai. In vielen Hafenrestaurants kann man sich den frischen Fang nach Wunsch zubereiten lassen. Weitere Infos unter www.gohawaii.com/experiences/adventure/deep-sea-fishing.

Kajak- und Kanufahren

Zu den beliebtesten Seekajakrevieren gehören die Kealakekua Bay an der Kona Coast mit ihrer ruhigen, warmen See sowie die Kiholo und die Puako Bay an der Kohala Coast. Touren entlang der Nāpali Coast von Kaua'i sind nur etwas für Könner. Auf Kaua'i kann man mit Kanus auch Flüsse wie den Hanalei und den Wailua River befahren.

Eine wichtige Rolle in Hawai'is Geschichte spielen Auslegerkanus. Mit diesen Booten überquerten die ersten Siedler von Polynesien aus den Pazifik. Als Reverenz an diese Vergangenheit werden bis heute internationale Regatten wie das Moloka'i-Hoe-Rennen veranstaltet. Am Waikīkī Beach kann man selbst in einem Outrigger Canoe vor Lē'ahi-Kulisse über die Wellen reiten (www.waikikibeachservices.com).

Parasailing

Schöne Ausblicke auf die Küste aus der Vogelperspektive genießt man beim Parasailing: Von einem Speedboat gezogen, schwebt man mit dem Fallschirm bis zu 100 m über dem Meer. Die meisten Anbieter sind in Waikīkī, an der Westküste von Maui und an der Kona Coast auf Hawai'i Island zu finden (u. a. www.hawaiianparasail.com, www.xtremeparasail.com und www.ufoparasail.net).

Radfahren

Auf allen Inseln stehen Leihräder – vom Cruiser über Mountainbikes bis hin zu Tandems – zur Verfügung, teils auch als Serviceangebot der Hotels. Zu den spektakulärsten Strecken gehört die Abfahrt vom Haleakalā auf Maui (www.bikemaui.com, www.mountainriders.com, www.mauisunriders.com, www.adventuremaui.com), auch der Hawai'i Volcanoes National Park auf Hawai'i Island ist mit zwei Rädern erfahrbar (www.kalapanaculturaltours.com, www.bikevolcano.com). Auf Kaua'i kann man auf dem Waimea Canyon Drive eine rasante Downhill-Radtour unternehmen (www.outfitterskauai.com) oder auf dem Kapa'a Bike Path entspannt an der Küste entlangradeln (s. Aktiv unterwegs S. 298). Moloka'i Bicycle (www.mauimolokaibicycle.com/index.html) verleiht Bikes für Touren u. a. zum Waikolu Lookout im Kamakou Preserve. Auf Lāna'i lässt sich u. a. der Munro Trail (s. Aktiv unterwegs S. 376) mit Mountainbikes befahren.

Reiten

Hätten Sie gedacht, dass Polo auf Hawai'i ein beliebter Sport ist? Dass es hier riesige Ranches gibt, auf denen Paniolos (Cowboys) Rinderherden über grünes Weideland treiben und wo regelmäßig Rodeos stattfinden? Pferde gehören auf den Inseln zum Alltag, es gibt eine Vielzahl von Zuchtbetrieben und Reitställen. Sie können Reitstunden buchen und an geführten Ausritten über Ranchland, durch Canyons und am Strand teilnehmen. Auf Hawai'i Island bieten mehrere Farmen im Inselinnern Reitausflüge über hügeliges Weideland an (www.hoomauranch.com, www.panioloadventures.com), auch das Waipi'o Valley lässt sich zu Pferd erkunden (www.waipioonhorseback.com). Auf O'ahu sind die Gunstock Ranch (www.gunstockranch.com) und die Kualoa Ranch (www.kualoa.com) empfehlenswerte Adressen, Ausritte an North-Shore-Stränden und Polo-Stunden bietet Hawaii Polo Oceanfront Trail Rides (www.oahuhorsebackrides.com) an. Auf Kaua'i können abgeschiedene Buchten und Regenwaldtäler mit Wasserfällen erkundet werden (www.silverfallsranch.com, www.cjmstables.com). Auf Lāna'i organisiert das Four Seasons Resort Reitausflüge (www.fourseasons.com/lanai).

Schnorcheln und Tauchen

Hawai'is Unterwasserwelt bietet mit Korallenriffen, bizarren Lavaformationen und farbenprächtigen Fischen viel Abwechslung. Zu den besten Tauchplätzen gehören Shark's Cove und Three Tables an der North Shore von O'ahu, der Molokini Crater vor der Südwestküste von Maui, Kōloa Landing an der Südküste von Kaua'i und Cathedrals vor Lāna'i. Die Kona Coast von Hawaii Island punktet mit warmem, ruhigem Wasser und hervorragenden Sichtverhältnissen, in Kailua-Kona wird Nachttauchen mit Mantarochen angeboten. Beliebte Schnorchelreviere sind der Molokini Crater und der Black Rock bei Kā'anapali auf Maui, die Kealakekua, Hōnaunau und Puako Bay auf Hawai'i Island sowie die Hulupo'e Bay auf Lana'i. Moloka'i verfügt im Süden über das längste Barriereriff Hawai'is. In der Hanauma Bay Nature Preserve auf O'ahu hat die Unterwasserwelt sehr unter dem Besucheransturm gelitten und man versucht mit tageweisen Schließungen und anderen Maßnahmen, die Bucht und ihre Korallen- und Fischvielfalt zu schützen.

Zahlreiche Veranstalter bieten Kurse und halb- oder ganztägige Tauch- und Schnorchelausflüge auf Segelbooten und Katamaranen an. Wer kein eigenes Equipment hat, kann es gegen Vorlage eines Tauchscheins ausleihen. Schnorchelausrüstung wird von vielen Hotels gestellt. Eine Besonderheit ist Snuba, eine Mischung aus Tauchen und Schnorcheln. Dabei schwimmt der Sauerstofftank an der Wasseroberfläche, und man wird durch einen etwa 6 m langen Schlauch mit Atemluft versorgt. Wer die Unterwasserwelt

Jeder Surfer träumt davon, einmal in Hawai'i die Wellen zu reiten

Kajaktouren an der Nāpali Coast sind strapaziös, lang – und herrlich

Cliff Diving – mehr Schrecken und Spaß lassen sich in ein paar Sekunden nicht unterbringen

kennenlernen möchte, ohne selbst nass zu werden, kann auf O'ahu, Maui und Hawai'i Island an Touren mit einem Unterseeboot teilnehmen (www.atlantisadventures.com). Einen Überblick über die besten Schnorchel- und Tauchreviere finden Sie unter www.gohawaii.com/de/experiences/adventure/snorkeling-scuba.

Schwimmen

Hawai'i bietet eine Vielzahl traumhafter Strände, die allesamt öffentlich sind. Die Beach Parks werden von den Counties gepflegt, was aber nicht immer bedeutet, dass man dort auch gefahrlos schwimmen kann. Manchmal sind gefährliche Strömungen vorhanden, es gibt Felsen im Wasser oder die hohe Brandung kann Ungeübten gefährlich werden. Am sichersten sind Strände in geschützten Buchten und solche mit einem vorgelagerten Riff. Von Vorteil ist es natürlich auch, wenn Lifeguards den Strand überwachen. Den Anweisungen der Lebensretter sollte unbedingt Folge geleistet werden, auch Schilder am Strand (z. B. Warnungen vor Haien) sind unbedingt ernst zu nehmen.

Grundsätzlich sollten Sie nicht allein oder im Dunklen schwimmen oder sich zu weit vom Strand entfernen. Auch der Rat, dem Ozean nie den Rücken zuzukehren, hat seinen Sinn – es kommt immer wieder vor, dass unerwartet hohe Wellen unvorsichtige Schwimmer ins Meer hinausziehen. Grundsätzlich ist etwas zu viel Vorsicht besser als zu wenig – wägen Sie erst potenzielle Risiken ab, bevor Sie sich in die Wellen stürzen.

Segeln

Sunset- und Dinner-Cruises, Schnorchelausflüge oder Whalewatching-Touren auf einem Segelboot oder Katamaran sind unvergessliche Urlaubserlebnisse – für derlei Ausflugstouren gibt es eine Vielzahl von Anbietern (z. B. www.atlantisadventures.com, www.sailtrilogy.com, www.lanaioceansports.com, www.paradisesailinghawaii.com). Daneben werden auch kleinere Jachten für Touren verchartert, bei denen man sich je nach Wunsch selbst an Segelmanövern beteiligen oder einfach nur das Küstenpanorama bewundern kann (u .a. www.tradewindcharters.com). Besonders viele Bootsverleiher und Segelschulen sind in Waikīkī und Kailua auf O'ahu, in Lāhainā und Ma'alaea auf Maui und in Kona und Hilo auf Hawai'i Island ansässig.

Sternenbeobachtung

Auf der ganzen Welt eignen sich nur wenige Orte besser für Sternenbeobachtungen als der Maunakea auf Hawai'i Island. Die Höhenluft ist hier besonders trocken und klar und es gibt so gut wie keine Lichtverschmutzung. Auf dem Gipfel werden von mehr als zehn Nationen riesige Observatorien und Teleskope betrieben. Informieren Sie sich im Besucherzentrum (www.ifa.hawaii.edu/info/vis) über kostenfreie Besichtigungsprogramme. Wenn Sie eine Internetverbindung haben, können Sie auch eine der vielen Stargazing-Apps ausprobieren. Einen guten Einstieg in das Thema bietet das 'Imiloa Astronomy Center in Hilo (www.imiloahawaii.org). Unternehmen wie Stargaze Hawai'i (www.stargazehawaii.com), Hawai'i Forest & Trail (www.hawaii-forest.com) und Kapohokine Adventures (www.kapohokine.com) bieten geführte Stargazing-Touren an, nicht nur auf den Maunakea, sondern auch auf Meereshöhe an der Küste. Es gibt auch Kurse, die in die Astrofotografie einführen.

Surfen

Das Surfen wurde in Hawai'i erfunden und ist tief in der Geschichte und Kultur der Inseln verwurzelt (s. Thema S. 158). Wenn Sie das Wellenreiten selbst einmal ausprobieren möchten, dann ist hier der perfekte Ort dafür. Die besten Bedingungen für Anfänger bietet der Waikīkī Beach. Die Wellen sind hier nicht hoch und rollen langsam und gleichmäßig aus, sodass Sie schnell ein Erfolgserlebnis haben werden. Wenn Sie eine Unterrichtsstunde buchen (z. B. www.waikikibeachservices.com, www.ohanasurfproject.com), ist immer auch ein Fotograf mit im Wasser, der für das Beweisfoto sorgt. Auf dem Brett zu stehen, und sei es auch nur für einen kurzen Moment, ist ein absolutes Glücksgefühl! Etwas einfacher als Surfen ist Bodyboarding – dabei liegt man mit dem Oberkörper flach auf einem kurzen Schaumstoffbrett. Oder man kniet darauf, das nennt sich dann Drop-Knee-Riding. Natürlich wird auch auf allen anderen Inseln Surfunterricht für Anfänger und Fortgeschrittene angeboten. Die Besten der Besten treffen sich im Winter an der North Shore von Oʻahu, wo auch mehrere berühmte Championships ausgetragen werden. Am Sunset Beach können Sie ihnen bei ihren Kunststücken zusehen. Weitere Infos zum Surfen finden Sie unter www.gohawaii.com/de/experiences/adventure/surfing.

Sonnenauf- und -untergänge

Die schönsten Orte zum Beobachten des Sonnenauf- oder -untergangs sind neben den Stränden der Haleakalā auf Maui und der Maunakea auf Hawaiʻi Island. Beide Vulkane spielen eine wichtige Rolle in der hawaiianischen Kultur. Wenn die Sonne morgens die Wolken durchbricht oder abends im Ozean versinkt und dazu vielleicht noch hawaiianische Gesänge erklingen, dann sind das bewegende Momente. Wegen der nicht ganz unkomplizierten Anfahrt schließen sich viele Besucher geführten Touren an (u. a. www.robertshawaii.com, www.hawaii-forest.com, www.kapohokine.com). Wenn Sie mit dem eigenen Auto zum Sonnenaufgang auf den Haleakalā fahren möchten, müssen Sie rechtzeitig im Voraus eine Genehmigung beantragen (www.nps.gov/hale/planyourvisit/sunrise-and-sunset.htm), wegen des großen Besucherandrangs wurde die Zahl der zugelassenen Fahrzeuge inzwischen limitiert. Für die Fahrt auf den Gipfel des Maunakea benötigen Sie einen Wagen mit Allradantrieb.

Stand-up-Paddling

Seit einigen Jahren zum Trendsport avanciert ist Stand-up-Paddling (SUP) – dabei steht man aufrecht auf einem Board und navigiert mit einem langen Stechpaddel. Das erfordert Balance, ist aber nach kurzer Einweisung relativ einfach zu lernen. Könner wagen sich auch ans SUP-Surfen und reiten mit Board und Paddel Wellen, die eine beachtliche Höhe erreichen. Auf allen Inseln wird Equipment verliehen und man kann an einführenden Kursen teilnehmen, was sich durchaus empfiehlt. Gute Reviere zum Stehpaddeln sind geschützte Buchten mit niedrigem Wellengang wie die Kealakekua Bay auf Hawaiʻi Island, die Hulopoʻe Bay auf Lānaʻi oder die Kapalua Bay auf Maui.

Wandern

Die Schönheit von Hawaiʻis Natur erschließt sich am besten auf einer Wanderung. Auf allen Inseln gibt es eine Vielzahl von Trails, von kurzen Spaziergängen auf einfachen, gut markierten Wegen bis zu mehrtägigen, anspruchsvollen Trekkings. Zu den bekanntesten Wanderwegen gehören der Kalalau Trail auf Kauaʻi und der Pipiwai Trail (auch Waimoku Falls Trail) auf Maui, schöne Trails unterschiedlicher Schwierigkeitsgrade erschließen den Waimea Canyon (Kauaʻi), den Krater des Haleakalā (Maui) und den Volcanoes National Park (Hawaiʻi Island). In vielen Nationalparks und von Aussichtspunkten, die man mit dem Auto erreichen kann, sind auch kürzere Wanderungen möglich, Beispiele sind die Wanderung auf den Lēʻahi bei Honolulu oder der am Tantalus Drive startende Mānoa Cliffs Trail. Auf den Websites der National Parks und State Parks erhalten Sie Infos zu Wanderrouten, Öffnungszeiten und Einrichtungen (www.nps.gov/state/hi/index.htm, www.dlnr.hawaii.gov/dsp). Eine Liste aller offiziellen Wege finden Sie unter https://hawaiitrails.hawaii.gov/trails. Viele Tipps für Touren bietet auch die App AllTrails bzw. die Website www.alltrails.com. Der Sierra Club (https://sierraclubhawaii.org)

und Hawaii Forest & Trail (www.hawaii-forest.com) organisieren geführte Wanderungen.

Vor dem Start sollten Sie sich aktuell über die Wetter- und Wegbedingungen informieren, nach starken Regenfällen können Trails gesperrt oder unbegehbar sein. Tragen Sie festes Schuhwerk und nehmen Sie ausreichend Wasser, Sonnen- und Regenschutz mit. Informieren Sie bei längeren Wanderungen Ranger über Ihr Vorhaben. Respektieren Sie auf jeden Fall Schilder, die auf Privatgrundstücke hinweisen (»Private Property – No Trespassing«). Bei Nichtbeachtung handeln Sie gesetzwidrig. Viele Fotos und Erfahrungsberichte auf Instagram oder in Blogs sind bei Unternehmungen entstanden, bei denen Grundstücksrechte verletzt wurden oder Urlauber sich und potenzielle Rettungskräfte unnötig in Gefahr gebracht haben. Es gibt auf jeder Insel genügend offizielle Wege – bitte beschränken Sie sich auf diese Touren.

Walbeobachtung

Zwischen Dezember und April ist Walsaison. Zwei Drittel der nordpazifischen Buckelwalpopulation überwintern in den Gewässern um die Hawai'i-Inseln. Es ist ein beeindruckendes Erlebnis, die Meeresriesen in ihrem natürlichen Umfeld zu sehen. Jede Insel hat Aussichtspunkte, von denen man die Tiere mit dem Fernglas, teils sogar mit bloßem Augen beobachten kann. Am größten sind die Chancen auf Walsichtungen aber am Auau Channel zwischen Moloka'i, Lāna'i und Maui. Bootstouren geben Gelegenheit, den majestätischen Tieren ganz nahe zu kommen. Whalewatching-Exkursionen bietet u. a. die Pacific Whale Foundation (www.pacificwhale.org), weitere Anbieter unter www.gohawaii.com/de/experiences/adventure/whale-watching.

Windsurfen

Die Hochburg der Windsurfer ist Ho'okipa an der Nordküste Mauis. Hier jagen Profis mit Geschwindigkeiten bis zu 40 km/h über die Wellen und machen dabei Sprünge von bis zu 6 m Höhe. Wenn Sie sich eher zu den Schaulustigen zählen: Halten Sie auf dem Weg zum Ho'okipa Beach in Pā'ia an, kaufen Sie Proviant für ein Picknick und fahren Sie dann noch rund 15 Minuten weiter nördlich. Die Szenerie ist filmreif! Ideale Reviere auch für weniger erfahrene Surfer sind Kailua auf O'ahu und die Kona Coast auf Hawai'i Island. Hier haben sich viele Surfschulen und Ausrüstungsverleiher niedergelassen.

Yoga

Starten Sie mit einem Sonnengruß in den Tag – am Waikīkī Beach, auf der Dachterrasse des Queen Kapi'olani Hotel mit Blick auf den Lē'ahi, oder probieren Sie Aerial Yoga oder Zen Horse Sunset Yoga im Four Seasons Resort at Lā'nai aus. Viele Unterkünfte bieten inzwischen Yogaräume und -kurse, daneben gibt es viele Yoga-Zentren, die Einzelstunden und Kurse in unterschiedlichen Stilen von Ashtanga bis Yin-Yoga anbieten. Ganz gleich, welcher Yoga-Routine Sie zu Hause nachgehen, Sie können sie in Hawai'i beibehalten oder im Rahmen von Kursen und Retreats auf ein neues Level bringen.

Ziplining

Ziplining erfreut sich auch in Hawai'i wachsender Beliebtheit. Dabei schweben Sie mit Helm, Gurt und Karabiner gesichert an Seilrutschen durch den Regenwald, über Flüsse und Schluchten, vorbei an Wasserfällen. Auf anderen Parcours gleiten Sie über Farmland hinweg, mit fantastischen Ausblicken auf den Ozean. Manche Anbieter kombinieren Ziplining mit Wandern, Paddeln, Geländewagen-Touren und anderen Outdoor-Aktivitäten. Skyline Eco Adventures (www.zipline.com) ist ein Unternehmen, das auf Kaua'i, Maui und Hawai'i Island vertreten ist; eine Vielzahl weiterer Adressen finden Sie unter www.gohawaii.com/de/node/37191.

Feste und Veranstaltungen

Die vielen ethnischen Gruppen sorgen dafür, dass es in Hawai'i jeden Monat, wenn nicht sogar jede Woche etwas zu feiern gibt. Das Spektrum reicht vom Chinesischen Neujahr über die Filipino Fiesta und den Saint Patrick's Day der Iren bis zum Obon Festival der japanischen Gemeinde. Hinzu kommen Hula- und Musikevents, kulinarische Festivals zu den unterschiedlichsten Themen und Sportwettbewerbe, von denen die Ironman World Championship sicherlich die berühmteste ist. Zu allen Festivitäten sind Besucher herzlich eingeladen – eine gute Gelegenheit, hawaiianischen Alltag zu erleben und mit Einheimischen ins Gespräch zu kommen, die auf Fremde in der Regel sehr freundlich zugehen. Fragen Sie beim Concierge oder Ihren Gastgebern nach, welche Feste gerade stattfinden, eine ausführliche Liste finden Sie auf www.gohawaii.com.

Hula

Viele Feste auf den Inseln sind in der hawaiianischen Kultur verwurzelt. Besonders häufig steht bei Events der Ausdruckstanz Hula im Mittelpunkt. Der Legende nach wurde der Hula auf Moloka'i geboren. Hier wird alljährlich im Mai/Juni in Ka'ana das **Moloka'i Ka Hula Piko Festival** (www.kahulapiko.com) gefeiert.

Das **Prince Lot Hula Festival** ist das größte Hula-Festival in Hawai'i, das keinem Wettbewerb unterliegt. Es findet auf dem Areal des 'Iolani Palace in Honolulu statt und ist Prince Lot Kapuāiwa gewidmet, dem späteren König Kamehameha V. Er trug in den 1850er-Jahren wesentlich dazu bei, den Hula nach jahrzehntelangem Tanzverbot wieder in den Alltag zu integrieren.

Für Hula-Schulen (Hālau Hula) aller Inseln ist das **Merrie Monarch Festival** (www.merriemonarch.com) in Hilo auf Hawai'i Island die wichtigste Veranstaltung des Jahres. Im April treffen sich hier Hula-Tänzer, um Wettbewerbe in verschiedenen Kategorien für sich zu entscheiden. Das Event wird von einer Parade, Kunstausstellungen und Handwerksmessen begleitet. Das Grand Naniloa Resort (www.grandnaniloahilo.com) richtet Teile des Rahmenprogramms aus, z. B. eine Modenschau. Wer das Merrie Monarch Festival miterleben möchte, sollte Karten und Unterkunft lange im Voraus buchen.

Musikevents

Mele Mei nennt sich eine Veranstaltungsreihe, bei der einen ganzen Monat lang die hawaiianische Musik gefeiert wird, natürlich zusammen mit Hula. Von traditioneller hawaiianischer Musik über Slack Key, 'Ukulele und Steel Guitar bis hin zu Insel-Reggae und Rock kommt hier jede Musikrichtung zur Aufführung, die auf den Inseln gespielt und geliebt wird. Während des »Musical Month of May« können Besucher nicht nur Konzerten lauschen, sondern auch an Workshops zu unterschiedlichen Themen teilnehmen. Lassen Sie sich inspirieren und schalten Sie während Ihres Inseltrips lokale Radiosender mit hawaiianischer Musik ein, während großartige Landschaften an Ihnen vorbeiziehen – diese Erinnerungen werden Ihnen auch zu Hause beim Abspielen der Lieder ein Lächeln ins Gesicht zaubern. Zusätzlich zu Mele Mei finden ganzjährig musikalische Events unter verschiedenen Mottos statt, so z. B. das **'Ukulele Festival Hawai'i** im Juli auf O'ahu.

Sportevents

Die wohl bekannteste und größte Sportveranstaltung in Hawai'i ist die legendäre **Ironman World Championship** (https://eu.ironman.com). Jedes Jahr im Oktober kommen Tausende Besucher aus aller Welt nach Kailua-Kona, um sich entweder mit der Teilnahme an diesem Triathlon einen Lebenstraum zu erfüllen oder um die einzigartige Atmosphäre an der Westküste von Hawai'i Island hautnah mitzuerleben. Wer sich auch mit kleineren Herausforderungen zufriedengibt, hat auf allen Inseln die Möglichkeit, an Laufveranstaltungen teilzunehmen – vom 5k bis zum Marathon ist alles dabei.

Besonders beliebt ist der **Honolulu Marathon** (www.honolulumarathon.org) im Dezember. Die Strecke führt an vielen Sehenswürdigkeiten Honolulus vorbei, der Lē'ahi (Diamond Head) bildet den schönen (und schmerzhaften) Abschluss des Wettbewerbs.

Wenn Sie Golf lieben, bietet der Event-kalender tolle Veranstaltungen wie das **Sentry Tournament of Champions** auf Maui (www.pgatour.com), für Surffans ist u. a. die **Vans Triple Crown of Surfing** (www.vanstriplecrownofsurfing.com) an O'ahus North Shore interessant.

Viele Besucher ziehen auch Kanuwettbewerbe wie das **Moloka'i Hoe Canoe Race** (www.molokaihoe.com) zwischen Moloka'i und O'ahu oder die **Pailolo Challenge** (www.pailolo.com) zwischen Maui und Moloka'i an.

Kulinarische Events

Das **Hawai'i Food & Wine Festival** (www.hawaiifoodandwinefestival.com) ist schon seit fast zehn Jahren eine feste Größe in der Food-Szene. Die besten Köche, Bartender, Winzer und Sommeliers finden sich im Oktober zusammen, um im großen Rahmen auf die vielen kulinarischen Talente und die Qualität der in Hawai'i erzeugten Produkte aufmerksam zu machen. Unter dem Motto »Taste our Love for the Land« steht die regionale Küche mit all ihren kulturellen Einflüssen im Vordergrund der Veranstaltung. Das Festival findet an unterschiedlichen Orten auf den Inseln O'ahu, Maui und Hawai'i Island statt. Eine ähnliche Veranstaltung ist das **Kapalua Wine & Food Festival** (www.kapaluawineandfoodfestival.com) auf Maui.

Das **Kona Coffee Cultural Festival** (www.konacoffeefest.com) im November feiert die Kaffeekultur auf Hawai'i Island, beim **Kaua'i Chocolate & Coffee Festival** (www.kauaichocolateandcoffeefestival.com) im Oktober können in Hanapēpē die unterschiedlichsten Kakao- und Kaffeespezialitäten probiert werden.

ALOHA FESTIVALS

Die Aloha Festivals (www.alohafestivals.com) sind eine authentische Kulturveranstaltung, die jedes Jahr unter einem anderen Motto steht. Ein Monat (August/September) wird den Traditionen und Bräuchen der hawaiianischen Inseln gewidmet – ausgedrückt in Musik, Tanz und Geschichte(n). Sämtliche Events sind kostenfrei und für jedermann zugänglich. Den Auftakt macht eine Eröffnungszeremonie, bei der sich auf dem Grund von Helumoa, dem früheren Zuhause von Prinzessin Pauahi Bishop, der hawaiianische Königshof vorstellt. Heutzutage befinden sich hier das Royal Hawaiian Hotel, The Royal Grove und das Royal Hawaiian Center. Der König, die Königin, der Prinz und die Prinzessin nehmen ihren Platz ein und erhalten verschiedene Herrschaftsinsignien, z. B. Helme und Kränze aus Federn. Begleitet wird die Festivität von Hula und Gesängen und einem großen Straßenfest in Waikīkī. Bei der Floral Parade treten u. a. Pa'u-Reiterinnen) mit langen, bunten Röcken auf, deren Farben die verschiedenen Inseln repräsentieren. Die Nachbarinseln feiern ihre eigenen, unabhängigen Aloha Festivals. Mit dem Kauf von Ribbons (Anstecker), Powerbands (Armbänder) und T-Shirts können Sie den Weiterbestand des Festivals unterstützen.

Festkalender

Januar

New Year's Day: 1. Januar. Neujahrstag.

Martin Luther King jr. Day: 3. Montag im Januar. Feiertag zu Ehren des US-amerikanischen Baptistenpastors, Bürgerrechtlers und Nobelpreisträgers, der gewaltfrei gegen die Rassentrennung kämpfte.

Narcissus Festival: Und in Honolulus Chinatown wird das chinesische Kulturerbe gefeiert. Bunte Parade mit Löwentänzern, Feuerwerk, Höhepunkt ist die Wahl der Narzissenkönigin.

Waimea Ocean Film Festival: In Waimea, an der Kona und südlichen Kohala Coast werden Dokumentarfilme gezeigt, bei denen der Ozean und die hawaiianische Kultur im Zentrum stehen (www.waimeaoceanfilm.org).

Februar

Presidents' Day: 3. Montag im Februar. Die Feierlichkeiten an diesem Tag sind dem ersten Präsidenten der USA, George Washington, gewidmet. Gleichzeitig werden aber auch alle seine Nachfolger im Amt geehrt.

Cherry Blossom Festival: Beim Kirschblütenfest feiert die japanische Gemeinde in Waikīkī ihre Kultur mit Musik und Tanz. Auch hier wird eine Kirschblütenkönigin gewählt (www.cbfhawaii.com).

Waimea Town Celebration: einwöchiges Fest in Waimea mit Hula, Livemusik, Filmvorführungen, Sportwettbewerben und Ständen, an denen Kunsthandwerk und lokale Spezialitäten verkauft werden (www.waimea towncelebration.com).

März

Honolulu Festival: 3 Tage im März. Großes Kulturfestival, bei dem Gruppen aus dem gesamten pazifischen Raum auftreten. Großes Feuerwerk zum Abschluss (www.honolulufes tival.com).

Kona Brewers Festival: 2. Samstag im März. Craft-Bier-Festival in Kailua-Kona mit Gerstensaft aus Hawai'i, den USA und dem Rest der Welt (www.konabrewersfestival.com).

St.Patrick's Day: 17. März. Die irische Gemeinde feiert ihren Patron mit einer Parade auf der Kalākaua Avenue in Waikīkī.

Prince Kūhiō Day: 26. März. Am Geburtstag von Prince Jonah Kūhiō Kalaniana'ole Pi'ikoi, dem letzten Abkömmling des hawaiianischen Königshauses und einem der wichtigsten Führer in der jüngeren Geschichte der Inseln, finden auf allen Inseln Gedenkfeiern und Gottesdienste statt.

März/April

Buddha Day: Fest zu Ehren von Buddhas Geburt. Tempel und Buddha-Statuen werden mit Bumen geschmückt.

Good Friday: Freitag vor Ostern.

Mai

Lei Day: 1. Mai. Am Lei Day beschenkt man sich gegenseitig mit kunstvoll geknüpften Blumenkränzen, es gibt Lei-Knüpf-Wettbewerbe, die schönsten Kränze werden ausgestellt. Zum Rahmenprogramm gehören Hula und Livemusik, bei Sonnenuntergang wird die Lei-Königin gewählt.

Memorial Day: Letzter Montag im Mai. Gedenktag zu Ehren aller im Krieg für das Vaterland Gefallenen. Mit dem Memorial Day beginnt die Urlaubssaison und die Preise steigen.

Filipino Fiesta: Fest der philippinischen Gemeinde rund um Flores de Mayo im Kaka'ako Gateway Park in Honolulu.

Juni

King Kamehameha Day: 11. Juni. Der Feiertag zu Ehren von König Kamehameha I. erinnert an die Gründung des Vereinigten Königreichs von Hawai'i im Jahr 1810. Die Feierlichkeiten umfassen Hula, eine Blumenparade, Musik, Gesang sowie Stände mit Kunsthandwerk und hawaiianischem Essen. Die Kamehameha-Statue vor dem 'Iolani Palace in Honolulu wird mit meterlangen Lei behängt.

Pan Pacific Festival: 2. Wochenende im Juni. Straßenfest in Honolulu mit Hula, Musik und bunter Parade.

Juli

Independence Day: 4. Juli. Wichtigster Feiertag in den USA. Am 4. Juli 1776 wurde in Philadelphia die Unabhängigkeitserklärung unterschrieben, seitdem zelebrieren die Amerikaner den Geburtstag ihrer Nation mit Paraden, Feuerwerk und zahlreichen Veranstaltungen.

Obon Festival: Die japanischen Buddhisten ehren ihre Ahnen mit Trommeltänzen und schwimmenden Laternen.

August

Statehood Day: 3. Freitag im August. Am 21. August 1959 unterzeichnete Präsident Dwight D. Eisenhower die Proklamation, mit der Hawai'i zum 50. Bundesstaat der Vereinigten Staaten von Amerika erklärt wurde. Allerdings ist dieser Tag für viele Hawaiianer kein Grund zu feiern. Auch wenn Umfragen zufolge die meisten Inselbewohner Hawai'is Status als US-Bundesstaat bejahen, so wird dieser Tag, auch von öffentlicher Seite, weitgehend ignoriert.

Duke's Oceanfest: 2. Augusthälfte. Fest zu Ehren der Surflegende Duke Kahanamoku mit Kanu-, Schwimm-, Surf- und anderen Wassersportwettbewerben (www.dukesocean fest.com).

September

Labor Day: 1. Montag im September. Der Tag der Arbeit wird zu Ehren der arbeitenden Bevölkerung gefeiert, in vielen Städten finden Umzüge von Gewerkschaftsmitgliedern statt. Labor Day markiert für die Amerikaner das Ende des Sommers, der Ferien und der Reisesaison.

Oktober

Columbus Day: 2. Montag im Oktober. Feiertag zu Ehren des Seefahrers und Entdeckers Christoph Columbus, der am 12. Oktober 1492 in der Neuen Welt ankam.

Halloween: 31. Oktober. Halloween ist einer der ausgelassensten Feiertage in den USA. Auch in Hawai'i dreht sich zu Halloween alles um Trick or Treat, gruselige Verkleidungen und Dekorationen. Neben privaten gibt es auch viele Straßenpartys – die größten finden auf der Kalākaua Avenue in Honolulu und in Lāhainā auf Maui statt.

November

Hawaii International Film Festival (HIFF): 10 Tage im November. In diversen Kinos in Honolulu werden über 200 neue Filmproduktionen aus Asien, Amerika und dem pazifischen Raum vorgestellt (www.hiff.org).

Veterans Day: 11. November. Dieser Feiertag ehrt die Veteranen sämtlicher Kriege, an denen die USA beteiligt waren. Er wird besonders aufwendig in Pearl Harbor begangen, u. a. mit einer Zeremonie zum Sonnenuntergang.

Thanksgiving: 4. Donnerstag im November. Erntedankfest, das auf die Pilgerväter zurückgeht. Traditionell wird zu diesem Anlass Truthahn mit Cranberry-Sauce, Kartoffelpüree, Bohnen und Maisbrot serviert, zum Nachtisch gibt es Kürbiskuchen. Thanksgiving ist ein Fest, zu dem sich die ganze Familie am Esstisch versammelt. An diesem Wochenende ist in den USA die größte inländische Reiseaktivität zu verzeichnen. Auch die Flughäfen und Straßen in Hawai'i sind davon betroffen.

Dezember

Christmas Day: 25. Dezember. Die Holiday Season hat unter Palmen einen ganz eigenen Charme. Auch in Hawai'i finden Weihnachtsmärkte, Paraden, Lichterfestivals und viele andere Events statt und die Geschäfte verkaufen festliche Dekoration – häufig mit hawaiianischen Motiven. Kitsch? Vielleicht. Eine Weihnachtskugel mit dem Spruch »Mele Kalikimaka« (Frohe Weihnachten) am Baum ist dennoch etwas Besonderes. In Hawai'i bekommt Santa zudem tatkräftige Unterstützung von Mrs. Claus. Einen Monat lang sitzt das Paar im Rahmen des Honolulu City Lights Festival in Übergröße an der Honolulu Hale (Rathaus) – natürlich im Hawai'i-Hemd bzw. -Kleid, mit Leis um den Hals und Flipflops an den Füßen. Und Santa Claus begrüßt Gäste mit einem Shaka-Zeichen.

Reiseinfos von A bis Z

Alkohol

Am Strand, auf der Straße oder in Parks ist der Alkoholkonsum unabhängig vom Alter grundsätzlich verboten. Offiziell wird Alkohol nur an Erwachsene ab 21 Jahren verkauft, die sich ausweisen können. Auch in Restaurants werden junge Gäste manchmal nach ihrem Pass gefragt, Gleiches gilt unabhängig vom Alter für Bars. Bier und Wein können im Supermarkt gekauft werden, hochprozentiger Alkohol wie Schnaps und Liköre sind in staatlich zertifizierten Liquor Stores erhältlich. Wenn Sie Alkohol im Geschäft erworben haben, muss dieser im Kofferraum verstaut werden, er darf nicht in greifbarer Nähe des Fahrers, also z. B. auf der Rückbank, gelagert werden. Das Gesetz in Hawai'i besagt, dass im Blut von Fahrern unter 21 Jahren keinerlei Spuren von Alkohol gefunden werden darf, bei Erwachsenen über 21 Jahren liegt die Grenze bei 0,8 Promille, Die Bestimmungen in Mietwagenverträgen können davon abweichen.

Auskunft

... in Deutschland

Allgemeine Informationen zu den USA als Reiseland finden Sie unter www.visittheusa.de und www.vusa.travel. Detaillierte Auskünfte zu Hawai'i hält www.gohawaii.com/de bereit, die deutschsprachige Website des Fremdenverkehrsbüros Hawai'i Tourism. Hier gibt es zudem weiterführende Links und die Möglichkeit, Informationsmaterial zu bestellen: www.gohawaii.com/de/hawaii-magazin.

... in Hawai'i

An den Flughäfen gibt es Ständer mit Informationsmaterial. Außerdem unterhält hier jede der sechs Inseln ein Visitor Center und/oder kleine Informationskioske. Broschüren und Karten bekommen Sie auch von den Mietwagenverleihern und auf Flügen von Hawaiian Airlines.

Baden

Hawai'i verfügt über unzählige Traumstrände mit weißem und schwarzem, manchmal sogar mit grünem oder rotem Sand. Egal ob Sie Einsamkeit lieben oder auf eine familienfreundliche Infrastruktur Wert legen – Sie werden garantiert fündig. Der Küstenstreifen mit der größten Anziehungskraft ist sicherlich Waikīkī Beach. Auf Maui sind Kā'anapali, Kapalua, Kīhei und Wailea beliebte Resortzonen. Unter den Stränden auf Hawai'i Island ist der Hapuna Beach der Star. Die Insel lockt aber auch mit schönen schwarzen Stränden wie dem Punalu'u Black Sand Beach. Wer es gern wild und windig mag, ist am Polihua Beach auf Lāna'i oder im Polihale State Park auf Kaua'i richtig.

Alle Strände in Hawaii sind öffentlich, manchmal erfolgt der Zugang aber über Privatgelände. In diesem Fall weisen »Public-Beach-Access«-Schilder den Weg. Die Bedingungen sind sehr unterschiedlich: Viele Strände eignen sich für lange Spaziergänge, Picknicks und zum Sonnenbaden, nicht aber zum Schwimmen. Unerwartet hohe Wellen und Strömungen sind nicht zu unterschätzende Gefahren. Beachten Sie bitte Flaggen und Schilder und halten Sie sich unbedingt an die Anweisungen der Rettungsschwimmer. Detaillierte Infos finden Sie unter www.hawaiibeachsafety.com. Weitere Hinweise zum Schwimmen s. S. 81.

FKK

Grundsätzlich sind Nacktbaden und »Oben ohne« in den Vereinigten Staaten illegal. Die wenigen inoffiziellen Nude Beaches in Hawai'i, an denen Sie relativ ungestört sind, sind zumeist sehr abgeschieden und nicht immer einfach zu erreichen, wie z. B. der Red Sand (Kaihalulu) Beach und der Little (Pu'u Ola'i) Beach auf Maui oder der Secret (Kauapea) Beach auf Kaua'i.

Barrierefrei reisen

Für Menschen mit Mobilitätseinschränkungen bieten sowohl Flughäfen als auch Fluggesellschaften spezielle Unterstützung an. Diese muss rechtzeitig – direkt, über den Veranstalter oder das Reisebüro – angefragt werden. Auf der Website des Department of Health Disability and Communication Access Board (http://health.hawaii.gov/dcab/community-resources/visitors) finden Sie Informationen, weiterführende Links sowie Reisetipps zu jeder Insel, die den Aufenthalt für Menschen mit besonderen Bedürfnissen angenehmer gestalten. Viele Hotels sowie öffentliche Gebäude, Kultureinrichtungen, Nationalparks, Strände und Restaurants sind zudem barrierefrei – informieren Sie sich vorab über die Website oder telefonisch über Details. Als Mietwagen bieten sich Minivans oder Midsize SUV an, um einen Rollstuhl zu verstauen. Auf der englischsprachigen Internetseite der Society for Accessible Travel & Hospitality SATH (www.sath.org) bekommen Sie weitere Infos. Die Amerikaner sind gegenüber Menschen mit Handicap im Allgemeinen sehr hilfsbereit und respektvoll – auch in Hawai'i werden sie mit offenen Armen und größtmöglicher Unterstützung empfangen.

Botschaften und Konsulate

... in Deutschland

US-Botschaft Berlin
Clayallee 170
14191 Berlin
Tel. 030 830 50
https://de.usembassy.gov/de/die-botschaft-und-die-konsulate/us-botschaft-berlin

US-Generalkonsulat Düsseldorf
Willi-Beacker-Allee 10
40227 Düsseldorf
Tel. 0211 788 89 27
https://de.usembassy.gov/de/die-botschaft-und-die-konsulate/konsulat-dusseldorf

US-Generalkonsulat Frankfurt
Gießener Str. 30
60435 Frankfurt am Main
Tel. 069 753 50
https://de.usembassy.gov/de/die-botschaft-und-die-konsulate/konsulat-frankfurt

US-Generalkonsulat Hamburg
Alsterufer 27/28
20354 Hamburg
Tel. 040 41 17 11 00
https://de.usembassy.gov/de/die-botschaft-und-die-konsulate/konsulat-hamburg

US-Generalkonsulat Leipzig
Wilhelm-Seyfferth-Str. 4
04107 Leipzig
Tel. 0341 21 38 40
https://de.usembassy.gov/de/die-botschaft-und-die-konsulate/konsulat-leipzig

US-Generalkonsulat München
Königinstr. 5
80539 München
Tel. 089 288 80
https://de.usembassy.gov/de/die-botschaft-und-die-konsulate/konsulat-munchen

... in Österreich

US-Botschaft Wien
Boltzmanngasse 16
1090 Wien
Tel. +43 1 31 33 90
https://at.usembassy.gov/de

Konsularabteilung
Parkring 12a
1010 Wien
Tel. +43 1 512 58 35

... in der Schweiz

US-Botschaft Bern
Sulgeneckstr. 19
3007 Bern
Tel. +41 31 357 70 11
https://ch.usembassy.gov/embassy

... in den USA

Botschaft der Bundesrepublik Deutschland
4645 Reservoir Road N.W.
Washington, DC 20007
Tel. +1 202 298 40 00
www.germany.info/us-de/vertretungen/botschaft

Deutsches Honorarkonsulat
Dennis Salle
3919 Sierra Drive
Honolulu, HI 96816
Tel. +1 808 377 46 06
honolulu@hk-diplo.de

Österreichische Botschaft
3524 International Court N.W.
Washington, DC 20008
Tel. +1 202 895 67 00
www.botschaft.austria.org

Schweizerische Botschaft
2900 Cathedral Avenue NW
Washington, DC 20008-3499
Tel. +1 202 745 79 00
www.eda.admin.ch/countries/usa/de/home/vertretungen/botschaft-washington.html

Schweizerisches Konsulat
555 Hahaione St., PH 1
Honolulu, HI 96825
Tel. 1 808 233 89 82
honolulu@honrep.ch

Dos and Don'ts

Freundlichkeit und Geduld sind in allen Teilen Amerikas wichtige Tugenden. Vor allem bei der Einreise und im Umgang mit Polizisten, Sicherheitspersonal und Beamten sollte man sich mit Einwänden oder Scherzen, die falsch verstanden werden könnten, unbedingt zurückhalten und den Anweisungen folgen. In Hawai'i spielen Höflichkeit und Respekt eine ganz besonders große Rolle. Vor Abreise sollten Sie sich mit Kultur und Gebräuchen der Inseln zumindest ansatzweise vertraut machen. Wichtige Punkte sind z. B. die Bedeutung und Handhabung von Leis (Blumenkränzen). Außerdem gibt es zahlreiche heilige und historisch bedeutsame Stätten wie die Überreste von Heiau. Es wird erwartet, dass Besucher hier Zurückhaltung zeigen und nicht auf Steine klettern oder sie an einen anderen Ort tragen. Nur mit dem gegenseitigen Respekt ist nachhaltiger Tourismus möglich.

Einkaufen

Als Europäer in Hawai'i ein Schnäppchen zu machen ist schwer – die Preise sind deutlich höher als auf dem US-Festland. Allerdings gibt es in den größeren Einkaufszentren immer wieder Sale-Angebote, die durchaus attraktiv sind, besonders wenn es sich um amerikanische Marken handelt, die man hierzulande nicht bekommt. Die meisten Geschäfte sind auf die Bezahlung mit Kreditkarte eingerichtet, ab und an wird zur Legitimation ein Ausweisdokument mit Foto erfragt. Wer in großen Dollarnoten zahlt, macht sich verdächtig, häufig werden Scheine über 100 $ gar nicht angenommen. Laut einer jüngeren Studie ist das Ala Moana Shopping Center in Honolulu mit mehr als 350 Geschäften und Restaurants nicht nur die weltweit größte Mall unter freiem Himmel, sondern auch die mit dem höchsten Umsatz in ganz Amerika. Für asiatische Touristen sind die Preise, die hier für Luxusmarken wie Chanel, Dior oder Tiffany verlangt werden, nämlich echte Sonderangebote.

Souvenirs

Wer einen Urlaub in Hawai'i verbringt, wird mit größter Wahrscheinlichkeit das Aloha-Feeling nicht nur im Herzen, sondern auch in Form von Andenken mit nach Hause nehmen wollen. In den ABC Stores, die vor allem auf O'ahu an jeder Ecke vertreten sind, gibt es vom Hawai'i-Hemd über Schneidebretter in Ananasform bis hin zur solarbetriebenen Hula-Puppe alles, was das Klischee

Wo früher Plantagenarbeiter wohnten, laden heute nette kleine Boutiqen zum Stöbern ein

Luftige Kleider im Boho-Style sind das perfekte Strand-Outfit

erfüllt. Nicht selten wurde es allerdings in Thailand, China oder Bangladesch gefertigt. Wer bereit ist, etwas mehr zu investieren, bessere Qualität und vor allem ein Stück »echtes« Hawai'i kaufen möchte, sollte Hawai'i-Hemden und -Kleider bei lokalen Designern kaufen (z. B. www.sigzanedesigns.com) und T-Shirts und Badekleidung in kleinen, von Einheimischen geführten Boutiquen beziehen (www.keepitkaimuki.com/partners). Kunst mit hawaiianischen Motiven gibt es auch ungerahmt in kleinen Formaten (z. B. www.heatherbrownart.com). Zahlreiche Boutiquen verkaufen schöne Dekorationsgegenstände, die das Insel-Feeling ins eigene Zuhause transportieren (z. B. www.sandpeople.com). Auch Perlen- und Muschelschmuck gibt es zu erschwinglichen Preisen.

Farmers Markets

Ganz gleich auf welcher Insel Sie Urlaub machen – der Besuch eines lokalen Farmers Market ist ein Muss! Adressen und Öffnungszeiten finden Sie z. B. unter www.hdoa.hawaii.gov/add/md/farmers-market-listings, fragen Sie aber ruhig im Hotel oder bei Ihren Gastgebern nach »Lieblingsmärkten«. Vor allem beim KCC Farmers' Market in Honolulu lohnt es sich, früh aufzustehen und an den Ständen vorbeizuschlendern, wenn es noch etwas ruhiger ist. Die Auswahl an exotischen Früchten, Blumen und lokalen Produkten, die sich auch schön zum Verschenken eignen, ist umfangreich. Gehen Sie ruhig mit leerem Magen auf die Märkte, das Angebot an Bowls, Smoothies, Backwaren und traditionellen hawaiianischen Gerichten wird Ihren Hunger schnell stillen – auf manchen Märkten haben auch einzelne Restaurants kleine Ableger und versorgen Sie mit koreanischen, japanischen und internationalen Köstlichkeiten.

KTA Superstores

In den meisten Supermärkten in Hawai'i wird Importware vom US-Festland verkauft. Eine Ausnahme bilden die sechs Filialen von KTA Superstores (www.ktasuperstores.com), einer kleinen lokalen, seit über 100 Jahre in Familienbesitz befindlichen Kette. KTA vertreibt unter dem Markennamen Mountain Apple bevorzugt einheimische Erzeugnisse und bietet in seinen Quick & 'Ono Delis auch warme inseltypische Gerichte zum Mitnehmen an.

Outlet Shopping

Auch in Hawai'i gibt es Outlet Shopping, z. B. im Waikele Premium Outlet auf O'ahu (www.premiumoutlets.com/outlet/waikele), das mit Shuttlebussen bequem von Waikīkī aus erreichbar ist. Die Outlets of Maui befinden sich im historischen Zentrum von Lāhainā (www.outletsofmaui.com). Zu den hier vertretenen Marken gehören Gap, Guess, Calvin Klein, Kate Spade, Michael Kors, Polo Ralph Lauren und Tommy Hilfiger.

Verkaufssteuer

Wie im Rest der USA wird auch in Hawai'i bei Einkäufen auf alle Preise eine Sales Tax aufgeschlagen, die je nach Ort oder Art der Ware zwischen 4 % und 4,5 % beträgt.

Elektrizität

In den USA kommt der Strom mit 110/120 Volt aus der Steckdose. Üblich sind Nema-Stecker mit zwei flachen Kontakten (Typ A/NEMA-1) oder solche mit zwei flachen und einem runden Kontakt (Typ B/NEMA-5). Für europäische Geräte benötigen Sie einen Adapter, der einfacher zu Hause zu bekommen ist. Wenn ein Gerät sich nicht von 230 auf 110 Volt umschalten lässt, brauchen Sie zusätzlich einen Spannungswandler. Wenn Sie mehr als ein Gerät aufladen müssen, kann ein Mehrfachstecker hilfreich sein.

Feiertage

New Year's Day – 1. Januar (Neujahr)
Martin Luther King Jr. Day – 3. Mo im Januar (Gedenktag für Martin Luther King)
Presidents' Day – 3. Mo im Februar (Geburtstag von George Washington)

Prince Kūhiō Day – 26. März (Feiertag zu Ehren von Prinz Kūhiō)
Good Friday – Freitag vor dem Osterwochenende
Memorial Day – letzter Mo im Mai (Gedenktag zu Ehren der Kriegsgefallenen)
King Kamehameha Day – 11. Juni (Gedenktag zu Ehren von Kamehameha I.)
Independence Day – 4. Juli (Unabhängigkeitstag)
Statehood Day (Admission Day) – 3. Freitag im August (Feiertag in Gedenken an Hawai'is Eintritt in die Staatenunion am 21. Aug. 1959)
Labor Day – 1. Mo im September (Tag der Arbeit)
Veterans Day – 11. November (Gedenken an die Kriegsveteranen)
Thanksgiving Day – 4. Do im November (Erntedankfest)
Christmas Day – 25. Dezember
Wenn ein gesetzlicher Feiertag auf einen Sonntag fällt, ist der darauffolgende Montag frei, wenn ein gesetzlicher Feiertag auf einen Samstag fällt, ist der vorherige Freitag frei.

Fotografieren

Bitte beachten Sie in Museen und anderen Sehenswürdigkeiten Fotoverbote bzw. den Hinweis, ausschließlich ohne Blitz zu fotografieren. Bevor Sie Menschen ablichten, sollten Sie stets um Erlaubnis fragen. Prinzipiell wird es gerne gesehen, wenn bei Lū'aus (hawaiianischen Festen) Fotos gemacht und geteilt werden. Allerdings gibt es Momente bei traditionellen Zeremonien, die nicht aufgenommen werden dürfen – fragen Sie im Zweifelsfall, wann/ob dies der Fall ist.

Der Gebrauch von Drohnen ist in den amerikanischen Nationalparks ausnahmslos untersagt. Bitte versuchen Sie auch nicht heimlich an Ihre Aufnahmen zu kommen – die Park Rangers haben kein Erbarmen. Auch an öffentlichen Orten (z. B. am Strand), an denen sich Menschen aufhalten, die sich in ihrer Privatsphäre gestört fühlen könnten, sind Drohnen nicht gestattet. Auf Privatgelände muss die Nutzung vorher abgeklärt werden. Prinzipiell sind zahlreiche Vorschriften (u. a. hinsichtlich der Flughafennähe) zu beachten – informieren Sie sich rechtzeitig vorab, z. B. unter www.uavcoach.com/drone-laws-hawaii.

Geld

Für Ihre USA-Reise benötigen Sie eine Kreditkarte – noch besser ist es, wenn Sie eine zweite Karte zur Verfügung haben oder Ihre Reisebegleitung ebenfalls mit einer Kreditkarte ausgestattet ist. Im Hotel, beim Autovermieter, an der Tankstelle oder bei der Buchung von Touren – ohne Kreditkarte ist es teilweise unmöglich, gewisse Leistungen in Anspruch zu nehmen. Alle gängigen Karten wie Mastercard, American Express, VISA und Diners Club werden in Hawai'i akzeptiert.

Bargeld benötigen Sie in erster Linie für Trinkgelder. Wenn Sie bei Ihrer Bank oder

SPERRUNG VON BANK- UND KREDITKARTEN

+49 116 166
oder +49 30 4050 4050
(* gilt nur, wenn das ausstellende Geldinstitut angeschlossen ist, Übersicht unter www.sperr-notruf.de)
Bei Anrufen aus dem Ausland können Kosten anfallen – die Höhe hängt vom ausländischen Anbieter/Netzbetreiber ab.
Weitere Sperrnummern:
– Mastercard 1-800-627-8372 (innerhalb der USA)
– VISA 1-800-847-2911 (innerhalb der USA)
– American Express +49 69 9797 2000
– Diners Club +49 69 900 150 135/-136
Bitte halten Sie Ihre Kartendaten (Kontoverbindung und Kreditkartennummer) bereit – es empfiehlt sich, diese vorher an einem sicheren Ort zu hinterlegen.

am Flughafen Geld tauschen, fragen Sie nach kleinen Noten (1 $, 5 $, 10 $, 20 $). Größere Scheine werden oft nicht akzeptiert. Mit Ihrer Bankkarte (Maestro-Symbol) oder mit Kreditkarte und PIN können Sie an Geldautomaten (ATM) Bares abheben. Über anfallende Gebühren informiert die Hausbank bzw. die kartenausgebende Gesellschaft. Auch die Bank, bei der die Abhebung erfolgt, verlangt eine Gebühr. Wenn Sie die Wahl haben, sollten Sie den Betrag immer in Landeswährung abbuchen lassen und nicht in Euro/CHF. Manche Reisekreditkarten bieten auch kostenloses Abheben von Bargeld im Ausland an. Vermeiden Sie es, in einer Bank oder im Hotel Geld zu wechseln – die Gebühren können beträchtlich sein. Dollar-Reiseschecks sind eine Alternative zu Bargeld.

Wechselkurs (Stand September 2019): 1 € = 1,11 $, 1 CHF = 1,02 $; 1 $ = 0,90 € bzw. 0,98 CHF. Tagesaktuelle Kurse finden Sie z. B. unter www.oanda.com, Links »Währungsrechner«, »Umrechner«.

Gesundheit

Ärztliche Versorgung

Die ärztliche Versorgung ist mit der in Europa vergleichbar. Jede Insel besitzt zumindest ein Krankenhaus oder ein medizinisches Zentrum. Adressen von Ärzten finden Sie z. B. unter www.hawaiipacifichealth.org/find-a-physician oder über die Hotelrezeption bzw. Ihren Gastgeber. Vor Ort gibt es auch Urgent Care und Walk-In Clinics für dringliche Fälle.

Angesichts der hohen Behandlungskosten sollten Sie unbedingt vorab überprüfen, welche Leistungen Ihre Krankenkasse übernimmt. Gesetzlich Versicherte sollten in jedem Fall eine private Reisekrankenversicherung abschließen, die ggf. auch einen Rücktransport ins Heimatland einschließt. Sie kann für einen bestimmten Zeitraum oder für ein ganzes Jahr abgeschlossen werden. Im Falle eines Falles müssen Sie allerdings immer in Vorleistung gehen (bar oder mit Kreditkarte), die Rückerstattung erfolgt dann nach Einreichen einer ausführlichen Quittung im Heimatland.

Apotheken

In vielen Supermärkten (z. B. Foodland) und Drug Stores (Walgreens, Long Drugs) sowie den ABC Stores können Sie aus einem beeindruckenden Angebot frei käuflicher Medikamente für alle erdenklichen Beschwerden wählen – zumeist zu einem sehr guten Preis. Geschäfte, die über eine angegliederte Pharmacy verfügen, sind Ihre Anlaufstelle für verschreibungspflichtige Arzneimittel. Es lohnt sich, nur eine kleine Reiseapotheke mitzunehmen und den Rest in den USA zu kaufen. Wenn Sie spezielle Medikamente benötigen, sollten Sie sie von zu Hause mitbringen. Bei größeren Mengen kann ein vom Arzt auf Englisch ausgestelltes Attest nützlich sein, falls der Zoll Fragen hat. In Europa ausgestellte Rezepte lassen sich nicht immer problemlos einlösen – nehmen Sie sicherheitshalber den Beipackzettel mit, der die benötigten Wirkstoffe verzeichnet.

Gesundheitsrisiken

Hawai'i ist eine der sichersten tropischen Destinationen auf dieser Erde. Sie müssen sich für Ihre Reise nicht impfen lassen, es gibt keine ansteckenden Krankheiten und auch keine giftigen Schlangen (genau genommen gibt es gar keine Schlangen in Hawai'i). Vereinzelt wurden Fälle von Dengue-Fieber registriert, das Mücken übertragen – Insektenschutz, den Sie ohnehin benötigen, reicht hier als Prophylaxe aus. Die größte Gefährdung geht von der Sonne aus. Benutzen Sie eine umweltfreundliche Lotion mit hohem Lichtschutzfaktor und tragen Sie beim Schnorcheln ein UV-Shirt. Zum Baden im Ozean s. S. 81. Das Risiko von Haiangriffen ist vernachlässigbar gering – beachten Sie aber auf jeden Fall entsprechende Schilder oder Anweisungen von Rettungsschwimmern und gehen Sie nicht an einsamen Stränden während der Dämmerung schwimmen (zu diesen Zeiten sind Sie wahrscheinlich ohnehin mit dem Fotografieren am Strand beschäftigt!). Wenn Sie sich an einer Koralle geschnitten haben, sollten Sie die Wunde mit sauberem Wasser auswaschen und desinfizieren.

Heiraten

Sich in Hawai'i das Ja-Wort zu geben oder die Flitterwochen zu verbringen, ist besonders für amerikanische und japanische Paare der Inbegriff von Romantik. Auch in Europa wird eine standesamtliche Trauung auf den Inseln anerkannt. Die Hochzeitsindustrie in Hawai'i floriert und bringt von trauter Zweisamkeit bis zu beachtlichen Hochzeitsgesellschaften jede Menge große Gefühle auf die Inseln. Egal wie sich Gäste den schönsten Tag ihres Lebens vorstellen – ob im Hubschrauber, auf oder unter Wasser, in einem paradiesischen Garten mit Hula, in Form einer spirituellen Zeremonie am Strand oder auf dem Haleakalā – fast alle Wünsche können umgesetzt werden. Informationen zu den nötigen Formalitäten erhalten Sie unter www.health.hawaii.gov/vitalrecords/marriage-licenses und https://marriage.ehawaii.gov. Auf Wunsch sind Ihnen auch Organisationen vor Ort, Veranstalter oder Ihre Unterkunft bei der Planung behilflich. Deutschsprachige Agenturen sind z. B. Nani Weddings Hawai'i (www.naniweddingshawaii.com) und Hawai'i Lei Hochzeit (www.hawaiileihochzeit.com).

Internetzugang

In vielen Einkaufszentren, Restaurants, an Flughäfen und in Sehenswürdigkeiten (dazu zählen Museen ebenso wie der Waikīkī Beach) gibt es kostenfreie WLAN-Verbindungen. Auch in den Hotels steht Gästen zumeist eine kabellose, kostenfreie Verbindung zur Verfügung (manchmal ist die Internetgebühr auch indirekt in der Resort Fee eingeschlossen). Sie können über Ihren Provider Datenpakete für die USA hinzubuchen oder sich z. B. in den Shops von Telefonanbietern wie AT&T eine Prepaid-SIM-Karte mit unterschiedlich hohem Datenvolumen kaufen. Diese ersetzt dann Ihre Karte im Smartphone.

Von einer Hochzeit in Hawai'i träumen nicht nur in den USA viele frisch verliebte Paare

Karten

Vor Reiseantritt erhalten Sie Karten zu den einzelnen Inseln bei Hawai'i Tourism (www.gohawaii.com/de) oder auf Anfrage bei Ihrem Reiseveranstalter oder Reisebüro. Vor Ort bekommen Sie umfangreiches Material am Flughafen, in den Visitor Bureaus, beim Mietwagenverleiher und natürlich auch in Ihrer Unterkunft. Gut sind auch die Karten des amerikanischen Automobilklubs AAA.

Sie können zudem beim Autoverleiher ein Fahrzeug mit GPS mieten, allerdings ist darauf in vielen Regionen nicht unbedingt Verlass. Alternativ haben Sie die Möglichkeit, über die Google-App »My Maps« Karten im Voraus herunterzuladen – diese können Sie dann offline vor Ort abrufen.

Mit Kindern unterwegs

Keiki (Kinder) sind überall in Hawai'i herzlich willkommen. Das ein oder andere Hotel hat eventuell einen »Adults only«-Pool, dafür aber auch spezielle Kinderaktivitäten im Angebot. **Keiki** werden auf den Inseln so früh wie möglich an den respektvollen Umgang mit der Natur und die Bedeutung der hawaiianischen Kultur herangeführt. Diesem Zweck dienen u. a. kostenlose Hula-Kurse, Workshops zur Herstellung von Lei, Programme in Nationalparks und interaktive Museen. Natürlich bekommen auch schon die Jüngsten Surfunterricht! In den meisten Restaurants wird ein spezielles Keiki-Menü angeboten. Einschränkungen kann es bei bestimmten Outdoor-Aktivitäten (Ziplining, Tubing, Helikopterflüge etc.) geben. Wenn Sie solche Ausflüge mit Ihrer Familie buchen möchten, klären Sie mögliche Alters-, Größen- und Gewichtsbegrenzungen vorher ab.

Kleidung und Ausrüstung

Auf den hawaiianischen Inseln, speziell auf Hawai'i Island, sind fast alle Klimazonen der Erde vertreten. Dementsprechend ist wettertechnisch alles möglich. Bei Ausflügen zum Sonnenaufgang und -untergang auf den Maunakea (Hawai'i Island) oder Haleakalā (Maui) hat sich das Zwiebelprinzip bewährt – nachdem Sie sich an das sonnige Klima auf den Inseln gewöhnt haben, werden Sie Temperaturen, die gerade einmal den Gefrierpunkt erreichen, schnell frösteln lassen. Nehmen Sie daher eine Fleece-Jacke mit, Handschuhe und eine Mütze sowie eine lange Hose. Für Outdoor-Aktivitäten gehören festes Schuhwerk, eine nachfüllbare Wasserflasche, eine Kopfbedeckung, umweltfreundliche Sonnencreme und eventuell eine leichte Regenjacke ins Gepäck. Prinzipiell sind die Tourenanbieter darauf eingestellt, dass nicht jeder über entsprechende Kleidung oder Ausrüstung verfügt, und bieten häufig auch kostenfrei warme Jacken, Wasserschuhe etc. an.

Im Alltag, also auch in den Hotels und in Restaurants, ist der Kleidungsstil leger. Natürlich gibt es schickere Einrichtungen, in denen Frau sich im Kleid und Mann mit langer Hose wohler fühlen wird. Für Kāne (Männer) gibt es auch im hawaiianischen Geschäftsleben eine ganz wichtige Kleidervorschrift: Tragen Sie niemals einen Anzug und eine Krawatte! Das macht Sie sofort verdächtig ... Für Männer gilt: Mit Leinenhose und Hawai'i-Hemd ist der Dresscode optimal erfüllt. Und für Wahine (Frauen) ist bunt und blumig immer eine gute Wahl. Eine Blüte hinter dem Ohr gehört zum Outfit dazu. Die Plumeria-Bäume sind die schnellste und kostengünstigste Bezugsquelle – nehmen Sie eine frisch abgefallene Blüte vom Boden und schon sind Sie ausgestattet. Wenn Sie die Blume hinter dem linken Ohr tragen, bedeutet das, dass Sie vergeben sind, eine Blume hinter dem rechten Ohr lässt auf Ihren Single-Status schließen. Und selbst mit einem Blumenkranz (den Sie in einem Workshop selbst herstellen können: www.paikohawaii.com/workshops-1) auf dem Kopf fallen Sie nur positiv auf. Den Blumenschmuck werden Sie nach Ihrer Rückkehr sehr vermissen ... Was könnte neben dem morgendlichen Kaffeeritual mehr für gute Laune sorgen als eine bunte, duftende Blüte im Haar?

Gut ausgerüstet ist halb gewandert – für Hawai'i mit seinen jähen Wetterumschwüngen gilt dies ganz besonders

Klima und Reisezeit

Für alle, die an bestimmte Urlaubszeiten gebunden sind, kommt hier die gute Nachricht: Egal für welchen Monat Sie Ihren Hawai'i-Urlaub planen, Sie liegen immer richtig! Hawai'i, das in der Passatzone liegt und keine ausgeprägten Jahreszeiten kennt, kann ganzjährig bereist werden. Im Sommer (Kau), zwischen Mai und Oktober, liegt die durchschnittliche Tagestemperatur auf Meereshöhe bei 29,4 Grad, im Winter (H'oilo), von November bis April, bei 25,6 Grad, dann fällt auch etwas mehr Regen und die Brandung ist höher. Nachts sinkt das Thermometer um rund 5 Grad im Vergleich zu den Tageswerten. Auf den Berggipfeln können auch im Sommer Minusgrade herrschen. Die Wassertemperaturen liegen ganzjährig zwischen 23 und 27 Grad. Die Hurricane Season beginnt im Juni und endet im November, die meisten tropischen Wirbelstürme ziehen allerdings an Hawai'i vorüber. Mehrfach richteten sie aber auch schon immensen Schaden an, zuletzt 1992. Damals verwüstete der Hurricane »Iniki« große Teile von Kaua'i.

Bei der Entscheidung für einen Flugtermin sind die Hauptreisezeiten der Amerikaner wichtiger. Hochsaison ist um Weihnachten und Neujahr und in den Ferienmonaten Juli und August. Die Übernachtungspreise steigen dann teilweise um 100 %, Unterkünfte und Aktivitäten müssen für diese Zeit lange im Voraus gebucht werden, Gleiches gilt für Permits. Wenn es denn eine Nebensaison gibt, dann im April/Mai und im September/Oktober – hier sind das Memorial-Day- und das Labour-Day-Wochenende Ausnahmen. Lassen Sie sich nicht von günstigen Flugangeboten im Dezember oder Januar täuschen – die attraktiven Preise sind dadurch bedingt, dass dann Langstreckenflüge nach Los Angeles und San Francisco nur begrenzt gefragt sind. Das Hotel wird aber dann umso teurer. Bei der Reiseplanung sollten Sie alle Komponenten – Flug, Hotel und Mietwagen – in Rechnung ziehen oder sich von einem Spezialisten beraten lassen.

In Hinblick auf das Wetter ist weniger die Jahreszeit als die Lage Ihrer Unterkunft ausschlaggebend. Für alle Inseln gilt im Prinzip die gleiche Regel: Die windabgewandten Südwestküsten sind zumeist trocken und sonnig, die Wolken regnen sich im Norden und Nordosten in den Bergregionen ab und lassen in den Tälern eine üppige tropische Vegetation gedeihen. Wenn es an einem Ort regnet, können Sie davon ausgehen, dass anderswo auf der Insel gerade die Sonne scheint. Meistens dauern Schauer nur ein paar Minuten und darauf folgt wieder Sonnenschein – und im besten Fall ein wunderschöner Regenbogen! Ein typisch hawaiianisches Phänomen ist VOG, vulkanischer Smog. Er zeigt sich in Form einer trüben Dunstglocke, die über den Inseln hängt. Ein Nebelstreifen kann aber auch einfach nur von salziger Gischt in der Luft verursacht worden sein. Oder durch Aufwinde, die in den frühen Morgenstunden für Dunst sorgen. Wer auf der Suche nach einer Wetterprognose den Suchbegriff »Hawai'i« eingibt, wird auf keinen Fall ein aussagekräftiges Ergebnis erhalten. Jede Insel, jede Inselseite hat ihr klimatisches Eigenleben. Unter www.weather.gov können Sie sich vorab über die Aussichten informieren.

Klimadaten Honolulu

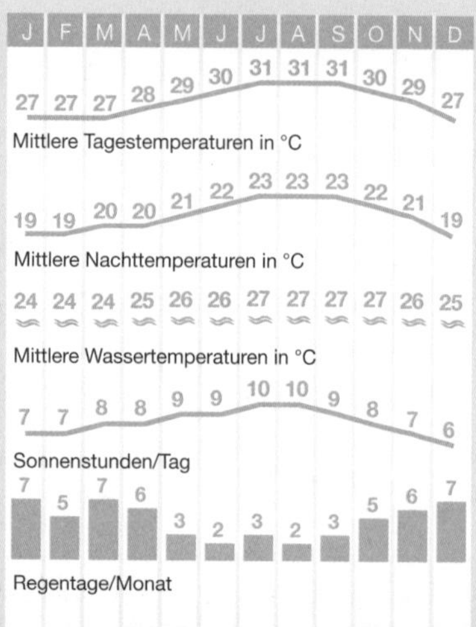

Ein Entscheidungsfaktor für eine bestimmte Reisezeit könnte auch die Walsaison sein: Zwischen Dezember und Mai kehren Tausende Buckelwale (Koholā) aus dem Golf von Alaska nach Hawai'i zurück, um sich hier fortzupflanzen und ihre Jungen zu gebären. Das Naturschauspiel lässt sich am besten von Maui, Moloka'i und Lāna'i aus beobachten, aber auch auf den anderen Inseln hat man gute Chancen, die Meeresgiganten an der Küste vorüberziehen zu sehen.

Auch für Surfer ist der Winter die beste Reisezeit: Im Dezember und Januar erreichen die Wellen an O'ahus North Shore haushohe Ausmaße. Dann machen sich Profis aus der ganzen Welt auf den Weg, um ihr Können beim Abreiten der Big Waves zu erproben.

Links und Apps

Links

www.gohawaii.com/de: Offizielle deutschsprachige Seite des Fremdenverkehrsbüros Hawai'i Tourism Europe mit Informationen zu allen Inseln.

www.hawaiitourismauthority.org: Offizielle Seite der staatlichen Tourismusbehörde von Hawai'i.

www.nps.gov/state/hi/index.htm: Offizielles Portal des National Park Service mit Informationen zu sämtlichen Nationalparks in Hawai'i.

https://camping.ehawaii.gov: Website, über die Campinggenehmigungen gebucht werden können.

Apps

GoHawaii: Offizielle App der Hawai'i Tourism Authority mit Infos zu den einzelnen Inseln, zu Sicherheitsvorkehrungen, allgemeinen Reisetipps, Umweltschutz, Wetter, Notfallkontakten etc. – über das Menü kommen Sie auf die deutschsprachigen Seiten. Sehr süß: Locomoji – damit können Sie Ihre Handy-Nachrichten mit typisch hawaiianischen Symbolen (Regenbogen, 'Ukulele, Flipflops, Shaka-Zeichen etc.) aufhübschen.

Weitere nützliche Apps: **DaBus2** (Busfahren auf O'ahu), **Hawaiian Airlines, TripAdvisor** (für Reisetipps und Bewertungen), **Yelp** (Restaurants, Geschäfte), **TipCalculator** (zur Trinkgeldberechnung), **Hawai'i WeatherNow** (Wetter), **Shaka Guides** (für alle Inseln), **Uber** (vor allem, wenn man in Honolulu kein Auto angemietet hat), **Hawaiian Words** (Sprache), **Honolulu Star-Advertiser** (Lokale Nachrichten).

Social Media

Facebook und Instagram: @gohawaiide/ #AlohaFernweh

Literatur und Filme

Romane und Erzählungen

Kiana Davenport: Haifischfrauen. München 1996. In dem Familienepos ist die Geschichte von vier Frauen eng mit der Geschichte Hawai'is, seiner Kultur und Mystik verwoben.

Kaui Hart Hemmings: The Descendants/ Mit Deinen Augen. München 2009. Buchvorlage für den gleichnamigen Film (s. unten).

Frances Kakugawa: Kapoho. Memoir of a modern Pompei. Honolulu 2011. Die Autorin berichtet vom Leben japanischer Einwanderer in der kleinen Plantagenstadt Kapoho auf Hawai'i Island, die 1960 einem Ausbruch des Kīlauea zum Opfer fiel.

Lili'uokalani: Hawaii's Story by Hawaii's Queen. Clarendon 1991. Autobiografie und Dokumentation der Zeit vor dem Sturz der letzten hawaiianischen Königin, geschildert aus ihrer eigenen Sicht, erstmals erschienen im Jahr 1898.

Melville, Herman: Moby Dick. Berlin 2010. Klassiker der Weltliteratur, erschienen 1851 in London und New York. Seine Leidenschaft für die Seefahrt überträgt Melville hier auf den von Hass und Rachedurst getriebenen Kapitän Ahab, der Moby Dick für den Verlust eines Beines verantwortlich macht. Bei der Jagd auf den weißen Wal geht er über Leichen und bringt seine Mannschaft in Lebensgefahr, bis das Tier ihn schließlich mit sich in die Tiefe reißt. Melville legte an Bord eines Walfangschiffes selbst in Honolulu und Lāhāina an.

James A. Michener: Hawai'i. Zzt. nur antiquarisch. Die Geschichte Hawai'is von der Entstehung bis zur Eingliederung in den amerikanischen Staatenbund 1959 wird hier aus der Sicht unterschiedlicher Charaktere erzählt – die ineinander verwobenen Geschichten von Familien unterschiedlicher Ethnien sind fiktiv, hätten sich aber so oder ähnlich abspielen können.

Paul Theroux: Hotel Honolulu. Hamburg 2016. Als Manager eines Hotels in Honolulu erlebt ein ehemaliger Schriftsteller die verschiedenen Lebensgeschichten seiner Gäste hautnah. Dabei werden viele inselspezifische Themen abgedeckt.

Mark Twain: Post aus Hawai'i (Meine Reise um die Welt). Hamburg 2010. Während seiner Tätigkeit als Zeitungsreporter reiste Twain für mehrere Monate nach Hawai'i und besuchte dort drei der sechs Inseln. Die Naturschönheit begeisterte ihn, schon 1866 machte er aber auch auf den zunehmenden Verlust der Kultur aufmerksam.

Sachbücher und Reportagen

Tony Horwitz: Cook. Die Entdeckung eines Entdeckers. Hamburg 2004. Ungeschönter Blick auf den Forscher, bei dem dunkle Seiten seines Charakters ebenso wenig ausgespart bleiben wie die Folgen, die Cooks Entdeckungen für viele indigene Kulturen hatten.

Ulrich Menter, Inés De Castro, Stephanie Walda-Mandel: Hawai'i – Königliche Inseln im Pazifik. Dresden 2017. Buch zur gleichnamigen Ausstellung im Linden-Museum Stuttgart. Einblick in das Inselleben fernab vom Südseetraum, damals und heute.

Hawai'i war der wichtigste Drehort für die fiktive Isla Nublar in »Jurassic Park«

Filme

Es wurden zahlreiche Filme in Hawai'i gedreht, im Folgenden eine Auswahl der bekanntesten Kassenschlager:

Blue Hawaii. USA 1961. Nach seinem Militärdienst kehrt Chadwick Gates (Elvis Presley) zu seiner Familie nach Hawai'i zurück. Statt einen Job im Familienunternehmen auszuüben, wird Chadwick Tourguide. Leichte Unterhaltung mit viel Musik, Tanz und Romantik.

Jurassic Park. USA, 1993. **Jurassic World.** Fallen Kingdom. USA, 2018. Dinosaurier-Epos von Steven Spielberg.

Pearl Harbor. USA, 2001. Das Drama rund um die Piloten Rafe McCawley (Ben Affleck) und Danny Walker (Josh Hartnett), die in den Zweiten Weltkrieg ziehen, basiert auf echten historischen Begebenheiten. U. a. wurde auf dem Gelände von Pearl Harbor gedreht.

Disney: Lilo & Stitch. USA, 2002: Der Animationsfilm enthält Science-Fiction-, Comedy- und Drama-Elemente. Das einsame hawaiianische Mädchen Lilo adoptiert einen außerirdischen Hund, der sie permanent in Schwierigkeiten bringt.

Blue Crush. USA, 2002: Surferfilm. Anne Marie (Kate Bosworth) zählt die Tage bis zum großen Rip-Masters-Surfwettbewerb. Ihre Vorbereitungen laufen weder privat noch sportlich ohne Hindernisse ab. Die Drehorte an verschiedenen Stränden auf O'ahu und die Surfzenen sind beeindruckend!

50 First Dates. USA, 2004. Romantische Komödie. Henry (Adam Sandler) verliebt sich in die Kunstlehrerin Lucy (Drew Barrymore), deren Kurzzeitgedächtnis verloren gegangen ist. Er hat jeden Tag wieder die Chance, sie für sich zu gewinnen.

The Descendants. USA, 2011. Der von Hawai'i stammende Familienvater Matt (George Clooney), dessen Frau nach einem Unfall ins Koma fällt, muss sich nicht nur um seine Teenager-Töchter kümmern, sondern steht auch noch in Konflikt mit seinen Verwandten, die ihn dazu bewegen wollen, ein in vielerlei Hinsicht kostbares Stück Land auf Kaua'i an einen Immobilienentwickler zu verkaufen.

Maße und Gewichte

Die USA haben sich gegen die Verwendung des metrischen Systems entschieden. Somit muss man sich als Europäer an die amerikanischen Maßeinheiten gewöhnen.

Längenmaße

1 mile (mi)	= 1,609 km
1 yard (yd)	= 0,915 m
1 foot (ft)	= 30,48 cm
1 inch (in)	= 2,54 cm

Hohlmaße

1 gallon (gal)	= 3,785 l
1 barrel (bbl)	= 119,228 l
1 quart (qt)	= 0,94 l
1 pint (pt)	= 0,47 l
1 fluid ounce (fl. oz.)	= 0,03 l

Gewichte

1 grain (gr)	= 0,065 g
1 pound (lb)	= 0,454 kg
1 ounce (oz)	= 28,35 g
1 quarter (qt)	= 12,701 kg
1 ton (t)	= 907,185 kg
1 stone	= 6,35 kg

Temperaturen

Die Temperaturen werden in Amerika in Fahrenheit (°F) gemessen. Die Umrechnungsformel ist: Fahrenheit minus 32 geteilt durch 1,8 entspricht Celsius. Oder umgekehrt: Celsius multipliziert mit 1,8 plus 32 ergibt Fahrenheit. Für unterwegs: Fahrenheit abzüglich 30 dividiert durch 2 – das Ergebnis ist ziemlich nah dran.

°Fahrenheit (F)	°Celsius (C)
1	−17,2
10	−12,2
20	−6,7
30	−1,1
40	5,6
50	10,0
60	15,6
70	21,1
80	26,7
90	32,2

Medien

Das »Hawaii Magazine« (Printversion und online, www.hawaiimagazine.com) behandelt inselübergreifend verschiedene Themen, von den schönsten Stränden über kulinarische Trends bis hin zu Porträts. Für Honolulu gibt es eine eigene Magazinausgabe. Die Inseln verfügen über eigene Zeitschriften, die häufig in Kästen am Flughafen und an touristischen Einrichtungen ausliegen – allerdings werden diese zumeist von Anzeigen dominiert. Auf allen Inseln außer Lāna'i werden eigene Zeitungen publiziert, deren Inhalte zum Teil digital abrufbar sind. Der »Honolulu Star-Advertiser« (www.staradvertiser.com) erscheint inselübergreifend. Schöne Geschichten von den Inseln erzählt »Hana Hou!«, das Magazin von Hawaiian Airlines. Sie finden es auf jedem Flug in der Tasche vor Ihrem Sitz, die Inhalte sind zum Teil auch online gestellt (www.hanahou.com). Einige Hotels verfügen ebenfalls über eigene Print-Produkte. Die Auswahl an Radiostationen im Vergleich zur Anzahl der Inseln ist beachtlich. Sie können sich beim Autofahren mit Klassik, aktuellen Hits, News, wissenschaftlichen Themen und vielen anderen Genres unterhalten lassen. Zudem gibt es eine Auswahl an lokalen Fernsehstationen mit Online-Präsenz.

Nachtleben

Ein ernsthaft als solches zu bezeichnendes Nachtleben gibt es nur auf O'ahu, und auch dort ausschließlich in und um Honolulu. Das Ausgehen beschränkt sich auf den Besuch von Restaurants, Bars oder Lū'aus, Kinovorstellungen oder Konzerte. Am Wochenende sind Honolulus Downtown und Chinatown gute Adressen, um Bars zu besuchen. Häufig gehört Karaoke zum Angebot. Im Outrigger Waikīkī Beach Resort befindet sich ein Ableger des legendären New Yorker Jazzklubs Blue Note (www.bluenotehawaii.com). Ein Besuch lohnt sich, hier treten nicht nur internationale Jazzgrößen auf, sondern auch hawaiianische Künstler. Häufig gibt es zwei Vorstellungen, um 18.30 und 21 Uhr – im Klub wird auch Essen serviert. Viele Hotels haben zudem ein umfangreiches Eventangebot, das Spektrum reicht von Workshops über Lesungen bis hin zu Livemusik (z. B. im The Surfjack Hotel & Swim Club, www.surfjack.com/experience, oder im Queen Kapiolani Hotel Waikīkī Beach, www.queenkapiolani.com/qklife.aspx). Ein Besuch in einem Theater oder Kulturzentrum kann ein schönes, lokales Erlebnis sein. Erkundigen Sie sich auch nach besonderen (Abend-)Veranstaltungen in Hawai'is Museen. Der Rhythmus der Natur bestimmt das Leben in Hawai'i. Zumeist startet man mit dem Sonnenaufgang in den Tag und lässt ihn am Abend, wenn es dunkel wird, mit einem entspannten Essen ausklingen. Die Inseln verstehen sich nicht als Feierdestination, auch nicht zur amerikanischen Spring Break. Daher gibt es auch keine klassischen Strandbars oder nächtliche Partys am Strand.

Namen und Adressen

Hawaiianische Namen sind oft eine Kombination aus englischen und hawaiianischen Bestandteilen und können sehr lang sein. Die Anrede ist einfach: Sprechen Sie Ihr Gegenüber mit dem Namen an, mit dem er oder sie sich vorgestellt hat. Grundsätzlich gibt es weder im Englischen noch im Hawaiischen ein »Sie«, man nennt den Gesprächspartner beim Vornamen. Auch im Geschäftsleben ist das üblich.

Manche Ortsnamen (z. B. Waimea) kommen nicht nur auf einer Insel vor wenn Sie also Tipps für Unternehmungen bekommen, fragen Sie nach, welches Eiland Ihr Gesprächspartner meint. Wenn es um Ortsangaben geht, sprechen die Einheimischen häufig von Mauka und Makai – Ersteres bezeichnet die zu den Bergen hin, Letzteres die zum Meer hin gewandte Seite eines Gebäudes, Grundstücks oder einer Straße.

Bei manchen Besuchern sorgt der Name Hawai'i Island für Verwirrung. Geläufiger ist

Big Island, dabei handelt es sich allerdings nur um einen Spitznamen, weil die Insel die größte im Staat Hawai'i ist. Der offizielle Name der Insel lautet jedoch Hawai'i Island. Kamehameha I., der Begründer des hawaiianischen Königreichs, stammte hierher, weshalb er die gesamte Inselgruppe Hawai'i nannte. Im Zuge des Wiederauflebens der hawaiianischen Kultur bekamen viele Orte ihre alten Namen wieder und es wird Wert darauf gelegt, dass auch Besucher sie verwenden. Es ist daher ein Zeichen von Respekt gegenüber den Einheimischen, wenn Sie von Hawai'i Island sprechen.

NACHHALTIG REISEN

Natürlich ist die Frage berechtigt, ob eine Reise nach Hawai'i, die knapp 20 Stunden reine Flugzeit erfordert und bei der man vor Ort auch nur im Flugzeug von einer Insel zur anderen gelangt, überhaupt als nachhaltig und umweltfreundlich bezeichnet werden kann. Wahrscheinlich nicht. Dennoch gibt es einige Möglichkeiten, seinen Aufenthalt umweltfreundlicher zu gestalten. Das betrifft z. B. den Plastikverbrauch, der in Hawai'i ebenso wie auf dem US-Festland immer noch ein großes Thema ist. Zwar hat Hawai'i als erster amerikanischer Bundesstaat Einwegplastiktüten abgeschafft, Plastikbecher und Styroporverpackungen sind aber immer noch gang und gäbe. Nehmen Sie Frischhaltedosen für Proviant sowie nachfüllbare Kaffeebecher und Wasserflaschen in den Urlaub mit. Packen Sie Einkäufe in wiederverwendbare Beutel.

Um die hochsensiblen Korallenriffe zu schützen, soll 2021 ein Gesetz in Kraft treten, das den Verkauf bestimmter Sonnencremes verbietet. Schon jetzt bieten einige Hotels Spender mit rifffreundlicher (reeffriendly) Sonnencreme an oder tauschen schädliche Lotionen gegen umweltfreundliche ein.

Es gibt eine Reihe von Farmen, die neben Unterkunft auch die Beteiligung an Umweltprojekten anbieten (z. B. www.kahumana.org). Bei Beach Clean-ups und Wiederaufforstungsprogrammen kann man Freiwilligenarbeit leisten. Der Weg ist definitiv noch ein weiter, aber erste Schritte wurden getan. Im Folgenden werden einige Organisationen und Projekte vorgestellt, die sich für den Umweltschutz in Hawaii und nachhaltiges Reisen einsetzen:

www.littlehandshawaii.com: Das Unternehmen verkauft mineralische Bio-Sonnencreme, die Umwelt und Haut schont.

www.johnsonohana.org: Surferlegende und Musiker Jack Johnson hat gemeinsam mit seiner Frau einen gemeinnützigen Verein gegründet, der kleinere Organisationen bei ihrer Gemeindearbeit unterstützt.

www.hawaiianlegacytours.com: Gäste sind dazu eingeladen, auf dem Areal eines von König Kamehameha gepflanzten Koa-Waldes Legacy Trees zu pflanzen, einheimische Bäume. Damit leisten sie einen Beitrag zur Wiederaufforstung.

www.travel2change.org: Die gemeinnützige Organisation bietet auf den vier Hauptinseln Touren und Programme an, die Tourismus und Umweltschutz verbinden.

www.4ocean.com: Jeder Kauf eines Armbands kommt dem Schutz der Ozeane zugute.

www.hawaiiecotourism.org: Unter dem Menüpunkt »Travel Pono« (verantwortlich Reisen) sind eine Vielzahl von Tourismuspartnern angegeben, die hinsichtlich ihres Beitrags zum Umweltschutz zertifiziert worden sind.

www.gohawaii.com/de/experiences/eco-tourism: Weitere Informationen zu umweltfreundlichem Tourismus.

National Parks und State Parks

Hawai'i besitzt acht Nationalparks, zu denen auch National Monuments und National Historic Sites zählen. Hier erleben Sie die Natur und Kultur der Inseln von ihrer schönsten Seite. Eine Übersicht finden Sie unter www.nps.gov/state/hi/index.htm. Zudem sind aktuell 356 Orte im National Register of Historic Places aufgeführt – hinzu kommen 33 National Historic Landmarks, sieben National Natural Landmarks und zwei World Heritage Sites (Hawai'i Volcanoes National Park und Papahānaumokuākea Marine National Monument). Wer mehrere Parks besuchen will, kann mit dem Hawaii Tri-Park Annual Pass Geld sparen. Er kostet 50 $ und gilt ein Jahr lang für ein Fahrzeug und alle Insassen im Hawai'i Volcanoes National Park, Haleakalā National Park und Pu'uhonua o Hōnaunau National Historical Park. Der Pass ist online oder in den Visitor Centers der drei Parks erhältlich.

Bei den 50 hawaiianischen State Parks handelt es sich zumeist um Recreation Areas am Strand. Ausnahmen sind historische Stätten wie das Russian Fort Elizabeth und einzigartige Landschaften wie der 'Akaka Falls oder der Waimea Canyon & Kōke'e State Park. Vollständige Liste unter www.hawaiistateparks.org.

Notruf

Die gebührenfreie Notrufnummer für Ambulanz, Feuerwehr und Polizei lautet 911.

Öffnungszeiten

In Hawai'i gibt es keine vorgeschriebenen Ladenschlusszeiten. Kleinere Läden öffnen werktags von 9 bis 17/18 Uhr. In Honolulu haben viele Geschäfte und Malls täglich bis in die späten Abendstunden geöffnet (in den Shops auf der Kalākaua Avenue kann zum Teil bis 23 Uhr eingekauft werden, in der Ala Moana Mall bis 21 Uhr). Die ABC Stores (www.abcstores.com) öffnen bereits sehr früh am Morgen und haben zum Teil bis in die späte Nacht geöffnet. Auch die Supermärkte und Drug Stores in Hawai'i haben lange Öffnungszeiten, teilweise kann man hier sogar rund um die Uhr einkaufen.

Die Geschäftszeiten von Banken und Postämtern sind ebenfalls nicht einheitlich, sondern können von Filiale zu Filiale unterschiedlich sein. Banken empfangen in der Regel Mo–Do 8.30–15/16 Uhr Kundschaft, Fr auch länger. Bei Postämtern gilt als Kernzeit Mo–Fr 9–16.30 und Sa 9–12 Uhr.

Die Öffnungszeiten von Museen, Attraktionen, Nationalparks etc. variieren. Museen schließen tendenziell schon am späten Nachmittag, die Parköffnungszeiten richten sich häufig nach Sonnenauf- und -untergang.

Post

Der Hauptanbieter für Postdienstleistungen in den USA ist der staatliche United States Postal Service (USPS). Private Anbieter wie UPS und Fedex können alternativ genutzt werden. In den Filialen können Sie neben Briefmarken auch Verpackungsmaterial kaufen. Auch Hotels, Geschäfte und Zeitungskiosks verkaufen Briefmarken, allerdings häufig nur in bestimmten Mengen und mit Aufschlag. Aktuell kostet der Versand einer Postkarte und eines Standardbriefs 1,15 $. Post nach Deutschland ist etwa eine Woche unterwegs. Wenn Sie ein Telegramm verschicken möchten, nutzen Sie am besten einen Online-Dienst.

Rauchen

In allen öffentlichen Gebäuden und Hotelbereichen, Bars und Restaurants ist das Rauchen verboten. Das bezieht sich auch auf Sitzbereiche im Freien, zu denen Raucher einen gewissen Abstand einhalten müssen. Viele Hotels bieten keine Raucherzimmer mehr an. Alle inneramerikanischen Flüge sind Nichtraucherflüge. Zigaretten sind an Tankstellen und zum Teil in Supermärkten erhältlich. In Hawai'i muss man mindestens 21 Jahre alt sein, um legal Zigaretten zu kaufen und zu rauchen. Um den Tabakkonsum noch weiter zu reduzieren, wird aktuell darüber diskutiert, das Mindestalter in den nächsten Jahren erneut anzuheben.

Reisekasse

Das Preisniveau in Hawai'i ist höher als auf dem US-Festland, weil viele Waren importiert werden müssen. Der Dollar ist seit geraumer Zeit gleichbleibend stark. Durch Resort Fees und die hohen Trinkgelder (an denen Sie nicht sparen sollten) summieren sich die Ausgaben. Ein Hawai'i-Urlaub wird also definitiv kein günstiger Spaß. Darauf sollten Sie sich einstellen, denn nur dann können Sie Ihren Urlaub richtig genießen und müssen nicht auf unvergessliche Erlebnisse verzichten wie z. B. einen Helikopterflug über die Nāpali Coast auf Kaua'i.

Für einen Kaffee zahlen Sie 4–5 $, ein Hauptgericht im Restaurant kostet zwischen 15 $ und 35 $ (Unterschiede zwischen Mittag- und Abendessen und Fleisch-, Fisch- und vegetarischen Gerichten), die Eintrittsgelder in Parks betragen zwischen 5 $ und 25 $, das Busticket für eine Einzelfahrt kostet 2,75 $. Die Benzinpreise sind mit rund 3,46 $ pro Gallone (3,785 l) etwas höher als in anderen US-Bundesstaaten, im Vergleich zu Teilen Europas aber günstig. Die Hotelpreise variieren je nach Insel, Kategorie und Lage – der Durchschnittspreis für ein Drei- bis Viersterne Hotel liegt bei 200 $. In den Übernachtungspreisen ist meist kein Frühstück inbegriffen. Wenn Sie das Breakfast-Angebot eines Hotels nutzen, zahlen Sie für A-la-carte-Gerichte (Bowls, Pancakes etc). ab 15 $, für ein Buffet ca. 30 $ pro Person. Günstiger sind Coffee Shops (Kaffee und Gebäckstück 8–12 $) oder Frühstücksrestaurants (z. B. Eggs'n Things, www.eggsnthings.com, Gerichte ab $ 10).

Spartipps

Natürlich gibt es Möglichkeiten, budgetbewusst zu reisen. Sparen kann, wer in der Nebensaison reist. Touristenmagazine enthalten oft Rabattcoupons für Sehenswürdigkeiten, Ausflüge etc. In vielen Restaurants und Bars gibt es eine Happy Hour; Frühstückslokale werben mit Early Bird Specials. Während Ihrer Inseltouren werden Sie immer wieder Straßenstände mit frischem Obst, Märkte und Farmverkäufe entdecken oder in einfachen, aber dennoch sehr guten lokalen Restaurants und Cafés einkehren können. Auf allen Inseln gibt es kostenlose Kulturveranstaltungen auf hohem Niveau.

Schwule und Lesben

Hawai'i ist ein Einwandererstaat, Menschen jeder Herkunft und jeder sexuellen Orientierung sind herzlich willkommen. Gleichgeschlechtliche Ehen sind auf den Inseln seit 2013 erlaubt. Es gibt viele LGBTQ-freundliche Bars und ausgewählte Hotels, die teils auch bei den World Rainbow Hotels (www.worldrainbowhotels.com) gelistet sind. Außerdem werden auf den Inseln verschiedene Pride Events und Festivals gefeiert. Die Honolulu Pride (www.hawaiilgbtlegacyfoundation.com/honolulu-pride-2019) ist die größte Veranstaltung ihrer Art in Hawai'i. Weitere Reisetipps finden Sie unter www.gaytravel.com/gay-guides/hawaiian-islands, www.gogayhawaii.com und www.gayislandguide.com.

Sicherheit

Hawai'i ist einer der sichersten Staaten der USA. Das übliche Maß an Vorsicht ist völlig ausreichend. Schließen Sie Wertsachen und Ausweispapiere (der Führerschein genügt, falls bei der Kreditkartenzahlung ein Dokument verlangt wird) am besten in den Hotelsafe ein. Viele Unterkünfte verfügen mittlerweile über Schließfächer, in denen sogar Laptops ausreichend Platz haben. Lassen Sie keine Wertsachen im Handschuhfach oder im Kofferraum Ihres Autos liegen – das gilt besonders für einsame Strände.

Telefonieren

Mobil telefonieren

Da heutzutage fast jeder mit einem Smartphone unterwegs ist, kann es sich lohnen, vor Reiseantritt eine App wie Whatsapp oder Skype zu installieren. Damit können Sie aus einem WLAN-Netz heraus kostenlos und zumeist mit guter Verbindung über den Ozean hinweg mit Freunden und Familie kommunizieren. Damit ein Handy in den USA funktioniert, muss es sich um ein Triband- oder Quadband-Gerät handeln. In Supermärkten etc. können Sie sich Prepaid-SIM-Karten mit unterschiedlichen Guthaben für Ihr Handy besorgen. Falls Sie sich länger vor Ort aufhalten, lohnt vielleicht auch der Kauf eines Prepaid Cell Phone ohne Vertrag. Die Karten lassen sich dann nach Bedarf über Ihre Kreditkarte wieder aufladen.

In Honolulu ist es aus Sicherheitsgründen gesetzlich verboten, beim Überqueren der Straße auf das Handy-Display zu schauen oder Textnachrichten zu schreiben – das gilt auch, wenn die Ampel grün ist. Der einzige legale Grund für die Nutzung eines Smartphones auf der Straße ist ein Notruf bei einem Unfall. Die Geldstrafen beginnen bei 15 $ und können bei Wiederholungstätern auf bis zu 500 $ ansteigen.

Kosten sparen

Innerhalb der USA haben fast alle öffentlichen Einrichtungen und Dienstleister gebührenfreie 800-, 888- oder 877-Nummern. Bei Anrufen aus Europa können diese Nummern Kosten verursachen, manchmal funktionieren sie gar nicht erst. Weil die Telefonkosten inzwischen allgemein gesunken sind, sollte man im Zweifelsfall besser eine reguläre Nummer (mit Area Code, z. B. 808 für Hawai'i) wählen. Eine weitere günstige Alternative sind International Calling Cards. Damit kann man von jedem Anschluss aus (Festnetz, Handy, Telefonzelle) mit Einwahlnummer und PIN vergünstigt telefonieren. Bei Call-Back-Gesprächen zahlt letztendlich der Empfänger des Anrufs die Gebühren.

Vorwahlen

Für Gespräche von den USA ins Ausland gilt folgende Nummernfolge: 011 + Ländercode + Ortsvorwahl/Handyvorwahl ohne Null + Rufnummer.
Deutschland: 0049 oder +49
Österreich: 0043 oder +43
Schweiz: 0041 oder +41
Hawai'i: 001 808

Trinkgeld

Bedienungsgelder sind in den USA nicht im Preis inbegriffen. Da Angestellte in Dienstleistungsberufen einen sehr niedrigen Stundenlohn haben, beziehen sie einen großen Teil ihres Einkommens über das Trinkgeld. Im Restaurant lässt man daher 15–20% des Rechnungsbetrages auf dem Tisch liegen. Barkeeper erhalten mindestens 1 $ pro Drink. Taxifahrer erwarten ein Tip in Höhe von 10–15 % des Fahrpreises. Beim Valet Parking sind bei Rückgabe des Schlüssels 2 $ üblich. Kofferträger bekommen 1–2 $ pro Gepäckstück, Zimmermädchen 2–4 $ pro Nacht. Guides sollten Sie ein Trinkgeld in Höhe von 10 % der gebuchten Aktivität zukommen lassen. Bitte legen Sie das Trinkgeld in Scheinen und nicht in kleinen Münzen zurecht.

Wasser

Das Leitungswasser stammt häufig aus Meerentsalzungsanlagen oder wird mit Chlor aufbereitet, was nicht jeder verträgt. O'ahu verwendet spezielle Filtermechanismen, daher ist es hier unbedenklich, Wasser aus der Leitung zu trinken. Auf allen Inseln haben mittlerweile viele Hotels in den öffentlichen Bereichen Wasserspender aufgestellt. Dieser Service dient auch dem Zweck, den Verbrauch von Plastikflaschen zu reduzieren. Teilweise erhalten Sie als Gast sogar wiederverwertbare Trinkbeutel, die Sie unbegrenzt mit Wasser auffüllen und auf Tagesausflügen bei sich tragen können. Vor allem bei längeren Touren ist es wichtig, dass Sie ausreichend Wasser mitnehmen und regelmäßig trinken. Wasser aus Bächen, Flüssen und Seen kann Keime enthalten und muss unbedingt abgekocht werden. Auch vor dem Baden in Binnengewässern sollten Sie vorab Erkundigungen einziehen.

Wellness

Die Natur in Hawai'i ist Balsam für die Seele. Und ein Strandspaziergang oder -lauf das beste Fitnessprogramm überhaupt. Viele Hotels verfügen über Pools, Fitness- und Spa-Bereiche, manche Unterkünfte verleihen Fahrräder. Zudem gibt es viele Massagestudios und Day Spas, in denen auch hawaiianische Anwendungen wie Lomilomi-Massagen praktiziert werden. Wer den Begriff Wellness um Spiritualität erweitern möchte, findet ebenfalls ein breites Angebot vor. In Hawai'i gibt es spirituelle und traditionelle Heiler, die Therapien, Workshops und Ausbildungen anbieten. Wer im Urlaub nicht auf seine Yoga-Routine verzichten möchte, kann sich Sessions im Hotel oder in Yoga-Studios anschließen. Beginnen Sie z. B. mit Sunset Yoga am Waikīkī Beach Ihren Tag oder nehmen Sie an einem Waterfall Mindful Yoga Hike teil (www.sunsetyogahawaii.com). Für ein äußerst exklusives Wellness-Erlebnis sollten Sie einen Blick auf die Website von Dr. Jurgen Klein werfen: Der gebürtige Deutsche betreibt im Norden von O'ahu ein Traumanwesen mit Day Spa und Hotel (www.sullivanestate.com).

Körperpflegeartikel mit Inhaltsstoffen aus Hawai'i erhalten Sie auf allen Inseln in einer beeindruckenden Vielfalt. Nehmen Sie ein paar davon als Geschenk und für den eigenen Bedarf mit nach Hause – die Produkte mit organischen Bestandteilen und zauberhaften Namen wie Leahlani Skincare Mermaid Mask (www.leahlaniskincare.com), Mālie Organics Plumeria Body Gloss (www.malie.com), Hawaiian Beauty Water (www.honuaskincare.com) oder der 'Au 'Au Hawaii Sunscreen Stick (www.auauhawaii.com) sichern Ihnen auch im europäischen Winter noch lange den hawaiianischen »Glow«.

Zeit

Hawai'i liegt in einer eigenen Zeitzone, der Hawai'i-Aleutian Standard Time (HAST). Der Unterschied zur Mitteleuropäischen Zeit beträgt im Winter –11 Stunden, im Sommer –12 Stunden. Es gibt keine Umstellung auf Sommerzeit.

Die Angabe von Uhrzeiten erfolgt mit dem Zusatz a. m. und p. m., ante und post meridiem. Ab Mitternacht bis 11.59 Uhr wird a. m., ab 12 Uhr mittags bis 23.59 Uhr wird p. m. verwendet.

Auch Datumsangaben unterscheiden sich von denen in Europa: In Nordamerika wird zuerst der Monat, dann der Tag und zum Schluss das Jahr angegeben. Der 21. November 2019 schreibt sich dementsprechend 11/21/2019. Denken Sie daran, wenn Sie Formulare und Online-Reservierungen ausfüllen.

Zuschauersport

Wie überall in Amerika wird Sport großgeschrieben. Ganz oben auf der Beliebtheitsskala steht in Hawai'i natürlich das Surfen, gefolgt von anderen Wassersport- und Strandsportarten. An O'ahus North Shore finden im Winter internationale Wettbewerbe wie die Vans Triple Crown of Surfing statt. Ein großes Publikum haben auch Kanurennen wie das Moloka'i Ho'e. Im Aloha Stadium auf O'ahu kann man American Football-, Fußball- und Baseball-Matches beiwohnen. Auf den Golfplätzen der Inseln werden weltbekannte Turniere wie das Sony Open (Waialae Golf Course, O'ahu) und das Sentry Tournament (Plantation Golf Course, Kapalua Resort, Maui) ausgetragen. Das wohl bekannteste Sportevent Hawai'is ist die Ironman World Championship in Kailua-Kona auf Hawai'i Island. Rund 2000 Triathleten qualifizieren sich jedes Jahr für die Meisterschaft. Aber auch zahlreiche Marathon- und Halbmarathonläufer finden sich zu Wettbewerben ein, um im Laufschritt unvergessliche (Sport-) Erinnerungen zu sammeln.

Unterwegs in Hawai'i

»In welchem anderen Land außer diesem ist die geläufigste Begrüßung nicht ›Guten Tag‹ oder ›Wie geht es Ihnen‹, sondern ›Liebe‹? Dieser Gruß ist ›Aloha‹ (…). Er ist ein positives Bekenntnis dazu, die eigene Herzenswärme weiterzugeben.«
Jack London, My Hawaiian Aloha, 1916

Waikiki Beach ist der perfekte Ort, um das Surfen zu lernen und für kurze Zeit eins mit dem Ozean zu werden

O'ahu
Lā'ie
Honolulu
Pazifischer Ozean

Kapitel 1

O‘ahu

O‘ahu ist das Herz von Hawai‘i. Die legendäre Strand- und Lē‘ahi-Kulisse, am besten mit ein paar Surfern im Vordergrund, eingerahmt von Palmen und untermalt von leiser 'Ukulele-Musik, zu der Hula getanzt wird, ergibt das unbeschwerte Südseeidyll, aus dem Träume gemacht sind. Doch dieser Ausschnitt wird der drittgrößten Insel Hawai‘is nicht annähernd gerecht. Denn zusätzlich zu seinem Herzen hat O‘ahu auch eine Seele, und die ist im Norden, Osten und Westen des Eilands mit besonderer Magie – und weniger hohem Pulsschlag – zu spüren.

Die bevölkerungsreichste Insel Hawai‘is kommt der Idee eines Satzes Matrjoschka-Puppen gleich, nur andersherum: Auf den ersten Blick sieht man nicht das große Ganze, sondern die kleinste Figur, die sich im Inneren verbirgt. Der Waikīkī Beach ist so ikonisch und Honolulu als Haupt- und amerikanische Großstadt mit ihrer entsprechend kosmopolitischen Infrastruktur so sehr in einer imaginären Schublade abgelegt, dass häufig das Drumherum vergessen wird: die Surfergemeinde im Norden, die ihr Leben nach den Big Waves ausrichtet, das Ko‘olau Bergmassiv im Osten, dessen dramatische Szenerie film- und oskarreif ist, die Regenwälder und Wasserfälle im Inselinneren und die ländliche Atmosphäre im Westen. Und all das wird von einer fantastischen, mit zahlreichen Stränden gesäumten Küstenlinie eingefasst.

Das Einfachste und das Beste, was Sie auf O‘ahu machen können, ist, sich von der Energie mitreißen und von der Ruhe und Schönheit überraschen zu lassen.

Zur Magie von Hawai'i gehören auch die Wasserfälle, die sich von Nebelwolken umwabert in silbrigen Bändern grün überwucherte Berghänge hinabstürzen

Auf einen Blick: O'ahu

Sehenswert

Kaka'ako: In dem angesagten Viertel ist neben netten Cafés, Restaurants und Shops auch eine lebendige Street-Art-Szene beheimatet. Jeden Monat versammeln sich rund 40 Food-Trucks zu Eat the Street (s. S. 124).

Nu'uanu Pali Lookout: Der spektakuläre Aussichtspunkt ist zugleich ein Ort von historischer Bedeutung. Hier schlug König Kamehameha I. die entscheidende Schlacht, die der Vereinigung der Inseln vorausging (s. S. 151).

Byodo-In Temple: Der versteckt in den Bergen gelegene Tempel wurde zu Ehren der japanischen Einwanderer errichtet. Mit kleinen Wasserfällen und einem Teich, in dem Koi-Karpfen ihre Bahnen ziehen, ist er ein meditativer Ort (s. S. 152).

Schöne Routen

Tantalus Round Top Drive: Die Straße zählt zu den National Historic Places der USA, hinter jeder Serpentine warten neue Eindrücke. Im Pu'u 'Ualaka'a State Park am Ende der Strecke eröffnet ein Lookout vor allem zum Sonnenuntergang grandiose Panoramablicke über Honolulu und den Lē'ahi (s. S. 142).

Meine Tipps

Aloha Tower: Seit 1926 begrüßt der ikonische Turm Schiffsreisende, die im Honolulu Harbor ankommen (s. S. 116).

Besuch in einer 'Ukulele-Werkstatt: Portugiesische Plantagenarbeiter brachten die Braguinha von Madeira nach Hawai'i. Hier machte sie als 'Ukulele Karriere (s. S. 136).

Schöner Wohnen in Hawai'i: Das Shangri La ist ein Museum für islamische Kunst, Kultur und Design und zugleich eines der schönsten Anwesen der Insel (s. S. 142).

Stirn zeigen und den Lē'ahi erklimmen: Vom Wahrzeichen O'ahus hat man fantastische Ausblicke auf Honolulu (s. S. 130).

Wanderung zu den Mānoa Falls: Das Ziel ist ein fotogener Wasserfall, unterwegs kann man Grün in allen Schattierungen bewundern (s. S. 146).

Makapu'u Lighthouse Trail: Der Leuchtturm markiert den östlichsten Punkt der Insel (s. S. 148).

Ka'ena Point: Durch karg-schöne Dünen- und Graslandschaft geht es zu einem Aussichtspunkt, von dem man beide Seiten O'ahus sieht (s. S. 166).

O'ahu – The Heart of Hawai'i

Das Herz der hawaiianischen Inselgruppe ist O'ahu, das drittgrößte und bevölkerungsreichste Eiland. Sowohl die zentrale Lage als auch die Ernennung Honolulus zur Hauptstadt förderten den Ausbau der Infrastruktur O'ahus seit der Gründung des Königreichs Hawai'i. O'ahu ist das touristische und wirtschaftliche Zentrum, gleichzeitig wird die Insel aber auch von ländlichen Regionen und filmreifer Natur geprägt.

O'ahu, das Herz von Hawai'i, ist wahrscheinlich das berühmteste Eiland des hawaiianischen Archipels – sobald der Begriff Waikīkī Beach fällt, spielt das Kopfkino vertraute Surfer- und Hula Szenen vor romantischer Südseekulisse ab. Diese Klischees entsprechen zum Teil der Wirklichkeit, spiegeln aber nur einen kleinen Teil von O'ahus Facettenreichtum wider.

O'ahus Entstehungsgeschichte gleicht der ihrer Schwesterinseln. Die zweitälteste Insel des Archipels ist ebenfalls vulkanischen Ursprungs, die parallel zueinander verlaufenden Wai'anae- und Ko'olau-Bergketten formen die Landschaft. Sie sind Reste zweier alter Schildvulkane, zwischen denen sich Lava sammelte und eine fruchtbare Hochebene schuf.

Die ersten polynesischen Siedler landeten vor etwa 1000 Jahren auf der Insel. O'ahu gilt als das am längsten von Ali'i regierte Eiland Hawai'is – der erste Herrscher des Königreichs war vermutlich Ma'ilikūkahi. Die Angaben zu seinen Regierungsdaten variieren, aber wahrscheinlich lebte er im 15. Jh. und war für die Unterteilung der Insel in Moku und Ahupua'a, Distrikte und Landabschnitte, verantwortlich. Ihm folgten zahlreiche andere Monarchen, darunter der erste kriegerische König Kuali'i. Nachdem Kahekili, König von Maui, 1783 O'ahu erobert hatte, ernannte er seinen Sohn Kalanikūpule zum König des Eilands. Doch Kamehameha I. hatte Größeres mit der hawaiianischen Inselwelt vor: 1795 besiegte er die Krieger Kalanikūpules in der Schlacht von Nu'uanu und gründete 1810 das Königreich Hawai'i.

O'ahu war das erste Eiland, das die Crew von James Cook 1778 im hawaiianischen Archipel sichtete – allerdings segelten sie an Honolulu, der geschützten Bay, vorbei, ohne das kleine Fischerdorf zu beachten. Der Seefahrer William Brown, ebenfalls ein Brite, gilt als der erste Europäer, der 1794 O'ahu betrat. Er ebnete den Weg für zahlreiche andere Schiffe und (geschäfts-)tüchtige Segler und Kaufleute, die den Hafen von Honolulu als Umschlagplatz für den Handel zwischen Nordamerika und Asien nutzten. Auch König Kamehameha beteiligte sich an den Geschäften, indem er zum Beispiel Sandelholz gegen Luxusgüter und Waffen tauschte.

Honolulus Bevölkerung wuchs stetig und mit der Präsenz der Walfänger ab den 1820er-Jahren entwickelte sich das Dorf zu einer menschenwimmelnden Stadt, in der Läden und Tavernen eröffnet wurden. Mit der Ankunft der Missionare, deren Interessen komplett konträr waren und die durch ihren Einfluss auf das Königshaus Gesetze gegen Prostitution und Alkoholkonsum ins Leben riefen, verlagerte sich die Walfängerei nach Maui und die Zuckerrohrindustrie und später auch der Ananasanbau begannen auf O'ahu zu florieren. Vor allem in den ländlichen Regionen 'Aiea, Waimalu und Waipahu sowie in anderen Gebieten rund um Pearl Harbor wurden Plantagen angelegt, die zahlreiche Einwanderer anlockten. Die Präsenz von Arbeitern unterschiedlicher ethnischer Herkunft ist auch heute noch, zum Beispiel in Chinatown, sichtbar und von der Kulinarik bis zur Sprache fester Bestandteil des täglichen Lebens. Mit der Ernennung Honolulus zur Hauptstadt 1845 gewann das Eiland zunehmend an Bedeutung – der Hafen wurde ausgebaut und Honolulu entwickelte sich mit steigenden Einwohnerzahlen, der Errichtung von Schulen, Kirchen und Geschäften zum Zentrum Hawai'is. Der zwischen 1879 und 1882 erbaute 'Iolani Palace, der erste und einzige Königspalast der Vereinigten Staaten von Amerika, zollt auch heute noch in Downtown Honolulu der royalen Vergangenheit Tribut.

Mit dem Sturz der Monarchie veränderte sich das Leben auf O'ahu signifikant. Private Unternehmen erlangten immer mehr Macht. Verbesserte Produktions- und Verpackungsmethoden machten den Export von Zuckerrohr und Ananas noch profitabler, der Bau der Eisenbahn und der Tourismus als neue Einnahmequelle sorgten vor allem in Honolulu ab Anfang des 20. Jh. für einen enormen wirtschaftlichen Aufschwung. Durch den Angriff auf Pearl Harbor und den Eintritt der USA in den Zweiten Weltkrieg wurde diese Entwicklung jäh unterbrochen, was vor allem O'ahu schmerzlich zu spüren bekam.

Seit den 1960er-Jahren wird O'ahu rund um Waikīkī als das Südseeurlaubsparadies schlechthin mit amerikanischer Infrastruktur wahrgenommen. Der Bauboom an der trockenen und sonnigen Südküste hat kritische Ausmaße angenommen, für weitere Hotels und Shoppingzentren bleibt kaum noch Raum. Viele Jahre lang wurde O'ahu auf Waikīkī reduziert. Doch der Blick der Touristen öffnet sich immer mehr für andere Gebiete wie die North Shore mit ihren riesigen Wellen im Winter und die malerische Ostküste, deren Traumstraße sich zwischen Pazifik und der dramatischen Ko'olau-Range entlangwindet.

O'ahu ist sicherlich die touristisch am stärksten erschlossene Hawai'i-Insel – das große Ziel ist jedoch verstärkt, die Wurzeln der hawaiianischen Kultur nicht von Millionen von Besuchern verschütten zu lassen, sondern sie durch Aufklärung und ein nachhaltiges Aktivitätenangebot zu stärken.

Am menschenwimmelnden Strand von Waikīkī kommt man sich zwangsläufig nahe – reichlich Gelegenheit zum Flirten, Schauen und Lästern

Honolulu und der Südosten

Auch wenn es in der »geschützten Bucht«, vor allem in Waikīkī, eher trubelig zugeht, gibt es dennoch viele beschauliche Plätze in Honolulu. Sie liegen inmitten von tropischen Wäldern, an der Küste oder auf einem Turm. Und das Beste: Diese Rückzugsorte sind nur wenige Autominuten vom Zentrum der Metropole entfernt.

TURM MIT KULTCHARAKTER

Seit 1926 ist der **Aloha Tower** 1 ein Wahrzeichen Honolulus. Vier Jahrzehnte lang war der Turm mit 56 m das höchste Gebäude der Stadt. Schon aus einer Entfernung von 20 km konnte man das »Tor nach Hawai'i« vom Meer aus erkennen, als Leucht- und Wachturm wurde er auch für militärische Zwecke eingesetzt. Sein eigentlicher Zweck war es jedoch, die Touristen zu begrüßen, die damals noch mit großen Passagierschiffen anreisten. Als Teil von O'ahus Kreuzfahrtschiffhafen ist er auch heute noch das Symbol für die Ankunft im Paradies. Im 10. Stock befindet sich eine Aussichtsplattform, von der sich uneingeschränkte Rundblicke auf Honolulu und die Küste eröffnen – ideal, um sich einen ersten Überblick zu verschaffen. Der Aloha Tower Marketplace wurde von der Hawaii Pacific University erworben, die die Hallen mit neuen Restaurants und Geschäften, aber auch für Kreuzfahrttouristen attraktiv machen will (155 Ala Moana Blvd., www.alohatower.com, tgl. 9–17 Uhr, Eintritt frei).

Honolulus Geschichte

Hinweise zur ersten Besiedlung Honolulus in Form überlieferter Geschichten und Artefakte stammen bereits aus dem 11. Jh. Auch König Kamehameha I. war mit seinem Hof in Honolulu beheimatet, zog dann aber zurück nach Hawai'i Island. Der britische Captain William Brown war die erste ausländische Person, die am heutigen Honolulu Harbor Land betrat. Je mehr Schiffe nachkamen, umso größer wurde die Bedeutung Honolulus für den Handel zwischen Nordamerika und Asien. Die Verlegung der Hauptstadt von Lāhainā nach Honolulu unter der Regierung von Kamehameha III. im Jahr 1845 war der Beginn der ›Modernisierung‹ der Stadt. Die Geschäftstätigkeit der Missionare, die hier nun auch verstärkt Einrichtungen des öffentlichen Lebens wie Banken und Kaufhäuser errichteten, und der Bau des 'Iolani Palace trugen wesentlich dazu bei, dass Honolulu zum kommerziellen Zentrum wurde. Durch den Ausbau der Häfen und Flughäfen kamen immer mehr Arbeiter, Geschäftsleute und Touristen in die Hauptstadt Hawai'is. Auch heute noch ist Honolulu die größte Stadt der Inselgruppe, die auch die höchste Zahl an Ankünften – im Honolulu Harbor und am Honolulu International Airport – verzeichnet.

Für Touristen aus aller Welt ist Waikīkī mit seinen vielen Restaurants, Hotels, Geschäften und Stränden die Basis für ihren Hawai'i-Urlaub. Von hier aus können die meisten Attraktionen, aber auch Orte, die den Trubel der

Stadt vergessen lassen, zu Fuß erreicht werden. Dabei lohnt es sich, noch viel weiter über den Stadtrand Honolulus hinauszugucken.

Downtown

Cityplan: s. S. 121
Wie in anderen amerikanischen Großstädten ist **Downtown** auch in Honolulu das Hauptgeschäftsviertel. Hier befindet sich z. B. die **Honolulu City Hall** (Honolulu Hale, 530 S. King St.). Besondere Beachtung sollten Sie allerdings zwei Gebäuden und einem Denkmal schenken: dem 'Iolani Palace und Washington Place sowie der König Kamehameha Statue.

'Iolani Palace 2

364 S. King St., Tel. 808 5220 0823, www.iolanipalace.org, Mo–Sa 9–16, letzter Einlass 15.30 Uhr, Erw. 27 $, Kinder 5–12 Jahre 6 $, Ticketverkauf in den 'Iolani Barracks direkt neben dem Palast, Mo–Sa 9–16 Uhr

Der von einem gepflegten Park umgebene **'Iolani Palace** ist der einzige Königspalast der Vereinigten Staaten. Nach dem Sturz der Monarchie diente er als Hauptsitz der vorläufigen Regierung. Während dieser Zeit wurden viele Originalmöbel verkauft und persönliche Gegenstände an die Königsfamilie zurückgegeben. 1969 zog die Regierung in das heutige State Capitol, 'Iolani Palace wurde renoviert und der Öffentlichkeit als Museum zugänglich gemacht. Besucher haben die Wahl zwischen Touren mit Audioguide (auch auf Deutsch) und geführten Touren. Die Reise in die Vergangenheit beginnt mit der Erbauung des Palastes durch König David Kalākaua im Jahr 1882 und endet mit dem Sturz der Monarchie 1893. Sie erfahren Interessantes über die Ausstattung der damaligen Zeit und natürlich über das Königshaus. Der Rundgang startet im Erdgeschoss, wo im restaurierten Thronsaal und im Großen Speisesaal offizielle Empfänge stattfanden, anschließend geht es mit dem Fahrstuhl (die Treppe ist zu ihrem Schutz gesperrt) in die erste Etage. Hier befinden sich die Privatgemächer, also auch der Raum, in dem Königin Lili'uokalani ihren Hausarrest ableisten musste. Jedes Schlafgemach verfügte über ein eigenes Bad mit fließend warmem Wasser und es gab elektrisches Licht, bevor das Weiße Haus in Washington damit ausgestattet wurde. Zum Schluss werden Sie ins Untergeschoss geführt. Hier sind neben der Küche und verschiedenen Diensträumen historische Fotos und Ausstellungsstücke aus dem Besitz des Königshauses zu sehen. Außerdem haben Sie Gelegenheit, im Museumsshop einzukaufen.

Wenn Sie Ihren Besuch auf einen Freitag legen, können Sie die Royal Hawaiian Band spielen hören. Sie wurde 1836 von König Kamehameha III. gegründet und stand unter der Leitung des Preußen Heinrich »Henry« Berger. Die Konzerte finden von 12 bis 13 Uhr in einem Pavillon statt, in dem Kalākaua 1883 zum König gekrönt wurde (www.rhb-music.com).

Ali'iolani Hale 3

417 S. King St., www.jhchawaii.net, History Center Mo–Fr 8–16 Uhr, Eintritt frei

Ali'iolani Hale, das »Haus der himmlischen Könige«, wurde zwischen 1871 und 1874 als königlicher Palast erbaut, aber nie als solcher genutzt. Das von einem viergeschossigen Uhrturm dominierte Gebäude ist von großer historischer Bedeutung: 1893 verlas die provisorische Regierung hier die Proklamation, die Königin Lili'uokolani für abgesetzt erklärte. Heute tagt hier der Supreme Court, der oberste Gerichtshof. Nachdem Sie die Sicherheitskontrolle durchlaufen haben, können Sie im ersten Stock das King Kamehameha V. Judiciary History Center mit wechselnden Ausstellungen zur Geschichte Hawai'is besuchen. Die **Kamehameha-Statue** vor dem Gebäude, eines der Wahrzeichen von Honolulu, wird zum Staatsfeiertag am 11. Juni verschwenderisch mit meterlangen Leis geschmückt.

Kawaiaha'o Church 4

957 Punchbowl St., www.kawaiahao.org, Gottesdienst So 9 Uhr

In der 1842 erbauten **Kawaiaha'o Church,** Hawai'is ältester Kirche, werden jeden Sonntag Gottesdienste abgehalten, bei denen man hawaiianische Gesänge erleben kann. Der heutige, aus riesigen Korallenblöcken errichtete Bau ersetzte vier Palmhütten, in denen zuvor die Messen stattfanden. Die Kirche ist eng mit dem Königshaus verbunden: König Kamehameha III. unterstützte den Bau großzügig und war beim Eröffnungsgottesdienst anwesend. König Kamehameha IV. und Königin Emma heirateten hier. Der sechste Monarch William Charles Lunalilo wurde auf dem Friedhof beigesetzt, zahlreiche einheimische Pflanzen umgeben sein Grab.

Hawaiian Mission Houses Historic Site 5

553 S. King St., www.missionhouses.org, Di–Sa 10–16 Uhr, Führungen Di–Sa 11–15 Uhr jeweils zur vollen Stunde, Erw. 12 $, Kinder ab 6 Jahren 5 $

Der Komplex umfasst ein Forschungsarchiv und drei restaurierte historische Gebäude. Sie dienten den ersten christlichen Missionaren, die 1820 nach Hawai'i kamen, als Wohn- und Arbeitsstätten. Beim **Mission House** von 1821 (Hale Lā'au) handelt es sich um das älteste in Hawai'i erhaltene Holzgebäude; die Missionarsfamilien nutzten es als Gemeinschaftshaus. Die vorgefertigte Holzkonstruktion wurde von Boston um Kap Hoorn herum nach Hawai'i geschifft. Ihre kleinen Fenster mögen in kalten Neuengland-Wintern ihren Zweck erfüllt haben – in Hawai'i hielten sie kühlende Winde ab, sodass es im Inneren heiß und stickig war. Das aus Korallenblöcken erbaute **Chamberlain House** von 1831 (Ka Hale Kamalani), zweitältestes Gebäude der hawaiianischen Inseln, fungierte als Lagerhaus. Es wurde nach Levi Chamberlain benannt, den die Missionarsfamilien mit Einkauf, Aufbewahrung und Verteilung ihrer Vorräte beauftragt hatten. Heute werden hier wechselnde Ausstellungen gezeigt. Ebenfalls aus Korallenblöcken erbaut ist das **Printing Office** aus dem Jahr 1841 (Ka Hale Pa'i). Hier findet sich der Nachbau einer Druckerpresse, auf der die Missionare die erste Bibel in hawaiianischer Sprache druckten. In den Häusern sind noch Teile der originalen Einrichtung zu sehen, neben Möbeln auch Bücher, Haushaltsgegenstände wie gusseiserne Kochtöpfe sowie bestickte Steppdecken und andere Textilien.

State Capitol 6

415 S Beretania St., Tel. 808 586 0178, https://governor.hawaii.gov, Mo–Fr 7.45–16.30 Uhr, im 4. Stock liegen in Raum 415 Broschüren für eine Tour auf eigene Faust bereit

Das **Kapitol** wurde in den 1960er-Jahren gebaut und löste am 15. März 1969 den 'Iolani Palace als Regierungssitz ab. Das Gebäude ist architektonisch höchst interessant: Im Gegensatz zu anderen State Capitols in den USA ist es nicht dem Kapitol in Washington nachempfunden, sondern symbolisiert verschiedene hawaiianische Naturphänomene. Das Kapitol wird von einem Pool, der das Sonnenlicht reflektiert, umrahmt – das Wasser steht für den Pazifik. Die beiden Kammern des Parlaments

sind wie Kegel geformt und erinnern an die Vulkane, die Hawai'i geformt haben. Die Säulen sind als Königspalmen gestaltet, ihre Anzahl – acht – entspricht der Zahl der hawaiianischen Hauptinseln. Auch im Inneren spielt die Zahl acht immer wieder eine Rolle. Das Kapitol ist offen gestaltet, sodass Sonne, Wind und Regen Eintritt gewährt wird. Im Atrium entstehen manchmal Regenbögen, wenn es regnet. Wenn man in der Mitte des Gebäudes steht, kann man durch Fenster die Kronleuchter der beiden Kammern sehen, sie stehen für Sonne und Mond. Dort, wo sich bei anderen State Capitols die Kuppel befindet, geht der Blick direkt in den Himmel – er ist das Dach des hawaiianischen Kapitols.

Washington Place 7

320 S. Beretania St., Tel. 808 586 0248, www.washingtonplacefoundation.org, geführte Touren Do 10 Uhr nach vorheriger Anmeldung, Teilnehmer müssen ein gültiges Ausweispapier vorweisen können

Washington Place ist eines der ältesten und auch schönsten historischen Anwesen in Honolulu, seinen Namen trägt es zu Ehren des ersten Präsidenten der Vereinigten Staaten von Amerika. Der neoklassizistische Kolonialbau wurde von Captain John Dominis erbaut, dem Vater von John Owen Dominis, Ehemann der späteren Königin Lili'uokolani. Nach seiner Fertigstellung lebte hier zunächst Mary Lambert Dominis, die Ehefrau

Der ikonische Aloha Tower begrüßt schon seit 1926 im Hafen von Honolulu die ankommenden Schiffe

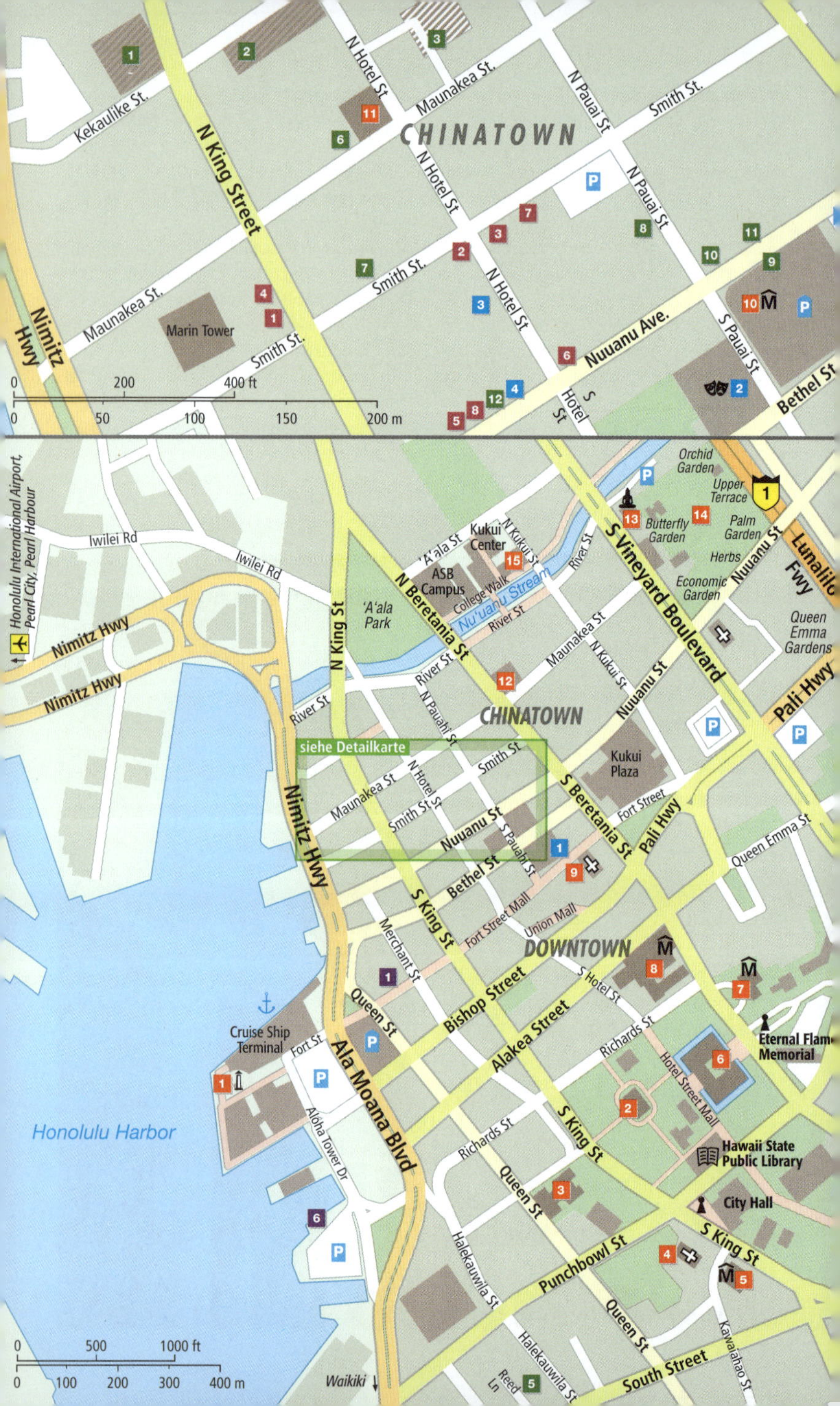

CHINATOWN
Kekaulike St.
N King Street
N Hotel St
Maunakea St.
N Pauai St
Smith St.
Nimitz Hwy
Marin Tower
Nuuanu Ave.
S Pauai St
Bethel St
S Hotel St
0 200 400 ft
0 50 100 150 200 m
Honolulu International Airport, Pearl City, Pearl Harbour
Iwilei Rd
Nimitz Hwy
N King St
'A'ala Park
'A'ala St
Kukui Center
ASB Campus
College Walk
Nu'uanu Stream
River St
N Beretania St
N Kukui St
S Vineyard Boulevard
Orchid Garden
Upper Terrace
Butterfly Garden
Palm Garden
Herbs
Economic Garden
Nuuanu St
Lunalilo Fwy
Queen Emma Gardens
Pali Hwy
Maunakea St
N Pauahi St
CHINATOWN
siehe Detailkarte
Kukui Plaza
Fort Street
S Beretania St
Smith St
Nuuanu St
S Pauahi St
Bethel St
Queen Emma St
Merchant St
S King St
Fort Street Mall
Union Mall
DOWNTOWN
S Hotel St
Bishop Street
Alakea Street
Richards St
Eternal Flame Memorial
Queen St
Cruise Ship Terminal
Fort St
Ala Moana Blvd
Aloha Tower Dr
Hotel Street Mall
Honolulu Harbor
Hawaii State Public Library
City Hall
S King St
Punchbowl St
Halekauwila St
Reed Ln
South Street
Kawaiahao St
Waikiki
0 500 1000 ft
0 100 200 300 400 m

Honolulu Downtown und Chinatown

Sehenswert

1 Aloha Tower
2 'Iolani Palace
3 Ali'iolani Hale
4 Kawaiaha'o Church
5 Hawaiian Mission Houses Historic Site
6 State Capitol
7 Washington Place
8 Hawai'i State Art Museum
9 Cathedral Basilica of Our Lady of Peace
10 The ARTS at Marks Garage
11 Wo Fat Building
12 Chinatown Cultural Plaza
13 Kuan Yin Temple
14 Foster Botanical Garden
15 Izumo Taishakyo Mission of Hawai'i
16 – 20 s. Cityplan S. 127

Essen & Trinken

1 Senia
2 Livestock Tavern
3 Lucky Belly
4 The Pig & The Lady
5 O'Kims
6 Encore Saloon
7 Little Village Noodle House
8 Tea at 1024
9 – 12 s. Cityplan S. 127

Einkaufen

1 O'ahu Market
2 Kekaulike Market
3 Maunakea Marketplace
4 s. Cityplan S. 127
5 Kamaka 'Ukulele
6 Cindy's Lei & Flower Shoppe
7 Sig on Smith
8 Roberta Oaks
9 Barrio Vintage
10 Owens & Co.
11 Hound & Quail
12 Tin Can Mailman
13 – 15 s. Cityplan S. 127

Abends & Nachts

1 Ong King Arts Center
2 Hawai'i Theatre Center
3 The Tchin Tchin! Bar
4 The Dragon Upstairs
5 s. Cityplan S. 127

Aktiv

1 AIA Honolulu
2 – 5 s. Cityplan S. 127
6 Atlantis Adventures (2 x)
7 – 9 s. Cityplan S. 127

---

des Kapitäns, der 1846 auf hoher See ums Leben kam. 1862 zog Königin Lili'uokalani ein, die hier bis zu ihrem Tod 1917 residierte – allerdings mit einer Unterbrechung: 1895 wurde sie im Washington Palace festgenommen und im 'Iolani Palace unter Hausarrest gestellt. Von 1919 bis 2002 diente der repräsentative Bau als Gouverneurssitz – Linda Lingle war die erste Gouverneurin, die eine neue Residenz hinter dem Herrenhaus bezog.

Hawai'i State Art Museum 8

250 S. Hotel St., No. 1 Capitol District Building, 2nd Floor, www.hisam.hawaii.gov, Mo–Sa 10–16 Uhr, Eintritt frei

Im **HiSAM** und im angeschlossenen Skulpturengarten wird in Wechselausstellungen zeitgenössische Kunst aus dem gesamten Staat Hawai'i gezeigt. Auf dem abwechslungsreichen Veranstaltungskalender stehen u. a. die First Fridays mit verlängerten Öffnungszeiten und Livemusik (18–21 Uhr), die Second Saturdays at HiSAM mit Kreativ-Workshops (11–15 Uhr), Art Lunch am letzten Dienstag im Monat (12–13 Uhr) und Pau Hana Artist Talks an ausgewählten Daten. Der Museumsshop ist eine Fundgrube; im Artizen by MW Café wird Mo–Fr von 7.30 bis 14.30 Uhr Frühstück und Mittagessen serviert (www.artizenbymw.com).

Cathedral Basilica of Our Lady of Peace 9

1184 Bishop St., www.cathedralofourladyofpeace.com

Auch die **Cathedral Basilica of Our Lady of Peace** wurde aus Korallenkalk erbaut. 1843 von französischen Missionaren gegründet, ist die Kirche die älteste katholische Kirche in den USA, die ununterbrochen genutzt wurde – und sie gehört zu den ältesten Gebäuden in Downtown Honolulu. Hier wurde Father Damien 1864 zum Priester geweiht.

Chinatown

Cityplan: links

Zu Zeiten der florierenden Plantagenindustrie bildete sich nordöstlich des Aloha Tower Honolulus **Chinatown.** Als 1886 ein Großfeuer ausbrach, wurde fast der gesamte Stadtteil zerstört, viele Menschen kamen ums Leben oder wurden obdachlos. 1900 machte ein zweites Feuer die neu errichteten Gebäude zunichte. In den 1970er- und 80er-Jahren waren die Straßenzüge rund um die Hotel Street als Rotlichtbezirk verschrien. Eine neue Polizeistation und hochwertigere Geschäfte sorgten dafür, dass die Kriminalität sich verringerte und ein anderes Publikum angezogen wurde. Heutzutage ist das 15 Blöcke umfassende Viertel zwar kein schönes, aber ein spannendes. Die Straßenschilder tragen chinesische Schriftzeichen, Geschäfte mit exotischen Waren und fernöstliche Restaurants säumen die Straßen.

Auf dem bereits seit 1904 bestehenden **O'ahu Market** 1 (145 N. King St., tgl. 7–15 Uhr), dem neueren **Kekaulike Market** 2 (1039 Kekaulike St., tgl. 7–15 Uhr) und dem **Maunakea Marketplace** 3 (1120 Maunakea St., tgl. 5.30–16 Uhr) fühlt man sich wie in Asien. Im Maunakea Marketplace gibt es einen Food Court, wo Imbissstände thailändische, chinesische und japanische Gerichte anbieten. Chinatown ist aber nicht nur für kulinarische Genüsse, sondern auch für sein Kunst- und Kulturangebot bekannt. In den letzten Jahren haben hier viele Galerien eröffnet, die zeitgenössischen Künstlern ein Forum bieten.

Ong King Arts Center 1

1154 Fort Street Mall, Tel. 808 221 0742, www.ongkingarts.weebly.com

Seit gut 15 Jahren ist das **Ong King Arts Center** die erste Adresse für Kunst und Kultur in Honolulus Chinatown. Das Zentrum bietet aufstrebenden lokalen Talenten eine Bühne, auf der sie sich ausprobieren können, ohne dabei dem Geschmack eines bestimmten Publikums entsprechen zu müssen. Die Events reichen von Ausstellungen über Lesungen und Konzerte bis zu Tanz- und Theateraufführungen. An jedem ersten Freitag im Monat treten von 18 bis 2 Uhr einheimische Musiker auf, sonntags von 20 bis 1 Uhr findet das Ong King Open Mic statt.

Das State Art Museum ist so etwas wie das MoMA von Hawai'i

The ARTS at Marks Garage 10

1159 Nu'uanu Ave., Tel. 808 521 2903, www.artsatmarks.com, Di–Sa 12–17 Uhr

Seit 2001 kommen Besucher hierher, um sich Ausstellungen, Performances und Filmvorführungen anzuschauen und an Workshops teilzunehmen. Die **Garage** dient zugleich als Informationszentrum für Chinatown und Downtown.

Hawai'i Theatre Center 2

1130 Bethel St., Tel. 808 528 0506, www.hawaiitheatre.com, Ticketverkauf Di–Sa 9–17 Uhr

Das **Hawai'i Theatre,** eine Architekturikone im Beaux-Arts-Stil, wurde 1922 als Vaudeville-Theater und Stummfilmkino mit Pfeifenorgel eröffnet – »The Pride of the Pacific« titelten die Zeitungen damals. Das Gebäude ist sowohl im State als auch im National Register of Historic Places aufgeführt und zeichnet sich neben seinem schönen Ambiente auch durch eine gute Technik aus. 1996 wurde das Innere restauriert, 2004 folgte die Fassade. Das Programm reicht von Broadway-Shows über Comedy bis zu Theateraufführungen und Konzerten lokaler Künstler.

Wo Fat Building 11

103 N. Hotel St.

1882 als Restaurant eröffnet, ist das Gebäude von außen einem chinesischen Tempel nachempfunden. In den Jahren 1886 und 1900 musste es nach Bränden neu aufgebaut werden, sein heutiges Aussehen, eine Mischung aus Art-déco- und asiatischen Stilelementen, erhielt es 1938. **Wo Fat** war Hawai'is ältestes Restaurant – 2009 wurde es allerdings geschlossen. Auf Straßenebene befindet sich ein Supermarkt, der erste Stock diente zuletzt als Galerie und Nachtklub – derzeit wird ein neuer Investor gesucht. In der populären Fernsehserie »Hawaii Five-O« wurde der Bösewicht und Gegenspieler von Steve McGarrett, Leiter der fiktiven Task Force, nach dem historischen Restaurant in Chinatown benannt.

Chinatown Cultural Plaza 12

100 N. Beretania St., www.chinatownculturalplaza.com, Mo–Sa 6–19, So 6–17 Uhr

Das **Chinatown Cultural Plaza** ist ein Ort der Begegnung und Treffpunkt der chinesischen Gemeinde in Honolulu. Das Areal umfasst zahlreiche Restaurants und Cafés, Geschäfte, Märkte, Büros, Friseur- und Schönheitssalons sowie Einrichtungen des täglichen Lebens.

Kuan Yin Temple 13

170 N. Vineyard Blvd., tgl. 7–17 Uhr

Gleich nebenan sticht mit seinem grünen Dach und den roten Säulen der **Kuan Yin Temple** ins Auge, Hawai'is ältester buddhistischer Tempel. Respektvolle Besucher sind eingeladen, einen Blick ins Innere zu werfen. In der Gebetshalle stellt eine 3 m hohe Bronzestatue Kuan Yin dar, die Göttin des Mitgefühls, der der Tempel geweiht ist. Gläubige zünden Räucherstäbchen an, verbrennen Papiergeld für ihre Ahnen und legen als Opfergaben frische Blumen und Obst auf den Altar.

Foster Botanical Garden 14

180 N. Vineyard Blvd., www.honolulu.gov/parks/hbg.html, tgl. 9–16 Uhr, geführte Touren tgl. 10.30 Uhr, Anmeldung erbeten, Plan für Erkundungen auf eigene Faust am Garteneingang, Erw. 5 $, Kinder 6–12 Jahre 1 $

Der **Foster Botanical Garden** ist der älteste botanische Garten Honolulus und beheimatet die größte Sammlung tropischer Pflanzen in den USA. Einige der Bäume und Blumen wurden bereits in den 1850er-Jahren von William Hillebrand gepflanzt. Als der Arzt und Botaniker in seine deutsche Heimat zurückkehrte, verkaufte er die Anlage an Thomas Foster, der sie schließlich der Stadt vermachte. Zu den Höhepunkten gehören das Gewächshaus, der Schmetterlingsgarten, der Palmengarten und die Orchideensammlung. Ein besonderer Schatz ist ein Bodhi-Baum, der ein Ableger jenes Exemplars sein soll, unter dem Buddha die Erleuchtung erlangte. Der sri-lankische Mönch Anagarika Dharmapala schenkte ihn 1913 Fosters Frau Mary. Weitere Raritäten sind ein Kanonenkugelbaum *(cannonball tree)*, ein Leberwurstbaum *(sausage tree)* und der größte Lebkuchenbaum *(gingerbread tree)* der Welt. Im Gewürz- und Kräutergarten betören vielfältige Düfte.

Izumo Taishakyo Mission of Hawai'i 15

215 N Kukui St., www.izumotaishahawaii.com, tgl. 8.30–16.45 Uhr

Dieser aktive Schrein ist eine »Zweigstelle« des Shinto-Schreins Izumo Taisha in der Präfektur Shimane in Japan. Ein erster provisorischer Schrein wurde 1906 von japanischen Immigranten gebaut, 1922 nahm sich ein Baumeister aus Japan des Projektes an – sein Werk ist die heutige Konstruktion. Während des Zweiten Weltkriegs wurde die Gebetsstätte von der Stadt konfisziert. In den frühen 1960er-Jahren erhielt die japanische Gemeinde den Schrein zurück. Gläubige, die zum Beten hierherkommen, läuten die Glocke am Eingang – das gilt als Reinigungshandlung. In der **Izumo Taishakyo Mission of Hawai'i** werden Tausende von Glücksamuletten verkauft, vor allem am 1. Januar, wenn die Besucher hier um Segen für das neue Jahr beten.

Kaka'ako

Our Kaka'ako Information Center: 660 Ala Moana Blvd., Suite 148, Tel. 808 545 4835, www.ourkakaako.com, Mo–Fr 11–14 Uhr

Kaka'ako ist ein angesagtes Viertel, das zwischen Downtown Honolulu und Waikīkī liegt. Autohändler und andere Gewerbetreibende freuen sich über die neuen coolen Nachbarn, die mit ihrer urbanen Kunst ordentlich Farbe an die Wand bringen: Die Kreativen vom **Pow!Pow!Hawai'i,** einem internationalen Festival für Street Art, das jährlich auch in Honolulu stattfindet, haben hier ihr Studio und nutzen die noch reichlich vorhandenen Freiflächen als Leinwände. Mittlerweile zieren Dutzende Wandgemälde die Blocks (Karte unter www.powwowhawaii.com/mural-map). Immer mehr Kreative aus anderen Genres ziehen nach und sorgen für Abwechslung. Es gibt viele kleine Mikrobrauereien und jeden Monat versammeln sich etwa 40 Food Trucks zu **Eat the Street** (747 Ala Moana Blvd.). Neuzugänge im Viertel sind der Apartmentkomplex **Six Eighty** (680 Ala Moana Blvd.) und **SALT** – das auf die Bedürfnisse der Nachbarschaft ausgerichtete Shopping- und Restaurant-Areal zollt mit seinem Namen dem früheren Marschland Tribut, wo Salz gewonnen wurde (www.saltatkakaako.com). Zu Kaka'ako gehört auch das neu im Entstehen begriffene **Ward Village** (www.wardvillage.com), ein von der Howard Hughes Corporation für eine zahlungskräftige Klientel geplanter Komplex mit futuristischen Wohntürmen, Shops, Restaurants, Cafés und Vergnügungseinrichtungen. Auf den großzügigen Freiflächen finden u. a. Yoga-Events und Freiluftkinoabende statt. **The Hub** (1200 Ala Moana Blvd.) ist ein Ausrichtungsort der Honolulu Biennial für zeitgenössische Kunst.

Ala Moana

Hauptanziehungspunkt in dieser Nachbarschaft ist das **Ala Moana Center,** ein riesiges Open-Air-Einkaufszentrum mit über 350 Geschäften und Restaurants. Auf der Freilichtbühne treten regelmäßig lokale Talente auf, die Royal Hawaiian Band spielt und es gibt Hula-Vorführungen.

Der **Ala Moana Beach Park** ist zumeist weniger bevölkert als Waikīkī Beach, eignet sich aber ebenfalls gut zum Schwimmen, Spazierengehen und Entspannen. Noch in den 1920er-Jahren hat dieser Strandabschnitt gar nicht existiert, das Areal war ein Feuchtgebiet. Erst als hier in den 1950er-Jahren Sand abgeladen wurde, entstand die Parkanlage. Am östlichen Abschnitt gibt es keine scharfen Korallen oder Steine und man kann problemlos ins Meer gehen. Der Ala Moana Beach Park verfügt über sanitäre Einrichtungen, Picknickplätze sowie Joggingpfade und wird von Life Guards bewacht, weswegen er besonders bei Stand-up-Paddlern und Familien beliebt ist.

An den Ala Moana Beach Park und den Ala Wai Yacht Harbor grenzt die Halbinsel **Magic Island** an. Sie wurde 1964 künstlich angelegt und wird gerne als Treffpunkt für gemeinsame Picknicks aufgesucht.

Waikīkī

Cityplan: s. S. 127

Waikīkī ist, genau wie Chinatown oder Downtown, ein Viertel von Honolulu. Doch mit dem legendären Waikīkī Beach, der einer von mehreren Strandabschnitten ist, hat es einen klaren Vorteil auf der Bekanntheitsskala. Alle Strände in Hawai'i sind öffentlich – mit Ausnahme von zwei kleinen Bereichen, die zum **Moana Surfrider** und zum **The Royal Hawaiian,** den ersten beiden Hotels am Waikīkī Beach, gehören. Am Strand führt eine Promenade entlang, die man mit Unterbrechungen gen Norden und gen Süden ein paar Hundert Meter entlangspazieren kann. Von der Kalākaua Avenue, die im Herzen Waikīkīs parallel zum Meer verläuft, gibt es immer wieder Zugänge zum Ozean. Einer davon, direkt am **Outrigger Waikīkī Beach Resort,** ist besonders beliebt und fotogen, denn der Weg ist auf einer Seite von Surf- und SUP-Boards, die mit großen Schlössern gesichert sind, gesäumt. Die **Kalākaua Avenue** mit ihren vielen Geschäften, Restaurants und Bars ist Waikīkīs Flaniermeile, auf der das Leben bis spät in den Abend pulsiert. Hier haben sich auch die besten Hotels des Viertels angesiedelt. In zweiter Reihe liegt die **Kūhiō Avenue,** nur unwesentlich weniger belebt.

FRIDAY NIGHT FIREWORKS

Das Hilton Hawaiian Village lässt es jeden Freitagabend krachen: Die kostenlosen **Friday Night Fireworks** sind nicht nur vom Hotel aus, sondern auch von den Stränden östlich und westlich von Waikīkī Beach zu sehen, am besten bei einem abendlichen Picknick (2005 Kālia Rd., Tel. 808 949 4321, www.hiltonhawaiianvillage.com, Feuerwerk Mai–Sept. Fr 19.45, Juni–Aug. 20 Uhr).

Strände

Der Waikīkī Beach – sein Sand wurde übrigens größtenteils aus Moloka'i herbeigeschafft – ist gut 3 km lang und in mehrere Teilabschnitte mit eigenem Namen unterteilt. Den Anfang im Westen macht der **Kahanamoku Beach** mit der **Duke Kahanamoku Lagoon** (vor dem Hilton Hawaiian Village), der nach Duke Kahanamoku, Surfer und Goldmedaillengewinner bei den Olympischen Spielen, benannt wurde. Es folgt der **Fort Derussy Beach**, der direkt am **Fort Derussy Beach Park** liegt und weniger belebt ist, aber über einen Volleyballplatz verfügt, auch Wassersportausrüstung kann geliehen werden. **Gray's Beach** (auch Halekulani Beach wegen des gleichnamigen, angrenzenden Hotels) ist sehr schmal. Der **Royal Moana Beach** (auch Royal Hawaii Beach oder Kahaloa und Ulukou Beaches zwischen The Royal Hawaiian Hotel und Moana Surfrider Hotel) eignet sich als einer der belebtesten Abschnitte von Waikīkī Beach gut zum Leutegucken. Am anschließenden **Kūhio Beach** steht die ikonische Duke-Kahanamoku-Statue. Hier beginnt nach Sonnenuntergang mit dem Entzünden von Fackeln und Klängen aus Muschelhörnern eine kostenfreie Hula-Show. Obwohl sie am touristischsten Ort Hawai'is stattfindet, ist sie wunderbar authentisch (www.waikikiimprovement.com/waikiki-calendar-of-events/kuhio-beach-hula-show, Di, Do Sa 18.30–19.30, Nov.–Jan. 18–19 Uhr).

Einer der breitesten Strandabschnitte von Waikīkī Beach ist der **Kapi'olani Beach,** der parallel zum Kapi'olani Park verläuft. Zwischen Kūhio und Kapi'olani Beach liegt ein Pier, das **Kapahulu Groin** oder auch Walls (ein Ausdruck der Surfer) genannt wird. Die Strände östlich davon zählen nicht mehr zu Waikīkī. Direkt am Pier erstreckt sich der **Queens Beach,** wo es bereits spürbar leerer wird. Die beiden östlichsten Strände dieser Aufreihung sind Teil der sogenannten Golden Coast, des Diamond-Head-Viertels. Der **Kaimana Beach** (auch Sans Souci Beach, nach dem Hotel, das einst hier stand) ist gut zum Schwimmen und Schnor-

ALA MOANA
WAIKIKI
Pacific Ocean
Kapiolani Blvd
Ala Moana Blvd
Kalakaua Ave
Ala Wai Boulevard
Ala Wai Canal
Ala Wai Park
Ala Wai Golf Course
Fort DeRussy Beach Park
Kahanamoku Beach
Duke Kahanamoku Lagoon
Ala Wai Harbor
Honolulu Zoo
Waikiki Shell
Waikiki Aquarium
War Memorial Natatorium
Kaimana Beach
Kapahulu Ave
Monsarrat Ave
Manoa Stream
University Ave
siehe Detailkarte
The Royal Hawaiian Theatre
Sheraton Waikiki
Kuhio Ave
Lewers St
Seaside Ave
Royal Hawaiian Ave
Beach Walk
Saratoga Rd
Dukes Lane
Ka'iulani Ave
0 1000 2000 ft
0 200 400 600 800 m
0 400 800 ft
0 100 200 300 400 m

Waikīkī

Sehenswert

1 – 15 s. Cityplan S. 121
16 Royal Hawaiian Hotel
17 Moana Hotel
18 Wizard Stones of Kapaemahu
19 Art on the Zoo Fence
20 Kapi'olani Park

Übernachten

1 Halepuna Waikīkī
2 Waikīkī Beachcomber
3 'Alohilani Resort Waikīkī Beach
4 The Laylow
5 The Surfjack Hotel & Swim Club
6 Vive Hotel Waikīkī
7 The Modern Honolulu
8 Queen Kapi'olani Hotel
9 Shoreline Hotel Waikīkī
10 Coconut Waikīkī Hotel

Essen & Trinken

1 – 8 s. Cityplan S. 121
9 Ruth's Chris Steak House
10 Duke's Waikīkī
11 Barefoot Beach Café
12 Marukame Udon

Einkaufen

1 – 3 s. Cityplan S. 121
4 International Market Place
5 – 12 s. Cityplan S. 121
13 Angels by the Sea
14 SoHa Living
15 Honolulu Cookie Company

Abends & Nachts

1 – 4 s. Cityplan S. 121
5 Jazz Club Blue Note

Aktiv

1 s. Cityplan S. 121
2 'Ohana Surf Project
3 Waikīkī Beach Services
4 Na Hoku II
5 Maitai'i Catamaran
6 Atlantis Adventures (2 x)
7 Sail Hawai'i
8 Sunset Yoga Hawai'i
9 Hawai'i Food Tours

---

cheln geeignet. Den Schlusspunkt bildet der **Outrigger Canoe Club Beach** (auch Colony Surf Beach), ein kleiner Strand, der durch einen Zugang zwischen den Colony Surf und Colony Beach Condos erreichbar ist.

Royal Hawaiian Hotel 16

Tel. 808 923 7311, www.royal-hawaiian.com/events/historical-tour, Di, Do 13 Uhr, 60 Min., gratis, Trinkgeld für den Guide

Das **Royal Hawaiian Hotel,** wegen seiner rosafarbenen Fassade auch »Pink Palace of the Pacific« genannt, war schon immer ein Hingucker. 1927 eröffnet, zog es vor dem Zweiten Weltkrieg wohlhabende Gäste aus aller Welt und viel Hollywood-Prominenz an, bis heute ist die exklusive Unterkunft der Inbegriff für einen Luxusurlaub im Südseeparadies. In der Bar soll der Cocktailklassiker Mai Tai erfunden worden sein. Das Royal Hawaiian und das Moana Surfrider sind die einzigen beiden Hotels, die über ein kleines Stück Privatstrand verfügen. Diese und viele andere spannende Fakten und Geschichten erzählen die Guides bei kostenlosen Touren. Treffpunkt ist die überdachte Terrasse der Royal Hawaiian Bakery, von der man in den wunderschönen Garten des Anwesens schaut. Die üppige Vegetation muss für die ersten Gäste, die übers Meer anreisten, nach der langen Seefahrt eine Wohltat fürs Auge gewesen sein. Vielleicht wurden aus diesem Grund damals in der höchsten Unterkunftskategorie auch eher Zimmer mit Garten- als mit Meerblick nachgefragt. Die Führung gibt mit einem Rundgang und der Besichtigung der Fotogalerie in der unteren Etage des Hotels aufschlussreiche Einblicke in das gesellschaftliche und politische Leben in den 1930er-Jahren, während des Krieges und in der Zeit danach.

International Market Place 4

2330 Kalākaua Ave, www.shopinternationalmarketplace.com, Mo–So 10–22 Uhr

Der **International Market Place** ist ein Shoppingcenter, das 2016 nach umfassender Renovierung neu eröffnet wurde. Wo früher nur hölzerne Schuppen standen, warten heute Markenboutiquen, Restaurants und ein Food Court auf zahlungskräftige Kundschaft. Herz und grüne Lunge der Mall ist der 100 Jahre alte **Banyan Tree** – in den 1960er- und 70er-Jahren unterhielt Donn Beach, Gründer des Market Place, hier in einem Baumhaus sein Büro. Heute finden rund um den Baum regelmäßig Hula-Auftritte statt und am frühen Abend eine Fackelzeremonie.

Moana Hotel 17

2365 Kalakaua Ave., Tel. 808 922 3111, www.moana-surfrider.com, historische Führung Mo, Mi 11 Uhr, gratis, Trinkgeld für den Guide

Das **Moana Hotel,** ein strahlend weißer Bau im Kolonialstil, wurde 1901 als erstes Hotel in Waikīkī eröffnet und markiert den Beginn des Tourismus auf O'ahu. Von Anfang an war es ein Tummelplatz des internationalen Jetset, heute gehört es zum riesigen Komplex des Moana Surfrider, A Westin Resort & Spa mit 793 Zimmern und Suiten. Im Zentrum steht ein riesiger, 1904 gepflanzter Banyan-Baum. In der Lobby im ersten Stock starten kostenlose Führungen, bei denen man Interessantes über die Geschichte der Hotellegende erfährt. Man kann sich aber auch selbst über die Historie von Waikīkīs First Lady informieren – im Hotel gibt es eine Fotogalerie sowie einen kleinen Raum, in dem ein Film gezeigt wird.

Wizard Stones of Kapaemahu 18

An der Kalākaua Ave., beim Kūhiō Beach Park in der Nähe der Polizeistation am Waikīkī Beach Center

Auf den ersten Blick sehen die vier großen **Basaltsteine** gar nicht so bedeutungsvoll aus, um sie rankt sich jedoch eine Legende, die allerdings in Vergessenheit geraten war und erst Mitte des 20. Jh. wieder in Erinnerung gerufen wurde. Sie besagt, dass um 400 n. Chr. vier magische Heiler, Kapaemahu, Kahaloa, Kapuni und Kinohi, von Tahiti nach Hawai'i kamen. Sie ließen sich in Waikīkī nieder und behandelten die damaligen Anwohner mit medizinischen Pflanzen (La'au Lapa'au), aus denen sie dank ihres großen Wissensschatzes und ihrer Erfahrung für jede Beschwerde und gegen jeden Schmerz die richtige auswählten. Kapaemahu war dafür bekannt, dass er sowohl Männer als auch Frauen behandelte, Kinohi erstellte seine Diagnosen durch Hellsehen, Kahaloa hauchte den Kranken Lebensatem ein und Kapuni umhüllte die, die Hilfe suchten, mit seinem Mana. Als es für die vier Heiler an der Zeit war, zurück nach Tahiti zu gehen, wollten sie dem hawaiianischen Volk eine Quelle der Heilung hinterlassen. Sie einigten sich darauf, dass zwei Steine, die wie Glocken klangen, dort platziert wurden, wo die Heiler lebten, und zwei Steine dorthin gebracht wurden, wo sie am liebsten im Meer badeten. Die Steine wurden während einer festlichen Zeremonie mit dem Mana der Heiler versehen. Danach verließen sie die Insel. 1997 wurden die Steine in Na Pōhaku Ola Kapaemahu A Kapuni umbenannt und an die jetzige Stelle versetzt. Sie sind von vier Heilpflanzen, 'Ohe (Bambus), Naupaka Kahakai (Strand-Naupaka), Ma'o (hawaiianische Baumwolle) und Mākāhala (wilder Tabak) umgeben. Die Steine wiegen 7 Tonnen – wie sie damals über 3 km von einem Steinbruch östlich von Lē'ahi nach Waikīkī gebracht wurden, ist und bleibt ein Mysterium.

Art on the Zoo Fence 19

Monsarrat Ave., www.artonthezoofence.com, Sa, So 9–16 Uhr

Entlang des **Zauns** an der Südseite des **Honolulu Zoo** hängen ortsansässige Künstler ihre Werke zum Betrachten, Besprechen und natürlich auch zum Kaufen auf. Im Schatten der Banyan Trees kommen die Kreativen hier schon seit 50 Jahren zusammen und präsentieren ganz unterschiedliche Kunstformen.

Kapi'olani Park 20

Zwischen Kapahulu Avenue und Diamond Head

1876 verschenkte König Kalākaua einen Teil seines königlichen Landbesitzes, damit dieser **Park** angelegt und nach seiner Frau benannt werden konnte. Königin Kapi'olani wird in der Grünanlage mit einer Statue geehrt (2686 Kalākaua Ave.). Zu ihren Verdiensten zählen u. a. die Gründung eines Entbindungsheims im Jahr 1890 für benachteiligte Hawaiianerinnen (heute: Kapi'olani Medical Center for Women and Children) und des Kapi'olani Home for Girls, in dem Mädchen in der Lepra-Siedlung auf der Kalaupapa-Halbinsel unterrichtet wurden. Im Park finden regelmäßig Konzerte und Veranstaltungen statt,

z. B. das Green Room Festival (www.greenroomfest.com). Weite Rasenflächen bieten viel Platz zum Picknicken oder Sport-Treiben, im Schatten der alten Banyan Trees finden sich schöne Ruheplätze. Der breiteste Strandabschnitt am nördlichen Ende des Kapi'olani Beach wird auch Queen's Surf Beach genannt. Hier werden in den Sommermonaten auf einer riesigen Leinwand regelmäßig kostenfrei Filme gezeigt.

Diamond Head und Kaimuki

Vom Honolulu Zoo aus führt die **Monsarrat Avenue** am Diamond Head State Monument entlang, bis sie zur Diamond Head Road wird. Die Straße hat sich zu einer angesagten Ausgehmeile entwickelt. Kurz vor dem **KCC Farmers' Market** führt die Makapu'u Avenue nordöstlich nach **Kaimuki** – eine schöne Nachbarschaft, die immer beliebter und belebter wird. Cafés, Restaurants – darunter einige traditionelle Diners – und originelle Boutiquen konzentrieren sich entlang der **Wai'alae Avenue,** vor allem zwischen der 8th und 13th Avenue.

Wai'alae-Kahala

Kaimuki geht weiter östlich in **Wai'alae-Kahala** über. Die Wai'alae Avenue wird zum Highway 1 (72) und führt an der **Kahala Mall** (www.kahalamallcenter.com) mit vielen schönen Geschäften und Restaurants vorbei. Wenn Sie nicht auf dem Highway weiterfahren, sondern rechts auf die Hunakai Street oder Kea-

LEONARD'S BAKERY

Wenn Sie einen Tagesausflug in den Osten Honolulus planen und vorab noch frühstücken möchten, machen Sie Halt bei **Leonard's Bakery,** seit 1952 eine Institution auf O'ahu. Die rosa-weiß gestreifte Markise weckt umgehend Gelüste auf Malasadas – die in Fett ausgebackenen Hefeteigkrapfen sind die hawaiianische Version von Donuts. Das Original ist mit Zucker und Zimt bestreut, Malasada Puffs haben eine Füllung aus Schokolade (Dobash), Kokosnuss (Haupia), Macadamianuss oder Guave.

Die Bäckerei hat eine lange Familientradition. Arsenio und Amelia DoRego kamen 1882 als Plantagenarbeiter von Portugal nach Maui. 33 Jahre später wurde ihr Enkel Leonard geboren, der 1946 mit seiner Frau Margaret und seiner Tochter nach Honolulu zog. Leonard arbeitete in der Snowflake Bakery, bis er 1952 sein eigenes Unternehmen eröffnete. Seine Mutter hatte die Idee, der portugiesischen Tradition entsprechend an Karneval Malasadas zu backen. Damit löste der Bäcker einen bis heute anhaltenden Hype aus. Die Malasadas wurden täglich in verschiedenen Varianten angeboten. Zusätzlich gibt es einen Flavor of the Month, z. B. Ananas. Der Verkauf erfolgt nicht nur über die Bäckerei, sondern auch über Malasadamobiles, die an verschiedenen Orten auf O'ahu halten (933 Kapahulu Ave., Tel. 808 737 5591, www.leonardshawaii.com, So–Do 5.30–22, Fr, Sa 5.30–23 Uhr).

STIRN ZEIGEN UND DEN LĒ'AHI ERKLIMMEN

Tour-Infos

Start: Diamond Head Interpretive Kiosk & Gift Shop

Dauer: rund 2 Std. (2,5 km Rundweg)

Infos und Öffnungszeiten: Diamond Head State Monument, Diamond Head Road zwischen Makapu'u und 18th Ave. Tel. 808 587 0300, tgl. 6–18, letzter Einlass 16.30 Uhr, das Tor wird um 18 Uhr geschlossen

Kosten: 5 $ pro Auto oder 1 $ pro Person (nur Bargeld)

Schwierigkeitsgrad: moderat

Wichtig: Für die Tour ist festes Schuhwerk, Sonnencreme und eine Kopfbedeckung erforderlich, außerdem sollte man genügend Trinkflüssigkeit mitnehmen. Da es auch am Morgen schnell warm wird, empfiehlt es sich, so früh wie möglich (oder wegen des Lichts entsprechend am späten Nachmittag) zu starten – dann hält sich auch der Ansturm in Grenzen. Wer beim Aufstieg mehr über die Geschichte sowie Flora sowie Fauna erfahren möchte, kann für 4 $ einen Audio Guide, auch in deutscher Sprache, leihen.

Der **Diamond Head** ist ein State Monument und sein markanter Kraterrand das bekannteste Wahrzeichen von Honolulu. Der hawaiianische Name des Vulkans ist **Lē'ahi,** was so viel bedeutet wie »Stirn eines Thunfischs«. Britische Seefahrer, die im 19. Jh. nach Honolulu kamen, dachten jedoch, Diamanten am Hang des Vulkans gefunden zu haben – allerdings handelte es sich nur um wertlose Kristalle. Kostbare Eindrücke sammeln lassen sich jedoch bei einer Wanderung auf den Krater, der sich vor über 100 000 Jahren bildete. Den Einstiegspunkt erreicht man entweder vom Parkplatz aus oder nach 15–20 Min. Fußweg von der Bushaltestelle. Dabei muss man aktuell einen Tunnel durchqueren, der zweispurig von Autos, die zum Parkplatz hin und auch wieder zurückfahren, genutzt wird.

Die Wege auf dem Diamond Head sind teils geteert, teils erdig (bei Regen Rutschgefahr), auch einige steile Stufen müssen erklommen werden. Die Tour ist, wenn man entsprechend Zeit einplant, für Besucher jeden Alters geeignet. Ab dem Besucherkiosk starten Sie den Aufstieg zunächst auf einem asphaltierten Weg, der dann in einen Pfad aus gehärteter Erde übergeht. Auf diesem steigen Sie kontinuierlich in Zickzackkurven am inneren Kraterrand empor. Je höher man kommt, umso großartiger werden die Aussichten – anfänglich sieht man die »Graslandschaft« im Krater sowie das Meer und die Berge, an deren Flanken sich zahlreiche Wohnviertel hochzuarbeiten scheinen. Diese Ausblicke verwandeln sich dann in ein 360-Grad-Panorama. Um zum obersten Punkt zu gelangen, muss man zwei niedrige, enge Tunnel durchqueren und zwei sehr steile, schmale Treppen hinaufsteigen. Zwischendurch gibt es aber immer wieder Bänke zum Ausruhen sowie zahlreiche Fotogelegenheiten. Vor der Aussichtsplattform erwartet Sie noch eine enge Wendeltreppe. Wenn Sie die bewältigt haben, werden Sie mit wunderschönen Rundumblicken auf Waikīkī zur einen Seite und auf O'ahus Südküste auf der anderen Seite belohnt.

Wenn Ihnen der Ausflug zu kurz war, können Sie zu Fuß zurück nach Waikīkī laufen. Auf der Monsarrat Avenue gibt es süße Cafés, Geschäfte und gute Restaurants. Alternativ planen Sie Ihre Tour so, dass Sie an einem Samstag gleich frühmorgens den Krater besteigen und sich danach auf dem Kapi'olani Community College Farmers' Market (jeden Samstag 7.30–11 Uhr) mit einer Bowl oder einem Smoothie stärken. Der Markt befindet sich in Fußentfernung zum Eingang des Diamond Head Tunnel.

laolu Avenue Richtung Meer abbiegen, erreichen Sie auf der Kahala Avenue kurz vor dem luxuriösen **Kahala Hotel & Resort** (www.kahalaresort.com) den **Wai'alae Beach Park**, der mit sanitären Einrichtungen ausgestattet ist. Der **Kahala Beach** ist keine 5 Min. davon entfernt. Beide Strände sind weniger besucht und eignen sich wunderbar zum Sonnenbaden. Eine besonders schöne Lage, fast direkt am Strand, hat das Plumeria Beach House Restaurant des Kahala Resort (www.kahalaresort.com/Dining/Plumeria-Beach-House).

Infos

O'ahu Visitors Bureau: 2270 Kalākaua Ave., Suite 801, Tel. 808 524 0722, www.gohawaii.com/de.

Hawai'i Tourism Authority: 1801 Kalākaua Ave., 1st Floor, Tel. 808 973 2255, www.hawaiitourismauthority.org, Mo–Fr 7.45–16.30 Uhr.

Hawaiian Chinese Multicultural Museum & Archives: 1120 Maunakea St. (Maunakea Marketplace), Tel. 808 285 8316, Mo–Sa 10–14 Uhr. Infos zu Chinatown und zu den Gebräuchen der chinesischen Gemeinde.

Übernachten

... in Waikiki:

Neues Boutiquehotel – **Halepuna Waikīkī by Halekulani 1:** 2233 Helumoa Rd., Tel. 808 921 7272, www.halepuna.com. Im Oktober 2019 eröffnet, Schwesterhotel des luxuriösen Halekulani. DZ ab 390 $.

Lifestyle – **Waikīkī Beachcomber By Outrigger 2:** 2300 Kalākaua Ave., Tel. 808 922 4646, www.waikikibeachcomber.com. Mittendrin, geschmackvoll mit Ozean-Thema eingerichtet. DZ ab 280 $.

Asian-Fusion – **'Alohilani 3:** 2490 Kalākaua Ave., Tel. 808 922 1233, www.alohilaniresort.com. Modernes Hochhaushotel mit schicker, stylisher Lobby und schönen Zimmern. Auf der oberen Etage gibt es einen Pool und Cabanas zum Entspannen. DZ ab 250 $.

Vintage Vibe – **The Laylow** 4: 2299 Kūhiō Ave., Tel. 808 922 6600, www.laylowwaikiki.com. Tropischer, eleganter und junger Stil. Es gibt einen Pool und eine Terrasse mit Bar und Restaurant mit Live-Musik. DZ ab 200 $.

Programmvielfalt – **The Surfjack Hotel & Swim Club** 5: 412 Lewers St., Tel. 808 564 7608, www.surfjack.com. Der Pool ist das Herzstück des Hotels. Helle Räume in einer modernen Interpretation des Inselstils. Breit gefächertes Programm. Der einzige Nachteil: die Aussicht. DZ ab 185 $.

Zeitlos – **Vive Hotel Waikīkī** 6: 2426 Kūhiō Ave., Tel. 808 687 2000, www.vivehotelwaikiki.com. Hotel im Boutiquestil, in zweiter Reihe, aber dennoch gut gelegen. Ab dem 7. Stock bieten die Zimmer Ausblicke auf die Koolau-Berge oder den Pazifik. DZ ab 180 $.

Cool – **The Modern Honolulu** 7: 1775 Ala Moana Blvd., Tel. 808 450 3396, www.themodernhonolulu.com. Das Hotel liegt am Hafen, westlich von Waikīkī, in Fußnähe zum Ala Moana Shopping Center. Die Zimmer sind hell und eher »clean«, aber dennoch freundlich. DZ ab 180 $.

Modern mit Geschichte – **Queen Kapi'olani Hotel** 8: 150 Kapahulu Ave., Tel. 808 922 1941, www.queenkapiolani.com. Das Hotel wurde kürzlich eröffnet und hat ein sehr freundliches Ambiente. Liegt in der Nähe des Lē'ahi und hat einen schönen Blick auf das Wahrzeichen. DZ ab 160 $.

Jung und bunt – **Shoreline Hotel Waikīkī** 9: 342 Seaside Ave., Tel. 808 931 2444, www.shorelinehotelwaikiki.com. Gutes Preis-Leistungs-Verhältnis. Morgens gibt es Muffins umsonst. DZ ab 150 $.

Familienfreundlich – **Coconut Waikīkī Hotel** 10: 450 Lewers St., Tel. 808 923 8825, www.coconutwaikikihotel.com. Gehört zum Shoreline Hotel, ist eher auf Familien eingerichtet. Zimmer mit Balkon und Küchenzeile. Sehr freundliches Personal. DZ ab 130 $.

... in Diamond Head:

Weg vom Trubel – **Lotus Honolulu:** 2885 Kalākaua Ave., Tel. 808 922 1700, www.lotushonoluluhotel.com. Super Lage, wenn man nicht direkt im Waikīkī-Trubel sein möchte, aber dennoch in Fußnähe. DZ ab 165 $.

Essen & Trinken

... in Chinatown:

Fine Dining – **Senia** 1: 75 N. King St., Tel. 808 200 5412, www.restaurantsenia.com, Di–Fr 11–14, Mo–Sa 17.30–21.30 Uhr, Tasting Menu Mo–Sa 18.30 Uhr. Gleichzeitig schick, entspannt und freundlich. Lunch-Menü um 35 $, Chef's Table um 185 $.

Industrial – **Livestock Tavern** 2: 49 N. Hotel St., Tel. 808 537 2577, www.livestocktavern.com, Mo–Fr 11–14, 17–22, Sa 17–22 Uhr. Leckere Burger, an der Bar gute Cocktail-Auswahl. Entspannte Loft-Atmosphäre. Lunch ab 18 $, Dinner ab 28 $ (Hauptspeise).

Asiatisch – **Lucky Belly** 3 **:** 50 N. Hotel St., Tel. 808 531 1888, www.luckybelly.com, Mo–Sa 11–14, 17–24 Uhr, The Window 10–2.30 Uhr. Hier ist die Belly Bowl eine gute Wahl. Lunch ab 14 $, Dinner ab 20 $ (Ramen ab 16 $).

Vietnamesisch mit Twist – **The Pig & The Lady** 4 **:** 83 N. King St., Tel. 808 585 8255, www.thepigandthelady.com, Mo–Sa 11–15, Di–Sa 17.30–21.30 Uhr. Cooles Ambiente, immer sehr gut besucht, daher vor allem abends unbedingt reservieren. Lunch ab 14 $, Dinner ab 20 $.

Koreanisch – **O'Kims** 5 **:** 1028 Nu'uanu Ave., Tel, 808 537 3787, www.okimshawaii.com, Mo, Di 10–14, Mi, Do 10–14,16–21, Fr, Sa 10–14, 16–22, So 9–14 Uhr (Brunch). Familienrestaurant mit Innen- und Außenplätzen, Zutaten werden aus der Region bezogen, auch vegane Speisen. Ab 12 $.

Mexikanisch inspiriert – **Encore Saloon** 6 **:** 10 N. Hotel St., Tel. 808 367 1656, www.encoresaloon.com, Mo–Do 11–24, Fr, Sa 11–1 Uhr. Tacos, Burritos, Bowls und Plates. Keine Reservierungen. Ab 11 $.

Nordchinesische Küche – **Little Village Noodle House** 7 **:** 1113 Smith St., Tel. 808 545 3008, www.littlevillagehawaii.com, Mo–Do 10–21.30, Fr–So 10.30–22 Uhr. Aus-

Nach einem langen Strandtag geht der Spaß in den vielen Restaurants, Bars und Klubs von Waikīkī weiter

gezeichnetes Restaurant in entspanntem Umfeld. Ab 9 $.

Teatime – **Tea at 1024** 8: 1024 Nu'uanu Ave., Tel. 808 521 9596, www.teaat1024.net, Mi–Fr 11–13, Sa, So 11, 13 und 15 Uhr. Klassischer Afternoon Tea mit vegetarischen und glutenfreien Varianten.

... in Kaka'ako und Ala Moana:

Authentisch hawaiianisch – **Highway Inn:** 680 Ala Moana Blvd., Suite #105, Tel. 808 954 4955, www.myhighwayinn.com/location-kakaako, Mo–Do 8.30–20.30, Fr, Sa 8.30–21, So 9–14.30 Uhr. Eine Institution mit traditioneller Küche. Combo Plates ab 14 $.

Lokale Küche, angesagter Style – **MOKU Kitchen:** 660 Ala Moana Blvd., Tel. 808 591 6658, www.mokukitchen.com, tgl. 11–23 Uhr. Restaurant von Chef Peter Merriman mit Fokus auf Regionalität in einem szenigen Umfeld. Ab 13 $.

Kaffee & Snacks – **Morning Brew:** 685 Auahi St., Salt, Suite #113, Tel. 808 369 3444, www.morningbrewhawaii.com, Mo–So 7–18 Uhr. Kaffee- und Teespezialitäten, Frühstück, Sandwiches und Salate. Speisen um 10 $.

Säfte, Smoothies und Bowls – **Lanikai Juice:** 680 Ala Moana Blvd., Tel. 808 369 1400, www.lanikaijuice.com, tgl. 7–19 Uhr. Frische Saftkreationen und leckere Bowls. Ab 6 $.

Einfallsreiche Hot Dogs – **Hank's Haute Dogs:** 324 Coral St., Tel. 808 532 4265, www.hankshautedogs.com, Mo–Do 11–16, Fr–So 11–18 Uhr. Zahlreiche Hot-Dog-Varianten von klassisch bis exzentrisch. Ab 5 $.

Kaffee-Bar – **Arvo Café:** 675 Auahi St., Tel. 808 537 2021, www.arvocafe.com, Mo–Fr 7.30–17, Sa, So 8.30–17 Uhr. Kleiner Coffee Shop in der Paiko Boutique. Kleiner Außenbereich, schön zum Tagträumen. Ab 4 $.

... in Waikiki:

1A Steak – **Ruth's Chris Steak House** 9: 226 Lewers St., Tel. 8080 440 7910, www.ruthschris.com/restaurant-locations. Die Qualität des Fleisches ist exzellent. Wenn Steak, dann hier. Ab 30 $.

Am Strand – **Duke's Waikīkī** 10: 2335 Kalākaua Ave. (im Outrigger Waikīkī Beach Resort), Tel. 808 922 2268, www.dukeswaikiki.com. Natürlich touristisch – aber schön! Direkt am Strand gelegen und im Vintage-Hawai'i-Stil eingerichtet. Dinner ab 27 $.

Edel & hawaiianisch – **Eating House 1849 Waikiki** 4: 2330 Kalākaua Ave., Space 322, Tel. 808 924 1849, www.eatinghouse1849.com, tgl. 11–22 Uhr. Roy Yamaguchi gehört zu den Begründern der Hawaiian Cuisine – sein Küchenteam verarbeitet lokale und saisonale Erzeugnisse mit internationalem Twist. Vorspeisen um 16 $, Hauptgang ab 20 $.

Beste Aussichten – **Barefoot Beach Café** 11: 2699 Kalākaua Ave., Tel. 808 924 2233, www.barefootbeachcafe.com, tgl. 7–20.30 Uhr. Selbstbedienung, leckere große Portionen. Sitzgelegenheiten mit Blick aufs Meer. Frühstück ab 10 $, Hauptspeisen ab 12 $.

Authentisch japanisch – **Marukame Udon** 12: 2310 Kūhiō Ave., Tel. 808 931 6000, tgl. 7–22 Uhr. Am besten antizyklisch essen, die Warteschlange kann sehr lang werden. Udon- und Tempuravarianten. Das Restaurant ist nicht für einen romantischen Abend geeignet. Um 10 $.

... in Diamond Head:

Bowls und Smoothies – **Café Morey's:** 3106 Monsarrat Ave, Tel. 808 200 1995, www.cafemoreys.com, tgl. 7–16 Uhr (ab und zu auch später, wenn Livemusik). Heller, großer Essbereich in freundlichem Ambiente. Ab 10 $.

Kaffee und Eis mit Galeriebetrieb – **ARS Cafe:** 3116 Monsarrat Ave., Tel. 808 734 7897, www.ars-cafe.com, Mo–Sa 6.30–18, So 8–18 Uhr. Im Café, dessen Interieur von einer englischen Bar mit Holzvertäfelungen inspiriert wurde, werden Kaffee- und Eisspezialitäten aus eigener Herstellung serviert. Jeden Monat werden hier Kunstevents organisiert. Kaffee ab 2,50 $, Sandwiches um 11 $ (Küche bis 14 Uhr).

Stärkung für den Lē'ahi-Ausflug – **Diamond Head Grill:** 3158 Monsarrat Ave., Tel 808 732 0077, www.diamondheadmarket.com, Markt und Bäckerei 6.30–21, Grill Mo–Fr 7–10.30, 11–21, Sa, So 7–21 Uhr. Zum Frühstück die besten Scones, Lunch & Dinner auf »Bierbänken« draußen – perfekt vor oder nach dem Ausflug zum Diamond Head (Lē'ahi). Scones 3,95 $, Plates und Sandwiches um 10 $.

Angesagtes Café – **Sunny Days:** 3045 Monsarrat Ave, Tel. 808, www.sunnydays-cafehanafru.com, tgl. außer Do 7–17 Uhr. Köstliche Bowls, wechselnde Lunchgerichte und Kaffeespezialitäten in coolem Interieur. Kann sehr voll werden. Ab 10 $.

Gesundes mit Bananen – **Banan Bowls – Diamond Head Food Truck:** 3212 Monsarrat Ave., Tel. 808 563 0050, www.bananbowls.com, tgl. 9–18 Uhr. Leckere Obst- und Softeiskreationen. Ab 4 $.

... in Kaimuki:

Lokal und organisch – **Town:** 3435 Wai'alae Ave., Tel. 808 735 5900, www.townkaimuki.com, Mo–Fr 11–14.30, Mo–Do 17.30–21.30, Fr, Sa 17.30–22 Uhr. Die Menüs wechseln täglich, je nach verfügbaren Produkten, Restaurant von Chef Ed Kenney. Lunch 9–22 $, Dinner 9–33 $.

Modern-hawaiianisch – **Mud Hen Water:** 3452 Wai'alae Ave., Tel. 808 737 6000, www.mudhenwater.com, Di–Fr 17.30–21.30, Sa, So 9.30–14.30, 17.30–21.30 Uhr. Chef ist ebenfalls Ed Kenney, schöner Patio. Kleine Gerichte ab 10 $, Hauptspeisen um 30 $. Brunchgerichte um 12 $.

Amerikanische Brasserie – **12th Ave Grill:** 1120 12th Ave., Tel. 808 732 9469, www.12thavegrill.com, Mo–Do 17.30–21, Fr, Sa 17.30–21.30, So 17–21 Uhr. Mehrfach ausgezeichnetes Restaurant. Kleine Gerichte um 13 $, Hauptspeisen um 30 $.

Essen, Kultur und Gemeinschaft – **Makana Ranch House:** 3574 Wai'alae Ave., Tel. 808 838 9315, www.makanaranchhouse.com, Di–Fr 10–14, Do–Sa 17.30–21 Uhr, Reservierung nötig. Restaurant, dessen Erzeugnisse zu 90 % aus Hawai'i und zu 80 % von O'ahu bezogen werden. Um 15 $.

Frühstücks- und Mittagstreff – **Kaimuki Superette:** 3458 Wai'alae Ave., Tel. 808 734 7800, www.kaimukisuperette.com, Mo–Sa 7.30–14.30 Uhr. Sehr angesagtes, unkompliziertes Café mit Salaten und leckeren Tagesgerichten. Um 12 $.

Cooles Community-Café – **The Curb Kaimuki:** 3408 Wai'alae Ave., #102, Tel. 808 367 0757, www.thecurbkaimuki.com, Mo–Fr 6.30–15, Sa, So 7–15 Uhr. Sehr schönes, modernes Café, in dem man gern länger verweilt. Kaffeespezialitäten um 4 $.

Brunch House – **Koko Head Cafe:** 1145c 12th Ave, Tel. 808 732 8920, www.kokoheadcafe.com, tgl. 7–14.30 Uhr. Ausschließlich Brunch in Form von moderner, globaler Fusion Cuisine von Chef Lee Anne Wong. Ab 10 $.

... außerhalb des Zentrums:

Fine Dining – **Chef Mavro:** 1969 S. King St., Tel. 808 944 4714, www.chefmavro.com, Di–Sa 18–21 Uhr. Hawaiianische Küche mit Einflüssen aus der Provence. Chef Mavro war Gründungsmitglied der Hawai'i Regional Cuisine. Vegetarisches Menü. 4 Gänge 95 $.

Fangfrisches Sea-Food – **Nico's Pier 38:** 1129 N. Nimitz Hwy., Tel. 808 540 1377, www.nicospier38.com, Mo–Sa 6.30–19, Mo–So 10–16, Mo–So 16–18 (Happy Hour), Mo–So 17–21, Poke Counter Mo–Sa 9–18, So 10–16 Uhr. Frühstück ab 5 $, Lunch ab 12 $, Dinner ab 15 $.

Poke-Paradies – **Ono Seafood:** 747 Kapahulu Ave., Tel. 808 732 4806, Di–Sa 9–18 Uhr. Kleiner Laden, aber hervorragende Poke-Varianten. Sie müssen mit Wartezeiten rechnen – und es empfiehlt sich, lieber früher als später hier zu sein, denn das Angebot ist schnell ausverkauft.

One-Stop Shop – **Hawai'is Favorite Kitchen:** 3111 Castle St., Tel. 808 744 0465, www.hawaiisfavoritekitchens.com/contact, tgl. 10–19 Uhr. In einem Restaurant gibt es die Lieblingsgerichte aus verschiedenen Restaurants, z. B. Rainbow Drive-In und Poke Stop. Ab 8 $.

Hawaiianische Hausmannskost – **Helena's:** 1240 N. School St., Tel. 808 845 8044, www.helenashawaiianfood.com, Di–Fr 10–19.30 Uhr. Kālua Pig, Poke, Lomi oder Menü – zu kleinen Preisen, in ganz einfachem Ambiente. Authentisch! Um 8 $.

From Farm to Cup – **Honolulu Coffee Experience Center:** 1800 Kalākaua Ave., Tel. 808 202 2562, www.honolulucoffee.com, Mo–So 6–18 Uhr. Kona-Kaffee und frische, selbsthergestellte Backwaren. Um 5 $.

Coco Puffs – **Liliha Bakery:** 515 N. Kuakini St., Tel. 808 531 1651, www.lilihabakery.com, tgl. Di–So 6–20 Uhr. Hier gibt es Kaffee und warme Gerichte, vor allem aber eine unglaubliche »süße« Auswahl an Backwaren, die Spezialitäten sind u. a. Puffs (Wind-

KAMAKA 'UKULELE 5

Obwohl die 'Ukulele heute der Inbegriff für Hawai'i und Südseeromantik ist, liegt ihr Ursprung eigentlich in Portugal, genauer gesagt auf Madeira. Mit den ersten portugiesischen Einwanderern kam das Musikinstrument auf die Inseln. Ein gewisser João Fernandes soll bei seiner Ankunft erleichtert und von freudiger Hoffnung auf ein besseres Leben erfüllt die Braguinha gespielt und mit seinen schnellen Fingerbewegungen die Hawaiianer an hüpfende Flöhe, 'Ukulele, erinnert haben. Besonders König Kalākaua fand Gefallen an diesen Klängen. Das Zupfinstrument wurde aus Koa-Holz nachgebaut und adaptiert, schnell war es von gesellschaftlichen Anlässen nicht mehr wegzudenken. Es gibt zahlreiche 'Ukulele-Verkaufsstellen und Produktionsstätten in Hawai'i. Eine davon ist **Kamaka 'Ukulele,** ein Familienbetrieb, der bereits seit über 100 Jahren existiert. Viermal in der Woche werden hier kostenfreie Werkstatttouren angeboten (Kamaka Ukulele Hawaii, 550 South Street, Tel. 808 531 3165, www.kamakahawaii.com, Mo–Fr 8–16 Uhr, Touren Di–Fr 10.30 Uhr, Dauer 45–60 Min., Eintritt frei).

beutel) mit Coco, Green Tea und Chocolate Cream, Poi Donuts, Lilikoi Malasadas, Long Johns und Cupcakes in vielen verschiedenen Sorten. Ab 3 $.

Einkaufen

... in Chinatown:

Frische Leis – **Cindy's Lei & Flower Shoppe 6:** 1034 Maunakea St., Tel. 808 536 6538, www.cindysleishoppe.com, Mo–Mi, Fr 6–18, Do 7–15, Sa 6.30–18, So 6.30–17 Uhr. Ab 10 $.

Sig-Zane-Design – **Sig on Smith 7:** 1020 Smith St., Tel. 808 524 0071, www.sigzanedesigns.com, Fr 10–18 Uhr. Aktuell nur Männermode. Ableger des Flagship Store in Hilo.

Schicker Hawai'i-Style – **Roberta Oaks 8:** 19 N. Pauahi St., Tel. 808 526 1111, www.robertaoaks.com, Mo–Fr 10–18, Sa 10–16, So 11.30–16 Uhr. Kleidung, Taschen, Schmuck, Düfte, Wohnaccessoires und Papierwaren.

Vintage-Mode – **Barrio Vintage 9:** 1161 Nu'uanu Ave., Tel. 808 674 7156, www.barriovintage.com, Mo–Fr 11–18, Sa bis 17, So bis 16 Uhr. Kleider aus den 1950er- bis 70er-Jahren, Aloha-Shirts, College-Jacken.

Papeterie – **Owens & Co. 10:** 1152 Nu'uanu Ave., Tel. 808 531 4300, www.owensandcompany.com, Mo–Fr 10–18, Sa, So 11–16 Uhr. Sehr schöne Auswahl an Karten, Accessoires, Schmuck, Büchern etc.

Schätze und Fundstücke – **Hound & Quail 11:** 1156 Nu'uanu Ave., www.houndandquail.com, Di–Fr 11–18, Sa 11–16 Uhr. Antiquitäten und Sammlerstücke aus Hawai'i und der ganzen Welt.

Vintage Hawaiiana Store – **Tin Can Mailman 12:** 1026 Nu'uanu Ave., Tel. 808 524 3009, www.tincanmailman.net, Mo–Fr 11–17 Uhr, Sa 11–16 Uhr.

... in Kaka'ako und Ala Moana:

Erzeugermarkt – **Kaka'ako Sunset Farmers Market:** 1050 Ala Moana Blvd., www.wardvillage.com/events, Mi 16–20 Uhr. Abendlicher Markt im Ward Village.

Luxus-Shopping – **Ala Moana Center:** 1450 Ala Moana Blvd., Tel. 808 955 9517, www.alamoanacenter.com, Mo–Sa 9.30–21 Uhr, So 10–19 Uhr. Riesige Open-Air-Mall mit über 350 Geschäften und Restaurants.

Einkaufszentrum mit Food Court – **Ohana Hale Marketplace:** 333 Ward Ave., #3, Tel. 808 797 2001, www.ohmhawaii.com, tgl. 10–20 Uhr.

Hawaiianische Schokolade – **Lonohana Estate Chocolate:** 344 Coral St., #104A, Tel. 808 286 8531, www.lonohana.com, Mo–Do 11–18 Uhr, Fr–So 11–20 Uhr. Exklusive Auswahl an klassischer und außergewöhnlicher Schokolade aus eigenem Anbau. Das Estate befindet sich an O'ahus North Shore.

Concept Store – **La Muse:** 1170 Auahi St., Suite 135, Tel. 808 589 0181, www.lamusehawaii.com, Mo–Sa 10–21, 10–18 Uhr. Mode, origineller Schmuck, Geschenke und Wohnaccessoires.

Coole Mode mit Beach Vibes – **Urban Island Society:** 685 Auahi St., Tel. 808 462 9048, www.urbanislandsociety.com, Mo–So 10–19 Uhr. Kleidung, Möbel und Interior Design.

Moderne Hawai'i-Designermode – **Manaola:** 1450 Ala Moana Blvd., Tel. 808 944 8011, www.manaolahawaii.com, Mo–Sa 9.30–21 Uhr, So 10–19 Uhr. Traditionelle Muster, moderne Schnitte.

Surf- und Travel-Boutique – **MILO:** 675 Auahi St., #126, Tel. 808 369 1888, www.milohawaii.com, Mo–Do 10–18, Fr, Sa 9–18, So 9–17 Uhr. Kleidung, Taschen und Bücher.

Alles rund ums Surfen – **Stoke House:** 685 Auahi St., Salt, Tel. 808 369 3388, tgl. 10–18 Uhr.

Blumen – **Paiko:** 675 Auahi St., Tel. 808 988 2165, www.paikohawaii.com, Mo–Do 10–18, Fr, Sa 9–18, So 9–17 Uhr. Wunderschöne exotische Pflanzen, Deko und Bücher stehen hier zur Auswahl – man möchte den Laden auf keinen Fall verlassen, ohne etwas gekauft zu haben. Paiko teilt sich die Ladenfläche mit Arvo, einer Kaffeebar, zu der auch ein paar Plätze im Freien gehören. Das Team von Paiko bietet zudem regelmäßig Workshops an, bei denen z. B. Leis geflochten oder Blumengefäße getöpfert werden.

... in Waikiki:

Mode, Schmuck und Accessoires – **Angels by the Sea 13:** 2348 Kalākaua Ave., Tel. 808 921 2747, www.angelsbytheseahawaii.org, Mo–Do 9–22.30 Uhr. Eine vietnamesische Modedesignerin, ehemals Miss Waikīkī, kreiert schönen Schmuck, tolle Taschen und fröhliche Strandmode.

Mode & Accessoires – **Olive & Oliver 5:** 412 Lewers St., Tel. 808 263 9919, www.oliveandoliverhawaii.com/olive-oliver-shop-coffee, Mo–Fr 10–18, Sa, So 10–17 Uhr. Das Geschäft macht einfach Lust, trotz des eher hochpreisigen Sortiments, einmal rundum zu shoppen.

Deko fürs Zuhause – **SoHa Living 14:** 226 Lewers St., Tel. 808 240 5040, www.sohaliving.com, Mo–So 9.30–22 Uhr. Kissen, Bilderrahmen, Taschen und Schals, Papeteriewaren, Back- und Cocktailmischungen.

Kekse – **Honolulu Cookie Company 15:** 227 Lewers St. (und andere Standorte), Tel. 808 924 6651, www.honolulucookie.com, Mo–So 9–23 Uhr. Kekse in Ananasform in hübschen Geschenkboxen. Sets ab 6 $.

... in Diamond Head:

Beach Fashion – **Diamond Head Beach House:** 3128 B Monsarrat Ave., Tel. 808 737 8667, www.diamondheadbeachhouse.com, Mo–Sa 9–17, So 9–15 Uhr. Nicht gerade günstig, aber sehr hübsche Strandmode und Accessoires.

Freizeitkleidung – **Holiday Monsarrat Hawai'i:** 3045 Monsarrat Ave, #4, Tel. 808 824 9992, www.holiday-monsarrat.com, Mo–Fr 9–17, Sa, So 9–16 Uhr. Strand- und Badebekleidung, Sonnenhüte und T-Shirts mit dem eigenen Logo.

Farmers Market – **KCC Farmers' Market:** 4303 Diamond Head Rd. (Kapi'olani Community College, Parking Lot C), Tel. 808 848 2074, www.hfbf.org/farmers-markets/kcc-saturday, Sa 7.30–11 Uhr.

... in Kaimuki:

Konservierte Früchte – **Crack Seed Store:** 1156 Koko Head Ave., Tel. 808 737 1022, Mo–Fr 9.30–17.30, Sa 9.30–18 Uhr. Traditionelle Spezialität aus China. Kleines, seit 40 Jahren bestehendes Familienunternehmen – Kostproben werden gerne verteilt!

Yoga- und Sportkleidung – **Lily Lotus:** 3632 Wai'alae Ave., Tel. 808 277 1724, www.lilylotus.com/pages/boutique, Di–Sa 10–17, So 11–16 Uhr. Aktiv- und Lifestylemode, Schmuck und Accessoires.

... im Großraum Honolulu:

Antike Hawai'i-Hemden – **Bailey's Antiques and Aloha Shirts:** 517 Kapahulu Ave., Tel. 808 734 7628, Mo–So 10–18 Uhr. Über 15 000 Aloha Hemden, alt und neu, schlicht und verrückt.

Von A bis Z alles im Sortiment – **ABC Stores:** www.abcstores.com. Alles, was man im Urlaub braucht, mehrere Filialen im Stadtgebiet.

Drogeriemarkt – **Longs Drugs:** www.longs.staradvertiser.com. Großes Sortiment, mehrere Filialen im Stadtgebiet.

Abends & Nachts

… in Chinatown:

Weinbar – **The Tchin Tchin! Bar 3:** 39 N. Hotel St., Tel. 808 528 1888, www.thetchintchinbar.com, Di–Sa 17–24 Uhr. Coole Bar mit guten Drinks, entspannter Musik und leckeren kleinen Speisen. Um 12 $.

Live-Jazz – **The Dragon Upstairs 4:** 1038 Nu'uanau Ave., Tel. 808 526 1411, Mo–Sa 18–2 Uhr. Musikklub mit kleiner Tanzfläche.

… in Waikiki:

Loungig – **Jazz Club Blue Note 5:** 2335 Kalākaua Ave., Tel. 808 777 4890, www.bluenotehawaii.com, bis zu 2 Shows am Tag (18.30 und 21 Uhr). Namhafte lokale, nationale und internationale Künstler. Jazzklub-Atmosphäre mit Restaurantbetrieb. Auswahl zwischen Bar und Tisch. Tickets ab 30 $.

Atmosphärisch – **Hideout at the Laylow 4:** 2299 Kūhiō Ave., Tel. 808 628 3060, www.hideoutwaikiki.com, 7–24 Uhr. Sehr schöne begrünte Terrasse mit Blick auf die trubelige Kūhiō Avenue. Leckere Cocktails, Snacks und Livemusik. Cocktails um 12 $.

… im Großraum Honolulu:

Filme – **Doris Duke Theatre:** Honolulu Museum of Art, 900 S. Beretania St., Tel. 808 532 8767, www.honolulumuseum.org/events/films. Auswahl an Independent-, Dokumentar- und internationalen Filmen, Konzerten und Vorführungen. Tickets ab 10 $.

Aktiv

… Downtown:

Architekturspaziergang – **AIA Honolulu 1:** 828 Fort Street Mall, Tel. 808 628 7243, www.aiahonolulu.com, samstagvormittags. Geführte Touren durch Downtown Honolulu. 15 $.

… in Waikīkī:

Surfen und SUP – **'Ohana Surf Project 2:** 2699 Kalākaua Ave., Tel. 808 599 7873, www.ohanasurfproject.com. Verleih von Boards, Gruppenunterricht ab 60 $.

Surfen am Waikīkī Beach – **Waikiki Beach Services 3:** 2259 Kalākaua Ave. (am Strand des The Royal Hawaiian), Tel. 808 388 1510, www.waikikibeachservices.com, tgl. 7–19 Uhr. Surfunterricht und Outrigger Canoe Rides. Gruppenunterricht ab 85 $.

Katamaransegeln – **Na Hoku II 4:** 2335 Kalākaua Ave., Tel. 808 386 7422, www.nahoku2.com. Sunset-Sail- und Diamond-Head-Sail-Touren mit dem Katamaran. Ab 40 $.

Maita'i Catamaran 5: 2255 Kalakaua Ave., Tel. 808 922 5665, www.maitaicatamaran.net. Tradewind Sail, Sunset Mai Tai Sail und Mahina Moonlight Sail. Ab 39 $.

Segeltörns & U-Boot-Fahrten – **Atlantis Adventures 6:** Tel. 808 973 9800, www.atlantisadventures.com, tgl. 9–16 Uhr (Büro). Sunset und Firework Cruises sowie Unterwassertouren mit dem U-Boot. Ab 99 $.

Segelkurse – **Sail Hawai'i 7:** 1777 Ala Moana Blvd., Tel. 808 859 3875, www.sailhawaii.com. Segelkurse für Anfänger und Fortgeschrittene.

Yoga – **Sunset Yoga Hawai'i 8:** Waikīkī Beach, Tel. 808 321 3297, www.sunsetyogahawaii.com. Yoga und Yoga Waterfall Hikes. Ab 20 $.

Food Tour – **Hawaii Food Tours 9:** Tel. 808 926 3663, tours@hawaiifoodtours.com, www.hawaiifoodtours.com, 9–13.30 Uhr. Die Hole-in-the-Wall Tour nimmt Sie mit zu Orten, mögen sie auch noch so klein sein, an denen Essen angeboten wird, das die Food-Szene Hawai'is ausmacht. Abholung von Hotels in Waikīkī, alternativ Check-in im Ala Moana Hotel. Ab 139 $.

Farm- & Wandertouren – **Hawaiian Forest & Trail:** Tel. 808 400 5772, www.hawaii-forest.com, Farm to Forest Tour, Honolulu Heights Tour, Birds and Wildlife Tour mit Abholung in Waikīkī oder Ko Olina. Ab 169 $.

Nachhaltige Touren – **travel2change:** hello@travel2change.org, www.travel2change.org. Kombination aus touristischen Unternehmungen und Aktivitäten zum Thema Nachhaltigkeit, Umweltschutz und Gemeinschaftsarbeit. Unter anderem Beach Cleanups am Waikīkī Beach und Wiederaufforstung im Mānoa Valley.

Termine

In Honolulu gibt es immer einen Grund zu feiern. Offizielle Feiertage werden ebenso groß zelebriert wie Kultur-, Sport- und Food-Events, deren Ursprung auch am anderen Ende der Welt liegen kann.

Honolulu Festival: März. Kulturfestival mit großer Parade (www.honolulufestival.com).

Honolulu Biennial: März–Mai. Kunstfestival (www.honolulubiennial.org).

Hawaii International Film Festival HIFF: April. Filmpräsentationen und Rahmenprogramm (www.hiff.org).

SPAM JAM Festival: Ende April. Die Leidenschaft für SPAM findet ihren Höhepunkt (www.spamjamhawaii.com).

Lantern Flotaing Hawai'i: Ende Mai. Am Ala Moana Beach werden zum Gedenken an geliebte Verstorbene Laternen aufs Meer gesetzt (www.lanternfloatinghawaii.com).

Aloha Festivals: Aug./Sept. Authentisches Kulturfestival zur Pflege alter Traditionen (www.alohafestivals.com).

Honolulu Pride: Mitte Okt. LGBTQ-Parade unter dem Motto »Celebrate the Rainbow!« (www.hawaiilgbtlegacyfoundation.com/honolulu-pride–2019).

Restaurant Week Hawai'i: Mitte Nov. Themenabende und viele Vergünstigungen in lokal betriebenen Restaurants (www.restaurantweekhawaii.com).

Honolulu Marathon: Dez. Langstreckenläufe mit unterschiedlichen Distanzen (www.honolulumarathon.org).

Verkehr

Flüge: Der Daniel K. Inouye International Airport (HNL) liegt rund 15 km nordöstlich von Waikīkī (www.airports.hawaii.gov/hnl). Es gibt keine Direktflüge aus Europa. Fluggesellschaften der Star Alliance (Lufthansa, United Airlines etc.) bieten gute Verbindungen z. B. von Frankfurt/Main und München mit einem Zwischenstopp (reine Flugzeit knapp 20 Std., Return-Ticket ab ca. 1200 €). Flüge zwischen den Inseln starten vom Domestic Terminal des Airport. Hawaiian Airlines ist der größte Anbieter für Inter-Island Flights (Flugzeiten zwischen 20 und 50 Min., Tickets ab ca. 60 $ pro Strecke, plus Gepäck).

Flughafentransfer: Vom Flughafen verkehren Shuttles (u. a. www.speedishuttle.com, www.robertshawaii.com und www.hawaii23.com, einfache Fahrt ab 16 $) und Taxis (einfache Fahrt ca. 45 $) zu den Hotels.

Helikopterrundflüge: Flüge über die Insel bieten u. a. Blue Hawaiian Helicopters (www.bluehawaiian.com), Paradise Helicopters (www.paradisecopters.com), Maunaloa Helicopter Tours (www.maunaloahelicoptertours.com) und Magnum Helicopters (www.magnumhelicopters.com) an.

Busse: The Bus (www.thebus.org) bietet gute, regelmäßige Verbindungen innerhalb von Waikīkī (Einzelticket 2,75 $). Das Verkehrsnetz erstreckt sich über ganz O'ahu, allerdings können die Fahrten z. B. an die North Shore sehr lange dauern. Eine Alternative sind Shuttles oder ein Mietwagen.

Mietwagen: Alle bekannten internationalen und nationalen Mietwagenunternehmen unterhalten Niederlassungen am Flughafen. Es empfiehlt sich, das Mietauto mit einem vollständigen Versicherungspaket von Europa aus zu buchen.

ALOHA STADIUM SWAP MEET

Auch wenn Sie im echten Leben kein regelmäßiger Flohmarktgänger sind – hier sollten Sie auf jeden Fall vorbeischauen. An über 400 Verkaufsständen können Sie stöbern und Schätze erwerben, die Sie zu Hause mit Sicherheit nicht finden – zur Stärkung nach wildem Verhandeln pausieren Sie einfach an einem der vielen Essenstände. Das **Aloha Stadium Swap Meet** ist Hawai'is größter Open-Air-Flohmarkt, das Stadion wird ansonsten für (Sport-)Veranstaltungen genutzt (99-500 Salt Lake Blvd., www.alohastadiumswapmeet.net, Swap Meet Mi und Sa 8–15, So 6.30–15 Uhr, Marketplace Mi, Sa, So 8–15 Uhr, Eintritt frei).

Umgebung von Honolulu

Pearl Harbor Historic Sites

▶ 3, M 6

www.pearlharborhistoricsites.org, Besucher müssen sich strengen und zeitaufwendigen Sicherheitskontrollen unterziehen, die Mitnahme von Taschen und Rucksäcken ist verboten, Aufbewahrung im USS Bowfin Memorial Park für 3 $ pro Stück

Der Flottenstützpunkt Pearl Harbor erlangte am 7. Dez. 1941 traurige Berühmtheit, als er überraschend von japanischen Flugzeugen angegriffen wurde. Die USS Arizona wurde direkt getroffen und sank in weniger als neun Minuten. Der zweistündige Angriff forderte mehr als 2400 Todesopfer und sorgte dafür, dass die USA sich in die Kampfhandlungen des Zweiten Weltkriegs einschalteten (s. Thema S. 46). Die Amerikaner werden sehr emotional, wenn es um Pearl Harbor geht.

Der Hafen ist bis heute ein aktives Militärgelände, vier Sehenswürdigkeiten sind aber für Touristen zugänglich: das USS Arizona Me-

Die »USS Bowfin« gibt einen Eindruck davon, in welcher Enge U-Boot-Matrosen im Zweiten Weltkrieg lebten und kämpften

morial, das Battleship Missouri Memorial, das USS Bowfin Submarine Museum & Park und das Pearl Harbor Aviation Museum. Je nachdem, wie tief man in die Vergangenheit einsteigen möchte, kann man sein Programm an diesem geschichtsträchtigen Ort gestalten.

Besucher des **USS Arizona Memorial** betreten zunächst das Besucherzentrum, in dem ein Film gezeigt wird, der die Geschehnisse für Europäer gut verständlich zusammenfasst (natürlich aus amerikanischer Sicht). Im Anschluss wird man mit einem kleinen Boot zum Memorial gebracht – spätestens hier werden auch Unbeteiligte mit ihren Gefühlen kämpfen. Der weiße Betonbau liegt über der gesunkenen USS Arizona, durch Fenster kann man auf das Wrack schauen, das zugleich als Soldatenfriedhof fungiert: Die Leichen der 1100 ums Leben gekommenen Besatzungsmitglieder wurden nie geborgen (www.nps.gov/valr, Besucherzentrum tgl. 7–17 Uhr, Bootstouren 7.30–15 Uhr, Eintritt frei, Reservierungsgebühr Bootstour 1,50 $, rechtzeitig buchen!).

Neben dem Besucherzentrum kann man durch die **USS Bowfin** klettern, ein ausrangiertes U-Boot, das im Zweiten Weltkrieg 44 japanische Schiffe versenkte. Ein **Museum** informiert über die Entwicklung dieses Schiffstyps von den Anfängen im 18. Jh. bis heute (www.bowfin.org, tgl. 7–17 Uhr, 15 $).

Auf der »Mighty Mo«, so der Spitzname des letzten von den USA gebauten Schlachtschiffs **USS Missouri,** unterschrieben Vertreter Japans am 2. Sept. 1945 die Kapitulation (www.ussmissouri.com, tgl. 8–16, Juni–Aug. bis 17 Uhr, Eintritt inkl. Führung 29 €).

Im **Pacific Aviation Museum** dokumentierten historische Flugzeuge die Rolle der Air Force vom Zweiten Weltkrieg bis zu den Kriegen in Korea und Vietnam (www.pearlharboraviationmuseum.org, tgl. 9–17 Uhr, 25 $, Flugsimulator 10 $).

Bernice Pauahi Bishop Museum ▶ 3, N 6/7

1525 Bernice St., www.bishopmuseum.org, tgl. 9–17 Uhr, Erw. 24,95 $, Kinder 16,95 $, Planetarium zusätzlich 2,95 $, Anfahrt von Waikīkī aus mit dem Trolley (Purple Line)

Ein großartiges **Museum,** das Sie am Anfang Ihres Aufenthalts auf O'ahu besuchen sollten, schon der eindrucksvollen Architektur wegen. Die Ausstellungen erklären die Kultur- und Naturgeschichte Hawai'is unter unterschiedlichen Gesichtspunkten und weisen auch auf Gemeinsamkeiten mit anderen polynesischen Völkern hin. Gegründet wurde die Institution 1889 von dem reichen Unternehmer Charles Bishop zur Erinnerung an seine Frau Bernice Pauahi, eine Nachfahrin der Kamehameha-Dynastie. Ursprünglich waren hier nur hawaiianische Artefakte aus königlichem Besitz ausgestellt. Später kamen Exponate aus ganz Polynesien hinzu.

Herzstück der Sammlung ist die **Hawaiian Hall** in einem dreistöckigen viktorianischen Gebäude. Im Erdgeschoss, Kai Akea, sind Religion und Legenden repräsentiert sowie das Leben auf Hawai'i vor Ankunft der ersten Weißen – staunen lassen hier vor allem die prächtigen Federgewänder der hawaiianischen Könige. Der erste Stock, Wao Kanaka, zeigt die Bedeutung von Land und Natur im Alltag, die oberste Etage, Wao Lani, wird von den Göttern »bewohnt«. Die Ausstellung in der **Pacific Hall** widmet sich den Kulturen Polynesiens, Mikronesiens und Melanesiens und zeigt, wie eng sie trotz aller bestehenden Unterschiede miteinander verbunden sind. Im modernen **Planetarium,** dem einzigen auf O'ahu, führen spannende Shows u. a. das Navigieren nach den Sternen vor. Hinzu kommen das **Richard T. Mamiya Science Adventure Center** mit interaktiven Exponaten zu Wissensgebieten wie Vulkanografie und Ozeanografie sowie der **Na Ulu Kaiwi'ula Native Hawaiian Garden,** in dem neben endemischen Pflanzen auch Gewächse wie die Brotfrucht gedeihen, die polynesische Einwanderer aus ihrer Heimat mitbrachten.

Nach dem Besuch können Sie im **Highway Inn,** das sich direkt beim Museum befindet, einkehren und hawaiianische Spezialitäten probieren (1525 Bernice Str., www.myhighwayinn.com, tgl. 10–15.30 Uhr).

Honolulu Museum of Art

▶ 3, N 7

900 S. Beretania St., www.honolulumuseum.org, Di–So 10–16.30 Uhr, b 18 Jahren 20 $

Im 1927 gegründeten **Honolulu Museum of Art** werden Werke aus über 5000 Jahren Kunstgeschichte gezeigt. Die Sammlung umfasst mehr als 50 000 Exponate, die fast das gesamte Spektrum der Weltkunst abdecken. 38 um Innenhöfe und Gärten gruppierte Galerien zeigen neben amerikanischer, hawaiianischer und europäischer Kunst u. a. japanische Holzschnitte, chinesische Kalligrafien, indische Statuen und Schnitzereien aus Kambodscha. Zum Honolulu Museum of Art gehört auch das Shangri La Museum of Islamic Art, Culture & Design (s. Tipp S. 143). Interessante Wechselausstellungen und das ARTafterDARK-Event machen einen Blick in den Veranstaltungskalender lohnend. Der Innenhof der Anlage ist ein Idyll – planen Sie zur Mittagszeit eine Pause im Honolulu Museum of Art Café ein.

Queen Emma Summer Palace

▶ 3, O 7

2913 Pali Hwy., Tel. 808 595 3167, www.dlnr.hawaii.gov und www.daughtersofhawaii.org, Mo–Sa 9–16, So 10–15 Uhr, Erw. 10 $, Kinder 5–17 Jahre 1 $, geführte Touren Mo–Sa 10, 11, 13 und 14, So 11 und 13 Uhr

Auf dem Pali Highway (61) sind es von Chinatown kommend nur rund 10 Min. bis zum **Queen Emma Summer Palace** (auf hawaiianisch Hānaiakamalama, Kreuz des Südens). Zwischen 1857 und 1885 war dieses abgelegene Anwesen in den Bergen die Sommerresidenz von Königin Emma, König Kamehameha IV. und ihrem Sohn Prinz Albert Edward. Das Haus liegt geschützt im grünen Nu'uanu Valley und bot Zuflucht vor der Hitze Honolulus. Im Palast befinden sich Antiquitäten, Möbel und persönliche Erinnerungsstücke aus dem Besitz des Königspaares. Haus und Interieur sind ein wunderbarer Mix aus europäischen, viktorianischen und hawaiianischen Elementen. Der Palast wurde 1847 gebaut und 1915 als Museum den Daughters of Hawai'i überlassen. Diese Organisation wurde 1903 von sieben progressiven Frauen gegründet, die den Verlust der hawaiianischen Kultur vorhersahen. Ihr Ziel ist es, Traditionen, Geist und Sprache des alten Hawai'i zu bewahren.

Tantalus Round Top Drive

▶ 3, O 7

'Ualaka'a Trail: www.dlnr.hawaii.gov/dsp/parks/oahu/puu-ualakaa-state-wayside, April–Labor Day tgl. 7–19.45, Labor Day–März 7–18.45 Uhr

SCHÖNER WOHNEN IN HAWAI'I

Das **Shangri La Museum of Islamic Art, Culture & Design** ist ein Ableger des Honolulu Museum of Art (s. S. 142). Um es zu besuchen, müssen Sie eine Tour buchen, die im Museum of Art beginnt. Der Transfer dauert rund 15 Min. Nach einer kurzen Einführung beginnt der 2,5-stündige Rundgang, von dem Sie ungefähr 90 Minuten im Anwesen verbringen. Schon beim Betreten der ehemaligen Privatresidenz von Doris Duke, die eine der wohlhabendsten Frauen des 20. Jh. war, werden Sie von Schönheit geblendet. Die Kunst, die Architektur und der unbezahlbare Ausblick aufs Meer sorgen für ein Feuerwerk an Eindrücken. Die in New York geborene Doris Duke, deren Vermögen bereits zu Lebzeiten auf mehrstellige Millionenbeträge geschätzt wurde, gestaltete ihre Flitterwochen in Form einer Weltreise. Zeit ihres Lebens ließ sie sich von den Schätzen anderer Kulturen, vor allem von denen islamischer Länder, inspirieren. Als sie im August 1935 nach Honolulu kam, war sie so sehr von Hawai'i verzaubert, dass sie ihren Aufenthalt um vier Monate verlängerte. 1936 erwarb sie ein über 1000 ha großes Grundstück direkt am Meer, ganz in der Nähe des Lē'ahi – eine Lage, die nicht zu übertreffen und heute auch nicht mehr zu bezahlen ist. Ihr Haus stattete Doris Duke mit Kostbarkeiten aus, die sie auf Reisen nach Ägypten, Syrien, in den Libanon und in die Türkei gesammelt hatte.

Ihr Anwesen ist ein Mix unterschiedlicher Stile, mit jedem Raum, den man betritt, fühlt man sich in eine andere Welt versetzt. Das Herzstück ist ein großzügiges Wohnzimmer mit Fensterfronten, die man komplett öffnen und damit die Trennung zwischen Innen- und Außenbereich aufheben konnte. Der Mughal Garden ist ein Mikrokosmos, der mit Wasserspielen und kunstvoller Landschaftsarchitektur an die Gartenanlagen der indischen Mogulherrscher erinnert. Doris Duke konnte von ihrem Haus aus direkt an den Strand gehen und im Meer baden, häufig war der Garten auch Schauplatz rauschender Feste. Ihr Privatleben war glamourös, aber nicht skandalfrei. Sie war mehrfach verheiratet, umgab sich gerne mit Musikern und Lebemännern und ging ungehindert von Konventionen ihren Interessen nach. So war sie die erste nichhawaiianische Frau, die Surf-Unterricht bei den Kahanamoku-Brüdern nahm, um sich bei Wettbewerben mit anderen zu messen. Man sagt ihr zahlreiche Affären nach, u. a. auch mit Duke Kahanamoku.

Da Doris Duke kinderlos blieb, legte sie in ihrem Testament die Gründung der Doris Duke Foundation for Islamic Art fest. 1993 verstarb sie mit 80 Jahren in Los Angeles, Kalifornien. Die Stiftung nahm ihre Tätigkeit 1998 auf. Doris Dukes Shangri La ist in der Tat ein sagenhafter Ort, doch es darf bezweifelt werden, dass sie hier wirklich in Frieden und Harmonie lebte – sie hatte die nötigen finanziellen Mittel, um sich mit exklusiven Dingen aus der ganzen Welt zu umgeben, nur Glück und Liebe schien auch sie sich nicht kaufen zu können (4055 Papu Circle, www.shangrilahawaii.org, Touren Mi–Sa 9, 10.30, 12 und 13.30 Uhr, Tickets müssen im Voraus reserviert werden, 25 $, Online-Reservierungsgebühr 1,50 $, nach der Tour empfiehlt sich ein Lunch im Restaurant des Honolulu Museum of Art).

Der Pu'uohi'a oder Tantalus Mountain ist ein erloschener Schlackenkegel mit einem Gipfelkrater – und als ob das nicht schon großartig genug wäre, gewährt er aus 614 m auch noch einen Bilderbuchausblick, vor allem zum Sonnenuntergang. Der Berg ist Teil der Ko'ola Ranges und eine echte Herausforderung für Autos und ihre Fahrer. Die 16 km lange Rundfahrt startet auf der Makiki Street: Wo diese rechts in eine Sackgasse führt, fahren Sie scharf nach links auf den Round Top Drive. Die Straße schlängelt sich in Zickzackkurven, die man nicht unterschätzen sollte, an der Ostflanke des Bergmassivs entlang. Hinter jeder Serpentine bieten sich neue Eindrücke, Parkbuchten eröffnen immer wieder herrliche Blicke auf Honolulu und seine Umgebung. Die Straße wird von Kukuinuss- und Banyanbäumen beschattet, je näher man dem Ziel kommt, umso mehr fühlt man sich wie im Regenwald.

Aktuell gibt es rund 200 Häuser rund um den Round Top/Tantalus Drive. Infrastruktur war hier lange kein Thema, erst um 1920 wurden die Anwohner mit Elektrizität versorgt und es gab nur wenige Telefonleitungen. Wenn Sie linker Hand ein Schild mit der Aufschrift **Pu'u 'Ualaka'a State Wayside Park** sehen, fahren Sie in den Park und stellen Ihr Auto ab. Der **'Ualaka'a Trail** bringt Sie nach einem 1,6 km langen Fußmarsch zum **Tantalus Lookout** – die Ausblicke von hier sind atemberaubend. Zurück im Auto fahren Sie auf dem Round Top Drive weiter. Wo der Kalaiopua Place abzweigt, wird er zum Tantalus Drive. Auf diesem geht es an der Westflanke des Berges entlang zurück.

Entlang dem Round Top und Tantalus Drive sind mehrere lohnende Wanderwege ausgeschildert. Zu den schönsten gehören der **Mānoa Cliffs Trail** (9,7 km) und der **Puu Ohia Trail** (6,4 km), die beide zu beeindruckenden Aussichtspunkten führen. Der **Makiki Valley Loop** ist nur 3,2 km lang und führt durch tropisches Gelände mit üppiger Vegetation. Botaniker und Vogelbeobachter kommen unterwegs voll auf ihre Kosten. Auch Touren mit dem Mountainbike sind auf dem Tantalus Mountain möglich.

Mānoa Valley ▶3, O 7

Das üppig grüne **Mānoa Valley** ist eine bevorzugte Wohngegend etwa 10 Min. nordöstlich von Waikīkī. Gefühlt ist man hier aber nicht nur Kilometer, sondern auch Jahrzehnte vom Zentrum der hawaiianischen Hauptstadt entfernt, obwohl man vom Huelani Drive oder der Mānoa Road einen fantastischen Blick auf die moderne Skyline von Honolulu hat. Mānoa bedeutet weit, enorm oder ausgedehnt – und das ist das Tal auch. Doch nicht nur Platz gibt es hier jede Menge, sondern auch Geschichte, Natur, historische Architektur und nicht zuletzt gutes Essen. Im Tal leben heute rund 40 000 Menschen, viele von ihnen Studenten der hier ansässigen University of Hawai'i, doch ein Jahrhundert

lang haben Zucker- und Kaffeeplantagen sowie Kalo-Felder und Pferdekutschen das Bild geprägt. Ein bisschen Old Hawai'i ist noch immer zu spüren. Und auch die kurzen täglichen Regenschauer, die für das intensive Grün sorgen, tragen zum Charme des Mānoa Valley bei. Zu verdanken sind die Niederschläge der Ko'olau-Gebirgskette, an der die Wolken hängen bleiben. Es gibt zahlreiche Wanderwege durch die Wälder und entlang der Bergkämme, zu den beliebtesten gehören der **Mānoa Cliffs Trail** und der **Mānoa Falls Trail** (Aktiv unterwegs S. 146). Besonders überraschend im Mānoa Valley ist die Restaurantauswahl. Schicke Restaurants befinden sich neben kleinen, authentischen Lokalen – in tollen, renovierten Altbauten oder an ungewöhnlichen Orten wie einer ehemaligen Tankstelle.

Mānoa Heritage Center

2856 O'ahu Ave., Tel. 808 988 1287, www.manoaheritagecenter.org, Mo–Fr Touren nach vorheriger Reservierung, Erw. 20 $ (mind. 2 Teilnehmer)

Wenn Sie das Mānoa Valley besuchen, sollten Sie einen Abstecher zum **Mānoa Heritage Center** unternehmen. Auf dem 3,5 ha großen Areal steht mit dem **Kūka'ō'ō Heiau** der letzte intakte Tempel O'ahus. Er war vermutlich Lono geweiht, dem Gott des Regens und der Fruchtbarkeit. Vor rund 1000 Jahren von im Tal lebenden Hawaiianern erbaut, verfiel der Bau zusehends, bis ihn die Familie Cooke 1993 restaurierte. Sie besitzt das Land und bewohnt bis heute **Kuali'i,** ein 1911 erbautes Anwesen im Tudor-Stil, das in Zukunft in eine Stiftung überführt und zum Museum

Wie viele unterschiedliche Nuancen Grün haben kann, erfährt man bei einer Wanderung auf dem Mānoa Falls Trail

WANDERUNG ZU DEN MĀNOA FALLS

Tour-Infos

Start: Paradise Park (gebührenpflichtiger Parkplatz)
Dauer: rund 30 Min. (einfach)
Länge: 1,3 km (einfach)
Schwierigkeitsgrad: einfach
Wichtige Hinweise: Falls es eine Warnung wegen starker Regenfälle gibt, wird der Wanderweg 48 Std. lang gesperrt. Die Wetterwarnungen können unter www.weather.gov/hfo abgerufen werden. Man sollte die Wanderung nicht nach 17.30 Uhr antreten. Unbedingt festes Schuhwerk tragen, der Weg kann sehr rutschig und matschig werden. Er verläuft hauptsächlich im Schatten, es empfiehlt sich allerdings, Mückenspray einzupacken.

Nur 15 Min. müssen Sie vom trubeligen Honolulu ins Inselinnere fahren, um sich in einem regenwaldähnlichen Areal wiederzufinden. Szenen für die Serie »Lost« und den Kinohit »Jurassic Park« wurden hier gedreht. Zuerst überqueren Sie auf einer kleinen Brücke einen Bach und laufen durch einen Wald aus hohen Eukalyptusbäumen. Entlang des Weges wechseln sich riesenblättrige Elefantenohren, Roter Ingwer und riesige Farne mit Hochlandhibiskus, Banyanfeigen und Bambus ab. Manchmal läuft man unter einem Dach aus Schlingpflanzen und Luftwurzeln entlang. Wenn Sie mit einer Kamera unterwegs sind, werden Sie immer wieder anhalten, um die

Flora zu fotografieren – das üppige Grün und die Vegetationsdichte sind atemberaubend. Tropische Vögel wie der Shama zwitschern im dichten Gestrüpp. Auf unbefestigten Wegen geht es kontinuierlich aufwärts. Nachmittags kann es auf den schmalen Pfaden voll werden – am besten macht man sich frühmorgens auf den Weg. Ziel sind die fast 46 m hohen **Mānoa Falls,** die je nach Regenfall beeindruckende Wassermassen präsentieren oder nur spärlich plätschern. Der Wasserfall ergießt sich in einen flachen Pool. Auch wenn es verlockend ist, sollte man von einem Bad wegen der Gefahr bakterieller Erkrankungen Abstand nehmen.
Wenn Sie noch etwas länger wandern möchten, können Sie von den Mānoa Falls aus den **'Aihualama Trail** anschließen. Ungefähr 45 m vor dem Wasserfall ist der Weg ausgeschildert – er biegt nach links ab. Nach einem kurzen Abschnitt, auf dem man über Felsbrocken klettern muss, führt der Weg durch dichten Bambuswald, um nach mehreren Serpentinen auf den **Pauoa Flats Trail** zu stoßen. Auf diesem geht es über rutschige Baumwurzeln bergauf zum **Nu'una Valley Lookout,** einem schönen Aussichtspunkt. Danach entwickelt sich der Weg von moderat zu sehr schwierig.

umgewandelt werden soll. Das Heritage Center wurde 1996 zum Schutz des Tempels und der umliegenden hawaiianischen Gärten gegründet, die Anlage ist eine Oase der Ruhe inmitten einer vielfältigen Vegetation, die rund 60 unterschiedliche tropische Pflanzenarten umfasst – rund zwei Drittel der Flora sind endemisch. Von hier aus ist der Blick ins Tal ganz besonders schön.

Koganji-Tempel

2859 O'ahu Ave., www.koganjitemple.org

Der **Koganji Tempel** wurde vor über 45 Jahren auf dem Areal einer ehemaligen Orchideen-Farm errichtet und fällt wegen seiner leuchtend roten Farbe sofort ins Auge. Seine junge, internationale Gemeinde bekennt sich zum Tendai-shū, einer auf dem Lotos-Sutra basierenden Schule des Buddhismus in Japan. Einmal im Jahr findet hier ein Bon Dance Festival statt, bei dem an die Vorfahren erinnert wird.

College Hill

2230 Kamehameha Ave.

Ein weiteres imposantes Gebäude ist **College Hill.** Viele Jahre diente das 1902 als Wohnsitz der reichen Unternehmerfamilie Atherton errichtete Anwesen den Präsidenten der University of Hawai'i Mānoa als Zuhause – heute wird es als Eventlocation für universitäre Anlässe genutzt.

Mānoa Valley Theatre

2833 East Mānoa Rd., Tel. 808 988 6131, www.manoavalleytheatre.com

Das von Studenten der University of Hawaii gegründete **Mānoa Valley Theater** feierte 2019 sein 50-jähriges Jubiläum. Nach bescheidenen Anfängen ist das Niveau inzwischen hoch. Auf dem Spielplan stehen neben zeitgenössischen Stücken auch Broadway-Musicals.

Mānoa Chinese Cemetery

3225 Pakanu St.

Auf einem kleinen Hügel direkt an der East Mānoa Road befindet sich der **Mānoa Chinese Cemetery** (auch Lin Yee Chung Cemetery). Rund 10 000 Menschen wurden hier bestattet, ihre Grabsteine blicken alle in Richtung Meer. Auch Henry Awa Wong, Besitzer des Wo Fat Restaurant (s. S. 123), fand hier seine letzte Ruhe und Charly Apana, der die Detektivserie »Charlie Chan« inspirierte. 1852 gegründet, ist der Friedhof der älteste und größte seiner Art in der gesamten hawaiianischen Inselwelt. Die Gräber wurden nach Prinzipien des Feng-Shui angelegt und sind teils von Wächterfiguren flankiert. Viel Trubel herrscht im April während Ching Ming, dem chinesischen Totengedenkfest. Angehörige legen Speisen auf die Gräber, die die Verstorbenen gern aßen, zünden Räucherstäbchen an und verbrennen Papiergeld, das den Vorfahren dann im Jenseits zur Verfügung stehen soll.

MAKAPU'U POINT LIGHTHOUSE TRAIL

Tour-Infos

Start: Parkplatz am Makapu'u Lookout
Dauer: ca. 2 Std.
Länge: 3,2 km
Schwierigkeitsgrad: Einfach
Wichtig: Nehmen Sie, besonders in den Wintermonaten, ein Fernglas zur Beobachtung von Walen mit. Da es unterwegs keinen Schatten gibt, sollten Sie an Sonnenschutz und ausreichend Trinkflüssigkeit denken. An der höchsten Stelle kann es sehr windig werden.

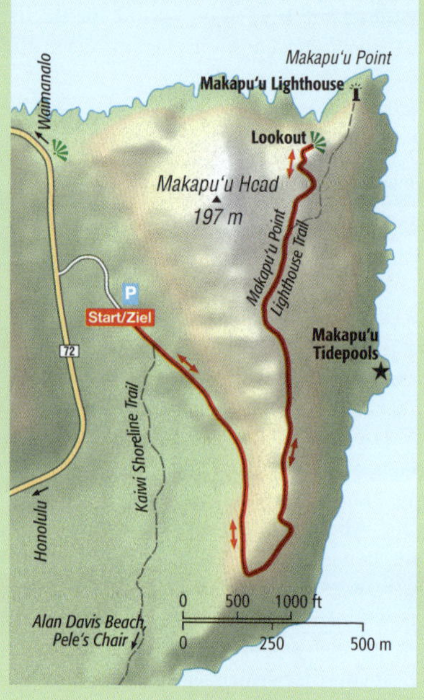

Auch wenn dieser Spaziergang auf einer durchgehend geteerten Straße mit Sicherheit zu den eher touristischen Unternehmungen gehört, sollten Sie nicht darauf verzichten. Am besten starten Sie frühmorgens, wenn es noch relativ leer und nicht so heiß ist. Vom Parkplatz aus führt der **Makapu'u Point Lighthouse Trail** stetig bergauf, rund 150 Höhenmeter überwindend. Der Pfad führt zuerst gen Süden, ungefähr nach der Hälfte geht es dann etwas weniger steil ansteigend in Richtung Norden. Sie folgen dabei auf einem Felskamm der südöstlichen Küstenlinie O'ahus, von einer Aussichtsplattform blicken Sie auf das unter Ihnen liegende **Makapu'u Lighthouse,** das den östlichsten Punkt der Insel markiert.

Der Leuchtturm selbst ist leider nicht zugänglich. Er wurde 1909 gebaut und stellt mit seinem weißen Rumpf und dem roten Dach vor dem tiefblauen Meer ein tolles Fotomotiv dar. Entlang der Strecke, die Teil des Kaiwi-State-Scenic-Shoreline-Areals ist, eröffnen sich immer wieder grandiose Ausblicke auf den Ozean, Koko Head und Koko Crater, den Horizont, die Klippen und mit etwas Glück auch auf einige der 10 000 Wale, die jedes Jahr nach Hawai'i kommen. An klaren Tagen können Sie sogar Moloka'i und Lāna'i erkennen. Auf den kleinen Inseln vor der Küste haben sich größere Kolonien von Fregatt-, Tropik- und anderen Seevögeln angesiedelt. Die Vegetation ist aufgrund des trockenen Klimas spärlich: Am Wegesrand wachsen niedrige Kiawe-Sträucher und Kakteen.

Am Parkplatz beginnt auch der **Kaiwi Shoreline Trail,** auf dem Sie Richtung Süden gehend nach nur 5–10 Min. zum **Alan Davis Beach** gelangen. Hier ist eine Felsformation aus Lavagestein zu bewundern, die **Pele's Chair** genannt wird. Der Legende nach saß Pele auf diesem »Stuhl«, bevor sie weiterzog, um durch ihre vulkanischen Aktivitäten Moloka'i und Lāna'i zu erschaffen. Der alte hawaiianische Name ist Kapaliokamoa, Hühnerklippe, da der Felsen aus einem bestimmten Blickwinkel an ein brütendes Huhn erinnert.

Harold L. Lyon Arboretum

3860 Mānoa Rd., Tel. 808 988 0456, www.manoa.hawaii.edu/lyonarboretum, Mo–Fr 8–16, Sa 9–15 Uhr, Eintritt frei, Spende von 5 $ erwünscht

Das von der Universität unterhaltene **Harold L. Lyon Arboretum** beheimatet neben endemischen auch von den Polynesiern eingeführte Pflanzen. Besonders eindrucksvoll ist die große Palmensammlung. Das Areal umfasst neben Regenwald mehrere Themengärten wie den Bromeliad Garden. Es gibt zahlreiche Wanderwege, die u. a. zu den saisonalen 'Aihualama Falls führen.

Essen & Trinken

Ein Hauch Frankreich – **Le Crêpe Café:** 2752 Woodlawn Dr., Suite 6–100, Tel. 808 988 6688, www.lecrepecafe.com, Mo–Fr 9–20, Sa, So 8.30–20 Uhr. Süße und herzhafte Crêpes mit Kaffeespezialitäten, auch als vegane Varianten. Ab 8 $.

Sandwiches, Salate und Suppen – **Andy's Sandwiches & Smoothies:** 2904 East Mānoa Rd., Tel. 808 988 6161, www.andyssandwiches.com, Mo–Do 7–17, Fr 7–16, So 7–14.30 Uhr. Charmante Nachbarschaftsinstitution mit Tagesgerichten. Ab 6,50 $.

Köstliche Backwaren – **Fendu Boulangerie:** 2752 Woodlawn Dr., Suite 5-119, Mōana Marketplace, Tel. 808 988 4310, www.bakerieshonolulu.com, Mo–Sa 7.30–19, So 7.30–15 Uhr. Bäckerei nach europäischem Vorbild, erstklassige Brote und Gebäckstücke, Pizza und Panini. Brot ab 3 $.

Kaffee – **Morning Glass Coffee:** 2955 East Mānoa Rd., Tel. 808 673 0065, www.morningglasscoffee.com, Mo–Fr 7–16, Sa 7.30–16, So 7.30–12.30 Uhr. Außergewöhnliche, mit viel Liebe gebraute Kaffeevarianten. Ab 4 $.

Der Südosten ▶ 3, P/Q 7

Von der Kapahulu Avenue nehmen Sie den H1 (Highway 1/Lunalilo Freeway) in Richtung Kaimuki und fahren dann auf dem Kalaniana'ole Highway (72) mit Weitblick über das Meer weiter in Richtung Osten. Diese Tour ist im wahrsten Sinne des Wortes eine Scenic Route. Sie passieren die **Hanauma Bay** (www.honolulu.gov/parks), die aus einem vom Meer verschluckten Vulkankrater entstand. Hier wurden Teile von »Blue Hawaii« mit Elvis Presley gedreht. Einst ein Idyll, ist die Bucht heute überlaufen. Scharen von Besuchern kommen zum Schnorcheln hierher – das Korallenriff hat unter dem Massenandrang stark gelitten.

Gegenüber der Hanauma Bay Road zweigt die Koko Head Park Road vom Highway ab. Sie führt zu einem Parkplatz, von dem man zum Einstieg des **Koko Crater Trail** gelangt. Ein sehr anstrengender, knapp einstündiger Aufstieg über rund 1000 Eisenbahnschwellen führt Sie zum Ziel: einem Lookout mit schönen Ausblicken auch über die Hanauma Bay.

Auf dem Weiterweg entlang des Kalaniana'ole Highway liegen zur Linken der **Koko Crater Botanical Garden** (www.honolulu.gov/parks) und zur Rechten der bei Bodysurfern beliebte **Sandy Beach**, der die Entscheidung, an welchem Strand man unterwegs anhalten soll, nicht gerade erleichtert. Wo der Highway einen Abstecher vom Meer macht, befindet sich der schöne Hawai'i Kai Golf Club (www.hawaiikaigolf.com). Von hier aus sind es nur noch ein paar Kilometer zum **Makapu'u Point,** dem östlichsten Punkt O'ahus – diesen sollten Sie unbedingt auf dem Makapu'u Lighthouse Trail erkunden (s. Aktiv unterwegs S. 148.

Ostküste

Die Ostküste O'ahus ist auf der Meerseite von wunderschönen, weniger bevölkerten Stränden und auf der Landseite von der eindrucksvollen Ko'olau Range geprägt. Private Wohnviertel lösen Touristenattraktionen auf der Fahrt gen Norden ab. Die Atmosphäre ändert sich, sobald man den Kamehameha Highway an der North Shore erreicht.

O'ahus Ostküste wird wegen der stetig wehenden Passatwinde auch Windward Coast genannt. Die Strände eignen sich eher zum Segeln und Surfen als zum Schwimmen. Weil die Winde viel Feuchtigkeit mitbringen, sind der Küstenstreifen und die Berghänge üppig grün, früher wurde hier intensiv Landwirtschaft betrieben. Auch die Fischzucht war eine wichtige Einnahmequelle. Highways verbinden Honolulu mit Kailua und Kane'ohe, die eher Vororte der Metropole als eigenständige Städte sind. Nordlich von Kane'ohe wird die Besiedlung dünner und die Gegend immer ländlicher.

Vom Makapu'u Point zur Kāne'ohe Bay

Waimanalo und Kailua Bay

▶ 3, P/Q 6/7

Vom Makapu'u Lighthouse windet sich der Highway 72 mit großartigen Aussichten am Meer entlang bis zum **Waimanalo Beach,** einem der schönsten Strände an der Ostseite O'ahus. Die Strecke ist viel befahren, weil es hier auch zum **Sea Life Park Hawai'i** geht, einem gigantischen Aquarium mit Touch Pools und Tiershows (41–202 Kalanianaole Hwy, #7, www.sealifeparkhawaii.com, tgl. 9.30–16 Uhr, Erw. 39,99 $, Kinder 3–12 Jahre 24,99 $).

Kurz hinter Waimanalo Beach zweigt eine Stichstraße zum **Bellows Field Beach Park** ab, einem weiteren attraktiven Strand, der sich bestens zum Schwimmen und Bodyboarden eignet. Weil er zu einem militärischen Übungsgelände gehört, ist er nur am Wochenende für die Öffentlichkeit zugänglich.

Kailua ist neben Kāne'ohe die einzige größere Stadt an der Ostküste. Der ruhige Wohnort hat Touristen außer hübschen Vorgärten und einer Reihe netter Cafés und Shops nicht viel zu bieten. Es gibt keine Hotels, nur einige Ferienwohnungen und B & Bs. Am weißsandigen **Kailua Beach,** der sich über 3 km Richtung Süden bis nach **Lanikai** hinzieht, tummeln sich vorwiegend Einheimische. Das türkisblaue Wasser ist kristallklar und ein vorgelagertes Riff sorgt dafür, dass die Wellen keine bedrohliche Stärke erreichen. Der stetig wehende Passatwind lockt viele Windsurfer an.

Übernachten

Traumobjekte am Lanikai Beach – **Lanikai Beach Rentals:** Tel. 808 261 7895, info@lanikaibeachrentals, www.lanikaibeachrentals.com. Der Lanikai Beach ist einer der schönsten Strände an O'ahus Ostküste. Ab 250 $, plus Reinigungsgebühr.

Einkaufen

Mode & Dekor – **Island Bungalow:** 131 Hekili St., Tel. 808 536 4543, www.islandbungalowhawaii.com, Mo–So 10–18 Uhr. Süßer Laden mit guter »Inselstimmung«.

Beachwear & Eis – **Island Snow:** 130 Kailua Rd., Tel. 808 263 6339, www.islandsnow.com, Mo–Do 10–18, Fr–So 10–19 Uhr. Island Snow ist ein Label, das 1979 von James Kodama gegründet wurde. Der Shop in seiner Heimatstadt Kailua verkauft lokal hergestellte Freizeitmode zusammen mit Shave Ice – eine ungewöhnliche Kombination, die für Kodama Hawai'i und Fun in the Sun repräsentiert. Internationale Aufmerksamkeit bekam der Laden, weil Präsident Obama ihn mit seinen Töchtern aufsucht, wenn sie in Kailua Urlaub machen und Lust auf Eis verspüren. Eine Sorte wurde sogar nach ihm benannt: Snowbama.

Nu'uanu Pali Lookout ▶ 3, O 6

Nu'uanu Pali Drive, www.dlnr.hawaii.gov, von Sonnenauf- bis -untergang geöffnet, 3 $ pro Auto

Wenn Sie vom Highway 72 links auf den traumhaften Pali Highway abbiegen, durchqueren Sie Maunawili und gelangen kurz darauf zum **Nu'uanu Pali Lookout.** Vergewissern Sie sich aber zuvor, ob die Strecke befahrbar ist – durch starke Regenfälle kommt es regelmäßig zu Sperrungen. Am Nu'uanu Pali Lookout verschmelzen Geschichte und Natur. An diesem Ort, der aus einer Höhe von 300 m einen der schönsten Ausblicke auf die Ostküste O'ahus gewährt, brachte König Kamehameha I. 1795 in der Schlacht von Nu'uanu nach erbitterten Kämpfen O'ahu unter seine Herrschaft. Hunderte Soldaten wurden dabei von den Klippen gestürzt. Auf der Höhe ist es extrem windig – nehmen Sie also für diesen Ausflug Pullover und Regenjacke mit.

Ho'omaluhia Botanical Garden ▶ 3, O 6

45-680 Luluku Rd., www.honolulu.gov/parks, tgl. 9–16 Uhr, Eintritt frei

Über Maunawili gelangt man auch zum **Ho'omaluhia Botanical Garden.** Er wurde 1982 eröffnet und beheimatet tropische Pflanzen aus aller Welt, die entsprechend ihrer geografischen Herkunft angeordnet sind. Bo-

Der Ausblick vom Nu'uanu Pali Lookout ist grandios – allerdings weht der Wind oft so stark, dass man sich hineinlegen kann

tanische Gärten gibt es auf O'ahu einige. Was dieses grüne Paradies so besonders macht, ist nicht zuletzt die Anfahrt. Die erst vor Kurzem neu geteerte Straße scheint in den zerfurchten, steil, aufragenden Bergen zu verschwinden. Zudem ist die Farbintensität an diesem »friedlichen Rückzugsort«, so die Übersetzung des Gartennamens, atemberaubend.

Byodo-In Temple ▶ 3, O 5

47–200 Kahekili Hwy., www.byodo-in.com, tgl. 8.30–17, letzter Einlass 16.45 Uhr, Erw. 5 $, Kinder 2–12 Jahre 2 $

Die Kāne'ohe Bay ist mit rund 45 km² Fläche die größte geschützte Bucht der hawaiianischen Inselgruppe. Hauptort nicht nur der Bucht, sondern der gesamten Region ist **Kāne'ohe** mit rund 36 000 Einwohnern. Von hier aus geht die Fahrt auf dem Highway 83 weiter. Nur wenige Kilometer nördlich von Kane'ohe steht im Valley of the Temples vor wunderschöner Bergkulisse der **Byodo-In Temple,** dessen Anblick auf Hawai'i zunächst überraschen mag: Das ganz ohne Nägel und andere verbindende Elemente erbaute buddhistische Gebetshaus ist der Nachbau eines über 950 Jahre alten Tempels im japanischen Uji. Von einem weitläufigen Garten umgeben, in dem Pfaue umherstolzieren, strahlt der Komplex wohltuende Ruhe aus. Meditativ wirken auch das tiefe Dröhnen der 3 t schweren heiligen Glocke, die man bei Ankunft mit einem Holzklotz läutet, und das Plätschern der Koikarpfen im Teich.

Übernachten

Durchatmen – **Paradise Bay Resort:** 47-039 Lihikai Dr., Tel. 808 239 5711, www.paradisebayresort.com. Suiten und Cottages mit traumhaftem Ausblick auf die Kāne'ohe Bay oder die Berge. DZ ab 215 $.

Essen & Trinken

Poi pur – **Waiāhole Poi Factory:** 48–140 Kamehameha Hwy., Tel. 808 239 2222, www.waiaholepoifactory.com, tgl. 10–18 Uhr. Authentisches hawaiianisches Essen, sehr schön präsentiert. Plates ab 9,50 $.

Zwischen Kāne'ohe und Punalu'u

Kualoa Ranch ▶ 4, N/O 4

49-560 Kamehameha Highway, Tel. 808 237 7321, www.kualoa.com, Movie-Tour Erw. 49,95 $, Kinder 3–12 Jahre 36,95 $

Die **Kualoa Ranch** ist eine auf heiligem Land gelegene Rinderfarm, die in der achten Generation von der Familie Judd geführt wird. Ihr riesiges, drei Täler und dichten Regenwald umfassendes Areal diente für mehrere Hollywood-Blockbuster als Drehort: Szenen aus »Jurassic Park«, »Godzilla«, »Jumanji« und »Kong – Skull Island« wurden hier gedreht. Neben 90-minütigen Movie-Touren sind auch Aktivitäten wie Ziplining, Kayaking, Touren mit E-Mountainbikes und Reiten im Angebot, in einem mehr als 900 Jahre alten Fischteich kann man wie die alten Hawaiianer die Netze auswerfen. Weiterhin stehen eine Farm-to-Table Tour, eine Jungle Jeep Expedition und ATV-Ausflüge (All-Terrain-Vehicles) zur Auswahl. Bei den Touren lohnt es, sich in alle Richtungen umzuschauen, denn das Farmgelände wird nach wie vor von Produktionsfirmen für Dreharbeiten (u. a. für die Serie »Hawaii Five-O«) gebucht, die parallel zum Ranch-Alltag ablaufen.

Aktiv

Kajaktour zum Chinaman's Hat – Die von der Kualoa Ranch angebotene Kayak Adventure Tour ist eine schöne Ergänzung zu den Aktivitäten, die Sie bereits zu Land unternommen haben, denn vom Wasser aus präsentiert sich die Ostküste O'ahus von einer besonders eindrucksvollen Seite. Nach einer kurzen Einweisung steigen Sie nicht weit vom Haupthaus der Farm direkt am Strand der geschichtsträchtigen Kāne'ohe Bay in Ihr Kanu ein. Unterwegs haben Sie Rückenwind und paddeln mit der Strömung, sodass Sie die Landschaft ohne allzu große Anstrengung genießen können. Erste Touretappe ist **Chinaman's Hat,** ein Inselberg von markanter Gestalt, dessen Name sich bei seinem Anblick selbst erklärt. Anschließend

… and action! Hawai'i in der Hauptrolle

Hawai'i ist mit seiner landschaftlichen Vielfalt nicht nur für Urlauber ein Traumziel, sondern auch für die Film- und Fernsehbranche. Die teils millionenteuren Produktionen stellen mittlerweile einen wichtigen Zweig der hawaiianischen Wirtschaft dar. Ob für Liebesfilme wie »Blue Hawai'i« mit Elvis, Action-Abenteuer wie »Jurassic Park« oder Kult-Serien wie »Hawaii Five-O« und »Magnum P.I.« – Hawai'i hat die perfekte Kulisse!

Ende der 1950er-Jahre, in der Zeit der großen Sehnsucht nach einem heilen Inselparadies, begann die steile Karriere Hawai'is als Filmkulisse. Filme wie »Blue Hawai'i« mit Elvis Presley in der Hauptrolle trugen wesentlich zur Verstärkung der klischeehaften Wahrnehmung der Insel bei. So wurde nicht nur Hawai'is Image geformt, sondern auch die Nachfrage sowohl bei Urlaubern als auch für andere Filmproduktionen immer größer. Vorerst beschränkten sich die Anfragen auf Südseekulissen, doch im Laufe der Jahre entdeckte Hollywood den Facettenreichtum, den die einzelnen Inseln bieten konnten. So durfte die Inselgruppe mit der Zeit auch in andere Hauptrollen schlüpfen.

In Filmen wie »Pearl Harbor«, »50 First Dates« und »The Descendants« mit George Clooney spielte Hawai'i sich selbst. Doch für Blockbuster wie »Indiana Jones«, »Jumanji« und vor allem Steve Spielbergs »Jurassic Park« wurden die Landschaften von Kaua'i und O'ahu zu Orten, die zwar im Film eine Fantasiekulisse darstellten, aber nur wenige bis gar keine Requisiten benötigten, um sie so aussehen zu lassen – ihre Dramatik war echt! Vor allem »Jurassic Park« hat für Hawai'i eine neue Ära als Film- und Touristendestination eingeläutet. Mit dem zunehmenden Interesse an Filmtourismus wuchs die Anzahl entsprechender Touranbieter. Für die Kualoa Ranch an der Ostküste O'ahus (s. S. 152) sind beide Seiten zu einer wesentlichen Einnahmequelle geworden. 1850 verkaufte König Kamehameha die heilige Landfläche von rund 1600 ha an Dr. Gerrit P. Judd. Die sagenhafte Kulisse mit der spektakulären Ko'olau-Gebirgskette ist ein absoluter Liebling bei Filmemachern. Während man an einer Filmtour teilnimmt und die Schauplätze mit Requisiten wie überdimensionalen Tierschädelknochen vom ATV, Bus, Fahrrad oder Pferderücken aus betrachtet, kann es gut sein, dass nicht weit entfernt gerade ein bekannter Hollywood-Schauspieler seine Szene dreht. Die verschiedenen Geschäftszweige, darunter auch die aktive Viehwirtschaft, werden hier parallel – und im Einklang mit der Natur – betrieben. Für die Judd-Nachfahren steht der Respekt vor dem heiligen Land mit Blick auf die Kāne'ohe-Bucht an oberster Stelle. Deshalb werden hier auch nie Vergnügungsparks oder große Hotelprojekte genehmigt werden.

Obwohl Hawai'i an sich auch für Hollywood keine günstige Destination ist, sparen sich die Produktionsfirmen durch Hawai'is Vielfalt sehr viel Geld – egal ob sie eine Australien- oder Afrikakulisse benötigen, Hawai'i steht zur Verfügung.

geht es weiter nach **Secret Island,** wo Sie auf einem weit ins Meer ragenden Dock spektakuläre Selfies vor der Kulisse der Küstenberge schießen können. Eine kleine Sandbank sorgt für weitere tolle Fotomotive. Die Tour ist eine entspannte Kombination aus Natur- und Kulturerlebnis, denn während Sie von allen Seiten von einer atemberaubenden Kulisse umgeben sind, erfahren Sie auch viel über die hawaiianische Kultur und die Kualoa Ranch – damals und heute.

Ahupua'a O Kahana State Park ▶ 3, N 4

www.dlnr.hawaii.gov, tgl. 7–18.45 Uhr
Der Highway umrundet nun die Kahana Bay mit dem **Ahupua'a O Kahana State Park.** Der Begriff Ahupua'a bezeichnete im alten Hawaii eine Landeinheit, die vom Meer zu den Bergen reichte und alles umfasste, was für die Subsistenzwirtschaft nötig war. Das Areal, ein noch recht ursprüngliches Tal, verfügt nicht nur über Strände und zwei Wanderwege, sondern auch über viele Zeugnisse hawaiianischer Traditionen. Erhalten sind Reste eines Tempels (Heiau), der Fischerei gewidmete Schreine (Ko'a), alte Fischteiche, Überreste von Häusern, Terrassenfeldern und Bewässerungskanälen, die allerdings nur teilweise für die Öffentlichkeit zugänglich sind. Als die »Hōkūle'a« 1976 zum ersten Mal zu Wasser gelassen wurde, fand die Zeremonie hier statt.

Punalu'u ▶ 3, N 3

In **Punalu'u** rückt das Gebirge dicht ans Meer und für den schmalen Strand im **Punalu'u Beach Park** bleibt nicht viel Platz übrig. Zum Schwimmen ist das Wasser zu felsig, man kann aber schön unter Palmen picknicken, Einheimische kommen gern zum Fischen her. Am Nordende des Strandes fließt der Punalu'u Stream in den Ozean.

Das Polynesian Cultural Center in Lā'ie ist ein bunter Schaukasten der Südseekulturen

Zwischen Punalu'u und Kahuku

Lā'ie ▶ 3, M/N 3

Polynesian Cultural Center

55-370 Kamehameha Hwy., www.polynesia.com, Mo–Sa 12–21 Uhr, Erw. 89,95–242,95 $, Kinder 71, 96–94,36 $ (verschiedene Pakete)

Das **Polynesian Cultural Center** in der Mormonensiedlung **Lā'ie** zählt neben Pearl Harbor zu den meistbesuchten Touristenattraktionen Hawai'is. Auf dem riesigen Areal repräsentieren sieben Dörfer mit charakteristischen Bauten und Booten die Kulturen von Hawaii, Fidschi, Neuseeland, Rapa Nui, Samoa, Tonga und Tahiti. Studenten der mormonischen Brigham Young University führen hier Tänze, Gesänge, überlieferte Handwerkstechniken und Bräuche vor und finanzieren sich so ihr Studium. Die meisten stammen von den Inseln, deren Kultur hier präsentiert wird. Besucher können unter Paketen mit unterschiedlichen Leistungen wählen, teils mit großem Lū'au-Essen. Es werden zudem Transfers von Waikīkī angeboten – empfehlenswert. Auch wenn die Anlage sehr touristisch ist, ist der Besuch auf jeden Fall ein Erlebnis und eine gute Ergänzung zu anderen Inselaktivitäten.

Lā'ie Hawaii Temple

55-600 Naniloa Loop

Der strahlend weiße **Lā'ie Hawaii Temple** ist das religiöse Zentrum der Mormonen, er wurde 1919 erbaut und orientiert sich formal an Rekonstruktionen des Salomonischen Tempels in Jerusalem. Für Besucher sind nur die Außenanlagen und das Visitor Center zugänglich.

Übernachten

Gute Lage – **Courtyard by Marriott O'ahu North Shore:** 55-400 Kamehameha Hwy., Tel. 808 293 4900, www.marriott.de. Gepflegt und gute Lage, wenn man die North Shore erkunden möchte. DZ ab 205 $.

Nach Kahuku ▶ 3, M 2

Auf dem Weg Richtung Norden führt der Highway nun an der **Mālaekahana State Recreation Area** vorbei, einem Erholungsgebiet mit zwei schönen Stränden, dem **Hukilau** und dem **Mālaekahana Beach.** Ein vorgelagertes Inselchen, Goat Island, lässt sich bei Ebbe auch zu Fuß erreichen.

Im ehemaligen Plantagenort **Kahuku** sind noch die Reste einer Zuckermühle zu sehen. An der Hauptstraße verkaufen mehrere Food Trucks frische Shrimps. Jeder Einwohner hat seinen Favoriten, besonders beliebt ist Giovanni's (56-505 Kamehameha Hwy., tgl. 10.30–18.30 Uhr). Romy's serviert seine Shrimps nicht aus einem Truck, sondern aus einer rot gestrichenen Holzhütte heraus (56781 Kamehameha Hwy., tgl. 10–18 Uhr).

Essen & Trinken:

Grillhähnchen – **Mike's Huli Chicken:** 56-565 Kamehameha Hwy., Tel. 808 277 6720, www.mikeshulichicken.com, Mo–So 10.30–19 Uhr. Am Spieß über Holzfeuer gebratenes Hähnchen. Plates mit Fleisch und Fisch. 12–18 $.

Koreanisch-Japanisch – **Fumi's Kitchen:** 56-777 Kamehameha Hwy., Tel. 808 327 220, www.fumiskitchenhawaii.com, Mo–Sa 10–18 Uhr, So 10–18.30 Uhr. Einfach, aber authentisch und sehr lecker. Udon/Saimin ab 10 $, Bento Box ab 13 $, Hauptspeise ab 17 $.

Fangfrisch – **Ken's Fresh Fish:** 55-730 Kamehameha Hwy., # 102, Tel. 808 385 1740, Fr, Sa 11–17.30 Uhr. Fischmarkt und Fischgerichte, z. B. Poke, zum Mitnehmen. Marktpreis, Lunch um 10 $.

Aktiv

Farmtour – **Kahuku Farms:** 56-800 Kamehameha Hwy., Tel. 808 628 0639, www.kahukufarms.com. Grand Tour Mo, Mi, Fr 13 Uhr (1 Std.), Erw. 32 $, Kinder 22 $, The Farm Café Mi–Mo 11–16 Uhr.

Zipline – **Climb Works Keana Farms:** 1 Enos Rd., Tel. 808 200 7906, www.climbworks.com/keana_farms, Mo–Sa. 3-stündige Tour inkl. O'ahus längster Zipline auf dem Gelände einer aktiven Farm. Ab 169 $.

North Shore mit Hale'iwa

Entspannte Atmosphäre im Sommer, Megawellen im Winter – die North Shore ist ein Mekka für Surfer. Der Verkehr, die Preise, das Adrenalin – zwischen November und Februar steigt das alles an, wenn Schaulustige die Profis bei ihren unglaublichen Wellenritten beobachten. In Hale'iwa kann man sich rund ums Jahr mit diesem Spirit umgeben.

Das Schild an der Ortseinfahrt von Hale'iwa ist mittlerweile ein echter Instagram-Star, so häufig wurde es schon fotografiert. Für die meisten ist es ein freundlicher Willkommensgruß, der die Vorfreude auf diesen historischen Ort schürt. Surfer verknüpfen mit dem Namen Hale'iwa die Hoffnung auf die perfekte Welle – im Winter gibt es zwischen Sunset Beach und Waimea Bay Beach die längsten Breaks der Welt, hier bilden sich am Riff vor der Küste auch die berühmten Röhren. Dank der Kombination aus Stränden, einfacher, aber leckerer Kulinarik und dem unbeschwerten Lebensstil wird die North Shore immer mehr zum touristischen Hotspot auf O'ahu.

Strände ▸ 3, K/L 2/3

Die Strände entlang der North Shore sind einfach perfekt und bieten für jeden etwas, ganz gleich, ob Sie auf Sonnen, Surfen, Tauchen oder Schildkrötenbeobachtung Lust haben. Auf dem Kamahameha Highway Richtung Westen fahrend, erreichen Sie zuerst die geschützte Bucht des exklusiven **Turtle Bay Resort** – da alle Strände in Hawai'i öffentlich sind, haben auch Nicht-Hotelgäste Zugang. Wegen der Lavafelsen und Korallen im Wasser ist die Bucht zum Schwimmen nicht geeignet, man kann aber Kajak fahren und schnorcheln und dabei grüne Meeresschildkröten aus nächster Nähe beobachten.

Nur 10 Autominuten sind es von hier zum **Sunset Beach,** einem Strandabschnitt mit wirklich traumhaften Sonnenuntergängen. Im Winter zeigen hier Surfer aus der ganzen Welt bei den Weltmeisterschaften ihr Können, bewundert von zahlreichen Groupies. Wer Hunger verspürt, kann bei Ted's Bakery halten – das kleine Café in einer Bretterbude hat angebaut und ist inzwischen leider sehr überlaufen. Aber die Pies schmecken immer noch klasse (59-024 Kamehameha Hwy., www.tedsbakery.com, tgl. 7–20 Uhr).

Zur Banzai Pipeline am **Ehukai Beach** sind es nur 20 Gehminuten. Hier formen sich die Wellen über flachem Korallengrund zu gewaltigen Röhren. Dieser Strandabschnitt und der anschließende **Banzai Beach** sind erfahrenen Surfern vorbehalten. Auf dem Weg dahin kommt man an der wohl sonnigsten Strandbude vorbei, The Sunrise Shack. Hier gibt es leckere Smoothies (59–158 Kamehameha Hwy., www.sunriseshackhawaii.com, tgl. 7–18 Uhr).

Noch etwas weiter westlich erreichen Sie den **Pūpūkea Beach Park** mit der **Shark's Cove,** einem Paradies für Schnorchler und Taucher, und den **Three Tables Beach** mit vorgelagertem Korallenriff.

Es folgt die schöne **Waimea Bay** mit ihrem breiten Sandstrand. Im Sommer ist das Wasser hier oft ruhig genug zum Schnorcheln und Baden. Am **Laniakea Beach** gut 5 km südlich sonnen sich oft Schildkröten am Strand.

Übernachten:

Luxus pur – **Turtle Bay Resort:** 57-091 Kamehameha Hwy., Tel. 808 293 6000, www.turtlebayresort.com. Exklusives Resort mit schönem Strand, einzigartig an der North Shore. Ab 280 $.

Ruhig, am Strand – **Ke Iki Beach Bungalows:** 59-579 Ke Iki Road, Tel. 808 638 8829, www.keikibeach.com. Beachfront und Garden Bungalows mit kleiner Küche. Super Lage, einfach, aber hübsch eingerichtet. Ab 205 $.

Private Studios – **Backpackers:** 59-788 Kamehameha Hwy., Tel. 808 638 7838, www.backpackershawaii.com. Günstige Variante an der North Shore, einfach, aber private Cabins buchbar. Direkt am Strand. Praktisch für Familien. Ab 140 $.

Großes Angebot – **Airbnb:** airbnb.com

Aktiv

Community Project – **Waihuena Farm:** 59-414 Kamehameha Hwy., info@waihuenafarm.com, www.waihuenafarm.com, Farmstand Mo 12–18, Garden Volunteer Day Mi 9–12 Uhr. Neben Farmtouren werden auch Yogastunden angeboten (Mo 17.30, Mi 8 Uhr). Waihuena vermietet auch die Pipeline Lodge, einen Bungalow und eine Jurte (www.waihuenafarm.com/accommodations).

Surfen – **Hans Hedemann Surf School:** 57-091 Kamehameha Hwy., beim Turtle Bay Resort, Tel. 808 447 6755, www.hhsurf.com. Gruppenunterricht ab 100 $.

Termine

Red Bull Queen of the Bay: Okt./Nov. Surfwettbewerb für Frauen (www.redbull.com/int-en/events/red-bull-queen-of-the-bay).

Vans Triple Crown of Surfing: Nov./Dez. Der wohl spektakulärste Surfwettbewerb der Welt, gesponsort von der Firma Vans (www.vanstriplecrownofsurfing.com).

Billabong Pipe Masters: Dez. Finaler Surfwettbewerb der WSL Championship Tour (www.pipemasters.billabong.com).

The Eddie: Dez.–Febr. Nur bei perfekten Bedingungen stattfindender Surfwettbewerb auf Einladung (www.theeddieaikau.com).

Den Surfern an der North Shore bei ihrer Wellenakrobatik zuzusehen ist spannender als jeder Thriller im Kino

Surf's up – der Sport der Könige

Wenn im Sommer 2020 in Tokio offiziell »Let the Games begin« verkündet wird, feiern zum ersten Mal in der Geschichte der Olympischen Spiele auch Surfer mit. Dabei ist Wellenreiten kein moderner Sport – seine Ursprünge liegen in Polynesien. Hawai'i kann sich damit rühmen, das Surfen in seiner heutigen Form erfunden zu haben, und besitzt die schönsten Strände, um es auszuüben.

Man kann manchmal kaum glauben, dass die Bilder, die man von Surfwettbewerben in Hawai'i sieht, echt und nicht nachbearbeitet sind. Die besten Surfer der Welt werden mit Jetskis zu haushohen Wasserwänden gefahren, um dann die perfekte Welle abzuwarten und sich dem Gebilde, das sich wie ein Tunnel (Tube) oder ein Kiefer (Jaw) formt, furchtlos hinzugeben. Viele mit Erfolg, manche mit folgenschweren Konsequenzen. Dass die Erfindung des coolen Wassersports keine moderne ist, beweisen Petroglyphen und auch die Aufzeichnungen von James Cook, die Surfer beschreiben.

Anfänglich war der Sport den Ali'i vorbehalten. Sie reservierten sich die besten Surfspots durch Kapus (damit waren die Strände für andere tabu) und trugen bereits vor vielen Jahrhunderten untereinander Wettbewerbe aus. Als Bretter wurden Planken aus dem Holz von Wili-Wili-, Ula- und Koa-Bäumen verwendet. Auf die Wahl des richtigen Baumes verwendete man viel Sorgfalt, religiöse Rituale begleiteten den Bau der Boards, die bis zu 45 kg schwer und über 3,5 m lang sein konnten. Der größte Unterschied zu heutigen Surfbrettern bestand darin, dass sie keine Finne hatten.

Original-Boards von damals sind wahre Schmuckstücke und befinden sich zumeist in Museen oder privaten Kollektionen, wo sie als kostbare Schätze gehütet werden. Mittlerweile erleben die traditionellen Papahe'enalus, die fast wie ein Bügelbrett aussehen, jedoch eine Renaissance. Die Kunst ihrer Herstellung war fast in Vergessenheit geraten, einige Surfbrettbauer, in deren Familie sie seit Generationen betrieben und an die Nachfahren weitergegeben wird, üben sie aber nach wie vor aus. Für viele Hawaiianer ist der Surfsport eine direkte Verbindung zu ihren Vorfahren und zum Ozean.

Eine der größten »modernen« Surflegenden war Duke Kahanamoku, der 1890 in Honolulu geboren wurde. Duke war der bedeutendste hawaiianische Athlet seiner Zeit. Er nahm als Schwimmer an drei Olympischen Spielen teil und gewann zahlreiche Medaillen. Bei den Olympischen Spielen von Paris im Jahr 1924 holte er über 100-Meter die Silbermedaille, Gold gewann Johnny Weissmuller und Bronze sein Bruder Samuel Kahanamoku. Er spielte auch in Hollywoodfilmen mit und vermittelte der Welt so die Faszination des Surfens. Als Legende und Surf-Botschafter wurden ihm am Kūhiō Beach in Waikīkī eine Statue sowie ein ganzes Festival, das Duke's Oceanfest im August, gewidmet.

Eine weitere hawaiianische Surflegende war Eddie Aikau, der im Mai 1946 als Edward Ryon Makuahanai Aikau auf die Welt kam. Als erster Rettungsschwimmer an der Waimea Bay auf O'ahu rettete er Hunderten Menschen das Leben. Eddie gilt als Pionier des Big-Wave-Surfing und ging aus zahlreichen Wettbewerben als Sieger hervor. 1977 gewann er die renommierte Duke Kahanamoku Invitational Surfing Championship. 1978 meldete er sich als Freiwilliger für die Reise der »Hōkūle'a«

Der Eddie Aikau Big Wave Contest findet nur dann statt, wenn die Wellen wirklich haushoch sind – manchmal ist das jahrelang nicht der Fall

von Hawai'i nach Tahiti. Als das Boot rund 20 km südlich von Moloka'i wegen eines Lecks zu sinken drohte, paddelte Eddie auf einem Surfboard Richtung Lāna'i, um Hilfe zu holen. Um ungehinderter schwimmen zu können, nahm er seine Schwimmweste ab. Die Crew wurde zufällig von einem Flugzeug entdeckt und konnte von der Küstenwache gerettet werden, Eddie wurde jedoch trotz der am größten angelegten Suchaktion in der hawaiianischen Geschichte nie mehr gesehen.

Sein selbstloser Einsatz und der Wagemut, mit dem er sein eigenes Leben für andere aufs Spiel setzte, wurden geehrt: Wenn die Wellen im Winter an der North Shore eine Höhe von 40 Fuß (ca. 12 m) erreichen, wird der Eddie Aikau Big Wave Invitational ausgetragen. Einladungen zu dem Contest erhalten nur die 28 besten Surfer der Welt (darunter z. B. der an der North Shore lebende John John Florence, Kai Lenny, Makua Rothman und Kelly Slater). Die Wellen müssen angepaddelt werden, das Tow-in mit Jetskis ist nicht erlaubt. Auf den ersten Eddie-Wettbewerb geht ein in Hawai'i oft bemühter Ausspruch zurück: Wegen sehr hoher Wellen überlegten die Veranstalter, das Event abzusagen. Der Surfer Mark Foo prüfte die Bedingungen, meinte »Eddie would go«, und der Wettbewerb fand statt.

Bevor der Contest beginnt, wird eine bewegende Eröffnungszeremonie abgehalten. Hierzu paddeln die Surfer aufs Meer hinaus und bilden mit ihren Brettern einen Kreis – in der Saison 2018/19 wurden die Teilnehmer im Wasser von der »Hōkūle'a« erwartet. Die Festivitäten an Land umfassen weitere hawaiianische Elemente wie Hula und Musik.

Der Instagram-Hit im Waimea Valley ist der berühmte Wasserfall, es gibt aber auch Tausende tropischer Pflanzen zu bestaunen

Pu'u o Mahuka Heiau

▶ 3, L 3

59-818 Kamehameha Hwy., www.dlnr.hawaii.gov, tgl. 7–17 Uhr, Eintritt frei

Der auf einer Anhöhe gelegene **Pu'u o Mahuka** ist der größte vorgeschichtliche Tempel auf O'ahu, sein Name bedeutet »Hügel der Flucht«. Die Anlage umfasst drei ummauerte Flächen; innerhalb der Wälle war der Boden mit Steinen gepflastert, auf denen Strohtempel und Plattformen für Opferzeremonien standen. Der Heiau wurde wahrscheinlich im 17. Jh. erbaut und im 18. Jh. erweitert. Da dies unruhige Zeiten waren, brachte man im Tempel vermutlich auch Menschenopfer dar, die das Kriegsglück befördern sollten. Drei Matrosen aus der Mannschaft von Kapitän Vancouver sollen diesen blutigen Ritualen zum Opfer gefallen sein. In den 1770er-Jahren unterstand der Heiau Ka'opulupulu, dem Hohepriester von O'ahus letztem unabhängigem Häuptling Kahahana. Als Kamehameha I. 1795 O'ahu eroberte, hielt sein Hohepriester Hewahewa hier religiöse Zeremonien ab. Der Tempel war bis zur Abschaffung der traditionellen Religion im Jahr 1819 in Gebrauch und ein wichtiges religiöses Zentrum des Waimea Valley. In der Folgezeit wurde das Areal landwirtschaftlich

genutzt, bis in die 1960er-Jahre erstreckte sich hier eine Ananasplantage. In Anerkennung seiner Bedeutung für die hawaiianische Kultur und Geschichte wurde der Pu'u o Mahuka Heiau 1962 zur National Historic Landmark ernannt. Die gesamte Fläche ist heute ein State Park.

Ein Besuch lohnt aber nicht nur der Geschichte, sondern auch der erhöhten Lage des Heiau wegen – sie ermöglichte in früheren Zeiten die Kommunikation mit dem Tempel in Wailua auf Kaua'i, die durch Feuersignale erfolgte. Heute genießt man hier einen wunderschönen Blick auf das Waimea Valley und die Nordküste.

Waimea Valley ▶ 3, L/M 3

Waimea Valley Rd., www.waimeavalley.net, tgl. 9–17, Juni–4. Sep. 9–17.30 Uhr, Erw. 18 $, Kinder 4–12 Jahre 12 $, kostenfreie Führungen durch den Botanischen Garten Do, 1. und 3. So im Monat 12.30 Uhr, Treffpunkt Ticketschalter; kostenfreie historische Spaziergänge tgl. 10.15, 12 und 14 Uhr, Treffpunkt Kauhale

Landeinwärts von der Waimea Bay erstreckt sich das **Waimea Valley.** Das über 7,5 km^2 große, fruchtbare Tal ist reich an Wasser und anderen natürlichen Ressourcen. Bereits um 1092 n. Chr. wurde als es heiliges Tal Priestern unterstellt. Als Kamehameha I. O'ahu 1795 eroberte, übergab er es seinem Hohepriester Hewahewa, der nach Kamehamehas Tod ins Waimea Valley zog und hier als Häuptling regierte. Unter dem Einfluss der europäischen Einwanderer änderte sich auch im Waimea Valley viel – Hewahewa konvertierte zum Christentum und schwor den hawaiianischen Göttern ab. Tempel und religiöse Idole wurden zerstört oder dem Verfall überlassen. Nach Hewahewas Tod 1837 erbte seine Enkelin Pa'alua das Land. Spätere Besitzer waren das Unternehmen Castle & Cook, das auf dem Areal Zuckerrohr und Ananas anbaute, und das US-Militär. Ab 1996 diente das Tal als Adventure Park. Seit 2003 ist das Waimea Valley in Besitz der gemeinnützigen, von Native Hawaiians geleiteten Hi'ipaka LLC, die hier ein kulturelles Zentrum etablierte. Zum Angebot gehören Workshops und abendliche Lū'au-Essen mit Folklore.

Das Land ist wie jedes Ahupua'a von den Bergen zum Meer in Distrikte unterteilt, die die Form von Kuchenstücken haben. Diese Einteilung stellte sicher, dass die Bewohner über alle lebenswichtigen Ressourcen verfügen konnten. In den höheren Regionen (Uka) wachsen z. B. Pflanzen, die als Medizin verwendet wurden, und Bäume, die man zum Bau von Kanus und Häusern benötigte. Außerdem leben hier Vögel, deren Federn u. a. Häuptlingsmäntel zierten. Die mittleren Lagen (Kula) sind ideal, um Landwirtschaft zu betreiben, hier wurden Bananen, Kalo, Brotfrucht, Süßkartoffel und Kokosnuss angebaut. Das Meer (Kai) schließlich lieferte Fische, Muscheln, Algen und Salz. Mit diesen Naturalien konnten sich die alten Hawaiianer über viele Generationen hinweg selbst versorgen. Die Fischzucht in Teichen wird heute noch praktiziert.

Im Waimea Valley gibt es viele religiöse Kultstätten und Heiaus, die den vier Hauptgöttern gewidmet sind: Kāne, Kū, Kanaloa und Lono. Direkt am Eingang des Tals steht der um 1470 erbaute **Hale O Lono Heiau.** Er ist dem Gott des Regens und des Ackerbaus geweiht. Beim **Hale Iwi** (Haus der Knochen) aus dem 17. Jh. handelte es sich vermutlich um einen Bestattungstempel für eine ranghohe Persönlichkeit. Der **Ku'ula Shrine** ist dem Gott der Fischerei gewidmet. Neben religiösen Stätten sind auch Reste traditioneller hawaiianischer Behausungen zu sehen. Ein **Kauhale,** die Wohnstätte eines Häuptlings oder Priesters, wurde rekonstruiert. Auch Terrassen für den Anbau verschiedener Pflanzen, darunter Kalo, sind noch immer zu erkennen.

Herzstück des Tals sind die 120 ha großen **Botanischen Gärten.** Keith Woolliams legte sie im Auftrag von Charlie Pietsch II. an, Eigentümer des Waimea Valley in den 1970er-Jahren. Woolliams hatte es sich nicht nur zum Ziel gesetzt, einheimische Pflanzen zu schützen, sondern pflanzte auch Exemplare aus anderen Weltgegenden an, was die heutigen strengen Bestimmungen verbieten würden. Das Areal umfasst 52 Themengärten mit mehr als 5000 tropischen und subtropischen Pflanzen, darunter viele endemische und vom Aussterben bedrohte hawaiianische Arten. Ein eigener Garten ist dem Hibiskus gewidmet, Hawai'is Nationalblume.

Ein gepflasterter Weg führt durch die Botanischen Gärten und an mehreren historischen Stätten entlang zu einem gut 12 m hohen **Wasserfall.** Der Spaziergang ist rund 1,2 km lang (einfacher Weg). Alternativ wird ein Shuttle vom Hale Ho'ike aus angeboten (10 $ einfach, 14 $ hin und zurück). Der Name des Falls wechselt mit der Menge an Wasser, das er führt – wenn es sanft rieselt, heißt er Waihe'e, wenn es strömt, wird er Waihī genannt. Die Fließstärke des Kamananui, der als Hauptfluss des Tals den Wasserfall speist, ist wiederum abhängig von den Regenfällen in der Ko'olau Range an der Ostküste.

Hale'iwa ▶3, K3

Sie haben das Herz des Ortes erreicht, sobald Sie über die ikonische Hale'iwa Bridge fahren, die 1921 erbaut wurde und heute wegen ihrer Bögen den Namen **Rainbow Bridge** trägt. Von jetzt an folgen Sie einfach dem Kamehameha Highway und versuchen, in seiner Nähe einen Parkplatz zu finden. Im Ort reihen sich beidseits des Highway Galerien, Restaurants, Cafés und Shops aneinander. Eine Institution ist **Matsumoto Shave Ice** (www.matsumotoshaveice.com). Sie werden es an der Schlange erkennen. Hier bekommt man das mit knallbuntem Sirup getränkte Wassereis in fast 40 Geschmacksrichtungen, auch auf T-Shirts und Taschen gedruckt.

Der Surferort hat auch einen eigenen Strand, den **Hale'iwa Beach Park**. Das Wasser hier ist ruhig und daher perfekt zum Schwimmen geeignet.

Hale'iwa diente Königin Lili'uokalani im 19. Jh. als Sommerresidenz. 34 historische Häuser im Plantagenstil sind Teil von Halei'was Vergangenheit, die vor allem durch die Waialua Sugar Company geprägt wurde. Vom Ende des 19. bis zur Mitte des 20. Jh. war das **Hale'iwa Hotel,** übersetzt »das schöne Haus«, eine beliebte Anlaufstelle für Urlauber, die mit dem Zug der O'ahu Railway and Land Company reisten. Später kamen die Surfer und mit ihnen Hippies und Aussteiger, die hier Health Food Stores und Yoga-Zentren eröffneten.

Info

Im Internet: www.haleiwatown.com

Essen & Trinken

Shrimp Truck – **Big Wave Shrimp:** 66-521 Kamehameha Hwy., Tel. 808 366 2016, tgl. 10.30–18.30 Uhr. Garlic, Spicy, Lemon Peppered Shrimp Plates und mehr. Ab 13 $.

Frisch, farbenfroh, lecker – **Halei'wa Bowls:** 66-030 Kamehameha Hwy., www.haleiwabowls.com, tgl. 7.30–18 Uhr. Kleine »Shack«, in der hervorragende Bowls und Smoothies frisch zubereitet werden. Smoothies 6–10 $, Bowls um 11 $.

Richtig gute Burger – **Teddy's Bigger Burgers:** 66-111 Kamehameha Hwy., # 801, Tel. 808 637 8454, www.teddysbb.com, So–Mi 10–21, Do–Sa 10–1 Uhr. Am Ende der Hauptstraße mit kleinem Garten. Um 9 $.

Local in jeder Hinsicht – **The Beet Box Café:** 66-437 Kamehameha Hwy., Tel. 808 637 3000, www.thebeetboxcafe.com, tgl. 7–16 Uhr. Sehr lecker, sehr gesund, sehr entspannte Surfer-Atmosphäre. Bowls 9 $, Lunch um 13 $, Smoothies 8 $.

Nachhaltig – **Farm to Barn Café & Juicery:** 66-320 Kamehameha Hwy., Tel. 808 354 5903, www.jardhawaii.com/home, Di–Fr 9–15, Sa 9–18, So 9–14 Uhr. Supergesunde Säfte 10,50 $ (im Glas, kein Plastik!) und knackige Salate um 12 $.

Einkaufen

Shave Ice und mehr – **Aloha General Store:** 66-250 Kamehameha Hwy., Tel. 808 637 2288, Mo–Sa 10.30–18, So 11.30–18 Uhr.

Surfer-Fashion – **North Shore Surf Shop:** 66–150 Kamehameha Hwy., Tel. 808 637 5002, www.northshoresurfshop.com, tgl. 8–20 Uhr.

Strandkleidung – **Pakaloha Bikinis:** 66–145 Kamehameha Hwy., Tel. 808 637 8882, www.pakalohamaui.com, tgl. 11–18 Uhr.

Schmuck und Kleidung – **Silver Moon Emporium:** 66-250 Kamehameha Hwy., Tel. 808 637 7710, www.silvermoonhawaii.blogspot.com, tgl. 10–18 Uhr.

Schmuck und Accessoires – **V Boutique:** 66–165 Kamehameha Hwy., Tel. 808 637 1597, www.vanessapack.com, tgl. 10–18 Uhr. Handgearbeitete Schmuckstücke aus Edelmetallen, inspiriert von Hawai'i.

Galerie – **Clark Little Gallery:** 66-111 Kamehameha Hwy., Tel. 808 626 5319, www.clarklittlephotography.com, Mo–Sa 10–18, So 11–17 Uhr. Perfekte Welle, perfektes Foto – Clark Little ist einer der weltweit besten Ozean-Fotografen.

Aktiv

Natur- und Kulturtouren – **North Shore Eco Tours:** 66-562 Kamehameha Hwy., Tel. 877 521 4453, www.northshoreecotours.com, Mo–Sa 8–16 Uhr. Das Angebot umfasst Offroad- und Wandertouren sowie Ausflüge, bei denen die Verbindung zwischen der Natur und der hawaiianischen Kultur im Vordergrund steht.

Alles Ananas – **Dole Plantation:** 64–1550 Kamehameha Hwy., Tel. 808 621 8408, www.doleplantation.com, tgl. 9.30–17.30 Uhr. Die Dole Plantation ist ein großer Apparat mit Tourangeboten, Shop, Restaurant etc. Die Geschichte ist jedoch spannend und wichtig für Hawai'i und ein kleiner Ausflug ins Inland ist auch eine willkommene Abwechslung. Eintritt frei, für bestimmte Attraktionen wird eine Gebühr verlangt.

Surfen, Tauchen, Shoppen – **SurfNSea:** 62-595 Kamehameha Hwy., Tel. 800 899 7873, www.surfnsea.com, tgl. 9–19 Uhr.

Surfen & Turtle Viewing – **Sunset Suzy:** 62-540 Kamehameha Hwy., Tel. 808 780 6963, www.sunsetsuzy.com. Gruppenunterricht ab 65 $.

Surfen und SUP – **North Shore Surf Girls (NSSG):** Blue Company Truck Pua'ena Point Parking Lot, Kahaleiwa Lane, Tel. 808 637 2977, www.northshoresurfgirls.com. Gruppenunterricht ab 59,95 $.

Kanutouren – **Hale'iwa Canoe Tours:** 62-594 Kamehameha Hwy., Tel. 808 450 6739, www.haleiwacanoetour.com.

Tauchen mit Haien – **One Ocean:** 66–105 Haleiwa Beach Rd., Tel. 808 649 0018, www.freedivewithsharks.com, tgl. 9–17 Uhr. Organisation, die Schnorcheln und Tauchen mit Haien anbietet, sich aber auch für die Forschung und den Schutz der Ozeane einsetzt. Ab 150 $.

Drachenfliegen – **Paradise Air Hang Gliding:** 68-760 Farrington Hwy., Tel. 808 497 6033, www.paradiseairhawaii.com. Ab 180 $ (30 Min.).

Segelfliegen – **Honolulu Soaring:** 69–132 Farrington Hwy., Tel. 808 637 0207, www.honolulusoaring.com, tgl. 10–17.30 Uhr. Ab 85 $ (10 Min., 1 Pers.).

Der Westen

Im Regenschatten der Wai'anae Mountains gelegen, wird die Westküste O'ahus von viel Sonne verwöhnt. Obwohl die Entfernung zu Waikīkī nur 50 km beträgt, ist der Kontrast so extrem, dass man fast nicht glauben kann, noch auf derselben Insel zu sein. An der Leeward Coast ist das Leben ländlich und gemütlich.

Die gut 30 km lange Westküste punktet mit einer Menge toller Strände und vielen Sonnenstunden, ist aber touristisch (noch) relativ unentdeckt. Von den 30 000 hier lebenden Menschen haben die meisten hawaiianische Wurzeln und mehr als im restlichen O'ahu findet hier noch ursprüngliches polynesisches Leben statt. Je weiter Sie Richtung Norden fahren, desto einsamer wird es. Trubel herrscht nur ganz im Süden, wo bei **Ko'olina** ein neues Ferienzentrum mit dem Four Seasons Resort O'ahu und dem Aulani Disney Resort & Spa entstanden ist. Es gibt einen großen Jachthafen und einen von Ted Robinson entworfenen Golfplatz.

Besuchermagnet in **Kapolei** ist **Wet 'n' Wild Hawaii,** ein Wasserpark mit Riesenrutschen und einem künstlichen Fluss zum Raften auf Schlauchreifen (www.wetnwild hawaii.com). In Ko'olina und Kapolei gibt es auch Restaurants und Geschäfte, die an der Westküste ansonsten rar sind. Für den Ausflug nehmen Sie am besten ein Picknick mit. Sie erreichen die Westküste von Honolulu aus auf dem Highway 1, der in den Highway 93 übergeht.

Zwischen Ko'olina und Mākaha ▶ 3, J/K 5–7

Bei Ko'olina erreicht der Highway die Küste und führt nun an mehreren Beach Parks vorbei. Der ruhigste und familienfreundlichste ist der **Pōka'ī Bay Beach Park** – hier wurde eine Mole erbaut, an der sich die Wellen brechen, sodass auch Kinder gefahrlos ins Wasser gehen können. Der Park wurde nach Häuptling Pōka'ī benannt, der die erste Kokosnusspalme nach Hawai'i gebracht haben soll. Früher stand hier ein von einem Kokoshain umgebener Heiau. Wenn Sie vom Highway nicht zum Beach Park, sondern in Richtung Osten abbiegen, sind es nur wenige Minuten bis zur **Kahumana Organic Farm** (s. Tipp S. 165).

Das Städtchen **Mākaha** ist ein kleines Ferienzentrum mit Condos und Golfplatz. Im **Mākaha Beach Park** ist das Meer in den Sommermonaten meistens zum Schwimmen geeignet – am besten gehen Sie am mittleren Strandabschnitt ins Wasser. Am nördlichen Ende beginnt ein Riff, wo Surfer die Wellen reiten. Manchmal enstehen starke Strömungen, weswegen die Anweisungen der Lifeguards unbedingt ernst genommen werden sollten. Obwohl der Strand zu den beliebtesten an der Westküste zählt, ist er in der Regel nie überlaufen; am Wochenende kommen viele einheimische Familien zum Picknicken hierher.

Eine komplett andere Kulisse zeigt sich auf der Bergseite, im **Mākaha Valley.** Die Mākaha Valley Road führt in das Tal, in dem der Mākaha Stream sich seinen Weg durch die Wai'anae Range zum Meer bahnt. Am Ende der Straße liegt in einem umzäunten Wohngebiet der **Kane'aki Heiau,** ein Tempel aus dem 17. Jh. Er war Lono gewidmet, dem Gott für Landwirtschaft und Fruchtbarkeit. König Kamehameha kam häufig hierher, um Gebete zu verrichten. Der Heiau zählt zu den besterhaltenen Hawaiis, Grashütten, Opfergerüste, Holzfiguren und ein Trommelhaus wurden mit Unterstützung des Bernice Pauahi Bishop Museum rekonstruiert. Leider ist die Anlage schon seit Längerem geschlossen – vielleicht hat sich das bei Ihrem Besuch aber wieder geändert. Fragen Sie auf jeden Fall nach, dieser Ort ist auf O'ahu einzigartig.

Übernachten

Luxus – **Four Seasons Resort O'ahu at Ko Olina:** 92–1001 Olani St., Tel. 808 679 0079, www.fourseasons.com/oahu. Wunderschönes Luxusresort in der Ko-Olina-Bucht, abseits vom Waikīkī-Trubel. DZ ab 495 $.

Familienresort – **Aulani, A Disney Resort & Spa:** 92-1185 Ali'inui Dr., Tel. 808 674 6200, www.disneyaulani.com. Das Hotel liegt in derselben Bucht wie das Four Seasons Resort, viele hawaiianische Elemente. DZ ab 495 $.

Essen & Trinken

(Musik-)Genuss – **Monkeypod Kitchen by Merriman:** 92–1048 Olani St., Tel. 808 380 4086, www.monkeypodkitchen.com, tgl. 11–23 Uhr. Über 30 Fassbiersorten, Pizza aus dem Kiawe-Holzofen und zweimal täglich Livemusik. Pizza um 20 $.

Lokale Spezialitäten – **Plantation Tavern:** 590 Farrington Hwy., #536, Tel. 808 888 4299, www.plantationtavern.com, Di–So 11–24 Uhr. Authentische hawaiianische Küche mit modernem Twist. Es werden keine Reservierungen entgegengenommen. Um 18 $.

Peruanisch – **Limon Rotisserie:** 91-5431 Kapolei Parkway, # 501, Tel. 808 670 2646, Mo–Do 10–22, Fr, Sa 10–23 Uhr. Ab 14 $.

Alles bio – **Down to Earth Kapolei:** 4460 Kapolei Pkwy., Tel. 808 675 2300, www.downtoearth.org, tgl. 7.30–22 Uhr. Supermarkt mit Frischware und Theken mit Auswahl an warmen und kalten Gerichten. Organisch, vegetarisch, vegan.

Einkaufen

Einkaufszentrum – **Kapolei Marketplace (Kapolei Shopping Center):** 590 Farrington Hwy., www.kapoleishopping.com.

KAHUMANA ORGANIC FARM AND CAFÉ

Die Kahumana-Community verfolgt ein ganzheitliches Konzept. Auf dem rund 20 ha großen Stück Land im Lualualei Valley finden bedürftige Familien, arbeitslose Jugendliche und Menschen mit unterschiedlichen Behinderungen Unterkunft und Arbeit. Einige sind in der Landwirtschaft tätig, die viele Restaurants der Insel mit organischem Obst und Gemüse beliefert, andere helfen im Hofladen oder im Café, das frische Farm-to-Table-Gerichte serviert. Zum Angebot der Farm gehören weiterhin Yogakurse und Retreats sowie Touren, bei denen die nachhaltige Arbeitsweise und die Sozialprogramme der Farm erklärt werden. Die Führungen können mit anschließendem Drei-Gänge-Menü im Café gebucht werden. Es gibt auch Volunteering-Programme, und man kann der Farm weitere Obstbäume spenden (86-660 Lualualei Homestead Rd., Tel. 808 696 2655, www.kahumana.org, Café Di–Sa 11.30–14.30, 18–20 Uhr, Termine der Touren s. Website, Beginn 16.30 Uhr, Farm Tour 40 $, Farm to Table Tour 80 $).

Aktiv

Helikopterrundflüge – **Blue Hawaiian Helicopters:** 92–100 Waipahe Pl., Tel. 800 745 2583, www.bluehawaiian.com/oahu/tours/oahu-spectacular, tgl. 10 Uhr. Ab 315 $.

Golf – **Ko Olina Golf Club:** 92–1220 Ali'inui Dr., Tel. 808 676 5300, www.koolinagolf.com, Mitte März–Mitte Okt. tgl. 6–19, Mitte Okt.–Mitte März 6.30–19 Uhr. Mehrfach ausgezeichneter 18-Loch-Golfplatz.

KA'ENA POINT – WANDERUNG ZUM WESTLICHSTEN PUNKT O'AHUS

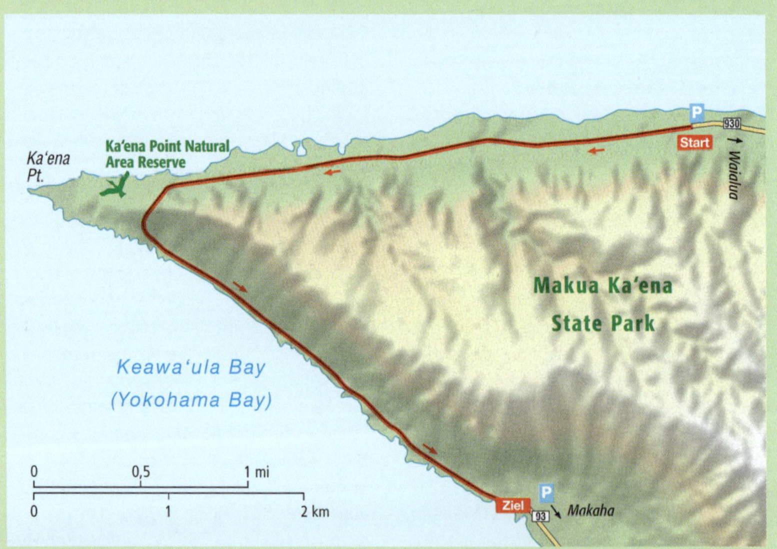

Tour-Infos

Start: Parkplatz am Ende des Farrington Highway (930)
Dauer: rund 70 Min. (einfach)
Länge: knapp 5 km (einfach)
Schwierigkeitsgrad: einfach
Infos: www.dlnr.hawaii.gov/dsp/parks/oahu/kaena-point-state-park

Wichtiger Hinweis: Der Weg, eine Dirt Road, stellt keine Herausforderung dar. Sie müssen nur festes Schuhwerk tragen und ausreichend Sonnenschutz und Wasser mitnehmen, denn Ka'ena Point ist einer der trockensten und heißesten Orte auf O'ahu. Lassen Sie auf keinen Fall Wertgegenstände im Auto, die Parkplätze sind unbewacht und wenig frequentiert.

Vom Parkplatz aus folgen Sie der Beschilderung zum **Ka'ena Point** – Sie können sich nicht verlaufen, es gibt nur einen Pfad. Ohne nur einen Schritt getan zu haben, eröffnet sich schon von hier aus ein toller Ausblick auf den Ozean. Der Weg führt durch eine komplett naturbelassene Dünen- und Graslandschaft von karger Schönheit. Es gibt keine größeren Steigerungen oder steile Abstiege zu bewältigen, Sie bleiben relativ konstant auf einer Höhe. Die Kulisse ist

faszinierend: Sie gehen am tiefblauen Meer entlang, durch trockene, savannenartige Landschaft mit spärlicher Vegetation, im Hintergrund ragen zerklüftete Berge auf. Sie passieren schwarze Lavafelsen, Gezeitenpools und kleine Blowholes. In der Wintersaison sehen Sie mit etwas Glück auch Wale. An mehreren Stellen können Sie durch die Dünen zum Strand gehen und eine kleine Pause einlegen.
Nach ungefähr 1 Std. erreichen Sie das Ende des Weges und kommen an einen Zaun. Wenn Sie durch das Tor gehen, befinden Sie sich im eigentlichen **Ka'ena Point Natural Area Reservat.** Achten Sie hier besonders auf nistende Vögel. Auf einem Sandweg weitergehend, erreichen Sie nach ungefähr 10 Min. am westlichsten Punkt das »Lighthouse«. 1919 wurde am Ka'ena Point ein Leuchtturm mit einem Acetylengasbrenner als Lichtquelle errichtet. Wegen der Abgeschiedenheit des Ortes kam es aber immer wieder zu Fällen von Vandalismus, 1990 fiel der Turm dann schließlich der Erosion zum Opfer und wurde durch ein Licht auf einem Metallmast ersetzt. Als die Navy ein breiteres Leuchtfeuer mit größerer Reichweite anforderte, installierte man ein neues Lichtsystem auf dem Gebäude der Ka'ena Point Tracking Station. Der Mast und der Betonsockel des alten Leuchtturms stehen immer noch an ihrem ursprünglichen Platz. Von diesem Punkt aus können Sie beide Seiten der Insel sehen – auf der Wai'anae-Seite ist das Küstenpanorama besonders zerklüftet und dramatisch.

Zur Yokohama Bay

▶ 3, J 4

Ein paar Kilometer nördlich von Makaha liegt einer der unberührtesten Strände O'ahus: **Mākua Beach.** Der 1,5 km lange Küstenabschnitt ist völlig unbebaut und nur wenige Urlauber fahren vom rund 1,5 Std. entfernten Waikīkī Beach hierher. Die Wellen treffen, da es kein schützendes Riff gibt, vor allen in den Wintermonaten mit aller Kraft auf den Strand. Schwimmen ist daher nur im Sommer möglich, und auch dann wegen der starken Strömungen nicht ohne Risiko. Ein Teil des Bestsellerromans »Hawai'« von James A. Mitchener wurde am Mākua Beach verfilmt – die Produktionsgesellschaft errichtete hier damals Kulissen, die Lāhainā zu Beginn des 19. Jh. darstellten. Heute ist davon allerdings nichts mehr zu sehen.

Der nördlichste Strand an der Westküste ist der **Keawaula Beach,** bekannter als **Yokohama Beach.** Mit der Waianae Range als eindrucksvoller Kulisse eignet er sich hervorragend, um bei langen Strandspaziergängen die Ruhe zu genießen und den Surfern bei ihrer Wellenakrobatik zuzusehen. Häufig kann man hier auch Delfine beobachten.

Ka'ena Point ▶ 3, H 3/4

Noch wirklich wild und zumeist menschenleer ist das Areal um den westlichsten Punkt O'ahus, **Ka'ena Point.** Ohne Schatten und sehr heiß, aber mit viel Wind, starken Wellen und wunderschönen Stränden finden Sie hier ein Stück Postkarten-Hawai'i. Bis Ende der 1980er-Jahre wurde der Ka'ena Point State Park häufig mit Geländewagen befahren, das ist inzwischen verboten. Den Ka'ena Point können Sie entweder von Norden oder von Süden aus erreichen – sowohl der Farrington Highway von Hale'iwa (Ka'ena Point Mokuleia Section) als auch der Farrington Highway von Wai'anae (Ka'ena Point Keawa'ula Section) enden auf Parkplätzen, an denen Wanderungen zum westlichsten Punkt O'ahus beginnen.

Der Park ist das Tor zur **Ka'ena Point Natural Area Reserve,** kein Ökosystem, das für die nordwestlichen Hawaii-Inseln typisch ist. In dem Vogelschutzgebiet können Sie Laysan-Albatrosse und Keilschwanz-Sturmtaucher beobachten, manchmal sonnen sich Mönchsrobben am Strand. Ka'ena Point ist auch kulturell von Bedeutung. Die alten Hawaiianer glaubten, dass die Seelen von Verstorbenen hier die Welt verlassen und die Reise in ihre Urheimat Hawaiki antreten.

Maui
Kahului
Lāhainā
Hāna
Pazifischer Ozean

Kapitel 2

Maui

Von allen Inseln ist Maui wahrscheinlich die am meisten romantisierte. Das zweitgrößte Eiland der hawaiianischen Inselgruppe ist dafür allerdings auch prädestiniert: Auf Besucher warten farbintensive Sonnenuntergänge (und großartige Sonnenaufgänge), wunderschöne Strände, Luxusresorts, die glamouröse Hochzeitszeremonien ausrichten, und unvergessliche Begegnungen mit Walen in den Wintermonaten.

Seit Jahren wird die Romantikinsel in den Medien immer wieder zur Top-Destination erklärt. Dabei ist es längst nicht mehr nur das legendäre Beachlife, das Gäste aus aller Welt nach Maui bringt, auch die Outdoor-Aktivitäten in der abwechslungsreichen tropischen Natur üben große Anziehungskraft aus. Zudem haben Genussreisende Upcountry Maui entdeckt – die Vielfalt an lokalen Erzeugnissen, erstklassigen Restaurants und Produkten, die man nicht unbedingt in Hawai'i vermuten würde, ist wirklich beeindruckend.

Die meisten Sehenswürdigkeiten und Besonderheiten Mauis lassen sich gut im Rahmen von Tagesausflügen erkunden. Dabei kann sich jede Tour – ob zu Wasser, zu Land oder in der Luft – zu einer Exkursion in eine andere Welt entwickeln. Über 200 Küstenkilometer mit traumhaften Stränden, bis zu 3000 m hohe Berge und die bizarren Mondlandschaften des Haleakalā machen Maui zu einer Sehnsuchtsdestination. Von Maui aus lassen sich auch ganz einfach Tagesausflüge nach Lāna'i organisieren.

Das abendliche Klippenspringen am Kā'anapali Beach zollt König Kahekili Tribut, der sich aus Höhen über 100 m ohne Zögern in die See stürzte

Auf einen Blick: Maui

Sehenswert

'Īao Valley State Park: Aus dem grünen Talgrund des State Park sticht die ikonische, rund 365 m hohe 'Īao Needle hervor (s. S. 178).

Wai'ānapanapa State Park: Black is beautiful! Der schwarze Strand am Ende der Road to Hāna ist einer der schönsten Orte der Insel (s. S. 195).

Maui Ocean Center: In der Humpbacks of Hawai'i Exhibit & Sphere können Besucher mithilfe modernster Technik in die Welt der Wale eintauchen (s. S. 204).

Lāhainā: Die ehemalige Walfängerstadt verbreitet mit ihren historischen Holzgebäuden noch immer viel Pionierzeit-Atmosphäre (s. S. 207).

Schöne Routen

Haleakalā Crater Road: In zahllosen Serpentinen geht es steil bergauf, durch eine bizarre Mondlandschaft mit seltenen Gewächsen wie dem Silberschwert (s. S. 182).

Road to Hāna: Sie zählt zu den Traumstraßen dieser Welt – beim Befahren muss man allerdings hellwach sein, denn die rund 80 km lange Strecke umfasst über 600 Kurven und knapp 60 einspurige Brücken (s. S. 192).

Meine Tipps

Donut Dynamite: Tatsächlich eine Geschmacksexplosion – hier stecken viel Liebe und Kreativität in den Teigkringeln (s. S. 177).

Maui Tropical Plantation und The Mill House: Farm-to-Table-Dining vom Feinsten – Selbstproduziertes kommt frisch ins erstklassige Restaurant (s. S. 178).

Pā'ia Bowls: So 'ono – der grüne Innenhof und die leckeren Smoothies sind ein guter Grund, in Pā'ia etwas länger zu verweilen (s. S. 191).

Feast at Lele: Mauis bestes Lū'au ist eine kulinarische Reise durch Polynesien, abgerundet durch Gesang und Tanz (s. S. 213).

Klippenspringer am Black Rock: Täglich zum Sonnenuntergang stellen junge Männer am Pu'u Keka'a ihren Wagemut unter Beweis (s. S. 215).

Waihe'e Ridge Trail: Der Lohn für diese Wanderung auf den 780 m hohen Lanilili ist ein traumhafter Blick auf das üppig grüne Waihe'e Valley (s. S. 180).

Abtauchen am Molokini Crater: Mit dem Boot geht es zu einem der schönsten Schnorchelreviere Mauis im Krater eines versunkenen Vulkans (s. S. 202).

Historischer Stadtbummel in Lāhainā: Rund um die Front Street geben zahlreiche historische Gebäude einen Eindruck von der Vergangenheit des Städtchens (s. S. 208).

In den Sonnenuntergang segeln: Bei einem abendlichen Segeltörn die Kulisse Mauis mit Cocktails und einem romantischen Dinner genießen (s. S. 216).

Maui – The Valley Isle

Maui wird seinem Ruf als Insel mit den schönsten Sonnenauf- und -untergängen gerecht. Doch es sind nicht nur die perfekten Lichtverhältnisse, sondern auch Traumstraßen und -strände, die dem zweitgrößten Eiland des Archipels seinen Zauber verleihen. Das Upcountry im Inselinneren ist ein Schlaraffenland. Die hier angebauten Produkte kommen in preisgekrönten Restaurants frisch auf den Teller.

Maui entstand vor rund 900 000 Jahren, als zwei Schildvulkane, der Haleakalā und der Pu'u Kukui, aus dem Pazifik aufstiegen. Zwischen den beiden Vulkanbergen flossen Lavaströme zusammen und bildeten das Central Valley, ein Hochtal mit äußerst fruchtbaren Böden. Der großen Senke, die man aus der Vogelperspektive gut erkennen kann, verdankt Maui seinen zweiten Namen: The Valley Island. Die älteren West Maui Mountains waren länger der Erosion ausgesetzt und sind daher niedriger und zerklüfteter, der jüngere Haleakalā im Zentrum ist mit über 3000 m einer der höchsten Berge des Archipels.

Seinen Namen verdankt Maui der Legende nach dem Seefahrer Hawai'iloa, dem die Entdeckung der hawaiianischen Inseln zugeschrieben wird. Er benannte das Eiland nach seinem Sohn, der wiederum nach dem Halbgott Māui getauft worden war. Zuvor hieß Maui 'Īhikapalaumaewa.

Nach der Besiedlung durch die Polynesier gab es auf Maui verschiedene Königreiche mit unterschiedlichen Herrschern. Sie teilten die Insel in zwölf Distrikte ein, sogenannte Mokus, die sich wiederum aus Ahupua'as zusammensetzten. Diese Landeinheiten werden durch natürliche Gegebenheiten wie das Meer oder Berge begrenzt und bestehen auch heute noch. Die für alle hawaiianischen Inseln typische Aufteilung stellt sicher, dass jeder Abschnitt über ausreichend lebensnotwendige Ressourcen verfügt.

Im 16. Jh. fiel Pi'ilani, der König des Hāna-Distrikts, in den heutigen Lāhainā- und Wailuku-Abschnitt ein und vereinte die von rivalisierenden Häuptlingen regierten Distrikte erstmals zu einem Königreich. Schon zur damaligen Zeit wurden der heutige King's Highway und der Pi'ilani Highway angelegt. In den 1780er-Jahren, bevor die Insel Teil des hawaiianischen Königreiches unter König Kamehameha I. wurde, war König Kahekili der mächtigste Mann auf Maui. Er brachte O'ahu und Moloka'i unter seine Herrschaft.

James Cook erblickte Maui 1778, der erste Europäer, der die Insel betrat, war jedoch 1786 der französische Entdecker Jean-François de Galaup, Comte de La Pérouse. 1790 versuchte König Kamehameha I. erstmals Maui zu erobern – aus der verlustreichen Schlacht im 'Iao Valley ging er als Sieger hervor. Durch den Tod Kahekilis und den Machtkampf zwischen seinen Nachfolgern war die Führungselite so geschwächt, dass König Kamehameha Maui bei seinem zweiten Angriff 1795 erobern und unter seine Herrschaft stellen konnte.

1802 wurde Lāhainā zur Hauptstadt ernannt – Kamehameha ließ hier eine Residenz aus Ziegelsteinen errichten, das erste Bauwerk Hawai'is im westlichen Stil. Nach dem Tod des Königs 1819 begann eine Phase, in der der westliche Einfluss auf Maui mmer stärker wurde. Noch im gleichen Jahr legte das erste Walfangschiff in Lāhainā an, und 1820 kamen die ersten amerikanischen Missionare. Dem lukrativen Walfanggeschäft, das Maui viel Wohlstand einbrachte, bereitete Mitte des 19. Jh. Überfischung ein Ende –

die Walfänger mussten sich neue Fanggründe suchen. Ab 1839 entwickelte sich der Zuckerrohranbau zum wichtigsten Wirtschaftszweig. Kleine Landeinheiten wurden einzelnen Farmern zugewiesen, allerdings musste die Ernte in der königlichen Mühle in Wailuku verarbeitet und die Hälfte des Ertrags an König Kamehameha III. abgegeben werden. Maui verfügte zur Hochzeit der Zuckerrohrindustrie über zehn Plantagen und ein ausgeklügeltes Bewässerungssystem – der Hāmākua-Bewässerungsgraben versorgte die trockenen Ebenen mit Wasser aus der regenreichen Bergregion. Ende der 1860er-Jahre kamen zahlreiche Einwanderer aus Japan nach Maui, um auf den Zuckerrohrplantagen zu arbeiten. 1901 begann mit der Eröffnung des ersten Hotels der Insel, des Pioneer Inn in Lāhainā, das Zeitalter des Tourismus.

Mitte des 19. Jh. verlor Lāhainā seine Vorrangstellung als Hauptstadt des Königreiches an Honolulu und die Zuckerrohrindustrie erlebte einen Niedergang. Für Ausgleich sorgten die Filmindustrie, die Maui als Drehort entdeckte, und die ansteigenden Touristenzahlen Mitte des 20. Jh. – der Bau der ersten Resorts außerhalb Waikīkīs und Non-Stop-Flüge zwischen dem Festland und Kahului führten dazu, dass der Tourismus zum wichtigsten Wirtschaftszweig wurde.

Heute zieht Maui mit seinen wunderschönen Stränden an der warmen und trockenen Westküste Besucher aus aller Welt an, die einen Erholungsurlaub am Meer mit verschiedenen (sportlichen) Aktivitäten verbinden möchten. Die von tropischem Regenwald gesäumte und an vielen Wasserfällen vorbeiführende Road to Hāna, die Mondlandschaft auf dem Haleakalā, die vielen üppig grünen Täler sowie Lāhainā als urbanes Zentrum und Ausgangspunkt für Walbeobachtungstouren machen Maui zum Sehnsuchtsziel. Hinzu kommen legendäre Surfreviere, nette kleine Städtchen im Westernstil und ausgezeichnete Farm-to-table-Restaurants, die von Farmen im fruchtbaren Upcountry beliefert werden.

Auf dem Haleakalā wird auch astronomische Forschung betrieben – derzeit entsteht hier das größte Sonnenteleskop der Welt

Zentral-Maui

Kahului und Wailuku sind zu einem großen Siedlungsraum zusammengewachsen und bilden gemeinsam Mauis Kapitale. Die Doppelstadt ist das wirtschaftliche Zentrum der Insel und ein Drehkreuz des Verkehrs. Im klimatisch begünstigten Upcountry wird angebaut, was in den Farm-to-Table-Restaurants der Insel auf den Tisch kommt, und die Paniolo-Tradition ist hier noch immer sehr lebendig.

Ab der Mitte des 19. Jh. entwickelte sich die Gegend um Kahului zu einem Zentrum des Zuckerrohr- und Ananasanbaus. Die Plantagenfläche auf Maui erreichte zur Hochzeit Ausmaße, die die Gesamtfläche der Insel Kaho'olawe mit rund 117 km² um ein Viertel überstiegen. Den Anfang machte 1848 Hāli'imaile. Samuel Thomas Alexander und Henry Perrine Baldwin, beide Söhne früher Missionare, kauften 1870 Land in der Nähe von Makawao. Sie schlossen mit dem Königreich einen Pachtvertrag über Wasserrechte und konnten das trockene Land in Zentral-Maui mit Hilfe von Gräben bewässern. Alexander und Baldwin erwarben die Hawaiian Commercial & Sugar Company mit der Spreckelsville Mill, der vermutlich größten Zuckermühle der Welt, und ergänzten ihr Imperium 1901 durch den Bau der Pu'unēnē Mill. Die Zuckerära bescherte der Insel ein Schienennetz, das den Transport des Zuckerrohrs vom Feld zur Mühle gewährleistete, und ein weit verzweigtes Bewässerungssystem, das bei der Versorgung der Bevölkerung bis heute eine wichtige Rolle spielt. Für die Plantagenarbeiter wurden neue Siedlungen wie Pā'ia und Pu'unēnē gegründet, mit Behausungen, Geschäften, Kirchen, Krankenhäusern und anderen öffentlichen Einrichtungen. Einwanderer aus der ganzen Welt kamen nach Maui, um die Felder zu bewirtschaften: Chinesen, Japaner und Philippinos, aber auch Russen, Skandinavier und Portugiesen. In den 1960er-Jahren begann der Tourismus die Zuckerindustrie abzulösen. 2016 wurde die letzte Plantage auf Maui geschlossen. Das **Alexander & Baldwin Sugar Museum** in einem ehemaligen Verwaltungsgebäude der Pu'unēnē Mill befasst sich eingehend mit der Plantagenära. Man erfährt Interessantes über ihre Protagonisten, über die Zuckerherstellung und die Lebensbedingungen der Arbeiter (3957 Hansen Rd., www.sugarmuseum.com, tgl. 9.30–16.30 Uhr, Erw. 7 $, Kinder 6–12 Jahre 2 $).

Kahului und Wailuku

Kahului ▶ 6, P 13

Mit dem größten Airport, dem einzigen tiefen Hafen der Insel, Gewerbegebieten und großen Einkaufszentren ist **Kahului** Mauis wirtschaftliches Zentrum. Es entstand um 1950 als Siedlung für Plantagenarbeiter. Heute leben und arbeiten hier rund 26 000 Menschen. In Kahului findet moderner hawaiianischer Alltag statt, der Tourismus spielt keine sonderlich große Rolle.

Kanahā Beach Park

Amala Pl., tgl. 7–20 Uhr

Wer vor seinem Abflug noch etwas Zeit hat und einen letzten Blick auf Strand und Meer werfen möchte, kann dies am **Kanahā Beach** tun. Der Strand liegt nur wenige Gehminuten vom Flughafen entfernt und eröffnet schöne

Ausblicke auf die West Maui Mountains und das 'Īao Valley. Im Wasser tummeln sich viele Windsurfer, am östlichen Ende wurde ein Bereich für Schwimmer abgeteilt. Im angrenzenden **Kanahā Pond Wildlife Sanctury** kann man von einer Plattform aus seltene Wasservögel beobachten.

Maui Arts & Cultural Center (MACC)

1 Cameron Way, Tel. 808 242 7469, www.maui arts.org, Di–So 10–17 Uhr, Eintritt frei, Spielplan auf der Website, dort kann man auch Tickets für Veranstaltungen reservieren

Das **MACC** ist der Treffpunkt für alle Kulturinteressierten auf Maui. Das bunte Programm deckt alle Sparten ab, neben Wechselausstellungen finden auch Konzerte, Theater-, Kino- und Tanzvorführungen sowie Hula-Shows statt. Bei Workshops kann man sich selbst kreativ betätigen.

Maui Nui Botanical Gardens

150 Kanaloa Ave., www.mnbg.org, Mo–Sa 8–16 Uhr, 5 $ ab 13 Jahren, Sa Eintritt frei

Der **Botanische Garten** hat sich dem Schutz einheimischer und von den Polynesiern eingeführter Pflanzen verschrieben. Dazu gehören rund 40 Zuckerrohr- und etwa 15 Süßkartoffelarten. Bei Führungen und Workshops wird über die frühere Verwendung und die kulturelle Bedeutung der Pflanzen für Hawai'i informiert.

Wailuku ▶ 6, O 13

10 Autominuten westlich von Kahului liegt das Städtchen **Wailuku,** Sitz der County-Regierung und weiterer Behörden. Seine Hauptstraße ist die **Market Street,** die von charmanten Holzfassaden gesäumt wird. Viele der Geschäfte, Restaurants und Bäckereien sind Familienbetriebe, die schon seit Generationen an der gleichen Stelle existieren. Hinzu kommen moderne Boutiquen und Coffee Shops – eine Mischung, die gut ankommt. Einmal im Monat wird auf der Market Street der **Wailuku First Friday** gefeiert, ein Event der lokalen Kunst- und Kulturszene. Von Livemusik begleitet, können Sie an Kunsthandwerkes- und Essensständen vorbeischlendern (1. Fr im Monat 18–21 Uhr). Wailuku besitzt im Unterschied zu Kahului noch viele historische Gebäude – 23 davon beschreibt die Broschüre **»Rediscover Wailuku«,** mit deren Hilfe Sie einen Rundgang auf eigene Faust unternehmen können (erhältlich bei der Wailuku Main Street Association und in vielen Hotels). Stationen sind u. a. die Ka'ahumanu Congregational Church, das Bailey House, der Pihana Kalani Heiau und das 'Īao Theater aus dem Jahr 1927.

Ka'ahumanu Congregational Church

103 S. High St., www.kaahumanuchurch.org

Mauis älteste erhaltene erhaltene **Holzkirche** wurde 1876 von Edward Bailey erbaut, einem protestantischen Missionar. Man benannte sie nach Königin Ka'ahumanu, der Lieblingsfrau von König Kamehameha I. Sie konvertierte 1824 zum Christentum. In der Kirche werden sonntags Gottesdienste in hawaiianischer Sprache abgehalten.

Hale Hō'ike'ike at Bailey House

2375 Main St., www.mauimuseum.org, Mo–Sa 10–16 Uhr

Das ehemalige **Wohnhaus** des Missionars Edward Bailey beherbergt heute ein **Museum** zur Kultur und Geschichte Hawai'is. Gezeigt werden Exponate wie ein Auslegerkanu, das Krönungsornat von König Kalākaua und ein hölzernes Surfbrett von Duke Kahanamoku, weiterhin Möbel und Kleidungsstücke aus der Missionarszeit. Ein eigener Raum ist der Kunst Edward Baileys gewidmet, der sich auch als Schriftsteller und Landschaftsmaler betätigte. Von einer dritten Leidenschaft des vielseitig interessierten Mannes, der Botanik, zeugt der schön angelegte Garten.

Infos

Maui Visitors & Convention Bureau: 427 Ala Makani St., Suite 101, Tel. 808 244 3530, *www.gohawaii.com/de/islands/maui.*

Wailuku Main Street Association Inc.: 1942 Main St., Suite 101, Tel. 808 244 3888.

Übernachten

... in Kahului:

Modernes Flughafenhotel – **Courtyard by Marriott Maui Kahului Airport:** 532 Keolani Pl., Tel. 808 871 1800, www.marriott.com. Gepflegtes Hotel mit Außenpool gegenüber dem Kanahā Pond State Wildlife Sanctuary; gute Lage, wenn man spätabends an- oder frühmorgens abreist. DZ ab 250 $.

In Flughafennähe – **Maui Beach Hotel:** 170 Ka'ahumanu Ave., Tel. 808 954 7421, www.mauibeachhotel.net. Zweigeschossiges Mittelklassehotel am Wailuku Harbor, mit tollen Ausblicken auf Berge und Meer; Swimmingpool und Lounge auf dem Dach. DZ ab 127 $.

... in Wailuku:

Historisches B & B – **The Old Wailuku Inn at Ulupono:** 21199 Kaho'okele St., Tel. 808 244 5897, www.mauiinn.com. Historisches Gebäude von 1924, schön renoviert und von tropischer Vegetation umgeben. Sieben Zimmer im Haupthaus und drei im Vagabond's House. DZ/F ab 185 $, mind. 2 Übernachtungen.

Essen & Trinken

... in Kahului:

Familiengeführt – **Tinroof:** 360 Papa Pl., Suite 116, Tel. 808 868 0753, www.tinroofmaui.com, Mo–Sa 10–14 Uhr (keine Reservierungen). Kleines Restaurant in Flughafennähe, in dem Sheldon und Janice lokale und philippinische Gerichte zu fairen Preisen servieren. Ab 8 $, Poke Bowls und Fisch des Tages 13–15 $.

Coole Desserts – **Tasaka Guri-Guri:** Maui Mall, 70 E. Ka'ahumanu Ave., Mo–Do 9–18, Fr 9–19, Sa 9–17, So 10–16 Uhr. Den kleinen Verkaufsstand kann man leicht übersehen – sollte man aber nicht, denn das hausgemachte Ananas-Sorbet ist erfrischend und unglaublich lecker. Ab 1,50 $ (nur Bargeld).

... in Wailuku:

Asian Fusion Cooking – **Tiffanys Bar & Grill:** 1424 Lower Main St., Tel. 808 249 0052, www.tiffanysmaui.com, Mo–Sa 10.30–23.30, So 10.30–10.30 Uhr, Bar länger. Von asiatischer Küche über gute Cocktails bis hin zu Karaoke – alles dabei! Hauptspeisen ab 15 $.

Nudel-Himmel – **Sam Sato's:** 1750 Wili Pa Loop, Tel. 808 244 7124, Mo–Sa 7–14 Uhr. Die Dry Mein sind legendär, es gibt aber auch andere Nudelgerichte und zum Nachtisch leckere Manjūs oder Pineapple Turnovers. Hauptspeisen um 10 $.

Alte Tankstelle – **Wailuku Coffee Company:** 26 N. Market St., Tel. 808 495 0250, Mo–Sa 7–17, So 8–15 Uhr. Atmosphärischer Coffee Shop mit großer Auswahl an Kaffeespezialitäten und kleiner Frühstücks- und Mittagskarte. Kaffee ab 3 $, kleine Gerichte ab 9 $.

Guter Zweck – **Made in Hope Café:** 752 Lower Main St., Tel. 808 364 9825, www.hope.cafe, Mo–Fr 9–18, Sa 12–18 Uhr. Das Café arbeitet mit Organisationen zusammen, die sich gegen den Menschenhandel einsetzen. Nachhaltigkeit, ein entspanntes Ambiente und guter Kaffee kommen hier zusammen. Kaffee ab 3 $.

Einkaufen

... in Kahului:

Einkaufszentren – **Kahului Shopping Center:** 65 W. Ka'ahumanu Ave., Tel. 808 877 8952; **Queen Ka'ahumanu Center:** 275 W. Ka'ahumanu Ave, Tel. 808 877 4325, www.queenkaahumanucenter.com; **Maui Mall:** 70 E. Ka'ahumanu Ave., Tel. 808 877 8953, www.mauimall.com; **Maui Marketplace:** 270 Dairy Rd., Tel. 808 873 0400, www.maui marketplacehi.com

Stoffparadies – **Hawai'i Fabric Mart:** 285 Dairy Rd., Tel. 808 871 5770, www.hawaii fabricmart.com, Mo–Fr 10–18, Sa 10–18, So 10–17 Uhr. Wer sein Zuhause mit tropischer Deko schmücken möchte, kann hier die passenden Stoffe für Kissenbezüge oder Tischdecken besorgen. Unbedingt Zeit einplanen, die Auswahl ist genauso üppig wie die Motive.

Open-Air-Markt – **Maui Swap Meet:** UH Maui College, 310 Ka'ahumanu Ave., Tel. 808 244 3100, www.mauiexposition.com, Sa 7–13 Uhr, Eintritt 0,50 $. Eine Mischung aus Garage Sale und Kunsthandwerkermarkt, ergänzt durch Essensstände.

... in Wailuku:

Hawaiianische Mode – **Ha Wahine:** 53 N. Market St., Tel. 808 344 1642, Mo–Fr 11–15 Uhr.

Moderne Frauenbekleidung mit traditionellen Mustern.

Surfer-Style – **HIC Hawaiian Island Creations:** Maui Mall, 70 E Ka'ahumanu Ave. B-2, Tel. 808 893 7873, www.hisurf.com, Mo–Do 10–20, Fr 10–21, Sa 10–20, So 10–17 Uhr. Alles rund ums Surfen, T-Shirts und Accessoires.

Aktiv

… in Kahului:

Wassersport – **Hi-Tech Surf Sports:** 425 Koloa St., Tel. 808 877 2111, www.surfmaui.com, tgl. 9–18 Uhr. Verleih von Surf- und SUP-Ausrüstung. Boards ab 25 $ pro Tag.

Geführte Wanderungen – **Hike Maui:** Tel. 808 879 5270, www.hikemaui.com. Treffpunkt für Wanderungen ist ein Parkplatz an der Kreuzung der Highways 311 und 380. Sehr schönes Tourenangebot auf Maui – Waterfalls & Rainforest Hike, Haleakalā Crater Hike etc., halb- oder ganztägig. Auch Kajak-, Schnorchel- und Zipline-Touren sind im Angebot. Umweltfreundliche Philosophie. Ab 95 $.

Termine

Maui Friday Town Parties: Jeden Freitag findet in einem anderen Ort auf der Insel eine Straßenparty mit Musik, Essen, Kunst und Verkaufsständen statt, in Wailuku jeweils am 1. Fr des Monats (www.mauifridays.com).

Maui Open Studios: Februar. Künstler auf Maui öffnen die Türen zu ihren Studios – vier Wochenenden lang können Besucher Werkstätten im Norden, Osten, Westen und im Zentrum der Insel erkunden (www.maui openstudios.com).

Maui Marathon: September/Oktober. Um 5 Uhr morgens beginnt das Rennen an der Sugar Mill auf dem Old Mokulele Hwy. in Kahului. Der Zieleinlauf ist im Whalers Village in Kā'anapali (www.mauimarathon.com).

DONUT DYNAMITE!

Maui ist die einzige Insel Hawai'is mit einem Laden der Donutkette Krispy Kreme. Doch wer wirklich außergewöhnliche Donuts mit jeder Menge Lokalkolorit probieren möchte, sollte bei **Donut Dynamite!** vorbeischauen – dazu heißt es allerdings früh aufstehen. Die Öffnungszeiten geben nur einen Rahmen vor, was weg ist, ist weg. Die Donuts werden aus einem speziellen Briocheteig hergestellt und sind in unterschiedlichen saisonalen Geschmacksrichtungen, von klassisch bis völlig verrückt, erhältlich. Die Auswahl ändert sich täglich – u. a. können Sie Moloka'i Sweet Potato Poi, Maui Vanilla Bean, Honey Goat Cheese Walnut und Lilikoi Malasada erwarten. Der Teig wird aus Eiern und Butter hergestellt, es gibt keine veganen oder glutenfreien Optionen (1246 Lower Main St., Tel. 808 280 664, www.donutdynamite.com, Mo–Sa 6–13 Uhr, 4 $, 12 Stück 33 $).

Verkehr

Flüge: Der internationale Kahului Airport (OGG) ist der größte Flughafen der Insel (Kahului Airport Rd., Tel. 808 872 3830 www.airports.hawaii.gov/ogg). Er wird mehrmals täglich vom US-Festland sowie von Asien und Ozeanien aus angeflogen. Mit Hawaiian Airlines und Mokulele Express bestehen Verbindungen zu anderen hawaiianischen Inseln. Von Kahului aus starten auch Helikopterrundflüge über die Insel, Anbieter sind z. B. Blue Hawaiian Helicopters (www.bluehawaiian.com), Sunshine Helicopters (www.sunshine-helicopters.com) und Maverick (www.mave rickhelicopter.com).

Mietwagen: Die meisten internationalen und auch einige lokale Mietwagenverleiher haben am Flughafen Außenstellen. Seit Kurzem ist auch Sixt vertreten. Eine Alternative für Umweltbewusste ist Bio-Beetle (www.bio-beetle.com/maui_car_rental.htm) – bekannte Marken werden als Biodiesel-, Hybrid- oder Elektrofahrzeuge angeboten.

In der Umgebung

Südlich von Wailuku

Maui Tropical Plantation und The Mill House ▶ 6, O 14

1670 Honoapi'ilani Hwy., www.mauitropical plantation.com, Touren tgl. 10–16 Uhr zur vollen Stunde, Erw. 24 $, Kinder 3–12 Jahre 12 $

Das Upcountry im Inselinneren ist Mauis Obst- und Gemüsegarten. Die Anbaubedingungen sind optimal, die Erzeugnisse köstlich. Auf der knapp 25 ha großen **Maui Tropical Plantation** mit aktivem Farmbetrieb ca. 5 km südlich von Wailuku können Sie sich auf einer 45-minütigen Trolley-Tour einen Eindruck von der Vielfalt der Produkte machen. Auf dem Gelände werden auch zwei Zipline-Varianten angeboten. Ihren Aufenthalt sollten Sie unbedingt mit einem Besuch des zugehörigen Restaurants **The Mill House** verbinden. Die Produkte der Plantage kommen in Form erstklassiger Gerichte auf den Tisch, die zum Teilen angeboten werden. Auf der Terrasse können Sie am Abend zusehen, wie die Sonne hinter den West Maui Mountains versinkt (Tel. 808 270 0333, www.millhousemaui.com, tgl. 11–21, Happy Hour 14–17 Uhr, Gerichte zum Teilen 12 $, Hauptspeisen 14–55 $).

King Kamehameha Golf Club ▶ 6, O 14

Tel. 808 249 033, www.kamehamehagolf.com

Noch etwas weiter südlich zweigt vom Honoapi'ilani Highway (30) die Zufahrt zum **King Kamehameha Golf Club** ab. Die Anlage hat mehrere Besonderheiten: Zum einen ist sie der einzige private 18-Loch-Platz auf Maui. Zum anderen sind die Aussichten auf die Küste und das Meer wirklich atemberaubend. Und obwohl das bereits Grund genug ist, sich einen – durchaus bezahlbaren – Tagespass (Guest for a Day) zu kaufen, gibt es für Architekturfans noch ein weiteres Highlight: das Klubhaus. Das rosafarbene Gebäude, das einem Science-Fiction-Film entsprungen zu sein scheint, wurde nach Plänen von Frank Lloyd Wright erbaut. Die spektakuläre Kulisse bettet das Haus in Golfrasengrün und Ozeanblau ein und ergänzt die Szenerie noch durch die West Maui Mountains im Hintergrund. Nicht-Golfer können eine kostenfreie Tour durch das Gebäude unternehmen und das Restaurant besuchen. Am Eingang gibt es eine Broschüre mit Infos zum Klubhaus.

Westlich von Wailuku

Kepaniwai Park Heritage Gardens ▶ 6, O 13

870 'Īao Valley Rd., tgl. 7–17.30 Uhr, Eintritt frei

Wailukus Main Street wird, wenn Sie Richtung Westen fahren, zur 'Īao Valley Road, die parallel zum 'Īao Stream verläuft. Kurz vor dem Hawai'i Nature Center erreichen Sie die **Kepaniwai Park Heritage Gardens**. Der Park wurde 1951 als Verbeugung vor den Bevölkerungsgruppen angelegt, die Mauis ethnische Vielfalt ausmachen: Native Hawaiians sowie Einwanderer aus China, Japan, Korea, Portugal, Puerto Rico, Neuengland und den Philippinen. Repräsentiert werden sie durch Gärten, Statuen und Gebäude – auf dem Areal verstreut stehen u. a. ein chinesischer Tempel, ein japanisches Teehaus und ein traditionelles hawaiianisches Hale. Es gibt Picknickplätze und Pavillons, in denen sich am Wochenende die Einheimischen zum Grillen treffen.

✿ 'Īao Valley State Park ▶ 6, N/O 13

Am Ende der 'Īao Valley Rd. (Hwy. 32), www.dlnr.hawaii.gov/dsp/parks/maui/iao-valley-state-monument, tgl. 7–18 Uhr, Parken 5 $

Im **'Īao Valley** bildet die eingestürzte Caldera eines Schildvulkans ein natürliches, von tropischem Grün überwuchertes Amphitheater. Umrahmt wird es von steil aufragenden Felswänden, die durch die häufigen Niederschläge einen dichten grünen Pelz bekommen haben – am Pu'u Kukui bleiben die re-

Der Star des 'Īao Valley State Park, die 'Īao Needle, scheut die Kamera und hüllt sich gern in Wolken

WAIHE'E RIDGE TRAIL

Tour-Infos

Start: Den Wanderparkplatz erreichen Sie über eine Straße, die gegenüber der Mendes Ranch (Mile Marker 6,9) nach links abzweigt
Ziel: Lanilili Mountain
Länge: 8 km hin und zurück, 480 Höhenmeter
Dauer: 3–4 Std.
Schwierigkeitsgrad: mittel

Wichtig: Der Trail ist zwischen 7 und 19 Uhr begehbar. Starten Sie nach Möglichkeit schon am frühen Morgen: Die Zahl der Parkplätze ist begrenzt und die Chance auf eine wolkenfreie Aussicht morgens am größten. Wenn es am Vortag geregnet hat, kann der Weg sehr rutschig sein, feste Schuhe sind unbedingt notwendig.

Wenn Sie von Wailuku aus auf der 340 in Richtung Norden fahren, erreichen Sie bei Mile Marker 6,9 die Mendes Ranch – kurz danach zweigt eine Straße nach links ab, die nach einigen Kurven an einem Parkplatz endet. Hier befindet sich der Einstieg zum **Waihe'e Ridge Trail.** Sie passieren ein Viehgatter und folgen dem Weg bergauf. Schon nach kurzer Zeit lohnt ein Blick zurück, wo sich nun bis zum Horizont der blaue Pazifik ausbreitet. Am Anfang laufen Sie auf einer steilen asphaltierten Straße. Wenn Sie das Trailhead-Schild sehen, biegen Sie diesem folgend nach links ab, durchqueren zunächst Weideland und erreichen kurz darauf den Wald. Nun begleiten Kukuis, 'Ohi'a-Bäume und Farne den Weg. Wer sich für Vögel interessiert, sollte die Ohren und Augen für 'Apapene, 'Amakihi und den seltenen 'I'iwi offenhalten. Weiter bergauf gehend kommen Sie der

Wolkendecke immer näher, Meer und Himmel gehen ineinander über. Immer wieder eröffnen sich Blicke auf grün überwucherte Bergflanken und rauschende Wasserfälle wie die **Makamaka'ole Falls.** Aussichtsreich flache und steilere Abschnitte wechseln sich ab. Bevor Sie den 780 m hohen Bergrücken **Lanilili** und damit den höchsten Punkt erreichen, sind noch einige Serpentinen zu bezwingen. Doch die Anstrengung ist schnell vergessen, wenn Sie einen wolkenfreien Blick auf das üppig grüne Waihe'e Valley haben – es hat aber auch seinen Reiz, mitten in einem Wolkenmeer zu stehen. Am Ende des Weges gibt es einen Picknicktisch, hier können Sie sich vor dem Rückweg mit mitgebrachten Snacks stärken.

genschweren Passatwolken hängen. Aus der üppigen Vegetation ragt das Wahrzeichen des Tals heraus: die **'Īao Needle** (Kūkaemoku). Der von Moos und Pflanzen bedeckte Basaltblock schießt vom Talboden 365 m in die Höhe. Vom Parkplatz aus führt ein knapp 1 km langer Pfad über Stufen zu der Felsnadel, ein Lookout eröffnet wunderschöne Ausblicke auf das Tal. Zudem gibt es einen kleinen botanischen Garten mit Pflanzen, die von den ersten Siedlern eingeführt wurden.

Das 'Īao Valley ist ein heiliges Tal und von großer geschichtlicher Bedeutung: 1790 kämpfte Kamehameha I. hier gegen die Armee von Maui, um die Inseln unter seiner Herrschaft zu vereinen. Weil er im Unterschied zu seinen Gegnern über Kanonen verfügte, konnte Kamehameha die Schlacht für sich entscheiden. Das Massaker soll so viele Opfer gefordert haben, dass der 'Īao River von den Leichen aufgestaut wurde. Die Schlacht ging daher auch als »Battle of the Dammed Waters of 'Īao« in die Geschichte ein. Es lohnt sich, das 'Īao Valley frühmorgens zu besuchen – dann ist es leerer und die Wahrscheinlichkeit höher, dass die 'Īao Needle sich nicht in Wolken hüllt.

Haleakalā National Park

▶ 6, R–U 15/16

Bei der Einfahrt in den Park ist eine Gebühr in Höhe von 25 $ pro Wagen zu entrichten; der ausgestellte Pass ist dann drei Tage lang gültig. Besucherzentren s. S. 183

Haleakalā bedeutet übersetzt: »Haus der Sonne«. Der Legende nach wollte der Halbgott Maui seiner Mutter dabei behilflich sein, den Rindenstoff Kapa schneller trocknen zu lassen. Er versteckte sich im Krater des Vulkans, fing die Sonne mit einem Lasso ein und zog sie in die Tiefe. Die Sonne musste ihm versprechen, sich in Zukunft langsamer zu bewegen, damit Götter und Menschen mehr Zeit hatten, ihre Arbeit zu verrichten. Der Haleakalā ist ein heiliger Berg – hier wurden Häuptlinge bestattet. Viele Überreste von Heiaus sind in dieser Region noch zu finden. Außerdem wurde hier die Hauptgöttin des Haleakalā, Lilinoe verehrt. Noch heute kommen Native Hawaiians auf den Gipfel, um sich spirituell mit ihren Vorfahren zu verbinden und in den Sternen zu lesen.

Den imposanten **Haleakalā** mit seinen 3055 m Höhe über dem Meeresspiegel kann man überall auf Maui sehen – teils erkennt man ihn sogar von den anderen Inseln aus. Unter dem Ozean verbergen sich noch einmal stattliche 5998 m – damit überragt er in seiner Gesamtgröße knapp den Mount Everest. Der Schildvulkan nimmt etwa drei Viertel der Fläche von Maui ein. Sein Krater ist mit 12 km Länge, 4 km Breite und einem Umfang von 35 km einer der größten der Erde. Der letzte Ausbruch ereignete sich vor etwa 500 Jahren, seither ruht der Vulkan, gilt aber nicht als erloschen.

Das Gebiet wurde bereits 1916 zum Nationalpark erklärt, gehörte aber bis 1961 zum Hawai'i Volcanoes National Park. Der Park ist landschaftlich ungeheuer vielfältig und umfasst mehrere Klima- und Vegetationszonen von der subtropischen bis zur subalpinen Stufe. Ein schmaler Landstreifen reicht bis zur Küste hinunter, wo der Oheo River, eingebettet in Regenwald, über mehrere Stufen in die Tiefe stürzt. Nur hier und auf dem Pu'u Kukui kommt das Silberschwert vor, eine endemische Pflanze mit schwertförmigen Blättern, die nur einmal blüht und dann stirbt. Wegen der klaren, trockenen Luft eignet sich der Haleakalā gut zur Beobachtung des Sternenhimmels, die University of Hawaii und die US Air Force betreiben hier Teleskope.

Haleakalā Crater Road

Die Fahrt von Kahului zum Gipfel dauert etwa 2 Std., wenn Sie den Sonnenaufgang erleben möchten (im Sommer gegen 6 Uhr, im Winter 1 Std. später), müssen Sie im Dunkeln losfahren. Die Strecke ist steil und kurvig, manchmal sind Kühe unterwegs – wer am Steuer sitzt, sollte Fahrerfahrung haben. Auf dem Gipfel ist es kalt, nehmen Sie warme Kleidung oder eine Decke mit. Tanken Sie vorher voll. Informieren Sie sich vor Abfahrt über die Wetterbedingungen: Die Fahrt geht durch die Wolkendecke, daher kann es neblig und regnerisch sein, oben fällt manchmal sogar Schnee. Wenn Sie zwischen 3 und 7 Uhr morgens auf den Gipfel möchten, müssen Sie sich zuvor unter www.nps.gov/hale/planyourvisit/sunrise-and-sunset.htm registrieren. Tun Sie dies rechtzeitig – die Plätze sind begrenzt und sehr begehrt. Das Permit kostet 1 $, es muss ausgedruckt und mitgeführt werden. Diese Maßnahme dient dazu, die Masse an Fahrzeugen zum Sonnenaufgang auf dem heiligen Berg zu begrenzen. Auch die Lizenzen für Touranbieter, die morgens mit Bussen den Haleakalā befahren dürfen, wurden reduziert. Für nachmittägliche Exkursionen und Ausflüge zum Sonnenuntergang ist eine Registrierung nicht nötig.

Von Kahului kommend, fahren Sie zunächst auf dem Hana Highway (36), dann auf dem Haleakalā Highway (37) Richtung Südosten. Nach knapp 13 km, kurz nach Pukalani, biegen Sie an einer Ampelkreuzung nach links ab, der Highway hat nun die Nr. 377. Nach knapp 10 km biegen Sie wieder nach links auf den Highway 378 ab. Die Straße schlängelt sich nun in vielen Kurven an der Westflanke des Haleakalā hinauf. Sie verlassen das grüne Weideland des Upcountry und gelangen in eine trockene, fast vegetationslose Zone. Nach einer großen Rechtskurve führt eine Stichstraße zum **Hosmer Grove Campground.** Der Agrarwissenschaftler Ralph Hosmer, der auch als »Hawai'is Father of Forestry« bezeichnet wird, verwandelte dieses Areal 1910 in einen wahren Märchenwald. Zum Test pflanzte Hosmer hier Bäume aus Nordamerika, Europa, Asien und Australien an, darunter Eukalypten, Redwoods, Douglasien, Himalaya-Zedern und Wacholder. Wenn Sie nicht in Eile sind, können Sie einen kurzen, rund 20-minütigen Spaziergang auf einem Naturlehrpfad unternehmen. Frühmorgens geben hier seltene endemische Waldvögel wie 'Apapane und 'Amakihi ein Konzert.

Vom Campground ist es nicht mehr weit zum Parkeingang, wo Sie die Eintrittsgebühr bezahlen. Im **Besucherzentrum der Parkverwaltung** lohnt ein kurzer Halt – hier bekommen Sie Infomaterial und können sich kurze Filme über den Vulkan ansehen.

Auf der Weiterfahrt zum Gipfel kommen Sie an mehreren Aussichtspunkten vorbei, den Anfang macht der **Leleiwi Overlook**, von dem der Blick zum ersten Mal in die riesige Caldera fällt. Sie erreichen ihn vom Parkplatz aus auf einem ca. 500 m langen Fußweg. Mit etwas Glück erleben Sie hier ein Phänomen, das auch als Brocken Specter (Brockengespenst) bezeichnet wird: Wenn Wolken im Krater hängen und die Sonne richtig steht, erscheint im nebligen Dunst der eigene Schatten, umgeben von einem Regenbogen.

Nächster Stopp ist der **Kalahaku Overlook,** hier haben Sie die gesamte Caldera im Blick, aus deren geröllübersätem Boden zahlreiche Aschekegel aufsteigen. Wolken werfen ihren Schatten auf den Kratergrund. Infotafeln erklären die vulkanischen Formationen, die in der Tiefe zu sehen sind. Ein kleiner Rundweg führt über eine Geröllfläche, auf der Sie die ersten Silberschwerter entdecken werden. In den Lavaklippen neben dem Lookout nisten seltene Hawai'i-Sturmvögel.

17 km vom Parkeingang entfernt liegt direkt am Kraterrand das **Haleakalā Visitor Center.** Auch hier bekommt man Infos, eine kleine Ausstellung informiert über die Geologie, Flora und Fauna. Im Sommer starten am Center von Rangern geführte Wanderungen. Ein kurzer Weg führt auf den White Hill mit schönem Blick über den Krater.

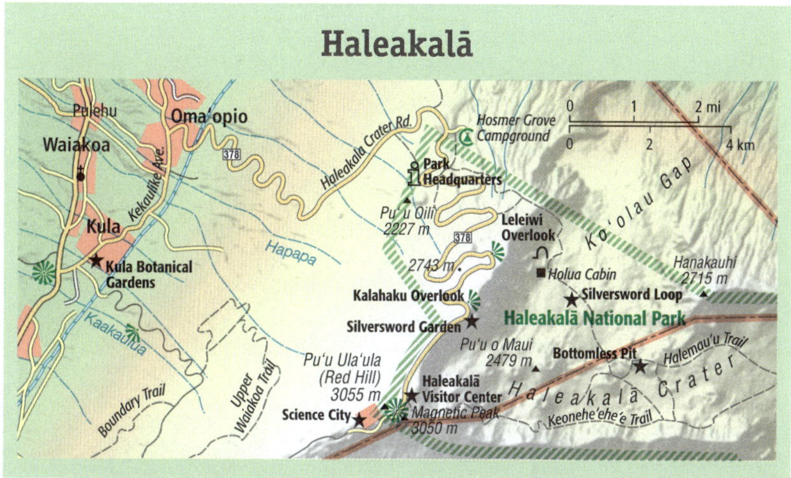

Der höchste Punkt mit der besten Aussicht ist der **Pu'u 'Ula'ula Overlook** auf dem Gipfel des Haleakalā. Von einem verglasten Pavillon aus überblicken Sie nicht nur den Krater, an klaren Tagen liegt Ihnen ganz Maui zu Füßen und die Sicht reicht weit übers Meer bis nach Moloka'i, Lāna'i und Kaho'olawe. Die weißen Kuppeln auf dem Nachbarhügel gehören zur **Science City,** University of Hawai'i, NASA und US Army betreiben hier ein Observatorium. Es ist für Besucher nicht zugänglich.

Wenn die Sonne langsam aufgeht und vielleicht noch jemand einen Sprechgesang dazu anstimmt, ist die Stimmung magisch. Die Mondlandschaft des Haleakalā ist nicht von dieser Welt. Sandflächen und Hügel in allen Farbtönen zwischen Rotbraun und Ockergelb, darin verstreut Tuffkegel, Lavafelsen und vereinzelte Silberschwerter – das alles hat nichts mehr mit dem tropischen Maui zu tun, das 3000 m unterhalb des Berggipfels liegt.

Infos

Park Headquarters Visitor Center (auf 2134 m): Tel. 808 572 4459, 8–16 Uhr
Haleakalā Visitor Center (auf 2969 m): von Sonnenaufgang bis Mittag
Kīpahulu Visitor Center (auf der Ostseite des Haleakalā, an der Küste): Tel. 808 248 7375, 9–17 Uhr, www.nps.gov/hale

Übernachten

Camping – **Haleakalā National Park:** Informationen und Buchungen über www.nps.gov/hale/planyourvisit/wilderness-camping.htm.

Essen & Trinken

In Pukalani haben Sie Gelegenheit, sich für den Ausflug mit Proviant zu versorgen: Der **Upcountry Farmers Market** (www.upcountryfarmersmarket.com) hat ein riesiges Angebot an frischen, regionalen Erzeugnissen. Warme Gerichte zum Mitnehmen bietet Pukalani Superette (www.pukalanisuperette.com).

Aktiv

Wandern – Der Haleakalā Crater ist ein vielseitiges Wandergebiet. Ganz gleich, ob Sie einen kurzen Spaziergang oder eine mehrstündige Wanderung unternehmen möchten, Sie haben zahlreiche Möglichkeiten. Voraussetzung sind in jedem Fall Sonnenschutz, wetterfeste Bekleidung, Proviant, genügend Trinkflüssigkeit und eine gute Kondition – die längeren Wege sind anspruchsvoll. Auf der Vulkanasche läuft man wie auf Sand und auch die Höhe macht vielen zu schaffen.

Jeweils rund einen halben Tag dauern zwei Wanderungen, die in den Krater führen. Der **Halemau'u** Trail beginnt zwischen Mile Marker 14 und 15. Nach 1,8 km gelangen Sie

Vorsicht Rutschgefahr! Der in den Krater des Haleakalā hinabführende Sliding Sands Trail macht seinem Namen alle Ehre

zu einem Aussichtspunkt mit Blick auf den Krater, nach 3 km ist der Kratergrund erreicht, wo Sie umkehren. Der **Keonehe'ehe'e (Sliding Sands) Trail** beginnt am Haleakalā Visitor Center und führt in eine Kulisse, die für einen Science-Fiction-Film erdacht worden sein könnte. Den Kratergrund erreichen Sie nach etwa 6 km, dort kehren Sie um oder gehen bis zum **Bottomless Pit** (auch Kawilinau) oder **Pele's Paint Pot** weiter (ca. 9 km). Wer den ganzen Tag unterwegs sein möchte, benötigt zwei Autos, da Anfangs- und Endpunkt nicht dieselben sind. Sie folgen dem Keonehe'ehe'e Trail zum Kraterboden hinunter, überqueren diesen, schauen sich den Bottomless Pit und Pele's Paint Pot an und steigen dann auf dem Halemau'u Trail wieder aus dem Krater heraus (knapp 18 km). Falls Sie mit nur einem Pkw unterwegs sind, können Sie auch per Anhalter wieder zu Ihrem Auto fahren – das Trampen ist hier üblich und sicher.

Zipline-Touren – **Skyline Eco Adventures:** 18303 Haleakala Hwy., Tel. 808 518 6335, www.zipline.com/haleakala, Zipline-Parcours in einem Eukalyptuswald an den Flanken des Haleakalā, außerhalb des Nationalparks. Ab 110 $. Auch Sunrise & Zipline sowie Sunrise, Bike & Zipline-Touren.

Sunrise-, Summit- und Sunset-Touren – **Haleakalā Ecotours:** 810 Haiku Rd., Suite 120, Tel. 808 575 9575, www.haleakalaecotours.com. Touren in Kleinbussen mit bis zu 25 Teilnehmern. Ab 120 $.

Downhill-Radtouren – **Bike Maui:** 810 Haiku Rd., Suite 120, Tel. 808 575 9575, www.bikemaui.com. Geführte Radtouren vom Haleakalā hinunter ans Meer. Infolge von Unfällen sind Radtouren im Nationalpark inzwischen verboten, gestartet wird daher nicht mehr am Gipfel, sondern auf etwa 2000 m Höhe an der Parkgrenze. Morning-Tour ab 165 $, Sunset-Tour ab 200 $.

Sternenbeobachtung – **Maui Stargazing:** 18505 Haleakalā Hwy., Tel. 808 298 8254, www.mauistargazing.com. Sunset- und Stargazing-Tour in kleinen Gruppen von maximal 11 Personen ab 170 $.

Birdwatching und Wandern – **Explore Maui Nature:** Tel. 844 550 6284, www.exploremaui nature.com. Vogelbeobachtungstouren am Haleakalā und im Kealia Pond National Wildlife Refuge. Ab 175 $. Auch geführte Wanderungen auf dem White Hill und Sliding Sands Trail.

Upcountry

Mauis **Upcountry** lernen Sie kennen, wenn Sie von Kahului aus auf der Pūlehu Road Richtung Südosten fahren. Nach rund 10 Min. erreichen Sie eine Gabelung, an der Sie sich links halten – hier beginnt die Ōma'opio Road, an der Sie an Farmtouren teilnehmen, eine Ziegenmolkerei besuchen und auf Hawai'i hergestellte Spirituosen probieren können. Das Upcountry nimmt die höheren Lagen an der Westflanke des Haleakalā ein und bietet mit seinen fruchtbaren Böden nicht nur beste Bedingungen für die Landwirtschaft, es zählt auch zu den beliebtesten und teuersten Wohngegenden Hawai'is. Die Temperaturen sind aufgrund der Höhe angenehm, die kleinen Gemeinden hübsch. Der Blick auf das Meer ist fantastisch, das Essen hervorragend und das Leben sehr entspannt.

Ocean Vodka Organic Farm and Distillery ▶ 6, Q 15

4051 Ōma'opio Rd., Tel. 808 877 0009, www.oceanvodka.com, tgl. 9.30–17 Uhr, Touren 9.30–16 Uhr jede halbe Stunde, ab 12 $, 27 $ inkl. Lunch (nur nach Voranmeldung)

Ocean Organic Vodka wurde 2005 als Familienunternehmen gegründet, heute exportieren die Smiths ihren Wodka in alle US-Bundesstaaten. Der organische, von Natur aus glutenfreie Wodka wird mit Zutaten aus nachhaltigem Anbau auf Maui produziert. Die wichtigsten Ingredienzien sind Mineralwasser aus den Tiefen des Ozeans, das vor der Küste von Hawai'i Island gewonnen, und Zuckerrohr, das auf dem nährstoffhaltigen Vulkanboden der eigenen Farm angebaut wird. Bei Touren bekommen Sie Einblicke in die Farmarbeit und die Produktionsprozesse in der Destillerie, und Sie können den Wodka natürlich auch kaufen und verkosten.

Surfing Goat Dairy ▶ 6, Q/R 15

3651 Ōma'opio Rd., Tel. 808 878 2870, www.surfinggoatdairy.com, Mo–Sa 9–17, So 9–14 Uhr, 30-minütige Touren Mo–Sa 10–14.30 Uhr, So 10–13 Uhr nach Anmeldung, 12 $, Grand Dairy Tour Mi–Sa 9 Uhr, 49 $, Verkostung 6 Käsesorten 15 $, Panini 6,50 $

Eva und Thomas Kafsack kamen von Sylt nach Maui – weil es hier so schön ist und weil sich Thomas den Traum von einer **Ziegenmolkerei** erfüllen wollte. Von den Herausforderungen, die anfangs zu überwinden waren, ist für Besucher heute nichts mehr zu spüren: Die Ziegen führen ein glückliches Leben, die Atmosphäre ist entspannt und der Käse … unglaublich lecker! Es lohnt sich, zumindest einige der 30 verschiedenen Sorten zu verkosten und zum Lunch zu bleiben. Bei der Grand Dairy Tour helfen Sie beim Füttern der Ziegen und lernen, sie mit der Hand zu melken.

Kula ▶ 6, Q 15

Am Westhang des Haleakalā liegt auf rund 900 m Höhe die kleine Stadt **Kula,** das landwirtschaftliche Zentrum des Upcountry. Auf den Feldern ringsum wachsen Kartoffeln, Tomaten, Salat und Zwiebeln. Ein Fest fürs Auge sind die weiten Blumenfelder. Viele Farmen züchten Proteen, eine in Südafrika heimische Pflanze mit riesigen Blüten, die im Upcountry besonders gut gedeiht. Im **Kula Botanical Garden** kann man sie bewundern, neben Orchideen, wildem Ingwer, endemischen Kukui- und Koa-Bäumen sowie zahlreichen weiteren tropischen Pflanzen. Ende der 1960er-Jahre verliebte sich Warren McCord in die natürliche Schönheit des Upcountry. Zusammen mit seiner Frau Helen legte er einen Garten an, der als Beispiel für seine Arbeit als Landschaftsarchitekt dienen sollte. Mit seinen bunten Blumen, bizarr geformten Felsen, einer überdachten Brücke, Wasserfällen, einem Koi-Teich und einem Vogelhaus, in dem auch zwei Nēnē beheimatet sind, wurde er schnell zum beliebten Ausflugsziel für Einheimische und Touristen (638 Kekaulike Ave.,

Tel. 808 878 1715, www.kulabotanicalgarden.com, tgl. 9–16 Uhr, 10 $). Sehr liebevoll gestaltet sind auch die **Enchanting Floral Gardens of Kula** mit dem netten Hibiscus Café (2505 Kula Hwy., tgl. 9–17 Uhr).

Das Wahrzeichen von Kula ist die historische **Church of the Holy Ghost,** eine weiße Kirche auf achteckigem Grundriss mit zierlichem Türmchen. Sie wurde 1895 für portugiesische Plantagenarbeiter erbaut (4300 Lower Kula Rd.).

O'o Farm ▶ 6, Q/R 15

651 Waipoli Rd., Tel. 808 667 4341, www.oofarm.mybigcommerce.com, 3-stündige Seed to Cup Breakfast Tour 8.30 Uhr, 64 $, 3-stündige Lunch & Farm Tour 10.30 Uhr, 64 $

2000 erwarben die Surf-Kumpel Louis Coulombe und Stephan Bel-Robert Land im Upcountry mit einer Zitrus- und Obstplantage sowie einigen Kaffeebäumen. Daraus ist eine Obst- , Gemüse- und Kaffeefarm geworden, zu der auch ein Gewächshaus mit Tomaten, Kräutern und Blumen gehört. Hinter der Unternehmensgründung stand der Wunsch, die Restaurants auf Maui mit lokalen Produkten von bester Qualität zu versorgen. Für Besucher bietet die **O'o Farm** zwei verschiedene Touren an: eine Seed to Cup Breakfast Tour mit Frühstück und, natürlich, Kaffee sowie eine Lunch & Farm Tour. Dabei erntet man selbst die Zutaten für das Essen, das dann gemeinsam zubereitet wird.

Ali'i Kula Lavender Farm
▶ 6, R 16

1100 Waipoli Rd., Tel. 808 878 3004, www.aliikulalavender.com, tgl. 9–16 Uhr, 3 $, geführte Rundgänge tgl. 9.30, 10.30, 11.30, 13 und 14.30 Uhr nach Reservierung, 12 $

Nicht weit vom Kula Highway entfernt liegt die **Ali'i Kula Lavender Farm,** ein Traum in Lila. Die Lavendel-Farm befindet sich an den Ausläufern des Haleakalā auf rund 1220 m Höhe und bietet fotogene Ausblicke auf das Upcountry. Mehr als 55 000 Lavendelpflanzen aus 45 verschiedenen Arten, Olivenbäume, Proteen und unzählige Sukkulenten verwandeln das Land in einen fast 55 ha großen mediterranen Garten. Aufgrund des kühlen, trockenen Klimas blüht der Lavendel rund ums Jahr. Im kleinen Shop werden neben Körperpflegeprodukten auch Lavendelschokolade, -gelee und -würzmischungen verkauft. Außerdem können Sie Tee und Scones, natürlich mit Lavendelgeschmack, bestellen. Vom Laden aus gelangen Sie direkt auf eine kleine Terrasse mit Tischen und traumhaften Ausblicken. Wenn Sie mehr über die Farm wissen möchten, können Sie an einem geführten Rundgang teilnehmen.

Essen & Trinken

Tolle Lage – **Kula Lodge Restaurant:** 15200 Haleakalā Hwy., Tel. 808 878 1535, www.kulalodge.com, tgl. 7–10.30, 11–20.30 Uhr. Hierher kommt man vor allem der schönen Aussicht von der Terrasse wegen, das Essen ist gut, aber recht teuer. Neben amerikanischen Klassikern gibt es auch Holzofenpizzen. Lunch ab 16 $, Dinner ab 27 $, Pizza ab 19 $.

Frühstücksadresse – **La Provence:** 3158 Lower Kula Rd., www.laprovencemaui.com, tgl. 7–21 Uhr. Tolle Croissants und guter Café, große Auswahl an Crêpes.

Einkaufen

Hofladen – **Kula Country Farms:** 6240 Kula Hwy., Tel. 808 878 8381, www.kulacountryfarmsmaui.com, Mo–Fr 9–17, Sa 9–16 Uhr. Frisches Gemüse und Obst, auch Erdbeeren zum Selberpflücken, Marmelade, Honig, Saucen u. v. m.

Souvenirs und Geschenke – **Kula Marketplace:** in der Kula Lodge, www.kulamarketplace.com, tgl. 7–19 Uhr. Kunst und Kunsthandwerk, Kleidung, Pflegeprodukte und Lebensmittel von hausgemachter Marmelade bis zu feiner Schokolade.

Kēōkea ▶ 1, H 2

Wenn Sie auf dem Kula Highway weiter südwärts fahren, erreichen Sie als Nächstes **Kēōkea** mit einem kleinen Park im Zentrum, zwei hübschen Kirchen und dem **Henry Fong General Store.** Hier hat sich seit den 1940er-Jahren nicht viel verändert (9226 Kula

Hwy., Tel. 808 878 1525, Mo–Sa 7–17.30, So 7–15 Uhr). Einen ähnlich nostalgischen Charme hat auch **Grandma's Coffee House,** das Frühstück ist reichhaltig und ganz hervorragend (9232 Kula Hwy., Tel. 808 878 2140, www.grandmascoffee.com, tgl. 7–17 Uhr).

Falls Sie eine Ruhepause benötigen, halten Sie im kleinen **Sun Yat-sen Park** am Kula Highway zwischen Mile Marker 18 und 19. Eine Bronzestatue ehrt hier den Mann, der häufig als Chinas Ghandi oder Vater des modernen China bezeichnet wird.

'Ulupalakua Ranch

▶ 6, P/Q 16

14815 Pi'ilani Hwy., Tel. 808 878 6058, https://mauiwine.com, tgl. 10–17 Uhr, 30-minütige Touren um 10.30 und 13.30 Uhr, Verkostung 12–16 $ für 4 Weinproben

Die letzte Station auf dieser Fahrt ist die **'Ulupalakua Ranch,** einst eine große Zuckerrohrplantage, die sich im Besitz von James Makee befand. Die Ruinen der zugehörigen Zuckermühle sind noch zu sehen. 1958 erwarb C. Pardee Erdman das Land und begann darauf Rinder und Schafe zu züchten. In den 1970er-Jahren tat er sich mit Emil Tedeschi zusammen, einem Winzer aus dem kalifornischen Napa Valley, der die Bedingungen für Weinbau auf Maui testen wollte und auf der Ranch die ersten Rebstöcke anpflanzte. Ursprünglich wurde ein trockener Ananaswein gekeltert, später kamen auch Rot- und Weißwein sowie Sekt hinzu. Besucher können das Weingut besichtigen und sich bei Verkostungen eine Meinung zu Wein aus Maui bilden. Die Proben finden im Kings Cottage statt – das einstige Gästehaus der Plantage wurde von James Makee für einen Besuch König Kalākauas und Königin Kapi'olanis errichtet. Sie sollten auf jeden Fall eine Flasche Pineapple Wine als Erinnerung mit nach Hause nehmen. Im **'Ulupalakua Ranch Store & Grill** (tgl. 9–17 Uhr) werden nicht nur köstliche Burger und Plate Lunch serviert, sondern auch viele spannende Geschichten aus der Vergangenheit und Gegenwart der zweitgrößten Ranch auf Maui.

Auf der 'Ulupalakua Ranch wird Rinderzucht betrieben – und ein ganz trinkbarer Wein angebaut

Osten

Der Osten Mauis, die Wetterseite, hat eine der landschaftlich reizvollsten Straßen Hawai'is, wenn nicht sogar der gesamten Vereinigten Staaten zu bieten: die Road to Hāna. Doch bevor man dieses Abenteuer in Angriff nimmt, gibt es noch zwei Orte, die man sich – separat oder auf dem Weg – unbedingt anschauen sollte.

Makawao ▶6, Q/R 14

Wenn Sie von Kahului aus auf den Highways 36 und 37 ostwärts fahren, erreichen Sie nach etwa 17 km **Pukalani** – der Name bedeutet »himmlisches Tor«, und in der Tat fungiert der Ort als Tor zum üppig grünen Upcountry (s. S. 185). Am Ortsende biegen Sie links in die Makawao Avenue ab und fahren noch ca. 3,5 km. Dann begrüßt Sie das kleine Städtchen **Makawao** mit Cowboy-Flair und viel Kunst. Die Hauptstraße erinnert an die Kulisse eines Wildwestfilms, hinter den hölzernen Fassaden verstecken sich Galerien und Kunsthandwerksläden, Boutiquen, Cafés und Restaurants. Makawao lebt von der Rinderzucht und ist bekannt für seine Paniolos, hawaiianische Cowboys. Noch heute sieht man sie gelegentlich in den Ort reiten, um Besorgungen zu erledigen. Regelmäßig werden Rodeos veranstaltet, das größte am 4. Juli. Auch in der Küche ist der Einfluss der Paniolos noch deutlich zu merken.

Aufgrund der Lage, der entspannten Atmosphäre und des angenehmen Klimas ist Makawao als Wohnadresse sehr gefragt. Neben Ranches werden Sie daher bei einem Ausflug hierher auch zahlreiche sehr exklusive Anwesen sehen. Mehr zur Geschichte des Ortes erfahren Sie im kleinen **Makawao History Museum.** Hier erhalten Sie für 1 $ einen Übersichtsplan für eine Walking Tour durch das geschichtsträchtige Städtchen (3643 Baldwin Ave., Tel. 808 572 2482, www.makawaomuseum.org, Mo–Sa 10–17, So 11–17 Uhr, Eintritt frei).

Hui No'eau Visual Arts Center

2841 Baldwin Ave., Tel. 808 572 6560, www.huinoeau.com, tgl. 9–16 Uhr, Eintritt frei, Touren Mo, Mi 10 Uhr, 12 $

Kaluanui, der ehemalige Landsitz der Baldwin-Familie, fungiert heute als **Kunstzentrum,** in dem Ausstellungen gezeigt und Workshops veranstaltet werden. Lokale Künstler und Kunsthandwerker verkaufen im Gallery Shop ihre Erzeugnisse. Das Haus ist von einer schönen Gartenanlage mit vielen endemischen Pflanzen und den Resten einer Zuckermühle umgeben. Man kann sie auf eigene Faust erkunden oder an geführten Touren teilnehmen. Dabei lernt man auch das Innere des historischen Anwesens kennen und hat Gelegenheit, den Künstlern in ihren Studios bei der Arbeit über die Schulter zu sehen.

The Sacred Garden

460 Kaulani Rd., Tel. 808 573 7700, www.sacredgardenmaui.com, tgl. geöffnet, Eintritt frei, Spende erbeten

Meditative Momente verspricht der als Rückzugsort konzipierte **Sacred Garden,** ein schöner tropischer Garten, in dem man einfach bei einem mitgebrachten Picknick verweilen oder zwei Labyrinthe begehen kann. Das erste befindet sich in einem Gewächshaus, das zweite im Freien in einem Kukui-Wäldchen. Es gibt eine Gärtnerei, in der man tropische Pflanzen kaufen und in Workshops lernen kann, wie man für das eigene Zuhause einen Tischgarten oder lebenden Schrein anlegt. Wer etwas mehr Zeit in dieser Idylle verbringen möchte, kann im Gingerbread House Cottage nächtigen.

Übernachten

(Yoga)-Retreat – **Lumeria Maui:** 1813 Baldwin Ave., zwischen Makawao und Paia, Tel. 808 579 8877, www.lumeriamaui.com. Wellness, Yoga und gesunde Ernährung stehen in dieser zauberhaften Unterkunft mit 24 Zimmern im Vordergrund. Das hauseigene Restaurant The Wooden Crate serviert Farm-to-Table-Gerichte mit knackfrischen Zutaten, auf Wunsch auch vegan. DZ ab 245 $.

Historisches B & B – **The Hale Ho'okipa Inn:** 32 Pakani Pl., Tel. 877 572 6698, www.maui-bed-and-breakfast.com. Plantagenhaus aus den 1920er-Jahren. Perfekte Lage, um die Attraktionen in der Gegend zu besuchen. DZ/ÜF ab 150 $.

Essen & Trinken

Fine Dining – **Hāli'imaile General Store:** 900 Hāli'imaile Rd., Tel. 808 572 2666, www.hgsmaui.com, Mo–Fr 11–14.30, tgl. 17–21 Uhr. Vom Catering Business zum angesagten Restaurant – die Qualität der Gerichte von Chef Beverly Gannon hat die Gemeinde überzeugt. Zum regulären Menü wird auch eine separate vegetarische Karte angeboten. Hauptspeisen Lunch um 16 $, Dinner ab 30 $.

Schicker Italiener – **Casanova:** 1188 Makawao Ave., Tel. 808 873 3650, www.casanovamaui.com/bc/casanova-makawao, Mo, Di, Do, Fr, Sa 11.30–14, tgl. 17–21.30 Uhr. Ausgezeichnetes italienisches Restaurant mit Bistro-Betrieb und Deli sowie Entertainment (Mi, Fr, So ab 21.30 Uhr). Ab 14 $.

¡Viva México! – **Polli's Mexican Restaurant:** 1202 Makawao Ave., Tel. 808 572 7808, www.pollismexicanrestaurant.com, tgl. 11–22 Uhr. In dem kleinen, farbenfrohen Restaurant wird nach Originalrezepten gekocht. An der Bar gibt es gute Margaritas. Vorspeise ab 9 $, Hauptspeise ab 13 $.

Snacks – **Rodeo General Store:** 3661 Baldwin Ave., Tel. 808 572 1868, Mo–So 6.30–22 Uhr. Gute Auswahl an Lebensmitteln und Theke mit

Nur das angeleinte Pferd fehlt – Makawao könnte ohne große Umbauten die Kulisse für einen Western abgeben

frischen Gerichten, z. B. Poke und Plate Lunch. Lizenz zum Verkauf von Alkohol.
Windbeutel – **T Komoda Store and Bakery:** 3674 Baldwin Ave., Tel. 808 572 7261, Mo, Di, Do, Fr 7–16, Sa 7–14 Uhr. Die kleine Bäckerei wurde 1916 von Takezo Komoda gegründet und ist berühmt für ihre Windbeutel. Mindestens genauso lecker sind die Long Johns, Stick Donuts und Guava Malasadas. Ab 3 $.

Einkaufen

Lifestyle-Boutique – **Driftwood:** 1152 Makawao Ave., Tel. 808 573 1152, Mo–Sa 10–18, So 11–17 Uhr, www.driftwoodmaui.com. Luftige Kleider und Tops, Swimwear, Accessoires, Schmuck und Deko für die Wohnung.
Eco Fashion – **Fleur de Lei:** 1169 Makawao Ave., Suite 101, Tel. 808 269 8855, www.fleurdelei.com, Mo–So 10.30–18.30 Uhr. Mode, Schmuck, Beautyprodukte, Deko und Geschenke von grünen Labels.
Designermode – **Pink by Nature:** 3663 Baldwin Ave., Tel. 808 572 9576, www.pinkbynaturemaui.com, Mo–Sa 10–18, So 11–17 Uhr. Kleidung und Bademode von angesagten Jung-Designern und Mode-Newcomern.

Aktiv

Zipline – **Pi'iholo Ranch Adventures:** 799 Pi'iholo Rd., Tel. 808 572 1717, www.piiholozipline.com, Touren mit 4, 5 oder 7 Ziplines, Zip & Hike Combo mit Bad im Wasserfall. Ab 140 $.
Ananas-Tour – **Maui Pineapple Tour:** 883 Hāli'imaile Rd., Tel. 808 665 5491, www.mauipineappletour.com, tgl. 9.30, 11.45, 13.30 Uhr, Erw. 65 $, Kinder 55 $. Führungen über eine Ananasplantage mit angeschlossener Destillerie, wahlweise mit Lunch im Hāli'imaile General Store.

Termine

Makawao Rodeo: 4. Juli. Am Unabhängigkeitstag wird Makawaos Cowboy-Historie mit einem großen Rodeo gefeiert. Auf dem Programm stehen ein Umzug sowie traditionelle Wettbewerbe wie Barrel Racing, Calf Roping und Bareback Bronco Riding, nach hawaiianischer Art abgewandelt (www.makawaorodeo.net).

Pā'ia ▶ 6, Q 13

Von Makawao aus erreichen Sie **Pā'ia** an der Nordküste Mauis in rund 10 Min. – folgen Sie einfach der Baldwin Avenue nordwärts. Wenn Sie von Kahului starten, sind Sie rund 15 Min. auf dem Highway 36 gen Osten unterwegs, bis Sie an der Pā'ia Bay ankommen. Stellen Sie Ihr Auto ab, Pā'ia lässt sich am besten zu Fuß erkunden. Der kleine Ort hat zwei Hauptstraßen, den Hanā Highway, der parallel zum Meer verläuft, und die Baldwin Avenue, die vom Hanā Highway nach Süden abzweigt. Pā'ia war einst eine Zuckerrohrstadt und bis in die 1930er-Jahre die größte Siedlung der Insel, dann machte Kahului ihr Konkurrenz. In den 1970er-Jahren entdeckten Hippies den Ort und eröffneten in den alten Holzhäusern Galerien, Geschäfte, Cafés und Restaurants. Heute ist Pā'ia ein Mekka der Windsurfer mit der entsprechenden Infrastruktur, einige der besten Surfer der Welt leben hier und mit etwas Glück können Sie ihnen am nahen Ho'okipa Beach beim Training zusehen. Ein Bummel durch den Ort mit seinen hübsch renovierten Fassaden lohnt, der besonderen Atmosphäre wegen. Zwischendurch können Sie im **Pā'ia Beach Park** mit seinem schönen Strand oder im **Baldwin Beach Park** eine Pause einlegen.

Infos

Im Internet: www.paiamaui.com. Infos zu Geschäften, Restaurants, Unterkünften und anderen Einrichtungen in Pā'ia.

Übernachten

Hippes Beach Inn – **Pā'ia Inn:** 93 Hāna Hwy., Tel. 808 579 6000, www.paiainn.com. Boutiquehotel in einem Gebäude von 1927 mit direktem Strandzugang. Schnorchelausrüstung und Bodyboards stehen den Gästen kostenlos zur Verfügung. Tolles Restaurant mit japanisch beeinflusster Küche und guten Cocktails. DZ ab 299 $.
Tropische Suiten & Cottages – **The Inn at Mama's Fish House:** 799 Poho Pl., Tel. 808 579 9764, www.innatmamas.com. Das kleine Inn gehört zum gleichnamigen Restaurant und liegt etwas außerhalb von Pā'ia. Die Suiten und

Cottages sind freundlich, bunt und authentisch eingerichtet und liegen wenige Gehminuten vom Strand entfernt. DZ ab 270 $.

Private Ruheoase – **Mangolani Inn:** 325 Baldwin Ave., Tel. 808 579 3000, www.mangolani.com. Mit Herz und Seele und ganz viel Liebe und Inselflair ist diese grüne Oase mit Blick auf den Ozean der ideale Ort, um es sich in einem privaten Umfeld gut gehen zu lassen. Die Wohneinheiten reichen von einem kleinen Baumhaus über ein mittelgroßes Studio bis hin zu Häusern mit vier oder fünf Betten. Ab 250 $ zzgl. Reinigungsgebühr.

Einfach – **Sprecks Plantation House:** 448 Alakapa Pl., www.sprecksplantationhouse.com. Etwas außerhalb von Pā'ia zwischen Kite Beach und Ho'okipa Beach gelegen, in Fußentfernung zum Strand. Drei Studios und eine One-Bedroom-Suite, alle mit privater Terrasse. Mindestaufenthalt 1 Woche. Ab 125 $.

Essen & Trinken

Köstlichkeiten aus dem Meer – **Mama's Fish House:** 799 Poho Pl., Tel. 808 579 8488, www.mamasfishhouse.com, tgl. 11–21 Uhr. Fine Dining direkt am Strand, authentische hawaiianische Küche, freundlicher Service und toller Ozeanblick. Vorspeisen ab 17 $, Hauptspeise ab 50 $.

Fresh Fish with Aloha – **Pā'ia Fish Market:** 100 Hāna Hwy., Tel. 808 579 8030, www.paiafishmarket.com, Lunch tgl. 11–16.30, Dinner tgl. 16.30–21.30 Uhr. Fangfrischer Fisch in großen Portionen zu fairen Preisen, in Form von Pastagerichten und Salaten, Quesadillas, Fajitas, Burgern oder pur. Ab 10 $ (Lunch) bzw. 15 $ (Dinner).

Hawai'i trifft Japan – **Vana Pā'ia:** 93 Hāna Hwy., Tel. 808 579 6002, www.vanapaia.com, tgl. 8–14, Mi-So 17–22, Sa 17–24 Uhr. Restaurant und Sushi-Bar, authentische hawaiianische Küche mit japanischen Einflüssen. Ab 14 $.

Wilde Mischung – **Café Des Amis:** 42 Baldwin Ave., Tel. 808 579 6323, www.cdamaui.com, tgl. 8.30–21 Uhr. Französisch-mediterrane Küche (süße und herzhafte Crêpes, frische Salate) und indische Currys, alles frisch und lecker. Freundlicher Service, gemütliches Ambiente. Crêpes ab 6 $, Hauptspeisen ab 13 $.

PĀ'IA BOWLS

Wer auf Maui aufwächst, leidenschaftlich gern surft und drei Brüder hat, braucht Energie in Form von gesunder Nahrung. Bowls und Smoothies zählen zu den bevorzugten Boostern der Walsh 'Ohana. Aus dieser Vorliebe machten Ian und Luke Walsh schließlich ein Business: das **Pā'ia Bowls.** Das Café liegt etwas versteckt auf Meerseite des Hāna Highway. Bestellen Sie bei den entspannten Maui-Mädels und -Jungs und suchen Sie sich ein Plätzchen im kleinen Innenhof. Oder nehmen Sie Ihre Drinks und Ihr Essen mit auf den Weg und schauen Sie den Surfern am Ho'okipa Beach beim Training zu – wahrscheinlich sind auch die Walsh-Brüder darunter (43 Hāna Highway, Tel. 808 214 6504, www.paiabowls.com, tgl. 7.30–18 Uhr, Smoothies 6–11 $, Bowls 8–14 $).

Mit tropischem Garten – **Pā'ia Bay Coffee Bar:** 115 Hāna Ave., Tel. 808 579 3111, tgl. 7–20 Uhr. Freundliche, entspannte Atmosphäre, leckerer Kaffee, Frühstück und leichte Gerichte. Abends Livemusik und Cocktails. Kaffeespezialitäten ab 3,50 $, Bagel ab 5 $, Salate und Sandwiches ab 12 $.

Einkaufen

Beachwear & Accessoires – **Lilikoi Pā'ia Maui:** 18 Baldwin Ave., tgl. 10–18 Uhr, www.lilikoipaiamaui.com. Sehr schöne Badebekleidung, Strandkleider und italienische Lederwaren.

Verrückte T-Shirts – **Alice in Hulaland:** 19 Baldwin Ave., Tel. 808 579 9922, www.aliceinhulaland.com, tgl. 10–20 Uhr. Schmuck, Hawaiiana und T-Shirts des eigenen Labels.

Wohndesign – **Pearl:** 71 Baldwin Ave, Tel. 808 579 8899, www.pearlbutik.com, tgl. 10–18 Uhr. Kleine Dekogegenstände und große Einrichtungsstücke aus der ganzen Welt, sehr schöne Heimtextilien.

Galerien – In Pā'ia gibt es eine Vielzahl von Galerien mit unterschiedlichen Kunststilen, darunter **Art Project Pā'ia** (77 Hāna Hwy., Tel. 808 214 6949), **By the Bay** (90 Hāna Hwy., Tel. 808 579 9777), **Cesere Brothers** (83 Hāna Hwy., Tel. 808 268 4405), **Maui Crafts Guild** (69 Hāna Hwy., Tel. 808 579 9697), **Maui Hands** (84 Hāna Hwy., Tel. 808 579 9245) und **Studio 22k** (161B Hāna Hwy., Tel. 808 876 1864).

Aktiv

Schwimmen – **Baldwin Beach Park:** Am Mile Marker 6, kurz vor Pā'ia. Baby Beach am westlichen Ende, Baldwin Cove am Ostende, ein Stückchen weiter Secret Beach (FKK) und im Anschluss Pā'ia Bay.

Barre & Yoga – **Infusion Barre & Hot Yoga Maui:** 71 Baldwin Ave., www.barremaui.com. Barre ist ein vom Ballett inspiriertes Fitnesstraining, das bei weiblichen Hollywoodstars sehr angesagt ist. Unterrichtsstunde 22 $.

Yoga & Massage – **Maui Yoga Shala Yoga:** 381 Baldwin Ave., Tel. 808 633 2770, www.maui-yoga.com. Unterrichtsstunde 10–20 $ (Spende), auch Retreats.

Radverleih – **Maui Cyclery:** 99 Hāna Hwy., Tel. 808 579 9009, www.gocyclingmaui.com, Mo–Fr 8–17, Sa 8–16, So 8–12 Uhr. Sehr hochwertige Räder, ab 60 $ pro Tag.

Geführte Radtouren – **Maui Sunriders:** 71 Baldwin Ave., Tel. 808 579 8970 www.mauisunriders.com, Touren ab 70 $, Radverleih ab 30 $ pro Tag.

Straße nach Hāna

Die **Road to Hāna** zählt zu den schönsten Straßen, die man in Hawaii befahren kann, und bildet mit dem Haleakalā den Höhepunkt eines Besuchs auf Maui. Sie führt durch Regenwald und durch grün überwucherte Täler, vorbei an rauschenden Wasserfällen. Unterwegs sind über 600 Haarnadelkurven und 56 einspurige Brücken zu überwinden. Der Weg ist das Ziel, allerdings gibt es unterwegs auch immer wieder Sehenswürdigkeiten, die einen Stopp lohnen. Die Strecke von Pā'ia nach Hāna ist 72 km lang, Sie sollten dafür etwa 4 Stunden einplanen und so früh wie möglich aufbrechen, damit Sie vor Sonnenuntergang wieder zurück sind. Die vielen Kurven erfordern etwas Fahrerfahrung, wer einen empfindlichen Magen hat, ist gut beraten, ein Medikament gegen Reiseübelkeit einzunehmen. Die Strecke kann neblig und regnerisch sein. Falls Sie während der Fahrt umdrehen möchten, gibt es in mehr oder weniger regelmäßigen Abständen Möglichkeiten zu wenden. Um die beeindruckende Natur rechts und links von der Fahrbahn zu betrachten oder zu fotografieren, kommt es im Verlauf der Straße häufig zu leichtsinnigen Manövern, seien Sie also auf Fußgänger, die die Straße achtlos kreuzen, und kurzfristige Bremsaktionen Ihres Vorgängers gefasst. Und ganz wichtig: Tanken Sie Ihren Wagen in Pā'ia voll.

Von Pā'ia nach Ke'anae ▶6, Q–T 13/14

Von Pā'ia aus führt der Hāna Highway (36) noch eine Weile direkt am Meer entlang – machen Sie einen kurzen Stopp am **Ho'okipa Beach Park,** wo internationale Windsurfing-Wettbewerbe ausgetragen werden. Hier können Sie von erhöhter Warte aus beobachten, wie Könner aus der ganzen Welt mit den Wellen tanzen. Kurz nach der Māliko Bay zweigt der Highway ins Landesinnere ab. Im weiteren Verlauf säumen kleine Cafés und Obststände die Straße. Den Beginn macht **Jaws Country Store** (www.jawscountrystore.com) am Mile Marker 14,5. Sie durchfahren nun das Gebiet Haiku-Pauwela. Dort, wo der Hāna Highway auf die Haumana Rd. trifft, wird die 36 zum Hāna Highway 360 und die Meilenzählung beginnt bei null. In Kürze (Mile Marker 2.1) ist mit den **Twin Falls** der erste, leicht zugängliche Wasserfall erreicht. Nehmen Sie sich ruhig Zeit für einen kurzen Spaziergang, die meisten Besucher machen nur ein schnelles Foto und fahren weiter.

Nachdem Sie den Waip'io Stream überquert haben, beginnt der kurvige Teil der Strecke. Zwischen Mile Marker 4 und 5 verkauft der **Huelo Lookout Fruit Stand** Smoothies, Kokosnusssaft, Açai Bowls, Crêpes und Bananenbrot. Wenn Sie eine Pause machen und den schönen Blick auf den Ozean genießen möchten, können Sie bei einer Bude etwas unterhalb des Obststands Waffeln und Rohrzuckersaft bestellen und sich damit an einen Picknicktisch mit Panoramaaussicht setzen. Knapp 800 m nach Mile Marker 3 biegt eine Straße nach **Huelo** ab, einem kleinen, verschlafenen Ort. Einzige Sehenswürdigkeit ist die 1853 aus Korallenblöcken erbaute **Kaulanapueo Church** mit ihrem markanten grünen Dachreiter. Von hier aus hat man einen schönen Blick über den Ort und das Meer.

Die Straße schlängelt sich weiter Richtung Südosten und hält nach jeder Kurve neue Eindrücke bereit. Üppige tropische Vegetation überzieht dschungelgleich die Berghänge. Bei Mile Marker 9,6 beginnt der **Waikomo Ridge Nature Walk,** eine halb- bzw. einstündige Wanderung durch dichten Regenwald. Im **Garden of Eden Arboretum & Botanical Garden** (Mile Marker 10.5) können Sie einen 100-jährigen Mangobaum und die Puohokamoa Falls bewundern. Von den Picknicktischen des **Kaumahina State Wayside Park** eröffnet sich ein traumhafter Blick auf den Ozean und die von schwarzem Strand und Steilklippen gerahmte Honomanū Bay. Von nun an führt die Road to Hāna wieder am Meer entlang, am Mile Marker 14 haben Sie etwa die Hälfte der Strecke hinter sich. Zwischen Mile Marker 16 und 17 schiebt sich die **Ke'anae Peninsula** in den Ozean – eine Stichstraße führt vom Highway ins Dorf **Ke'anae,** in dem vorwiegend Native Hawaiians leben, und zu einem Lookout mit weitem Blick über die grüne Halbinsel mit ihren Kalo-Feldern und verstreut liegenden Farmhäusern. Kalo- und andere Kulturpflanzen kann man auch im **Ke'anae Arboretum** betrachten, ebenso Farne, wilden Ingwer, Elefantenohren und die seltene Maui-Palme. Ein gut zu begehender Weg führt durch das Gelände.

Von Ke'anae zum Kahanu Garden ▶ 6, U 14

Hinter Mile Marker 18 zweigt die Zufahrt nach **Wailua** ab, ein verschlafenes Dorf, das wie Ke'anae von der Landwirtschaft lebt. Das Baumaterial für die hübsche **Coral Miracle Church,** Korallensteine, soll von einem Sturm ans Ufer der Wailua Bay gespült worden sein. Zwischen Mile Marker 22 und 23 bietet sich der **Pua'a Ka'a State Park** für ein Picknick unter Eukalyptusbäumen an. Wege führen zu einem farnumsäumten Felsenpool und zu kleinen Wasserfällen.

Bei Mile Marker 25 zweigt eine Straße nach links zum Ozean ab – sie führt nach etwa 4 km zum **Nahiku Lookout.** Im Dorf **Nahiku** besaß auch Ex-Beatle George Harrison ein Haus. Wenn Sie auf dem Highway weiterfahren, passieren Sie bei Mile Marker 27 **Hana Harvest** (www.hanaharvest.us) – hier können Sie einen Toilettenstopp und eine kleine Pause mit gutem Kaffee und Bananenbrot oder einer Pizza einlegen. Etwas weiter vereint der **Nahiku Marketplace** zahlreiche Essensangebote – vom Obststand bis zu kleinen »Restaurants« (eigentlich Bretterbuden mit Bierbänken) wie Up In Smoke (BBQ), Island Chef (Coconut Shrimp) und My Thai Food (Curry mit Fisch aus Hāna).

Über die Ulaino Road gelangt man kurz nach Mile Marker 31 zu einem vergleichsweise wenig besuchten, aber dennoch großartigen Ort: dem **Kahanu Garden.** Auf knapp 120 ha beheimatet er zahlreiche einheimische und importierte Pflanzen, darunter viele Pandanpalmen und mehr als 120 Brotfruchtarten. Auf dem Areal befinden sich auch die Überreste des **Pi'ilanihale Heiau.** Bei der 125 m^2 großen Plattform aus Lavagestein handelt es sich um die größte antike, von Menschen erbaute Struktur im gesamten polynesischen Raum. Archäologen gehen von einem Baubeginn um 1200 aus. Vollendet wurde der Heiau von Mauis Herrscher Pi'ilani im 14. Jh. – daher der Name, der übersetzt »Haus von Pi'ilani« bedeutet. Pi'ilani veranlasste auch den Bau vieler Fischteiche in der Hāna-Region (650 Ulaino Rd.,

Tel. 808 248 8912, www.ntbg.org/gardens/kahanu, Mo–Fr 9–16, Sa 9–14 Uhr, 10 $, Führungen Mo–Fr 11 Uhr, 25 $, vorherige Anmeldung per Telefon oder E-Mail unter kahanu@ntbg.org; mithilfe einer Broschüre kann man das Areal auch auf eigene Faust erkunden, solte dabei aber auf keinen Fall auf die Tempelmauern klettern).

Falls Sie sich weder im Dunkeln noch in engen Röhren wohlfühlen, können Sie sich den nächsten Halt sparen – wer das Ungewisse mag, ist in der **Ka'eleku Cave** (**Hāna Lava Tube**) genau richtig. Sie bildete sich durch Lavaströme, die an der Oberfläche bereits abkühlten, während die heiße Gesteinsmasse im Inneren noch weiterfloss. Zu sehen ist erstarrte Lava in den unterschiedlichsten Formationen. Bevor die Höhle für Besucher zugänglich gemacht werden konnte, mussten zentnerweise Rinderknochen entfernt werden, denn die Lavaröhre diente von 1950 bis 1970 als Mülldeponie des Schlachthofs von Hāna. Für eine Erkundung brauchen Sie etwa 45 Minuten, der Weg ist beschildert und mit einem Geländer versehen. Am Eingang bekommen Sie Helme und Taschenlampen. Die Temperatur unter der Erde beträgt rund ums Jahr 18 bis 21 Grad Celsius. In der Höhle, von der man annimmt, dass sie bisher nur zur Hälfte entdeckt worden ist, gibt es keine Fledermäuse. Zur Anlage gehört auch ein oberirdisches Labyrinth aus Feuerpalmen (www.mauicave.com, tgl. 10.30–16 Uhr, 11,95 $ ab 5 Jahren).

Im Wai'ānapanapa State Park kontrastiert tropisches Grün mit schwarzem Lavasand und dem tiefen Blau des Ozeans

Wai'ānapanapa State Park ▶ 6, U 15

Beim Mile Marker 32 zweigt die Honokalani Road zum **Wai'ānapanapa State Park** ab, einer wildromantischen Küstenlandschaft mit schwarzem Strand, schroffen Klippen und zwei Lavahöhlen. Der Strand an der Pa'iloa Bay ist wunderschön – je früher Sie ihn erreichen, umso leerer finden Sie ihn vor. Zum Baden ist der Ozean hier nicht geeignet, das deutet schon der Name an (Pa'iloa bedeutet übersetzt »ununterbrochen spritzend«). Um die Höhlen rankt sich eine Legende: Die hawaiianische Prinzessin Popoalaea soll sich hier vor ihrem eifersüchtigen Ehemann Kaka'e versteckt haben – vergebens, er entdeckte sie und brachte sie um. Manchmal verfärbt sich das Wasser in den Höhlen rot – es soll sich um das Blut der erschlagenen Prinzessin handeln. Forscher vermuten, dass rotes Plankton dieses Phänomen verursacht. Auf einem Küstenpfad kann man vom Campingplatz des State Park aus zum 4,5 km entfernten Hāna gehen. Der Trail folgt dem alten hawaiianischen Königsweg. Er führt an bizarren Lavafelsen und Blowholes vorbei, auf der Landseite erkennt man die Reste von Siedlungen, Begräbnisstätten und Heiaus (Tempel).

Hāna ▶ 6, U/V 15

Von hier aus sind es nur noch knapp 5 km bis nach **Hāna,** Ihrem Ziel. Hier leben rund 1500 Menschen in einer himmlischen Abgeschiedenheit, die dem Ort auch den Beinamen »Heavenly Hāna« beschert hat. Schon im alten Hawaii war Hāna von größter strategischer Bedeutung – der Seeweg zwischen Maui und Hawai'i Island ist hier am kürzesten. Im 19. Jh. war Hāna ein geschäftiger Plantagenort. Als die Zuckerproduktion in den 1940er-Jahren eingestellt wurde, kaufte der Investor Paul Fagan einen Großteil des Landes, gründete die Hāna Ranch und erbaute das Hotel Hāna Maui (heute Travaasa Hāna). Beide sind bis heute die wichtigsten Arbeitgeber im Ort. Auf dem **Pu'u o Kahaula Hill** erinnert ein Kreuz an den Unternehmer, das **Fagan Memorial.** Vom Parkplatz des Travaasa Hāna (links sehen Sie ein kleines Tor) führt eine gepflasterte Straße in 30 Minuten auf den Hügel hinauf. Von oben hat man einen großartigen Blick über Hāna und die Bucht.

Sehenswertes

Zu den wenigen Sehenswürdigkeiten des kleinen Ortes gehören die **Wananalua Church** (10 Hauoli Rd.), die Missionare 1838 auf den Fundamenten eines Tempels errichteten, und das **Hāna Cultural Center**. Das kleine Museum dokumentiert mit historischen Fotos, Werkzeugen und anderen Exponaten das Leben auf Mau'i in vergangenen Zeiten (4974 Uakea Rd., www.hanaculturalcenter.org, Mi, Do 10–15 Uhr, 3 $). Der **Hasagewa**

General Store ist ein historischer Kramladen, der nach einem Brand an anderer Stelle neu eröffnet wurde, seinen liebenswert chaotischen Charakter aber bewahrt hat. 1961 erlangte er durch einen Song von Paul Weston Berühmtheit (5165 Hāna Hwy., Mo–Sa 7–19, So 8–18 Uhr).

Strände

Über Uakea Road und Keawa Place gelangt man zum **Hāna Bay Beach Park** mit einem kleinen schwarzen Sandstrand. In der geschützten Bucht ist Schwimmen und Schnorcheln fast immer möglich. Im Süden wird der Strand vom **Kau'iki Head** begrenzt, einem knapp 120 m hohen Vulkankegel. Hier kämpften Mau'is Krieger gegen Eroberer von Hawai'i Island, und hier kam Ka'ahumanu zur Welt, die Lieblingsfrau von König Kamehameha I. Östlich des Felsens liegt, über einen Trampelpfad erreichbar, der **Kaihalulu Beach,** wegen seines rostroten Sandes auch Red Beach genannt. Etwa 4 km südlich von Hana rahmt tropische Vegetation den wunderschönen, **Hāmoa Beach,** wo man bei ruhigem Wasser schwimmen und bodysurfen kann.

Von Hāna nach Kīpahulu ▶6, U–V 15/16

Von Hāna aus kehren Sie entweder auf der gleichen Route nach Pā'ia zurück oder Sie fahren auf dem Hāna Highway noch knapp 20 km weiter Richtung Süden. Die Straße ist hinter Hāna nicht mehr durchgehend asphaltiert und abschnittsweise sehr kurvig, weswegen man nur langsam vorankommt. Etwa 12 km hinter Hāna sehen Sie von einer Brücke aus die 30 m hohen **Wailua Falls,** ein kurzer Trail führt zu den moosbewachsenen Felsen am Fuß der Fälle. Nach etwa 40 Min. ist die **Kukui Bay** erreicht– hier beginnt der **Kīpahulu District** des **Haleakalā National Park** mit Wasserfällen, großartigen Ausblicken auf den Ozean und lohnenden Wanderwegen. Von der Brücke über den 'Ohe'o Gulch des Kīpahulu Valley blicken Sie auf eine Reihe von Felsenbecken, die **Pools at 'Ohe'o.** Früher konnte man hier baden, wegen Steinschlaggefahr hat die Parkverwaltung jedoch den Zugang gesperrt. Ganz in der Nähe beginnt beim Kīpahulu Visitor Center der **Pīpīwai Trail** (auch Waimoku Falls Trail), der am Fluss entlang und durch einen einzigartigen Bambuswald zu den Waimoku Falls führt (einfach 3,5 km bzw. 800 m zu den Makahiku Falls). Auch hier sollte man sich wegen Steinschlaggefahr dem Pool zu Füßen der Fälle nicht nähern. Sonntags um 10 Uhr bieten die Park Ranger nach Voranmeldung geführte Touren an. Weitere Infos unter www.nps.gov/hale/planyourvisit/kipahulu.htm.

Von der Kukui Bay aus sollten Sie nicht weiter Richtung Südwesten fahren. Es gibt zwar eine Dirt Road, die zur Huakini Bay führt, ihre Befahrung ist aber in den Verträgen der Mietwagenunternehmen untersagt.

Übernachten

Resort mit Spa – **Travaasa Hāna:** 5031 Hāna Hwy., Tel. 808 359 2401, www.travaasa.com. Ehemaliges Hotel Hana Maui, inzwischen durch ein Facelift auf den neuesten Stand gebracht. Luxuriöse, von einem wunderschönen tropischen Garten umgebene Bungalowanlage mit umfangreichem Aktivitätenangebot. Spa, Außenpool, zwei exquisite Restaurants. Fantastische Sonnenaufgänge, da am östlichsten Punkt der Insel gelegen. All-inclusive Option. DZ ab 575 $ (all inclusive ab 775 $).

Apartments – **Hāna Kai Maui:** 4865 Uakea Rd., Tel. 808 248 8426, www.hanakaimaui.com. Verschiedene Studios und Ferienwohnungen mit mehreren Schlafzimmern, teils mit Meerblick. Ohne Fernseher und Klimaanlage, aber mit voll ausgestatteter Küche, Lanai und WLAN. DZ ab 240 $.

Oceanfront-Suiten – **Bamboo Inn on Hāna Bay:** 4869 Uakea Rd., Tel. 808 248 7718, www.bambooinn.com. Kleines Inn mit drei Suiten, die über die Hāna Bay schauen. Einrichtung im authentischen hawaiianischen Stil. DZ 210 $.

Essen & Trinken

Mit Meerblick – **Hāna Ranch Restaurant:** 5031 Hāna Hwy., Tel. 808 270 5280, www.hanaranch.com, tgl. 11–21 Uhr. Von der überdachten Terrasse des Restaurants, das von der Hāna Ranch beliefert wird, hat man aus erhöhter Position einen schönen Blick Richtung Pazifik. Vorspeisen ab 13 $, Burger ab 17 $, Hauptspeisen ab 22 $.

Home-made BBQ – **Braddah Hutts BBQ Grill:** 5305 Hāna Hwy., Tel. 808 264 5582, Mo–Sa 10.30–15 Uhr. Der Food Truck serviert BBQ Chicken, Pork, Ribs und Mahimahi in großen Portionen, dazu gibt es Reis oder Makkaroni-Salat – dass alles etwas einfach ist, stört die große Fangemeinde kein bisschen. Tacos ab 11 $, BBQ ab 14 $.

Aktiv

Wellness – **Luana Spa:** 5050 Uakea Rd., Tel. 808 248 8855, www.luanaspa.com. Luana bedeutet in Einklang mit sich sein – und genau diesen Zustand erreichen Sie in dem Retreat auf dem Ka'uiki Hill, wenn Sie eine Anwendung in der gemütlichen Spa-Jurte oder in einer traditionellen Hale buchen. Das umfangreiche Angebot reicht von hawaiianischen Behandlungen wie Lomilomi bis zu asiatischen Treatments. Ab 45 $.

Farmbesuch – **Ono Organic Farms:** Road to Hāna, Tel. 808 248 7779, www.onofarms.com. Jeden Di 13.30 Uhr (nur mit Reservierung). Während der Tour probieren Sie tropisches Obst, Kaffee und Schokolade aus eigenem Anbau. 45 $ pro Person.

Termine

East Maui Taro Festival: April. Bei dem Fest im Hāna Ballpark dreht sich alles um Kalo (www.tarofestival.org).

Verkehr

Flüge: Hāna verfügt über einen kleinen Regionalflughafen. Mokulele Airlines unterhält dreimal täglich Verbindungen von Kahului zum Hāna Airport in Cessnas mit 9 Sitzen. Der Flug dauert 20 Min. und kostet ab 59 $ für die einfache Strecke.

Gesunde Ernährung ist in Hāna kein Problem – in der Umgebung gibt es viele organische Farmen, die auch die Restaurants beliefern

Süden

Von Kahului ist der Mokulele Highway (311) die beste Verbindung in den mit traumhaften Stränden gesegneten Süden der Insel. Dieser Teil Mauis ist am sonnigsten und trockensten, daher haben sich hier zahlreiche Luxusresorts angesiedelt. Zudem liegt vor der Südwestküste der Insel der halbmondförmige Molokini Crater, ein wahres Schnorchelparadies.

KEĀLIA POND NATIONAL WILDLIFE REFUGE

Kurz bevor der Mokulele Highway sich auf der Höhe des Keālia Beach in die South Kīhei Road und den Pi'ilani Highway aufteilt, kommen Sie am **Keālia Pond National Wildlife Refuge** vorbei. Hier sollten Sie die Gelegenheit für einen kleinen Naturspaziergang nutzen. Das noch weitgehend ursprünglich gebliebene Feuchtbiotop mit Sanddünen und Salzwasserlagunen beheimatet seltene einheimische Wasservögel wie den Hawaiistelzenläufer und das Hawaiiblesshuhn, auch Zugvögel wie der Pazifische Goldregenpfeifer oder der Wanderwasserläufer rasten hier. Im Blattwerk der Bäume hängen Silberfledermäuse und am angrenzenden Strand legen Karettschildkröten ihre Eier ab. Durch das Gebiet führt der 2,2 km lange **Keālia Coastal Boardwalk**, ein parallel zur Mā'alea Bay verlaufender Bohlenweg (www.fws.gov/refuge/Kealia_Pond, Mo–Fr 7.30–16, Visitor Center Mo 11–15, Di–Fr 9–15, Boardwalk tgl. von Sonnenuntergang bis 19 Uhr).

Kīhei ▶ 6, P 15/16

Die South Kīhei Road führt direkt am Meer entlang in Richtung Süden nach **Kīhei.** Der lang gestreckte, zersiedelte Ort mit seinem knapp 10 km langen Strandabschnitt ist heute eine der beliebtesten Feriendestinationen Mauis mit zahlreichen Hotels, Ferienhäusern, Restaurants und Einkaufszentren. Vom Strand genießt man schöne Ausblicke auf Kaho'olawe, Molokini, Lāna'i und West Maui. Die Bedingungen zum Schwimmen, Surfen, Schnorcheln und Kajakfahren sind perfekt. In den Wintermonaten hat man gute Chancen, vorbeiziehende Wale zu beobachten.

Ein Beach Park reiht sich an den anderen, gesäumt von Palmen. Die Strände nördlich von Kīhei sind weniger spektakulär, dafür aber ruhiger. Der **Mai Poina 'Oe la'u Beach Park** eignet sich z. B. für lange morgendliche Spaziergänge, nachmittags tummeln sich hier die Surfer. Am **Kalepolepo Beach** gibt es einen historischen Fischteich und ein Besucherzentrum des **Humpback Whale National Marine Sanctuary** mit Infos über Wale und einer Plattform zur Beobachtung der Meeresgiganten. Die Aussicht auf die Nachbarinseln Kaho'olawe und Lāna'i ist fantastisch. Man erfährt zudem, wie die alten Hawaiianer im Einklang mit dem Land und dem Ozean lebten (726 S. Kihei Rd., Mo–Fr 10–15 Uhr, Eintritt frei).

Bei Familien beliebt ist der **Kalama Beach Park** mit zahlreichen Freizeiteinrichtungen. Am südlichen Ende von Kalama gilt der **Kīhei Cove Beach Park** als bester Surfspot für Anfänger. Der Strand ist klein und liegt nahe an der Straße, doch wer hierherkommt, hat ohnehin nur die Wellen im Blick. Entlang der Straße gibt es kleine Shops wie das Kīhei Caffee (1945 S Kīhei Road, Tel. 808 879 2230, www.kiheicaffe.com, tgl. 5–14 Uhr) und die South Shore Tiki Lounge (Kīhei Kalama Village, 1913-J S. Kīhei Rd., Tel. 808 874 6444, www.southshoretiki.com, tgl. 11–2 Uhr).

Es folgen die Strände **Kamaole I, II und III,** die alle gut zum Schwimmen geeignet sind und von Lifeguards beaufsichtigt werden. Vom **Keawakapu Beach** mit seinem goldfarbenen Sand können Sie zu Fuß weiter nach Wailea gehen und dabei traumhafte Residenzen bewundern. Die beste Zeit dafür ist der frühe Morgen, wenn es noch nicht so windig ist. Bei ruhigem Wasser ist Schwimmen und Schnorcheln möglich, Taucher können ein vorgelagertes künstliches Riff erkunden. Es gibt drei Zugänge zum Keawakapu Beach: einen beim Mana Kai Maui Resort (blaues Schild mit dem Hinweis »Shoreline Access«), einen weiteren gegenüber vom Parkplatz an der Kilohana Street und den dritten dort, wo die Kīhei Road in einer Sackgasse endet.

Aktiv

Yoga – **Maui Yoga Path Studio:** Mana Kai Maui Resort, 2960 S. Kihei Rd., www.mauiyogapath.com. Das Studio am Keawakapu Beach bietet (auch ohne vorherige Anmeldung) Yogastunden für alle Levels an. Besonders stimmungsvoll ist das tägliche Sunrise Beach Yoga von 7–8 Uhr morgens. Sie können sich Matten vor Ort ausleihen, die Stunde kostet 25 $.

Klettern am Wasserfall – **Rappel Maui:** Treffpunkt Kihei Junction Park and Ride, N. Kīhei Rd., Tel. 808 445 6407, www.rappelmaui.com, tgl. 7–19 Uhr. Tropischer Regenwald und Wasserfälle – beim Rappeling werden diese Naturschönheiten vertikal mit Seilen und anderem Equipment erkundet. Die Touren (Classic, Extended und Private) umfassen die Fahrt in das private Gebiet (ungefähr auf der Hälfte der Road to Hāna), die Ausstattung (inkl. Schuhe), Picknick, Wasser und Obst. Ab 230 $.

Wailea ▶ 6, P 16

Kurz bevor die South Kīhei Road zur Sackgasse wird, können Sie links in den Okolani Drive abbiegen. Die nächste große Straße, die nach rechts führt, ist der Wailea Alanui Drive. Ab jetzt wird es exklusiv - sehr exklusiv. In **Wailea** reihen sich Luxushotels und -resorts entlang des schönen Strandes aneinander, beginnend mit dem Andaz Maui at Wailea Resort (www.hyatt.com), Wailea Beach Resort Marriott (www.marriott.com) und Grand Wailea, A Waldorf Astoria Resort (www.grandwailea.com) über das Four Seasons Resort Maui at Wailea (www.fourseasons.com) und das Fairmont Kea Lani, Maui (www.fairmont.com) bis hin zum Hotel Wailea, Relais & Châteaux (www.hotelwailea.com). Zwischendrin finden sich gepflegte Malls mit Luxusmarken wie The Shops at Wailea (www.theshopsatwailea.com) und sehr gute Restaurants wie Monkeypod Kitchen by Merriman (www.monkeypodkitchen.com) und Sarento's on the Beach (www.sarentosonthebeach.com).

Der schöne Strand ist für jedermann zugänglich, allerdings sind einzelne Abschnitte von den Schirmen und Liegen der Hotels vereinnahmt. Wenn Sie mögen, schauen Sie in das eine oder andere Hotel hinein (besonders lohnend ist das im Wailea Grand Resort) oder gönnen Sie sich zum Sonnenuntergang einen Drink. Mit Sicherheit machen auch gerade ein paar Prominente hier Urlaub.

Vor dem Andaz Maui Resort erstreckt sich der **Mōkapu Beach** mit guten Bedingungen zum Schwimmen und Bodysurfen. Wer gerne schnorchelt, sollte sich, am besten morgens, wenn es noch windstill ist, zum **Ulua Beach** etwas weiter südlich begeben. Er ist nicht nur für seinen Fischreichtum, sondern auch für ein ganz besonderes Erlebnis bekannt: In den Wintermonaten kann man unter Wasser die Buckelwale singen hören.

Der Zugang zum **Wailea Beach** befindet sich zwischen dem Grand Wailea und dem Four Seasons Resort. Mit seinem zumeist ruhigen Wasser gilt der Strand als einer der besten und sichersten auf Maui. Schnorchler können die felsigen Abschnitte am Nord- und Südende erkunden.

An den Wailea Beach schließt sich der **Polo Beach** an, ein ebenfalls sehr gepflegter und herrlich weißer, feinkörniger Strand. Er liegt vor dem Fairmont Kea Lani und ist meistens nur wenig besucht – dabei kann man hier je nach Wellengang gut schnorcheln oder mit Boogie- und Body-Boards auf den Wellen reiten. Weiter südlich, auf Höhe des Wailea Golf Course (Gold), gibt es noch einen wunderbaren, am Wochenende häufig von einheimischen Familien besuchten Strand: **Po'olenalena Beach.** Wie ein Halbmond geformt, bietet er dank des ruhigen Wassers und des flach abfallenden Sandbodens ideale Voraussetzungen zum Schwimmen. Am von Lavafelsen begrenzten Nord- und Südende lässt es sich gut schnorcheln. Den entsprechenden Parkplatz finden Sie an der Mākena Lanui Road.

Termine

Maui Film Festival: Juni. Das alljährlich im Sommer stattfindende Open-Air-Filmfestival wird gerne mit Sundance verglichen und ist ein Highlight im Veranstaltungskalender der Insel. Gezeigt werden neben Premieren auch Filmklassiker und Reihen, die großen Leinwandstars Tribut zollen. Am Strand vor dem Wailea Resort finden Diskussionsrunden und Tasting Events zu unterschiedlichen kulinarischen Themen statt. Die Organisatoren des Festivals laden renommierte internationale Schauspieler ein und schaffen mit Hula-Vorführungen und anderen Reverenzen an die hawaiianische Kultur eine besondere Atmosphäre (www.mauifilmfestival.com).

Mākena State Park

▶ 6, P 16/17

Hinter Makena beginnt ein noch recht ursprünglicher Teil der Westküste Mauis. Hier finden sich noch einsame Strandabschnitte, an denen man gut bodysurfen und schnorcheln kann. Falls Sie auf eigene Faust ein Unterwasserparadies erkunden möchten, ohne eine Tour zum Molokini Crater zu buchen, sollten Sie wenige Autominuten südlich von Mākena Landing am **Maluaka Beach** halten. Der ruhige Strand ist Teil des **Mākena State Park** und erstreckt sich vor dem Mākena Beach Resort. Gegenüber der hübschen **Keawala'i Congregational Church** von 1832 gibt es einen Parkplatz, Toiletten und Duschen. Von dort sind es 10 Gehminuten zu dem geschützten Strand. Die Sichtweite unter Wasser ist hier fantastisch und die Wahrscheinlichkeit, grüne Meeresschildkröten zu sehen, besonders hoch.

Der auch Big Beach genannte **Oneloa Beach** gehört zu den schönsten Stränden Mauis. Oneloa bedeutet »langer Sand« und lang ist dieser helle Sandstrand tatsächlich:

Paradise found – Big und Little Beach im Mākena State Park sind gleichermaßen traumhaft

Er erstreckt sich über 800 m, ist 30 m breit und wird von zwei großen Lavawällen eingegrenzt. Auch wenn hier viele Autos parken, werden Sie garantiert ein ruhiges Plätzchen finden. An den Big Beach schließt sich nördlich der Little Beach an. Die beiden Strände werden durch eine Halbinsel getrennt, auf der der Pu'u Olai aufragt, ein fast 110 m hoher Schlackenkegel, der allerdings nicht bestiegen werden darf.

Vom Oneloa Beach führt die Mākena Road kurvenreich weiter gen Süden. Nach rund 5 km erreichen Sie die Zufahrt zum **Ahihi-Kinau Natural Area Reserve,** einem 1973 eingerichteten Schutzgebiet mit Brackwasserteichen und erstarrten Lavaflüssen. Das empfindliche Ökosystem entstand beim letzten Ausbruch des Haleakalā. Es gibt mehrere Wanderwege, allerdings keinen Schatten – schützen Sie sich daher unbedingt vor der Sonne. Unter der Webadresse www.dlnr.hawaii.gov/ecosystems/nars/maui/ahihi-kinau-2 können Sie Kartenmaterial herunterladen, das zu Wegen und Besonderheiten des Naturreservats Auskunft gibt. Die Küstengewässer sind ein Meeresschutzgebiet mit vielen Korallen und bunten Fischen, am **Kanahena Beach** und in der **'Āhihi Bay** darf man schnorcheln. Schilder mit einem Fisch weisen auf Einstiegsstellen hin.

ABTAUCHEN IM MOLOKINI CRATER

Tour-Infos

Start: Mā'alea Harbor
Dauer: 5 Std.
Infos und Buchung: Four Winds II, 101 Mā'alea Rd., Tel. 808 879 1571, www.fourwindsmaui.com, Snorkel to Molokini Crater tgl. 7.30–12.30 Uhr, Erw. ab 95 $, Kinder ab 65 $ inkl. Frühstück, Lunch, Getränke und Schnorchelausrüstung, verschiedene Touroptionen. Weitere Anbieter: Sail Trilogy (www.sailtrilogy.com), Pride of Maui (www.prideofmaui.com), Redline Rafting (www.redlinerafting.com).
Wichtig: Nehmen Sie ein Handtuch und Badebekleidung mit, Sonnenschutz, eine leichte Jacke und natürlich Ihre Kamera.

Molokini, den sichelfömigen Kraterrand eines erloschenen Vulkans, sieht man bereits vom Ufer aus – er ist knapp 5 km von der Südküste Mauis entfernt und am höchsten Punkt ragt er rund 45 m aus dem Meer heraus. Es wird vermutet, dass der Ausbruch, der Molokini formte, vor rund 230 000 Jahren stattfand. Die Caldera ist eine von drei geschützten weltweit und ein Paradies für Schnorchler und Taucher, weil das Wasser hier besonders klar und die Unterwasserwelt überdurchschnittlich artenreich ist. Molokini wurde während des Zweiten Weltkriegs von der United States Navy als Testziel für Bombenabwürfe benutzt, inzwischen hat sich die Natur rund um die kleine Insel aber erholt. 1977 wurde Molokini zum Marine Life Conservation District and Bird Sanctuary erklärt. Auf den Felsen brüten zahlreiche Seevögel; in den Gewässern um die Insel tummeln sich rund 250 verschiedene Fischarten, darunter auch der hawaiianische Nationalfisch, der Humuhumunukunukuapua'a.

Startpunkt der Bootstouren ist der Mā'alea Harbor. Auf der Fahrt nach Molokini erhalten Sie viele Infos über den Krater und die Meeresfauna, die Ihnen hier begegnet. In den Wintermonaten stehen die Chancen gut, am südlichen Außenrand des Kraters Wale zu sehen. Die Tauchreviere, die zu den besten der Welt zählen, befinden sich ebenfalls im Süden, die Boote legen im ruhigen Inneren der Sichel an.

Beim Schnorcheln haben Sie eine Sicht von bis zu 45 m. Neben Papageien- und Drückerfischen werden Sie Oktopussen und friedlichen Riffhaien begegnen. Auf der Rückseite der Insel fallen die Felsen bis zu 110 m tief ab – hier schwimmen Mantarochen und Delfine vorbei. Eine Alternative zum Tauchen ist Snuba, eine Kombination aus Schnorcheln und Tauchen. Nach einer kurzen Einweisung können Sie mithilfe eines langen Schlauches, der zu einem schwimmenden Tank führt, in etwas größere Tiefen vordringen als beim Schnorcheln. Zwischen den Tauchgängen gehen Sie immer wieder an Bord, wo außer dem Frühstück auch ein BBQ Lunch serviert wird.

Die Straße endet bei **Keone'ō'io (La Pérouse Bay),** einem weiteren schönen Schnorchelrevier. In der Bucht betrat 1786 der Franzose Jean François de Galaup, Comte de La Pérouse, als erster Europäer Inselboden.

Aktiv

Einmal Meerjungfrau – **Hawai'i Mermaid Adventure:** 61 Halekuai St., Unit 5, Tel. 808 495 8919, www.hawaiimermaidadventures.com. Nur ein paar Minuten südlich des Mākena State Park könnte für die eine oder andere ein Traum in Erfüllung gehen: einmal im Leben schwimmen wie eine Meerjungfrau! Am Mākena Landing werden die Nixen auf Zeit vom Anbieter mit einer bunten Flosse zu Wasser gelassen und entdecken den Ozean aus einer ganz anderen Perspektive. Ausgebildete Lebensretter leiten die Kurse. Gruppenunterricht ab 139 $.

Wandern – Ein besonders beeindruckender Hike ist der **Hoapili Trail** (King's Highway). Er beginnt an der La Pérouse Bay bei den Makena Stables und folgt einem Teilabschnitt des alten Königsweges. Seinen Namen erhielt er von Gouverneur Hoapili, der König Kamehameha I. als Berater zur Seite stand und den Weg zwischen 1824 und 1840 befestigte. Gutes Schuhwerk ist unbedingt notwendig, denn Sie marschieren durch Lavafelder. Der Pfad folgt der Küste, vorbei an Pools zum Angeln, einem verlassenen Fischerdorf und Resten uralter Heiaus. Unterwegs bieten sich immer wieder schöne Ausblicke auf den Haleakalā und Kaho'olawe. Nach rund 4 km erreichen Sie den unberührten Kanaio Beach mit grauem Sand. Der Weg geht von hier aus noch weiter, sein Verlauf ist aber immer schwerer zu erkennen.

Geführte Ausritte – **Makena Stables:** 8299 Makena Rd., Tel. 808 879 0244, www.makenastables.com. Ausritte in kleinen Gruppen auf dem Land der Ulupalakua Ranch, mit schönen Ausblicken auf die La Pérouse Bay und den Haleakalā. Morning Ride 175 $, Sunset Ride 195 $.

Westen

Mauis sonnige Nordwestküste mit der damaligen Hauptstadt Lāhainā war ein beliebter Rückzugsort für das Königshaus. Auch heute hat diese Region dank der gelungenen Kombination aus Beachlife und entspanntem »Stadtleben« viel Zulauf. Von Lāhaināss Hafen legen zudem die Fähre nach Lāna'i sowie zahlreiche Bootstouren zum Sonnenuntergang ab.

Mā'alaea ▶ 6, O 14

Vom Kahului aus fahren Sie auf dem Honoapi'ilani Highway (30) an der Maui Tropical Plantation und dem King Kamehameha Golf Club vorbei, bis Sie im Süden den Ozean erreichen. Der Hafen von **Mā'alaea** ist Ausgangspunkt für Segeltörns, Walbeobachtungstouren und Dinner-Cruises. Bei geübten Surfern ist der Mā'alaea Harbor für seine Freight Trains bekannt, endlos lange, schnell brechende Wellen. Wer lieber entspannt auf dem Wasser unterwegs ist, kann auf einem SUP-Board in See stechen. Die Mā'alaea Bay ist Teil des **Humpback Whale National Marine Sanctuary,** das in Kīhei ein Visitor Center unterhält (s. S. 198). Das Mā'alaea Harbor Village bietet Shoppinggelegenheiten, einen Markt für Kunsthandwerk und Restaurants.

Maui Ocean Center

192 Mā'alaea Rd., www.mauioceancenter.com, tgl. 9–17 Uhr, Erw. 34,95 $, Kinder 4–12 Jahre 24,95 $, Vorführungen Humpbacks of Hawai'i Exhibit & Sphere tgl. 10–16 Uhr jede halbe Stunde, keine Reservierung nötig

Die größte Attraktion ist allerdings das fantastische **Maui Ocean Center.** Die früher als Maui Aquarium bekannte Einrichtung wurde 1998 gegründet und ist ein Tribut an Mauis einzigartige Unterwasserwelt. Im Center gibt es verschiedene Ausstellungen wie das Living Reef und die Turtle Lagoon, im Unterwassertunnel begegnet man Rochen und Haien. Ganz neu ist die Humpbacks of Hawai'i Exhibit & Sphere, für die eigens ein hochmodernes Theater erbaut wurde. Das Team um den deutschen Filmemacher Daniel Opitz von Ocean Mind hat die Meeresriesen begleitet und mithilfe neuester Technik einen Film produziert, der im 3D-Theater eine unglaubliche Tiefe bekommt. Sie kommen den Walen ganz nahe und werden Teil ihrer Welt. Allein diese Show ist den Besuch im Maui Ocean Center wert (Tel. 808 270 7068, tgl. 11–20.30 bzw. 9–17 Uhr).

Von Mā'alaea nach Lāhainā

Der Honoapi'ilani Highway verläuft bis zu seinem Ende etwas nördlich von Kapalua immer an der Küste entlang, eine absolute Traumstraße. Einziger Nachteil: Weil der Highway der einzige Weg in den Norden und in das beliebte Resortgebiet Kā'anapali ist, kann es auf der teils nur einspurigen Straße zu Staus kommen. Planen Sie, vor allem, wenn Sie auf dem Rückweg zum Flughafen sind, immer ausreichend Zeit ein. Die Straße ist zudem nicht beleuchtet – wenn Sie nach einem Langstreckenflug auf Maui ankommen, könnte eine Übernachtung am Flughafen eine gute Idee sein.

Papaway Point ▶ 6, O 15

Vom Maui Ocean Center bis nach Lāhainā sind es ungefähr 24 abwechslungsreiche Kilometer. Die Szenerie ändert sich und die Straße verlässt die Ebene des Central Valley, um sich an einem steileren Küstenabschnitt entlangzuschlängeln. Nach nur fünf Minuten führt zwischen Mile Marker 8 und 9 eine Stichstraße zum 116 m hohen **Papaway Point.** Hier befinden Sie sich am südlichsten Punkt von West Maui. Der Lookout eröffnet weite Blicke auf Molokini, Kaho'olawe und den Haleakalā im Osten der Insel. Von dieser Warte aus können Sie während der Wintermonate mit etwas Glück sogar Wale beobachten – ohne Fernglas! In der Walsaison sind häufig Forscher anwesend, die bereitwillig Auskunft zu den Meeresgiganten geben.

Pāpalaua und Ukumehame Beach Park ▶6, N 14/15

Nach etwa 5 km erreichen Sie, nachdem Sie einen Tunnel durchfahren haben, den **Pāpalaua** und kurz darauf den **Ukumehame Beach Park**. Die kleinen, schmalen Sandstrände liegen zwar direkt an der Straße, man kann aber im Schatten von Kiawe-Bäumen picknicken und bei ruhiger See auch schnorcheln. Die Küstengewässer vor dem Ukumehame Beach Park werden wegen der vielen Wellen von Surfern auch Thousand Peaks genannt und bieten ideale Bedingungen, um das Wellenreiten zu lernen.

Aktiv

Wandern – Kurz vor dem Pāpalua Beach Park, bei Meile 11, befindet sich der Einstieg in den **Lāhainā Pali Trail.** Pali bedeutet steil und hindernisreich, und diese Eigenschaft des alten hawaiianischen Weges sollten Sie beim Aufstieg nicht unterschätzen. Genauso wenig wie die Sonne – es gibt unterwegs so gut wie keinen Schatten, schützen Sie sich also gut vor der Hitze, aber auch vor plötzlichem Regen und starkem Wind und starten Sie möglichst früh am Morgen. Nehmen Sie genügend Trinkflüssigkeit mit. Der knapp 9 km lange Trail kann sowohl in die östliche Richtung (nach Mā'alea, schwieriger) als auch in die westliche Richtung (Ukumehame Beach Park) erwandert werden. Wenn Sie nicht die gesamte Strecke wieder zurückgehen möchten, benötigen Sie entweder zwei Autos oder jemanden, der Sie abholt und zum Ausgangspunkt bringt. Beide Wege sind durch die trockene Hitze, knapp 490 Höhenmeter und das steinige Terrain sehr anstrengend, aber die Ausblicke auf die Nachbarinseln, den Ozean und die riesigen Windräder der Kaheawa Wind Farm sind grandios. Zudem gehen Sie auf den Spuren der alten Hawaiianer, denn vor 1951, als der Honoapi'ilani Highway eröffnet wurde, war der Lāhainā Pali Trail die einzige Möglichkeit, von Wailuku nach Lāhainā zu gelangen.

Olowalu ▶6, N 14

Nach weiteren 1,5 km erreichen Sie **Olowalu,** eine kleine Siedlung mit tragischer Geschichte. Hier fand 1790 das Olowalu-Massaker statt, bei dem Kapitän Simon Metcalfe mit Kanonen auf Hawaiianer schoss, die er zu Verhandlungen auf sein Schiff geladen hatte. Etwa 100 Menschen wurden getötet und viele mehr verwundet. Sehenswert sind die Petroglyphen (**Pu'u Kīlea**), die Menschen, Tiere und Segel darstellen – auch wenn viele Figuren beschädigt sind, kann man einige immer noch deutlich erkennen. Man erreicht den Ort über eine rund 400 m lange Dirt Road, die hinter dem Olowalu General Store beginnt.

Vor dem **Olowalu Beach** erstreckt sich eines der größten und intaktesten Riffe Hawaiis, entsprechend beliebt ist der Strand bei Schnorchlern. Allerdings sollte man das Schild, das vor Haien warnt, nicht ignorieren und nicht alleine und auch nicht in der Morgen- oder Abenddämmerung ins Wasser gehen – Haie sehen nicht sehr gut und können daher menschliche und tierische Bewegungen im Meer nicht unterscheiden.

Essen & Trinken

Pies – **Leoda's Kitchen and Pie Shop:** 820 Olowalu Village Rd., Tel. 808 662 3600, www.leodas.com, tgl. 7–20 Uhr. Für alle, die Pies lieben, ist ein Stopp bei Leoda's ein Muss. Die süß oder herzhaft gefüllten Kuchen sind köstlich und werden in einem sehr freundlichen, unkomplizierten Umfeld serviert. Neben Pies gibt es auch frisch zubereitete Burger, Salate und Sandwiches. Stück Pie ab 5 $.

Mala Historic Wharf
Mala Boat Ramp
Lahaina Gateway
Keawe St (Lahaina Bypass)
Honoapi'ilani Hwy
Front St
Limahana Cir
Kelawea Mauka III Park
Komo Mai St
Kahoma Village Loop
Pu'unoa Pl
Kenui St
Kenui Cir
Kai Pali Pl
Baby Beach
Keone St
Kamamalu St
Puuki Pl
Aki St
Kopili St
Mela St
Kuhua St
Sugar Cane Train Maui
Baker St
Waine'e St
Lahainaluna Rd
Pioneer Mill Co Smokestack &Locomotive Exhibit
Papaualana St
Mill St
Pana'ewa St
Dickenson St
Seventh Day Adventist Church
Luakini St
Wharf St
Hotel St
Canal St
Prison St
Mokuhina Pl
Kamehameha Iki Park
505 Beach
Shaw St
Lahaina Roads
0 500 1000 ft
0 100 200 300 400 m

Lāhainā

Sehenswert

1 Hale Piula
2 Waine'e Church
3 Hongwanji Mission
4 Gefängnis (Hale Pa'ahao)
5 Hale Aloha
6 Lāhainā Banyan Tree
7 Courthouse
8 Old Lāhainā Lighthouse
9 Brick Palace
10 Hauola Stone
11 Lāhainā Shingon Mission
12 Richards House
13 Baldwin Home Museum
14 Seamen's Cemetery
15 Wo Hing Museum & Cookhouse
16 U.S. Seamen's Hospital
17 The Maui Ku'ia Estate Chocolate Factory

Übernachten

1 Ho'oilo House B & B
2 The Plantation Inn
3 Best Western Pioneer Inn
4 Lāhainā Inn

Essen & Trinken

1 Mexican Frida's Beach House
2 Honu Seafood & Pizza
3 Pā'ia Fishmarket
4 Kimo's
5 Moku Roots
6 Aloha Mixed Plate
7 Cool Cat Café
8 Hawai'i Gelato
9 Ono Gelato Co.

Einkaufen

1 Maui Pineapple Store
2 Sand People
3 Honolua Surf
4 Jucker Hawai'i
5 Old Lāhainā Center
6 The Shops at 505
7 Outlets of Maui
8 Lāhainā Cannery Mall

Abends & Nachts

1 Fleetwood's on Front Street

Aktiv

1 Atlantis Submarines Maui
2 Lāhainā Surfshack
3 Lāhainā Stables

Launiupoko und Puamana Beach Park ▶ 1, H 2

Bevor Sie Lāhainā erreichen, folgt bei Mile Marker 18 noch der **Launiupoko Beach Park,** ein guter Ort, um Bilder vom Sonnenuntergang zu machen. Die Picknicktische sind häufig von einheimischen Familien besetzt, Bäume spenden Schatten. Für Kinder wurde im Meer ein kleiner Pool zum Planschen abgeteilt. Der schmale **Puamana Beach Park** ist bei Surfern beliebt, die sich ans Wellenreiten erst noch herantasten. Wer schon etwas geübter ist, nimmt die _Breaks am nördlichen Abschnitt des Launiupoko Beach Park in Angriff.

Lāhainā ▶ 6, M 13

Cityplan: links
Um ins Zentrum von **Lāhainā** zu gelangen, fahren Sie entweder weiter auf dem Honoapi'ilani Highway oder biegen kurz nach Puamana links auf die Front Street ab, die Hauptstraße des Städtchens. Von hier sind es noch ungefähr 2,4 km. Da die Parkplatzsuche in Lāhainā eine (teure) Herausforderung sein kann, stellen Sie Ihr Auto besser mit etwas Abstand vorm Stadtkern ab und laufen ein Stückchen.

Geschichte

Lāhainā ist ein geschäftiges kleines Städtchen, das Sie auf jeden Fall besuchen sollten. Seine Geschichte ist bewegt: Im 18. Jh. war es Königsresidenz, von 1810 bis 1845 dann Hauptstadt des vereinigten Königreichs Hawaii. Im Hafen ankerten Handelsschiffe und Walfangboote, 1823 kamen die ersten Missionare. Als es mit dem Walfang bergab ging und San Francisco der wichtigste Pazifikhafen wurde, versank Lāhainā in Bedeutungslosigkeit. In den 1960er-Jahren entdeckte man das Potenzial des gut erhaltenen historischen Stadtkerns für den Tourismus: Die Bauten entlang der Front Street wurden restauriert, Geschäfte und Restaurants zogen ein und Lāhainā wurde, auch wegen des Hafens, zum attraktiven Ausflugsziel für Maui-Besucher.

HISTORISCHER STADTBUMMEL RUND UM DIE FRONT STREET

Tour-Infos

Start: Front Street/Ecke Shaw Street im Süden Lāhainās
Dauer: ca. 2 Std.
Info: Eine Übersicht aller 65 historischen Stätten, die der Ala Hele Mo'olelo o Lāhainā (Lāhainā Historic Trail) umfasst, bekommen Sie in Form einer Broschüre im Lāhainā Visitor Center an der Wharf Street und an Orten, die zur Lāhainā Restoration Foundation gehören. Sie können die Karte auch vorab unter der Webadresse www.lahainarestoration.org/pdf/lahaina-historical-trail-brochure als PDF herunterladen.

Von der Shaw Street gehen Sie parallel zum Wasser in nördliche Richtung. Links der Front Street befand sich einst die **Hale Piula** 1, der frühere Palast von König Kamehameha III. Er wurde 1830 erbaut, allerdings nie fertiggestellt, weil der König lieber eine nahe gelegene Hütte bewohnte. 1858 zerstörte ein Orkan den Bau, aus den Steinen wurde das Courthouse an der Wharf Street errichtet. Rechts, Richtung Waine'e St., können Sie die **Waine'e Church** 2 und den **Waine'e Cemetery** sehen. Das Gotteshaus war die erste Steinkirche in Hawai'i (Bauzeit 1828–1832). Auf dem Pionierfriedhof liegen Missionare, Seeleute und Mitglieder der Königsfamilie begraben, darunter Königin Keōpūolani, die erste christlich getaufte Hawaiianerin. Buddhisten treffen sich seit 1927 in der **Hongwanji Mission** 3 an der Waine'e Street zum Gebet. An der Ecke Waine'e und Prison Street steht das alte **Gefängnis (Hale Pa'ahao)** 4, wo betrunkene und desertierte Seeleute einsaßen. Die **Hale Aloha** 5 (Haus der Liebe) an der Ecke Waine'e und Hale Street wurde 1858 als Dank dafür gebaut, dass Lāhainā von den Pocken verschont blieb. Auf O'ahu hatte die Seuche zuvor rund 5000 Menschen dahingerafft. Gegenüber, auf der Meerseite, steht der **Lāhainā Banyan Tree** 6, der größte Baum in Hawai'i. Er wurde am 24. April 1873 gepflanzt, um das 50-jährige Bestehen der protestantischen Mission in Lāhainā zu feiern. Mit seinen vielen Luftwurzeln wirkt er fast wie ein Wald. Unter der riesigen Krone finden regelmäßig Kunsthandwerksmärkte und Konzerte statt, im Schatten kann man kurz ausruhen. Dem Banyan Tree gegenüber steht das **Courthouse** 7, früher befand sich hier auch das Fort. Das Gerichtsgebäude beherbergt heute das **Lāhainā Heritage Museum.** Hier wird die Stadtgeschichte von der Zeit vor Ankunft der ersten Europäer bis zu den Anfängen des Tourismus erzählt (648 Wharf St., tgl. 9–17 Uhr, geführte Touren Di, Mi, Do 10, 11, 12 Uhr, Eintritt frei). Direkt am Wasser ragt das **Old Lāhainā Lighthouse** 8 auf, der erste in Hawai'i errichtete Leuchtturm. Kamehameha III. gab ihn 1840 in Auftrag,1866 wurde er auf seine heutige Höhe aufgestockt. Direkt daneben stand einst der **Brick Palace** 9, das vermutlich erste Gebäude im westlichen Stil in Hawai'i. König Kamehameha I. ließ es als Palast für seine Frau Königin Ka'ahumanu bauen, die allerdings eine grasgedeckte Hütte vorzog. Am **Hauola Stone** 10 wurden Heilrituale durchgeführt und der Rasen vor der Public Library war früher ein Kalo-Feld (Kapukaiao), das sich bis zum Baldwin Home erstreckte.

Ein Relikt der Plantagen-Ära ist die **Lāhainā Shingon Mission** 11 an der Luakini Street, der buddhistische Tempel wurde von japanischen Arbeitern erbaut. Parallel dazu, an der Front Street, ist noch ein Hinweis auf das **Richards House** 12 zu sehen. William Richards war der erste protestantische Missionar, der in Lāhainā ankam. Er arbeitete an Hawai'is Verfassung mit und setzte sich engagiert für seine Unabhängigkeit ein. Das **Baldwin Home Museum** 13 kurz vor der Dickenson Street ist eines der ältesten Gebäude der Stadt. Der Missionar Dwight Baldwin kam 1830 nach Lāhainā, wo er nicht nur als Pastor der Waine'e Church wirkte, sondern seine Gemeinde auch als Arzt betreute (120 Dickinson St., tgl. 10–16, Fr bis 20.30 Uhr, 7 $).

Auf dem **Seamen's Cemetery** 14 etwas weiter westlich liegt u. a. ein Cousin von Herman Melville begraben. Das **Wo Hing Museum & Cookhouse** 15 wurde Anfang des 19. Jh. als Wohnheim und Versammlungshalle für chinesische Plantagenarbeiter gebaut, das angrenzende Cookhouse fungierte als Gemeinschaftsküche (858 Front St., tgl. 10–16 Uhr, 7 $). Im **U.S. Seamen's Hospital** 16 noch weiter nordwestlich wurden bis 1862 kranke und verletzte Seeleute behandelt.

Sehenswertes

Die meisten historischen Sehenswürdigkeiten liegen an der Front Street zwischen Shaw und Baker Street. Man erkundet sie am besten zu Fuß (s. Aktiv unterwegs S. 208). Verbinden Sie Ihren Stadtrundgang mit einem Einkaufsbummel und lassen Sie sich von den netten Kneipen und Restaurants zur Einkehr verlocken, die Auswahl ist wirklich groß und reicht vom Eis bis hin zu klasischen hawaiianischen Gerichten.

Lāhaina Arts Society

648 Wharf St., #103, Tel. 808 661 0111, www.lahainaarts.com, tgl. 9–17 Uhr

Lāhainās Kunstszene hat über Mauis Grenzen hinaus einen exzellenten Ruf. Zahlreiche Galerien säumen die Front Street. In der **Lāhaina Arts Society** haben sich 185 Künstler zusammengeschlossen, die im historischen **Courthouse** 7 ihre Werke zeigen: in der **Old Lāhainā Jailhouse Gallery** und in der **Banyan Tree Gallery.** Zu sehen und natürlich auch käuflich zu erwerben ist Kunst und Kunsthandwerk sämtlicher Sparten: Bilder, Fotos, Holzarbeiten, Glas, Keramik und Schmuck. Auch Elfenbeinschnitzereien, wie sie früher von den Walfängern gefertigt wurden, sind vertreten. Die Gesellschaft veranstaltet regelmäßig Kunstmärkte und andere Events.

The Maui Ku'ia Estate Chocolate Factory 17

www.mauichocolate.com

Spätestens ab 2020 wird es auf Maui eine neue, süße Attraktion geben: die größte **Schokoladenfabrik** im Staat Hawai'i. Noch befindet sich die Fabrik, die im Lāhainā Business Park beheimatet ist, im Bau. Der Komplex soll einen Shop mit Chocolate-Tasting-Bar umfassen, wo man auch frisch zubereitete Schokoladendrinks und Desserts bekommt. Vom Ku'ia Pavilion aus werden Besucher einen großartigen Blick auf den Ozean, die Nachbarinseln und die West Maui Mountains haben, wo sich die Kakao-Farm befindet. Teil des Genusskonzeptes ist der Ku'ia Estate Chef's Table. Zwei Mal wöchentlich können Sie einen Platz am Gemeinschaftstisch reservieren und Chef Riko Bartolome über die Schulter sehen, wenn er ein 5- bis 7-Gänge-Menü zubereitet. Die Maui Ku'ia Estate Cacao Farm gibt es bereits seit 2013. Mithilfe eines neuen Bewässerungs- und Windschutzsystems sowie Schatten spendender Bäume wurde ein tropisches Umfeld geschaffen, das Kakaobäume gedeihen lässt. Noch bis 1999 baute die Pioneer Mill hier Zuckerrohr an. Kakao wurde zum ersten Mal 2018 geerntet – auf dem rund 8 ha großen Areal wachsen mittlerweile rund 6000 Kakaobäume. Die Anbaufläche soll auf über 24 ha ausgeweitetet werden.

Infos

Lāhainā Visitor Center: 648 Wharf St., Tel. 808 667 9175, www.visitlahaina.com, tgl. 9–17 Uhr.

Übernachten

Traumhaus im Inland – **Ho'oilo House B & B 1 :** 138 Awaiku St., Tel. 808 667 6669, www.hooilohouse.com. Exklusives Anwesen am Fuße der West Maui Mountains mit 6 Zimmern. Wer hier übernachtet, lebt in einem Traumhaus – ruhig, komfortabel, mit persönlicher Note und trotz der gefühlten Abgeschiedenheit nur ein paar Minuten von Lāhainā entfernt. DZ/ÜF ab 369 $ (mind. 3 Nächte).

Authentisch und zentral – **The Plantation Inn 2 :** 174 Lāhaināluna Rd., Tel. 808 667 9225, www.kbhmaui.com/plantation-inn. In einen tropischen Garten eingebettet und mitten im Zentrum von Lāhainā gelegen. Die Zimmer und Suiten versprühen durch ihr hawaiianisches Interieur jede Menge Charme. Zur Unterkunft gehört Gerard's Restaurant – eine der Topadressen auf Maui. DZ/ÜF ab 240 $.

Maui-Ikone – **Best Western Pioneer Inn 3 :** 58 Wharf St., Tel. 808 66 3636, www.pioneerinnmaui.com. Das historische Hotel mit seinem leuchtend roten Dach ist zu einem Wahrzeichen Lāhainās geworden. Erinnerungsstücke aus der Walfängerära schmücken das Restaurant und den Whalers Saloon. DZ ab 225 $.

Nostalgischer Charme – **Lāhainā Inn 4 :** 127 Lāhaināluna Rd., Tel. 808 661 0577, www.lahainainn.com. Perfekte Lage am nördlichen Rand von Lāhainās Zentrum. Kleine Zimmer im Plantagenstil mit Meer- oder Inselblick und einer privaten Lanai mit Schaukelstühlen. Die Unterkunft empfängt seit 1938 Besucher aus aller Welt und hat sich ihren historischen Charakter bewahrt. DZ ab 135 $.

B & Bs – **Lāhainā Bed & Breakfasts:** www.bedandbreakfast.com/lahaina-hawaii.html. Die Plattform vermittelt verschiedene Unterkünfte in und rund um Lāhainā sowie in anderen Ortschaften Mauis.

Essen & Trinken

Farm to Table Dining – **Pacific'o 1 :** 505 Front St., Tel. 808 667 4341, www.pacificomaui.com, tgl. 11.30–21.30 Uhr. Am südlichen Ende von Lāhainā am Strand gelegen. Erstklassige, saisonale Küche mit frischen Erzeugnissen von der O'o Farm, hervorragende Drinks. Vorspeisen um 15 $, Salate ab 14 $, Hauptspeisen ab 30 $.

Familientreffen – **Sale Pepe 5 :** 878 Front St., Tel. 808 667 7667, www.salepepemaui.com, Mo–Sa 17–22 Uhr. Erstklassige mediterrane Küche im Old Lāhaina Center. Manchen Zutaten wie Mehl und Olivenöl werden aus Italien importiert, der Holzofen stammt aus Neapel. Fisch, Fleisch und Gemüse stammen von lokalen Anbietern. Pizza und Pasta ab 18 $.

Mexikanisch am Meer – **Mexican Frida's Beach House 1**: 1287 Front St., Tel. 808 661 1287, www.fridasmaui.com, Mo–Fr 11–21, Sa, So 9–21 Uhr. Schöne Atmosphäre und leckere Gerichte mit einem Schwerpunkt auf Sea-Food. Das Restaurant befindet sich direkt am Wasser und bietet damit das perfekte Setting für einen Sundowner. Ab 18 $.

Fisch & Pizza – **Honu Seafood & Pizza 2**: 1295 Front St., Tel. 808 667 9390, www.honumaui.com, tgl. 11–21 Uhr. Atmosphärisch mit Kunst und freiem Blick aufs Meer. Spezialität des Hauses ist Ahi Bruschetta. Vorspeisen ab 15 $, Hauptspeisen ab 18 $.

Fangfrisch auf den Tisch – **Pā'ia Fishmarket 3**: 623 Front St., Tel. 808 662 3456, www.paiafishmarket.com/front-street-lahaina, tgl. 10.30–21.30 Uhr, Außenstelle des Restaurants in Pā'ia (keine Reservierung). Fischgerichte von hervorragender Qualität in zahlreichen Variationen – von Tacos und Salaten über Pasta und Burger bis hin zu gegrilltem Fisch und Sashimi. Ab 16 $.

Restaurant-Legende – **Kimo's 4**: 845 Front St., Suite A, Tel. 808 661 4811, www.kimosmaui.com, tgl. 11–15.30 (Lunch), 16.45–22 (Dinner), 16.45–17.30 Uhr (Chef's Tasting Menu). Seit mehr als 40 Jahren ist Kimo's eine Institution auf Maui. Mit lokalen Zutaten, dem grandiosen Meerblick und traditionellen Fisch- und Fleischgerichten ist das Restaurant sowohl für Erstbesucher als auch für zahlreiche Wiederholungstäter ein kulinarischer Wohlfühlort. Vorspeisen ab 13 $, Hauptgerichte ab 16 $.

Vegetarisch und vegan – **Moku Roots 5**: 335 Keawe St., # 211, Tel. 808 214 5106, www.mokuroots.com, Mo–Sa 8–20 Uhr, Brunch So 10.30–15 Uhr. Die Freundinnen Alexa Caskey und Erica Gale haben sich mit dem Restaurant, das von ihrer eigenen Farm Mala 'Akala im knapp 10 km entfernten Launiupoko beliefert wird, einen Herzenswunsch erfüllt: Sie servieren köstliche Gerichte für Gäste, die auf Fleisch und Fisch verzichten und Wert auf gesunde, organische Ernährung legen. Das Café wird als Zero-Waste-Unternehmen betrieben – sämtliche Essensreste gehen als Kompost zurück auf die Farm. Sandwiches und Salate ab 13 $.

Hawaiianische Küche – **Aloha Mixed Plate 6**: 1285 Front St., Tel. 808 661 3322, www.alohamixedplate.com, tgl. 8–11 (Frühstück), 11–22 (Lunch und Dinner), 15–17 Uhr (Happy Hour). Vom Kālua-Pig-Omelett zum Frühstück über Loco Moco zum Mittag bis hin zu Saimin am Abend – hier setzt man auf hawaiianische Küche. Ab 13 $.

Leckere Burger – **Cool Cat Café 7**: 658 Front St., #160, Tel. 808 667 0908, www.coolcatcafe.com, tgl. 10.30–22.30 Uhr. Hervorragende Burger, Sandwiches und Salate, auch vegetarische Varianten. Terrasse im 1. Stock mit Blick auf die Front Street. Burger ab 11 $.

Zur Abkühlung – **Hawai'i Gelato 8**: 700 Front St., Tel. 808 661 1011, www.hawaii-gelato.com, tgl. 9–22 Uhr. Köstliches Eis, Sorbet und Shave Ice mit verschiedenen Toppings sowie leckere Kaffeespezialitäten. Ab 4 $.

Eis auf der Terrasse – **Ono Gelato Co. 9**: 815 Front St., Tel. 808 495 0203, tgl. 8–22 Uhr. Süßer Eis- und Kaffee-Shop mit kleiner Veranda zum Meer hin. Ab 3,50 $.

Einkaufen

Alles Mögliche mit Ananas – **Maui Pineapple Store 1**: 695 Front St., Tel. 808 661 8000, www.mauipineapplestore.com, tgl. 10–21 Uhr. Frische Ananas und Ananas-Eis, in einer Ananas serviert. T-Shirts und Geschenkartikel mit Ananas-Motiv.

Hübsche Accessoires – **Sand People 2**: 762 Front St., Tel. 808 662 8781, www.sandpeople.com, tgl. 9.30–21.30 Uhr. Strandartikel, Schmuck und Geschenke.

Ocean Lifestyle – **Honolua Surf 3**: 845 Front St., Tel. 808 661 8848, www.honoluasurf.com, tgl. 9–22 Uhr. Wassersport- und Freizeitkleidung für Frauen, Männer und Kinder.

Skatebord-Liebe – **Jucker Hawai'i 4**: 151 Kupuohi Place H-2, Tel. 808 205 4517, www.hawaiilongboards.com, Mo–Fr 8–14 Uhr. Longboards der Marke Jucker Hawai'i sind auch bei der europäischen Skater-Szene be-

Sieht man einmal von Honolulu ab, dann ist Lāhainā die einzige Stadt Hawai'is mit ernsthaft als solches zu bezeichnendem Nachtleben

gehrt. Mike und sein Partner Mr. Barns haben sich mit dem Bau und Vertrieb der Boards, deren Designs von Hawai'i inspiriert sind, einen Traum erfüllt.

Alltagsbedarf – **Old Lāhainā Center** 5 **:** 845 Waine'e St., Tel. 808 667 9216, www.oldlahainacenter.com, je nach Geschäft 6–23 Uhr. Shops, Restaurants, Bank und Postamt, alles für die Schönheit und Yogakurse.

Mall – **The Shops at 505** 6 **:** 505 Front St., Tel. 808 66 4341, Mo–Sa 9–21, So 9–22 Uhr. Das direkt am Meer gelegene Einkaufszentrum beherbergt Restaurants, Shops, Galerien und Tourunternehmen. Es ist auch Schauplatz des Feast at Lele, eines Lū'au (s. S. 213).

Outlet – **Outlets of Maui** 7 **:** 900 Front St., Tel. 808 661 8277, www.outletsofmaui.com, tgl. 9.30–22 Uhr. Shops bekannter Labels wie Calvin Klein, Gap und Michael Kors.

Von allem etwas – **Lāhainā Cannery Mall** 8 **:** 1221 Honoapi'ilani Hwy. Tel. 808 661 5304, www.lahainacannerymall.com, Mo–Sa 9.30–21, So 9.30–19 Uhr. Klimatisierte Mall mit mehr als 50 Boutiquen, Fachgeschäften und Restaurants.

Abends und Nachts

Cocktails und Livemusik – **Fleetwood's on Front Street** 1 **:** 744 Front St., Tel. 808 669 6425, www.fleetwoodsonfrontst.com, tgl. 11–22 Uhr, Happy Hour 14–17 Uhr. Das Restaurant und die dazugehörige Bar umfassen mehrere Etagen, ganz oben hat man entweder Sicht auf die West Maui Mountains oder auf das Meer. Jeden Tag zum Sonnenuntergang gibt es gegen 17.45 Uhr eine Sunset Ceremony. Dabei wird Livemusik gespielt, wenn man Glück hat, betritt Besitzer Mick Fleetwood, Schlagzeuger von Fleetwood Mac, der hier auf Maui lebt, die Bühne und rockt. Wenn man reserviert (und das sollte man unbedingt tun), sollte man darauf achten, dass man im

Freien, auf der obersten Etage, sitzt. Cocktails ab 14 $, Hauptspeise Dinner ab 25 $.

Lū'au am Strand – **Feast at Lele 6 :** 505 Front St., Tel. 808 667 5353, www.feastatlele.com, Okt.–Jan. tgl. 17.30, Febr.–April und Sept. 18, Mai–Aug 18.30 Uhr, Erw. 135.42 $, Kinder 2–12 Jahre 98,96 $. Lele ist der alte Name für den Lāhainā District, hier am Strand kam die Königsfamilie zusammen, um gemeinsam zu speisen und zu feiern, also um ein Lū'au abzuhalten. Zum ersten Mal fand diese Feierlichkeit statt, als die Lieblingsfrau von Kamehameha ein Tabu brach, das Männern und Frauen das gemeinsame Essen verbot. Das Feast at Lele ist eine musikalische und kulinarische Reise durch Hawai'i, Aotearoa, Tahiti und Samoa. Old Lāhainā Lū'au (1251 Front St., Tel. 808 667 1998, www.oldlahainaluau.com) und das Pacific'o Restaurant (s. S. 210) organisieren es gemeinsam. Das Dinner zum Sonnenuntergang umfasst fünf Gänge (inkl. Dessert), jeder Gang ist einer polynesischen Region gewidmet. Begleitet wird das Festessen von (Feuer-)Tanz und Musik.

Aktiv

Touren im Unterseeboot – **Atlantis Submarines Maui 1 :** 658 Front St., #11, Tel. 808 667 2494, www.atlantisadventures.com/maui, tgl. 9–16 Uhr, Touren stündlich 9–14 Uhr. Maui Undersea Adventure. Die batteriebetriebenen Boote bewegen sich geräuschlos durchs Wasser und dringen in Tiefen bis 30 m vor. Erw. ab 114 $, Kinder ab 38 $.

Surfen, SUP und SUP-Yoga – **Lāhainā Surfshack 2 :** 117 Prison St., Tel. 808 661 2700, www.lahainasurfshack.com, tgl. 8–16 Uhr. Kurse und Ausrüstungsverleih, Gruppenunterricht ab 75 $/2 Std.

Surfen und SUP – **Goofy Foot Surf School 6 :** 505 Front St., #123, Tel. 808 244 9238, www.goofyfootsurfschool.com, tgl. geöffnet, Ausrüstungsverleih und Kurse für Anfänger und Fortgeschrittene, Unterricht Mo–Sa, Gruppenunterricht ab 80 $/2 Std.

Geführte Ausritte – **Lāhainā Stables 3 :** Punakea Loop, Tel. 808 667 2222, www.mauihorse.com. Der kleine Anbieter hat drei verschiedene Touren im Programm, die für Anfänger ebenso geeignet sind wie für geübte Reiter: Morning, Lunch und Sunrise Rides. Die Ausritte führen ins Launiupoko Valley – wunderschöne Blicke übers Meer bis zu den Nachbarinseln und interessante Geschichten garantiert. Ab 135 $.

Termine

Art Night: Jeden Freitag findet in Lāhainā von 19 bis 22 Uhr die Art Night statt. Die Galerien haben länger geöffnet, viele schenken Getränke aus und bieten Livemusik.

Whale & Ocean Arts Festival: März. Feier zur jährlichen Wanderung der Buckelwale.

Lightning of the Banyan Tree: 1. Dezember-Wochenende. Zeremonie zur Eröffnung der Holiday Season.

PACIFIC WHALE FOUNDATION

Die **Pacific Whale Foundation** ist eine gemeinnützige Organisation, die 1980 ins Leben gerufen wurde, um Wale und andere gefährdete Meerestiere durch Forschung, Aufklärung und Schutzprogramme vor dem Aussterben zu bewahren. Um ihre Arbeit zu finanzieren, bietet die Foundation inzwischen auch Walbeobachtungs- und Schnorcheltouren sowie Sunset Dinner Cruises an, die im Lāhainā Harbor starten. Die Touren werden von Meeresbiologen geführt, die Fragen beantworten und streng darauf achten, dass die Boote den Tieren nicht zu nahe kommen. Infos und Andenken gibt es im Pacific Whale Foundation Ocean Store, die Erlöse aus dem Verkauf kommen der Stiftung zugute (612 Front St., Tel. 808 249 8811, www.pacificwhale.org, Whalewatching-Touren ab 38 $).

Verkehr

Bahn: Der Sugar Cane Train, eine ehemalige Plantagenbahn, verkehrt zwischen Lāhainā und Kā'anapali. Die 10 km lange Fahrt dauert etwa 30 Min. Derzeit ist die Verbindung eingestellt, sie soll aber noch 2019 wieder aufgenommen werden. Aktuelle Infos unter www.sugarcanetrain.com.
Taxi: Maui Pleasant Taxi, Tel. 808 344 4661, www.mauipleasanttaxi.com, oder West Maui Taxi, Tel. 808 661 1122, www.westmauitaxi.com. Transporte vom Kahului Airport nach Lāhainā, Kā'anapali und Kapalua.
Bus: 3 x tgl. Verbindungen zwischen Lāhainā Cannery Mall und dem Whalers Village in Kā'anapali (www.mauibus.org).

Von Lāhainā zur Honolua Bay

Von Lāhainā bis zur Honolua Bay im Norden West Mauis sind es knapp 20 km. Allerdings ist die Wahrscheinlichkeit hoch, dass Sie einen ganzen Tag oder länger für diese Strecke benötigen, denn hier präsentiert sich Maui mit schönen Buchten und tollen Stränden als die Traumdestination, die Sie aus dem Reisekatalog kennen.

Wahikuli und Hanakao'o Beach Park ►6, M 13

Der Honoapi'ilani Highway (30) führt parallel zum Meer gen Norden. Zur Rechten erstrecken sich die rund 1,7 Mio. Jahre alten West Maui Mountains (Mauna Kahalawai) mit dem **Pu'u Kukui**, dem mit 1764 m höchsten Berg der Insel und fünfthöchsten Gipfel Hawai'is. Sie kommen am **Wahikuli Beach Park** vorbei, wo das Wasser zumeist ruhig ist und und gute Bedingungen zum Schwimmen und Schnorcheln bietet. Es gibt Picknickplätze, Schatten spendende Bäume und sanitäre Anlagen. Am Wochenende treffen sich die Einheimischen hier zum Grillen und Fischen. Es folgt der **Hanakao'o Beach Park** – er ist wegen seiner guten Infrastruktur beliebt, außerdem wird er von einem Lifeguard bewacht. Viele Auslegerkanu-Clubs trainieren hier am späten Nachmittag, weswegen der Strand auch Canoe Beach genannt wird. Der Zugang liegt bei einem kleinen Einwandererfriedhof aus den 1850er-Jahren.

Kā'anapali ►6, M 13

Ab dem Hanakao'o Beach Park ändert sich das Bild. Die Küste ist dicht bebaut: Direkt am Meer sind große internationale Hotelketten wie Hyatt, Marriott, Westin, Aston, Sheraton und Outrigger mit ihren Resorts vertreten, die wunderschöne Blicke auf den Ozean bieten. Dazwischen gibt es alles, was das Touristenherz begehrt: Restaurants, Boutiquen, Galerien und Kneipen, weiterhin Sportanlagen wie Tennis- und Golfplätze. Der Kā'anapali Parkway zweigt auf Höhe des Hāhākea Gulch nach links ab – von hier erreichen Sie über verschiedene Drives die Hotels.

Der **Kā'anapali Beach** wird seit Jahren zu den schönsten Stränden nicht nur Hawai'is, sondern der ganzen Welt gekürt – zu Recht. In der Hauptsaison kann der knapp 5 km lange Strand recht voll werden, allerdings halten die meisten Badegäste sich direkt vor den Resorts auf. Kā'anapali war die erste auf dem Reißbrett geplante Resortanlage – man kann sie entlang eines Weges ablaufen, der am Strand entlangführt und sich auch gut zum morgendlichen Joggen eignet. Im Sommer ist das Wasser meist ruhig und eignet sich zum Schwimmen und für alle Arten von Wassersport, auch Parasailing kann man ausprobieren (www.ufoparasail.net, www.westmaui parasail.com). Der **Black Rock** ist eines der besten Schnorchelreviere auf Maui.

Im Norden schließt sich an den Kā'anapali Beach der **Kahekili Beach Park** an, ein kleines Idyll im Anschluss an den belebten Resortstrand. Die Schwimm- und Schnorchelbedingungen sind wunderbar und sämtliche Einrichtungen, die man für einen schönen Strandtag benötigt, sind vorhanden, darunter Duschen, Toiletten und ein überdachter Picknickpavillon.

Whalers Village

2435 Kā'anapali Pkwy., www.whalersvillage.com, tgl. 9.30–22 Uhr

Das **Whalers Village** ist ein Open-Air-Komplex mit über 80 Shops internationaler Marken, Freilichtkino, Bars und Restaurants. Beim Essen sorgen oft Hula-Shows und Livekonzerte mit hawaiianischer Musik für Unterhaltung, außerdem werden Workshops veranstaltet, bei denen man selbst Hula tanzen, 'Ukulele spielen oder Leis binden kann. In der Mall war früher ein kleines **Museum** untergebracht, das Exponate zur Walfangära zeigte – historische Fotos, Harpunen, Gerätschaften zur Trangewinnung und Schnitzereien aus Walelfenbein. Die Ausstellung ist allerdings aktuell geschlossen und es ist unklar, ob sie wiedereröffnen wird.

Kā'anapali Beach Hotel

2525 Kā'anapali Pkwy., Tel. 808 661 0011, www.kbhmaui.com

Das **Kā'anapali Beach Hotel** trägt zu Recht den Titel »Most Hawaiian Hotel«. Das Alleinstellungsmerkmal dieser Anlage ist nicht ihr Luxus, sondern das hawaiianische Kulturerbe, das hier an die Gäste weitergegeben wird. Das Hawaiianische zeigt sich in der authentischen Einrichtung, in der Gartenanlage und in der unglaublichen Gastfreundlichkeit und Herzlichkeit der Mitarbeiter. Gästen werden zahlreiche Aktivitäten geboten, bei denen es um hawaiianische Traditionen geht. Zeremonien, die in anderen Hotels ebenfalls abgehalten werden, bekommen hier noch ein Extra. So wird neuen Gästen, begleitet von Gesang, ein Kukuinuss-Lei um den Hals gelegt. Wer wiederkommt, bekommt anstelle einer neuen Kette eine weiße Kukuinuss, die gegen eine braune aus der Kette ausgetauscht wird. Es verwundert nicht, dass hier mancher Gast bereits sehr viele weiße Nüsse vorweisen kann. In der großzügigen Anlage verlaufen sich die Gäste, zum wöchentlichen Lū'au treffen sich aber alle im schönen tropischen Garten. Im Tiki Terrace Restaurant wird gute hawaiianische Küche serviert. Einziger Wermutstropfen: die Plastikbecher. Aber an diesem Punkt wird ja inselübergreifend gearbeitet …

Klippenspringer am Black Rock

Lele Kawa wurde das **Klippenspringen** von den alten Hawaiianern genannt – mit dem Sturz in die Fluten bewiesen sie ihren Mut und verschafften sich Respekt. Chief Kahekili, Ali'i von Maui und O'ahu Anfang des 18. Jh., war stets Einer der ersten, die genau hier, wo heutzutage das Sheraton Maui Resort steht, vom Pu'u Keka'a ins Meer sprangen. Die abendliche Zeremonie beginnt mit dem Blasen des Muschelhorns (Conch Shell) in alle vier Himmelsrichtungen. Fackeln werden entzündet und die Mutigen springen von den Felsen ins Meer. Sie ehren damit ihre Vorfahren und das kulturelle Erbe, das sie an diesem heiligen Ort fortführen. Hier, am westlichsten Punkt Mauis, kehren der Überlieferung nach die Seelen der Toten in die Heimat ihrer Vorfahren zurück. Der Legende nach entstand der Fels während eines Streits zwischen dem Halbgott Maui und einem Sterblichen, der Mauis Macht anzweifelte. Maui verfolgte den Mann bis zu diesem Punkt, ließ seinen Körper zu Stein erstarren und übergab seine Seele dann dem Meer. Das Schauspiel der Klippenspringer kann man auch von anderen Stellen des Kā'anapali Beach aus beobachten. Im Cliff Dive Grill des Sheraton Maui Resort wird vor und nach der Zeremonie Livemusik gespielt, und die Sprünge werden von Geschichten begleitet (2605 Kā'anapali Pkwy., Tel 808 661 0031, www.sheraton-maui.com, tgl. zum Sonnenuntergang).

Übernachten

Beach Cottages – **Royal Lāhainā Resort:** 2780 Keka'a Dr., Tel. 808 518 6353, www.royallahaina.com. Das Resort bietet neben regulären Zimmern ein- und zweigeschossige Beach Cottages inmitten einer tropischen Gartenanlage. Es liegt direkt am Strand – schwer zu entscheiden, was schöner ist: der Blick aufs Meer oder der auf die Berge? Ab 229 $.

Essen & Trinken

Mit Meerblick – **Leilani's on the Beach:** 2435 Kāanapali Pkwy., Bldg. J1/Whalers Village, Tel. 808 661 4495, www.leilanis.com, Beachside Grill 11–22.30, Drinks 11–23, Dining Room 16.45–21.30 Uhr. Das Restaurant liegt direkt

IN DEN SONNENUNTERGANG SEGELN

Tour-Infos

Start: Kā'anapali Beach Loading (am südlichen Ende des Kā'anapali Beach Hotel, beim Hale Huaka'i Beach Side Activity Desk)

Dauer: 2 Std.

Infomation und Buchung: Sailtrilogy, Tel. 808 874 5649, www.sailtrilogy.com, Abfahrten Febr.–April und Sept. 16.30, Mai–Aug. 17, Okt.–Jan. 16 Uhr, Check-in 30 Min. vorher

Kosten: Erw. 89 $, Kinder 13–17 Jahre 75 $, Kinder 3–12 Jahre 50 $

Wichtig: Beim Ein- und Aussteigen muss man durchs Wasser gehen und wird daher ein wenig nass.

Die Sonnenuntergänge an Mauis Westküste sind außergewöhnlich schön und farbintensiv. Auf dem Segelboot, mit Meer- und Bergkulisse, können Sie stimmungsvoll den Tag ausklingen lassen. Sailtrilogys **Kā'anapali Sunset Sail** findet auf einem Katamaran statt, der direkt vom Kā'anapali Beach ablegt, mit maximal 46 Gästen an Bord. Während des Törns wird an Tischen für zwei Personen ein Zwei-Gänge-Menü mit Dessert und Cocktails serviert.

Nach dem Ablegen segeln Sie an der Küste entlang, parallel zu den West Maui Mountains. Sie genießen schöne Blicke auf Lāna'i und können mit etwas Glück auch Delfine beobachten, die mit den Wellen spielen, zwischen Dezember und April, zur Walsaison, auch vorbeiziehende Meeresriesen.
Vor allem auch für Fotografen beeindruckend sind die Kontraste beim Blick Richtung Berge: Der tiefblaue Ozean geht in den weißen Sandstrand des Kā'anapali Beach über und im Hintergrund ragt das Bergmassiv der West Maui Mountains auf. Erst vom Meer aus kann man das Panorama dieser Insel vollständig erfassen.
Eine Alternative zu diesem Segeltrip ist der Captain's Sunset Dinner Sail. Dieser 2,5-stündige Ausflug umfasst ein Vier-Gänge-Menü und wird vom Lāhainā Harbor (März–Sept. Do, Sa, So, 17.15–19.45, Okt.–Febr. 16.45–19.15 Uhr) und vom Mā'alea Harbor (März und Sept. Mi, Fr, 17.15–19.45, Okt.–Febr. 16.45–19.15 Uhr) aus angeboten. Das Mindestalter für diese Touren liegt bei 18 Jahren, die maximale Gästeanzahl bei 40 bzw. 32 Passagieren.

an der Promenade, seine Spezialität sind Grillgerichte. Im Untergeschoss befindet sich der schlichtere Beachside Grill, der Dining Room im ersten Stock ist feiner. Hauptspeisen im Dining Room ab 23 $.
Pacific-Rim-Küche – **Roy's:** 2290 Kā'anapali Pkwy., Tel. 808 669 6999, www.royyamaguchi.com, tgl. 6–10.30, 11–14, 14–17, Dinner ab 17 Uhr. Roy Yamaguchi steht für eine hawaiianisch-japanische Fusions-Küche. Der Schwerpunkt liegt auf Sea-Food, Steaks und Sushi. Lunch ab 14 $, Dinner ab 17 $.
Barefoot und regional – **Hula Grill:** 2435 Kā'anapali Pkwy., Bldg. P1/Whalers Village, Tel. 808 667 6636, www.hulagrillkaanapali.com, Barefoot Bar 10.45–22, Dinner 16.45–21.30 Uhr. Lokale Produkte von Fischern und Farmern aus der Region. Das Restaurant befindet sich an der Promenade, von den Tischen ist der Blick aufs Meer gerichtet. Ab 15 $.
Einfach, gut – **CJ's Deli & Diner:** Keka'a Dr., Tel. 808 667 0968, www.cjsmaui.com, 7–20 Uhr. Amerikanische Klassiker mit hawaiianischem Touch, z. B. Ribs mit Mangosauce. Sehr gutes Preis-Leistungs-Verhältnis, auch vegetarische und vegane Optionen. Ab 12 $.

Aktiv

Biker-Traum – **EagleRider Maui:** 30 Halawai Dr. A-3, Tel. 808 667 7000, www.eaglerider.com/maui, tgl. 9–17 Uhr. Verleiht Roller und Motorräder, darunter auch Harleys. Ab 88 $ pro Tag, ab 3 Tagen günstiger.
Zipline – **Skyline Eco Adventures:** 2580 Keka'a Dr., Tel. 808 518 4189, www.zipline.com/kaanapali. 8 Ziplines und eine Aussichtsplattform mit Blick auf die West Maui Mountains. 2,5–3 Std., ab 160 $.
Golf – **Kā'anapali Golf Courses:** 2290 Kā'anapali Pkwy., Tel. 866 454 4653, www.kaanapaligolfcourses.com. Recht teuer, aber mit toller Kulisse und Meerblick von den meisten Löchern.
Tennisplätze – **Royal Lāhainā Tennis Ranch:** 2780 Keka'a Dr. Tel., 808 667 5200, www.royallahainatennisranch.com, Mo–Fr 8–12, 14–18, Sa, So 8–12, 14–17 Uhr. Die größte Tennisanlage in West Maui mit vier beleuchteten Courts. Vor Ort können Tennisschläger ausgeliehen und Einzel- und Gruppenunterricht gebucht werden.
Sternegucken – **Hyatt Regency Maui Resort & Spa:** 200 Nohea Kai Dr., Tel. 808 661 1234, www.hyatt.com. Das exklusive Strandresort bietet ein Stargazing-Programm an, die »Tour of the Stars«. Auf seiner Dachterrasse befindet sich das einzige nicht für Forschungszwecke genutzte Teleskop der Insel. Die Vorführungen dauern rund 50 Min., eine vorherige Anmeldung ist erforderlich (tgl. 20 und 21 Uhr, 30 $ für Nicht-Hotelgäste). Romantiker sollten die »Couples only Tour« in Erwägung ziehen, bei der zusätzlich Champagner und schokoladenüberzogene Erdbeeren gereicht werden (Fr und Sa 22 Uhr, 45 $).

Verkehr

Kā'anapali Trolley: Der Trolley verkehrt zwischen den Resorts, dem Whalers Village und den Golfplätzen (tgl. 10–20 Uhr, alle 20–30 Min.). Der genaue Fahrplan hängt beim Halt am Whalers Village aus.
Mietwagen: Einige große Mietwagenfirmen haben in Kā'anapali Verleihstationen, darunter Budget, Alamo und Enterprise.
Taxi und Bus: siehe Lāhainā, S. 214.

Honokōwai, Kahana und Nāpili ▶6, M 12

Nördlich von Kā'anapali führt der Highway durch Ananasfelder und Zuckerrohrplantagen. Kleine Ferienwohnungsanlagen mit maximal drei Stockwerken wechseln sich mit Beach Parks ab, die zwar nicht so spektakulär sind wie der Strand von Kā'anapali, dafür aber ruhiger. **Honokōwai** ist einer der besten Spots zur Walbeobachtung – falls Sie hier in der richtigen Lage eine Wohnung mit Balkon gemietet haben, müssen Sie diese gar nicht verlassen, um die Meeresriesen vor die Linse zu bekommen. Auch der **Honokōwai Beach Park** ist eher zum Aufs-Meer-Schauen und Picknicken als zum Schwimmen geeignet. Mit Proviant können Sie sich im Farmers Market Deli versorgen (3636 Lower Honoapiilani Rd., tgl. 7–20 Uhr).

Ab Honokōwai nehmen Sie dann am besten die Lower Honoapi'ilani Road, die sich nahe am Meer entlangschlängelt. Sie passieren **Kahana,** eine Gemeinde mit Traumvillen und exklusiven Ferienwohnungen – und jeder Menge Privatsphäre, wenn Sie sich ein Plätzchen am **Pohaku Beach Park** suchen. Die meisten Besucher sind allerdings nicht wegen des ruhigen Strandes, sondern wegen der Maui Brewing Company hier.

Als Nächstes folgt **Nāpili** – die palmengesäumte Nāpili Bay ist bei ruhigem Meer eine der besten Badebuchten Mauis und ein fantastisches Schnorchelrevier. Vor den schwarzen Lavafelsen im südlichen Abschnitt der Bucht schwimmen häufig Meeresschildkröten. Ein Stopp am weißsandigen Strand lohnt aber auch an windigen Tagen mit rauer See – allein schon des schönen Blicks auf Moloka'i wegen.

Übernachten

Entspannt – **Nāpili Shores Maui by Outrigger:** 5315 Lower Honoapi'ilani Rd., Tel. 888 722 6284, www.napili-shores.com. Das schlichte, aber toll gelegene Resort ist eine gute Wohnalternative zu Kā'anapali. Studios im Inselstil mit Küche, Balkon und Deckenventilator, Gratis-WLAN. DZ ab 220 $.

Essen & Trinken

Uriger Brauerei-Pub – **Maui Brewing Co.:** 4405 Lower Honoapi'ilani Rd., Kahana Gateway Center, www.mbcrestaurants.com, tgl. 11–22 Uhr. In dem Restaurant mit Pub-Atmosphäre werden Burger aus regionalem Fleisch, Flammkuchen und Bar-Food mit hawaiianischem Twist serviert. Die Bierauswahl ist selbstverständlich grandios. Zwischen 15.30 und 17.30 Uhr schlägt die Happy Hour. Bier um 5 $, Hauptspeisen um 16 $.
Gut und günstig – **Honokōwai Okazuya:** 3600 Lower Honoapi'ilani Rd., Tel. 808 665 0512, Mo–Sa 11–14.30, 16.30–20.30 Uhr. Lassen Sie sich von der Einfachheit des Delis nicht verunsichern. Die asiatischen Gerichte und Plate Lunches sind wirklich gut. Auch Take-away, Zahlung nur mit Bargeld. Ab 10 $.
Kaffeepause – **Hawaiian Village Coffee:** 4405 Lower Honoapi'ilani Rd., Kahana Gateway Center, Tel. 808 665 1114, tgl. 5–16 Uhr. Das Café ist Treffpunkt für alle, die gerade nicht auf den Wellen reiten und/oder Lust auf einen Plausch haben. Zahlreiche Kaffeespezialitäten, Snacks und der freundliche Service (sowie WLAN) versüßen den Aufenthalt. Unter 10 $.
Kleine Snacks – **Nāpili Coffee Store:** 5095 Nāpilihau St., Tel. 808 669 4170, www.napilicoffeestore.com, Mo–Sa 6–18, So 6–13 Uhr. Frisch zubereitete Sandwiches, Quiches, Bagels und Wraps. Zum Kaffee stehen hausgemachtes Bananenbrot, Kürbis-Cranberry- Muffins und Kokosnuss-Macarons zur Auswahl – und noch sehr viel mehr. Unter 10 $.

Aktiv

Reiten und Wandern – **Ironwood Ranch:** 22 Hui A Nāpili, Tel. 808 669 4991, www.ironwoodranch.com. Das Areal der Ranch an den Flanken der West Maui Mountains umfasst Ananasfelder, tropische Täler und Eisenholzwälder. Man kann es zu Pferd oder auf geführten Wanderungen erkunden, bei denen man viel über die Bedeutung von Pflanzen in der hawaiianischen Kultur erfährt. Ab 85 $.

Termine

Slack Key Show: Jeden Mittwoch im Nāpili Kai Beach Resort. Slack Key ist eine traditionell hawaiianische Art des Gitarrenspiels. George Kahumoku Jr., eine Legende des Slack Key, ist Gastgeber dieser Konzertserie, bei der die besten Künstler der Insel auftreten. Show 38 $, mit Dinner 95 $.

Kapalua ▶ 6, M 12

Wo noch bis Mitte des 20. Jh. Ananas angebaut wurden, erstreckt sich heute Mauis exklusivster Ferienort mit dem noblen Ritz Carlton, preisgekrönten Gourmetrestaurants und zwei renommierten Golfplätzen. **Kapalua** bietet nicht nur allen erdenklichen Komfort, sondern auch die Ruhe und Privatheit, die eine wohlhabende und prominente Klientel schätzt. Vom Trubel in Lāhainā und Kā'anapali ist man hier Lichtjahre entfernt. Auch das Wetter ist anders als an der Westküste Mauis – der Wind weht stärker und es fällt häufiger Regen.

Als in den späten 1980er-Jahren die Bauarbeiten für das Resort begannen, kamen die sterblichen Überreste von mehr als 900 Native Hawaiians zutage – man vermutet, dass hier zwischen 610 und 1800 rund 2000 Menschen bestattet wurden. Forscher vermuteten hier eine heilige Stätte, weswegen das Ritz-Carlton weiter vom Meer entfernt erbaut werden musste als ursprünglich geplant. Die **Honokahua Burial Site** fand Aufnahme ins Hawai'i Register of Historic Places und zählt zu den wichtigsten historischen Stätten im gesamten Staat. Für Besucher ist sie nicht zugänglich. Native Hawaiians treffen sich hier, um ihre Vorfahren zu ehren und Zeremonien abzuhalten.

Kapalua Coastal Trail

Beim Restaurant Merriman's Maui (s. S. 220) beginnt der 3,1 km lange **Kapalua Coastal Trail,** ein Traumpfad mit herrlichen Aussichten. Vom Parkplatz beim Nāpili Kai Beach Resort geht es durch einen Tunnel zum **Kapalua Beach.** Der Strand zählt zu den schönsten der Insel und die Bedingungen zum Baden sind rund ums Jahr perfekt. Ein Stand verleiht Liegen und Sonnenschirme. Auch das Schnorcheln lohnt – in der Kapalua Bay ist Hawai'is Staatsfisch, der Humuhumunukunukuāpua'a (Diamant-Picassodrückerfisch), ein häufig anzutreffender Gast.

Über ein felsiges Kap, den Hawea Point, führt der Coastal Trail weiter zum **Oneloa Beach,** einem schönen Strand mit Dünen und weißem Sand. Wenn Sie mit dem Auto kommen, können Sie bei den Ironwood Gates parken. Gute Ankunftszeiten sind der frühe Morgen oder der Mittag, wenn andere Besucher zum Lunchen fahren. Das Schwimmen ist hier gefährlich, aber an beiden Enden des Strandes kann man gut schnorcheln.

Der Makaluaouna Point ist ein attraktives Tauchrevier. Er trennt die Oneloa Bay von der **Honokahua Bay** mit dem **DT Fleming Beach Park,** einem langen Sandstrand mit Schatten spendenden Eisenholzbäumen. Der Coastal Trail führt über das Gelände des Ritz Carlton hierher, es gibt aber auch einen Parkplatz. Der DT Fleming Beach Park mutet ein wenig aus der Zeit gefallen an – hier steht noch eine alte, aus lediglich einem Zimmer bestehende Schule. Die Natur wird weitgehend sich selbst überlassen, für Duschen, Toiletten, Grillplätze und Picknicktische ist jedoch gesorgt. Wer lieber grillen lässt, ist bei Burger Shack (www.burgershackkapalua.com) mit Blick aufs Meer bestens aufgehoben. Wegen der hohen Wellen und der starken Strömung ist der Strand vor allem bei Surfern beliebt, Rettungsschwimmer haben das Geschehen im Auge.

Mokulē'ia und Honolua Bay ▶ 6, M 11/12

Die **Mokulē'ia Bay** und die angrenzende **Honolua Bay** sind Meeresschutzgebiete mit hervorragenden Bedingungen zum Schnorcheln und Tauchen – allerdings eher in den Sommermonaten, im Winter wagen sich nur erfahrene Surfer in die hohe Brandung. Der **Honolua Bay Lookout** eröffnet schöne Ausblicke auf die Bucht, wer aktiv werden möchten, kann auf dem knapp 1 km langen **Honolua Bay Access Trail** einen Spaziergang zur Küste unternehmen. Der Weg startet bei Honolua Farms Kitchen, einem Food Truck mit Smoothies und Lunchgerichten (6860 Honoapi'ilani Hwy., www.honoluafarms.com).

An der Honokōhau Bay wird aus dem Honoapi'ilani Highway nach einer scharfen Kurve der Kahekili Highway (340). Die Straße ändert hier nicht nur ihren Namen, sondern auch ihre Beschaffenheit: Sie ist nun schmal, unbefestigt, voller Schlaglöcher und windet sich in zahllosen Kurven durch tief eingeschnittene Täler. Nach Regenfällen blockieren oft Erdrutsche und Steinschlag den Weg. Weil Mietwagenfirmen auf dieser Strecke keine Haftung übernehmen, kehren die meisten Reisenden von Kapalua nach Lāhainā zurück – wer nach Kahului weiterfährt, tut dies auf eigenes Risiko.

Übernachten

Luxus direkt am Meer – **The Ritz-Carlton Kapalua:** 1 Ritz-Carlton Dr., Tel. 808 669 6200, www.ritzcarlton.com. Eines der luxuriösesten Resorts Hawai'is, umgeben von ehemaligen Ananasplantagen und zwei Meisterschaftsgolfplätzen. Sechs Restaurants, schöne Poollandschaft, exklusives Spa, viele Aktivitäten. DZ ab 570 $.

Essen & Trinken

Tolle Lage – **Merriman's Maui:** 1 Bay Club Place, Tel. 808 669 6400, www.merrimanshawaii.com, tgl. 15–21 Uhr. Farm-to-Table-Dining mit tollem Blick auf den Ozean und hawaiianischer Livemusik. The Point ist ein beliebter Treffpunkt für den Sundowner (Happy Hour 15–17 Uhr). Shared Dinner 80 $ pro Person, Hauptgerichte ab 40 $.

Schönes Ambiente – **The Plantation House:** 2000 Plantation Club Dr., Tel. 808 669 6299, www.cohnrestaurants.com, tgl. Frühstück, Lunch und Grill Menu 8–17.30, Dinner ab 17.30 Uhr. Restaurant im Klubhaus des Plantation Golf Course, schöner Blick von der Terrasse. Dinner ab 25 $.

Frischer Fisch – **Sansei Seafood Restaurant & Sushi Bar:** Kapalua Resort, 600 Office Rd., Tel. 808 669 6286, www.sanseihawaii.com, tgl. 17–22 Uhr. Frisch zubereitetes Sushi, Sashimi und Tempura, freitags Karaoke. Ab 16 $.

Espressobar mit Geschichte – **Honolua Store:** 502 Office Rd., Tel. 808 665 9105, www.honoluastore.com, tgl. 6–20 Uhr. 1929

wurde der Laden als General Store der Honolua Pineapple Plantation eröffnet. Heute ist er ein schicker Deli mit exzellenten Plate Lunches zu fairen Preisen. Frühstück ab 6 $, Lunch um 10 $.

Aktiv

Wellness – **Spa Montage Kapalua Bay:** 1 Bay Dr., Tel. 808 665 8282, www.montagehotels.com, Spa tgl. 6–19, Anwendungen 9–19 Uhr. Das Motto ist »Retreat, refresh, enjoy« – an diesem Ort: nichts leichter als das! In der wunderschönen Anlage finden die Behandlungen sowohl in stilvollen Räumen als auch im tropischen Garten statt. Pflegeprodukte mit lokalen Ingredienzien und die Verbindung zur Natur machen den Aufenthalt zu einem ganzheitlichen Erlebnis.

Termine

Kapalua Wine & Food Festival: Juni. 1981 wurde das Festival von der Kapalua Wine Society ins Leben gerufen – es ist eines der ältesten kulinarischen Events in Amerika. Die Aussteller kommen aus Hawai'i, vom US-Festland und aus allen anderen Teilen der Welt (www.kapaluawineandfoodfestival.com).

Verkehr

Flüge: Kapalua verfügt über einen kleinen Flughafen (JHM), der von 'Ohana by Hawaiian Airlines und Mokulele Airlines mit Propellermaschinen angeflogen wird (www.airports.hawaii.gov/jhm).
Mietwagen: Alamo unterhält eine Station im Kapalua Airport, Enterprise im Ritz Carlton.
Taxis: siehe Lāhainā, S. 214.

Das Restaurantangebot im Ritz Carlton Kapalua lässt keine Wünsche offen

Pazifischer Ozean
Hawai'i Island
Hilo
Kailua-Kona

Kapitel 3

Hawai'i Island

Hawai'i Island ist Abenteuer pur. Mit aktuell knapp 10 450 km² bietet die größte Insel des Archipels ein beeindruckendes Maß an Abwechslung. Und das trifft nicht nur auf die Landschaftsformen und Klimazonen zu, sondern auch auf das Aktivitätenangebot, die Unterkünfte, das Essen und die Atmosphäre, die sich im Osten komplett von der auf der Westseite unterscheidet.

Bekannt ist das Eiland natürlich vor allem für seine Vulkane und die damit verbundenen Superlative: den Maunakea, der der höchste Berg der Erde ist, wenn man auch die Teile unter Wasser mitmisst, und den Maunaloa, den größten aktiven Vulkan der Erde. Spätestens seit Mai 2018 ist den meisten Menschen auch der Kīlauea ein Begriff – er ist der aktivste Vulkan der Erde und dafür verantwortlich, dass Hawai'is jüngste Insel nie »ausgewachsen« sein wird, sondern wegen der anhaltenden vulkanischen Aktivität ständig an Landmasse dazugewinnt.

Ein Großteil der Insel besteht aus wüsten Lavafeldern, sie hat aber auch eine andere, grüne Seite mit dichten Regenwäldern, Kaffeeplantagen und Weideland. Wunderschöne Küstenstraßen, schwarze und weiße Sandstrände, Begegnungen mit Mantarochen, bedeutende archäologische Stätten, charmante, von Künstlern und Aussteigern bewohnte Ortschaften und der Sternenhimmel, in dem man sich völlig verzaubert verliert – all das ist ebenfalls Hawai'i Island.

Ganz ähnlich könnte der Garden Eden ausgesehen haben – es gibt kaum etwas, was im fruchtbaren Waipi'o Valley nicht ganz prächtig gedeiht

Auf einen Blick: Hawai'i Island

Sehenswert

'Imiloa Astronomy Center: Wie die Polynesier sich bei ihren Fahrten über den Pazifik an den Sternen orientierten, versuchen Forscher hier mit moderner Technik nachzuvollziehen (s. S. 231).

Pohoiki Beach, Isaac Hale Beach Park: Der wunderschöne schwarze Strand hat sich nach dem Vulkanausbruch von 2018 neu gebildet (s. S. 236).

Pu'u honua o Hōnaunau National Historical Park: Die in Teilen rekonstruierte Kultstätte gibt einen Eindruck vom hawaiianischen Leben vor Ankunft des Entdeckers James Cook (s. S. 247).

Schöne Routen

Von Honomū zum Waipi'o Valley Overlook: Eine Fahrt entlang der Hāmākua Coast, vorbei an Schluchten und Tälern mit üppiger tropischer Vegetation (s. S. 267).

Meine Tipps

Two Ladies Kitchen: Kunterbunte Mochis in allen Farben des Regenbogens und drei sympathische Frauen im Herzen von Hilo (s. S. 232).

Hawai'i Tropical Botanical Garden: Wunderschöne Gartenanlage mit großartigen Blicken auf den Ozean (s. S. 234).

Tin Shack Bakery: Das kleine Café im Hippie-Ort Pāhoa ist nichts Besonderes – und deshalb so speziell (s. S. 235).

Kapa'au: Nach einer abenteuerlichen Odysee ist die Original-Kamehama-Statue in dem kleinen Ort gelandet (s. S. 273).

Fahrt auf der Chain of Craters Road: Die rund 30 km lange Chain of Craters Road führt durch riesige Lavafelder bis zum Hōlei Sea Arch an der neu entstandenen Küste (s. S. 240).

Spaziergang durch Hōlualoa: In dem kleinen Künstlerort im Herzen des Kaffeelands von Kona hat man aus 460 m Höhe beste Aussichten. Nette Geschichten gibt's gratis dazu (s. S. 258).

Abstieg ins Pololū Valley: Die Wanderung dauert nur deshalb so lange, weil man immer wieder anhalten muss, um die Aussicht zu genießen – am Ende des Abstiegs warten der raue Ozean und ein schwarzer Strand (s. S. 170).

Hawai'i Island – Island of Inspiration

Der großen Fläche, zahlreichen Klimazonen und Vulkanlandschaften, die die Macht der Naturgewalten vor Augen führen, verdankt Hawai'i Island den Beinamen »Abenteuerinsel«. Die Gegensätze zwischen Ost- und Westküste könnten stärker nicht sein und auch der Maunakea sorgt für Extreme. Bei dieser Vielfalt überraschen riesige Rinderherden und Lasso schwingende Cowboys nur noch wenig.

Hawai'i Island, die Abenteuerinsel, ist mit Erlebnissen vollgepackt – das größte Eiland des Archipels sorgt für Eindrücke, die genauso unterschiedlich sind wie die Klimazonen, die auf der Insel vertreten sind. Hawai'i Island stieg als letzte Insel des Archipels aus dem Pazifik auf und besitzt als einzige noch aktive Vulkane. Der Maunakea ist der höchste Berg Hawai'is – und sogar der Welt, wenn man den Sockel hinzurechnet.

Die Insel liegt im äußersten Südwesten des Archipels, weswegen die ersten polynesischen Siedler vermutlich in Ka Lae an Land gingen, dem südlichsten Punkt Hawai'is und der gesamten USA. Hier getätigte archäologische Funde sind älter als auf den anderen Inseln. Auch Captain Cook kam zweimal nach Hawai'i. 1779 ankerte er in der Kealakekua Bay an der Kona Coast. Er wurde freudig empfangen und von hawaiianischen Häuptlingen und Priestern geehrt – vielleicht auch deshalb, weil er während des Makahiki-Festes zu Ehren von Lono eintraf und für eine Verkörperung des Fruchtbarkeitsgotts gehalten wurde. Die Begeisterung schlug in Feindschaft um, als Cook einen verstorbenen Matrosen an einem Platz beisetzen ließ, an dem nur Ali'i beerdigt werden durften. Auseinandersetzungen mit Kalani'ōpu'u, dem Häuptling von Hawai'i Island, und dessen Entführung führten dazu, dass die Situation eskalierte und Cook am 14. Februar 1779 umgebracht wurde. Sein Tod hielt andere europäische Seefahrer jedoch nicht davon ab, auf seinen Spuren nach Hawai'i zu segeln.

Wie auf den anderen Inseln existierte auch auf Hawai'i Island ein Gesellschaftssystem, an dessen Spitze Ali'i und Kahunas (Priester) standen. Kamehameha wurde vermutlich 1758 geboren und in der Familie von Kalani'ōpu'u aufgezogen. Nach dem Tod von Kalani'ōpu'u 1782 übernahm zwar Kamehamehas Halbbruder Kīwala'ō die königliche Herrschaft, Kamehameha erhielt jedoch ein hohes religiöses Amt und baute auf den Rat eines Priesters hin einen Heiau für den Kriegsgott Kūkā'ilimoku: Pu'ukohola, die letzte große hawaiianische Tempelanlage. Nach langen, blutigen Schlachten und der friedlichen Übergabe der Inseln Kaua'i und Ni'ihau erklärte Kamehameha 1810 Hawai'i zum Königreich, er selbst war dessen alleiniger Herrscher. Er galt als weise und großzügig und wurde vom Volk verehrt. Seine letzten Lebensjahre verbrachte er in Kamakahonu, seiner Residenz am nördlichen Ende der Kailua-Bucht in Kailua-Kona.

Die protestantischen Missionare, die am 19. April 1820 in der Kailua Bay auf O'ahu erstmals hawaiianischen Boden betraten, brachen bald auch zu den Nachbarinseln auf. Auf Hawai'i Island wurden über die gesamte Insel verteilt mehr als 20 Missionsstationen errichtet. Von 1832 an begann sich auf Hawai'i Island ein ganz neuer Bereich der Landwirtschaft zu entwickeln: die Viehzucht. Die durch ein Kapu geschützten Rinder, die Captain Vancouver 1793 König Kamehameha vermacht hatte, vermehrten sich schnell und richteten auf der Suche nach Futter immense Schäden an. König Kamehameha II. beauftragte John Palmer

Parker mit der Lösung des Problems und holte mexikanische Cowboys ins Land, die Hawai'i zu einer Vorreiterposition in der Viehzucht verhalfen. Auch heute noch prägen große Ranches, auf denen Paniolos (Cowboys) arbeiten, das Landschaftsbild der Insel.

Anfang der 1860er-Jahren gründete die Kohala Sugar Company die erste Zuckerrohrplantage. Um den wachsenden Bedarf an Arbeitskräften zu decken, kamen 1868 erstmals Japaner auf die Insel. Im selben Jahr verursachte ein Ausbruch des Maunaloa das stärkste Erdbeben, das auf Hawai'i Island jemals gemessen wurde. Tsunamis, Erdbeben und Vulkanausbrüche wie zuletzt der des Kīlauea im Frühjahr 2018 sind Ereignisse, die den Inselalltag begleiten. Sie richten Schäden an, lassen aber auch neues Land und Leben entstehen. Im 1916 gegründeten Hawai'i Volcanoes National Park kann man diesen Zyklus beobachten.

Die sich unter dem Einfluss der Naturgewalten stetig verändernde Landschaft der Insel zählt zu den Hauptattraktionen für Besucher aus aller Welt. Die Größe des Eilands und die zahlreichen Klimazonen sorgen für ganz unterschiedliche Landschaftsformen – von schneebedeckten Bergen über Regenwälder im Osten bis hin zu wüstenähnlichen Regionen und weißsandigen Traumstränden an der Westküste.

Starke Gegensätze kennzeichnen nicht nur die Landschaft, sondern auch die Gesellschaft und die Lebensumstände. Der Osten der Insel mit Hilo ist beschaulich, familiär und von den häufigen Niederschlägen geprägt, die eine üppige tropische Fauna gedeihen lassen. Im sonnigen Westen herrscht deutlich mehr Trubel, die Infrastruktur ist an die Bedürfnisse der Touristen angepasst. Dennoch ist, ganz gleich wo man sich aufhält, die Kraft der Natur omnipräsent: beim Blick vom Maunakea in den Sternenhimmel, am Strand, der weiß oder pechschwarz sein kann, oder beim Betreten erstarrter Lavafelder, durch die sich erfolgreich neues zartes Grün an die Oberfläche kämpft, zeigt die Insel in jeder Hinsicht Größe.

Sonnenaufgang am Maunakea – dass man ihn inzwischen mit vielen teilen muss, macht das Erlebnis nicht weniger einmalig

Der Osten

Hawai'i Island verfügt über zwei internationale Flughäfen, einer davon befindet sich am Rande von Hilo, der Inselhauptstadt. Der historische Ort ist der ideale Ausgangspunkt für Touren in den Volcanoes National Park, den großen Besuchermagneten der Insel.

Hilo ▸ 7, X 25

Cityplan: s. S. 231

Geschichte

Hilo ist zwar die Hauptstadt und dank seines Hafens auch das wirtschaftliche Zentrum von Hawai'i Island, hat aber eher die Atmosphäre eines verschlafenen Plantagenstädtchens. Aktuell leben in Hilo und Umgebung rund 43 000 Menschen. Die Gegend ist sehr regenreich, weswegen viele Touristen die trockenere und sonnigere Westküste vorziehen. Dank der hohen Niederschläge ist hier aber eine üppige tropische Vegetation zu bewundern, die Hilo den Beinamen »Orchid Capital« beschert hat. Und die Hauptattraktion der Insel, der Volcanoes National Park, ist von Hilo aus schneller zu erreichen als von Kailua-Kona.

Die Stadt hat es nicht immer leicht gehabt - gleich drei Mal, 1946, 1960 und 1975, haben Tsunamis, die in Hawai'i eigentlich selten vorkommen, Hilo und seine Bewohner stark getroffen. Bis zu 15 m hohe Wellen verursachten Schäden in Millionenhöhe und forderten mehr als 200 Todesopfer. Als ein Resultat der ersten Flutwelle wurde das Pacific Tsunami Warning Center eingerichtet. Weitere Gefahren gehen von Erdbeben und von Ausbrüchen des Kīlauea aus, dessen Lavaströme regelmäßig auch in Richtung Hilo fließen und der Stadt schon mehrfach bedenklich nahe kamen. Im Zweiten Weltkrieg schließlich war Hilo das Ziel japanischer U-Boot-Angriffe.

Traumstrände wie an der Westküste findet man in Hilo und Umgebung nicht. Es gibt aber andere Gründe, aus denen Sie die Stadt auf dem Weg zu den Vulkanen keinesfalls rechts liegen lassen sollten: Hilo ist unprätentiös, gemütlich und familiär, sehr traditionell und hier und da auch ein bisschen modern, ohne dabei seine Wurzeln zu vergessen. Es ist am Boden geblieben, und wie im echten Leben kann eben auch hier nicht immer die Sonne scheinen. Und genau das macht Hilo zu einer Destination mit vielen spannenden Gesichtern.

Sehenswertes

Downtown Hilo

Downtown Hilo, der sogenannte Historical District, erstreckt sich rund um die Kamehameha Avenue und ihre Seitenstraßen. Hier blieben viele ältere Gebäude erhalten, in die Restaurants, kleine Geschäfte und Galerien eingezogen sind. Auch der **Hilo Farmers Market** 1 findet hier statt, auf dem frisches Obst und Gemüse, Blumen und Kunsthandwerk verkauft werden. Innen gibt es einen Food Court (Kamehameha Ave./Ecke Mamo St., www.hilofarmersmarket.com, Mo, Di, Do, Fr, So 7–16, große Markttage Mi, Sa 6–16 Uhr). Ganz in der Nähe beherbergt ein Haus von 1912 das beliebte Café Pesto (www.cafepesto.com).

Am westlichen Ende der Kamehameha Avenue, kurz vor dem Wailuku River, liegt das **Pacific Tsunami Museum** 1 . Es informiert mit Videos und Augenzeugenberichten über Flutwellen und schafft so ein Bewusstsein für ein interessantes Stück hawaiianischer Geschichte. Zugleich dient es als Gedenkstätte für all diejenigen, die bei den vergangenen Tsunamis ihr Leben verloren haben (130 Kamehameha Ave., Tel. 808 935 0926, http://tsunami.org, tgl. 10–16 Uhr, 8 $).

Nebenan macht das **Mokupāpapa Discovery Center** 2 mit der Unterwasserwelt des Papahānaumokuākea Marine National Monument vertraut. Das Meeresschutzgebiet umfasst die Nordwestlichen Hawaii-Inseln und zählt zum UNESCO-Weltnaturerbe. In dem historischen Gebäude befinden sich ein großes Salzwasseraquarium, Tiermodelle und interaktive Exponate wie ein Tauchboot mit Roboterarmen (76 Kamehameha Ave., Tel. 808 933 8180, www.papahanaumokuakea.gov/education/center.html, Di–Sa 9–16 Uhr, Eintritt frei).

Das **Lyman Museum & Mission House** 3 in der Haili Street wurde 1839 vom Missionarsehepaar David und Sarah Lyman erbaut und ist noch immer mit deren Möbeln und persönlichen Besitztümern eingerichtet. In dem modernen Gebäude nebenan zeigt ein Museum Ausstellungen zur Kulturgeschichte Hawai'is, zur Flora und Fauna und zum Vulkanismus (276 Haili St., www.lymanmuseum.org, Mo–Sa 10–16.30 Uhr, Erw. 8 $, Kinder 6–17 Jahre 3 $).

Wailoa

An den Historical District schließt sich im Osten **Wailoa** an, das moderne Stadtzentrum von Hilo. Hier prägen Verwaltungsgebäude und Einrichtungen des täglichen Lebens das Bild. Weitflächige Grünanlagen umgeben den Waiākea Pond, eine verzweigte Lagune. Hier lohnt ein Blick ins **Wailoa Center** 4, ein ungewöhnliches Gebäude, in dem Kunst und Kunsthandwerk von lokalen Kreativen gezeigt werden (200 Piopio St., www.wailoacenter.com, Mo–Fr 8.30–16.30 Uhr, Eintritt frei). Nicht weit entfernt erinnert das **Shinmachi Tsunami Memorial** 5 an die kleine japanische Gemeinde, die hier 1946 von der Flutwelle ausgelöscht wurde. Eine geschwungene Mauer symbolisiert die todbringende Wasserwand.

Auf dem Hilo Farmers Market wird alles verkauft, was im fruchtbaren Umland gedeiht

Waiākea Peninsula

Der Wailoa River trennt Downtown Hilo und Wailoa von der **Waiākea Peninsula.** An der Flussmündung liegen Hilos Fischereihafen und eine ganz spezielle Attraktion: der in einer nach zwei Seiten offenen Halle untergebrachte **Suisan Fish Market** 2 für Groß- und Einzelhändler. Hier versammeln sich Einkäufer aus ganz Hawai'i, um bei der morgendlichen Auktion die frischesten Meerestiere zu ersteigern. Vor sechs Uhr ist am meisten los. Endverbraucher können im Laden nebenan die Beute klarmachen (93 Lihiwai St., www.suisan.com, Mo–Fr 5.30–13.30, Sa 5.30–12 Uhr).

Nicht weit entfernt erstrecken sich am Banyan Drive die **Queen Lili'uokalani Gardens** 6, eine über 10 ha große Parkanlage im japanischen Stil mit Laternen, Pagoden, Bogenbrücken über Koi-Teiche und einem Teehaus. Der Garten wurde nach Hawai'is letzter Königin Lili'uokolani benannt, zollt aber den vielen japanischen Einwanderern Tribut (49 Banyan Dr., Eintritt frei).

Eine Fußgängerbrücke führt von hier nach Mokuola oder **Coconut Island** 7. Mit der Aussicht auf die Bay und den Maunakea ist das Inselchen ein schöner Platz zum Picknicken. Es gibt zwei kleine Sandstrände und einen bei der Jugend beliebten Sprungturm.

Der **Banyan Drive** 8 ist eine von mächtigen alten Banyanbäumen gesäumte Allee entlang der Küste der Halbinsel. Hier stehen Hilos größte Hotels, im Süden erstreckt sich ein Golfplatz. Die schöne Straße ist auch als »Hilo Walk of Fame« bekannt, da die Bäume in den 1930er-Jahren von Prominenten gepflanzt wurden. Ihre Namen stehen auf kleinen Plaketten an den Stämmen – neben Schauspielern, Schriftstellern und Politikern ist hier auch der berühmte Baseballspieler George Herman »Babe« Ruth verewigt.

Wailuku River State Park

www.dlnr.hawaii.gov/dsp/parks, Eintritt frei

Wenn Sie auf der Waiānuenue Avenue vom Zentrum aus ein paar Minuten Richtung Süd-

Hilo

Sehenswert

1 Pacific Tsunami Museum
2 Mokupāpapa Discovery Center
3 Lyman Museum & Mission House
4 Wailoa Center
5 Shinmachi Tsunami Memorial
6 Queen Lili'uokalani Gardens
7 Coconut Island
8 Banyan Drive

Übernachten

1 Grand Naniloa Resort, A Doubletree by Hilton
2 The Bay House B & B

Essen & Trinken

1 Jackie Rey's Ohana Grill
2 Hilo Bay Café
3 Café Pesto
4 Moon & Turtle
5 Café 100
6 Zippy's
7 Two Ladies Kitchen

Einkaufen

1 Hilo Farmers Market
2 Suisan Fish Market
3 Sig Zane Designs
4 Basically Books
5 Big Island Candies
6 Sugar Coast Candy

---

westen fahren, erreichen Sie den **Wailuku River State Park.** Der Wailuku ist mit knapp 30 km der zweitlängste Fluss Hawai'is. Grund für den Ausflug sind zwei sehr schöne Naturschauspiele: die Rainbow Falls (ihr hawaiianischer Name Waiānuenue bedeutet »im Wasser gesehener Regenbogen«) und die Pe'epe'e Falls. Um zu den **Rainbow Falls** zu gelangen, biegen Sie bei der Hilo Medical Center Foundation rechts in den Rainbow Drive ab. Das Wasser des Wailuku stürzt hier 25 m tief in einen Felsenpool. Wenn die Sonne richtig steht, bildet sich im Sprühnebel ein Regenbogen. Der Wasserfall ist zwar nicht so hoch wie die bekannten 'Akaka Falls, aber Sie kommen ihm viel näher. An der Aussichtsplattform beginnt ein kurzer Pfad, an dessen Ende sich das Naturschauspiel noch einmal aus anderer Perspektive präsentiert. Besuchen Sie die Rainbow Falls nach Möglichkeit frühmorgens – dann sind noch keine Tourbusse da und die Chancen am größten, einen Regenbogen zu sehen.

Etwa 2,4 km weiter westlich zweigt von der Waiānuenue Avenue die Pe'epe'e Falls Road nach rechts ab. An einem Parkplatz können Sie halten und zu Fuß zu den **Pe'epe'e Falls** gehen. Auf dem Weg kommen Sie an den **Boiling Pots** vorbei, einer Reihe von Felsenkesseln im Bett des Wailuku River. Wenn der Fluss viel Wasser führt, scheint das Wasser in den Pools zu kochen.

★ 'Imiloa Astronomy Center

600 'Imiloa Pl., Tel. 808 932 8901, www.imiloahawaii.org, Di–So 9–17 Uhr, Erw. 19 $, Kinder 5–12 Jahre 12 $

Das **'Imiloa Astronomy Center** ist eine Einrichtung der University of Hawai'i at Hilo. Seine drei konischen Gebäude repräsentieren die Vulkane Maunakea, Maunaloa und Hualālai. Das Zentrum umfasst Ausstellungsräume mit interaktiven Exponaten, ein Kino und ein Planetarium.

'Imiloa ist bestrebt, mit seiner Forschung eine Brücke zwischen der auf dem Gipfel des Maunakea betriebenen modernen Astronomie und der hawaiianischen Tradition zu schlagen. Die Polynesier konnten den Nachthimmel lesen wie eine Straßenkarte – wie sie sich mithilfe von Sternen, Wind und Wellen auf dem Pazifik zurechtfanden, versuchen die Wissenschaftler nachzuvollziehen. Schauen Sie sich auf jeden Fall den Veranstaltungskalender des Planetariums an, es werden tolle Filme gezeigt, die Zusammenhänge erklären und den Einstieg in die Astronomie erleichtern. Wenn möglich, planen Sie einen Besuch im Center vor der Tour auf den Maunakea ein.

Zum Center gehören zudem ein Garten mit endemischen und von den Polynesiern eingeführten Pflanzen sowie das Sky Garden Restaurant (Di–So 7–16, Do–So 17–20.30 Uhr).

Übernachten

Tolle Lage, neu renoviert – **Grand Naniloa Resort, A Doubletree by Hilton 1 :** 93 Banyan Dr., Tel. 808 969 333, www.grandnaniloahilo.com. Das Hotel liegt direkt an der Hilo Bay mit Blick auf den Maunakea und Maunaloa. Eine tägliche Runde auf dem hoteleigenen Golfplatz ist gratis. DZ ab 195 $.

B & B am Meer – **The Bay House B & B 2 :** 42 Pukihae St., Tel. 808 961 6311, www.bayhousehawaii.com. 3 geschmackvoll im hawaiianischen Stil eingerichtete Zimmer mit privater überdachter Terrasse, üppiges Frühstücksbuffet. Freundliche Gastgeber. DZ/ÜF ab 189 $.

Ruhig am Surferstrand – **Hale Kai Hawai'i B & B:** 111 Honoli'i Pl., Tel. 808 935 6330, www.halekaihawaii.com. Gut 3 km von Hilo Town entfernt, 3 Zimmer und eine Suite mit Kitchenette, familiäre Atmosphäre. DZ ab 180 $.

TWO LADIES KITCHEN

Mochi werden zwar das ganze Jahr über gegessen, der Verzehr der japanischen Reiskuchen soll aber vor allem an Neujahr Segen bringen – je mehr man isst, desto besser. **Two Ladies Kitchen 7** wurde vor fast 20 Jahren von Nora Uchida, ihrer Tante und ihrer Mutter (die nicht als dritte Lady in Erscheinung treten wollte) eröffnet. Der winzig kleine Laden ist einfach großartig. Während Sie in einer langen Schlange darauf warten, Ihre Bestellung abgeben zu können, werden die Mochi ganz frisch in der Küche hergestellt. Bis Sie an der Reihe sind, haben Sie genügend Zeit, unter mehr als 20 Sorten Ihre Wahl zu treffen – Erdbeere ist der Topseller, aber auch die Mochi in Ube-Lila sind köstlich und machen sich zudem auf Fotos sehr dekorativ. Die Küchlein werden sorgfältig verpackt und in der Zwischenzeit haben Sie bestimmt ein paar Einheimische und andere Hilo-Besucher kennengelernt (274 Kīlauea Ave., Tel. 808 961 4766, tgl. 10–16 Uhr, ab 1 $ pro Stück, nur Bargeld).

Essen & Trinken

Schöner Mix aus alt und neu – **Jackie Rey's Ohana Grill 1 :** 64 Keawe St., Tel. 808 961 2672, www.jackiereys.com/hilo, Mo–Fr 11–21, Sa, So 17–21 Uhr. Schicke Diner-Einrichtung in einer ehemaligen Bank, der Tresor wird heute als Weinlager verwendet. Saisonale Speisen mit lokalen Zutaten, gute Cocktails. Hauptspeisen ab 20 $.

Überdachte Lanai – **Hilo Bay Café 2 :** 123 Lihiwai St., Tel. 808 935 4939, www.hilobaycafe.com, Mo–Sa 11–open end. Auf Stelzen erbautes Haus mit tollem Blick auf die Bucht, großes Sushi-Angebot, frischer Fisch und Poke. Gerichte um 18 $.

Schönes Ambiente – **Hula Hulas Kitchen & Bar 1 :** im Grand Naniloa Resort, 93 Banyan Dr., Tel. 808 932 4545, www.hilohulahulas.com, tgl. 6–22, Bar bis 23 Uhr. Tolles Frühstück, auch als Buffet, Pizza, Pasta, Fisch und Steaks, große Fensterfronten zum Garten des Hotels. Frühstück ab 10 $, Pizza ab 14 $, Hauptspeisen ab 17 $.

Pizza, Pizza – **Café Pesto 3 :** 308 Kamehameha Ave., Suite 101, Tel. 808 969 6640, www.cafepesto.com/cafe-pesto-hilo-bay-location, tgl. So–Do 11–21, Fr, Sa 11–22 Uhr. Traditionsadresse in einem Gebäude von 1912. Sehr gute Holzofenpizza und Käse-Calzone, Fisch und Fleisch. Pizza ab 16 $.

Ocean to Table – **Moon & Turtle 4 :** 51 Kalākaua St., Tel. 808 961 0599, Di–Sa 11.30–14, 17.30–21 Uhr. Pazifische Küche mit lokal bezogenen Produkten und Fokus auf Sea-Food. Ab 15 $.

Loco Moco vom Feinsten – **Café 100 5 :** 969 Kīlauea Ave., Tel. 808 935 8683, www.cafe100.com, Mo–Fr 6.45–20.30, Sa bis 19.30 Uhr. Mehr als 30 Loco-Moco-Varianten, Bestellfenster und Durchreiche zum Abholen, Stühle und Bänke unter einem Dach.

Großartig – auch die Portionen. Auch vegetarische Optionen. Burger ab 4 $, Plates ab 9 $.
Institution – **Zippy's 6**: 111 E. Puainako St., Tel. 808 313 8300, www.zippys.com, Fast Food Mo–Do 6.30–20, Sa 6.30–21, So 6.30–18, Restaurant So–Do 6.30–22, Fr, Sa 6.30–24, Bakery Mo–Do 6.30–20, Fr, Sa 6.30–21, So 6.30–18 Uhr. Bei Einheimischen gehört Zippy's zu den beliebtesten Fast-Food-Lokalen. Stellen Sie sich auf riesige Portionen ein – und werfen Sie Ihre löblichen Ernährungsvorsätze für eine Mahlzeit über Bord, denn hier sollten Sie ohne Reue bestellen. Wahrscheinlich werden Sie vor dem Nachtisch eine Pause einlegen müssen – nehmen Sie eine Portion Napples mit (süße gefüllte Taschen), der Magen gewöhnt sich ja bekanntlich an vermehrte Essensaufnahme.

Einkaufen

Hawai'i-Mode mit Tradition – **Sig Zane Designs 3**: 122 Kamehameha Ave., Tel. 808 935 7077, www.sigzanedesigns.com, Mo–Fr 10–17, Sa 10–16 Uhr. Hochwertige Mode für Frauen und Männer mit vielen Rückbezügen auf die hawaiianische Kultur.
Buchladen – **Basically Books 4**: 1672 Kamehameha Ave., Tel. 808 961 0144, www.basicallybooks.com, Mo–Fr 10–18, Sa 10–17, So 11–15 Uhr. Große Auswahl an Hawai'i-Titeln, auch Karten und Musik.
Kekse für Zuhause – **Big Island Candies 5**: 585 Hinano St., Tel. 808 935 8890, www.bigislandcandies.com, Mo–So 8.30–17 Uhr. Seit 1977 produziert das Unternehmen seine beliebten Shortbread Cookies mit lokalen Zutaten wie Kalo und Macadamianüssen.
Süßwaren – **Sugar Coast Candy 6**: 270 Kamehameha Ave., Tel. 808 935 6960, Mo–Sa 9–19 Uhr, So 10–17 Uhr. Erinnert stark an Willy Wonkas Süßwarenfabrik.

Aktiv

Adrenalinkick – **KapohoKine 1**: in der Lobby des Grand Naniloa Resort, A DoubleTree by Hilton, 93 Banyan Dr., Tel. 808 964 100, www.kapohokine.com/hilo-activities. Zahlreiche Aktivitäten – vom Ziplining über Vulkan- und Stargazing-Touren bis hin zu ATV- und Kajakexkursionen.
Schnorcheln – Geschützte Buchten mit flachem Wasser finden sich im **Richardson Ocean Park**, im **Wai'ōlena Beach Park** und im **Waiuli (Leleiwi) Beach Park.** Durch das Riff gelangt man in tieferes Wasser. Am Richardson Ocean Park und am Waiuli (Leleiwi) Beach Park sind Rettungsschwimmer im Einsatz, die auch Tipps zu den besten Schnorchelstellen geben.
Schwimmen – Am **Onekahakaha Beach Park** in der Nähe des Flughafens schirmen Wellenbrecher einen flachen Strandbereich mit sandigem Boden ab – hier können auch Kinder gefahrlos planschen. Der Park ist zudem mit Picknicktischen und sanitären Anlagen ausgestattet. Lifeguards sind vor Ort.

Termine

Pana'ewa Stampede Rodeo: Drei Tage im Februar. Der Wilde Westen im Osten von Hawai'i Island. Bei der Rodeo-Veranstaltung im Pana'ewa Equestrian Center stellen Männer, Frauen und Kinder ihr Können unter Beweis. Vorgeführt werden auch spezielle Paniolo-Techniken (www.hawaiirodeostampede.com).
Big Island International Marathon: März. Es muss ja nicht gleich der Ironman sein – in Hilo haben Sie die Wahl zwischen Marathon, Halbmarathon, 10K, 5K und dem 2 Mile Fun Walk. Die abwechslungsreiche Strecke führt an der Küste entlang, durch Zuckerrohrfelder und Regenwälder mit Wasserfällen. Die Teilnahme ist für jeden möglich (www.hilomarathon.org).
Merrie Monarch Festival: April. Das Festival ist der größte und bedeutendste Hula-Wettbewerb in Hawai'i. Es führt das Erbe des Merry Monarch, König Kalākaua, weiter. Zu den Feierlichkeiten kommen Hunderte Tänzer von sämtlichen Hawai'i-Inseln (www.merriemonarch.com).
King Kamehameha Festival: 11. Juni. Die Feierlichkeiten zollen König Kamehameha Tribut und sind ein wichtiger Beitrag zur Bewahrung und Fortsetzung hawaiianischer Kultur. Das Programm mit Tanz, Gesang, Musik findet jährlich auf Mokuola (Coconut Island) in Hilo statt. An Ständen werden lokale Köstlichkeiten und Kunsthandwerk verkauft (www.kamehamehafestival.org).

Verkehr

Flüge: Der Hilo Airport (ITO) liegt etwa 1,5 km vom Zentrum entfernt (Tel. 808 961 9300, www.airports.hawaii.gov/ito). Er wird von United Airlines vom Festland aus angeflogen; Hawaiian Airlines unterhält Verbindungen zwischen Hilo und Honolulu, Kahului und Līhu'e.

Helikopterrundflüge: Mehrere Unternehmen bieten von Hilo aus Inselrundflüge an, darunter Blue Hawaiian Helicopters (www.bluehawaiian.com), Paradise Helicopters (www.paradisecopters.com) und Safari Helicopters (www.safarihelicopters.com).

Mietwagen: Alle großen Vermieter unterhalten am Flughafen Stationen.

Taxis: Es gibt einen Taxistand vor der Gepäckausgabe. Ein Taxi in die Innenstadt kostet 10–14 $.

Umgebung von Hilo

Hawai'i Tropical Botanical Garden ▶ 7, X 24

27-7272 Old Māmalahoa Hwy., www.htbg.com, tgl. 9–17 Uhr, Erw. 20 $, Kinder 6–16 Jahre 5 $

Von Hilo sind es nur 15 Min. in Richtung Norden bis zum **Hawai'i Tropical Botanical Garden.** Hinter Papa'ikou zweigt von der Hawai'i Belt Road (Māmalahoa Hwy. 19) der Old Māmalahoa Highway zum Meer hin ab. Diese Strecke nimmt zwar etwas mehr Zeit in Anspruch, ist aber viel atmosphärischer. Das tropische Paradies befindet sich direkt an der Onomea Bay auf der linken Straßenseite und beheimatet auf rund 18 ha eine fantastische Vielfalt an endemischer Flora. Die Üppigkeit dieses Urwaldgartens ist grandios – überall blüht es farbenfroh, Wasserfälle, plätschernde Bäche und Vogelgezwitscher sorgen für eine tolle Geräuschkulisse, Teiche sind mit Seerosen überwuchert, Palmen ragen über 20 m in die Höhe und auch Pflanzen aus anderen Weltgegenden fühlen sich hier sichtlich wohl. Über 2000 Arten können sich in diesem natürlichen Gewächshaus in alle Richtungen entfalten. Auch Reste ursprünglichen Regenwaldes gibt es in dem Tal. Zwischen Onomea und Alakihi Stream erschließen mehrere Themenpfade den Garten, so etwa der Palm Jungle, der Heliconia, der Torch Ginger und der Ocean Trail. Unterwegs wollen der Orchid Garden, das Founders Birdhouse und die Boulder Creek Falls bewundert werden. Nichts bereitet jedoch auf die Überraschung vor, die einen am Ende des Trails erwartet: Die Aussicht von der Twin Rocks Vista auf die Onomea Bay und den Ozean ist wunderschön!

Maunaloa Macadamia Nut Farm ▶ 7, X 25

16-701 Macadamia Road, Tel. 808 966 8618, www.maunaloa.com, Mo–Fr 8.30–17 Uhr

Der Staat Hawai'i ist einer der größten Macadamianuss-Produzenten der Welt. Einen wesentlichen Teil dazu leistet die **Maunaloa Macadamia Nut Farm** 8 km südlich von Hilo. Bevor Sie das Visitor Center erreichen, fahren Sie knapp 5 km entlang einer Macadamia-Plantage. Das Unternehmen gibt es seit über 35 Jahren, die Produkte werden in allen Supermärkten, aber auch hier auf der Farm verkauft. Die Auswahl ist überwältigend – von gesalzenen und ungesalzenen Nüssen über kaffee- und schokoladenüberzogene Varianten bis hin zu solchen mit Zwiebel- und Knoblauchgeschmack gibt es alles, was das Nussknackerherz begehrt. Im Visitor Center wird über Anbau, Ernte und Verarbeitung informiert, es gibt einen Rundweg durch die Plantage.

Puna District

Der ländliche **Puna District** erstreckt sich südlich von Hilo zwischen der Hawai'i Belt Road (11) und der Kea'au-Pahoa Road (130). Die abgeschiedene Lage ist nicht jedermanns Geschmack – deshalb gibt es hier eine große Hippie- und Künstlergemeinde, die sehr entspannt in den Tag hineinlebt. Sie müssen sich aber nicht unbedingt zu einer dieser Gruppen zählen, es reicht, wenn Sie offen für verschiedene Lebensformen sind, Yoga vielleicht zu Ihrer Alltagsroutine gehört und Sie sich gerne gesund und organisch ernähren.

Kea'au und Pāhoa

▶ 7, Y 27

Nach rund 20 Minuten erreichen Sie von Hilo aus die Ortschaft **Kea'au.** Sollten Sie an einem Sonntag unterwegs sein, dann können Sie unterwegs den **Maku'u Farmer's Market** besuchen, der parallel zur Kea'au-Pahoa Road auf dem Bypass aufgebaut ist (So 8–14 Uhr, Parkgebühr 2 $). Während der Woche bietet sich alternativ ein Abstecher zur **Hilo Coffee Mill** an – hier können Sie Kaffee und Snacks kaufen und eine Farmtour unternehmen (17-995 Hawai'i Belt Rd., Tel. 808 968 1333, www.hilocoffeemill.com, Di 8–16.30, Do–Sa 8–14 Uhr).

Nach **Pāhoa** sind es von Kea'au aus weniger als 10 Minuten Fahrt durch Anthurienfelder und Obstgärten. Pāhoa hat eine kleine Hauptstraße mit Geschäften, Restaurants und Cafés. Im **Pāhoa Lava Zone Museum**, einem kleinen, aber mit spannendem Material bestückten Museum, erfahren Sie, welchen Einfluss der jüngste Ausbruch des Kīlauea auf Pāhoa und Umgebung hatte. Es werden auch Exponate aus dem Thomas A. Jaggar Museum im Volcanoe National Park gezeigt, das den Lavaströmen zum Opfer fiel (15-2959 Pāhoa Village Rd., www.pahoalavazonemuseum.com, tgl. 11–17 Uhr, Eintritt frei, Spende erbeten).

Essen & Trinken

Fish & Chips – **Pāhoa Fresh Fish:** 15-2670 Pāhoa Rd., Tel. 808 965 8248, tgl. 9–18.30 Uhr. Fish & Chips aus Ono, Ahi, Mahimahi und anderen lokalen Fischsorten, frisch zubereitet. Gutes Preis-Leistungs-Verhältnis. Ab 9 $.

Zum Frühstück – **Pele's Kitchen:** 15-2929 Pāhoa Village Rd., Tel. 808 935 0550, Di–So 7.30–12 Uhr. Omeletts, Scrambles, French Toast, Loco Moco und Pancakes, dazu gibt es frisches Obst. Ab 8 $.

Einkaufen

Proviant – **Island Naturals Pāhoa Market & Deli:** 15 -1870 Akeakamai Loop, www.islandnaturals.com, tgl. 7.30–19 Uhr. Einer der besten Naturkostläden der Insel.

TIN SHACK BAKERY

Der Name ist Programm. Die **Tin Shack Bakery** sorgt allerdings für viel mehr als nur ein Blechdach über dem Kopf. Sie ist ein echter Gemeindetreffpunkt – bereits in den frühen Morgenstunden geht es hier geschäftig zu. Aber auf eine angenehme Art, ohne Hektik und mit Zeit für einen kleinen Plausch. Wer keine Eile hat, setzt sich einfach an einen der großen Tische und beobachtet, während der Bagel oder das Sandwich in Arbeit ist, die anderen Gäste (15-1500 Akeakamai Lp., Tel. 808 965 9659, www.tinshackbakery.com, Mo–Sa 6–15 Uhr).

Lava Tree State Monument ▶ 7, Y 27

14-3711 Kapoho Rd., www.dlnr.hawaii.gov/dsp/parks, tgl. bis Einbruch der Dämmerung, Eintritt frei

Vom Highway 130 geht kurz nach Pāhoa der Highway 132 in Richtung Osten ab. Nach ein paar Kilometern führt eine Stichstraße nach links zum **Lava Tree State Monument.** Hier hat ein Lavastrom ein Wäldchen von 'Ōhi'a-Bäumen umschlossen. Ein Großteil der Lava floss durch Erdspalten ab, beim Kontakt mit den Baumstämmen erstarrte sie aber zu einer festen Kruste. Zurück blieben Lavasäulen, in denen sich später Humus sammelte und neues Grün gedeihen ließ. Es lohnt sich, den rund 1 km langen Rundweg durch den Park abzugehen: Die Lava-Baum-Formationen sind grandios und die Vegetation im Park ist ein Traum. Wenn Sie gerne Pflanzen betrachten und fotografieren, können Sie hier Stunden verbringen.

Isaac Hale Beach Park

▶ 7, Z 27

Wenn Sie von dem Areal südlich des Lava Tree State Monument, den Leilani Estates, vor Mai 2018 ein Bild gesehen haben, würden Sie die Region jetzt wahrscheinlich nicht wiedererkennen. Beim Ausbruch des Kīlauea bildeten sich Spalten *(fissures)*, aus denen Lava austrat – eine rund 355 km² große Fläche wurde davon bedeckt, knapp 355 ha neues Land sind entstanden. Dem Ausbruch zum Opfer gefallen sind leider beliebte Ausflugsziele wie die **Kapoho Tide Pools** und die **Ahalanui Ponds.** Aber es gibt auch eine gute Seite: Hawai'i Island hat einen neuen, schwarzen Strand dazugewonnen: Der **Pohoiki Black Sand Beach** befindet sich im **Isaac Hale Beach Park**. Die Pohoiki Bay war fast vollständig mit Lava gefüllt, doch rund 70 m vor dem Anleger kam der Strom zum Stillstand. Teile des Beach Park sind nun mit Lava überdeckt, große Teile mitsamt der Bootsrampe blieben aber erhalten. Nun bringen die Wellen schwarzen Sand an Land, der hier einen neuen Strand bildet. Da die Straßen rund um den Isaac Hale Park ebenfalls durch erkaltete Lava blockiert sind, erreichen Sie den Pohoiki Black Sand Beach momentan nur, indem Sie den Highway 130 bis zu seinem Ende beim Kaimū Beach Park fahren. Hier biegen Sie nach links auf die Kalapana-Kapoho Road ab und folgen dieser parallel zum Meer bis zum Isaac Hale Beach Park. Eine Zufahrt wurde eingerichtet. Da die Aufräumarbeiten kontinuierlich weitergehen, erkundigen Sie sich am besten vor Ort, welche Straßen befahrbar und welche gesperrt sind.

AKATSUKA ORCHID GARDENS

Auf dem Weg zum Hawai'i Volcanoes National Park kommen Sie zwischen Mile Marker 22 und 23 an den **Akatsuka Orchid Gardens** vorbei. Hier wird klar, wie Hawai'i Island zu seinem Beinamen »Orchideen-Insel« gekommen ist. Die Einrichtung ist zwar mittlerweile sehr touristisch, dennoch dürfte die Formen- und Farbenvielfalt der im Ausstellungsraum gezeigten Pflanzen jeden Orchideenliebhaber begeistern. Wer sich ein bisschen die Füße vertreten und dabei etwas über die richtige Pflege von Orchideen erfahren möchte, kann an einer 45-minütigen Orchid Farm Tour teilnehmen (11-3051 Volcano Rd., Tel. 808 967 8234, www.akatsuka orchid.com, Mo–Sa 10–16.30 Uhr, Lunch Tour 45 $, Afternoon Tour 30 $).

Aktiv

Lava-Bootstouren – **Kalapana Cultural Tours:** 12-5038 Kalapana-Kapoho Rd, Tel. 808 345 4964. Das kleine Unternehmen in Kaimū bietet bei Lavafluss Bootstouren und geführte Wanderungen an, in der übrigen Zeit auch Walbeobachtungs- und andere Exkursionen.

Hawai'i Volcanoes National Park ▶ 7, V/W 27

1 Crater Rim Dr., Tel. 808 985 6101, www.nps.gov/havo/index.htm, tgl. 24 Std., 25 $ pro Pkw

Dem **Hawai'i Volcanoes National Park** könnte man nicht nur ein Kapitel, sondern sogar ein ganzes Buch widmen. Auf über 1300 km² beheimatet der Park zwei aktive Vulkane, den **Maunaloa** und den **Kīlauea**, faszinierende Flora und Fauna, unzählige Wanderwege, ein Hotel und natürlich auch Informations- und Forschungszentren. Der Besuch des Parks ist in vielerlei Hinsicht ein faszinierendes Erlebnis. Er vermittelt einen guten Eindruck von den Naturkräften, die unseren Planeten von Anbeginn an formten.

Im Hawai'i Volcanoes National Park betritt man das Reich der Feuergöttin Pele

Und er macht bewusst, dass viele Dinge nicht in unserer Hand liegen und manchmal stärkere Gewalten die Kontrolle übernehmen. Jeder Ausbruch richtet Zerstörungen an, lässt aber auch neues Land und neues Leben entstehen. Es ist gut möglich, dass Sie nach diesem Ausflug das Verhältnis zwischen Mensch und Natur in einem neuen Licht sehen. Auf jeden Fall fühlt man sich geerdet – auf einem der beeindruckendsten und schönsten Böden, die diese Welt zu bieten hat. Überall im Park verteilt finden sich Hinweise zu Naturereignissen und zur Bedeutung der Vulkane in der hawaiianischen Kultur.

Entsprechend seiner riesigen Fläche umfasst der Park höchst unterschiedliche Klima- und Vegetationszonen: Von tropischem Regenwald bis zur trockenen Ka'ū Desert ist alles vertreten. Das Schutzgebiet wurde 1916 gegründet und zählt seit 1987 zum UNESCO-Weltnaturerbe. 2017 besuchten mehr als 2 Mio. Menschen den Park – er ist eine der bedeutendsten Attraktionen im pazifischen Raum und einer der wenigen Orte, an dem Besucher gefahrlos erdgeschichtliche Prozesse miterleben können. Durch den letzten Vulkanausbruch im Mai 2018 haben sich die Gegebenheiten und Besuchsmöglichkeiten zum Teil signifikant geändert. Aktuelle Infos finden Sie auf der offiziellen Internetseite des **National Park Service** www.nps.gov/havo/index.htm – hier werden auch Termine von Wanderungen und vielen anderen Programmpunkten bekannt gegeben.

Der Kīlauea – einer der aktivsten Vulkane der Erde

Herzstück des Parks ist der **Kīlauea,** ein aktiver Schildvulkan, in dessen Caldera eingebettet der **Halema'uma'u Crater** liegt. Bei Ausbrüchen bilden sich an seinen Flanken Risse, durch die die Lava bis zu 75 m in die Höhe schießt und mit Geschwindigkeiten bis zu 27 km/h Richtung Meer fließt. Aus insgesamt 24 solcher *fissures* traten im

Mai 2018 Lavaströme aus, die Häuser, Straßen, Felder und ganze Küstenabschnitte unter sich begruben. Seit dem Ausbruch des Kīlauea lässt sich kein Lavafluss mehr beobachten. Zuvor war vor allem bei Einbruch der Dunkelheit ein Besuch des Thomas A. Jaggar Museum beliebt, das den Halema'uma'u Crater überblickt – von hier aus war das Brodeln und Blubbern der roten Lava im Krater im Dunkeln gut erkennbar, der Nachthimmel wurde von ihrem Feuerschein orangerot illuminiert. Hubschrauberrundflüge eröffneten großartige Blicke auf Lava, die ins Meer floss und dabei große Dampfschwaden aufsteigen ließ. Aktuell gibt es keine Lava mehr im Halema'uma'u Crater, dessen Ausmaß sich nach der Eruption ungefähr verdoppelt hat und der bis zu 487 m tief absinkt. Das Thomas A. Jaggar Museum ist, vielleicht für immer an dieser Stelle, geschlossen, ein Teil der Exponate wird im Pāhoa Lava Zone Museum (s. S. 235) gezeigt. Der größte Teil des Parks ist aber wieder zugänglich, wenn auch hier und da mit eingeschränkter Begeh- und Befahrbarkeit.

Die Legende um die Vulkangöttin Pele

Schon die Polynesier kamen auf Hawai'i Island mit der vulkanischen Aktivität in Berührung. Für die Ausbrüche machten sie die Feuergöttin **Pele** verantwortlich – der Legende nach wohnt Pele im Halema'uma'u Crater und gibt ihrer Verärgerung durch Vulkanausbrüche und Erdbeben Ausdruck. Früher warfen die Hawaiianer Opfergaben in den Krater, um Pele milde zu stimmen. Heutzutage werden Besucher des Parks eindrücklich gebeten, keine Steine aus dem Park zu entfernen, weil das Peles Zorn heraufbeschwören könnte. Pele ist gleichzeitig Zerstörerin und Schöpferin. Zwischen Pele und Namaka, ihrer Schwester und Göttin des Meeres, kam es immer wieder zu erbitterten Kämpfen, weswegen Peles Vater die Feuergöttin von Kahiki (Tahiti) nach Hawai'i schickte. Ihr Bruder Kamohoali'i, König der Haie, stellte ihr für die Reise ein Kanu zur Verfügung. Unterwegs ließ Pele mit ihrem Pāoa (Stab) auf verschiedenen Inseln Vulkane entstehen. Namaka folgte ihr jedoch und ging mit Flutwellen gegen Peles Feuer an. An den Hängen des Haleakalā auf Maui kam es zur finalen Schlacht, bei der Namaka scheinbar siegte. Tatsächlich suchte Pele Zuflucht im Halema'uma'u Crater auf Big Island Hawaii, wo sie seitdem zurückgezogen lebt und mit der Schneegöttin Poli'ahu streitet, die den benachbarten Maunakea beherrscht.

Besichtigung auf dem Crater Rim Drive

Der Eingang des Parks liegt knapp 50 km südwestlich von Hilo. Es gibt zahlreiche Möglichkeiten, den Hawai'i Volcanoes National Park zu erkunden. Wanderwege erschließen unterschiedliche vulkanische Erscheinungen, aber auch mit dem Auto können Sie viele interessante Punkte erreichen. Am besten starten Sie im **Kīlauea Visitor Center**. Hier erhalten Sie von Park Rangers aktuelle Informationen zu Wanderwegen, befahrbaren Straßen, Sehenswürdigkeiten wie Petroglyphen und Fußspuren von Native Hawaiians sowie Aktivitäten (www.nps.gov/havo/planyourvisit/things-2do.htm). Außerdem ist hier der Treffpunkt für verschiedene geführte Exkursionen. Rund um das Visitor Center gibt es mehrere kurze Wanderwege. Auch der 18 km lange **Crater Rim Drive,** der um die Caldera des Kīlauea herumführt, beginnt hier, allerdings sind nur Teil befahr- bzw. begehbar.

Erster Haltepunkt sind die **Steam Vents,** wo Grundwasser auf heißem vulkanischem Gestein verdampft. Ein kurzer Trail führt zum **Steaming Bluff,** wo ebenfalls aus Felsritzen heißer Wasserdampf zutage tritt. Bei den **Sulphur Banks (Ha'akulamanu)** dringen mit dem Wasserdampf Schwefelgase an die Erdoberfläche und bilden dort einen grünlich-gelben Niederschlag. Vom **Kīlauea Iki Overlook** überblicken Sie den Krater des »kleinen Kīlauea«, am **Pu'u Pua'i Overlook** sind Sie dem Pu'u Pua'i am nächsten. Knapp 1 km weiter erreichen Sie einen Parkplatz, wo der **Devastation Trail** beginnt, ein rund 30-minütiger, geteerter Wanderweg durch

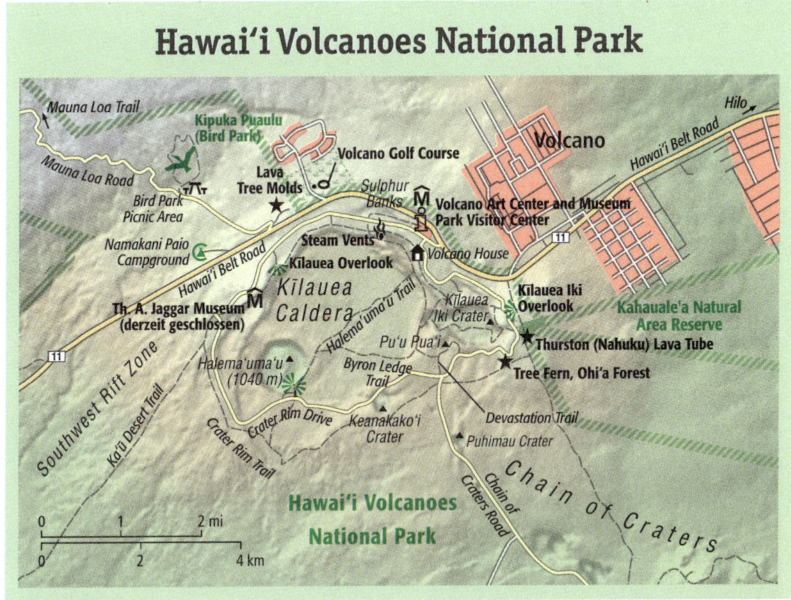

ein Gebiet, das 1959 durch Lava und Ascheregen komplett verwüstet wurde. Verbrannte 'Ōhi'a-Bäume strecken ihr kahles Geäst in den Himmel und lassen die Landschaft surreal wirken. Man kann aber auch beobachten, wie auf der Lava neue zarte Flechten und Farne zu sprießen beginnen. Der Weg endet am Pu'u Pua'i Overlook, von wo man auf der Straße zum Parkplatz zurückkehrt. Bei Redaktionsschluss noch gesperrt war die **Thurston Lava Tube,** eine 150 m lange und bis zu 6 m hohe Lavaröhre, die man auf Treppen und Holzbohlen begehen konnte.

Wanderungen

Eine schöne, ganztägige Wanderung von 22 km Länge ist der **Nāpau Trail** (mind. 7 Std.). Besonders faszinierend sind die Kulissenwechsel von jungen Lavafeldern zu dichten Regenwäldern mit Baumfarnen. Der Einstieg befindet sich am Mauna-Ulu-Parkplatz (rund 5,6 km entlang der Chain of Craters Road). Der Weg führt entlang der Lavaströme des Mauna-Ulu-Ausbruchs (zwischen 1969 und 1974). Neben Lavabäumen sehen Sie Schachtkrater – sie entstehen, wenn Magma aus einem unterirdischen Reservoir hervorquillt und einen Hohlraum zurücklässt, der in sich zusammenfällt. Sie kommen zudem an der **Old Pulu Factory** vorbei. Pulu sind seidige Fasern, die an den Farnspitzen am Fuße der Hapu'u (Farnbäume) wachsen. Traditionell wurden sie dafür benutzt, um Wunden abzudecken oder Tote einzubalsamieren. In den 1860er-Jahren allerdings wurde Pulu in großen Massen gesammelt und als Füllung für Kissen und Matratzen verwendet. Die Pulu Factory beschäftigte über 50 Mitarbeiter, die Pulu ernteten und die Fasern für den Export vorbereiteten. Bereits 1880 wurde die Fabrik wieder geschlossen. Das Ziel der Wanderung ist der **Nāpau Crater.** Von hier aus können Sie an manchen Tagen den Dampf, der aus dem Pu'u 'Ō'ō kommt, in der Ferne aufsteigen sehen. Der gesamte Weg ist mit Ahu (Steinhäufchen) markiert, diese sind inmitten der Lavafelder anfänglich leicht zu übersehen, man bekommt aber mit der Zeit ein Auge dafür. Nehmen Sie ausreichend Wasser, Regenklei-

FAHRT AUF DER CHAIN OF CRATERS ROAD

Tour-Infos

Start: Am südlichen Bogen des Crater Rim Drive
Dauer: 2–3 Std.
Länge: 30,3 km
Wichtig: Entlang der Straße gibt es keine Möglichkeit, Proviant oder Trinkwasser zu kaufen, es gibt keine Toiletten und keine Tankstelle. Erst am Ende der Straße finden Sie sanitäre Anlagen und einen kleinen Kiosk vor, in dem Getränke erhältlich sind. Details zu den einzelnen Stopps entlang der Chain of Craters Road unter www.nps.gov/havo/planyourvisit/ccr_end_of_road.htm.

Wie viel Zeit Sie für die Befahrung der **Chain of Craters Road** benötigen, hängt von Ihrem Entdeckergeist ab. Entlang der Straße gibt es immer wieder Aussichtspunkte und Wanderwege – und vor allem unglaublich beeindruckende Lavafelder. Wenn Sie nicht viel Zeit haben, ist aber auch das bloße Befahren der Straße von Anfang bis Ende ein unvergessliches Erlebnis. Mit dem Bau der Chain of Craters Road wurde 1928 begonnen, 1965 erfolgte eine Erweiterung. Beim Ausbruch des Mauna Ulu 1969 wurde nicht nur ein Abschnitt der Strecke, sondern auch viele historische Stätten unter Lava begraben. 1979 wurden die Traumstraße wiedereröffnet, doch immer wieder ergießen sich Lavaströme über ihre Asphaltdecke. Die Relikte dieser vulkanischen

Aktivitäten, aber auch erste zarte Spuren neuen Lebens in Form von Pflanzen begleiten Sie auf der 30,3 km langen Strecke, auf der Sie rund 1128 m Höhenmeter überwinden.
An der Chain of Craters Road gibt es zehn Stopps, an denen Sie halten können (die km-Angabe bezieht sich auf die Kilometer ab Beginn der Chain of Craters Road): Der **Lua Manu Crater** (bei 0,8 km) ist ein 38 m tiefer Schachtkrater, beim **Hilina Pali Overlook**(3,7 km) gibt es einen Picknickplatz mit Blick auf Lavafelder und das Meer. Am **Pauahi Crater** (5,3 km) führt ein Boardwalk zu einer Spalte, aus der sich beim letzten Ausbruch Lava in den Krater ergoss. Häufig findet man hier in Ti-Blätter gewickelte Opfergaben. Die Straße führt nun am **Mauna Ulu** (6 km) vorbei und kurz darauf am **Mauna Ulu Flow,** einem Lavastrom, der sich vom Maunu Ulu über die Chain of Craters Road ergoss (6,6 km). Den gesamten Lavastrom kann man vom **Mau Loa o Mauna Ulu** (10,3 km) aus überblicken. Vom **Kealakomo Lookout** (15,9 km) aus sehen Sie den Ozean und einen riesigen Lavastrom, der 1868 das Dorf Kealakomo zerstörte. **Pu'u Loa** (26,2 km) ist für Hawaiianer ein heiliger Ort, hier finden sich viele in die Lavafelsen eingeritzte **Petroglyphen.** Mit mehr als 23 000 Felszeichnungen aus der Zeit von 1200–1450 n. Chr. ist das Petroglyphen-Feld das größte seiner Art in Hawai'i. Von einem Boardwalk aus können Sie die Zeichnungen bewundern. Von diesem Stopp, der Nummer 8, fahren Sie bis zu dem kleinen Kiosk bei Kilometer 30,3. Hier können Sie Ihr Auto parken. Nach einem kurzen Spaziergang erreichen Sie den **Hōlei Sea Arch.** Der natürliche Felsbogen ist 28 m hoch. Wie lange dieses beeindruckende Naturdenkmal noch existiert, ist ungewiss – eines Tages wird es zusammenbrechen und ins Meer stürzen. Sicher ist jedoch, dass neue Bögen entstehen werden. Der Panoramablick auf die Küste ist fantastisch, schwarzes Lavagestein kontrastiert mit kleinen grünen Vegetationsinseln und dem tiefblauen Ozean. Vom Hōlei Sea Arch geht es noch rund 800 m weiter, dann markiert eine Straßensperrung das Ende der Chain of Craters Road.
Sie fahren nun auf demselben Weg wieder zurück. Aus dieser Perspektive können Sie den gewundenen, von den Lavaströmen erzwungenen Straßenverlauf entlang des Berges sehen. Stellen Sie sich bei Hin- und Rückfahrt auf sämtliche Wettersituationen ein.

dung und Sonnenschutz mit und beginnen Sie Ihre Tour möglichst früh am Morgen.

Auch die Gipfelbesteigung des **Maunaloa** ist möglich, erfordert aber einige Fitness, weil in relativ kurzer Zeit viele Höhenmeter zu überwinden sind. Die Maunaloa Road führt zum Beginn des **Maunaloa Trail** auf 2031 m. Von hier aus benötigen Sie zwei Tage für den Aufstieg zum Gipfel, der auf 4169 m liegt. Für den Abstieg muss man einen weiteren Tag einkalkulieren. Nicht zu vernachlässigen ist die Wettersituation auf dem Maunaloa – hier kann es auch im Sommer schneien. Vor der Besteigung des Vulkans müssen Sie eine Erlaubnis im Visitor Center einholen.

Ein zweiter Weg auf den Maunaloa beginnt am Maunaloa Observatory – man erreicht es von der Saddle Road kommend über die Observatory Road, die zwar größtenteils geteert ist, für die aber kein Versicherungsschutz besteht. Vom Observatory aus können Auf- und Abstieg an einem Tag geschafft werden, allerdings sind auch hier die Höhenmeter eine nicht zu unterschätzende Herausforderung.

Volcano Village

▶ 7, V/W 27/28

Außerhalb der Parkgrenzen liegt kurz vor dem Kīlauea Visitor Center am Highway 11 das kleine Regenwald-Dörfchen **Volcano Village.** Neben Wissenschaftlern leben hier viele Künstler, die im **Volcano Art Center** ihre Werke ausstellen. Das Kulturzentrum organisiert auch Workshops, Konzerte und Hula-Aufführungen, zu bestimmten Terminen finden geführte Regenwaldwanderungen statt (1 Crater Rim Dr., beim Volcano House, Tel. 808 967 7565, www.volcanoartcenter.org, tgl. 9–17 Uhr). Für Touristen ist der Ort vor allem wegen seiner Infrastruktur von Bedeutung: Hier findet man Unterkünfte, Restaurants, einen Supermarkt, ein Postamt und zwei Tankstellen. Am Sonntagvormittag findet ein Farmers Market statt.

Maunaloa ▶ 7, S/T 27

Der zweite Vulkan im Parkgebiet ist der 4170 m hohe **Maunaloa,** der größte aktive Vulkan der Welt. Er bedeckt eine Fläche von 5270 km², seine Gipfelcaldera ist 5 km lang und 183 m tief. Der letzte Ausbruch ereignete sich 1984, damals floss die Lava in Richtung Hilo und kam erst kurz vor der Inselhauptstadt zum Stillstand.

Der Maunaloa ist längst nicht so gut zugänglich wie der Kīlauea, sein Gipfel kann nur auf einer langen und sehr anstrengenden Wanderung erreicht werden. Die vom Highway 11 abzweigende **Maunaloa Road** führt aber zu einem Aussichtspunkt mit Blick auf beide Vulkane, hier beginnt auch der 30 km lange **Maunaloa Trail.** Für den Lookout allein lohnt die lange, kurvenreiche Anfahrt kaum, vielleicht bleibt aber genügend Zeit für einen Abstecher zu den **Tree Molds** gleich am Anfang der Straße. Hier hat ein Lavastrom einen Koa-Wald umschlossen, die Bäume verbrannten und in der erkalteten Lava blieben bis zu 3 m tiefe Röhren zurück. Knapp 2 km weiter erreichen Sie den Parkplatz beim **Kipuka Puaulu Bird Park.** Hier blieb inmitten der Lava eine Vegetationsinsel erhalten, auf der viele einheimische Tiere und Pflanzen wie auf einer Arche überlebten. Bei einer kurzen Wanderung auf dem **Kipuka Puaulu Loop** sehen Sie seltene Gewächse wie den Holei-Baum und hören im Geäst das Konzert hawaiianischer Vögel wie z. B. 'Apapane und 'Amakihi.

Kahuku Unit ▶ 7, S 31

Kahuku Rd., Tel. 808 985 6000, www.nps.gov/havo/planyourvisit/kahuku-hikes.htm, Mi–So 9–16 Uhr

Ganz im Süden des Parks liegt die **Kahuku Unit.** Das Grasland war einst eine historische Ranch. Sonntags um 9.30 Uhr kann man hier an von Rangern geführten Wanderungen teilnehmen, Mi, Do und Fr finden Orientation Talks statt, bei denen die Ranger über das Gebiet informieren und Interessierte mit Kartenmaterial für Wanderungen auf eigene Faust versorgen. Zu sehen sind verschiedene vulkanische Phänomene, die beim Ausbruch 1868 entstanden sind – Lavaströme und -kanäle sowie ein inzwischen mit Regenwald überwucherter Schachtkrater.

Infos

Kīlauea Visitor Center: 1 Crater Rim Dr., Tel. 808 985 6000, www.nps.gov/havo/planyourvisit/kvc.htm, tgl. 9–17 Uhr.

Übernachten

Im Park mit Kraterblick – **Volcano House:** 1 Crater Rim Dr., Tel. 808 756 9625, www.hawaiivolcanohouse.com. Das Volcano House ist das einzige Hotel im Park. Das historische Gebäude verfügt über 33 gemütliche Zimmer, ein Restaurant mit Kraterblick und eine Cocktail-Lounge mit Livemusik. Zum Angebot gehören Leihräder und geführte Wanderungen. DZ ab 285 $.

Baumhausabenteuer – **Skye's Treehouses:** Volcano, Tel. 808 936 9392, Skye@VolcanoTreehouse.net, www.treehouseskye.webs.com. Einzigartige Erfahrung inmitten des Regenwaldes, nahe dem Hawai'i Volcanoes National Park. Ab 225 $, plus 75 $ Reinigungsgebühr.

Cottages im Regenwald – **Volcano Rainforest Retreat B & B:** 11-3832 Twelfth St., Tel. 808 985 8696, www.volcanoretreat.com. Vier aus Holz erbaute, charmante Ferienhäuser mit privatem Whirlpool, eingebettet in tropische Vegetation. Die Küche jedes Hauses ist mit Zutaten für ein gesundes Frühstück ausgestattet, täglich geliefert wird ein Korb mit frischen Backwaren, Obst und Orchideen. Cottage/ÜF ab 220 $.

Idyllisches Umfeld – **Kīlauea Lodge:** 19-3948 Old Volcano Rd., Tel. 808 967 7366, www.kilauealodge.com. Gut gepflegte, von tropischen Gärten umgebene Anlage im Volcano Village, nicht weit vom Park. Restaurant mit offenem Kamin, überdachter Whirlpool. DZ ab 210 $.

Eigenes Tourprogramm – **Arnott's Lodging and Adventures:** 98 'Apapane Rd., Tel. 808 339 0921, www.arnottslodge.com. Wenn Sie gehobenen Standard erwarten, ist diese Lodge wahrscheinlich nicht die beste Wahl. Wohlfühlen werden Sie sich aber, wenn Sie Wert auf familiäre Atmosphäre und ein individuelles Tourangebot abseits der ausgetretenen Pfade legen. Es gibt Unterkünfte verschiedener Kategorien – von der Campsite über Mehrbettzimmer bis hin zu Suiten. 18–220 $.

Rustikal, der Natur ganz nahe – **Nāmakanipaio Campground:** 1 Crater Rim Dr., Tel. 808 756 9625, www.hawaiivolcanohouse.com. Die Campsite gehört zum Volcano House und liegt 5 km von diesem entfernt. Sie können unter drei Übernachtungsoptionen wählen: Cabins (ab 80 $), voll ausgestattete Zelte (40 $ für 2 Pers.) und BYOT (Bring your own tent, 15 $ pro Stellplatz).

Essen & Trinken

Feine lokale Küche – **'Ōhelo Café:** 19-4005 Haunani Rd., Tel. 808 339 7865, www.ohelocafe.com, tgl. 11.30–14.30, 17.30–21.30 Uhr, 1. Di im Monat geschl. Hervorragendes Essen mit Zutaten aus der Region. Chef's Table für 4 Gäste. Reservierung empfohlen. Pizza ab 12 $, Hauptgerichte ab 21 $.

Beste Aussichten – **The Rim:** 1 Crater Rim Dr., Tel. 808 756 9625, www.hawaiivolcanohouse.com, tgl. Frühstück 7–10.30, Lunch 11–14, Dinner 17–20.30 Uhr. Restaurant im Volcano House mit Blick auf den Krater durch große Panoramafenster. Frühstücksbuffet 20 $, Lunch ab 13 $, Dinner ab 20 $.

Leichte Gerichte – **Uncle George's Lounge:** 1 Crater Rim Dr., Tel. 808 756 9625, www.hawaiivolcanohouse.com, tgl. 11–21.30 Uhr. Lounge im Volcano House. Gerichte um 16 $.

Guter Mix – **Kīlauea Lodge Restaurant:** 19-3948 Old Volcano Rd., Tel. 808 967 7366, www.kilauealodge.com, tgl. 7.30–17, Brunch So 10–14 Uhr. Umfangreiches Angebot internationaler (Fisch- und Fleisch-)Gerichte. Hauptspeisen ab 14 $.

Organisch – **Café 'Ono:** 19-3823 Old Volcano Rd., Tel. 808 985 8979, www.cafeono.net, Di–So 11–15 Uhr (vorher anrufen, manchmal wird bereits um 14 Uhr geschlossen). Gesunde Küche mit veganen und glutenfreien Optionen. Restaurant- und Galeriebetrieb. Um 14 $.

Aktiv

Wandern – **Backcountry Office:** vom Hwy. 11 durch den Parkeingang, links in den Crater Rim Dr., nach 0,25 km rechts, den Schildern zum Office folgen. Tel. 808 985 6178, www.nps.gov/havo/planyourvisit/hike_bc.htm, tgl. 8–16 Uhr.

Geführte Wanderungen – **Friends of Hawai'i Volcanoes National Park:** Tel. 808 985 7373, admin@fhvnp.org, www.fhvnp.org.

Einheimischer Guide – **Native Guide Hawai'i:** Tel. 808 982 7575, www.nativeguidehawaii.com. Warren Costa ist in Hilo geboren und aufgewachsen. Er ist Naturwissenschaftler und Archäologe, hat bereits als Ranger auf dem Maunakea gearbeitet. Von ihm erfahren Sie Interessantes zur Flora und Fauna, aber auch zu den kulturellen Besonderheiten des Hawai'i Volcanoes National Park.

Biken – **Volcano Bike Tours:** Tel. 808 934 9199, www.bikevolcano.com. Halb- und Ganztagestouren, Touren zu Lavaflüssen. Ab 132 $.

Fototour – **Hawaii Photo Retreat:** Volcano, Tel. 808 333 1986, 808 345 0073, www.hawaiiphotoretreat.com. Maßgeschneiderte Touren ab 495 $ pro Tag.

Weinverkostung – **Volcano Winery:** 35 Pi'i Mauna Dr., Tel. 808 967 7772, www.volcanowinery.com, tgl. 10–17.30 Uhr. Seit 1986 experimentiert Lynn »Doc« McKinney mit verschiedenen Wein- und Fruchtkombinationen, die als tropischer Tropfen mit leichter Sternfrucht-, Maracuja- oder Papaya-Note ins Glas kommen. Das Weingut öffnete 1993 seine Tore und ist seit 1999 im Besitz der Bothof-Familie, die auch Weinverkostungen anbietet.

Termine

Hawai'i Volcanoes National Park Cultural Festival: Juli. Kunst, Handwerk, hawaiianische Musik und Hula (www.nps.gov/planyourvisit/event-search.htm).

The Volcano Village Artists Hui: Thanksgiving-Wochenende. Studiotour (www.volcanovillageartistshui.com).

Süden

Die Kona Coast steht stellvertretend für viele Facetten der Insel. Sie hat das Wüstenartige der Kohala Coast und die Regenwaldvegetation von Puna und Hilo. Auf Besucher warten zahlreiche historische Sehenswürdigkeiten, aber auch nette Cafés, Galerien und hawaiianisches Alltagsleben.

Von Osten nach Westen und umgekehrt gelangen Sie am schnellsten über die Saddle Road, die quer über die Insel führt. Wenn Sie Zeit haben, lassen Sie sich auf die landschaftlich abwechslungsreiche Hawai'i Belt Road im Süden (Hwy. 11) ein. Am besten fahren Sie von Kailua-Kona (Westen) nach Hilo (Osten), auf der Panoramaseite parallel zum Meer.

Auf dem Highway 180 über **Hōlualoa** (s. S. 259) Richtung Süden fahrend, lassen Sie das touristische Zentrum Kailua-Kona schnell hinter sich. Beim über 400 m hoch gelegenen **Honalo** 1 gewährt ein Lookout schöne Ausblicke auf die Keauhou Bay. Auf dem folgenden Streckenabschnitt sorgen weit mehr Niederschläge als in der Küstenregion für üppige Vegetation: Bananen, Mangos, Papayas und dichter tropischer Wald. Kleine Bauerndörfer, Nuss- und Kaffeefarmen säumen den Weg. In der Ortschaft **Kainaliu** 2 herrscht eine komplett andere Atmosphäre als auf Meereshöhe: Im Aloha Theater von 1932 finden noch immer Film- und Theateraufführungen sowie Konzerte statt. Galerien und Antiquitätengeschäfte säumen die Straßen, in vielen Läden und Cafés wird in der Umgebung angebauter Kona Coffee angeboten (s. Thema S. 250).

Kealakekua Bay

▶ 7, Y 27

Südlich von **Kealakekua** 3 gehen die Ortschaften für das Besucherauge fast unmerklich ineinander über. **Captain Cook** 4 wird Ihnen jedoch auffallen: Das historische Manago Hotel ist so etwas wie das Wahrzeichen des Städtchens. Sein Name erinnert an den Seefahrer und Entdecker, der in der **Kealakekua Bay** 5 unterhalb des Ortes bei einer Auseinandersetzung mit den Ureinwohnern getötet wurde. Sie können die Bucht auf einer reizvollen Wanderung erreichen, die bei einem Parkplatz an der Nāpō'opo'o Road beginnt. Der **Captain Cook Monument Trail** führt in etwa 1 Std. steil bergab zum **Kealakekua Bay State Historical Park,** für den Rückweg sollten Sie etwa 2 Std. veranschlagen. Sie erreichen die Bucht auch mit dem Auto, wenn Sie der Nāpō'opo'o Road bis zum Ende folgen. Am Ufer markiert das **Captain Cook Monument,** ein 8 m hoher, weißer Obelisk, die Stelle, an der Cook 1779 ums Leben kam. Das Stück Land, auf dem das Denkmal steht, ist britischer Boden – das Königreich Hawai'i vermachte es Großbritannien 1877 als diplomatische Geste. Auf der gegenüberliegenden Seite der Bucht befindet sich am Ende der Nāpō'opo'o Road der **Hiki'au Heiau,** ein Tempel für den Gott Lono, wo auch Menschenopfer dargebracht wurden. In den **Pali Kapu O Keoua**, steilen Klippen oberhalb der Bucht, bestattete man Mitglieder des Königshauses. Cook ließ auf diesem heiligen Land ein Besatzungsmitglied beisetzen und brachte damit vermutlich die Hawaiianer gegen sich auf. Das Betreten beider Stätten ist nicht gestattet, aber allein der Blick auf den Heiau, eine imposante Plattform aus Lava- und Korallensteinen, ist den kleinen Abstecher wert.

Die Bucht ist ein Meeresschutzgebiet und vor allem die am nördlichen Ende gelegene **Ka'awaloa Cove** zählt zu den schönsten Schnorchelrevieren Hawai'is. Tropische

Fische und eine Vielzahl von Korallen in türkisfarbenem Meer zogen allerdings zuletzt so viele Menschen an, dass der Besucheransturm zum Schutz der Unterwasserwelt begrenzt werden musste. Inzwischen dürfen nur noch ausgewählte Anbieter mit ihren Booten beim Cook Monument anlegen. Vom kleinen Nāpō'opo'o Beach können Sie aber ins Wasser gehen und losschnorcheln. Mit etwas Glück begegnen Sie dabei Spinnerdelfinen und Meeresschildkröten.

Übernachten

Tropisches Paradies – **Kāne Plantation Guesthouse:** 84-1120 Telephone Exchange Rd., Captain Cook, Tel. 808 328 2416, www.kaneplantationhawaii.com. Luxuriöses B & B auf dem Gelände einer Avocadofarm, von der Natur und der Kunst von Herb Kāne inspiriert. Spabereich mit Sauna, Whirlpool und diversen Anwendungen wie Aromatherapie und Lomilomi. DZ ab 260 $.

Besonders – **Dragonfly Ranch:** 84–5146 Keala O Keawe Rd., Captain Cook, Tel. 808 328 2159, www.dragonflyranch.com. Das Bed & Breakfast möchte mehr sein als eine Unterkunft, nämlich ein Ort, der spirituelle Erfahrungen ermöglicht. Im »Eco Spa Treehouse« gibt es verschiedene Wohnkategorien – vom einfachen Zimmer bis hin zur Suite. Zu den Einrichtungen gehören ein Yogabereich, ein Labyrinth in einem regenbogenbunten Illuminarium, schöne Außenbereiche mit Hängematten und ein organischer Garten. Gäste können sich mit Lomilomi- und anderen Massagen verwöhnen lassen. Auch Aktivitäten wie Kajakfahren, Schnorcheln und Walbeobachtung werden arrangiert. Die familiäre Unterkunft will das Leben von Gemeinschaft fördern. Wie weit man sich darauf einlässt, entscheidet jeder selbst. DZ/F ab 100 $.

Historisch mit Ausblick – **Manago Hotel:** 82-6155 Māmalahoa Hwy., Captain Cook, Tel. 808 323 2642, www.managohotel.com. Das familiengeführte Hotel besteht bereits seit 1917. Sehr schlicht, aber sauber und mit toller Aussicht. Schön ist das japanische Zimmer mit Futon und Tatami-Matten. DZ ab 75 $, Japanese Room ab 91 $.

Essen & Trinken

Gehobene Küche – **Ke'ei Café:** 79-7511 Māmalahoa Hwy., Kealakekua, Tel. 808 322 9992, www.keeicafe.net, Di–So 17–21 Uhr. Familiengeführtes Restaurant mit kreativer Pacific-Rim-Küche. Viel Fisch, auch vegetarische Optionen. Hauptspeisen ab 20 $.

Authentisch japanisch – **Teshima's:** 79-7251 Māmalahoa Hwy., Kealakekua, Tel. 808 322 9140, www.teshimarestaurant.com, tgl. 7–13.45, 17–21 Uhr. Entspannte Atmosphäre, gute Suppen, tolle Fischgerichte. Ab 12 $.

Burger – **Annie's Island Fresher Burgers:** 79-7460 Māmalahoa Hwy., Kealakekua, Tel. 808 324 6000, www.anniesislandfreshburgers.com, tgl. 11–20 Uhr. Schlicht, aber lecker und mit schönem Blick. Ab 12 $.

Auf die Schnelle – **Sandy's Drive In:** 79-7432 Māmalahoa Hwy., Kealakekua, Tel. 808 322 2161, tgl. 7–19.30 Uhr. Lokales Comfort Food, unkompliziert. Ab 10 $.

Hawaiianisches Familienrestaurant – **Kaaloa's Super J's:** 83-5409 Māmalahoa Hwy., Captain Cook, Tel. 808 328 9566, Mo–Sa 10–18.30 Uhr. Authentische hawaiianische Küche, z. B. Laulau und Kālua Pig. Ab 10 $.

Kaffee & Snacks – **Cafe Florian:** 81-6637 Māmalahoa Hwy., Kealakekua, Tel. 808 238 0861, www.caffeeflooriankona.com, Mo–Fr 7–15 Uhr. Hausgemachtes Gebäck und Kona-Kaffee, Salate, Quiche und Panini. Ab 3,50 $.

Lecker Eis – **Gypseagelato:** 79-7460 Māmalahoa Hwy., Kealakekua, Tel. 808 322 3233, www.gypseagelato.com, tgl. 12–20.30 Uhr. Kleine Eisdiele mit verrückten Sorten. Ab 4 $.

Einkaufen

Frisches Obst – **The South Kona Fruit Stand:** 84-4770 Māmalahoa Hwy., Captain Cook, Tel. 808 328 8547.

Aktiv

Kaffeefarm-Tour – **Greenwell Farms:** 81-6581 Māmalahoa Hwy., Kealakekua, Tel. 808 323 2295, www.greenwellfarms.com, Touren tgl. 9–16 Uhr, Shop 8–17 Uhr. Kostenfreie Führungen mit Infos zum Kaffeeanbau.

Living History – **The Greenwell Store Museum:** Hwy. 11 (zwischen Mile Marker 111 und

Süden
Kailua-Kona
Hōlualoa
Kahalu'u
Keauhou
NORTH KONA DISTRICT
Kiki'ae'ae 1671m
Pohakuloa Military Training Area (Sperrgebiet)
1859 Lava Flow
1843 Lava Flow
1935 Lava Flow
1942 Lava Flow
HAMAKUA DISTRICT
NORTH HILO DISTRICT
Maunaloa Observatory
Maunaloa 4169 m
Hawai'i Volcanoes National Park
1 Honalo
2 Kainaliu
3 Kealakekua
Captain Cook Monument
4 Captain Cook
5
Napo'opo'o
Kealakekua Bay
Kealakekua Bay State Hist. Park
6 Painted Church
Honaunau
Keokea
Alahaka Bay
Pu'uhonua o Hōnaunau National Historical Park
Ho'okena 7
Kealia
SOUTH KONA DISTRICT
1950 Lava Flow
Southwest Rift Zone
1926 Lava Flow
1950 Lava Flow
Hawai'i Belt Rd.
11
Ka'apuna Lava Flow
Kīpāhoehoe Natural Area Reserve
8
KAU DISTRICT
Kīpāhoehoe Bay
1926 Ho'opuloa Lava Flow
1926 Lava Flow
Papa Bay
Ho'opuloa
Kapo'ala'ala 1883m
Miloli'i 9
Ho'omau Ranch
Pahala 15
11
Punalu'u 14
Punalu'u Beach
Lava Tubes
10 Manukā State Wayside Park
Kawa Bay
Manukā Natural Area Reserve
11
Wa'ōhinu
12
13
Na'alehu
Whittington Beach
Kahuku Ranch
Discovery Harbor
Discovery Harbor Golf Course
Kaupua'a Bay
Waikapuna Bay
Pohue Bay
South Point Rd.
Kama'oa Wind Farm
Ka'alualu Bay
Green Sand Beach (Papakolea)
0 2 4 mi
0 4 8 km
Ka Lae (South Point) 11
Kaulana Bay

112), Kealakekua, Tel. 808 323 3222, www.konahistorical.org, Di, Do 10–14 Uhr, 5 $. Der H.N. Greenwell Store befindet sich in einem der ältesten Gebäude Hawai'is, das sowohl im State als auch im National Register for Historic Places eingetragen ist. Das Geschäft wurde 1870 von dem Engländer Henry Nicholas Greenwell erbaut und diente als Mittelpunkt für die Gemeinde. Immer Dienstag und Donnerstag wird die Pionierära durch Living-History-Programme zum Leben erweckt, die von der Kona Historical Society veranstaltet werden. Die Gesellschaft wurde 1976 gegründet, um die Geschichte des Kona-Distrikts zu bewahren und zu teilen. Zu den angebotenen Aktivitäten gehört z. B. das Backen von Brot in einem alten Steinofen.

Kajak & Schnorcheln – **Kona Boys:** 79-7539 Māmalahoa Hwy., Kealakekua, Tel. 808 328 1234, www.konaboys.com, tgl. 7.30–17 Uhr. Verleih von Kajaks und SUP-Boards, Kajaktouren in die Kealakekua Bay mit Gelegenheit zum Schnorcheln. Ab 139 $.

Yoga – **Big Island Yoga Center:** 81-6623 Māmalahoa Hwy., Kealakekua, Tel. 808 329 9642, www.bigislandyoga.com. Iyengar-Yoga für alle Könnensstufen in der oberen Etage eines historischen Plantagenhauses. Ab 15 $ pro Stunde.

Aktiv Geschichte erleben – **Kona Coffee Living History Farm:** 82-6199 Māmalahoa Hwy., Captain Cook, Tel. 808 323 3222, www.konahistorical.org, Mo–Fr 10–14 Uhr, Erw. 15 $. Die Farm wird von der Kona Historical Society unterstützt und gibt einen interaktiven Einblick in die Prozesse der Kaffeeherstellung und die historischen Anfänge. Kostümiertes Personal führt vor, wie sich im frühen 20. Jh. der Alltag auf einer Kaffeeplantage abspielte, an manchen Stationen kann man selbst Hand anlegen.

Honey, Honey – **Big Island Bees:** 82-1140 Meli Rd. Suite 102 (genaue Wegbeschreibung auf der Website, GPS wird Sie irreführen), Captain Cook, www.bigislandbees.com/pages/beekeeping-tours, Mo–Fr 10–16, Sa 10–14 Uhr, Erw. 10 $, Kinder 9–18 Jahre 8 $. Malerisches Areal, auf dem Beekeeping-Touren und Honigverkostungen angeboten werden.

✪ Pu'uhonua o Hōnaunau ▶ 7, Q 27

www.nps.gov/puho/index.htm, Visitor Center tgl. 8.30–16.30, Park tgl. 7 Uhr bis 15 Min. nach Sonnenuntergang, 7 $ pro Pers. bzw. 15 $ pro Pkw mit allen Insassen

Vom Nāpō'opo'o Beach aus können Sie auf der Pu'uhonua Road weiter Richtung Süden fahren. Wenn Sie Ihr Auto am Einstieg des Captain Cook Monument Trail abgestellt haben, fahren Sie auf dem Highway 11 weiter und biegen in Kēōkea rechts auf die Keala o Keawe Road (160) ab. Beide Wege führen zum **Pu'uhonua o Hōnaunau,** einem der eindrucksvollsten Zeugnisse polynesischer Kultur auf Hawai'i Island. Der Name bedeutet übersetzt »Zuflucht von Hōnaunau«. Wer ein Kapu (Verhaltenskodex) gebrochen hatte, dem bot sich nur eine Chance, der Todesstrafe zu entgehen: das Erreichen einer solchen Fluchtburg. Auf Hawai'i Island gab es sechs, die allesamt schwer zu erreichen waren. Die »Verbrecher«, die ihren Verfolgern entkommen konnten und es hierher schafften, wurden von einem Priester von ihrer Schuld freigesprochen und konnten zu ihren Familien zurückkehren. Die Zufluchtsorte wurden von allen respektiert, weswegen auch Frauen, Kinder und alte Menschen bei den häufigen Stammeskämpfen hier Schutz suchten. Pu'uhonua o Hōnaunau ist eine sehr große Anlage, in der sich u. a. auch Petroglyphen befinden. Die Zuflucht war durch einen dicken Wall vom priesterlichen Bereich mit dem Ahnenhaus der hawaiianischen Könige getrennt. Die Anlage wurde so rekonstruiert, wie Cook's Schiffsmaler John Webber sie im 18. Jh. darstellte. Zu sehen sind u. a. Modelle von Wohn- und Vorratshäusern, die Reste mehrerer Heiaus, ein königlicher Fischteich, ein Konane-Spiel und der Keoua Stone, Lieblingsplatz des Königs von Kona. Unter dem Ka'ahumanu Stone soll sich die Ehefrau von König Kamehameha I. bei einem Streit versteckt haben. Die bedeutendste Stätte im Park ist jedoch die von Holzidolen bewachte **Hale o Keawe.** Keawe ist die Abkürzung für Keaweikekahiali'iokamoku – so lautete der volle Name des Häuptlings von Moku o Keawe, Hawai'i Island. Keawe regierte die Insel im 17. Jh. und war sehr erfolgreich darin, durch strategische Allianzen und Eheschließungen für Frieden zu sorgen. Außerdem war er der Urgroßvater von Kamehameha, der schließlich alle Inseln zu einem Königreich zusammenführte. Keawe wurde in dem Tempel beigesetzt, genauso wie 22 ihm nachfolgende Könige.

Das Besucherzentrum hält Broschüren mit Erklärungen zu den einzelnen Stätten (insgesamt 16) bereit. Hier startet auch der 1,6 km lange **1871 Trail,** der entlang der Küste zum verlassenen Fischerdorf Ki'ilae führt und dabei viele archäologische Stätten passiert.

Die **Hōnaunau Bay** bietet optimale Bedingungen zum Schnorcheln. Das Wasser ist zumeist klar und im strandnahen Bereich nicht sehr tief. An einem vorgelagerten Riff tummeln sich viele Fische und die Korallen zeigen sich von ihrer schönsten Seite. Im Bereich des Nationalparks ist das Schnorcheln verboten, ein guter Einstieg liegt an der Two Steps Bay etwas weiter nödlich.

St. Benedict's Church (Painted Church)

▶ 7, Q 27

84–5140 Painted Church Rd., Tel. 808 328 2227, www.thepaintedchurchhawaii.org, in der Regel tgl. 7.30–18.30 Uhr

Von der Hōnaunau Bay aus gelangen Sie auf dem Highway 160 und der Painted Church Road zu Konas berühmtester Kirche. Die **Painted Church** 6 stand ursprünglich am Meer und hieß St. Regis, doch als die Einwohner Richtung Berge zogen, weil dort der Boden fruchtbarer war, versetzte man auch die Kirche an ihren heutigen Standort. Das neue Gotteshaus wurde in St. Benedict umbenannt

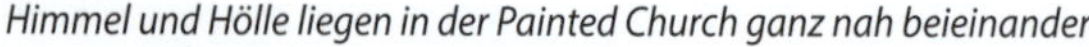

Himmel und Hölle liegen in der Painted Church ganz nah beieinander

und 1902 gesegnet. Der belgische Geistliche John Berchmans Velghe, der 1899 das Pfarramt übernahm, malte die hübsche weiße Holzkirche mit biblischen Szenen aus, die er in hawaiianische Landschaft versetzte. Sie sind ein schönes Beispiel amerikanischer Volkskunst und in ihrer Farbenfreude einzigartig. An den sechs Holzsäulen sind Bibelverse zu lesen, die vom Lateinischen ins Hawaiianische übersetzt wurden, an der Decke wurden den Stützpfeilern gemalte Palmwedel aufgesetzt. Die Decke selbst ist blau und mit Sternen-, Wolken- und Vogelmotiven verziert. Hinter dem Altar täuschen illusionistische Malereien den Chorraum einer gotischen Kathedrale vor. Bevor Velghe alle Bilder fertigstellen konnte, wurde er 1904 in eine andere Gemeinde versetzt und verließ Hawai'i kurze Zeit später wegen gesundheitlicher Probleme. Der Altar ist aus Koa-Holz gefertigt, tropische Blumen wie Proteen schmücken ihn. Während der Messe kommt nicht nur die Orgel zum Einsatz, auch 'Ukulele und Gitarre begleiten die katholischen Kirchenlieder. An jedem zweiten Sonntag im Monat werden Gottesdienste auf Hawaiianisch gehalten. Einem weiteren belgischen Landsmann wird vor der Painted Church mit einer Statue gedacht: Father Damien, der sich aufopfernd um die Lepra-Kranken auf der Kalaupapa-Halbinsel kümmerte (s. Thema S. 361). Der an die Kirche grenzende Friedhof ist ein friedvoller Ort.

Von Ho'okena nach Miloli'i ▶ 7, Q 28/29

Der kleine Fischerort **Ho'okena** 7 lohnt einen Abstecher von der Hawai'i Belt Road an die Küste, weil es hier einen Beach Park mit zwei schönen Stränden gibt – den **Ho'okena** und den **Ke'ālia Beach** mit schwarzem und weißem Sand. Bei ruhigem Wasser kann man hier schwimmen und schnorcheln, am Nordende des Beach Park werden Kajaks und Bodyboards verliehen. Von den Picknicktischen aus kann man manchmal Delfine und in den Wintermonaten Wale beobachten.

Im weiteren Verlauf führt der Highway in vielen Kurven durch hügeliges Land, dank Höhen zwischen 300 und 500 m hat man fast immer einen schönen Blick auf den Ozean. Sie durchfahren das **Kīpāhoehoe Natural Area Reserve** 8, ein Landschaftsschutzgebiet, wo üppiges Grün einen Lavastrom von 1919 überwuchert hat. Kurz nachdem Sie die Kaffeeplantagen der South Kona Farms passiert haben, wird der Küstenort **Miloli'i** 9 angekündigt. Die Einwohner, fast sämtlich Hawaiianer, leben auf traditionelle Weise vom Fischfang und verhalten sich dem Tourismus gegenüber eher zurückhaltend. Am **Miloli'i Beach Park** liegen Auslegerkanus am Strand und Netze trocknen in der Sonne.

Abstecher zum South Point ▶ 7, S 32

Der Highway wird nun gerader und führt an den grünen Rinderweiden der Ho'omau Ranch vorbei zum **Manukā State Wayside Park** 10, der Teil des Manukā Natural Area Reserve ist. Hier können Sie eine kleine Picknickpause einlegen und sich die Beine auf dem **Manukā Trail** (www.dlnr.hawaii.gov/dsp/hiking/hawaii/manuka-nature-trail) vertreten. Entlang des 3,4 km langen Rundwanderwegs sehen Sie einheimische Flora und Fauna, historische Stätten und Lavaströme aus verschiedenen Jahren.

Lavaströme, hauptsächlich von 1887 und 1907, die vom Maunaloa in Richtung Ozean flossen, begegnen Ihnen auch auf der weiteren Strecke immer wieder. Es dauert aber nicht mehr lange, bis frisches Grün an die Stelle der Lavawüste tritt: Eine ehemalige Rinderfarm bildet hier inzwischen die **Kahuku Unit** des Volcanoe National Park (s. S. 242). Zwischen Mile Marker 69 und 70 zweigt die knapp 18 km lange South Point Road nach **Ka Lae** 11 ab, dem südlichsten Punkt der hawaiianischen Inseln. Früher war diese Region dicht besiedelt, es ist gut möglich, dass die Polynesier der ersten und zweiten Siedlungswelle hier zum ersten Mal hawaiianisches Land

Kona Coffee – Luxus in der Tasse

Von 50 amerikanischen Bundesstaaten verfügen zwei, Hawai'i und Kalifornien, über die nötigen Voraussetzungen, um Kaffee anzubauen. Hawai'is Kona-Kaffeebohnen, die an der Westküste von Hawai'i Island wachsen, sind mit Preisen bis zu 60 $ pro Pfund ein Premiumprodukt. Und ein echter Genuss!

Die Kona-Region im Westen von Hawai'i Island ist schon lange kein Geheimtipp mehr unter Kaffeebauern. Hunderte haben sich hier vor allem rund um Kealakekua angesiedelt und produzieren den weltbekannten Kona Coffee auf Anbaugebieten, die zwischen einem und mehreren hundert Hektar groß sind. Das Areal lässt sich gut eingrenzen: Nur an den Westhängen des Maunaloa und des Hualālai sind die Wachstumsbedingungen für die Arabica-Typica-Bohne ideal. Daher sind die Anbaumengen begrenzt: Kona Coffee macht gerade einmal 1 % der weltweiten Kaffeeproduktion aus.

Der erste Kaffeebaum kam zufällig nach Hawai'i Island. Nachdem Anfang der 1820er-Jahre ein erster Anbauversuch im Mānoa Valley auf O'ahu gescheitert war, nahm der Missionar Samuel Ruggles ein paar Exemplare mit nach Kona. Eigentlich nur, weil er seinen Garten damit verschönern wollte. Doch der Baum trug Früchte und lieferte so den Beweis, dass diese Umgebung sich gut für den Kaffeeanbau eignete: Der vulkanische Boden ist besonders nährstoffreich. Hinzu kommt die Lage zwischen 300 und 800 Höhenmetern, ein Übriges tun die milden Temperaturen und das ausgeglichene Klima mit Sonnenschein am Morgen und Wolken am Nachmittag, die vom Ozean aufziehen und Schatten sowie die nötige Menge an Niederschlägen bringen. Die größte Bedrohung für Kaffeebohnen ist Winterfrost – um diesen Feind muss man sich an der Kona-Küste allerdings keine Sorgen machen.

Im Frühjahr fangen die Bäume an zu blühen und bringen eine Menge kleiner weißer Blüten hervor, die süßlich duften. In Hawai'i spricht man vom Kona Snow – mit maximal drei Tagen Dauer ein sehr kurzes Vergnügen. Die Blüten fallen ab und die Kaffeekirschen reifen heran, bis sie eine rote Färbung angenommen haben. Dann können sie, in der Regel zwischen September und Februar, geerntet werden – das bedeutet in Hawai'i: von Hand gepflückt. Um ein Pfund Kaffee herzustellen, sind ungefähr 3,4 kg Kirschen nötig. Die Früchte werden in Leinensäcken zur Nassmühle gebracht, wo die Weiterverarbeitung erfolgt.

Nach dem Entfernen des Fruchtfleischs werden die Bohnen gewässert und anschließend fünf bis sieben Tage in der Sonne getrocknet. Dann wird die Ernte von offizieller Stelle, dem Hawai'i State Department of Agriculture, überprüft. Es gibt zwei Zertifikate, das eine bestätigt die Herkunft aus Kona, das andere die Qualität. Herkunft, Qualität und die geringen Produktionsmengen, vor allem aber die im Vergleich zu Afrika, Brasilien oder Indonesien hohen Arbeitskosten spiegeln sich im hohen Preis des Kona-Kaffees wider.

betraten – darauf weisen zumindest die Reste von Siedlungen und Tempelanlagen hin. Das gesamte Areal ist als National Historical Landmark registriert und sollte mit äußerstem Respekt besucht werden. Ein 4 km langer Fußweg führt vom South Point nach Osten zum grünsandigen **Papakōlea Beach.** Er verdankt seine Farbe Olivin, einem Mineral, das aus dem Lavagestein ausgewaschen wird.

Aktiv

Reiten und ATV-Touren – **Ho'omau Ranch:** 89–1074 Old Māmalahoa Hwy., Captain Cook, Tel. 808 392 0621, www.hoomauranch.com. Reiten ab 179 $, ATV-Touren ab 99 $.

Von Wa'ōhinu nach Pahala ▶ 7, S–U 29/30

Nächster Ort am Highway 11 ist **Wa'ōhinu** 12. Obwohl die kleine Gemeinde 1900 County Seat von Hawai'i Island war, lohnt ein Stopp hier eigentlich nur eines ganz besonderen Baumes wegen: Mark Twain pflanzte hier 1866 den **Monkeypod Tree.** Der Baum fiel zwar 1956 einem Sturm zum Opfer, doch aus dem Stumpf ist inzwischen ein neuer Baum erwachsen. Über den umliegenden Park verteilt sind zahlreiche Zitate von Mark Twain.

Zwischen **Na'alehu** 13 und **Punalu'u** 14 verläuft der Highway in Meeresnähe. Vom **Honu'apo Bay Overlook** rund 7 Min. nordöstlich von Na'alehu ist die Aussicht auf die Küste magisch – Sie blicken auf den längsten unbebauten Küstenabschnitt Hawai'is. Punalu'u ist für seinen schönen schwarzen Strand bekannt, den **Punalu'u Beach Park.** Wenn flüssige Lava auf das kühle Wasser des Ozeans trifft, »zerspringt« sie in unendlich viele, winzige Partikel – schwarzen Sand. Der palmengesäumte Strand ist ein beliebtes Ausflugsziel. Grüne Meeresschildkröten legen hier ihre Eier ab und auch die Eisgraue Fledermaus und der Hawai'i-Falke sind anzutreffen. Außerdem gibt es hier Ki'i Pōhaku (Petroglyphen). Die nahe **Ninole Cove** ist ein schönes Schnorchelrevier.

Der Highway schwenkt nun ins Landesinnere ab und erreicht nach gut 7 km **Pahala** 15, einen verträumten Plantagenort mit einer großen Rinderfarm, der Kapapala Ranch. Von dort geht es steil bergauf und zunächst am Westrand des Hawai'i Volcanoes National Park entlang, dann durch den Park hindurch nach Volcano Village. An dieser Stelle müssen Sie noch keinen Eintritt bezahlen. Der wird erst am Eingang fällig, wenn Sie das Visitor Center besuchen oder die Chain of Craters Road befahren möchten.

Übernachten

Schatzkästchen – **Kalaekilohana Hawai'i Island Inn & Retreat:** 94-2152 South Point Rd., Tel. 808 939 8052, www.kau-hawaii.com. Preisgekrönte Boutiqueunterkunft, die sich zwischen dem Hawai'i Volcanoes National Park und dem Pu'uhonua O Hōnaunau National Historic Park befindet. Ab 350 $ inkl. Frühstück.

Cottages – **Pahala Plantation Cottages:** 96-3208 Maile St, Pahala, Tel. 808 928 9811, www.pahalaplantationcottages.com. Einfache, dafür gemütliche Hütten mit voll ausgestatteter Küche und Lanai für bis zu 7 Pers., verstreut auf dem Areal einer ehemaligen Zuckerrohrplantage gelegen. Ab 99 $.

Essen & Trinken

Plate Lunch – **South Side Shaka Restaurant & Bar:** 95-5673 Māmalahoa Hwy., Na'alehu, Tel. 808 929 7407, tgl. 8–21 Uhr. Gut für einen Imbiss unterwegs. Ab 14 $.

Sweetbread – **Punalu'u Bake Shop:** Hwy. 11, Punalu'u, Tel. 808 929 7343, www.bakeshophawaii.com, tgl. 9–17 Uhr. Die Bäckerei ist für ihr köstliches Sweetbread bekannt.

Aktiv

Kaffeefarm-Tour – **Ka'ū Coffee Mill:** 96-2694 Wood Valley Rd., Pahala, Tel. 808 928 0550, www.kaucoffeemill.com. Die Farm umfasst ein Areal von gut 40 ha, in der hauseigenen Mühle wird auch Kaffee für andere lokale Farmer geröstet. Ein Besucherzentrum informiert über das Anbaugebiet und die Produktion, im Shop kann man Kaffee kaufen. Täglich um 10, 12 und 14 Uhr starten kostenlose Seed-to-Cup-Touren.

Westen

Resorts, Strände, Beachlife – die Westküste von Hawai'i Island ist trocken, sonnig und richtig wuselig. Hier merkt man, dass die Haupteinnahmequelle der Tourismus ist, das Angebot für Erholungssuchende ist groß. Allerdings können die Orte entlang der Kohala Coast auch kulturell viel vorweisen – u. a. den Geburtstort von König Kamehamea I.

Kailua-Kona

▶ 7, P/Q 25/26

König Kamehameha I., einst Häuptling von Kona, machte Kailua zu seinem Regierungssitz und später zur Hauptstadt des König reichs Hawai'i. Seine Residenz Kamakahonu stand auf dem Areal des heutigen King Kamehameha Beach Hotel. Hier verbrachte er seine letzten Lebensjahre und hier zog er seinen Sohn und Nachfolger Kamehameha II. auf. Nachdem Lāhainā zur Hauptstadt ernannt worden war, kam das Königshaus weiterhin hierher, um sich zu erholen.

Heute ist **Kailua-Kona** das touristische Zentrum der Westküste von Hawai'i Island. Es gibt Unterkünfte für jedes Budget und eine große Auswahl an Restaurants, man kann gut einkaufen und abends von der Terrasse einer Bar aus bei einem Cocktail den Blick aufs Meer genießen. Seit der Eröffnung des Keahole Airport mit direkten Verbindungen zum US-Festland ist das Städtchen als Urlaubsziel noch beliebter geworden.

Wenn Sie vom Flughafen in südliche Richtung fahren, sehen Sie zu Ihrer Linken den **Hualālai,** Kailuas Hausberg. Der knapp 2515 m hohe Vulkan brach zuletzt vor 200 Jahren aus, ist aber noch nicht erloschen. Über die Palani Road gelangen Sie ins Zentrum mit dem **Ali'i Drive.** Unzählige Plumeria-Bäume und andere blühende Pflanzen säumen Kailuas belebte Hauptstraße, an der sich neben Hotels, Cafés, Geschäften und Büros von Tourveranstaltern auch die meisten Sehenswürdigkeiten befinden.

Historic Kailua Village

Kailua Pier

Das historische Kailua Village, einst ein verschlafenes Fischerdorf, erstreckt sich rund um die Kailua Bay. Am **Kailua Pier** verluden früher Paniolos ihre Rinder, heute star-

ten hier Boote zu Schnorchel- und Hochseeangelexkursionen. Abends trifft man sich am Pier, um die oft spektakulären Sonnenuntergänge zu bewundern, und stürzt sich danach ins Nachtleben. Am meisten Trubel herrscht im Oktober: Dann startet und endet hier die **Ironman World Championship.** Der legendäe Thriathlon beginnt mit einem 2,4-Meilen-Schwimmen in der rauen See vor Kailua. Um 7 Uhr morgens warten Tausende Athleten darauf, sich auf den Startschuss einer alten Kanone hin vom Kailua-Pier ins Meer zu werfen und durch die Wellen zu pflügen.

Ahu'ena Heiau

www.ahuena-heiau.org

Eine der bedeutendsten historischen Stätten befindet sich westlich des Kailua-Pier auf dem heutigen Grund des King Kamehameha Kona Beach Hotel: der **Ahu'ena Heiau**. König Kamehameha I. ließ den Tempel als Teil seiner Residenz zu Ehren Lonos errichten. Jeden Abend traf er sich mit seinen Beratern an dieser heiligen Stätte. Wichtige historische Ereignisse fanden hier statt, aufgrund deren der Tempel 1962 zur National Historic Landmark ernannt und 1993 im Hawai'i State Register of Historic Places registriert wurde: Am 8. Mai 1819 schied Kamehameha I. hier aus dem Leben. Noch im gleichen Jahr wurde im Tempel die Aufhebung des Kapu-Systems durch seinen Sohn, Kamehameha II., gefeiert. Am 4. April 1820 gingen an dieser Stelle die ersten Missionare aus Neuengland an Land. In den 1970er-Jahren wurde der Tempel unter der Aufsicht des Bernice P. Bishop Museum rekonstruiert. Auf der steinernen Plattform stehen heute fünf Strukturen: Die **Hale**

Eine Stätte von beruhigender Präsenz: der rekonstruierte Ahu'ena Heiau

Mana (Haus der spirituellen Kraft) war ein Ort des Gebets, an dem auch Belange des Königreichs besprochen wurden. Im **Hale Pahu** bewahrte man die großen Trommeln auf, die während der Zeremonien zum Einsatz kamen. Im **Anu'u,** dem Orakelturm, versetzte der Hohepriester sich in Trance und erhielt Botschaften von den Göttern. Die **Hale Nana Mahina'ai** ist der Ort, an dem Kamehameha I. die Urbarmachung und Bebauung von Kūāhewa im Hochland von Nord-Kona anordnete. Von hier aus konnte er die Fortschritte verfolgen. Die fünfte Struktur ist das Wachhaus, **Hale Kia'i.** Die rekonstruierte Tempelstätte wird von mächtigen Holzfiguren, Opfergerüsten und Palisaden umgeben. Beim Wiederaufbau wurden nach Möglichkeit Originalmaterialien verwendet, darunter über 500 000 Ti-Blätter.

Hulihe'e Palace

75-5718 Ali'i Dr., www.dlnr.hawaii.gov/dsp/parks/hawaii/hulihee-palace, Mo–Sa 9–16, So10–15 Uhr, geführte Touren tgl. 10 und 13 Uhr, Erw. 10 $, Kinder 1 $

Am Ali'i Drive steht der **Hulihe'e Palace,** ein schönes Anwesen mit Blick aufs Meer. Ursprünglich für John Adams Kuakani erbaut, den Gouverneur der Insel, diente es später als Sommerresidenz der Königsfamilie. Heutzutage ist der Palast ein Museum, das mit originalem Mobiliar und vielen persönlichen Gegenständen einen Einblick in den Haushalt von König Kalākaua und seiner Frau Kapi'olani vermittelt. Zu sehen sind elegante Möbel aus Koa-Holz, Porträts, Kapa-Stoffe, Federschmuck, hawaiianische Quilts und Artefakte aus dem königlichen Palast. Das Anwesen wurde 1838 fertiggestellt und zu Zeiten König Kalākauas modernisiert,1973 fand es Aufnahme ins National Register of Historic Sites. Es umfasst sechs Zimmer, zwei große Terrassen zum Ozean hin und einen schönen Garten mit Palmen. Sollten Sie an einem Sonntag hier sein, dann erkundigen Sie sich vor Ort, ob der »Afternoon at Hulihe'e« stattfindet: An einem Sonntag im Monat sind Einwohner und Besucher zu einem Kulturevent mit Hula eingeladen, bei dem die Grünfläche zum familiären Treffpunkt wird.

Moku'aikaua Church

75-5713 Ali'i Drive, www.mokuaikaua.com, tgl. 7.30–17.30 Uhr

Auf der gegenüberliegenden Seite des Ali'i Drive fällt die **Moku'aikaua Church** ins Auge, die älteste christliche Kirche der Insel. Die ersten Missionare unter Leitung von Reverend Thurston erbauten sie 1837 aus Lavasteinen, die schlichte Innenausstattung ist aus einheimischem Holz gefertigt. Auf der hinteren Empore ist ein Modell der »Thaddeus« zu sehen, mit der die Missionare von Neuengland nach Hawaii gesegelt waren. Auch die Moku'aikaua Church steht seit 1978 im National Register of Historic Places.

Unterkunft

Boutique-B-&-B – **Honu Kai Bed & Breakfast:** 74-1529 Hao Kuni St., Tel. 808 329 8676, www.honukai.com. Die vier Suiten der Unterkunft sind traditionell hawaiianisch kombiniert mit japanischen Elementen eingerichtet und in üppige Vegetation eingebettet. Die Anlage bietet den Service eines exklusiven Boutiquehotels und garantiert absolute Ruhe. Zudem sind die Gastgeber Wendi und Dave sehr darauf bedacht, das B & B so umweltfreundlich wie möglich zu führen. DZ/F ab 265 $.

Essen & Trinken

Hawai'i Regional Cuisine – **Sam Choy's Kai Lāna'i:** 78-6831 Ali'i Dr. (Keauhou Shopping Center), Tel. 808 333 3434, www.samchoyskailanai.com, Mo–Fr 11–21, Sa, So 8–21 (Frühstück 8–15), Happy Hour tgl. 15–17 Uhr. Sam Choy gehört zu den Begründern der Hawai'i Regional Cuisine. Legeres Restaurant mit großartigen Blicken auf den Sonnenuntergang. Lunch ab 10 $, Dinner ab 21 $.

Schöne Aussicht – **Huggo's:** 75-5828 Kahakai Rd., Tel. 808 329 1493, www.huggos.com, Frühstück 7–11, Dinner So–Do 17–21, Fr, Sa 17–22 Uhr. Sehr gutes Frühstück, die Portionen sind riesig. Frischer Fisch und Ribs, Spezialität seit 1969 sind Teriyaki-Steaks. Ab 16 $.

Zwischen Palmen am Meer – **Kona Inn Restaurant:** 75-5744 Ali'i Dr., Tel. 808 329 4455, www.konainnrestaurant.com, tgl. 11–21 Uhr.

Einrichtung mit Vintage-Charme, tolle Lage mit großer Terrasse zum Ozean. Amerikanische Küche. Ab 15 $.

Zum Wohlfühlen – **Poi Dog Deli:** 75–1022 Henry St. Suite 3, Tel. 808 329 2917, www.poidogdeli.com, tgl. ab 10.30 Uhr. Das Essen – Salate, Sandwiches, Combos und Backwaren – spiegelt die Vielfalt der hawaiianischen Küche wieder. Die beiden Restaurantbesitzerinnen bedienen sich zahlreicher Einflüsse und machen daraus einfache, aber geschmackvolle Gerichte, auch zum Mitnehmen. Ab und zu finden auch Events mit Livemusik statt. Sandwiches ab 12 $.

Kaffeepause – **Peaberry & Galette:** 78-6831 Ali'i Dr. (im Keauhou Shopping Center), Tel. 808 322 6020, Mo–Sa 7–17, So 8–17 Uhr. Das Café im Bistrostil hat Crepes, Salate, Sandwiches und Quiches sowie Süßes auf der Karte. Kaffeespezialitäten aus Kona-Anbau und Espresso mit Illy-Produkten. Kaffee ab 3 $, Speisen ab 7 $.

Ein Stückchen Alltag – **Pine Tree Café:** 73-4038 Hulikoa Dr., Tel. 808 327 1234, www.pinetreecafe.restaurantwebexpert.com, tgl. 6.30–20 Uhr. Neonlicht, Plastikstühle, Selbstbedienung – dieses Café ist mit Sicherheit nicht der gemütlichste Platz der Insel, bietet aber eine große Auswahl an hawaiianischen Gerichten und Soul Food. Ein Ort, an dem normaler Alltag stattfindet.

Einkaufen

Kleine Mall – **Kona Inn Shopping Village:** 75-5755 Ali'i Dr., Tel. 808 329 6573, tgl. 9–21 Uhr. Das Einkaufs-Dorf beherbergt in seinen Holzgebäuden rund 50 Shops, Restaurants (einige mit Terrassen zum Meer hin), Galerien, einen General Store mit Alltagsbedarf und ein Postamt.

Erzeugermärkte – **Ho'oulu Community Farmers Market:** 78–128 Ehukai St. (am Sheraton Kona Resort & Spa at Keauhou Bay), Tel. 808 443 8281, www.hooulufarmersmkt.com, Mi 9–14 Uhr. **Keauhou Farmers Market:** 78-6831, Ali'i Dr. (im Keauhou Shopping Center), Tel. 808 324 6011, www.keauhoufarmersmarket.com, Sa 8–12 Uhr. Frische Produkte aus dem Umland von Kailua-Kona.

Kleidung und Accessoires – **Pueo Boutique:** 75–159 Lunapule, Tel. 808 315 7559, www.pueoboutique.com, Mo–Sa 10–17 Uhr. Neben Kleidung und Accessoires führt die Boutique auch zumeist selbstgemachten Schmuck oder die Kollektione lokaler Künstler, alles nach dem Motto »Made in Hawai'i«.

Lebensmittel und alles andere auch – **KTA Super Store:** 78-6831 Ali'i Dr. (im Keauhou Shopping Center), Tel. 808 322 2311, www.ktasuperstores.com, tgl. 6–22 Uhr. Supermarkt mit Deli und Bäckerei. Weitere Filialen in anderen Teilen von Hawai'i Island.

Abends & Nachts

Cocktails – **Don's Mai Tai Bar at Royal Kona Resort:** 75-5852 Ali'i Dr., Tel. 808 930 3286, www.royalkona.com/dining, So–Do 11–22, Fr, Sa 11–23, Happy Hour tgl. 16–18 Uhr. Die Mai Tais sind legendär. Ab 10 $.

Kino – **Regal Keauhou:** 78-6831 Ali'i Dr. (im Keauhou Shopping Center), Tel. 844 462 7342, www.fandango.com/regal-keauhou-aaqnb/theater-page.

Aktiv

Tauchen, Schnorcheln, Whalewatching – **Big Island Divers:** 74–5467 Kaiwi St., Tel. 808 329 6068, www.bigislanddivers.com. Die Kona-Küste ist einer der besten Spots weltweit, um Mantas zu beobachten. Bei Nachttauchgängen sind Begegnungen mit den sanften Riesen so gut wie garantiert. Durch Scheinwerfer wird Plankton angelockt, dem die Mantas folgen. Nicht nur als Taucher, auch als Schnorchler kommt man den eleganten Tieren ganz nahe – ein einzigartiges Erlebnis! Ab 139 $. **Fair Wind Cruises:** Tel. 808 322 2788, www.fair-wind.com. Das Unternehmen hat verschiedene Schnorcheltouren im Programm, darunter auch eine Manta-Tour. Erw. ab 89 $, Kinder ab 49 $. **Body Glove Ocean Adventures:** 75-5629 Kuakini Hwy., Tel. 800 551 8911, www.bodyglovehawaii.com. Neben Schnorcheln auch Whalewatching-Touren sowie Historical Lunch und Dinner Cruises. Erw. ab 108 $, Kinder ab 78 $. **Captain Zodiac Raft Expeditions:** 74-425 Kealakehe Pkwy., Tel. 808 329 3199, www.

captainzodiac.com. Verschiedene Touren in Zodiac-Booten, außer Schnorcheltouren auch Whalewatching und Schwimmen mit Delfinen. Erw. 120 $, Kinder 84 $.

Surfunterricht – **Kona Mike's Surf Adventures:** 75-5995 Kuakini Hwy., Tel. 808 334 003, www.konasurfadventures.com. Surfunterricht an Spots, die den Windbedingungen entsprechend täglich neu festgelegt werden. Gruppenunterricht 3 Std. 99 $.

Surfen, SUP, Schnorcheln – **Kahalu'u Surf & Sea:** 78-6685 Ali'i Dr., Tel. 808 201 2597, www.learntosurfkona.com. Ob Unterricht oder Verleih von Ausrüstung, das Team von Kahalu'u Surf & Sea kümmert sich um alle Anfragen rund um Wassersport. Das Office befindet sich nahe dem Magic Sands Beach Park. **Boss Frog's:** 75-5725 Ali'i Dr., Tel. 808 331 1880, www.bossfrog.com, tgl. 8–18 Uhr. Verleih von Schnorchelausrüstung, Surfbrettern und SUP-Boards.

Parasailing – **UFO Parasail:** 75-5660 Palani Rd. (im Courtyard Marriott King Kamehameha Kona Beach Hotel), Tel. 800 359 4836, www.ufoparasail.net. Seit 1985 ist der Anbieter eine Institution an der Westküste von Hawai'i Island. Ab 89 $.

Kaffeefarm-Touren – **Kona Coffee Farmers:** www.konakoffeefarmers.org/tour-a-kona-coffee-farm. Auflistung von Farmern, die Touren anbieten.

Vulkan-Touren – **Hawai'i Forest & Trail:** 73-5593 A Olowalu St., Tel. 808 400 5772, www.hawaii-forest.com. Dieses Unternehmen ist darum bemüht, bei seinen Touren die Verbindung zwischen Natur und hawaiianischer Kultur hervorzuheben. Außerdem wird das Thema Umweltschutz großgeschrieben. Die Guides sind sehr gut ausgebildet und die Touren führen häufig über Privatland, das ansonsten nicht zugänglich wäre. Das ist auch beim Hidden Craters Hike der Fall, der auf

Hotels, Cafés, Boutiquen und Büros von Tourveranstaltern säumen den Ali'i Drive, Kailua-Konas lang gestreckte Hauptstraße

Kailuas Hausberg führt, den Hualālai. Zum Abschluss wird eine lokale Brauerei besucht. Ab 184 $.

Termine

Hawaiian Sunset Saturday: am letzten Samstag des Monats, ab 17.30 Uhr. Auf der Grünfläche des Coconut Grove Marketplace feiern Einheimische und Gäste gemeinsam die spektakulären Sonnenuntergänge der Kona-Küste mit Musik und Hula.

Kona Brewers Festival: März. Lokal gebrautes Bier, regionale Küche, Musik und fantastische Aussichten auf den Ozean – seit 1996 erfreut sich dieses Festival bei Einheimischen und Besuchern größter Beliebtheit und ist jedes Jahr ein riesiges, buntes Zusammentreffen (www.konabrewersfestival.com).

Queen Lili'uokalani Canoe Race: Labor-Day-Wochenende. Das weltweit größte Auslegerkanu-Rennen in der Kategorie Langstrecke wurde nach Hawai'is letzter Monarchin Königin Lili'uokalani benannt, weil das erste Rennen auf ihren Geburtstag fiel. Ursprünglich war dieser Wettbewerb als Vorbereitung auf das Na-Wahine-O-Ke-Kai-Rennen für Frauen und den Molokai-Hoe-Wettbewerb für Männer gedacht (www.qlcanoerace.com).

HawaiiCon: September. Science-Fiction-Fans, Comic-Enthusiasten und alle, die Fantasy und Spiele lieben, kommen hier voll auf ihre Kosten. Die Stars der Szene nehmen ebenso an diesem viertägigen Event teil wie Lehrer, Wissenschaftler, Musiker, Einkäufer und Liebhaber dieser Kultur.

Ironman World Championship: Oktober. Die wichtigste Veranstaltung für Triathleten aus aller Welt (http://eu.ironman.com).

Kona Coffee Cultural Festival: November. Tribut an mehr als 200 Jahre Kaffeetradition (www.konacoffeefest.com).

Verkehr

Flüge: Der Ellison Onizuka Kona International Airport at Keahole (KOA) liegt 12 km nordwestlich vom Zentrum Kailua-Konas (Tel. 808 329-3423, www.airports.hawaii.gov/koa). Die großen amerikanischen Airlines, Japan Airlines sowie Hawaiian Airlines, Mokulele und Pacific Wings fliegen Kona vom US-Festland an, mehrmals tgl. starten zudem Flüge nach O'ahu, Maui, Kaua'i und Moloka'i.

Helikopterrundflüge: Inselrundflüge ab Kona bieten u. a. die Unternehmen Blue Hawaiian Helicopters (www.bluehawaiian.com), Paradise Helicopters (www.paradisecopters.com) und Safari Helicopters (www.safarihelicopters.com) an.

Mietwagen: Die großen Autovermieter unterhalten am Flughafen Stationen, vertreten sind u. a. Alamo, Avis, Budget, Dollar, Enterprise, Hertz und National.

Taxis: Vor den Baggage Claim Areas A und B gibt es einen Taxistand. Fahrt nach Kailua-Kona etwa 25 $, nach Keauhou 35 $.

Umgebung von Kailua-Kona

Strände ▶ 7, P/Q 26

Weiter Richtung Süden wird der Ali'i Drive hauptsächlich von Ferienwohnungsanlagen und Hotels gesäumt. Die **Hōlualoa Bay** war ein beliebtes Surfrevier der Ali'i – im **Keolonāhihi State Historical Park** gab es sogar einen dem Surfen gewidmeten Heiau. Heute heißt der Spot Lyman's. Auf den Historical Park folgt der **Pāhoehoe Beach Park**. Er ist nicht zum Schwimmen geeignet, aber anstelle von Strand gibt es hier eine Wiese mit Palmen und einen schönen Blick aufs Meer. Die Magie des **Magic Sands Beach Park** liegt darin, dass sich der schmale Strandabschnitt in den Wintermonaten quasi wegzaubert – bisher ist er aber immer wiedergekommen und macht seinem Namen vor allem als Schnorchel-Spot alle Ehre. Als Nächstes passiert der Ali'i Drive den **Kahalu'u Beach Park.** Er einfach zugänglich, perfekt zum Schnorcheln – tropische Fische und Meeresschildkröten sind hier fast immer zu beobachten – und zudem mit Toiletten, Duschen und Picknicktischen ausgestattet. Im **Kahalu'u Bay Education Center** (www.kohalacenter.org/kbec), das sich am Strand befindet, wird Schnorchelausrüstung

NOSTALGIE-SPAZIERGANG DURCH HŌLUALOA

Tour-Infos

Start: Kona Hotel, 76-5908 Māmalahoa Hwy.
Dauer: 1 Std.

Infos im Internet: www.holualoahawaii.com. Lokalgeschichte, Adressen und Tipps für Unternehmumgen.

Hōlualoa ist nur ein kleines Nest – ein paar Hundert Meter den Māmalahoa Highway hinauf und wieder zurück, und schon hat man den Ort erkundet. Der Spaß steckt hier im Detail – jedes Haus, jedes Geschäft, jeder Künstler oder Verkäufer hat eine Geschichte zu erzählen. Von damals oder von heute. Aber immer mit ganz viel Leidenschaft. Alt und neu existieren nebeneinander, familiengeführte Traditionsgeschäfte wechseln sich mit schicken neuen Boutiquen ab, die es so auch in jeder Großstadt geben könnte – aber irgendwie passt alles bestens zusammen.
Schon zu Zeiten des Königreichs Hawaii war Hōlualoa von Landwirtschaft geprägt. 1828 wurde in der Region erstmals Kaffee angepflanzt, seitdem gibt die Bohne den Ton an. Viele Häuser sind mit Schildern versehen, sodass Sie während Ihres Spaziergangs viel über die Geschichte des Ortes erfahren. Zu den Gebäuden mit Vergangenheit zählt u. a. das pinkfarbene **Kona**

Hotel am Ortseingang. Es wurde 1926 von den Inabas eröffnet und befindet sich bis heute im Besitz der Familie. Auch **Paul's Place,** der General Store, ist definitiv eine Institution in Hōlualoa – die Einrichtung ist zwar relativ neu, dennoch herrscht hier das gleiche liebenswerte Chaos wie vor Jahrzehnten. Die Ichishita Laundry wurde 1945 durch eine Garage ergänzt. Seit 2005 beherbergt dieses Gebäude die **Kona Art Gallery.** Das kalifornische Künstlerpaar Bob und Carol Rogers gründete sie 1965. Im Postamt aus den 1920er-Jahren betreibt Sam Rosen die **Hōlualoa 'Ukulele Gallery** und im Untergeschoss den **'Ukulele Workshop.** Im **Kimura Lauhala Shop** am Ortsausgang werden seit 1915 Hüte und Körbe aus den Blättern von Pandanpalmen verkauft. Zwischen all den Geschäften gibt es auch Gebetshäuser wie die hübsche kleine **Living Hope Church** und die **Hōlualoa Hongwanji Mission,** die heute ein Privathaus ist. Sie stammt aus dem Jahr 1904.

Hōlualoa hat auch etwas von einer Künstlerkolonie, es gibt viel Kunsthandwerk und einige Galerien wie die **Hōlualoa Gallery, Glyph Art** und das **Studio 7,** wo Hiroki Morinoue seine Drucke und Aquarelle zeigt. Treffpunkt der Kreativszene ist das **Donkey Mill Art Center.** Neben Events und Ausstellungen bietet es auch Unterricht und Workshops an, wenn Sie Ihren Aufenthalt um künstlerisches Schaffen bereichern und sich wie ein Local fühlen möchten (78-6670 Māmalahoa Hwy., Tel. 808 322 3362, www.donkeymillartcenter.org, Mi–Sa 10–18.30 Uhr).

Am Ende, wenn Sie beide Straßenseiten erkundet haben, kehren Sie am besten in das **Hōlualoa Gardens & Cafe ein** – hier bekommen Sie den vielleicht besten Kaffee Hawaiis und hören bestimmt noch Anekdoten, die so auf keiner Tafel stehen …

verliehen. Außerdem gibt es hier sämtliche Informationen zur »Schnorchel-Etikette« und zum nachhaltigen Umgang mit dem Ozean. Die **St. Peter by the Sea Church,** eine malerische kleine Kirche, die auch farblich wunderbar zum Meer passt, wurde 1880 ursprünglich an der La'aloa Bay erbaut. 1912 versetzte man sie von dort an ihren heutigen Standort. Die »kleine blaue Kirche« hat nur zwölf Sitzbänke, ist aber für Hochzeiten sehr gefragt – und das meistfotografierte Gotteshaus der Insel. Neben St. Peter befand sich einst der Ku'emanu Heiau, eine von drei Kultstätten an dieser Stelle. Bevor die hawaiianischen Ali'i Surfen gingen, beteten sie hier.

Keauhou ▸ 7, Q 26

Im Anschluss folgt **Keauhou,** eine gepflegte Resortanlage, deren Zentrum das **Keauhou Shopping Center** bildet. Im Einkaufszentrum unterhält das **Keauhou Kahalu'u Heritage Center** einen kleinen Informationsstand. Schaukästen und Videos vermitteln Wissenswertes zur Restaurierung der Heiaus in Keauhou und zu Holua, einem alten hawaiianischen Sport. Dabei wurden nahe der He'eia Bay Lavasteine mit Schlitten bezwungen. Vom Keauhou Harbor starten Bootstouren in die Keahou Bay, bei Einheimischen ein beliebter Ort für ein Picknick. Ein Schild weist auf der Bergseite (Kaleiopapa St.) darauf hin, dass hier 1814 Kamehameha III. geboren wurde. Am Ende des Ali'i Drive befindet sich das **End of the World** – ein kurzer, steiniger Weg führt zu den Klippen. Kamehamehas Sohn Liholiho hatte ein Kapu gebrochen, indem er gemeinsam mit Frauen an einem Tisch saß und aß. Sein Cousin Kekauokalani wollte dieses Verhalten nicht dulden und forderte ihn zu einem Kampf am Ende der Welt auf. Die Schlacht von Kuamo'o forderte 300 Menschenleben, darunter die von Kekauokalani und seiner Frau. Die Leichen wurden in Steinhaufen in den Lavafeldern begraben – Liholihos Macht war gefestigt und das Kapu-System abgeschafft.

Hōlualoa ▸ 7, Q 26

Ein paar Kilometer östlich von Kailua-Kona liegt an den Flanken des Hualālai der verschlafene kleine Ort **Hōlualoa.** Sie erreichen ihn auf dem Māmalahoa Highway. In der Umgebung sind zahlreiche Kaffeeplantagen zu finden, die zum Teil auch Führungen anbieten. Der Ort ist zudem eine Art Künstlerkolonie mit einem guten Dutzend Galerien, Studios und Kunsthandwerksgeschäften. Beim jährlichen Coffee & Art Stroll im November können Sie Kona-Kaffee in den unterschiedlichsten Varianten probieren und dabei Farmer und Künstler aus der Gegend kennenlernen. Am besten parken Sie am Ortseingang beim Kona Hotel und erkunden Hōlualoa zu Fuß (s. Aktiv unterwegs S. 258).

Übernachten

Klein und sehr fein – **Hōlualoa Inn:** 76-5932 Māmalahoa Hwy., Tel. 808 324 1121, www.holualoainn.com. Wunderschöne Aussicht, gefühlt weit weg vom Trubel. Zimmer und Suiten im hawaiianischen Stil. DZ ab 395 $.

Old School B & B – **Hale Maluhia Country Inn:** 76-770 Huālalai Rd., Tel. 808 329 1123, www.hawaii-bnb.com/contact-us. Das House of Peace hat unterschiedlich große, immer hawaiianisch blumig eingerichtete Zimmer. Süß! DZ/ÜF ab 139 $.

Essen & Trinken

Lokal und organisch – **Holuakoa Gardens & Café:** 76-5901 Māmalahoa Hwy., Tel. 808 322 5072, Restaurant Mo–Fr 10–14.30, Mo–Sa 17.30–20, Sa, So 9–14.30, Café Mo–Fr 6.30–18, Sa 8–18, So 8–14.30 Uhr. Sehr schönes Setting unter freiem Himmel.

Einkaufen

Mode und Accessoires – **Coco + Lita:** 76-5902 Māmalahoa Hwy., gegenüber dem Koluakoa Café. Boho-Style-Kleider und Pant-Suits mit tropischen Prints, ideal für den Strand.

Deko für Zuhause – **The White Pineapple:** 76-5902 Māmalahoa Hwy., Tel. 808 990 2899. Zauberhafte Kleinigkeiten für eine stilvolle, gemütliche Inneneinrichtung.

Aktiv

Kaffee selbst herstellen – **UCC Hawai'i:** 75-5568 Māmalahoa Hwy., Tel. 808 322 3789, www.ucc-hawaii.com, tgl. 9–16.30 Uhr. Sehr schöne Kaffeeplantage, toller Blick und auf Anfrage eigene Kaffeeherstellung. Kostenlose Touren.

Yoga – **Mālama I Ka Ola Holistic Health Center:** 76-5914 Māmalahoa Hwy., Tel. 808 324 6644, www.malamatherapy.com. Das Zentrum für ganzheitliche Gesundheit bietet neben Yoga auch verschiedene Massagen, Klangtherapie und Akupunktur an.

Termine

First Friday After Dark: 1. Freitag im Monat. Straßenfest mit Kunst und Livemusik (www.holualoahawaii.com).

Coffee & Art Stroll: November. Kona-Kaffee von mehr als 30 Farmen und Kunst von lokalen Kreativen (www.holualoahawaii.com).

Kaloko-Honokōhau National Historical Park

▶ 7, P 25

www.nps.gov/kaho/index.htm, der Park ist von Sonnenaufgang bis -untergang geöffnet, Besucherzentrum tgl. 8.30–16 Uhr, Eintritt frei

Im **Kaloko-Honokōhau National Historical Park** direkt an der Küste stehen die Überreste einer frühen hawaiianischen Siedlung unter Schutz. Sie lassen nachvollziehen, wie die Bewohner an diesem unwirtlichen Abschnitt der Kona-Küste ihren Alltag bestritten. Zu sehen sind die Ruinen von Kultstätten, Mauern von Fischteichen, Petroglyphen, eine Steinrutsche (Hōlua) und Mulden im Lavagestein, die früher als Salzpfannen genutzt wurden. Am Strand wurde eine Grashütte rekonstruiert, hier sieht man auch manchmal Meeresschildkröten. Der Parkeingang befindet sich am **Honokōhau Harbor,** wo Bootsausflüge und Hochseeangelexkursionen starten. Das Besucherzentrum liegt ca. 800 m nördlich und ist auf einem von mehreren Trails erreichbar. Einen zweiten Eingang gibt es am Highway 19 gegenüber dem Kona Trade Center.

Ocean Rider Seahorse Farm

▶ 7, P 25

73-4388 Ilikai Pl., www.seahorse.com, Touren tgl. 10, 12, 14 Uhr nach Anmeldung unter Tel. 808 329 6840 oder online, Erw. 45 $, Kinder 35 $

Mit geschärftem Blick und etwas Glück kann man auf den Lavaflächen – gut getarnt – Grüne Meeresschildkröten (Honu) entdecken

Ganz in der Nähe des Flughafens liegt nördlich des Wāwāloli Beach Park die **Ocean Rider Seahorse Farm.** Naturwissenschaftler leiten Touren durch diese Aqua-Farm, in der nicht nur Seepferdchen gezüchtet und verkauft werden, sondern die auch eine Forschungsabteilung zum Schutz der Meeresfauna betreibt. Es gibt ein Berührungsbecken und ein großes Salzwasseraquarium, in dem mehr als 20 bedrohte Tierarten leben. Auf dem gleichen Areal bietet die **Kanaloa Octopus Farm** Gelegenheit, diese faszinierenden Tiere besser kennenzulernen (www.kanaloaoctopus.com, Touren tgl. 10 und 14 Uhr, Reservierung online, Erw. 33 $, Kinder 16 $).

NELHA ▶ 7, P 25

73-987 Makako Bay Dr., Tel. 808 327 9585, www.nelha.hawaii.gov, Informationen zu Touren unter www.friendsofnelha.org

Nur wenige Autominuten weiter nördlich liegt am Makako Bay Drive diese beeindruckende Einrichtung: Im **Natural Energy Laboratory of Hawai'i Authority** wird kaltes Wasser aus über 900 m Tiefe zusammen mit warmem Oberflächenwasser durch eine Turbine gepumpt und so auf nachhaltige Weise Energie gewonnen. Der im OTEC (ozeanthermisches Gradienten-Kraftwerk) erzeugte Strom betreibt u. a. eine Meerwasserentsalzungsanlage. Das kalte Tiefenwasser wird auch für die Zucht von Meerestieren wie Hummer und Abalonen genutzt, die in den Gewässern um Hawai'i normalerweise nicht vorkommen. Eine weitere Forschungsabteilung experimentiert mit der Herstellung von Biotreibstoffen aus Mikroalgen. Während öffentlicher Touren erfahren Sie Interessantes über die Gewinnung sauberer Energie aus dem Ozean und über nachhaltige Aquakultur.

Kohala Coast

▶ 7, P–R, 22–24

Die **Kohala Coast** beginnt nördlich des internat. Flughafen. An diesem Küstenabschnitt gibt es so gut wie keine Orte, dafür ist er gespickt mit traumhaft schönen Stränden, an denen sich luxuriöse Resorts angesiedelt haben. Die erste dieser Anlagen ist das **Four Seasons Hualalei,** ein Fünfsternehotel mit sieben Pools, drei Restaurants und Golfplatz. Wenn Sie neugierig sind, werfen Sie einen Blick hinein oder machen Sie es sich an einem der beiden schönen Strände gemütlich, dem **Kūki'o** oder dem **Kumukea Beach.**

Die nächste Ferienanlage ist **Waikōloa** an einer geschützten Bucht mit dem **'Anaeho'omalu** und dem **Waikōloa Beach.** Hier gibt es gleich mehrere Luxusresorts mit schön gestalteten Gartenanlagen und Golfplätzen. Wenn man einfach nur ausspannen möchte und die Wege von der Unterkunft zum Restaurant, zum Strand oder zum Shoppen nicht weit sein sollen, dann lässt es sich hier mehr als gut aushalten. Auch die Sonnenuntergänge sind spektakulär. Ein Besuch im **Hilton Waikoloa Village** lohnt, auch wenn man nicht in der Luxusherberge nächtigen möchte. Das riesige Areal, ein der Lava abgerungenes tropisches Paradies mit über 1500 Palmen, botanischen Gärten, Teichen und Wasserfällen kann man auf eigene Faust erkunden, es werden aber auch geführte Touren angeboten. Auf dem Gelände des **Waikoloa Beach Marriott Resort** führen Trails zu archäologischen Fundstätten wie alten Fischteichen und Petroglyphen.

Ein kulturelles Highlight ist der **Puakō Petroglyph Park** beim **Mauna Lani Resort**. Man erreicht ihn über die Holoholokai Beach Road, an deren Ende sich ein Parkplatz befindet. Auf dem 90 ha großen Areal sind über 3000 Felszeichnungen erhalten, die vermutlich aus dem 13. Jh. stammen. Neben abstrakten Symbolen sind Menschen, Schildkröten und Kanus zu erkennen. Der Park ist Station auf dem **Ala Kahakai National Historic Trail** (www.alakahakaitrail.org/the-trail), der Hunderte von historischen Stätten und mehr als 200 Ahupua'as miteinander verbindet.

Die nächste Abzweigung vom Highway ist der Puakō Beach Drive – er führt zur **Hokuloa Church,** die 1859 von Reverend Lorenzo Lyons erbaut wurde. Die hübsche Holzkirche wird gerne für Hochzeiten gebucht.

Wenige Autominuten weiter führt eine Stichstraße zum **Hapuna Beach,** einem Strand mit feinem weißem Sand, den viele für den schönsten der Insel halten. Schwimmen und Schnorcheln ist hier ganzjährig möglich, es gibt Picknickplätze, Toiletten und Duschen, das Three Frogs Café verkauft Snacks und Getränke und verleiht Wassersport-Ausrüstung. Wegen seiner guten Ausstattung ist der Beach Park leider oft sehr voll – wenn zu viel Trubel herrscht, ist der **Waialea Beach** weiter südlich eine gute Alternative.

Das letzte der Luxusresorts an der Kohala Coast ist das **Maunakea Beach Hotel** kurz vor Kawaihae. Es wurde 1965 von Laurance S. Rockefeller erbaut und besitzt eine exquisite Sammlung pazifischer und asiatischer Kunst. Der **Maunakea Beach** ist ein schöner weißer, für Familien geeigneter Sandstrand. Kurz vor Kawaihae verzweigt sich der Highway 19 und wer weiterfahren will, muss hier eine Entscheidung treffen: Links geht es zur Kohala-Halbinsel, rechts ins Hochland von Waimea (s. S. 268).

Übernachten

Häuschen am Meer – **Lava Lava Beach Club Cottage:** 69–1081 Ku'uali'i Pl., Tel. 808 769 5282, www.lavalavabeachclub.com. Mit viel Liebe zum Detail individuell eingerichtete Wohneinheiten am Meer. DZ ab 550 $.

Wunderschön – **Fairmont Orchid:** 1 North Kaniku Dr., Tel. 808 885 2000, www.fairmont.com/orchid-hawaii. Wenn Sie sich auf Hawai'i Island einen besonderen Luxus leisten möchten, tagträumen und übernachten Sie im Fairmont Orchid. Umgeben von Meer, einem Golfplatz, den Kohala Mountains und Bilderbuchvegetation. DZ ab 349 $.

Flora und Fauna – **Puakea Ranch:** 56-2864 Akoni Pule Hwy., christie@puakearanch.com, www.puakearanch.com. Der Charme des alten Hawai'i verbindet sich hier mit Ranch-Luxus. DZ ab 289 $ (mind. 3 Nächte).

Essen & Trinken

Strandklub – **Lava Lava Beach Club:** 69-1081 Ku'uali'i Pl., Tel. 808 769 5282, www.lavalavabeachclub.com, tgl. 11–21 Uhr. Sehr schön am Strand gelegen mit Schattenplätzen, man speist mit den Füßen im Sand. Livemusik zum Sonnenuntergang. Große Portionen. Burger um 17 $.

Einkaufen

Outdoor Malls – **Kings' Shops:** 250 Waikōloa Beach Dr., Tel. 808 886 8811, www.kingsshops.com, tgl. 9.30–21.30 Uhr. Das Einkaufszentrum beheimatet Shops hochpreisiger Labels wie Michael Kors und Tori Richard, aber auch Marken aus Hawai'i wie Honolua Surf Co., Noa Noa und Maui Divers Jewelry. Zudem können Kunstliebhaber in verschiedenen Galerien stöbern, Foodies wählen zwischen Kaffee, Shave Ice und erstklassigen Restaurants. **Queens' Market Place:** 69–201 Waikōloa Beach Dr., Tel. 808 886 8822, www.queensmarketplace.net, tgl. 9.30–21.30 Uhr. Von Galerien über Boutiquen und Shops bis hin zu Restaurants, einem Food Court und Anbietern von Aktivitäten ist dieser Marktplatz mit allem ausgestattet, was man zur Urlaubsgestaltung benötigt.

Shoppen und Entertainment – **The Shops at Mauna Lani:** 68–1330 Mauna Lani Dr., Tel. 808 885 9501, www.shopsatmaunalani.com, tgl. 10–21 Uhr. Sehr schöne Anlage mit einer Vielzahl von Kleidergeschäften, Restaurants und Galerien. Zudem gibt es ein wöchentliches Eventprogramm, u. a. mit Hula-Aufführungen und Livemusik von hawaiianischen Künstlern.

Abends & Nachts

Lū'aus – Die Lū'au-Angebote der Hotels sind spektakulär. Trotz des großen Rahmens wird stets sehr viel Wert auf Authentizität gelegt. Empfehlenswerte Lū'aus werden unter anderem im Hilton Waikoloa Village (**Legends of Hawai'i Lū'au,** www.hiltonwaikoloavillage.com/dining/legends-of-hawaii-luau), im Maunakea Beach Hotel (**The Maunakea Lū'au,** www.maunakeabeachhotel.com/dining/big-island-hi-luaus) und im Waikoloa Beach Marriott Resort (**Sunset Lū'au,** www.waikoloabeachresort.com/index.php/things-to-do/event-detail/1470/sunset-luau) angeboten.

Nordosten

Die Kohala Mountains im Norden verhindern, dass Sie Hawai'i Island komplett umrunden können. Der Maunakea hingegen liegt so, dass er im Norden über den Māmalahoa Highway und südlich auf der Saddle Road umfahren werden kann. Küstenwechsel sind so unkompliziert möglich. Landschaftlich ist der Norden, das Land der Paniolos, eine überraschende Augenweide.

Maunakea ▸ 7, U 24

www.ifa.hawaii.edu/info/vis, aktuelle infos zum Wetter unter http://mkwc.ifa.hawaii.edu, Visitor Information Station tgl. 8–15 Uhr, Eintritt frei; bei Redaktionsschluss kam es wegen Streitigkeiten über den Bau des Thirty Meter Telescope zur Stornierung von Touren auf den Maunakea

Ganz gleich, ob Sie von Hilo oder von Kona kommen – von der Saddle Road, die quer durch Hawai'i Island führt, geht es auf halber Strecke nach oben. Und zwar auf den »Weißen Berg«, dessen 4205 m hoher Gipfel im Winter mit Schnee bedeckt ist. Der **Maunakea** ist den Hawaiianern heilig, dennoch stehen hier zahlreiche Observatorien, denn die Bedingungen für Himmelsbeobachtungen sind optimal. Die Luft ist klar, trocken und es gibt nur wenige störende Lichtquellen. Das Besondere am Stargazing in Hawai'i ist, dass Sie den Sternenhimmel der gesamten Nordhalbkugel und zu 90 % auch den der Südhalbkugel sehen.

Sowohl zum Sonnenaufgang als auch zum Sonnenuntergang werden zahlreiche Touren angeboten, jeweils kombiniert mit Stargazing (s. S. 81). Sie können den Berg aber auch auf eigene Faust erfahren. Bis zur **Visitor Information Station (VIS)** ist die Anreise mit einem normalen Pkw an sich kein Problem. Sie sollten nur darauf achten, ausreichend zu trinken und beim Besucherzentrum eine längere Pause einzulegen, denn die schnelle Überwindung einer so großen Höhendifferenz kann zu körperlichem Unwohlsein führen. Erkundigen Sie sich bei den Rangern auch nach den aktuellen Wetterbedingungen.

Von der VIS aus ist die Weiterfahrt mit einem Allradfahrzeug möglich, wenn es der Autoverleiher im Vertrag gestattet. Eine gewisse Herausforderung besteht darin, dass eine Strecke im Dunklen zurückgelegt werden muss. Alternativ können Sie sich zu Fuß vom Visitor Center aus auf den Weg machen – Sie sollten dann allerdings sehr fit sein und die Auswirkungen der Höhenluft nicht unterschätzen. Rund 9,6 km lang ist der Weg bis zum Gipfel. Auf dem **Maunakea Summit Trail** passieren Sie den **Lake Wai'au,** auf 3700 m der dritthöchste See der Vereinigten Staaten. Aufgrund der Höhe kann es hier jederzeit schneien – Sie sollten wettertechnisch auf alles gefasst sein. Wenn Sie den Berg erwandern, müssen Sie sich vorher im Visitor Center registrieren.

Wenn Sie die ganze Strecke mit dem Auto fahren, sind dies die sechs wesentlichen Stationen auf der Maunakea Summit Road: **Pu'u Huluhulu,** ein älterer Vulkankegel mit nachwachsender Vegetation, die historische **Humu'ula Sheep Station,** die **Maunakea Visitor Information Station** mit einem Lookout, das **Apollo Valley,** wo schon verschiedene Trainingslager für Astronauten aufgebaut wurden, das **Very Long Base Array,** eines von 10 identischen Radiointerferometern, **Lake Wai'au** und zum Schluss die **Teleskope.** Bei den **Keck Twins** handelt es sich um das größte astronomische Teleskoppaar der Welt (www.keckobservatory.org, Besuchergalerie Mo–Fr 10–16 Uhr, Eintritt frei). Die Strecke ist ungefähr 25 km lang – für den Weg sollten Sie mit Pausen nicht weniger als 1,5 Std. einplanen.

Maunakea Observatory

Das **Maunakea Observatory** ist der höchste Punkt. Von hier haben Sie einen atemberaubenden Blick: Die silbrig glänzenden Kuppeln der Observatorien verleihen der kargen Landschaft mit Vulkankegeln in den unterschiedlichsten Braun- und Rottönen einen »außerirdischen« Charakter – man fühlt sich in einen Science-Fiction-Film versetzt. Die Teleskope auf dem Maunakea werden von unterschiedlichen Universitäten und Einrichtungen betrieben – eines der größten ist neben den Keck-Teleskopen das **Subaru-Teleskop** der Japaner. Sein Hauptspiegel hat einen Durchmesser von 8,2 m – damit kann man in Galaxien blicken, die bis zu 15 Milliarden Lichtjahre entfernt sind. Die Anlage ist eigentlich nicht für Besucher zugänglich, es werden aber 40-minütige Touren mit maximal acht Teilnehmern angeboten. Dazu muss man sich vorher anmelden und in Eigenregie anreisen (www.subarutelescope.org, 40-minütige Touren Di, Do 10.30, 11.30 und 13.30 Uhr, Eintritt frei, frühzeitig online reservieren).

Das Maunakea Visitor Center bietet kostenfreie Stargazing-Programme an – zum Zeitpunkt der Recherche waren diese allerdings ausgesetzt. Aktuelle Infos unter www.ifa.hawaii.edu/info/vis/visiting-mauna-kea/visitor-information-station.html.

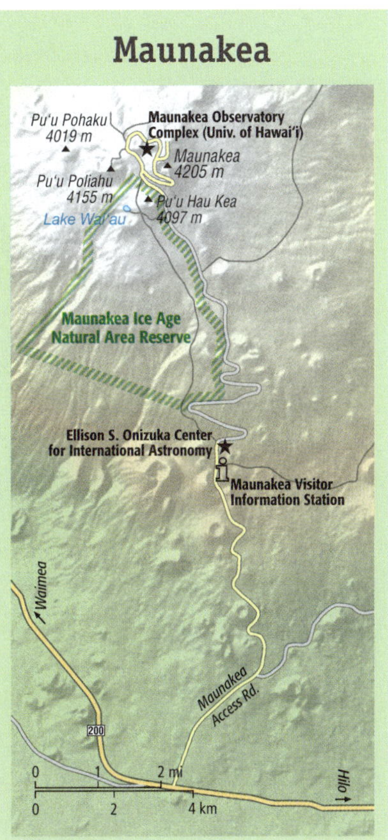

Hāmākua Coast

Karte: s. S. 266
Der Küstenabschnitt zwischen Hilo und dem Waipio Valley trägt den Namen **Hāmākua Coast** – landschaftlich ist diese Region eine der reizvollsten der Inseln. Hier regnet es viel – bei der Fahrt auf dem Highway 19 entlang der Küste durchqueren Sie tiefe, durch Wasser ausgewaschene Täler mit rauschenden Wasserfällen und üppiger tropischer Vegetation. Gemütliche alte Plantagenstädtchen wie Honomū und Honoka'a versprühen mit ihren verwitterten Holzgebäuden Wildwest-Charme.

Honomū ▶7, W/X 24

Honomū 1 ist eine kleine Gemeinde mit verwitterten Holzhäuschen und rund 500 Einwohnern, von denen einige sehr putzige Geschäfte betreiben. Eines davon ist Mr. Ed's Bakery (28–1672 Old Māmalahoa Hwy., Tel. 808 963 5000, Mo–Sa 6–18 Uhr). Die selbstgemachten Marmeladen sind ein Frühstückstraum – vor allem die exotischen Sorten wie Liliko'i oder Purple Sweet Potato Haupia. Nehmen Sie für unterwegs einen Pie und ein paar selbstgebackene Cookies mit und der Roadtrip kann weitergehen. Beim 'Akaka Pitstop (28–238 Akaka Falls Rd., Tel. 808 217 8873, tgl. 9–18 Uhr) können Sie noch

etwas frisches Obst kaufen. Und das nicht nur fürs gute Gewissen, sondern auch, weil der Stand so hübsch bunt gestrichen ist.

'Akaka Falls State Park

▶ 7, W 24

www-dlnr.hawaii.gov/dsp/parks/hawaii/akaka-falls-state-park, tgl. von Sonnenaufgang bis -untergang, 5 $ pro Pkw, Fußgänger 1 $

Von Honomū aus führt der Highway 220 Richtung Westen zum **'Akaka Falls State Park** 2. Hier führt ein 0,6 km langer Rundweg durch tropischen Regenwald, aus dessen dichtem Grün bunte exotische Blüten hervorleuchten – Roter Ingwer, Helikonien, Orchideen und Hibiskus. Wasserläufe rauschen, im Dickicht zwitschern exotische Vögel. Zuerst sehen Sie die 30 m hohen **Kahuna Falls,** dann führt der Trail zum eigentlichen Höhepunkt, den **'Akaka Falls.** Über eine steile, grün überwucherte Felswand stürzen die Wasser des Kolekole Stream 135 m in die Tiefe und sammeln sich in einem natürlichen Pool – ein atemberaubender Anblick, besonders wenn es zuvor geregnet hat.

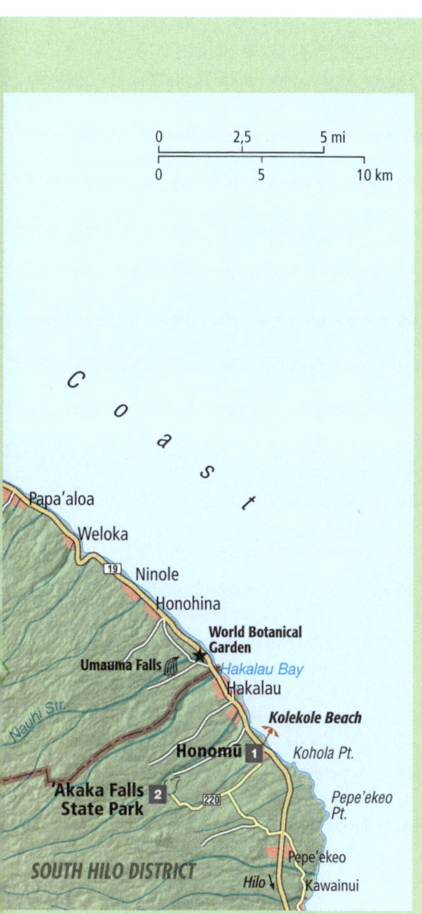

Laupāhoehoe Beach Park

▶ 7, V/W 22/23

Auf dem Māmalahoa Highway geht es nun weiter Richtung Norden, vorbei an Zuckerrohrfeldern. Auf Brücken überquert die Straße üppig grüne Täler, ab und an gewähren Lookouts schöne Ausblicke auf den Ozean. Am **Laupāhoehoe Beach Park** 3 lohnt sich es sich auszusteigen: Grüne Kokospalmen und schwarze Lavafelsen, an denen sich die Brandung bricht, sorgen für einen intensiven Farbkontrast mit dem tiefblauen Ozean. Die Ausblicke aufs Meer sind wunderschön, die Geschichte des Parks leider weniger: Hier kamen bei dem Tsunami von 1946 mehr als 20 Menschen ums Leben, der Großteil davon Schulkinder. Ein Monument mit Gedenktafel erinnert an die Katastrophe. Der Park eignet sich gut für ein Picknick, auch Campen ist möglich. Von einem Bad im Meer sollte man wegen der rauen See und der scharfkantigen Lavafelsen besser Abstand nehmen.

Honoka'a ▶ 7, T/U 22

Kurz vor Honoka'a erstreckt sich auf der Bergseite der Straße die **Hāmākua Forest Reserve** mit der **Kalōpā State Recreation Area.** Hier können Sie einen kurzen Rundgang durch ein schönes Waldgebiet mit 'Ōhi'a-Lehua-Bäumen unternehmen. **Honoka'a** 4 ist der größte Ort an der Hāmākua Coast und war zur Plantagenzeit auch wirtschaftlich bedeutsam – heute spielt sich hier zwischen historischen Fassaden entspannter Alltag ab. Ein paar Geschäfte, Restaurants, eine Kirche, ein altes Hotel, ein B & B und ein Barbershop machen den Ortskern komplett. Im People's Theater, einem Kino aus den 1930er-Jahren, werden Filme gezeigt und samstags findet ein Farmers Market statt. Kurz vor Honoka'a biegt der Highway 19 nach Westen in Richtung Waimea ab (s. S. 268), der Highway 240 führt geradeaus weiter Richung Norden. Wenn Sie Zeit haben, können Sie ihm folgen und einen Abstecher zum Waipi'o Valley Overlook unternehmen.

Waipi'o Valley Overlook

▶ 7, T 21

Am Ende des Highway 240 erreichen Sie den **Waipi'o Valley Overlook** 5**,** eine Aussichtsplattform mit bilderbuchgleichem Blick auf das Tal, das in der hawaiianischen Geschichte große Bedeutung hat. Viele frühe Ali'i regierten von hier aus, weswegen das Waipi'o Valley auch »Tal der Könige« genannt wird. Die Tsunamis von 1946 und 1979 richteten schwere Verwüstungen an und heute leben hier nur noch rund 100 Native Hawaiians, die sich von Kalo-Anbau und Fischfang ernähren. Das fruchtbare Tal ist paradiesisch schön: Kokospalmen, Kukuis, Bananen, Mango- und Brotfruchtbäume – kaum etwas, das hier nicht prächtig gedeiht. Der Waipi'o Stream schlängelt sich durch Kalo-Felder, im Hinterland stürzen die Hi'ilawe Falls fast 400 m in die Tiefe. Ein von steilen Klippen gerahmter schwarzer Sandstrand und ein weißer Brandungssaum trennen das grüne Tal vom tiefblauen Ozean.

Eine sehr steile, nur mit Allradfahrzeug zu befahrende Schotterstraße führt ins Tal hinab – die meisten Autoverleiher schließen hier die Haftung aus. Alternativ kann man zu Fuß gehen, der Wiederaufstieg ist allerdings zeitraubend und sehr mühsam. Am bequemsten ist es, an einer geführten Tour zu Pferd oder im Allrad-Kleinbus teilzunehmen (u. a. www.waipiovalleyshuttle.com, www.haweawaipiovalleyadventure.com).

Übernachten

Boutique-B-&-B am Meer – **The Palms Cliff House:** 28-3514 Hawai'i Belt Road, Honomū, Tel. 808 963 6076, www.palmscliffhouse.com. Mehrfach ausgezeichnetes, an der Küste gelegenes Luxus-B-&-B. DZ/ÜF ab 199 $.

Essen & Trinken

Malasadas – **Tex Drive In:** 45-690 Pakalana St., Honoka'a, Tel. 808 775 0598, www.texdriveinhawaii.com, tgl. 6–20 Uhr. Seit 1969 serviert das Team lokale Spezialitäten, darunter auch Malasadas. Es gibt einen überdachten Terrassenbereich mit Blick aufs Meer. Malasadas ab ca. 2 $, Frühstück ab 8 $, Burger, Salate, Wraps, Suppen und Bowls ab 9 $.

Aktiv

Zipline – **Skyline Eco Adventures:** 28 Honomū Rd., Tel. 808 518 4189, www.zipline.com/bigisland. 7 Ziplines in einem Gebiet mit Wasserfällen. Ab 170 $.

Zipline und ATV – **Umauma Falls Zipline & Rappel Experience:** 31-313 Old Māmalahoa Hwy., Tel. 808 930 9477, www.umauma experience.com, tgl. 8–17 Uhr. Das Gelände umfasst einen Garten mit tropischen Pflanzen, in dem man auch einfach nur am Fluss entlang zu den Umauma Falls spazieren kann (12 $). Weitere Angebote sind Kayaking, Stand-Up-Paddling und Rappelling – Abseilen am Wasserfall. Zipline ab 191 $.

Zipline, Biken und Wandern – **Botanical World Adventure:** 31-240 Old Māmalahoa Hwy., Tel. 808 963 5427, www.botanicalworld.com. Diese Grünanlage ist in der Tat nicht nur ein Garten, sondern eher eine eigene Botanikwelt. Auf eigene Faust oder bei geführten Radtouren und Wanderungen erkundet man ein Regenwaldgebiet mit Wasserfällen oder einen Garten mit tropischen Pflanzen und einem Labyrinth. Gärten ab 25 $, Zipline ab 149 $.

Waimea ▶ 7, S 21

Drehen Sie um und fahren Sie auf dem Highway 220 zurück, bis Sie die Hawai'i Belt Road erreichen – hier biegen Sie rechts auf den Highway 19 ab und folgen den Wegweisern nach **Waimea.** Vom Waipi'o Lookout sind es ungefähr 40 Fahrminuten. Kontinuierlich geht es bergauf, bis auf rund 900 m, was sich auch durch ein anderes Klima bemerkbar macht: Die Temperaturen sinken und es wird frischer. Wenn Sie bisher noch keinen Regenbogen gesehen haben, werden Sie hier Glück haben. Es ist fast nicht zu glauben, dass Waimea auf Hawai'i Island liegt: Die Ranchregion, deren Zentrum der Ort bildet, hat eine ganz eigene Atmosphäre und vor allem natürlich Optik. Die Szenerie wird von grünen Hügeln und weidenden Rindern geprägt. Im Norden steigen die Kohala Mountains empor. Ein Großteil des Landes gehört zur **Parker Ranch**, ein Viehzüchter-Imperium mit über 900 km^2 Land, um die 1000 Pferden und über 50 000 Rindern.

In Waimea – auch Kamuela genannt, um Verwechslungen mit den gleichnamigen Orten auf O'ahu und Kaua'i zu vermeiden – leben rund 9000 Menschen. Im Ortskern fühlt man sich gleich wohl. Alles ist irgendwie gemütlich, das Tempo passt sich der unaufgeregten, »rollenden« Hügellandschaft an. Man fühlt sich an den Mittleren Westen der USA

Rinder und Cowboys – Paniolos in Hawai'i

Eine der größten und ältesten Ranches der Vereinigten Staaten befindet sich, nicht wie man vermuten könnte, in Texas oder dem Mittleren Westen Amerikas, sondern auf Hawai'i Island. Die Insel steht für eine traditionelle und gelebte Paniolo-Kultur, und die Parker Ranch ist mit fast 100 000 ha Fläche das prägnanteste Beispiel für Viehwirtschaft in Hawai'I.

Die Viehwirtschaft in Hawai'i begann überschaubar: Der britische Kapitän George Vancouver, der zehn Jahre nach seinem Landsmann James Cook hawaiianischen Boden betrat, brachte einen Bullen und fünf Kühe mit über den Ozean. König Kamehameha I. erklärte die Rinder als kapu, sie durften sich also in völliger Freiheit über Hawai'i Island bewegen. Die Folge war, dass sich die Tiere in den nächsten 20 Jahren rapide vermehrten und Anfang des 19. Jh. zu Tausenden die Insel bevölkerten. Auf der Suche nach Futter richteten sie in Gärten und auf Farmen beträchtlichen Schaden an.

König Kamehameha I. beauftragte den aus Massachusetts stammenden John Palmer Parker damit, die verwilderten Tiere zu jagen. Fleisch, Haut und Fell wurden der lokalen Gemeinde zum Verzehr und zur Weiterverarbeitung überlassen. Es dauerte weniger als ein Jahr, bis Pökelfleisch das Sandelholz als bis dato wichtigstes Exportgut der Insel abgelöst hatte. Parker wurde zu einem reichen und angesehenen Mann, der durch Heirat mit Kipikane, einer Enkelin von König Kamehameha I., in die Führungsschicht der Insel aufstieg. Zur Eheschließung bekam das Paar knapp 1 ha Land an den Hängen des Maunakea geschenkt, wo es ein neues Zuhause, Mana Hale, errichtete und eine Familie gründete. Dies war der Beginn der Parker-Dynastie, die eine wichtige Rolle in der hawaiianischen Geschichte spielen sollte.

Irgendwann ging Parker dazu über, Rinder zu domestizieren statt zu jagen. Die Parker Ranch legte den Grundstein dafür, dass Waimea zu einem Zentrum der Viehzucht wurde. Mit der Ranch entwickelte sich die Paniolo-Kultur, die dem Ort seinen besonderen Charakter gab. 1832 schickte König Kamehameha III. einen Abgesandten nach Kalifornien, um dort Cowboys anzuwerben. Drei mexikanische Vaqueros namens Kossuth, Lozeida und Ramon kamen nach Hawai'i Island, wo sie zunächst Pferde zu Arbeitstieren abrichteten und dann mit ihrer Hilfe Vieh trieben oder einzelne Tiere von der Herde trennten. Der Name Paniolo kommt von español, Spanisch – die Sprache, in der die Männer sich verständigten.

Die Mexikaner unterrichteten bald auch Einheimische im Reiten und Lassowerfen und prägten damit eine Cowboy-Kultur, die sich von der des amerikanischen Festlands unterscheidet. Hier begann die Ranch-Kultur später – den Anfang machte der pazifische Nordwesten 1846, Kalifornien und Texas folgten 1848. Die hawaiianischen Cowboys übernahmen von den Vaqueros auch die spanischen Sättel und die breitkrempigen Hüte, ursprünglich Sombreros.

erinnert – zumindest so lange, bis man den Maunakea oder in der Ferne den Ozean sieht. Es gibt ein paar sehr schöne Restaurants und das **Parker Ranch Center** zum Kaufen von Souvenirs und Alltagsbedarf. Das Angebot umfasst rund 30 Restaurants, Geschäfte und Dienstleister. Die hübsche **'Imiloa Church** wurde 1865 von Reverend Lorenzo Lyons erbaut, der Kirchenlieder ins Hawaiianische übersetzte. Im schlichten Inneren sorgt die Verkleidung mit dunklem Koa-Holz für eine heimelige Atmosphäre (65–1084 Māmalahoa Hwy., www.imiolachurch.com).

Parker Ranch

66–1304 Māmalahoa Hwy., Tel. 808 885 7311, www.parkerranch.com, Mo–Fr 8–16 Uhr, Eintritt frei

Zum eigentlichen **Ranchbetrieb** haben Besucher keinen Zutritt. Möglich sind aber Touren auf eigene Faust durch das ehemalige Wohnhaus der Parkers, **Puuopelu,** und die nebenan rekonstruierte **Mana Hale.** Dabei bekommt man historische Fotos, Porträts, antike Möbel, Kunstwerke und persönliche Gegenstände zu sehen. Und man erfährt Interessantes über die Geschichte der Ranch und der Parker-Familie, die sie in sechs Generationen aufgebaut hat. Eine schöne Gartenanlage umgibt das Anwesen.

Anna Ranch Heritage Center

65–1480 Kawaihae Rd., Tel. 808 885 4426, www.annaranch.org, Di–Fr 10–14.30 Uhr, geführte Touren Di–Fr 10 und 13 Uhr, 10 $

Die Anna Ranch ist das ehemalige Zuhause von Anna Lindsey Perry-Fiske. Sie galt als die »First Lady of Ranching«. Bei geführten Touren erführt man mehr über das Leben der ungewöhnlichen Frau, die sich als Cowgirl, Pa'u-Reiterin und Jockey betätigte. Das traumhaft schöne Wohnhaus sieht aus, als ob es in die hügelige Kulisse hineingezaubert wurde. Auf dem Discovery Trail kann man über das Farmland und durch die schönen Gartenanlagen streifen.

Übernachten

Mit ganz viel Liebe – **Waimea Gardens B & B:** 65–1632 Kawaihae Rd., Tel. 808 885 8550, www.waimeagardens.com. Zauberhafte Gastgeber, gemütlich eingerichtete Zimmer, toll gelegen und mit Garten. DZ/ÜF ab 170 $ (mind. 3 Übernachtungen).

Einfach und bodenständig – **Waimea Country Lodge:** 65-1214 Lindsey Rd., Tel. 800 707 4111, www.waimeacountrylodge.com. 21 Zimmer mit großen Fenstern und Bergblick. Ab 125 $.

Essen & Trinken

Erstklassig und regional – **Merriman's Waimea:** 65–1227 Opelo Rd., Tel. 808 885 6822, www.merrimanshawaii.com/waimea, tgl. 11.30–14, 17–21 Uhr. Der mehrfach ausgezeichnete Chef Peter Merriman gehört zu den Begründern der Hawaiian Cuisine. Hauptspeisen ab 30 $.

Rustikal und lokal – **The Fish and The Hog:** 64-957 Māmalahoa Hyw., Tel. 808 885 6268, www.fishandthehog.com, tgl. 11–20 Uhr. Burger, Steak und Ribs, Fisch-Tacos und Poke Bowls. Hauptspeisen um 16 $.

Cowboy-Portionen – **Paniolo Country Inn:** 65-1214 Lindsey Rd., Tel. 808 885 4377, www.waimeacountrylodge.com, tgl. 7–20.30 Uhr. Gutes Frühstück, klassische amerikanische Küche zum Lunch und Dinner. Auf der Karte stehen auch eine Mexican Platter und Huevos Rancheros. Ab 12 $.

Pizza-Räder – **James Angelo's Underground Pizza:** 64-974 Hawai'i Belt Rd., Tel. 808 885 7888, Di–Sa 10.30–21, So 15–21 Uhr. Das Restaurant ist einfach, das Hauptgeschäft ist Pizza zum Abholen, aber die radgroßen Pizzen schmecken – egal wo man sie isst – hervorragend! Pizza ab 11 $.

Asiatische Nudelgerichte – **Noodle Club:** Parker Ranch Center, Tel. 808 885 8825, www.noodleclubwaimea.com, So, Mo 10.30–17, Di–Sa 10.30–20 Uhr. Unkompliziertes Restaurant, leckere asiatische Gerichte mit lokalen Zutaten. Um 10 $.

Hippes Café – **Waimea Coffee Company:** 65-1279 Kawaihae Rd., Tel. 808 885 8915, www.waimeacoffeecompany.com, Mo–Fr

6.30–17.30, Sa 7–15, So 9–15 Uhr. Kaffeespezialitäten und Snacks. Im Café gibt es ein paar wenige Tische, die Atmosphäre ist freundlich und gut geeignet, um eine Zeit lang E-Mails zu checken und dabei das Kommen und Gehen der Coffee-Lovers zu beobachten. Ab 4 $.

Poke-Bar – **Foodland Waimea:** Parker Ranch Center, #109, Tel. 808 885 2022, www.foodland.com/stores/foodland-waimea, tgl. 5–23 Uhr. Supermarkt mit Deli und Bäckerei, riesige Auswahl, auch an warmen Gerichten.

Shave Ice – **Original Big Island Shave Ice Co.:** 61-3616 Kawaihae Rd., Tel. 808 895 6069, www.obisic.com. Kein Hawai'i-Besuch ohne Shave Ice – nicht nur wegen der Instagram-Tauglichkeit. Sie wählen die Größe, optional Eis (der Farbe wegen am besten Ube) und bis zu drei Sirupgeschmäcker (auch hier natürlich ans Foto denken, also vielleicht Tigers Blood, Blue Hawai'i und Green Tea Cream oder vorgefertigte Kombinationen wie Lava Flow, Rainbow, Kawaihae Sunset oder Hula Moon) und Toppings. Und fertig ist ein Original Shave Ice! Kleine Portion ab 3,75 $, große Portion ab 4,75 $.

Einkaufen

Geschenke und Accessoires – **Waimea General Store:** 65-1279 Kawaihae Rd., Tel. 808 987 1565, www.waimeageneralstore.com, Mo–Sa 9–17.30, So 10–16.30 Uhr. Auch wenn Sie vielleicht noch gar nicht wissen, was Sie suchen – hier werden Sie fündig. In diesem Geschäft gibt es Andenken ebenso wie Gegenstände für den täglichen Bedarf. Von hawaiianischer Kosmetik, Kerzen und Seifen über Bücher, Küchenzubehör, Kleidung, lokalen Honig bis zu Salz und Gewürzmischungen ist alles da.

Direkt von der Farm – Es gibt vier Bauernmärkte in Waimea: **Waimea Town Market** (www.waimeatownmarket.com, Sa 7.30–ca. 12 Uhr), **Waimea Homestead Farmers** Market (www.waimeafarmersmarket.com, Sa 7–ca. 12 Uhr), **Waimea Mid-Week Market** (Mi 9–16 Uhr)

Die Anna Ranch ist auch als Hochzeits-Location gefragt – sicher nicht der schlechteste Ort, um den Bund fürs Leben zu schließen

und **Kamuela Farmers Market** (www.kamuelafarmersmarket.com, Sa 7.30–13 Uhr).

Kleine Mall – **Parker Ranch Center:** 67-1185 Māmalahoa Hwy., www.parkerranchcenter.com, tgl. Mo–Sa 9–19, So 10–17 Uhr.

Kleidung, Kaffee und Souvenirs – **Parker Ranch Store:** 67-1185 Māmalahoa Hwy., Tel. 808 887 1046, www.parkerranchstore.com, tgl. 9–18 Uhr.

Schöne Mode – **Mahina:** 67-1185 Hawai'i Belt Rd., Tel. 808 498 0511, www.shopmahina.com, Mo–Sa 9–18, So 10–17 Uhr. Tolle Kleidung und Accessoires im unbeschwerten Island-Style zu erschwinglichen Preisen.

Proviant – **Earl's Paauilo Store:** Mamalahoa Hwy. Ecke Pilo St., Tel. 808 887 1800, Mo–Fr 5.30–15, Sa 5.30–13 Uhr. Kleines familiengeführtes Lebensmittelgeschäft mit ländlichem Charme, hier können Sie sich für Ihren Roadtrip ausrüsten. Es gibt auch Lunch Plates zum Mitnehmen, der Klassiker sind allerdings Earl's Bento Rolls (und Sushi).

Aktiv

Reiten und ATV-Touren – **Kahuā Ranch:** Tel. 808 882 4646, www.kahua-ranch.com. Geführte Ausritte auf der Ranch und im Waipi'o Valley. 1,5 Std. 90 $, 2,5 Std. 110 $.

Maunakea am Boden – **W.M. Keck Observatory Headquarters:** 65-1120 Māmalahoa Hwy., Tel. 808 885 7887, Mo–Fr 10–14 Uhr. Falls Sie interessiert an Observatorien sind, es aber nicht einrichten können, auf den Maunakea zu fahren, dann sollten Sie unbedingt im Hauptsitz des W. M. Keck Observatory vorbeischauen. Die Einrichtung zeigt Modelle und Bilder vom Keck-Observatorium und anderen Beobachtungsstationen auf dem Gipfel des Maunakea.

Spazieren und informieren – **Ulu La'au (Waimea Nature Park):** 66–1246 Māmalahoa Hwy., Tel. 808 443 4482, www.waimeaoutdoorcircle.org/projects, tgl. 7–17.30 Uhr, Eintritt frei. Das größte Projekt des Waimea Outdoor Circle ist dieser Park, der »Garden of Trees«. Die 4 ha große Anlage ist nicht nur schön anzusehen und ideal für ein Picknick, sondern verfolgt auch einen Zweck. Ziel ist es, invasive Pflanzen durch gefährdete einheimische Flora zu ersetzen. Detaillierte Infos gibt es am Eingang in einer kleinen Broschüre oder vorab zum Download unter www.waimeaoutdoorcircle.org/wp-content/uploads/natureparkbk1.pdf.

Yoga – **Yoga Hale:** 64–5193 Kinohou St., Tel. 808 326 9642, www.yogahale.com. Yoga Hale wurde mit einem Studio in Kona ins Leben gerufen. In Kailua-Kona werden sogar Übernachtungsmöglichkeiten in einem schönen Haus ab 79 $ pro Person in einem Privatzimmer (plus 25 $ Reinigungsgebühr) angeboten. Das Waimea-Studio ist neu und eine tolle Ergänzung für den Ort. Ab 20 $ pro Std.

Termin

Waimea Cherry Blossom Heritage Festival: Februar/März. Nach japanischem Vorbild wird in Waimea jährlich die Kirschblüte mit Darbietungen, Mochi-Schlagen (traditionelle Mochi-Zubereitung), Workshops zur Bonsai- und Origamikunst sowie Teezeremonien gefeiert. Die Kirschbäume wurden 1953 gepflanzt, aktuell sehen Sie 75 im Church Row Park.

Kohala Peninsula

Hāwī ▶ 7, R 20

Ein wirklich toller Ausflug von Waimea aus ist die Fahrt zur Nordspitze der Insel. Auf der Kohala Mountain Road (250) kommen Sie an einigen Ranches vorbei, bevor Sie **Hāwī** erreichen. Das Dorf ist wie die meisten im Norden ein ehemaliger Zuckerplantagenort, dessen restaurierte Holzhäuser im Westernstil nun von Künstlern, Aussteigern und anderen Freigeistern bewohnt werden. Die Fassaden sind bunt und die Geschäfte teils interessant, teils einfach nur speziell. Auf jeden Fall macht es Spaß, die Hauptstraße auf und ab zu schlendern und hier und da in einem Shop zu stöbern oder in einem Café einzukehren. Sollten Sie im Oktober am richtigen Tag hier sein, können Sie dabei zusehen, wie die Ironman-Athleten hier mit ihren Bikes wenden. Am Samstag und Dienstag findet der North Kohala Hāwī Farmers Market statt.

Essen & Trinken

Organisch und vegan – **Sweet Potato Kitchen:** 55-3406 Akoni Pule Hwy., Tel. 808 345 7300, www.sweetpotatokitchen.com, Do–Mo 9.30–15.30 Uhr. Sehr gute Auswahl an vegetarischen, veganen und organischen Gerichten. Große Portionen. Das Restaurant ist im Inneren auch eine Galerie. Es gibt eine kleine Veranda mit Tischen zum Draußensitzen. Sandwiches, Burger ab 14 $.

Guter Kaffee, leckeres Eis – **Kohala Coffee Mill:** 55-3412 Akoni Pule Hwy., Tel. 808 889 557, Mo–Fr 6–18, Sa, So 7–18 Uhr. Neben Kaffee und Snacks gibt es auch Eis, beispielsweise Tropical Dreams. So regelmäßig Livemusik. Ab 4,50 $.

Einkaufen

Mode, Schmuck, Accessoires – **Olivia Clare Boutique:** 55-3419 Akoni Pule Hwy., Tel. 808 889 1041, www.oliviaclareboutique.com, tgl. 10–17 Uhr. Bezaubernder Schmuck, hawaiianische Kosmetik und schöne Dinge fürs Zuhause.

Aktiv

Zipline – **Kohala Zipline:** 55-515 Hawi Rd., Tel. 808 400 6510, www.kohalazipline.com/location. 9 Zipline Canopy Tour ab 178 $.

Kapa'au ▶ 7, R 21

Östlich von Hāwī liegt **Kapa'au** – der Ort ist noch ein bisschen kleiner, und es scheinen hier auch mehr Geschäfte leer zu stehen. Die Hauptattraktion ist hier aber ohnehin eine andere: die **Statue von König Kamehameha.** Am besten machen Sie es sich im Kings View Café bequem und lassen das Monument erst einmal in aller Ruhe auf sich wirken. Bevor es hier aufgestellt wurde, brachte das Denkmal eine abenteuerliche Odysee hinter sich: 1878 gab König Kalākaua bei dem amerikanischen Bildhauer T. R. Gold eine Kamehameha-Statue in Auftrag, die vor dem Königspalast in Honolulu stehen sollte. Er bezahlte dafür die damals stattliche Summe von 10 000 $. Gold ließ die Figur in Paris in Bronze gießen und und dann auf einem Segelfrachter nach Hawai'i verschiffen. Das Schiff kam allerdings nur bis zu den Falkland-Inseln, wo es kenterte. Weil die kostbare Fracht versichert war, wurde eine Kopie angefertigt, die Honolulu dann auch wohlbehalten erreichte und 1883 an dem Ort aufgestellt wurde, wo sie sich bis heute befindet. Kurz darauf fanden Fischer das gekenterte Schiff, bargen die Statue aus dem Wrack und brachten sie nach Port Stanley, der Hauptstadt der Falkland-Inseln. Der Zufall führte den britischen Kapitän Jervis hierher, der die Statue erkannte, für ein paar Hundert Dollar kaufte und nach Honolulu bringen ließ. Da der Platz vor dem Palast nun aber schon besetzt war, entschloss man sich, die Statue in Kapa'au aufzustellen, dem Geburtsort König Kamehamehas. Dem eher schlichten Dorf verleiht sie auf jeden Fall etwas Majestätisches.

Übernachten

Eco-Boutique-Hotel – **Hawai'i Island Retreat at Ahu Phaku Ho'omaluhia:** 250 Lokahi Rd., Tel. 808 889 6336, www.hawaiiislandretreat.com. Übersetzt bedeutet der Name der Unterkunft »Sammelplatz für Steine, die Frieden geben« – und dass man hier zur Ruhe kommt und seinen inneren Frieden findet, steht außer Frage. Das Retreat verfügt über Zimmer und Suiten im Haupthaus und einfache Unterkünfte in Jurten. Mit Yoga und von der Natur inspirierten Wellness-Anwendungen, Retreat-Programmen und dem Anspruch, nachhaltig und im Einklang mit dem Umfeld zu wirtschaften, ist das Hawai'i Island Retreat eine wunderbare Alternative zu großen Hotels oder Ferienwohnungen. Das Anwesen verfügt zudem über einen tollen Infinity Pool und ein Netz von Wanderwegen, die zum Joggen, Walken oder auch für meditative Spaziergänge genutzt werden können. DZ in der Jurte ab 195 $, im Haupthaus ab 425 $, mind. 2 Übernachtungen.

Essen & Trinken

Pizza – **Kings View Café:** 54-3897 Akoni Pule Hwy., Tel. 808 889 0099, www.kingsviewcafe.com, tgl. 7–20.30 Uhr. Einfache Küche, draußen gibt es ein paar Plätze mit Blick auf die Kamehameha-Statue. Ab 9 $.

ABSTIEG INS POLOLŪ VALLEY

Tour-Infos

Start: Parkplatz beim Pololū Valley Lookout, 52-5100 Akoni Pule Hwy.
Dauer: ca. 30 Min. (einfach)
Schwierigkeitsgrad: Mittel – der Weg ist kurz, aber felsig und steil.
Wichtig: Unbedingt festes Schuhwerk anziehen und ausreichend Wasser mitnehmen. Möglichst frühmorgens starten, weil es auf dem Weg kaum Schatten gibt. Wenn es geregnet hat, ist die Tour nicht zu empfehlen.

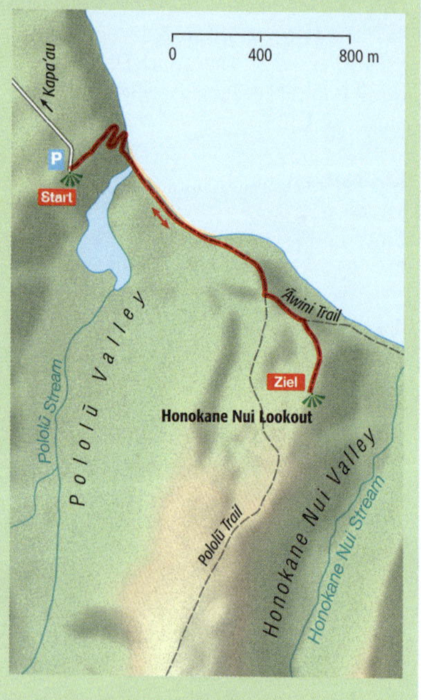

Sobald man in den Trail einsteigt und Wanderern auf ihrem Rückweg begegnet, kann man erahnen, dass der Aufstieg anstrengend ist. Die ersten paar Meter sind noch recht moderat, dann wird der Weg allerdings felsig und steil – obwohl es schwerfällt, sollte man den Blick auf den Boden richten. Der Abstieg dauert nur deshalb etwas länger als der eigentlich beschwerlichere Rückweg, weil jede Kurve einen neuen, fantastischen Blick auf das Tal eröffnet. Die tiefe Schneise, durch die der Pololū Stream sich zum Meer kämpft, ist mit ihrer üppigen Vegetation ein Fotomotiv, das auch in der x-ten Variante nicht an Reiz verliert. Der Weg führt in engen Serpentinen bergab. Im Tal angekommen, müssen Sie mehrere kleine Bäche überqueren, die nach Regenfällen stark anschwellen können. Dünen und Eisenholzbäume schirmen den Strand ab, der aus schwarzem Sand und Lavasteinen besteht und und dicht mit Treibholz übersät ist. Der Ozean ist hier sehr rau, aber wunderschön anzuschauen.
Im Wäldchen hinter dem Strand startet ein Weg, der noch weiter an der Küste entlangführt, der **ʻĀwini Trail.** Er führt zu einem Grat mit Blick auf das nächste Tal, das **Honokane Nui Valley.** Spätestens an dieser Stelle sollten Sie umdrehen. Wenn Sie sich ausgeruht und die Aussicht ausgiebig genossen haben, gehen Sie auf demselben Weg wieder bergauf. Auch auf dem Rückweg lohnt es sich, ab und an anzuhalten und in den Himmel zu sehen, wegen der schnell wechselnden Wolkenbildungen. Denken Sie beim Verlassen des Trails daran, Ihre Schuhe gut zu säubern. Auf dem Rückweg lockt auf der rechten Straßenseite ein Obststand mit kleinen Snacks und frischen Smoothies.

Zum Pololū Valley Lookout

▶ 7, R 20

In **Niuli'i** weist ein Schild auf einen Felsblock am Straßenrand hin, an dem man sonst achtlos vorbeifahren würde: Der Legende nach soll König Kamehameha I. ihn als junger Mann vom Strand hierhergetragen haben, um seine übermenschliche Kraft unter Beweis zu stellen. Es folgen weitere kleine Orte wie **Hālawa,** an denen man aber ruhigen Gewissens ohne Halt vorbeifahren kann. Ein schöner Rastplatz mit Blick auf die Steilküste ist der **Kēōkea Beach Park,** den Sie über eine rund 1,5 km lange, asphaltierte Stichstraße Richtung Meer erreichen. Hier können Sie sich mit einem Picknick für den Abstieg ins Pololū Valley stärken (s. Aktiv unterwegs S. 274). Der Weg beginnt bei einem Parkplatz am Ende der Straße, wo der **Pololū Valley Lookout** einen atemberaubenden Ausblick auf die Küstenlinie mit ihren steil ins Meer abfallenden Felsen gewährt.

Kohala Historic Sites States Monument ▶ 7, Q 20

Um etwas Abwechslung in Ihre Tour zu bringen, können Sie nun auf dem Highway 270 zurückfahren. Das Weideland der Puakea Ranch markiert einen Übergang: War es im feuchten Norden noch üppig grün, so präsentiert sich die Landschaft auf der trockenen Westseite der Kohala-Halbinsel nun karg und steppenartig. Bei Meile 20 zweigt eine Stichstraße zum Upolu Airport ab. Von der Landebahn führt ein Feldweg nach links zum **Kohala Historic Sites State Monument.** Hier stehen die Überreste des **Mo'okini Heiau,** der auf die Zeit um 500 n. Chr. datiert wird. Ganz in der Nähe weist ein Schild auf den **Kamehameha I Birthplace** mit den Geburtssteinen hin, bei denen der König um 1758 zur Welt gekommen sein soll.

Lapakahi State Historical Park ▶ 7, Q 21

www.dlnr.hawaii.gov/dsp/parks/hawaii/lapakahi-state-historical-park, tgl. 8–16 Uhr, Eintritt frei

Sie lassen immer mehr Höhenmeter hinter sich und erreichen den **Lapakahi State Historical Park.** Hier entführt ein Trail auf eine Zeitreise in das rund 600 Jahre alte Fischerdorf Koai'e. Am Eingang ist eine kleine Broschüre mit Lageplan und Erklärungen zu den einzelnen Objekten erhältlich. Ein paar Grundmauern sind noch vorhanden, auf denen einst Wohnhäuser und ein Heiau standen. Man sieht Opfersteine und Felsenpfannen, in denen einst Salz gewonnen wurde. Eine Grashütte und ein Kanuschuppen wurden rekonstruiert. Man kann traditionelle Spiele wie 'Ulu Maika (ein scheibenförmiger Stein muss zwischen zwei Zielpfosten geworfen werden) und Kōnane (Strategiespiel, ähnlich wie Schach) ausprobieren.

Pu'ukoholā Heiau National Historic Site ▶ 7, R 22

62-3601 Kawaihae Rd., www.nps.gov/puhe/index.htm, Park tgl. von Sonnenaufgang bis -untergang, Besucherzentrum tgl. 7.30–17 Uhr, Eintritt frei

Kurz nachdem Sie den kleinen Hafen von **Kawaihae** passiert haben, thront auf der rechten Seite der **Pu'ukoholā Heiau** auf einem Hügel. Diese Stätte ist für die hawaiianische Geschichte von großer Bedeutung. Kamehameha I. ließ den Tempel von 1790 bis 1791 für seinen Kriegsgott Kū errichten, nachdem ein hoher Priester (Kahuna) prophezeit hatte, dass ihm dies die Herrschaft über die Insel einbringen würde. Zur Einweihung der Stätte lud Kamehameha seinen Cousin und Rivalen Keoua ein, den er erschlug und als Opfer darbrachte. Diese Tat machte ihn der Weissagung entsprechend zum Alleinherrscher. Im kleinen Visitor Center ist eine Infobroschüre erhältlich und es werden Filme gezeigt. Zu bestimmten Terminen finden Vorführungen traditioneller hawaiianischer Handwerkstechniken statt.

Der Pu'ukoholā Heiau liegt am Weg zum **Samuel M. Spencer Beach Park.** Ein vorgelagertes Riff schützt den Strand, sodass man hier gefahrlos schwimmen und schnorcheln kann. Neben sanitären Anlagen gibt es Picknickplätze unter Schatten spendenden Bäumen.

FOR RENT
OPEN
Kaua'i
Līhu'e
Hanapēpē
Pazifischer Ozean
MSY 150

Kapitel 4

Kaua'i

Im äußersten Nordwesten des bewohnten Hawai'i-Archipels liegt Kaua'i, die älteste und im Laufe der Zeit von den Naturkräften am meisten gezeichnete Insel. Der Wai'ale'ale, ein 5 Mio. Jahre alter Schildvulkan, zieht die regenschweren Passatwolken an wie ein Magnet. Wasserfälle, Bäche und Flüsse leiten das Wasser in den Ozean. Der größte ist der Wailua, der an der Coconut Coast in den Pazifik mündet.

Die viertgrößte Hawai'i-Insel wird auch »Garteninsel« genannt. Dank der häufigen Niederschläge explodiert die Vegetation hier förmlich. Wenn Sie Kaua'i aus der Luft betrachten, breiten sich unter Ihnen tropische Regenwälder und Grün in sämtlichen Schattierungen aus. Hinzu kommen das intensive Blau des Ozeans, das strahlende Weiß der wunderschönen Sandstrände und die Rot- und Brauntöne der Schluchten. Die spektakuläre Nāpali Coast, der beeindruckende Waimea Canyon und das Wanderparadies Kōke'e State Park machen die Insel zum Traumziel für Outdoor-Fans. Manche Kulisse wird Ihnen bekannt vorkommen: In der urzeitlich anmutenden Natur Kaua'is wurden Filme wie »Jurassic Park« und »King Kong« gedreht.

Obwohl der Tourismus heute die wichtigste Einkommensquelle ist, sind die Einwohner bemüht, den ursprünglichen Charakter der Insel zu bewahren. Gebäude dürfen nicht höher als eine Kokospalme sein und Lebensmittel werden möglichst von ortsansässigen Bauern und Fischern bezogen. Leben in Einklang mit der Natur – das ist Kaua'i.

Kapa'a hat mit seinen kleinen Holzhäuschen in Wildwest-Manier, die nette Cafés und Health-Food-Läden beherbergen, deutlich mehr Charme als die Inselhauptstadt

Auf einen Blick: Kaua'i

Sehenswert

Hanapēpē: Charmanter, historischer Künstlerort. Zur Hanapēpē Art Night füllt sich die Hauptstraße mit Menschen, die gerne essen, in Galerien stöbern und ein entspanntes Miteinander schätzen (s. S. 313).

Waimea Canyon & Kōke'e State Park: Der Grand Canyon des Pazifik punktet nicht nur mit beeindruckenden Aussichten, er ist auch ein großartiges Wanderrevier mit Wegen aller Schwierigkeitsgrade (s. S. 320).

Nāpali Coast: Ob aus der Luft, vom Wasser aus oder bei einer Wanderung ganz aus der Nähe betrachtet – die zerklüftete Nāpali Coast ist eine der imposantesten Steilküsten der Erde (s. S. 323).

Schöne Routen

Von Kīlauea nach Hanalei: Die Fahrt vom Kīlauea Point National Wildlife Refuge nach Hanalei ist äußerst abwechslungsreich und gespickt mit filmreifen Kulissen (s. S. 297).

Meine Tipps

Kaua'i Museum in Līhu'e: Der beste Ort, um sich mit Kaua'is Natur und Geschichte vertraut zu machen (s. S. 282).

Tasting Kaua'i: Bei den kulinarischen Touren lernen Sie Farmer, Bierbrauer und Küchenchefs kennen (s. S. 287).

Tree Tunnel: Die kilometerlange Allee aus Eukalyptusbäumen wurde vor über 100 Jahren von einem Farmer gepflanzt (s. S. 304).

Old Kōloa Town: Aus üppig wucherndem Grün lugen rot gestrichene Holzhäuschen hervor, in denen einst Plantagenarbeiter wohnten (s. S. 304).

Warehouse 3540 in Lāwa'i: Die alte Lagerhalle bietet heute viel Platz für kleine Shops mit lokalem Kunsthandwerk, in der Auffahrt stehen Food Trucks (s. S. 312).

Pazifischer Ozean
Nāpali Coast
Kōke'e State Park
Waimea Canyon State Park
Von Kīlauea nach Hanalei
Kīlauea Point National Wildlife Refuge
Hanalei
Kīlauea
Kapa'a Bike Path
Kapa'a
Wailua River Tubing
Wailua
Līhu'e
Kaua'i Museum
Tasting Kaua'i
Tree Tunnel
Warehouse 3540
Lāwa'i
Hanapēpē
Old Kōloa Town
National Tropical Botanical Garden
Māhā'ulepu Heritage Trail

Sightseeing auf dem Wasser – Wailua River Tubing: In Schlauchreifen treiben Sie auf dem einzigen schiffbaren Fluss Hawai'is durch eine der schönsten Landschaften der Insel (s. S. 294).

Kapa'a Bike Path – Radweg mit Wow-Effekt: Gänzlich unbeschwert unterwegs auf einer traumschönen Fahrradstrecke entlang der Küste, stets in engem Kontakt mit dem Ozean (s. S. 298).

Māhā'ulepū Heritage Trail: Der Pfad erschließt einen noch weitgehend ursprünglichen Küstenabschnitt mit einsamen Stränden, Dünen, kleinen Blowholes und Gezeitenbecken (s. S. 308).

National Tropical Botanical Garden: Bei einem Spaziergang durch den Allerton Garden können Sie u. a. die Moreton Bay Figs bestaunen, die durch »Jurassic Park« bekannt wurden (s. S. 310).

Kaua'i – The Garden Island

Wenn der »Jurassic-Park«-Soundtrack während eines Helikopterrundflugs ertönt, weiß man, es folgt etwas Großes: Kaua'is Kulisse ist einfach atem(be)raubend. Die Nāpali Coast und der Waimea Canyon sind das Ergebnis von rund 5 Mio. Jahren plattentektonischer Aktivität und zählen zu den spektakulärsten Sehenswürdigkeiten der viertgrößten und wohl grünsten Insel Hawai'is.

Kaua'i, die Garteninsel, ist das älteste bewohnte Eiland des hawaiianischen Archipels und liegt von den sechs touristisch erschlossenen Inseln am weitesten nordwestlich. Seine Geschichte beginnt geologisch ungefähr dort, wo sich heute Hawai'i Island, die jüngste Insel, befindet. Durch Vulkanaktivität entstand die Insel vor Millionen Jahren und wurde im Laufe der Zeit immer weiter in Richtung Nordwesten »geschoben«. Kaua'i wird in der Tourismuswerbung gern mit Adjektiven wie »traumschön«, »paradiesisch« und »atemberaubend« beschrieben – aufgrund ihrer erdgeschichtlich frühen Entstehung hatte die Insel am meisten Zeit, sich zu dieser Naturschönheit zu entwickeln. Weil sie im Nordwesten des Archipels liegt, fallen hier mehr Niederschläge als auf den Nachbarinseln. Der viele Regen lässt die Vegetation förmlich explodieren und sorgt dafür, dass Kaua'i eine äußerst grüne Insel ist.

Kaua'i wurde in zwei Besiedlungswellen von Polynesien aus besiedelt. Der wohl bedeutendste Wendepunkt in seiner Geschichte war der 21. Januar 1778, als Captain Cook in Waimea an Kaua'is Westküste erstmals hawaiianischen Boden betrat. Zuvor isoliert, erhielt die Insel nun eine Verortung auf den Karten europäischer Seefahrer. Auch George Vancouver warf 1792 in Waimea Anker.

Im Unterschied zu den anderen Inseln wurde Kaua'i nicht von König Kamehameha I. in blutigen Schlachten erobert und dem neu gegründeten Königreich Hawai'i angegliedert. Kaumuali'i, der König von Kaua'i und Ni'ihau, schloss ein Abkommen mit Kamehameha und wurde von diesem zum Gouverneur ernannt. Später heiratete er Kamehamehas Witwe Kaahumanu. Erst nach Kaumuali'is Tod büßte Kaua'i seinen Sonderstatus ein.

In den 1820er-Jahren errichteten Samuel und Mercy Partridge Whitney in Kaua'i eine Mission. Erste Erfolge mit dem Anbau von Zuckerrohr wurden Mitte der 1830er-Jahre in Kōloa verzeichnet – um die Plantagen effektiv bewirtschaften zu können, wurden Hilfsarbeiter aus China, Japan und besonders von den Philippinen auf die Insel geholt. In Kōloa und im Kaua'i Museum in Līhu'e kann man sich über dieses Kapitel der Inselgeschichte informieren.

Durch die Einführung von Privatbesitz – ein Konzept, das auf den Inseln zuvor unbekannt war – veränderte sich das Leben auf Kaua'i immens. So konnte der Zuckerbaron George Norton Wilcox mit der Übernahme der Grove Farm in Lī'hue den Grundstein für sein Imperium legen. Doch bereits Ende des 19. Jh. lockte die Insel nicht nur Hilfsarbeiter aus Asien an, sondern auch immer mehr Urlauber, die von Sehnsucht nach einem tropischen Paradies erfüllt waren. 1890 eröffnete das Fairview Hotel an der Nawiliwili Bay als erste Unterkunft für Reisende. 1925 änderte man seinen Namen in Lī'hue Hotel um, seit 1935 heißt es Kaua'i Inn.

Auch wenn der Zuckerrohranbau auf Kaua'i noch bis Anfang des 21. Jh. eine Rolle spielte (erst 2009 wurde die letzte Zuckermühle geschlossen), lösten der Tourismus und zunehmend auch die Filmindustrie den traditionsreichen Wirtschaftszweig ab. Seit 1933/34 »White Heat« als erster Film auf Kaua'i gedreht wurde, diente die Insel als Drehort für mehr als 60 Kinoproduktionen und zahlreiche Fernsehshows. Sie spielte dabei Zentral- und Südamerika, Afrika, Australien, Samoa, Südostasien und natürlich den Südpazifik. Zu den bekanntesten Hollywood-Blockbustern, die hier aufgenommen wurden, zählen »Blue Hawaii« mit Elvis, »Jurassic Park«, »The Descendants« und »Avatar«.

Was Kaua'i für die Filmindustrie und Besucher besonders attraktiv macht, ist die atemberaubende, vielfältige Landschaft, die sich in Millionen von Jahren durch das Einwirken von Wind, Wellen und Regen entwickelt hat. Im Norden und Westen wird der vulkanische Boden von Regenwäldern und üppigem Grün bedeckt, die die Insel zu einem tropischen Paradies machen. Im Südosten, der im Regenschatten der Berge liegt, bleibt es hingegen meistens sonnig und trocken. Hier liegen die meisten Resorts und Hotels. Welten trennen die legendäre Nāpali Coast im Nordwesten und den Waimea Canyon im Inselinneren von den Stränden zwischen Lī'hue und Wailua oder rund um Po'ipū.

Kaua'i ist eine Insel für Naturliebhaber, für aktive Urlauber und für diejenigen, die ihren Tag mit Outdoor-Erlebnissen gestalten möchten. Frühe Vögel sind hier eher am richtigen Ort als Nachteulen. Natürlich gibt es schöne Unterkünfte, tolle Restaurants und Shoppingmöglichkeiten, aber Kaua'i lebt davon, tagsüber entdeckt und bestaunt zu werden. Und das mit allen Mitteln der Fortbewegung: zu Fuß, mit dem Mountainbike, mit dem Kajak auf den navigierbaren Flüssen der Insel, auf dem Segelboot oder Katamaran, begrenzt im Auto und mit absolutem Wow-Effekt im Hubschrauber.

Ein gewaltiger Vulkanausbruch spaltete Kaua'i einst fast in zwei Hälften – das Ergebnis war der Waimea Canyon

Lī'hue und Umgebung

Das geschäftige Lī'hue ist Kaua'is Hauptort – hier befinden sich der internationale Airport und der Kreuzfahrthafen, Nāwiliwili Harbor. In der Umgebung gibt es schöne Strände, wer sich für die Geschichte der Insel interessiert, kann das Kaua'i Museum, historische Plantagen und einen 1000 Jahre alten Fischteich besuchen.

Lī'hue ▶2, F 4

Cityplan: s. S. 284

Dass Kaua'i eine filmreife Insel ist, beweist bereits der Lī'hue Airport, der im Hollywood-Blockbuster »The Descendants« mit George Clooney in der Hauptrolle prominent zu sehen war. Wer mit dem Schiff ankommt, startet die Inselerkundung vom Nāwiliwili Harbor aus, der nur ein paar Kilometer vom Flughafen entfernt liegt – hier legen Frachter und große Kreuzfahrtschiffe an. Auch der Nāwiliwili Yacht Club ist hier beheimatet.

Die überschaubare Inselhauptstadt zählt heute etwa 6400 Einwohner. Ursprünglich war **Lī'hue** nur ein kleines Dorf, das erst durch den Zuckerrohranbau Bedeutung erlangte. In seiner Geschichte spielten deutsche Einwanderer eine wichtige Rolle: Hermann A. Widemann, ein Geschäftsmann aus Hannover, gründete um 1850 eine der ersten Zuckerrohrplantagen, die spätere Grove Farm. Der deutsche Pastorensohn Paul Isenberg rief in Lī'hue die älteste lutherische Gemeinde Hawai'is ins Leben. Er kam als diplomierter Landwirt nach Kaua'i und arbeitete als Verwalter auf einer Plantage, deren Leitung er 1862 übernahm, nachdem er die Tochter des Besitzers geheiratet hatte. Später holte er seinen jüngeren Bruder Hans nach, seines Zeichens ordinierter lutherischer Pastor, der die Kirchengemeinde leitete. Ende des 20. Jh. verlor der Zuckerrohranbau wegen sinkender Rentabilität an Bedeutung. Die stillgelegten Zuckerfabriken gehören heute zu den historischen Sehenswürdigkeiten Kaua'is.

Kaua'i Museum 1

4428 Rice St., www.kauaimuseum.org, Mo–Sa 9–16 Uhr, Erw. 15 $, Kinder 8–17 Jahre 10 $

Das **Kaua'i Museum** bietet viel Geschichte auf kleinem Raum. Es wurde 1960 gegründet, um dem kulturellen Erbe der unterschiedlichen Bevölkerungsgruppen auf den Inseln Kaua'i und Ni'ihau Tribut zu zollen. Ein vielfältiges Veranstaltungsprogramm soll überlieferte Bräuche und Kulturtechniken in der Gegenwart verankern; neben der Kulturgeschichte sind auch die Geologie sowie die Flora und Fauna der Inseln Thema. Das Gebäude beherbergte früher eine öffentliche Bücherei. Schmökern und Bücher kaufen kann man nach wie vor im kleinen Museumsshop, dort bekommt man auch topografische Karten.

Lī'hue Lutheran Church 2

4602 Ho'omana Rd., www.lihuelutheranchurch.com

Nicht nur Sehenswürdigkeit, sondern nach wie vor lebendiger Gemeindetreffpunkt ist die **Lī'hue Lutheran Church.** Das Original wurde 1883 von deutschen Einwanderern gebaut, die auf der Lī'hue Sugar Plantation arbeiteten. Ihre Überfahrt nach Hawai'i dauerte sechs Monate und war mit vielen Strapazen verbunden – die Schiffsform der Kirche erinnert daran. Weitere nautische Bezüge gibt es im Inneren: Die Empore symbolisiert die Kapitänsbrücke, die hölzerne Decke gleicht einem Schiffsrumpf und die Lampen erinnern an Schiffslaternen. 1982 zerstörte Hurrikan »Iwa« die Kirche, der heutige Bau ist eine originalgetreue Rekonstruktion. Bis in die 1960er-Jahre

Die Līʻhue Lutheran Church erinnert an die deutsche Vergangenheit Kauaʻis

wurden die Gottesdienste noch auf Deutsch gehalten. Interessant ist auch der alte Pionierfriedhof hinter der Kirche mit einer Reihe historischer Grabsteine.

Grove Farm Homestead & Plantation Museum 3

4050 Nāwiliwili Rd., geführte Touren Mo, Mi, Do 10 und 13 Uhr, Anmeldung erforderlich unter Tel. 808 245 3202 oder tours@grovefarm.org, www.grovefarm.org, Erw. 20 $, Kinder 5–12 Jahre 10 $

Bei der **Grove Farm** handelt es sich um eine ehemalige Zuckerplantage, die der deutsche Einwanderer Hermann A. Widemann gründete und 1864 an George Norton Wilcox verkaufte. Bis 1980 wurde das Anwesen von der Wilcox-Familie bewohnt. Wunderschön instand gehalten, umfasst es das Haupthaus, Cottages für Gäste und den Verwalter, das Büro der Plantage und Unterkünfte für die Arbeiter. Die original erhaltene Einrichtung gibt eine guten Eindruck vom feudalen Leben der Zuckerbarone. Die Farm ist heute ein Museum, wird aber nach wie vor bewirtschaftet, die Arbeitsabläufe sind weitgehend die gleichen geblieben wie im 19. Jh.

ʻAlekoko/Menehune Fishpond 4

Hulemalū Rd., ca. 5 Minuten südwestlich des Nāwiliwili Harbor

Vom **ʻAlekoko Lookout** aus hat man einen schönen Blick über das Gewässer, das an einer großen Biegung des Hulēʻia River liegt und von einer über 270 m langen, rund 1,5 m hohen Mauer umrahmt wird. Der **historische Fischteich** gilt als eines der beeindruckendsten Exemplare früher hawaiianischer Aquakultur. Er soll vor über 1000 Jahren in nur einer Nacht von Menehune erschaffen worden sein, kleinen Fabelwesen, vergleichbar den Heinzelmännchen. Die Menehune gelten als hervorragende Baumeister, werden aber erst nach Sonnenuntergang tätig und dürfen bei ihrer Arbeit nicht von Menschen beobachtet werden.

Lī'hue

Sehenswert
1 Kaua'i Museum
2 Lī'hue Lutheran Church
3 Grove Farm Homestead & Plantation Museum
4 'Alekoko/Menehune Fishpond

Übernachten
1 Kaua'i Marriott Resort
2 Kaua'i Inn
3 Garden Island Inn

Essen & Trinken
1 JJ's Broiler
2 Dani's Restaurant
3 Hamura Saimin Stand
4 Kō Bakery & Coffee

Einkaufen
1 Kukui Grove Shopping Center
2 Kaua'i Community Market
3 Hilo Hattie

Aktiv
1 Kaua'i Backcountry Adventures
2 Outfitters Kaua'i
3 Kipu Ranch Adventures
4 The Ocean Course at Hōkūala
5 Kaua'i Humane Society

An den Fischteich grenzt das **Hulei'a National Wildlife Refuge** an – hier wurden Szenen für »Jäger des verlorenen Schatzes« gedreht, in denen sich Indiana Jones mit gezückter Machete durch den Dschungel kämpft. Zum Schutz von Flora und Fauna darf das Gebiet nicht betreten werden, eine Ausnahme stellen Volunteering-Programme (s. S. 287) dar. Vom 'Alekoko Lookout aus gewinnt man aber einen wunderbaren Überblick.

Infos

Kaua'i Visitors Bureau: 4334 Rice St., Suite 101, Tel. 808 245 3971, www.gohawaii.com/de/islands/kauai.

Übernachten

Exklusiv am Strand – **Kaua'i Marriott Resort 1:** 3610 Rice St., Tel. 808 245 5050, www.marriott.com. Direkt am Kalapakī Beach gelegenes Strandresort mit großen, hellen

Zimmern und Suiten, umgeben von wunderschön angelegten Gärten. Fünf Restaurants, darunter das beliebte Duke's, 18-Loch-Golfplatz, einer der größten Pools Hawai'is, Spa, breites Wassersportangebot und Kulturveranstaltungen. DZ ab 325 $.

Im Plantagenstil – **Kaua'i Inn 2:** 430 Hulemalu Rd., Tel. 808 245 9000, www.kauainn.com. Die familiengeführte Unterkunft liegt nahe der Nāwiliwili Bay in den grünen Hula'eia-Bergen. 48 große Zimmer mit Kitchenette, Grillmöglichkeit in der schönen Gartenanlage. Auf der überdachten Lanai wird den ganzen Tag über kostenlos Kaffee, Tee und Limonade serviert. DZ ab 200 $.

Farbenfroh und gemütlich – **Garden Island Inn 3:** 3445 Wilcox Rd., Tel. 808 245 7227, www.gardenislandinn.com. Schon der erste Blick auf die Website lässt erkennen, dass dieses Hotel vor allem eins ist: bunt! Der Kalapakī Beach befindet sich nur ein paar Schritte entfernt und die 21 Zimmer sind mit Kitchenette und Balkon ausgestattet. Hawaiianischer Charme wird hier gelebt und geliebt. DZ ab 185 $.

Essen & Trinken

Am Strand – **JJ's Broiler** 1: Anchor Cove Shopping Center, 3416 Rice St., Suite 101, Tel. 808 246 4422, www.jjsbroiler.com, tgl. 11–21 Uhr. Das Restaurant am Kalapakī Beach überzeugt mit einem der schönsten Meerblicke Lī'hues – und mit großen Portionen. Neben Klassikern wie Lobster und Steak werden auch hawaiianische Gerichte wie Kālua Pork serviert. Hauptspeisen um 30 $.

Tribut an Duke – **Duke's** 1: 3610 Rice St., Tel. 808 246 9599, www.dukeskauai.com, tgl. 11–22.30 Uhr. Beim Kaua'i Marriott Resort am Kalapakī Beach gelegen, punktet das Restaurant mit Meerblick und hawaiianisch angehauchter Küche. Ein Schwerpunkt der Karte liegt auf Sea-Food. Das schöne Ambiente lädt zum Verweilen ein und dazu, eventuell auch noch eine Nachspeise zu bestellen. Die Barefoot Bar ist Teil des Restaurants – hier werden Pūpūs, Salate und Suppen, Fisch und Sandwiches sowie Burger und gehaltvolle, pikant gefüllte Pies serviert. Zur Aloha Hour (15–17, 21–22.30 Uhr) gibt es vergünstigte Drinks und eine kleine Auswahl an Snacks. Hauptspeisen ab 25 $.

Restaurant und Sportsbar – **Kalapaki Joe's** 1: 3-2600 Kaumuali'i Hwy., Tel. 808 245 6366, www.kalapakijoes.com, tgl. 7–22 Uhr. Fernsehübertragungen und am Abend hawaiianische Livemusik – ruhig ist dieses Lokal sicher nicht, dafür aber gesellig. Typisch für eine Sportsbar ist auch das Essen – Burger, Sandwiches, Steaks und Ribs, aber auch Salate und frischer Fisch. Ab 13 $.

Local Style – **Dani's Restaurant** 2: 4201 Rice St., Tel. 808 245 4991, Mo–Fr 5–13, Sa 5–11 Uhr. Hawaiianische Spezialitäten wie Laulau oder Kālua Pork ziehen viele Einheimische in dieses Restaurant in der Nähe der Feuerwehrstation. Hier haben Sie die Gelegenheit, typische Gerichte eines Lū'au zu kosten, allerdings ohne die entsprechenden Preise. Ab 8 $.

Legendäre Nudelbude – **Hamura Saimin Stand** 3: 2956 Kress St., Tel. 808 245 3271, Mo–Do 10–22.30, Fr, Sa 10–24, So 10–21.30 Uhr. Seit über 60 Jahren die besten Saimin der Insel, wenn nicht gar Hawai'is. Hier machen Einheimische Halt, um eine von rund 1000 täglich verkauften Portionen Nudelsuppe mit nach Hause zu nehmen. Ab 5 $.

Kaffeepause – **Kō Bakery & Coffee** 4: 1611 Haleukana St., #3, www.kobakery.com, Mo–Fr 6–14, Sa 8–12 Uhr. Die kleine Bäckerei verführt mit Tortenträumen, die Namen wie Passion & Pineapple, Haupia Lime oder Mango Tango tragen. Köstlich sind auch die Biscotti und Kaffeespezialitäten von Hula Baby, einem lokalen Label. Kaffee ab 3 $, Gebäck ab 3,50 $.

Einkaufen

Größte Mall der Insel – **Kukui Grove Shopping Center** 1: 3-2600 Kaumuali'i Hwy., Tel. 808 245 7784, www.kukuigrovecenter.com, tgl. 10–18 Uhr. Über 50 Läden, Restaurants, Galerien und zwei Kinos.

Erzeugermarkt – **Kaua'i Community Market** 2: 3–1901 Kaumuali'i Hwy., www.kauaicommunitymarket.org, Sa 9.30–13 Uhr. Frische Produkte aus dem Umland und lokales Kunsthandwerk, Food Trucks, Live-Entertainment.

Souvenirs – **Hilo Hattie** 3: 3-3252 Kūhiō Hwy., Tel. 808 245 3404, www.hilohattie.com, tgl. 9–19 Uhr. Kleidung, Schmuck, Geschenke und Lebensmittel made in Hawai'i – von allem etwas viel, aber man muss den Laden gesehen haben. Und vielleicht findet sich doch ein kleines Mitbringsel …

Aktiv

Tubing und Zipline-Touren – **Kaua'i Backcountry Adventures** 1: 3-4131 Kūhiō Hwy., Tel. 808 245 2506, www.kauaibackcountry.com. Tubing 116 $, Zipline-Tour 125 $.

Kayaking, SUP, Mountainbiking – **Outfitters Kaua'i** 2: 230 Kipu Rd. (Ziplines) und 2494 Niumalu Rd. (Kayak), Tel. 808 742 9667, www.outfitterskauai.com.

Offroad-Touren – **Kipu Ranch Adventures** 3: 235 Kipu Rd., Tel. 808 246 9288, www.kiputours.com. Ab 104 $.

Golf – **The Ocean Course at Hōkūala 4:** 3351 Ho'olaule'e Way, Tel. 808 241 6000, www.hokualakauai.com/golf. Von allen Golfplätzen auf den Hawai'i-Inseln verfügt dieser über den längsten Abschnitt direkt an der Küste.

Hundesitten – **Kaua'i Humane Society 5:** 3-825 Kaumuali'i Hwy., Tel. 808 632 0610, www.kauaihumane.org, Bürozeiten Mo, Di, Do, Fr 10–18, Sa, So 10–16 Uhr. Sie gehen eigentlich am liebsten mit Ihrem Hund spazieren und vermissen ihn im Urlaub? Im Rahmen des »Field Trip Program« können Sie einen Vierbeiner aus dem Tierheim ausführen und mit Ihrem neuen Freund einen Ausflug unternehmen.

Engagement für die Umwelt – **Volunteer Kaua'i:** Tel. 808 8282 0685, www.volunteerkauai.org. Bei den Programmen der gemeinnützigen Organisation geht es um nachhaltige Landwirtschaft und Umweltschutz. Sie finden auf der ganzen Insel statt, an der Ostküste u. a. im Hulē'ia National Wildlife Refuge. Auch bei den regelmäßig stattfindenden Beach Cleanups, u. a. am Lydgate Beach, sind Helfer willkommen.

Filmlocation-Touren – **Hawai'i Movie Tour:** Roberts Hawai'i, Tel. 808 539 9400, www.robertshawaii.com/kauai. Bereits im Bus werden Szenen aus bekannten Filmen gezeigt und anschließend die Orte besucht, an denen sie gedreht wurden. Stopps sind u. a. die Wailua Falls und die Hanama'ulu Bay. Ab 134 $.

Termine

Slack Key Festival: November. Zusammentreffen der besten Slack-Key-Gitarrenspieler im Kaua'i Marriott Resort (www.slackkeyfestival.com).

Festival of Lights: Dezember. Weihnachtsstimmung in Lī'hue. Das County Building und der umgebende Park verwandeln sich in ein bunt illuminiertes Winter-Wunderland (www.kauaifestivaloflights.com).

Verkehr

Flüge: Hawaiian Airlines und die großen amerikanischen Fluggesellschaften (u. a. American Airlines, Delta Airlines, United Airlines) fliegen den Lī'hue Airport (LIH, www.airports.hawaii.gov/lih) vom US-Festland an. Hawaiian Airlines unterhält Verbindungen nach Hawai'i Island, Maui und Moloka'i. Taxis und Shuttle-Services bringen Gäste vom Flughafen zu den Hotels.

Helikopter: Vom Lī'hue Airport aus starten die meisten Helikopterunternehmen ihre Rundflüge, z. B. Blue Hawaiian Helicopters (www.bluehawaiian.com), Island Helicopters (www.islandhelicopters.com), Jack Harter Helicopters (www.helicopters-kauai.com), Paradise Helicopters (www.paradisecopters.com) und Safari Helicopters (www.safarihelicopters.com).

Kreuzfahrtschiffe: Am Nāwiliwili Harbor legen die großen Kreuzfahrtschiffe von Norwegian Cruise Lines (NCL), Princess, Carnival und Royal Caribbean an.

TASTING KAUA'I

Die Food-Touren von Tasting Kaua'i unterscheiden sich bezüglich der Themen und Regionen und können in der Gruppe oder auf eigene Faust unternommen werden. Allen gemeinsam ist aber, dass die Partner – Chefs, Restaurants, Cafés und Spezialitätenläden – mit großer Sorgfalt persönlich ausgewählt werden. Die Produkte sind zumeist lokal und organisch. Bei der Lī'hue Farm Tour werden u. a. der Kaua'i Community Market, eine Farm, zwei Farm-to-Table-Restaurants und eine Brauerei besucht. Das Angebot von Tasting Kaua'i umfasst auch Kochkurse. Ein tolles Extra: Auf der Website findet man unter den Links »About« und »Kaua'i Farmers Markets« eine Liste der Bauernmärkte in allen Regionen der Insel (Tel. 808 278 2912, www.tastingkauai.com, Lī'hue Farm Tour Erw. 109 $).

Mietwagen: Viele internationale Mietwagenfirmen unterhalten am Flughafen Niederlassungen. Auch die großen Hotels vermitteln Leihwagen inklusive Shuttle zum Anbieter.

Umgebung von Lī'hue

Kilohana Estate ▶ 2, F 3

3–2087 Kaumuali'i Hwy., Tel. 808 245 7245, www.kilohanakauai.com, Mo–Fr 9–17, Sa, So 9.30–15 Uhr, Eintritt frei, Plantation Train 19,50 $, Kinder 14 $, Lū'au Erw. 111,95 $, Kinder 13–17 Jahre 74,45 $, 3–12 Jahre 43,45 $

Das **Kilohana Estate** ist ein weiteres Anwesen der Wilcox-Familie, wird im Unterschied zur Grove Farm aber nur noch touristisch genutzt. Albert Wilcox erwarb das Land Ende des 19. Jh. und wandelte es in die Kilohana Plantation um. Als Albert starb, übernahm sein Bruder Gaylord, erweiterte die Plantage und erbaute das heutige prächtige Anwesen im Stil eines englischen Landsitzes. Bis in die 1970er-Jahre war es ein wichtiger gesellschaftlicher Treffpunkt. Im Innenhof serviert heute Gaylord's Restaurant Lunch und Dinner und richtet in einem Gartenpavillon auch hawaiianische Lū'au-Zeremonien aus. Die Mahikō Lounge, eine stilvolle Bar, residiert im ehemaligen Wohnzimmer. Es gibt eine kleine Destillerie, die Kōloa Rum Company, eine Kunstgalerie und mehrere Kunsthandwerksläden. Die Plantation Railway zuckelt auf einer 4 km langen Strecke gemächlich über das Gelände. Ein weiteres Angebot umfasst neben der Bahnfahrt auch eine 45-minütige Wanderung durch Regenwald mit Picknick im Freien.

Wailua Falls ▶ 2, F 3

Wenn man auf dem Kūhio Highway (56) beim Mile Marker 0 auf die Maalo Road (583) abbiegt, gelangt man zu den über 24 m hohen **Wailua Falls.** Sie liegen auf dem Gebiet des Wailua River State Park, sind mit dem Auto aber nur von Lī'hue aus zu erreichen. Zwei Kaskaden ergießen sich in ein von dichtem Grün gerahmtes Becken. Am Morgen stehen die Chancen gut, einen Regenbogen zu sehen – außerdem ist der Besucheransturm dann meist etwas geringer.

Strände ▶ 2, F 4

Rund um Lī'hue gibt es viele schöne Strände – manche sind nur zum Sonnen und Entspannen, andere auch zum Schwimmen und Schnorcheln geeignet. Wichtige Infos zu den Wasserbedingungen und zum Vorhandensein von Rettungsschwimmern finden Sie auf www.hawaiibeachsafety.com/kauai.

Kalapakī Beach

Nicht weit vom Zentrum entfernt grenzt der **Kalapakī Beach** an den Nāwiliwili Harbor an. Er liegt in einer geschützten Bucht, allerdings sorgen der sandige Grund und der einmündende Fluss für trübes Wasser. Dafür bieten sanft auslaufende Wellen gute Bedingungen für erste Surfübungen und Stand-up-Paddeln.

Ninini Beach

Eher etwas fürs Auge ist der **Ninini Beach** weiter östlich, den Sie über das Hōkūala Resort erreichen. Sonnenauf- und -untergänge sind hier besonders romantisch. Vom Strand aus führt ein kurzer Fußweg zum Ninini Point mit dem **Ninini Point Lighthouse.** Der 26 m hohe Leuchtturm überblickt die Nāwiliwili Bay. Er wurde 1906 erbaut und 1953 auf Automatikbetrieb umgestellt. Es führt zwar auch eine Straße dorthin, sie darf aber mit Mietwagen nicht befahren werden.

Hanama'ulu Beach Park

Der **Hanama'ulu Beach Park** liegt nördlich von Lī'hue in einer geschützten Bucht. Wegen des einmündenden Flusses ist das Wasser häufig trüb und daher zum Schwimmen weniger gut geeignet. Am schmalen, von Eisenholzbäumen beschatteten Sandstrand veranstalten die Einheimischen gern Picknicks.

Wailua Falls– Hawai'is oft paradiesisch gelegene Wasserfälle strahlen Kraft und positive Energie aus

Osten und Nordküste

Von Lī'hue bis nach Princeville nimmt Sie der Kūhiō Highway auf eine abwechslungsreiche Tour mit, die auch zu den Drehorten berühmter Hollywood-Blockbuster führt. »Blue Hawai'i«, »Jurassic Park«, »The Descendant«s, »Jäger des verlorenen Schatzes«, »Honeymoon in Vegas« und viele andere Produktionen haben die Strände, Berge, Täler und Ortschaften in Szene gesetzt.

Zwischen Lī'hue und Wailua

Nukoli'i Beach Park ▶

Der 3,2 km lange Sandstrand des **Nukoli'i Beach Park** ist der längste an Kaua'is Ostküste und umfasst das Areal zwischen dem Kaua'i Beach Resort und dem Wailua Golf Course. Er wird auch als Kaua'i Beach oder Kawailoa Beach bezeichnet. Zum Schwimmen ist das Wasser zu flach und der Grund vor allem im südlichen Abschnitt zu felsig, hinzu kommen gefährliche Strömungen und besonders in den Wintermonaten eine starke Brandung. Es gibt keine Lifeguards. Für ein Picknick bietet der Nukoli'i Beach Park aber gute Voraussetzungen, denn er ist zumeist leer und es findet sich immer ein schattiges Plätzchen.

Übernachten

Frisch renoviert – **Kaua'i Beach Resort:** 4331 Kaua'i Beach Dr., Tel. 808 245 1955, www.kauaibeachresortandspa.com. Das in eine tropische Gartenanlage eingebettete Resort hat jüngst ein Facelift bekommen. Der Lydgate Beach Park und Attraktionen wie das Wailua Valley sind nicht weit entfernt, zum Flughafen wird ein Shuttle angeboten. Trotz der guten Anbindung hat man als Gast das Gefühl von Ruhe und Abgeschiedenheit. Schöne Poollandschaft, gepflegtes Spa, mehrere Restaurants. Große Auswahl von Zimmern und Suiten unterschiedlicher Kategorien. DZ ab 199 $.

Lydgate Beach Park

▶ 2, F/G 3

An den Nukoli'i Beach Park grenzt nördlich der **Lydgate Beach Park** an. Schmal, aber schön und mit Treibholz übersät, bietet der Strand jede Menge Abwechslung für Besucher. Molen aus Lavasteinen schützen zwei Pools, in denen man ungefährdet schwimmen und schnorcheln kann. Weiter draußen ist das Wasser unruhig, hohe Wellen, Strömungen, scharfe Korallen und Felsen im Wasser können zur Gefahr werden. Das Areal verfügt über Picknicktische und einen 4 km langen Küstenpfad zum Spazierengehen oder Joggen.

Wailua

Das **Wailua Valley** ist eines der größten Ahuapu'as (Landaufteilungen) Kaua'is. Es war einst das politische und religiöse Zentrum der Insel – noch heute zeugen viele historische Stätten von seiner einstigen Bedeutung (Liste unter www.wailuaheritagetrail.org). Der Name »Wailua« bedeutet »zwei Wasser« und spielt auf die zwei Gesichter des Ahuapu'a an – da ist einmal die Küste mit schönen Stränden, spektakulären Sonnenaufgängen und jeder Menge touristischer Einrichtungen wie Resorts und Ferienwohnungen, Restaurants und Geschäften. Zum anderen gibt es das Landesinnere mit dem Wailua River und grün überwucherten Bergen – hier wird Kaua'i seinem Ruf als unberührte Naturschönheit gerecht.

Wailua liegt an der Coconut Coast. Der deutsche Einwanderer Wilhelm Lindemann pflanzte hier 1896 Hunderte von Palmen an. Sein Plan war es, mit Kokosöl und Kopra, getrocknetem Kokosmark, ein Imperium aufzubauen. Das Unterfangen scheiterte jedoch am langsamen Wachstum der Bäume. Die Palmen erfüllten immerhin einen anderen Zweck: Sie wurden zum Wahrzeichen und Namensgeber dieses Küstenabschnitts und zur beliebten Hollywood-Kulisse, z. B. im Elvis-Film »Blue Hawai'i«. Ein weiterer Schauplatz des Kinohits, der wesentlich zur klischeehaften Wahrnehmung von Hawai'i beitrug, war das **Coco Palms Resort.** Es eröffnete am 25. Januar 1953 mit 24 Zimmern, fünf Angestellten und zwei Gästen. Die Hochzeitsszene am Schluss von »Blue Hawai'i« wurde hier gedreht und weckte bei Paaren in der ganzen Welt den Wunsch, im Coco Palms den Bund fürs Leben zu schließen. 1992 zerstörte Hurrikan »'Iniki« die Anlage und 2014 fingen die Überreste auch noch Feuer – seither wird ein Investor für den Wiederaufbau gesucht. Potenzielle Interessenten müssen sich aber mit Besitzansprüchen auseinandersetzen, die eine Gruppe von Native Hawaiians auf das Land erhebt.

Kukui Heiau und Hikinaakalā Heiau ▶ 2, F/G 3

Am südlichen Ufer des Wailua River, ganz in der Nähe der Mündung, liegt **Hauola.** Der Ort wird mit traditionellen Heilverfahren in Verbindung gebracht. Am Alakukui Point genau gegenüber von Hauola diente der **Kukui Heiau** als Navigationshilfe. Mündlichen Überlieferungen nach wies er polynesischen Kanufahrern den Weg nach Kaua'i. Der angrenzende, vor rund 1200 Jahren erbaute **Hikinaakalā Heiau** war ein Ort der Sonnenanbetung – der Name bedeutet »Morgendämmerung«. Genau hier, an diesem Punkt, sollen die ersten Lichtstrahlen des beginnenden Tages auf die Ostküste der Insel treffen. Die Stätte ist auf den Polarstern hin ausgerichtet und in der Nähe lassen sich Petroglyphen finden.

Wailua Beach Park und Wailua Marina ▶ 2, F/G 3

Bei der Mündung des Wailua River ins Meer beginnt der **Wailua Beach Park.** Hierher kommen vor allem geübte Surfer und Kiteboarder. Nur am Nordende der Wailua Bay gibt es einen geschützten Strandabschnitt, der sich zum Schwimmen eignet, den **Lae Nani Beach.**

Von der **Wailua Marina** am Fluss starten Bootstouren auf dem Wailua River und zur Fern Grotto, auch Kajaks werden hier verliehen. Man kann auf eigene Faust paddeln oder an geführten Touren teilnehmen.

Smith Family Garden ▶ 2, F 3

3-5971 Kuhio Hwy., Tel. 808 821 6895, www.smithskauai.com, Garten tgl. 8.30–16 Uhr, Erw. 6 $, Kinder 3–12 Jahre 3 $, Lū'au Febr.–Okt. Mo, Mi, Do, Fr, Juni–Aug. Mo–Fr 17 Uhr, Nov.–Febr. Mo, Mi, Fr 16.45 Uhr, Erw. 98 $, Kinder 7–13 Jahre 30 $, 3–6 Jahre 19 $, Wailua River Cruise tgl. 9.30, 11, 14, 15.30 Uhr, Erw. 25 $, Kinder 12,50 $

Nicht weit von der Wailua Marina entfernt liegt der Eingang zum **Smith Family Garden,** einer grünen Oase rund um eine Lagune und mehrere kleine Teiche. Seit über 50 Jahren empfängt die Familie Smith hier Gäste. Besucher können durch den Garten spazieren, in dem über 20 verschiedene tropische Früchte gedeihen, u. a. Brot-, Stern- und Jackfrucht. Es gibt einen Bambuswald und einen japanischen Garten, der gern für Hochzeiten gebucht wird. In dieser ein wenig kitschigen, aber dennoch schönen Kulisse findet auch das Lū'au statt, das auf Kaua'i einen hervorragenden Ruf genießt. Die Zeremonie umfasst Hula und hawaiianische Spezialitäten wie Kālua Pork. Die Wailua River Cruise to the Fern Grotto war die erste von der Smith-Familie angebotene Tour. Dabei begleiten Legenden und Lieder eine Bootsfahrt auf dem Wailua River, an die sich ein kurzer Spaziergang durch Regenwald zur **Fern Grotto** anschließt, einer von Farnen überwucherten Grotte.

Holoholokū Heiau ▶ 2, F 3

Hinter der Brücke über den Fluss zweigt nach links die Kuamo'o Road (580) ab, die das Wailua Valley erschließt. Zahlreiche Sehenswürdigkeiten säumen die Straße – nur wenige Meter vom Meer entfernt liegt rechts der **Holoholokū Heiau,** ein Tempel, in dem Kriegsgefangene geopfert wurden (Luakini). Die benachbarten **Geburtssteine** (Pohaku Ho'ohanau) waren der Königsfamilie vorbehalten und zählen zu den heiligsten Orten Hawai'is. Zuletzt kam hier Kaua'is König Kaumuali'i zur Welt. Die Kaua'i Historical Society und das Bishop Museum haben die Stätte 1933 restauriert.

Opaeka'a Falls ▶ 2, F 3

Nach etwa 3,5 km erreicht man einen Parkplatz mit schönem Blick auf die **Opaeka'a Falls,** einen 46 m hohen, dreigeteilten Wasserfall. 'Opaekala'ole ist der Name einer Süßwassergarnelenart, die in den Gebirgsflüssen der Insel einst in großen Mengen vorkam. Opaeka'a bedeutet »herumwirbelnde Garnelen« – wahrscheinlich stürzten die kleinen Tierchen früher scharenweise mit dem Wasser über die Felsen hinab.

Kamokila Hawaiian Village ▶ 2, F 3

580 Kuamo'o Rd., www.villagekauai.com, tgl. 9–17 Uhr, Eintritt Erw. 5 $, Kinder 3–12 Jahre 3 $, Kanumiete Erw. 35 $, Kinder 30 $ pro Tag, geführte Touren Fern Grotto und Swimming Holes Erw. 20 $, Kinder 15 $, Secret Falls Erw. 30 $, Kinder 20 $

Auf der gegenüberliegenden Straßenseite führt ein Weg zum **Kamokila Hawaiian Village** hinab, dem Nachbau eines traditionellen hawaiianischen Dorfes. Hier können Sie Kanus ausleihen und auf eigene Faust den Wailua River erkunden oder an geführten Touren zur Fern Grotto und zu den Swimming Holes teilnehmen. Eine Tour im Auslegerboot führt in Kombination mit einer 45-minütigen Wanderung zu den Secret Falls.

Aktiv

Wandern – Von den Opaeka'a Falls ist es nicht weit zum Startpunkt des **Kuamo'o Nounou Trail.** Er führt auf den Nounou Mountain, der auch **Sleeping Giant** genannt wird. Der Legende nach wurde der Riese Puni von den Menehune ausgesandt, um Feuerholz zu holen – von der anstrengenden Arbeit wurde er so müde, dass er einschlief und bis heute nicht wieder aufgewacht ist. Vom Gipfel aus bietet sich ein wunderschöner Rundumblick auf die Küste und das Inland mit dem Wai'ale'ale. Ein zweiter Weg auf den Sleeping Giant beginnt in Wailua am Ende der Haleilio Road, den Start eines dritten Trails erreichen Sie von der Kuamo'o Road (580) aus über die Kamalu und Lokelani Road.

Kaua'is Hindu Monastery ▶ 2, F 3

107 Kaholalele Rd., www.himalayanacademy.com, Eingangsbereich tgl. 9–12 Uhr, geführte Touren durch das gesamte Kloster einmal wöchentlich 9 Uhr, Termine und Anmeldung unter Tel. 888 735 1619; beim Besuch des Tempels wird um angemessene Kleidung gebeten – Sarongs werden am Eingang verliehen

Wenn Sie von der Kuamo'o Road (580) nach knapp 7 km in die Kaholalele Road abbiegen und dort an der Temple Lane parken, werden Sie eine überraschende Entdeckung machen: **Kaua'is Hindu Monastery.** Interessierte Besucher sind in der schönen Anlage willkommen, deren Eingang ein kleiner, offener Pavillon darstellt. Allerdings ist nur der Eingangsbereich des 1974 gegründeten Klosters mit einem beeindruckenden alten Banyanbaum öffentlich zugänglich. Einmal wöchentlich finden geführte Touren statt, bei denen man den spirituellen Ort mit seinen botanischen Gärten, Wasserwegen und Teichen näher kennenlernt. Stationen sind der Iraivan-Tempel, eine imposante Shiva-Statue aus schwarzem Granit und der Kadavul-Tempel. Unterwegs erfährt man viel über die Geschichte des Klosters und bekommt eine Einführung in den Hinduismus, seine Götterwelt und seine Rituale.

Keāhua Arboretum ▶ 2, E 3

Auf der Kuamo'o Rd. (580) weiter in Richtung Nordwesten fahrend gelangt man zum **Keāhua Arboretum,** einem von der University of Hawai'i angelegten Park mit endemischen und aus anderen Erdteilen eingeführten Pflanzen. Wegen der vielen Schatten spendenden Bäume, der weitläufigen Rasenflächen und der kühlen Bergluft wird das Arboretum von Einheimischen gern zum Picknicken, Spazierengehen und Mountainbiken genutzt. Viele kommen auch her, um sich in den Flüsschen und Naturpools zu erfrischen – die Wasserqualität ist allerdings zweifelhaft.

Aktiv

Wandern – Kurz vor dem Arboretum beginnt rechts von der Straße der **Kuilau Ridge Trail,** ein einfach zu begehender, 3,5 km langer Teilabschnitt des Nā Ala Hele Trail. Unterwegs bieten sich schöne Blicke auf die grünen Makaleha-Berge und den fernen Ozean.

Übernachten

Condominium-Resort am Strand – **Kapa'a Sands:** 380 Papaloa Rd., www.kapaasands.com. 24 Ferienwohnungen direkt am Lae Nani Beach mit (teils eingeschränktem) Meerblick. Voll ausgestattete Küchen; das Kinipopo Village (www.kinipopovillage.com) mit Restaurants und Einkaufsmöglichkeiten kann man zu Fuß erreichen. Ab 200 $.

Direkt am Strand – **Courtyard Kaua'i at Coconut Beach:** 650 Aleka Loop, Tel. 808 822 3455, www.marriott.com. Das Hotel wurde erst kürzlich renoviert und zu einer sehr schönen Anlage umgestaltet. Geräumige Zimmer mit Balkon und Blick aufs Meer oder den Garten. Massagen und andere Wellnessanwendungen im Pua Day Spa, Außenpool, Fitnesscenter. Frühstücks- und Dinner-Restaurant; in der Makai Lounge werden tropische Drinks und Pūpūs serviert. Donnerstags und sonntags findet ein Lū'au statt. Ab 169 $.

Sehr entspannt – **Kaua'i Shores Hotel:** 420 Papaloa Rd., Tel. 808 822 4951, www.

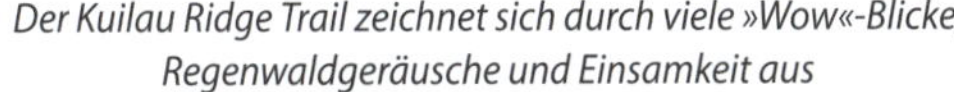

Der Kuilau Ridge Trail zeichnet sich durch viele »Wow«-Blicke, Regenwaldgeräusche und Einsamkeit aus

SIGHTSEEING AUF DEM WASSER – WAILUA RIVER TUBING

Tour-Infos

Start: Geschäftsstelle von Kaua'i Backcountry Adventures

Dauer: ca. 3 Std., Check-in 30 Min. vor Beginn der Tour

Infos und Buchung: Kaua'i Backcountry Adventures, 3-4131 Kūhiō Hwy., Tel. 808 245 2506, www.kauaibackcountry.com,

Zeiten: tgl. 8, 9, 10, 12, 13 und 14 Uhr

Kosten: 116 $ pro Pers.

Wichtig: An der Tour können Kinder ab 5 Jahren teilnehmen. Empfohlene Ausrüstung: feste wasserfeste Schuhe (keine Flipflops), Badekleidung, Handtuch und Wechselkleidung, Hut, Sonnencreme, Mückenspray, Trockensack. Wasserfeste Schuhe und Wetsuits können beim Veranstalter auch gegen Gebühr ausgeliehen werden.

Der Wailua River ist mit rund 32 km der längste Fluss auf Kaua'i. Er entspringt in der Inselmitte, auf dem über 1500 m hohen Mount Wai'ale'ale, und schlängelt sich durch Regenwald, an Wasserfällen und heiligen Stätten vorbei Richtung Meer. Kaua'i ist die einzige hawaiianische Insel, die über navigierbare Flüsse verfügt. Der Wailua River kann mit Kajaks und größeren Booten befahren werden. Kaua'i Backcountry Adventures hat exklusiven Zugang zum historischen Bewässerungssystem der ehemaligen Lī'hue Plantation, das abgelegene Zuckerplantagen mit Wasser versorgte. Im Jahr 2000 wurde die Zuckerproduktion eingestellt, und seit 2003 nutzt der Tour Operator das Wasserwegenetz für seine Mountain-Tubing-Adventure-Touren. Von der Geschäftsstelle nahe dem Lī'hue Airport bringen Ihre Guides Sie zum Ausgangspunkt der Tour, ins grüne Inselinnere. Schon auf der Fahrt werden Sie mit Informationen und Geschichten über Kaua'i und speziell den Wailua River versorgt. Am Startpunkt bekommen Sie einen Tube (Schlauchreifen), einen Helm und eine Stirnlampe. Anschließend treiben Sie in gemächlichem Tempo auf dem Wasser durch eine der schönsten und abgelegensten Gegenden der Insel. Sie gleiten durch offene Kanäle, über Rutschen und durch Tunnel, die in den 1870er-Jahren von Hand gegraben wurden. Auf den Rutschen zieht das Tempo kurzfristig an und Sie werden nass, aber an einem schönen, sonnigen Tag kommt die Abkühlung gerade recht. Am Ende des Ausflugs nehmen Sie in verwunschener Kulisse ein Picknick ein und können sich in einem Naturpool erfrischen. Von hier aus werden Sie zurück zum Startpunkt gebracht.

kauaishoreshotel.com. Das zweistöckige, farbenfrohe Hotel mit zwei Pools ist ein echter Hingucker. Die frisch renovierten Zimmer und Suiten sind im Inseldekor eingerichtet und verfügen über private Lanais. Einige Wohneinheiten sind zudem mit Kitchenette ausgestattet. Der Strand liegt nur ein paar Schritte entfernt. Ab 130 $.

Essen & Trinken

Regional – **Hukilau Lanai:** 520 Aleka Loop (Coconut Marketplace), Tel. 808 822 0600, www.hukilaukauai.com, Di–So 17–21 Uhr. Restaurant im Plantagenstil mit schöner Terrasse und einfallsreich variierter hawaiianischer Küche. Bei der Zubereitung der Speisen wird auf Zutaten aus der Umgebung gesetzt, Fisch und Sea-Food stammen aus nachhaltigem Fang. Auf der Karte stehen auch köstliche Desserts. Häufig Livemusik, u. a. Slack-Key-Guitar-Abende. Hauptgerichte ab 25 $.

Japanisch – **Kintaro:** 4-370 Kūhiō Hwy., Tel. 808 822 3341, Mo–Sa 17.30–21.30 Uhr. Dining Room und Sushi-Bar. Bereits seit über 30 Jahren werden hier kreative Sushi Rolls serviert und Gerichte auf dem Teppanyaki-Grill zubereitet. Unbedingt reservieren. Hauptgerichte ab 22 $.

Sea-Food und Currys – **Lemongrass Grill & Bar:** 4-871 Kūhiō Hwy., Tel. 808 822 2288, www.lemongrasskauai.com, tgl. 16–21 Uhr. Kreative Pacific-Rim-Küche mit Schwerpunkt auf Fisch und Meeresfrüchten. Sehr zu empfehlen sind das Seafood Stew und die Seafood Curries mit saisonalem Gemüse. Hauptgerichte ab 20 $.

Vegan – **Eat Healthy Café:** 4-369 Kūhiō Hwy., Tel. 808 822 7990, www.eathealthykauai.com, Di–Sa 8–21, So, Mo 8–15 Uhr. Ein renoviertes Plantagen-Cottage beheimatet das Restaurant, das von tropischer Fauna umgeben ist. Große Auswahl an vegetarischen und veganen sowie glutenfreien Optionen. Besonders schön sind die Plätze im Garten, den Weinreben umranken. Bowls, Salate, Wraps ab 10 $, Dinner 22 $.

Einkaufen

Open Air Mall – **Coconut Marketplace:** 4-484 Kūhiō Hwy., Tel. 808 822 3641, www.coconutmarketplace.com, Mo–Sa 9–20, So 10–18 Uhr. Shops, Restaurants, Farmers Market und Live-Entertainment (auch Hula).

Einkaufszentrum – **Kaua'i Village Shopping Center:** 4-831 Kūhiō Hwy., Tel. 808 351 9150. Mall mit Supermarkt und großem Parkplatz.

Kapa'a ▸ 2, G 3

Im Anschluss an Wailua erreichen Sie das Städtchen **Kapa'a** – mit seinen rund 11 000 Einwohnern ist es nach Līhu'e der zweitgrößte Ort der Insel. Holzhäuschen aus der Plantagenära mit bunt gestrichenen Fassaden sorgen für ein hübsches Ortsbild, die Atmosphäre ist sehr entspannt und verlockt dazu, einfach in den Tag hineinzuleben. Cafés, nette Läden und ein kleines Kunstmuseum laden zum Bummeln ein. Immer am ersten Samstag des Monats findet der **Kapa'a Town's Art Walk** statt – Verkaufsstände mit lokalem Kunsthandwerk säumen dann die Hauptstraße, dazu gibt es Livemusik und zahlreiche Möglichkeiten, sich mit Spezialitäten von Food Trucks zu stärken. Am **Kapa'a Beach Park** kann man Surfbretter und Kajaks leihen, auch Schnorchel- und Tauchausrüstung ist erhältlich.

Übernachten

Einfach entspannen – **Hotel Coral Reef Resort:** 4–1516 Kūhiō Hwy., Tel. 808 822 4481, www.hotelcoralreefresort.com. Die dreistöckige, neu renovierte Anlage aus den 1950er-Jahren liegt direkt neben dem Bike Path, mit Blick auf den Ozean. Ganz neu sind die Suiten im dritten Stock. DZ/ÜF ab 350 $.

Essen & Trinken

Verwöhnadresse – **JO2 Restaurant:** 4-971 Kūhiō Hwy., Tel. 808 212 1627, www.jotwo.com, Mo–Fr 11.30–14, 17–21, Sa, So 17–21 Uhr. Moderne Frischeküche mit französischen und japanischen Einflüssen, zubereitet aus lokalen Zutaten. Kleine Speisen ab 14 $, Hauptspeisen ab 33 $.

Opulenter Brunch – **Kountry Style Kitchen:** 4–1485 Kūhiō Hwy., Tel. 808 822 3511, www.kountrystylekitchen.com, tgl. 6–13.30 Uhr. Umfangreiche Frühstücksauswahl mit lokalen Zutaten – Omelettes, Pancakes, Waffeln, herzhaft und süß. Die Portionen sind ausreichend für den Rest des Tages. Für den größeren Hunger gibt es Burger und eine Auswahl von Gerichten wie Kālua Pig oder Chicken Teriyaki. Ab 13 $.

Kaffee & Co. – **Javakai Kaua'i:** 4–1384 Kūhiō Hwy., Tel. 808 823 6887, www.javakai.com, 6–19 Uhr. Cooles Café im Herzen von Kapa'a. Sandwiches, Bagels, Bowls und Waffeln, dazu gibt es frisch zubereitete Smoothies und Kaffee aus eigener Röstung. Kaffee ab 3 $, Frühstück ab 10 $, Mittagessen ab 12 $.

Einkaufen

Lifestyle-Shop – **Seaweed and Sage:** 4516 Lehua St., Tel. 808 822 3178, Mo–Sa 10–18 Uhr. Süße Boutique mit Strand- und Homewear, Kosmetik und Schmuck, von Besitzerin Pooka mit viel Liebe zusammengestellt.

Labels aus Kaua'i – **NoKaFair:** 4–1613 Kūhiō Hwy., Tel. 808 246 0988, www.nokafairkauai.com, tgl. 9–17 Uhr. Renoviertes, buntes Areal mit Schmuck, Mode und Restaurants, deren »Macher« ihre Wurzeln auf Kaua'i haben.

Aktiv

Fototour – **Kaua'i Photo Tours:** 4520 Kukui St,. #102, Tel. 808 823 1263, www.hawaiianphotos.net. Ein erfahrener Guide bringt Sie in kleinen Gruppen oder ganz privat zu den fotogensten Orten an der Ost- und Nordküste der Insel. Dabei sind Sie teils mit dem Auto, teils zu Fuß unterwegs. Auch spezielle Porträt-Touren sind möglich.

Zwischen Kapa'a und Princeville

Anahola und Moloa'a Bay ▸ 2, G 1/2

Bei **Anahola** mit dem schönen **Anahola Beach Park** schwenkt der Kūhiō Highway ins Landesinnere ab. Plantagen und Rinderweiden bestimmen hier das Bild. Die Anahola Mountains westlich der Straße dienten als Kulisse in »Jäger des verlorenen Schatzes«. Filmfans älteren Semesters könnte die **Moloa'a Bay,** knapp 18 km nördlich von Kapa'a, bekannt vorkommen – hier wurden einige Episoden von »Gilligan's Island« gedreht.

MADE IN KAUA'I

Ganz gleich, wo Sie sich auf der Garteninsel befinden – ein »Gütesiegel« wird Ihnen immer wieder begegnen: Kaua'i Made (www.kauaimade.net) – handcrafted in small batches, with love and Aloha. Zahlreiche Produkte, von Kleidung und Schmuck über Kosmetikprodukte bis hin zu Lebensmitteln, werden auf Kaua'i gefertigt, wo immer möglich aus hier verfügbaren Materialien. Mailelani's (www.mailelanis.com) verkauft z. B. Handtaschen und Accessoires mit tropischen Motiven, Puka Surf Co. (www.pukasurf.com) sorgt dafür, dass der Bikini perfekt sitzt – die Modelle gibt es von der Stange und als Maßanfertigung. Handgefertigte Kerzen und Badesalze stellt Ele Kaua'i (www.elekauai.com) im Norden der Insel her. Wunderbar frisch riechende, ausschließlich aus natürlichen Ingredienzien hergestellte Deodorants sind die Spezialität von HH Body Care (www.hhbodycare.com). Hawaiian Organic Noni (www.realnoni.com) verarbeitet Nonis zu pflegenden Body Lotions und Noni Leather, einem Nahrungsergänzungsmittel. Die Frucht wurde von polynesischen Einwanderern nach Hawai'i gebracht, auf Märkten bekommt man häufig frisch gepressten Noni-Saft. Direkt von der Mahinani's Native Hawaiian Farm (www.mahinanis.com) in Anahola kann man Neem Balm beziehen, ein Hauptpflegemittel aus den Samen des Niembaums. Die Produkte von Seres (www.seresproducts.com), darunter Roll-on-Parfüms aus naturreinen ätherischen Ölen, werden in Kalahoe kreiert, produziert und abgefüllt. Eine Extraportion Geschmack Kaua'i Made gibt es bei Flavors of Kaua'i (www.flavorsofkauai.com): Die Dressings und Saucen lassen sich gut transportieren und sind ein tolles Mitbringsel für Foodie-Freunde. Seit 1986 leistet Anahola Granola (www.anaholagranola.com) mit verschiedenen Müslis und Müsli-Riegeln einen köstlichen Beitrag zum gesunden Lebensstil. Unternehmensgründerin Becky setzt auf lokale Zutaten wie getrocknete Papaya und Ananas, Ingwer, Rohrzucker und Macadamianüsse. Hochprozentig geht es bei der Kōloa Rum Company (www.koloarum.com) zu. Die Destillerie befindet sich auf dem Gelände der Kilohana Plantation und verfügt über einen Verkostungsbereich und ein Geschäft, in dem auch Rum-Marmeladen und Brotaufstriche sowie viele andere Andenken verkauft werden. Schmuck aus selbstgesammelten Muscheln, Korallen und Perlen gibt es u. a. bei Liliana Designs (www.liliana-designs.square.site), Shells Hawai'i (www.shellshawaii.com) und JJ Ohana (www.jjohana.com).

Abstecher zum Kīlauea Point ▶ 2, F 1

Wildlife Refuge: www.fws.gov/refuge/kilauea_point, Di–Sa 10–16 Uhr, ab 16 Jahren 10 $

Kurz vor dem alten Plantagenort **Kīlauea** konnte man einst ins Landesinnere zu den Kīlauea-Wasserfällen abbiegen. Das ist jetzt nicht mehr möglich, es besteht jedoch die Möglichkeit für einen anderen lohnenden Abstecher: Von Kīlauea aus führt eine Stichstraße in Richtung Norden zur Küste – folgen Sie dem Schild »Kīlauea Lighthouse«.

Am Ortsausgang fällt das historische Steingebäude von **Kong Lung Trading** (2484 Keneke St., www.konglung.com) ins Auge: 1876 eröffnete Lung Wah Chee hier für die Arbeiter der

KAPA'A BIKE PATH – RADWEG MIT WOW-EFFEKT

Tour-Infos

Start: Kapa'a
Länge: Von Kapa'a zum Palikū Beach (aka Donkey Beach) sind es knapp 5 km.
Schwierigkeitsgrad: einfach
Infos: www.kauaipath.org
Fahrradverleih: Coconut Coasters Beach Bike Rentals: 4-1586 Kūhiō Hwy., Tel. 808 822 7368, www.coconutcoasters.com, Di–Fr 9–18, Sa 9–17, So, Mo–16 Uhr; **Hele on Kaua'i Bike Rentals:** 4-1302 Kūhiō Hwy., Tel. 808 822 4628 Mo–Fr 9–17, Sa, So 10–17 Uhr**, Kaua'i Cycle:** 4-934 Kūhiō Hwy., Tel. 808 821 2115, www.kauaicycle.com, Mo–Fr 9–18, Sa 9–16 Uhr, ab 5 $ pro Std., ab 15 $ pro Tag (Abweichungen je nach Anbieter und für unterschiedliche Fahrradarten)
Wichtig: Das Fahrradfahren auf dem Path ist nach Sonnenuntergang verboten. Einige Anbieter haben Satellitenstationen, an denen die Bikes abgegeben werden können, oder liefern die Räder bei Anmietung für mehrere Tage zu Hotels in Kapa'a und im Wailua-Gebiet.

Ursprünglich hieß der **Kapa'a Bike Path** Ke Ala hele Makalae (»Pfad entlang der Küste«) – eine durchaus treffende Bezeichnung, denn Radfahrer, Spaziergänger, Skater und Jogger sind auf diesem Weg durchgängig in Kontakt mit dem Meer. Auf einer Strecke von rund 5 km führt er an der Coconut Coast entlang, mit großartigem Blick auf den Ozean. Ziel ist entweder der **Keālia Beach** oder der noch etwas weiter nördlich gelegene **Donkey Beach.** Es bestehen Pläne, den Bike Path bis zum Anahola Beach zu verlängern.
Die Strecke ist nicht anspruchsvoll und lässt sich gut bewältigen, wenn Sie jedoch eine Kamera dabeihaben, werden Sie immer wieder anhalten, um das wunderschöne Küstenpanorama festzuhalten. Rund 1,6 km nördlich vom Keālia Beach erreichen Sie die **Pineapple Dump**

Bridge. Der Betonpier wurde Anfang des 20. Jh. von einem lokalen Ananasunternehmen zur Müllentsorgung gebaut. Ein Zug der Lī'hue Plantation brachte die abgeschnittenen Kronen und Schalen der Früchte hierher, wo sie ins Meer gekippt wurden. Manchmal trieben Wind und Strömung die Reste wieder an den Strand, was spätestens dann zu stören begann, als der Tourismus sich entwickelte. Der Pier kann zwar nicht betreten werden, es gibt aber mehrere Aussichtspunkte, von denen man die Konstruktion sieht.
Nehmen Sie einen Rucksack mit Handtuch, Proviant für ein Picknick und vor allem Trinkflüssigkeit mit und machen Sie an einem der Strände eine ausgiebige Pause. Der Keālia und der Donkey Beach (auch Kumukumu, Kuna oder Palikū Beach) sind vor allem bei Surfern beliebt. Am Nordende des Keālia Beach kann man bei ruhigem Wasser schwimmen. Ein Lifeguard ist anwesend, außerdem gibt es hier sanitäre Anlagen.
Es lohnt sich, früh aufzustehen und den Ausflug bei Sonnenaufgang zu starten – dazu müssen Sie das Bike allerdings für zwei Tage mieten. Wenn Sie sich an den Ausblicken vom Bike Path nicht satt sehen können, setzen Sie Ihre Tour einfach in südliche Richtung zum Lydgate Beach Park fort. Wenn Sie nach der Rückkehr Ihr Fahrrad in Kapa'a abgegeben haben, können Sie sich in einem der vielen Restaurants und Cafés stärken.

Kīlauea Sugar Company einen Gemischtwarenladen. Dass ein Chinese einen General Store führte, war eher ungewöhnlich – die meisten Läden wurden von Japanern betrieben. Kong Lung Trading ist heute ein kleines Imperium, in dem hochwertige Möbel, Schmuck, Souvenirs und viele andere Produkte verkauft werden. Donnerstags findet hier zwischen 16.30 und 18 Uhr ein Farmers Market statt.

Nach rund 3 km erreichen Sie **Kīlauea Point.** Hier gibt es einen Parkplatz und einen Aussichtspunkt, von dem Sie einen wunderbaren Blick auf das **Kīlauea Point Lighthouse** haben. Der Leuchtturm ist ein Wahrzeichen Kaua'is und eine von zwei Heritage Sites der Garteninsel. Er wurde 1913 erbaut und mit modernster Technik ausgestattet: Die größte Spiegellinse der Welt warf seinen Lichtschein über 35 km weit aufs Meer hinaus. Nach der Stilllegung des Leuchtturms wurde das Gelände zum Schutzgebiet für Seevögel erklärt. Über dem **Kīlauea Point National Wildlife Refuge** kreisen Fregattvögel und Laysan-Albatrosse am Himmel, in den Klippen nisten Sturmtaucher und Tölpel. Den besten Blick auf die Vogelkolonien hat man von dem Felsvorsprung aus, auf dem der Leuchtturm steht, vom Parkplatz führt ein Pfad dorthin. Das kleine Visitor Center verleiht Ferngläser und organisiert auch Leuchtturmführungen.

Einkaufen

Lifestyle-Shop und Galerie – **Hunter Gatherer:** 4270 Kīlauea Rd., Tel. 808 828 1388, www.huntergathererhawaii.com, Mo–Sa 10–18, So 10–14 Uhr. Alles, was die Sinne erfreut und das eigene Zuhause verschönert, gibt es in dieser Galerie, die zugleich eine Goldmine für Geschenke ist – und der gelebte Traum eines Innenarchitekten, der in den unterschiedlichsten Weltgegenden schöne Dinge gejagt und gesammelt hat.

Aktiv

Yin-Yoga – **Metamorphose Yoga Studio:** 4270 Kīlauea Rd., Tel. 808 828 6292, www.metamorphoseyoga.com, Mo–So (Stundenplan online). Gruppenunterricht 25 $.

Ashtanga-Yoga – **Pineapple Yoga:** 2518 Kolo Rd. (innerhalb der Christ Memorial Episcopal Church), Tel. 808 652 9009, www.pineappleyoga.com. Gruppenunterricht 20 $.

Reiten – **Silver Falls Ranch:** 2888 Kamo'okoa Rd., Tel. 808 828 6718, www.silverfallsranch.com, Bürozeiten tgl. 7.30–17 Uhr. Die Ranch liegt südwestlich von Kīlauea, ihr Land grenzt an die Kamo'okoa Ridge an und wird vom Halaulani Stream durchflossen. Geführte Ausritte durch tropische Natur mit Picknick und Bad in einem Naturpool am Fuß eines Wasserfalls. 90 Min. 104 $, 2 Std. 124 $.

Princeville ►2, D/E 1

Zurück auf dem Highway, zweigt nach ein paar Kilometern eine Straße zum **Kalihiwai** und zum **Anini Beach** ab. Hier können Sie eine kleine Pause am Strand einlegen. Oder Sie fahren weiter zum kleinen Princeville Airport, wo Helikopterrundflüge über die Insel starten. Kurz vor dem Princeville Shopping Center führt die Ka Haku Road nach rechts zum Princeville Resort Kaua'i (s. rechts) – mit Sicherheit eine der exklusivsten Hotelanlagen der Insel. Auf der Straßenseite gegenüber der Mall eröffnet ein Lookout schöne Ausblicke auf das **Hanalei Valley.** Auf den Feldern des fruchtbaren Tals wird etwa die Hälfte des in Hawai'i konsumierten Kalo produziert. Ein Teil des Tals ist ein Vogelschutzgebiet.

Princeville hat sich erst Ende der 1960er-Jahre zu dem entwickelt, was es heute ist – eine große Ferienanlage mit Condos, Resorts, Golf Course und Tennisplätzen. Bis touristischer Unternehmergeist den Ort erfasste, war er von Landwirtschaft geprägt. Im 19. Jh. betrieb der schottische Unternehmer Robert Crichton Wyllie hier eine Kaffeeplantage, die er nach Prince Albert benannte, dem Sohn von König Kamehameha IV.

HANALEI – EINE FRAGE DER ZEIT

Jemand, der bereits auf Kaua'i war, schwärmt Ihnen von Hanalei an der Nordküste der Insel vor und empfiehlt Ihnen, Pier und Beach Park unbedingt in Ihr Besichtigungsprogramm aufzunehmen? Noch vor Kurzem wäre dieser Rat unbedingt zu befolgen gewesen, denn Kaua'is Nordküste ist traumhaft schön. Im April 2018 wurden an der North Shore jedoch nach heftigen Regenfällen ganze Ortschaften überflutet, Erdrutsche machten die Straßen unpassierbar. Die Region westlich von Hanalei war besonders schwer betroffen. Hanalei selbst blieb glücklicherweise unversehrt und sollte besucht werden – auch, um die Restaurants und Geschäfte in dieser schwierigen Phase zu unterstützen. Der westliche Teil von Hanalei ist bei Redaktionsschluss zwar wieder befahrbar, allerdings sind besondere Genehmigungen für den Hā'ena State Park nötig.

Übernachten

Exklusives Getaway – **Princeville Resort Kaua'i:** 5520 Ka Haku Rd., Tel. 808 826 9644, www.princevilleresorthawaii.com. Exklusives Resort in erhöhter Lage oberhalb der Hanalei Bay. Großzügige Zimmer und Suiten mit Terrasse oder Balkon. Pool, Day Spa, rund um die Uhr geöffneter Fitnessraum, 18-Loch-Golfplatz und Gourmetrestaurant. DZ ab 399 $.

Aktiv

Golf – **Princeville Makai Golf Club:** 4080 Lei O Papa Rd., Tel. 808 826 1912, www.makaigolf.com. Der Makai-Golfplatz nimmt in US-Rankings stets einen der vorderen Plätze ein. 6 Löcher liegen direkt am Meer. Für Gelegenheitsspieler gibt es auch einen 9-Loch-Platz.

Zipline, Reiten, Wandern – **Princeville Ranch:** 4520 Kapaka St., Tel. 808 826 7669, www.princevilleranch.com. Auf dem Gelände der Ranch gibt es 9 Ziplines und eine Hängebrücke. Geführte Ausritte führen über Weideland und zu einem Wasserfall, mit Gelegenheit zum Baden. Bei vierstündigen Wanderungen genießen Sie den Ausblick vom Pu'u O' Henui auf die Nordküste. Zipline ab 139 $, Ausritte ab 129 $, Kalihiwai Falls Hike 129 $.

Hanalei ►2, D/E 1

Der Kuhio Highway führt nun in einer Zickzackkurve zum Hanalei River hinunter, den Sie auf einer Holzbrücke überqueren. Der Kontrast zum modernen, auf dem Reißbrett geplanten Princeville könnte größer nicht sein: **Hanalei** ist ein noch sehr ursprüngliches, sympathisches kleines Dorf mit nicht einmal 500 Einwohnern und verstreut liegenden bunten Holzhäuschen.

Wai'oli Mission House und Wai'oli Hui'ia Church

Touren Di, Do und Sa 9–15 Uhr nach Anmeldung unter Tel. 808 245 3202, Eintritt frei

Nahe dem Wai'oli Stream gibt das **Wai'oli Mission House** einen Einblick in das Leben auf der Insel vor rund 160 Jahren. Reverend William Alexander erbaute es 1836; 1846 zog das Missionarsehepaar Abner und Lucy Wilcox ein, das hier bis 1869 lebte. 1921 wurde das Mission House renoviert und ins National Register of Historic Places aufgenommen – die alten Koa-Holzmöbel und der Kamin aus Lavastein sind gut erhalten und die Wanduhr von 1866 zeigt noch immer einwandfrei die Zeit an. In der benachbarten **Wai'oli Hui'ia Church** erklingen sonntags hawaiianische Lieder. Die hübsche alte Missionskirche mit ihrer grün gestrichenen Holzfassade wird gern für Hochzeiten genutzt. Die Wilcox-Söhne Sam, George und Albert errichteten sie 1912. Die Glocke im Turm stammt noch aus dem Vorgängerbau von 1842.

Übernachten

Strand- und Bergkulisse – **Hanalei Colony Resort:** 5-7130 Kuhio Hwy, Tel. 808 826 6235, www.hcr.com. Strandresort mit Pool und Restaurant. Die Zimmer verfügen sämtlich über Balkon oder Terrasse und haben große Fenster mit Blick auf den Ozean. Bei Redaktionsschluss war das Resort noch nicht wiedereröffnet.

No frills – **Hanalei Inn:** 5-5468 Kūhiō Hwy., Tel. 808 826 9333, www.hanaleiinn.net. In Hanalei Town, nur einen Block von der Hanalei Bay entfernt. Die vier Apartments sind einfach, aber voll ausgestattet mit Kitchenette, kleiner Terrasse und Gratis-WLAN. DZ ab 159 $.

Essen & Trinken

Fisch und vegetarische Küche – **Postcards Café:** 5-5075 Kūhiō Hwy., Tel. 808 826 1191, www.postcardscafe.com, tgl. 17.30–21 Uhr. Erzeugnisse aus der Region, auch vegane Optionen. Vorspeisen ab 10 $, Hauptspeisen ab 24 $, Nachspeisen (unbedingt!) ab 8 $.

Frisch, lokal, organisch – **The Hanalei Gourmet:** 5-5161 Kūhiō Hwy., Tel. 808 826 2524, www.hanaleigourmet.com, tgl. 8–22.30 Uhr. Gesunde Pacific-Rim-Küche. Pasta ab 17 $, Fleisch- und Fischgerichte ab 22 $.

Einkaufen

Kunst, Kosmetik und mehr – **Ching Young Village Shopping Center:** 5-5190 Kūhiō Hwy., Tel. 808 826 7222, www.chingyoungvillage.com. Beliebtes Shoppingcenter mit Boutiquen, Galerien, mehreren Restaurants und einem Supermarkt.

Souvenirs – **Hula Beach Boutique:** 5-5161 Kūhiō Hwy., Tel. 808 826 4741, tgl. 10–18 Uhr. Kleidung für Frauen, Männer und Kinder.

Hā'ena State Park

▶ 2, C/D 1

Kūhiō Hwy., www.dlnr.hawaii.gov/dsp/parks/kauai/haena-state-park, tgl. Sonnenauf- bis -untergang, 1 $ pro Pers bzw. 5 $ pro Pkw. Die Anfahrt zum State Park ist mit dem eigenen Auto oder mit dem Kaua'i North Shore Shuttle möglich, für beide Varianten sind Reservierungen erforderlich, die man online unter www.gohaena.com und https://kauainsshuttle.com bis zu 30 Tage im Voraus tätigen kann. Auch für Tageswanderungen auf dem Kalalau Trail ist eine Park Entry Reservation nötig, wer campen möchte, braucht ein gesondertes Permit und eine Reservierung für den Shuttle – es ist nicht mehr erlaubt, das Auto über Nacht stehen zu lassen, bei Verstößen drohen Geldbußen. Aktuelle Infos zum Prozedere findet man auf der Website des Parks.

Zu den landschaftlichen Höhepunkten Kaua'is zählt der **Hā'ena State Park,** wo die Rekordregenfälle im April 2018 ebenfalls schwere Verwüstungen angerichtet haben. Der Park ist für seine spektakulären Ausblicke auf die Nāpali Coast bekannt und für wunderschöne Sandstrände wie den Ke'e Beach. Wanderer können den berühmten Kalalau Trail in Angriff nehmen. Der Park war bis Mitte 2019 aufgrund der Flut geschlossen, doch nun sind seine Naturschönheiten, wenn auch eingeschränkt, wieder zugänglich. Ein Besuch muss jedoch rechtzeitig geplant werden, denn wer keine für den entsprechenden Tag gültige Reservierung hat, wird aufgefordert, umzukehren – ausnahmslos. Durch die Reservierungspflicht soll die zuletzt stark angewachsene Besucherzahl auf maximal 900 pro Tag begrenzt und so die Natur geschützt und die Anwohner entlastet werden.

Im Hā'ena State Park prägt mit tropischem Regenwald bewachsenes und von zahllosen Bächen durchströmtes Bergland das Bild, die Küste ist pures Südsee-Idyll, ein Traumstrand reicht sich an den nächsten. Die erste Perle in der Kette von landschaftlichen Highlights entlang Kaua'is Nordküste ist der **Hā'ena Beach,** der Hauptstrand des Parks. Das Schwimmen ist hier vor allem im Winter gefährlich, umso schöner ist die Szenerie für ausgedehnte Spaziergänge. Dabei kommt man an schwarzen Lavabrocken vorbei, die vom kristallklaren Wasser umspült in der Sonne glänzen und herrlich mit dem gelben Sand und dem Grün des Mount Makana im Hintergrund kontrastieren. Direkt gegenüber dem Strand befindet sich die **Maniniholo Dry Cave,** der Überrest eines Lavatunnels, den man mit einer Taschenlampe ausgestattet erkunden kann.

Wenn man auf dem Kūhio Highway weiter Richtung Westen fährt, kommt man am **Limahuli Garden** vorbei. Er war von den Überschwemmungen im April 2018 ebenfalls stark betroffen und musste vorübergehend geschlossen werden, seit dem Sommer

Größter Trumpf des Ke'e Beach ist der Ausblick auf die schroffen Klippen der Napāli Coast

2019 sind die Tore zu diesem schönen Ort aber wieder geöffnet. Neben seltenen einheimischen und polynesischen Pflanzen können hier auch alte Terrassenfelder bewundert werden, die in der hawaiianischen Landwirtschaft traditionell für den Anbau von Kalo angelegt wurden. Der Garten wird von National Tropical Botanic Garden verwaltet – weil die Wiederaufbauarbeiten noch andauern, hat die Organisation die Besucherzahlen limitiert. Auch für Touren auf eigene Faust ist nun eine vorherige Anmeldung erforderlich. Eine Ausnahme wird für Besucher gemacht, die den neuen Kaua'i North Shore Shuttle-Service nutzen und nicht mit dem Auto anreisen – das entsprechende Ticket muss am Eingang vorgewiesen werden (Di–Sa 9.30–16 Uhr, Reservierungen für Touren auf eigene Faust unter www.ntbg.org, 20 $ ab 18 Jahren, geführte Touren Di–Sa 10 Uhr, 40 $, Kinder 10–17 Jahre 20 $, Reservierung unter Tel. 808 826 1053 oder limahuli@ntbg.org, Reservierungen für den North Shore Shuttle unter https://kauainsshuttle.com).

Noch etwas weiter westlich folgen zwei Höhlen, auf deren Grund stets Wasser steht: die **Waikanaloa** und die **Waikapala'e Wet Cave.** Sie wurden von Seewasser ausgewaschen, als der Meeresspiegel noch höher lag. Der Überlieferung nach soll die Göttin Pele hier ihren Wohnsitz gehabt haben, bevor sie nach Hawai'i Island übersiedelte. Die Waikapala'e-Höhle wird auch Blue Room genannt, weil das Wasser das Sonnenlicht bei einem bestimmten Einfallswinkel blau reflektiert.

Die Straße endet am **Ke'e Beach,** der von einem Riff geschützt wird und im Sommer viele Schwimmer und Schnorchler anzieht. Der Blick auf die Nāpali Coast ist wunderschön. In der Nähe stehen die Reste von zwei Heiaus. Es lohnt sich, bis zum Sonnenuntergang zu bleiben, anschließend muss man sich allerdings schnell zurück zum Parkplatz bzw. Shuttle Pick Up begeben, da der Park dann geschlossen wird.

Für Aktive beginnt am Ke'e Beach erst das wahre Abenteuer: der insgesamt 18 km lange **Kalalau Trail.** Er ist die einzige Möglichkeit, den Nāpali Coast State Wilderness Park auf dem Landweg zu erreichen. Der Trail führt am **Hanakāpī'ai Beach** und am **Hanakoa Beach** vorbei zum **Kalalau Beach.** Der Teilabschnitt vom Hā'ena State Park zum Hanakāpī'ai Beach ist etwa 6,5 km und kann an einem Tag bewältigt werden. Wer den gesamten Trail wandern möchte, muss zwei Tage und eine Übernachtung im Kalalau Valley einplanen – dazu ist eine Camping-Erlaubnis für den Nāpali Coast State Wilderness Park nötig. Als ungeübter Wanderer sollte man sich auf die Tagestour beschränken, die aber ebenfalls Fitness und an manchen Stellen Schwindelfreiheit erfordert. Lohn der Mühe sind atemberaubende Ausblicke auf zerklüftete Meeresklippen, grün überwucherte Täler und (fast) menschenleere Strände. Um einen ersten Eindruck zu bekommen, genügt es, vom Ke'e Beach aus die erste Anhöhe zu erklimmen.

Der Süden

Im Süden Kaua'is stehen Beachlife und Entspannen im Vordergrund. Die Strände um Po'ipū gehören zu den schönsten und sichersten der Insel. Die netten Plantagenorte Kōloa und Hanapēpē laden zum Bummeln und Shoppen ein, weitere Attraktionen sind ein Salzwassergeysir und ein wunderschöner botanischer Garten.

Um von Lī'hue aus an die Südküste zu gelangen, fährt man zunächst auf dem Kaumuali'i Highway (50) parallel zur Hā'upu Ridge in Richtung Südwesten. Nach gut einer Viertelstunde zweigt die Maluhia Road (520) nach links ab. Hier wartet schon nach wenigen Metern ein ungewöhnliches Fotomotiv: der **Tree Tunnel.** Auf einer Strecke von rund 1,6 km bilden Eukalypten mit ihren Kronen ein grünes Dach über der zweispurigen Straße. Der Ananasbaron Walter McBryde pflanzte die Bäume als Geschenk an die Gemeinden Kōloa und Po'ipū hier an. Über 100 Jahre sind sie schon alt und schon mehrfach wurden sie durch Wirbelstürme sämtlicher Blätter beraubt. Sie erholen sich aber schnell und sehen nach kurzer Zeit wieder wunderbar grün und frisch aus. Durch ein Gebiet mit Zuckerrohrfeldern läuft die Maluhia Road dann direkt auf das alte Plantagendorf Kōloa zu. Parken Sie am Ortsanfang auf dem großen Besucherparkplatz und starten Sie von hier Ihre Erkundung zu Fuß.

Old Kōloa Town ▶ 2, E 5

Der verträumte Ort **Kōloa** war einst das wirtschaftliche Zentrum der Südküste. Sein Aufstieg begann 1835 – damals errichteten Einwanderer aus Neuengland hier die erste Zuckermühle der Insel. Die verfallenen Reste ihrer Schornsteine sind auf einem kleinen Platz neben der Hauptstraße noch immer zu sehen. Eine Bronzestatue erinnert an die Plantagenarbeiter, die aus aller Herren Länder nach Kaua'i kamen. Viele der kleinen Holzhäuschen aus der Plantagenzeit wurden liebevoll restauriert und beherbergen heute Restaurants, Cafés und Läden. Der vor den Hausfronten verlaufende Fußweg ist durch

vorkragende Dächer auf hölzernen Pfeilern vor Sonne und Regen geschützt – das verleiht der Altstadt einen Hauch von Wildwest-Atmosphäre. An den Fassaden mancher Bauten informieren Plaketten über ihre Vergangenheit.

Noch mehr über den Ort und seine Bewohner erfahren Sie im **Kōloa History Center** (Kōloa Rd., Tel. 808 245 4649, tgl. 9–21 Uhr). Hier bekommt man auch Informationsmaterial für Erkundungen auf eigene Faust auf dem **Heritage Trail.** Der 16 km lange Weg umfasst 14 Stationen in Kōloa und Po'ipū, darunter das **Sugar Monument** am ehemaligen Standort, der Zuckermühle, die **Missionary Church** von 1835, Hawaiis erste Freikirche, und den 1910 erbauten buddhistischen Tempel der **Jodo Mission.**

Essen & Trinken

Burger und Sandwiches – **Garden Island Grille:** 5404 Kōloa Rd., Tel. 808 639 8444, www.gardenislandgrille.com, tgl. außer Mi 10.30–21 Uhr. Frisch zubereitete Sandwiches u. a. mit Kālua Pig und Mahimahi, ab 18 Uhr Livemusik auf der Aloha-Bühne. Ab 12 $.

Eis – **Kōloa Mill Ice Cream & Coffee:** 5424 Kōloa Rd., Tel. 808 742 6544, www.koloamill.com, tgl. 7–21 Uhr. Sehr leckeres Eis in großen Kugeln – auch exotische Sorten wie Lillikoi, Macadamia und Guave.

Kaffee aus eigener Röstung – **Aloha Roastery:** 5356C Kōloa Rd., Tel. 808 651 4514, www.aloharoastery.com, Mo–Sa 7–19 Uhr. Hervorragende Kaffeespezialitäten und hausgemachter Kuchen in einem sehr coolen Ambiente, schöner kleiner Innenhof.

In den Holzhäusern von Old Kōloa Town wohnten früher Plantagenarbeiter

Einkaufen

Farmers Market – **Kōloa Farmers Market:** Kōloa Knudsen Ball Park, Mo ab 12 Uhr. An etwa 20 Ständen werden Bananen, Papayas und andere tropische Früchte, Blumen und handgefertigte Leis verkauft.

Souvenirs – **Hula Moon Gifts:** 5426 Kōloa Rd., Tel. 808 742 9298, Mo–Sa 9–21, So 10–21 Uhr. Mitbringsel made in Hawai'i.

Duftende Mitbringsel – **Island Soap & Candle Works:** 5428 Kōloa Rd., Tel. 808 742 1945, www.islandsoap.com, tgl. 9–22 Uhr. Seifen, Duftkerzen, Body Lotions und Lippenpflege – alles handgemacht und mit tropischen Aromen.

Schmuck – **Jungle Girl:** 5424 Kōloa Rd., Tel. 808 823 9351, www.junglegirljewelry.com, tgl. 9–21 Uhr. Armbänder, Halsketten und Ohrringe aus Naturmaterialien wie Perlmutt und Kokosnussschale.

Aktiv

Zipline – **Koloa Zipline Tours:** 3477A Weliweli Rd., Tel. 808 742 2734, www.koloazipline.com. Dank eines speziellen Gurts kann man auch rückwärts, auf dem Kopf und in Superman-Haltung »fliegen«. 8 Seilrutschen 3,5 Std. 149 $, abendliche Sunset Tour 3,5 Std. 149 $.

Quad-Touren – **Kaua'i ATV:** 3477A Weliweli Rd., Tel. 808 742 2734, www.kauaiatv.com, ab 300 $ (für 2 Personen). Offroad-Touren über Zuckerrohrplantagen, durch Regenwald und zu einem Wasserfall, mit Gelegenheit zum Baden. 3–4 Std. ab 252 $.

Tauchen – **Fathom Five Divers:** 3450 Po'ipū Rd., Tel. 808 742 6991, www.fathomfive.com. Tauchgänge vom Kōloa Landing oder vom Boot aus (maximal 6 Pers.), auch Tauchexkursionen nach Ni'ihau, Nitrox- und Nacht-Tauchen. Verleih von Equipment. Filiale am Tunnels Beach an der North Shore.

Im Spouting Horn Park spritzen bei hohem Wellengang bis zu 15 m hohe Salzwasserfontänen aus einem Lavaschlot

Po'ipū und Umgebung

Nach diesem kleinen Ausflug in die Vergangenheit geht es nun ganz gegenwärtig weiter. Von der Kōloa Road zweigt bei der Texaco-Tankstelle die Po'ipū Road nach Süden ab. Den Kreisverkehr, an dem sich auch das Kukui'ula Village Shopping Center mit guten Einkaufsmöglichkeiten befindet, verlassen Sie an der dritten Ausfahrt und folgen der Po'ipū Road weiter. Ab jetzt reiht sich ein Resort an das andere. Am Po'ipū Beach Park können Sie parken und sich ein schönes Plätzchen am Strand suchen. Flach abfallend und durch ein vorgelagertes Riff geschützt, ist der **Po'ipū Beach** zum Schwimmen und Schnorcheln gut geeignet. Alle nötigen Einrichtungen für einen Tag am Meer sind vorhanden, plus zahlreiche Restaurants. Mit etwas Glück können Sie Schildkröten und Mönchsrobben beim Sonnen am Strand beobachten. Auch die Sonnenuntergänge sind hier besonders schön. Der östlich angrenzende **Brennecke's Beach** bietet beste Bedingungen für Bodysurfer.

Makauwahi Cave ▶ 1, H 2

www.cavereserve.org, geführte Touren Mo–Fr 10–14, Sa, So 10–16 Uhr, Eintritt frei, Spenden erbeten

Wenn Sie auf der Po'ipū Road noch etwas weiter gen Osten fahren, kommen Sie am Po'ipū Bay Golf Course vorbei, hier wird die Straße zur Dirt Road. An deren Ende biegen Sie rechts ab (links und geradeaus sehen Sie Tore) und fahren weiter, bis Sie ein grünes Tor und rechts davon eine kleine Hütte sehen. Hier biegen Sie rechts ab – falls das Tor nicht geöffnet ist, rufen Sie unter Tel. 808 631 3409 an. Sie setzen Ihren Weg dann am Rand eines Feldes entlang fort, vorbei an einem grauen Gartenschuppen. Am Ende des Feldes, kurz hinter der Markierung 18, können Sie parken. Dem Pfad zu Fuß weiter folgend, überqueren Sie eine Brücke, danach gehen Sie nach rechts bis zur Markierung 15. Hier befindet sich der Eingang zur **Makauwahi Cave,** der größten Kalksteinhöhle Hawai'is und eine der reichsten Fossilienfundstätten der Inseln. Auf dem aufgegebenen Farmland ringsum gedeihen über 100 einheimische Pflanzen.

Kōloa Landing ▶ 2, E 5

Wenn Sie den Kreisverkehr beim Kukui'ula Village Shopping Center an der zweiten Ausfahrt verlassen, gelangen Sie auf die Lawaii Road und auf dieser zur Mündung des Waikomo Stream ins Meer. Hier liegt **Kōloa Landing** – vom einstmals größten Hafen der Insel wurden im 19. Jh. Produkte wie Zucker und Süßkartoffeln verschifft, auch in der Walfangära spielte Kōloa Landing eine bedeutende Rolle. Heute gibt es nur noch ein paar Bootsrampen, der Ort ist aber ein guter Platz, um den Sonnenuntergang zu bewundern. Kōloa Landing gilt zudem als bester Tauchspot an der Südküste Kaua'is. Rund 400 m vor der Küste können Lavatunnel und Unterwasserbögen erkundet werden. Auch Schnorchler haben an den Korallen und bunten Fischen ihre Freude.

Zum Spouting Horn Park ▶ 2, D 5

Auf der Lāwai Road Richtung Westen fahrend, kommen Sie am geschützten **Baby Beach** vorbei, der gern von Familien besucht wird. Der **Lāwai Beach** bietet gute Bedingungen zum Schnorcheln und Surfen. Am **Kukui'ula Harbor Beach** kann man Auslegerkanu-Teams beim Training zusehen. Am westlichen Ende der Kukui'ula Bay liegt der **Spouting Horn Park:** Hier wird das Meerwasser bei hoher Brandung in eine Lavaröhre gedrückt und schießt als meterhohe Fontäne senkrecht in die Höhe, begleitet von lautem Fauchen. Der Legende nach geht dieses Geräusch auf eine riesige Eidechse zurück, die in dem Schlot gefangen ist. Da dieses Naturschauspiel sehr unberechenbar sein kann, sollten Sie es aus sicherem Abstand betrachten.

Etwas über 100 m weiter sind an der Straße die McBride und Allerton Gardens ausgeschildert (s. Aktiv unterwegs S. 310).

MĀHĀ'ULEPŪ HERITAGE TRAIL

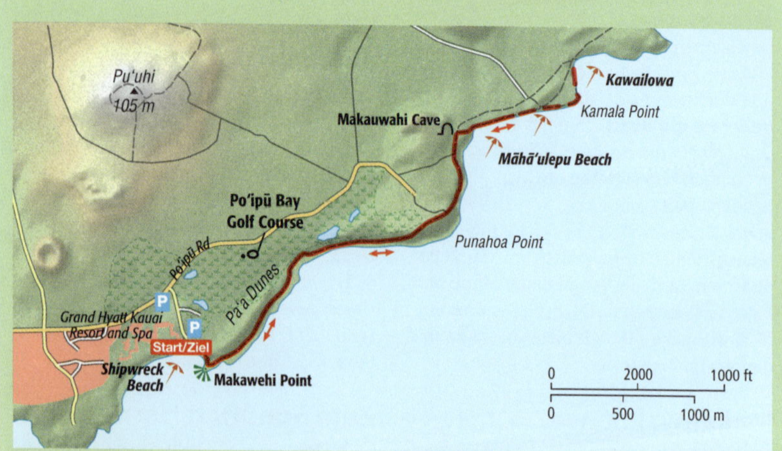

Tour-Infos

Start: Makawehi Point (östlich vom Grand Hyatt Kaua'i Resort & Spa)
Ziel: Māhā'ulepū Beach
Länge: rund 3,2 km (einfache Strecke)
Schwierigkeitsgrad: einfach
Wichtig: Tragen Sie festes Schuhwerk, denken Sie an Sonnenschutz und nehmen Sie ausreichend Wasser mit, es gibt unterwegs kaum Schatten.

Am **Makawehi Point** östlich des **Shipwreck's Beach** steigen Sie in den **Māhā'ulepu Heritage Trail** ein. Der Wanderweg erschließt das letzte Stückchen Küstenlinie im Süden Kaua'is, das noch nicht touristisch entwickelt und bebaut wurde. Unterwegs kommen Sie an schroffen Klippen, einsamen Buchten, Blowholes und Gezeitenpools vorbei und bekommen einen guten Eindruck von der Natur in ihrem ursprünglichen Zustand.

Vom Makawehi Point aus folgt der Weg der Küste und verläuft parallel zu den **Pa'a Dunes,** Sanddünen, die sich vor rund 8000 Jahren gebildet haben. Hier stoßen Sie auf Rhizolite, versteinerte Wurzelsysteme von Pflanzen. Anschließend kommen Sie am **Ho'ouluia Heiau** vorbei – einem Schrein für erfolgreichen Fischfang. Wenn Sie den Golfplatz erreichen, gehen Sie rechts an seinem Rand entlang – achten Sie auf fliegende Bälle! Es folgt **Punahoa Point** mit den ältesten Sanddünen der Region. Bei den in den Lavafelsen verankerten Röhren handelt es sich um Halterungen für Angeln. Kurz darauf ist ein Abstecher zur **Makauwahi Cave** (s. S. 307) ausgeschildert. Der Trail endet am einsamen und noch weitgehend unberührten **Māhā'ulepū**

Beach, der sich bei ruhigem Wasser zum Schnorcheln, nicht aber zum Schwimmen eignet. Hier wurden 1887 auf einem Felsen am Strand nahe der Mündung des Waiopili Stream Petroglyphen entdeckt – sie sind allerdings häufig von Sand bedeckt. Vom Māhā'ulepū Beach können Sie noch zum Kawailoa Beach weitergehen, oder Sie kehren auf demselben Weg zum Ausgangspunkt zurück. Dabei haben Sie Muße, genauer auf Flora und Fauna zu achten. Mit etwas Glück sehen Sie grüne Meeresschildkröten und Mönchsrobben, die sich auf dem Sand ausruhen. Im Winter ziehen vor der Küste Wale vorbei. Zu den endemischen Vogelarten gehören Nēnē-Gänse und Pazifische Goldregenpfeifer. Eisenholzbäume säumen den Weg, auf dem sandigen Boden blühen 'lima, Hinahina und Naupaka.

Übernachten

Luxus pur – **Grand Hyatt Kaua'i Resort & Spa:** 1571 Po'ipū Rd., Tel. 808 742 1234, www.hyatt.com. Das Grand Hyatt ist die Grande Dame unter den Inselhotels – die Traumanlage ist in ein tropisches Gartenparadies mit imposanter Poollandschaft eingebettet und verfügt über direkten Strandzugang. Besonders schön ist der Eingangsbereich, der den Blick auf den Ozean freigibt. Die Wohneinheiten sind auf verschiedene Gebäude aufgeteilt mit Verbindungsgängen, die immer wieder Blicke ins Grüne freigeben. Bereits zum Frühstück kann man beim Buffet oder zu A-la-carte-Gerichten fotogene Ausblicke aufs Meer genießen. DZ ab 500 $.

Boutique-Resort – **Po'ipū Kapili Resort:** 2221 Kapili Rd., Tel. 808 742 6449, www.poipukapili.com. Wohneinheiten mit ein oder zwei Schlafzimmern und voll ausgestatteter Küche in einer gepflegten Anlage im Plantagenstil. Pool mit Meerblick, den Strand können Sie zu Fuß erreichen. DZ ab 275 $.

B-&-B-Inn und Ferienwohnungen – **Po'ipū Plantation Inn:** 1792 Pe'e Rd., Tel. 808 634 0263, www.poipubeach.com. Vier Suiten (nur für Erwachsene) mit Mahagoni-Böden und Teakholzmöbeln in einem Plantagenhaus aus den 1930er-Jahren; neun Cottages mit voll ausgestatteter Küche und großer Terrasse. DZ ab 160 $.

Ruhige Strandlage – **Kaua'i Cove Cottages:** 2672 Pu'uholo Rd. (Cottage), Tel. 808 651 0279, www.kauaicove.com/accommodations/plumeria-cottage.php. Mit Kitchenette, im hawaiianischen Stil, etwas abseits vom Trubel. DZ ab 149 $ plus Reinigungsgebühr 75 $.

Ferienwohnungen und -häuser – **Parrish Kaua'i:** 3176 Po'ipū Rd., Suite 1, Tel. 808 742 2000, www.parrishkauai.com, Mo–Fr 7–17, Sa, So 8–16 Uhr (Hauptbüro). Der Anbieter hat verschiedene luxuriöse Häuser und Ferienwohnungen im Portfolio.

Essen & Trinken

Mit Meerblick – **Beach House:** 502 Lāwai Rd., Tel. 808 742 1424, www.the-beach-house.com, tgl. 11–22 Uhr. Feine Pacific-Rim-Küche in schickem Ambiente direkt am Strand. Hervorragende Fischgerichte, gute Weine. Schön auch für einen Cocktail zum Sonnenuntergang. Dinner ab 31 $.

Zum Sundowner – **Brennecke's Beach Broiler:** 2100 Hoone Rd., Tel. 808 42 7588, www.brenneckes.com, tgl. 1–22 Uhr. Leckere Pūpūs, Burger, Sea-Food und Steaks; die Bar ist ein beliebter Cocktail-Treffpunkt. Ab 16 $.

Hotdogs Hawaiian Style – **Puka Dog:** 2360 Kiahuna Plantation Dr., Tel. 808 742 6044, www.pukadog.com, tgl. 10–20 Uhr. Hotdogs mit Relishes und Saucen in tropischen Geschmacksrichtungen und mit Maracuja-Senf. Ab 9 $.

Einkaufen

Mall – **Po'ipū Shopping Village:** 2360 Kiahuna Plantation Dr., www.poipushoppingvillage.com, tgl. 8.30–22 Uhr. Restaurants, Shops und Galerien. Mo und Do 17 Uhr Hula, 1. und 3. Di im Monat 14.30–17 Uhr Farmers Market.

Farmers Market – **Kaua'i Culinary Market:** The Shops at Kukui'ula, 2829 Ala Kalanikaumaka Rd., Mi 15.30–18 Uhr. Frisches Obst und Gemüse, Kuchen, Marmeladen und andere selbstgemachte Lebensmittel.

NATIONAL TROPICAL BOTANICAL GARDEN

Tour-Infos

Start: South Shore Visitor Center des National Tropical Botanical Garden, 4425 Lāwa'i Rd., Tel. 808 742 2623, www.ntbg.org

Dauer: 3 Std.

Beginn: je nach Jahreszeit zwischen 15.30 und 16.30 Uhr, Führung ohne Dinner tgl. 9–15 Uhr zur vollen Stunde

Kosten: Erw. 100 $, Kinder 6–12 Jahre 50 $, Führung ohne Dinner 60 bzw. 30 $

Wichtig: Während der Allerton Garden nur im Rahmen einer Führung zu besichtigen ist, kann man den McBryde Garden auch auf eigene Faust erkunden. Das Shuttle startet am Visitor Center von 9.30–15.30 Uhr jeweils zur halben Stunde, Erw. 30 $, Kinder 6–12 Jahre 15 $

Die Organisation National Tropical Botanical Garden hat es sich zum Ziel gesetzt, die Vielfalt der tropischen Fauna zu bewahren. Sie unterhält insgesamt fünf Gärten – davon drei auf Kaua'i – und das Breadfruit Institute. Der **Allerton Garden** und der **McBryde Garden** an der Südküste der Insel sind wunderschöne Anlagen, die Sie unbedingt besuchen sollten.

Das Land im Lāwa'i Valley, auf dem sich die Gärten befinden, wurde 1848 James Young Kanehoa zugesprochen, dem Sohn eines engen Beraters von König Kamehameha II. Nach seinem Tod ging es an seine Nichte, Königin Emma, über. Als ihr Mann und ihr Sohn starben, zog sie sich hierhin zurück und pflanzte Mangos, Pandanpalmen, Bambus und viele andere Pflanzen an, die bis heute im Allerton Garden zu sehen sind. 1886 erwarb die Familie McBryde das obere und 1899 das untere Lāwa'i Valley. Alexander McBryde bepflanzte einen Teil des Areals mit Ingwer, Farnen, Plumerias und Palmen. 1938 verkaufte McBryde das Anwesen an Robert Allerton, einen reichen Erben und Kunstsammler aus Chicago, der sich sehr für Landschaftsarchitektur interessierte und in Illinois mehrere Gärten plante. Er adoptierte John Gregg, einen jungen Architekturstudenten – eine ihrer vielen gemeinsamen Reisen führte sie nach Kaua'i. Sie verliebten sich in dieses Stück Land und erwarben es. 1938 bezogen sie ihr neues Heim, das von John Gregg entworfen wurde, und nannten es Lawa'i-kai. Die beiden Männer investierten viel Zeit in die Gartengestaltung und setzten dabei wie Alexander McBryde auch exotische Pflanzen ein. Anfang der 1960er-Jahre bemühte sich Robert Allerton um die Einrichtung eines tropischen botanischen Gartens für die USA – 1964, kurz vor seinem Tod, wurde das Vorhaben bewilligt. Eine Stiftung Allertons ermöglichte es, ein angrenzendes Stück Land hinzuzukaufen, den heutigen McBryde Garden. John Gregg Allerton erbte Lāwa'i-kai und lebte dort bis zu seinem Tod 1986. Danach übernahm der National Tropical Botanical Garden die Leitung.

Die Lage der Gärten ist ein Traum, die Vegetation unfassbar schön: Auf dem 120 h großen Areal beidseits des Lāwa'i-Flüsschens wachsen in üppiger Pracht mehr als 6000 tropische Pflanzenarten, darunter allein mehrere Hundert Palmen. Botanisch spannender ist der McBryde Garden: Hier kann die weltweit größte Sammlung endemischer Flora bewundert werden. Im Allerton Garden liegt der Schwerpunkt mehr auf Kunst und Landschaftsgestaltung, außerdem wurde hier schon für mehrere Hollywood-Blockbuster gedreht: Die berühmte Moreton Bay Fig mit ihren riesigen Brettwurzeln übernahm in »Jurassic Park« eine Hauptrolle. Besonders empfehlenswert ist die Allerton Garden at Sunset Tour. Sie beginnt am Visitor Center. Mit einem Trolley werden Sie in rund 15 Min. zum Garten gefahren – zunächst genießen Sie einen wunderschönen Panoramablick über den Ozean, dann werden Sie mit vielen Erklärungen durch die Anlage geführt, in deren tropischem Grün Skulpturen und Wasserspiele Akzente setzen. Bevor für die Gruppe ein leichtes Dinner in Buffetform angerichtet wird, haben Sie Gelegenheit, sich im Haus der Allertons umzusehen. Die Bilder und Erinnerungsstücke haben vor Ihnen auch schon prominente Gäste wie Jacqueline Kennedy betrachtet – die Allertons richteten für die Society gern Empfänge aus. Das Abendessen nehmen Sie auf der Terrasse des Anwesens ein, während die Sonne langsam im Meer versinkt. Bevor es dunkel wird, fahren Sie im Trolley zurück zum Parkplatz – und haben dabei Gelegenheit, das Naturparadies mit all seinem Zauber noch einmal aus erhöhtem Blickwinkel zu bewundern.

Aktiv

Zipline-Touren – **Skyline Eco Adventures:** 2829 Ala Kalanikaumaka St., Tel. 808 518 2579, www.zipline.com/kauai, 5 Seilrutschen 1,5 Std. 109,95 $, 8 Seilrutschen 2,5 Std. 139,95 $.

Tauchen – **Kaua'i Down Under Scuba:** Sheraton Resort Kaua'i, 2440 Ho'onani Rd., Tel. 808 742 9534, www.kauaidownunderscuba.com. Tauchkurse, geführte Tauchgänge an der Süd- und Nordküste, Scooter- und Nitrox-Tauchen, Kurse in Unterwasserfotografie.

Schnorcheln und mehr – **Boss Frog's:** 5022 Lāwai Rd., Tel. 808 742 9111, www.bossfrog.com, tgl. 8–17 Uhr. Verleih von Schnorchelausrüstung, Surfbrettern und SUP-Boards.

Golf – **Po'ipū Bay Golf Course:** 2250 Ainako St., Tel. 808 742 8711, www.poipubaygolf.com. 18-Loch-Platz mit spektakulärem Meerblick.

Reiten – **CJM Country Stables:** Tel. 808 742 6096, www.cjmstables.com. Geführte Ausritte am Maha'ulepu Beach und an anderen Stränden, auf Wunsch auch mit Picknick. Ab 110 $.

Von Kōloa nach Hanapēpē

Lāwa'i ▶ 2, D 5

Wer noch weiter in den Westen der Insel vordringen will, fährt nach Kōloa zurück und von dort auf der Kōloa Road nach **Lāwa'i,** einem kleinen Städtchen mit 2000 Einwohnern. Hier versteckt sich zwischen grünen Hügeln das **Lāwa'i International Center.** Auf dem Gelände, das schon für die alten Hawaiianer von großer spiritueller Bedeutung war, stand früher ein Heiau, in dessen Umfeld Heilrituale durchgeführt wurden. Einwanderer aus Japan erbauten hier 1904 88 buddhistische Schreine in Miniaturformat, die den historischen Shikoku-Pilgerweg nachbilden. Als Besucher kann man diesen Pfad auch heute noch begehen und dabei die friedvolle Atmosphäre genießen (3381 Wawae Rd., www.lawaicenter.org, 2. und letzter So im Monat Touren um 10, 12 und 14 Uhr nach Reservierung unter Tel. 808 639 5952 oder LM@hawaii.rr.com).

WAREHOUSE 3540

Die ehemalige Lagerhalle in Lāwa'i ist ein Kleinod. In Kunsthandwerkerstudios und kleinen Shops werden mit viel Liebe hergestellte und mit besonderem Feinsinn ausgewählte Artikel verkauft – von Kerzen über Schmuck bis hin zu Papeterie. Stöbern, Kaffee trinken, ein Gespräch anfangen und schöne Dinge, die sich perfekt als Mitbringsel eignen, shoppen – das **Warehouse 3540** ist klein, macht aber große Freude. In der Halle steht ein Coffee Truck, auf dem Parkplatz ein angesagter Shave Ice Truck (The Fresh Shave) und zwei Food Trucks, Kickshaws und Kaua'i Poke Co. Lieber früher auf den Weg machen, als zu spät – die Trucks schließen, wenn das Essen aus ist (3540 Kōloa Rd., www.warehouse3540.com, Mo–Do 10–15, Fr 10–14, Sa 11–15 Uhr).

Kalāheo ▶ 2, D 5

Von Lāwa'i aus führt der Kaumuali'i Highway Richtung Westen. Nach ein paar Kilometern finden Sie sich in der kleinen Gemeinde **Kalāheo** wieder. Wenn man hier aussteigt und eins der Cafés oder Geschäfte besucht, die fast alle an der Hauptstraße liegen, fühlt man sich schnell einheimisch. Ein Abstecher in Richtung Südwesten führt zur **Kaua'i Coffee Company,** die auf einer nahe gelegenen Plantage ihren eigenen Kaffee anbaut und röstet. Auf ein- oder zweistündigen Touren bekommen Sie interessante Einblicke in den Herstellungsprozess und natürlich dürfen Sie das aromatische Gebräu dabei auch kosten (870 Halewili Rd., Tel. 808 335 0813, www.kauaicoffee.com, zweistündige Tour Mo–Do 9–11 Uhr, Erw. 60 $, Kinder 8–18 Jahre 40 $, einstündige Tour Di, Do, So 8.30-9.30 Uhr, 20 $).

Essen & Trinken

Treffpunkt der Locals – **Kalāheo Café & Coffee Company:** 2-2560 Kaumualii Hwy., Tel. 808 332 5858, www.kalaheo.com, Frühstück tgl. 6.30–11.30, Lunch Mo–Sa 11–14.30, So 11–14 Uhr, Dinner Di–Do 17–20.30, Fr, Sa 17–21 Uhr. Unkompliziertes Restaurant, in dem man auch Sandwiches und Salate zum Mitnehmen bestellen kann – ideal für ein Strandpicknick. Zum Dinner gibt es Ribs, Steaks und den frischen Fang des Tages. Sandwiches ab 7 $, Salate ab 12 $, Dinner ab 18 $.

Pies – **The Right Slice:** 2–2459 Kaumualii Hwy., Tel. 808 212 5798, www.rightslice.com, Mo–Do, Sa 11–18, Fr 11–20, So 10–16 Uhr. Süße und pikante Pies in einer Auswahl, die einen fast überfordert. Ab 7 $.

Kaffee und Kuchen – **Kaua'i Kookie Bakery & Kitchen:** 2–2436 Kaumuali'i Hwy., Tel. 808 631 6851, www.kauaikookie.com, Mo–Fr 6–20, Sa 6.30–20, So 6.30–17 Uhr. Kaua'i-Kookie-Produkte werden in Hanapēpē hergestellt und auf der ganzen Insel verkauft. In der Bäckerei der Fabrik bekommen Sie zu Kuchen und Cookies auch ausgezeichneten Kaffee. Ab 3 $.

Hanapēpē Valley Lookout

▶ 2, D 5

Mit so viel Koffein im Blut sind Sie bestens auf den Rest des Tages vorbereitet. Von der Kaffeeplantage aus führt die Halewili Road direkt nach Hanapēpē hinein. Wenn Sie von Kalāheo aus auf dem Kaumuali'i Highway weiterfahren, kommen Sie bei Meile 14 am **Hanapēpē Valley Lookout** vorbei – hier haben Sie einen grandiosen Überblick über das fruchtbare Tal mit der Bergkulisse im Hintergrund. Es wurde schon vor Jahrhunderten von Native Hawaiians besiedelt, die hier Kalo und Süßkartoffeln anbauten.

Port Allen Harbor ▶ 2, C 5

In einer Kurve kurz vor 'Ele'ele zweigt die Waialo Road nach links zum **Port Allen Harbor** ab, wo sie am Wasser endet. Rechts der Straße beherbergen kleine Häuschen die Büros von Touranbietern: In dem kleinen Hafen starten Whalewatching-Touren und Bootsausflüge an die Nāpali Coast (s. S. 323). Da dieser Küstenabschnitt nur aus der Luft oder vom Wasser aus in all seiner Schönheit und Pracht bewundert werden kann, empfiehlt sich zumindest eine der beiden Varianten.

✪ Hanapēpē ▶ 2, C 5

Ohne den Abstecher zum Hafen geht es auf dem Kaumuali'i Highway durch 'Ele'ele in den historischen Ort **Hanapēpē,** Kaua'is »Biggest Little Town«. Zur Hochform läuft sie freitagabends auf, wenn von 18 bis 21 Uhr die **Hanapēpē Art Night** stattfindet. Seit 1997 treffen sich Einheimische und Besucher aus aller Welt und feiern, ganz entspannt, mit Musik, Tanz, Kunst und Essen – das Leben. Vor allem das Künstlerleben, denn der Anteil von Kreativen an den rund 2600 Einwohnern Hanapēpēs ist hoch. Normalerweise arbeiten sie in ihren Ateliers und verkaufen ihre Werke in Galerien und kleinen Geschäften, am Abend der Art Night werden zudem entlang der Hauptstraße Verkaufstische aufgebaut.

Der Ort an der South Shore war einst eine der größten Gemeinden Kaua'is. Zwischen dem Ersten Weltkrieg und den frühen 1950er-Jahren erfüllten Matrosen der US Navy, die hier zur Ausbildung stationiert waren, Hanapēpē mit Leben. Heute wirkt der Ort eher verschlafen. Die kleinen Holzhäuschen, von deren Fassaden die Farbe blättert, verströmen nostalgischen Charme. Wer sich in eines der Cafés an der Straße setzt, kommt schnell mit Einheimischen ins Gespräch.

Klassische Sehenswürdigkeiten gibt es nicht, die Locals weisen aber stolz auf drei prominente Objekte hin: Da wäre zum einen der mit Bougainvilleen bepflanzte und von einem lokalen Künstler bemalte **Hanapēpē Town Truck.** Viel fotografiert werden zudem zwei **Murals.** Das erste zeigt Figuren aus dem Disneyfim »Lilo & Stitch« – Hanapēpē soll dafür als Inspiration gedient haben. Das zweite Wandbild aus Fliesen zeigt die **Swinging Bridge** über den Hanapēpē River, das Wahrzeichen des Ortes. Ursprünglich 1911 erbaut, fiel die ikonische Hängebrücke 1992 dem Hurricane »Iniki« zum Opfer und musste rekonstruiert werden. Lassen Sie sich vom »windigen« Eindruck der Konstruktion nicht beirren, sie ist hundertprozentig sicher und stabil. Die Brücke befindet sich im Ortszentrum; neben dem Banana Patch Studio weist ein Schild den Weg.

Infos

Im Internet: www.hanapepe.org

Essen & Trinken

Schwerpunkt Fisch – **Japanese Grandma's Café:** 3871 Hanapēpē Rd., Tel. 808 335 5152, www.japanesegrandma.com, tgl. 11–15, 17.30–21 Uhr. Kleines, cooles Familienrestaurant mit organischem, leckerem Essen. Potenzielle Lieblingsgerichte sind hier u. a. die Shinji's Poke Bowl mit Thunfisch oder gemischten Fischsorten und Kaua'i Shrimps aus

An windigen Tagen nichts für schwache Nerven: die Hanapēpē Swinging Bridge

regionalem Fang mit einer würzigen Ingwer-Aioli-Sauce. Ab 12 $.

Local Food – **Bobbie's Restaurant:** 3620 Hanapēpē Rd., Tel. 808 335 5152, Mo–Mi 10–15, Do 10–14.30, 17–20, Fr 10–14.20, 17–20.30, Sa 10–14.30, So 8–15 Uhr. Bei Bobbie's wird authentische hawaiianische Küche serviert, z. B. Huli Huli Chicken. Das Hühnchen wird am Spieß über dem Feuer gegrillt und mit einer süßen Sauce verfeinert. Ab 10 $.

Frisch aus dem Ofen – **Midnight Bear Breads:** 3830 Hanapēpē Rd., Tel. 808 335 2893, www.midnightbearbreads.com, Mo, Mi 7–17, Do 9–17, Fr 9–21, Sa 9–15 Uhr. Richtig tolle Backstube mit ein paar wenigen Tischen. Auf der Theke und in den deckenhohen Regalen stapeln sich frische, handgemachte Brote und süße Teilchen – es ist unmöglich, dem Duft von Croissants, Baguettes oder auch lokalen Brotspezialitäten wie Breadfruit Sourdough zu widerstehen. Pizza und Sandwiches ab 10 $.

Café zum Verweilen – **Little Fish Coffee Kaua'i:** 3900 Hanapēpē Rd., Tel. 808 335 6121, www.littlefishcoffee.com, tgl. 7–15 Uhr. Hier möchte man einen Roman schreiben. Am besten starten Sie hier Ihren Morgen, bleiben bis zum Mittag und nehmen sich dann noch etwas für den Rest des Tages mit. Das Café in Hanapēpē ist der Originalstandort, es gibt noch eine weitere Filiale in Po'ipū, aber hier schlägt das Künstler- und Kaffeeliebhaber-Herz noch etwas höher. Bowls ab 11 $, Bagel ab 6,50 $, Smoothies ab 7 $.

Süchtig nach Chips – **Taro Ko Chips Factory:** 3940 Hanapēpē Rd., Tel. 808 335 5586.

Lassen Sie sich vom äußeren Erscheinungsbild nicht irritieren: Der kleine Verschlag verkauft fantastische Chips aus Kalo! 1985 haben Shoichi und Shizuko Nagamine damit begonnen, Kalo-Pflanzen von ihrem eigenen Feld im Hanapēpē Valley zu Chips zu verarbeiten. Inzwischen führt ihr Sohn Dale das Geschäft. Unbedingt vorbeischauen und ein paar Tüten Chips für unterwegs und zu Hause mitnehmen! Ab 5 $.

Organisches Eis am Stiel – **Ono Pops:** www.onopops.com. Das köstliche Eis in exotischen Geschmacksrichtungen wie Guava Tamarind, Lillikoi Cheesecake, Dark Chocolate Chinese Five Spice und natürlich Pineapple ist bei der Aloha Spice Company, während der Hanapēpē Art Night, im Storybook Theater und bei Salty Wahine erhältlich. Ab 3 $.

Einkaufen

Bauernmarkt – **Farmers Market:** Hanapēpē Park, Do ab 15 Uhr. Frisches Obst, Gemüse und Blumen werden hier verkauft, solange der Vorrat reicht – meist sind dies etwa zwei Stunden.

Gewürze – **Aloha Spice Company:** 3857 Hanapēpē Rd., Tel. 808 335 5960, www.alohaspice.com, Mo–Do 10–16.30, Fr 10–21, Sa 10–16, 11–15 Uhr. In dem hübschen grünen Haus finden Sie neben hawaiianischem Meersalz auch ausgefallene Würzmischungen wie Vulcano Grind, Paniolo Steak oder Aloha Coffee Rub.

Kostbares Salz – **Salt Pond Country Store:** 13443 Kaumuali'i Hwy., Tel. 808 335 5966, Mo–Sa 5–20 Uhr, So 5–19 Uhr. Meersalz, Fischereibedarf und Snacks zum Mitnehmen.

Salz mit Frauenpower – **Salty Wahine:** 1-3529 Kaumualii Hw 2b, Tel. 808 378 4089, www.saltywahine.com, tgl. 9–17 Uhr. Meersalz, Rohrzucker und verschiedene Rubs (Gewürze zum Grillen).

For Booklovers – **Talk Story Bookstore:** 3785 Hanapēpē Rd., Tel. 808 335 6469, tgl. 10–17, Fr 10–21 Uhr. Geschichten lauschen, über Erlebnisse berichten oder auch einfach nur einen kleinen Plausch halten – das ist gemeint, wenn man in Hawai'i von Talk Story spricht. Dieses Buchgeschäft lässt bei spannender Lektüre und ebenso interessanten Begegnungen schnell die Zeit vergessen. Seit 14 Jahren kommen Einheimische und Besucher zu Ed Justus und Cynthia Lynn, um neue und alte Bücher, Comics und alte Schallplatten zu erwerben – oder zumindest darüber zu reden.

Lokale Kunst – **The Bright Side Gallery:** 3876 Hanapēpē Rd., Tel. 808 634 8671, www.thebrightsidegallery.com, Mo–Do 11–16, Fr 11–16, 18–21 Uhr. Die Galerie ist das Herzensprojekt von Kate Enoka – hier verkauft sie die Werke von Kreativen, die sie auf ihrem eigenen Weg begleitet und inspiriert haben und die die Schönheit der Garteninsel mit verschiedenen Techniken im Bild festhalten.

Termine

Kaua'i Chocolate and Coffee Festival: Mitte Oktober. Bei dem Festival im Hanapēpē Town Park dreht sich alles um Kaffee und Schokolade – mit Führungen, Workshops, Liveunterhaltung und natürlich vielen Gelegenheiten zum Verkosten (www.kauaichocolateandcoffeefestival.com).

Von Hanapēpē nach Waimea

Salt Pond Park ▶ 2, C 5

Ein wichtiger Wirtschaftszweig auf der Insel war von jeher auch die Salzgewinnung – schon seit Generationen wird in großen Becken Meerwasser verdunstet, um dann die Salzkruste zu ernten, und noch heute führen Familien in zwei Regionen auf Kaua'i diese Tradition fort. Jedes Jahr im Mai bereiten sie sich auf die Saison vor. Falls Sie wissen möchten, wo das hawaiianische Salz herkommt, das Sie in Hanapēpē kaufen können, dann machen Sie über die Lele und Lokokai Road einen kleinen Abstecher zum **Salt Pond Park.** Hier gibt es nicht nur Salzgewinnungsbecken, sondern auch einen geschützten Sandstrand, wo man im seichten Wasser schwimmen und kleine Gezeitenbecken erkunden kann. Ein Lifeguard hat das Geschehen im Auge.

Pakala Beach ▶ 2, B 4

Die nächsten 11 km sind, wenn man nur geradeaus schauen würde, relativ unspektakulär – eine breite Straße, die ziemlich kurvenfrei Richtung Nordwesten führt. Wenn Sie nach rechts blicken, kündigen sich in der Ferne aber schon Bergmassive an. Zur Linken breitet sich bis zum Horizont der tiefblaue Ozean aus. Sie fahren auf Meereshöhe parallel zum Pazifik, vorbei an wunderschönen, breiten und einsamen Stränden wie dem **Pakala Beach.** Hier können Sie wunderbar ausruhen und die Füße ins Meer tauchen, das Schwimmen ist aber äußerst gefährlich. Nur erfahrene Surfer wagen sich in die Brandung.

Russian Fort Elizabeth ▶ 2, B 4

www.fortelizabeth.org

Sie nähern sich nun Waimea. Vor der Brücke liegt auf der linken Seite der **Russian Fort Elizabeth State Historical Park.** Er schützt die letzten Überreste einer Festung, deren Mauern einst 4 m hoch und mit 38 Kanonen bestückt waren. Die Festung wurde 1817 von Georg Anton Schäffer erbaut, einem Deutschen, der im Dienst der Russisch-Amerikanischen Handelskompanie stand. Diese halbstaatliche Gesellschaft vertrat die Interessen des Russischen Reiches in Amerika. Schäffer schloss mit Kaumuali'i, dem damaligen König von Kaua'i, eigenmächtig einen Vertrag ab, der die Insel unter russisches Protekto-

Ni'ihau – die verbotene Insel

Der Kaulakahi Channel trennt Kaua'i von Ni'ihau, der kleinsten der bewohnten hawaiianischen Inseln. Auf dem knapp 180 km^2 großen Eiland leben geschätzt 160 Menschen. Ni'ihau wird auch als »Forbidden Island« bezeichnet – das Land befindet sich in Privatbesitz und ein Besuch ist nur auf Einladung hin möglich.

Bevor König Kamehameha I. die Inseln im Königreich Hawai'i vereinte, wurde Ni'ihau von Ali'i regiert. Die Überreste von fünf Heiaus zeugen von dieser Zeit. 1864 erwarb die in Schottland geborene Elizabeth Sinclair das Eiland für 10 000 Gold-$ von König Kamehameha V. Ihre Nachkommen fassten den Beschluss, auf Ni'ihau nicht nur seltene Tier- und Pflanzenarten, sondern zu deren Schutz auch die traditionelle Lebensweise der Ureinwohner zu bewahren. Aubrey Robinson, ein Nachfahre der Sinclairs, verbot 1915 jedes Betreten der Insel. Heute gehört Ni'ihau Keith und Bruce Robinson. Keith engagiert sich im Naturschutz, Bruce kümmert sich um die Belange der Inselbewohner und ist in zweiter Ehe mit einer Einheimischen verheiratet.

Seit über 100 Jahren steht auf Ni'ihau die Zeit still. Alle Bewohner der Insel sind polynesischer Abstammung und sprechen Hawaiisch. Der Alltag findet ohne Elektrizität, asphaltierte Straßen und Autos, ohne Wasser- und Abwasserleitungen, ohne Alkohol und Schusswaffen, Polizei, Ärzte oder Geschäfte, aber mit Fahrrädern und Pferden statt. Nur die kleine Volksschule, in der Englisch als Pflichtfach unterrichtet wird, verfügt über einen solarbetriebenen Computer.

Pu'uwai ist Ni'ihaus einziger Ort. Die Menschen leben hier in traditioneller Gemeinschaft. Sie halten Schafe und Rinder, bauen Obst und Gemüse an, züchten Bienen und fertigen die kostbaren Ni'ihau-Shell-Leis an, die auf den Hauptinseln für teures Geld verkauft werden. Eine zusätzliche Einnahmequelle ist ein Raketenstützpunkt der US Navy. Bis 1999 gab es vereinzelt Anstellungen auf der Ni'ihau Ranch, die allerdings wegen Unwirtschaftlichkeit geschlossen wurde. Die Versorgung der Bewohner mit zusätzlichen Lebensmitteln wird über Helikopter und Boote von Kaua'i aus sichergestellt.

Ni'ihau verfügt über den größten See der Inselkette, den rund 3 km^2 großen Halāli'i Lake, der gleichzeitig eine von zwei Süßwasserquellen ist und manchmal austrocknet. Mit 390 m ist der Pānī'au die höchste Erhebung der Insel. Weil es keine hohen Berge gibt, an denen sich die Wolken sammeln und abregnen könnten, ist das Klima auf Ni'ihau sehr trocken.

Die Entscheidung, sich vom Rest der Welt abzugrenzen, wurde und wird sehr bewusst getroffen. Mittlerweile gibt es zwar Anbieter, die Touren nach Ni'ihau organisieren, allerdings handelt es sich dabei in erster Linie um Bootsausflüge. Die Teilnehmer kommen nicht mit den Bewohnern und ihrer Kultur in Berührung. Andere Besuche sind nur auf Einladung der Robinsons hin möglich. Dementsprechend wird Ni'ihau wohl noch lange vom Mantel des Nichtwissens umhüllt bleiben – im Informationszeitalter fast ein kleines Wunder.

rat stellte. Weder der Zar noch König Kamehameha unterstützten jedoch sein Vorhaben, weswegen er schließlich seine Zelte in Hawai'i abbrach und in Brasilien sein Glück versuchte.

Waimea ▶2, B 4

Vom Fort aus überqueren Sie die Brücke und gelangen an einen Ort von großer historischer Bedeutung: Hier, auf dem Gelände des Lucy Wright Park, betrat James Cook 1778 zum ersten Mal hawaiianischen Boden. Zur Erinnerung an den britischen Seefahrer wurde nahe der Brücke das **Captain Cook's Monument** errichtet. Auch George Vancouver ankerte 1793 vor Waimea.

Waimea hat eine lange Geschichte als Königssitz, im 18. Jh. war es Walfangstation und ein wichtiger Hafen für die Verschiffung von Sandelholz, später löste Zuckerrohranbau die Holzindustrie ab. 1820 kamen die ersten christlichen Missionare. Heute erinnert der Ort mit seinen niedrigen Holzbauten ein wenig an den Wilden Westen. Die Hauptstraße ist von kleinen Geschäften und Restaurants gesäumt, einen fotogenen Akzent setzt die **Waimea Hawaiian Church** von 1846 mit ihrem kleinen weißen Dachreiter.

Waimeas schwarzer Sandstrand ist nicht wirklich schön und das Wasser durch den Zufluss des Waimea River eher trüb. Dafür gibt der **Waimea Pier** eine tolle Aussichtsplattform ab – die Sonnenuntergänge über Ni'ihau sind ein Traum.

Infos

West Kaua'i Visitor Center: 9565 Kaumuali'i Hwy., Tel. 808 338 1332, www.westkauaivisitorcenter.org, Mo–Fr 10–16 Uhr. Infos zu Kaua'is Westen inklusive Hanapēpē.

Übernachten

Cottages in Tropenkulisse – **Waimea Plantation Cottages:** 9400 Kaumuali'i Hwy., Tel, 808 338 1625, www.coasthotels.com. Die einzige schöne Unterkunft im Westen der Insel. Die Cottages im Plantagenstil liegen direkt am schwarzen Sandstrand und verfügen über Terrassen mit Blick auf den Pazifik. Blumenmotive, Korb- und Rattanmöbel sorgen für tropisches Flair. Es gibt einen Pool und Grillgelegenheiten. DZ ab 170 $.

Essen & Trinken

Steaks – **Wrangler's Steakhouse:** 9852 Kamuali'i Hwy., Tel. 808 338 1218, www.wranglerssteakhousehi.com, Mo–So 11–17 Uhr. Das Rindfleisch für die auf Kiawe-Holz gegrillten Steaks und Burger kommt von Farmen in der Umgebung, dazu passt das rustikale Western-Dekor. Steaks ab 31 $.

Shrimp-Himmel – **The Shrimp Station:** 9652 Kamuali'i Hwy., Tel. 808 338 1242, www.theshrimpstation.net, Mo–So 11–17 Uhr. Ein-

facher Imbiss, unter einem Dach teilt man sich die Tische und Bänke mit anderen Gästen. Die Shrimps sind knackfrisch und es gibt sie in allen möglichen Varianten – gebraten, frittiert, als Taco oder Cocktail. Ab 13 $.

Westlich von Waimea

Polihale State Park

▶ 2, A 2/3

Wenn Sie wirklich jedes Eckchen auf Kaua'i erkunden wollen, können Sie auf dem Kaumuali'i Highway noch ein paar Kilometer nach Westen fahren. Der letzte Ort an der Strecke ist **Kekaha** mit einem Sandstrand, an dem man bei ruhigem Wasser schwimmen und schnorcheln kann. Der Highway verläuft von dort aus schnurgerade durch Zuckerrohrfelder und endet an einer Weggabelung – links geht es zum Mana Point, einem militärischen Übungsgelände. Wenn man sich rechts hält, zweigt nach kurzer Zeit eine Dirt Road von der geteerten Straße nach links zum **Polihale State Park** ab. Der Sandstrand ist einsam, endlos lang und bietet zudem schöne Ausblicke auf die Berge der Nāpali Coast, die ihn im Norden begrenzen. Allerdings ist die Fahrt dorthin wegen der schlechten Pistenverhältnisse sogar mit Allradantrieb eine Herausforderung, und im Falle eines Schadens sind Sie nicht versichert.

Der Polihale Beach wird auch Barking Sands Beach genannt – beim Laufen über den Sand ertönt ein eigenartiges, bellendes Geräusch

Nordwesten

Im Nordwesten liegt Kaua'is prachtvollstes Stück Natur: die Nāpali Coast mit ihren zerfurchten, grün überwucherten Klippen, weißen Sandstränden und hohen Wasserfällen. Eine beeindruckende Verwitterungslandschaft ist auch der Waimea Canyon: Hier überzieht dichter Regenwald steil abfallende Felshänge in sämtlichen Rottönen und in der Tiefe rauscht ein Fluss.

Von Waimea aus gibt es zwei Möglichkeiten, zum Waimea Canyon zu gelangen: Entweder Sie biegen vor dem West Kaua'i Tech & Visitors Center rechts auf den Waimea Canyon Drive (550) ab oder Sie fahren noch ein Stückchen weiter auf dem Kaumuali'i Highway bis nach Kekaha. Dort biegen Sie vom Highway rechts in die Alae Road ab, die in die Kōke'e Road mündet. Beide Straßen führen am Anfang des Parks, nach rund 10 km, wieder zusammen, die 550 heißt nun Kōke'e Road. Der Abwechslung halber können Sie die eine Straße auf dem Hin- und die andere auf dem Rückweg nehmen.

Waimea Canyon & Kōke'e State Park

▶ 2, B/C 2/3

www.dlnr.hawaii.gov/dsp/parks/kauai/kokee-state-park, tgl. Sonnenauf- bis -untergang, Parkgebühr 5 $

Die 550 führt zunächst durch Zuckerrohrfelder und schlängelt sich dann langsam ansteigend in vielen Kurven am Canyonrand entlang. Ca. 1,2 km hinter dem Mile Marker 8 erreichen Sie nach einer scharfen Kurve den Einstieg zum **Kukui Trail,** einem von mehreren Wanderwegen, auf denen man das Naturwunder erkunden kann. In seiner ganzen Schönheit zeigt es sich zum ersten Mal am **Waimea Canyon Lookout,** rund 5 km nach dem Zusammentreffen der Zufahrtsstraßen. Hier können Sie parken und einen Blick in die atemberaubende Landschaft werfen: Bis zu 900 m ist der »Grand Canyon des Pazifik« tief und über 22 km lang. In dieser Kulisse sehen die Hubschrauber, die über dem Tal am Himmel kreisen, winzig aus. In der Talsohle fließt der Poomau River, Kaua'is längster Fluss, den mehrere Wasserfälle speisen. Beeindruckend ist auch das Farbenspiel: Verwittertes Vulkangestein in allen Rottönen kontrastiert mit dem satten Grün tropischer Vegetation.

Es folgen weitere Aussichtspunkte, die den Canyon aus wechselnden Perspektiven zeigen: Vom **Pu'u Ka Pele Lookout** (75 m hinter dem Mile Marker 12) aus sieht man die Waipo'o Falls, und vom **Pu'u Hinahina Lookout** (kurz hinter dem Pu'ukapele Lookout überblickt man den Canyon in seiner ganzen Länge bis zum Meer mit der Insel Ni'ihau im Hintergrund.

Während Sie auf der Kōke'e Road weiter bergauf fahren, geht der Waimea Canyon State Park fast unbemerkt in den **Kōke'e State Park** über. Das kleine **Kōke'e Natural History Museum** gibt Auskunft über die Naturgeschichte der Region, hier bekommt man auch die für Wanderungen obligatorischen Permits (Tel. 808 335 9975, www.kokee.org, tgl. 9–16.30 Uhr, Eintritt frei, Spende erbeten).

Als Nächstes folgt der Einstieg zum **Awa'awapuhi Trail,** der fantastische Aussichten auf die Nāpali Coast bietet. Die können Sie aber auch genießen, wenn Sie mit dem Auto fahren: Der Blick vom **Kalalau Lookout** ist atemberaubend – bei klarem Himmel, denn in dieser Höhe ziehen mittags oft Regenwolken auf. Wie ein riesiges Amphitheater breitet sich in der Tiefe das Kalalau Valley aus.

Der Waimea Canyon präsentiert sich wie ein geöffnetes Buch, in dem Millionen Jahre Erdgeschichte nachgelesen werden können

Der letzte Aussichtspunkt an dieser Straße ist **Pu'u o Kila** – der Blick auf das Kalalau Valley ist von hier aus fast noch schöner. Man sieht zudem den **Alaka'i Swamp,** das höchstgelegene Sumpfgebiet der Erde. Es erstreckt sich auf einem bewaldeten Plateau am Fuß des 1569 m hohen Wai'ale'ale, nirgendwo auf der Erde fällt mehr Regen als hier. Die von den Passatwinden mitgeführte Feuchtigkeit regnet sich an den Bergflanken ab, von hier strömen dann enorme Wassermengen in unzähligen Kaskaden hinab, um sich in Form von zahlreichen Bächen und einigen Flüssen ins Meer zu ergießen. Der Alaka'i Swamp wirkt dabei wie ein riesiger Schwamm, Bäume und abgestorbene Äste sind mit Moos bewachsen, das alle Konturen verschwimmen lässt. Von Pu'u o Kila führt der 1,5 km lange **Pihea Trail** zum **Pihea Lookout,** mit Anschluss an den Alaka'i Swamp.

Info

Im Internet: www.dlnr.hawaii.gov/dsp/parks/kauai/waimea-canyon-state-park und www.dlnr.hawaii.gov/dsp/parks/kauai/kokee-state-park

Unterkunft, Essen & Trinken

Rustikal – **Kōke'e Lodge:** 3600 Kōke'e Rd., nach Mile 15, Tel. 808 335 6061, www.kokeelodge.com. Im Park gibt es einige rustikale Übernachtungsmöglichkeiten, die Kōke'e Lodge ist mit ihren schönen Cabins aus Holz für bis zu 5 Personen die komfortabelste. In der Lodge können Sie nicht nur schlafen, sondern sich auch stärken. Kehren Sie zum Frühstück (7–11 Uhr, ab 11 $) oder Lunch (bis 16 Uhr, um 10 $) ein, der täglich serviert wird. In der Koa Bar gibt es Cocktails, Wein und Bier (Happy Hour 14–16 Uhr) und in der Coffee Bar neben Kaffeespezialitäten auch

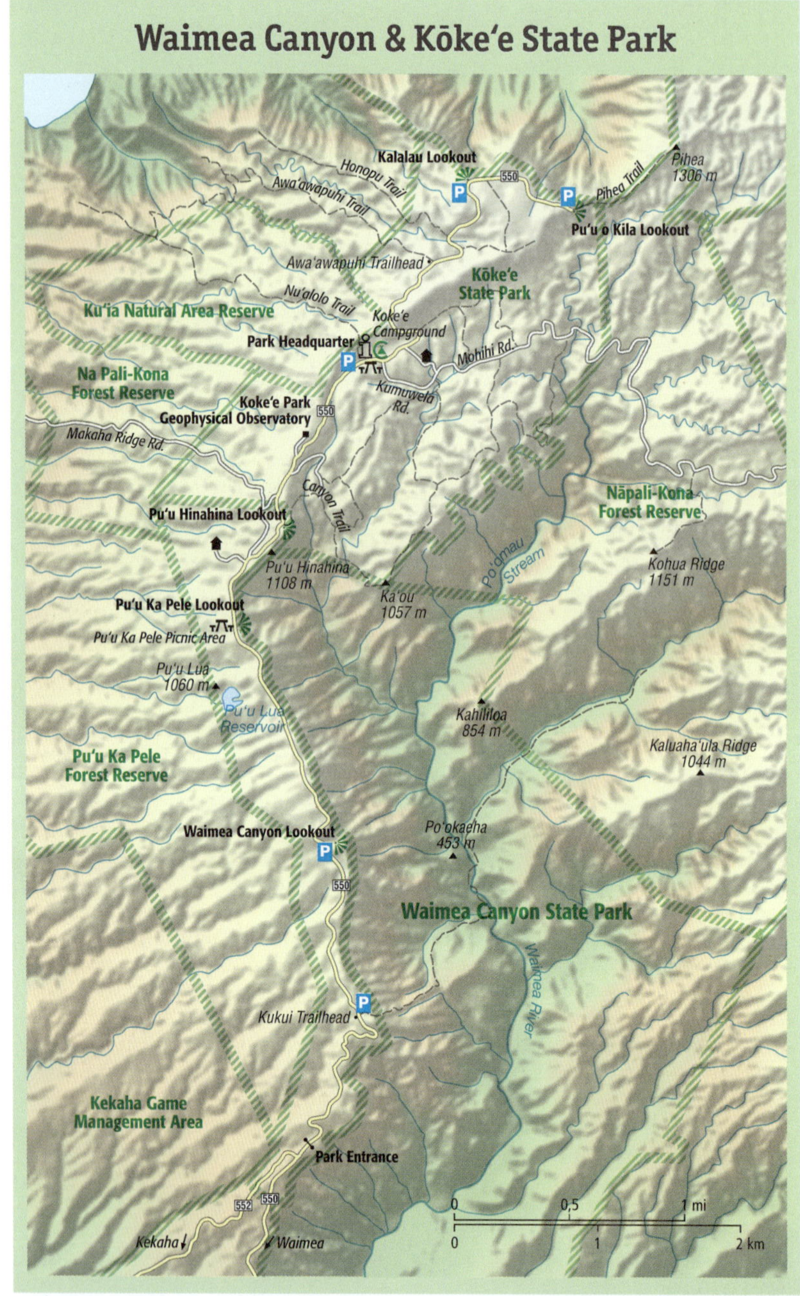
Waimea Canyon & Kōke'e State Park
Kalalau Lookout
Honopu Trail
Awa'awapuhi Trail
550
Pihea Trail
Pihea 1306 m
Pu'u o Kila Lookout
Awa'awapuhi Trailhead
Kōke'e State Park
Nu'alolo Trail
Ku'ia Natural Area Reserve
Koke'e Campground
Park Headquarter
Mohihi Rd.
Kumuwela Rd.
Na Pali-Kona Forest Reserve
Koke'e Park Geophysical Observatory
Makaha Ridge Rd.
Canyon Trail
Nāpali-Kona Forest Reserve
Pu'u Hinahina Lookout
Pu'u Hinahina 1108 m
Po'omau Stream
Kohua Ridge 1151 m
Ka'ou 1057 m
Pu'u Ka Pele Lookout
Pu'u Ka Pele Picnic Area
Pu'u Lua 1060 m
Pu'u Lua Reservoir
Kahililoa 854 m
Kaluaha'ula Ridge 1044 m
Pu'u Ka Pele Forest Reserve
Waimea Canyon Lookout
Po'okaeha 453 m
Waimea Canyon State Park
Waimea River
Kukui Trailhead
Kekaha Game Management Area
Park Entrance
552
Kekaha
Waimea
0 0,5 1 mi
0 1 2 km

gesunde Smoothies. Am Sonntag ist von 12 bis 15 Uhr hawaiianische Livemusik zu hören. Cabins 79–129 $.

Camping – Mit einem Permit der Division of State Parks kann man im Kōke'e State Park auch zelten. 18 $ für bis zu 6 Pers., jede weitere Person 3 $.

Aktiv

Wandern – Der **Kukui Trail** (einfach 4 km) führt zum Talboden des Waimea Canyon hinab, dabei sind 680 Höhenmeter zu überwinden. Nach Regenfällen kann er rutschig sein. Unterwegs sieht man Eisenholz- und Wiliwilibäume sowie Kukuis. Die ölhaltigen Kerne des Kerzennussbaums wurden früher als Lichtquelle verwendet. Weniger anstrengend ist ein Rundgang auf dem 600 m langen **Iliau Nature Loop,** der am gleichen Punkt startet. Entlang des Weges erklären Tafeln seltene Pflanzen, die nur auf Kaua'i vorkommen. Eine davon ist die namengebende Iliau, die im Juni und Juli blüht.

Auf dem **Awa'iawapuhi Trail** (einfach 5 km) steigt man von rund 1256 m durch Regenwald und über Hochwüstenterrain auf rund 760 m ab – der Rückweg erfordert Kondition. Am Ende des Weges gibt es einen Picknickbereich mit toller Aussicht auf das von den verwitterten Klippen der Nāpali Coast gerahmte Awa'awapuhi Valley und den Ozean.

Gut bewältigbar ist der **Pihea Trail** (einfach 1,5 km), er führt vom Pu'u o Kila Lookout am Rand der Klippen entlang zum Pihea Lookout, mit schönen Ausblicken ins Kalalau Valley. Unterwegs sieht man Farne, 'Ōhi'as, Koas und andere einheimische Pflanzen, leuchtend rote I'iwis und andere exotische Vögel zwitschern im Geäst. Ein 1 km langes Verbindungsstück leitet zum **Alaka'i Swamp Trail** über, wo man auf Bohlenwegen ein Stück weit in das Sumpfgebiet hineinlaufen kann.

Achtung: Für die Wanderungen benötigen Sie festes Schuhwerk, ausreichend Wasser, Sonnen- und Regenschutz sowie Insektenspray. Ziehen Sie vor dem Start Erkundigungen zum Wetter und dem Zustand des Weges ein. Bleiben Sie auf dem Weg und halten Sie genügend Abstand zu den Klippen.

Nāpali Coast

▶ 2, C 1

Kaua'i kann eine Vielzahl von Sehenswürdigkeiten vorweisen, die einzigartig für die hawaiianische Inselwelt sind – neben der **Nāpali Coast** verblassen jedoch alle. Der spektakuläre Küstenstrich ist mit Sicherheit eines der meistfotografierten Motive der Garteninsel. Er erstreckt sich auf einer Länge von gut 27 km zwischen dem Ke'e Beach im Hā'ena State Park (s. S. 303) und dem Polihale State Park (s. S. 319). Aus dem tiefblauen Pazifik steigen über Buchten mit weißen Sandstränden dramatisch zerklüftete, bis zu 1000 m hohe Lavaklippen auf, von Wildwassern in enge, grün überwucherte Täler getrennt. Wasserfälle ergießen sich über die Felsen direkt ins Meer. Über Millionen von Jahren hinweg haben Wind und Wasser dieses Wunderwerk der Natur geformt. Das Terrain sieht heute noch so aus wie vor Hunderten von Jahren, als polynesische Siedler sich in diesen tiefen Tälern niederließen und sich nur von dem ernährten, was Sie anbauen oder fischen konnten. Heute ist dieser Teil der Insel unbewohnt. Dass der Küstenstrich noch so ursprünglich ist, hat er seiner Unzugänglichkeit zu verdanken: Mit dem Auto ist die Nāpali Coast nicht erreichbar.

Bootstouren entlang der Küste

Zu den schönsten Kaua'i-Erlebnissen gehört eine Bootstour entlang der Nāpali Coast. Vom Wasser aus betrachtet, nehmen die steil aufragenden Klippen noch einmal eine ganz andere Dimension an. Zu den angebotenen Ausflügen gehören neben Boots- und Katamarantouren auch Kajakexkursionen, die aber wegen der rauen See vor der Küste viel Erfahrung erfordern. Die Touren starten am Port Allen Harbor bei Hanapēpē oder in der Hanalei Bay, dauern vier bis sechs Stunden und schließen meist Schnorchelstopps ein. Wenn Sie schnell seekrank werden, sollten Sie vor dem Start ein vorbeugendes Medikament nehmen.

Die Nāpali Coast aus der Luft

Ein Flug mit dem Helikopter über die Nāpali Coast ist wirklich ergreifend – Sie wären nicht die oder der Erste mit Tränen in den Augen. Immerhin bekommen Sie dabei Einblicke in Regionen, in die noch nie ein Mensch seinen Fuß gesetzt hat. Viele Anbieter haben ihren Sitz in Līhu'e, auf dem Weg zur Westküste werden, dramatische Filmmusik inklusive, die Manawaiopuna Falls im Hanapēpē Valley überflogen. In Steven Spielbergs Blockbuster »Jurassic Park« sind sie zu sehen, wenn der Hubschrauber zum ersten Mal auf der Isla Nublar landet. Der Waimea Canyon ist ein weiteres Highlight, bevor sich die Nāpali Coast auftut. Wer einen empfindlichen Magen hat, sollte mit geeigneten Medikamenten vorbeugen und eventuell ein Unternehmen auswählen, das mit größeren Helikoptern fliegt. Tipp: Tragen Sie auf dem Flug dunkle Kleidung, um Spiegelungen in den Fenstern zu vermeiden – alle anderen Passagiere werden es Ihnen danken und Sie können sich auf großartige Fotos freuen.

Wanderung auf dem Kalalau Trail

Vom Ke'e Beach im Hā'ena State Park führt der Kalalau Trail zum Kalalau Beach und wieder zurück. Dabei bieten sich von den Klippen grandiose Ausblicke in einige der unberührtesten Täler Kaua'is. Die Wanderung ist jedoch anstrengend: Hin und zurück sind 35 km zu bewältigen, einige Passagen sind erodiert und ausgesetzt. Im Winter können hohe Wellen die Strände überspülen und Bäche nicht passierbar sein. Relativ gut bewältigen lässt sich das Teilstück zum **Hanakāpī'ai Beach** (hin und zurück 6,5 km). Ein Abstecher führt von hier aus ein Tal hinauf zu den **Hanakāpī'ai Falls** (13 km ab Ke'e Beach). Ohne diesen Abstecher sind es noch 14,5 km zum Kalalau Beach – auf halber Wegstrecke liegt das Hanakoa Valley. Wanderer auf dem Kalalau Trail benötigen eine Reservierung für den Hā'ena State Park, für Camper ist ein Permit erforderlich (Details s. S. 301.)

Infos

Im Internet: www.dlnr.hawaii.gov/dsp/parks/kauai/napali-coast-state-wilderness-park

Aktiv

Bootstouren – **Blue Dolphin:** Port Allen Marina Center, 4353 Waialo Rd., Suite 7b, Tel. 808 335 5553, www.bluedolphinkauai.com, tgl. 7–20 Uhr. Ab 145 $. **Holo Holo Charters:** Port Allen Marina Center, 4353 Waialo Rd., Suite 5a, Tel. 808 335 0815, www.holoholokauaiboattours.com, tgl. 7.30–19 Uhr. Ab 139 $. **Capt. Andy's Sailing Adventure:** Port Allen Marina Center, 4353 Waialo Rd., Suite 1a, Tel. 808 335 6833, www.napali.com. Ab 135 $. **Kaua'i Sea Tours:** Port Allen Marina Center, 4353 Waialo Rd., Suite 2b–3b, Tel. 808 335 5309, www.kauaiseatours.com, tgl. 7–20 Uhr. Ab 135 $.

Achtung: Bei rauer See oder schlechtem Wetter können die Touren abgesagt werden.

Geführte Kajaktouren – **Kayak Kaua'i:** 3-5971 Kuhio Highway, Bldg 3, Tel. 808 826 9844, www.kayakkauai.com, April–Okt. Mo, Mi, Fr, So Hā'ena Beach Park–Polihale, 250 $, Di, Do, Sa Polihale–Miloli'i, 199 $. **Napali Kayak:** 5075 Kuhio Hwy., Tel. 808 826 6900, www.napalikayak.com. April–Okt. Mo, Mi, Fr, So Hā'ena Beach Park–Polihale, 250 $, Mo, Mi, Fr, So Polihale–Miloli'i, 210 $.

Helikopterrundflüge – **Blue Hawaiian Helicopters:** 3730 Ahukini Rd., Tel. 808 245 5800, www.bluehawaiian.com. Start in Princeville und Līhu'e. Ab 269 $. **Jack Harter:** 4231 Ahukini Rd., Tel. 808 245 3774, www.helicopters-kauai.com. Start in Līhu'e. Ab 259 $. **Safari Helicopters:** 3225 Akahi St., Tel. 808 246 0136, www.safarihelicopters.com. Start in Līhu'e. Ab 199 $. **Island Helicopters:** 3788 Ahukini Rd., Tel. 808 245 8588, www.islandhelicopters.com. Start in Līhu'e. Ab 145 $.

Geführte Wanderungen – **Kaua'i Nature Tours:** Tel. 808 742 8305, www.kauainaturetours.com. 185 $. **Galeforce Adventures:** Tel. 917 518 8662, 505 Kamalu Rd., www.galeforceadventures.com. Ab 100 $.

Man würde sich nicht wundern, wenn in den abgelegenen Tälern der Nāpali Coast der eine oder andere Saurier unbemerkt überlebt hätte

IERUSALEMA HOU
MOLOKAI
Moloka'i
Kaunakakai
Pazifischer Ozean

Kapitel 5

Moloka'i

Moloka'i, die fünfgrößte der sechs Hauptinseln Hawai'is, wirkt nach. Wer sich der Ursprünglichkeit und dem komplett entschleunigten Leben auf der rund 670 km² großen Insel öffnet, wird mit Eindrücken und Erfahrungen zurückkommen, die für Hawai'i einmalig sind. Schon am Flughafen macht ein Schild klar, wie die Devise der rund 8000 Bewohner lautet: »Slow down, this is Molokai«. Das bezieht sich nicht nur auf den Straßenverkehr, sondern ist zugleich ein Plädoyer für mehr Langsamkeit und Entspanntheit im Alltag.

Auf keiner anderen der sechs hawaiianischen Hauptinseln leben so viele Menschen, die – zumindest teilweise – Native Hawaiians sind. Auch wenn der Tourismus auf Moloka'i eine wichtige Rolle spielt, ist die Insel nicht touristisch – die Auswahl an Unterkünften, Restaurants und buchbaren Aktivitäten ist begrenzt. Während Ihres Aufenthalts auf Moloka'i machen Sie den Lebensstil und den Rhythmus der Einheimischen zu Ihrem – nach dem Motto »Live like a local«.

Eins sein mit der Natur ist hier nicht nur eine Floskel. Kilometerlange, menschenleere Sandstrände an der Westküste, die höchsten Meeresklippen der Welt an der Pali Coast und tropische Vegetation im Hālawa Valley verbinden das Hier und Jetzt mit dem kulturellen Reichtum der Vergangenheit Moloka'is. Wer die Geschichte und die Traditionen auf dieser Insel erlebt, wird Hawai'i aus einem anderen Blickwinkel sehen – höchstwahrscheinlich mit den Augen einer/s Verliebten.

Die winzige Ierusalema Hou Church ist die einzige Kirche im Hālawa Valley – um den sonntäglichen Gottesdienst zu besuchen, nehmen viele Gemeindemitglieder lange Wege in Kauf

Auf einen Blick: Moloka'i

Sehenswert

Pāpōhaku Beach: Der kilometerlange weiße Sandstrand an der Westküste der Insel ist einer der schönsten Hawai'is – und einer der einsamsten. Hier können Sie endlose Spaziergänge unternehmen, ohne einer Menschenseele zu begegnen (s. S. 353).

Schöne Routen

Von Kaunakakai zum Hālawa Valley: Auf dem Kamehameha Highway (450) geht es an einsamen Stränden, historischen Fischteichen und hübschen kleinen Kirchen aus der Missionarszeit vorbei. Unterwegs bieten sich immer wieder atemberaubende Ausblicke auf den Ozean, bevor die Straße ins Landesinnere abschwenkt (s. S. 340).

Meine Tipps

Kapuāiwa Coconut Grove: Zu Zeiten König Kamehamehas V. wurde dieser Wald aus Palmen angepflanzt. Rot glühende Sonnenuntergänge über dem direkt dahinter liegenden Meer sorgen für eine Extraportion Romantik (s. S. 333).

Moloka'i Plumerias: Immer dem betörenden Duft der Frangipanis nach. Diese Farm ist ein Traum für Mädchen, Blumenfans und Instagramer (s. S. 356).

Coffees of Hawai'i: Zu den Kaffeespezialitäten von der angrenzenden Plantage gibt es wöchentlich Livemusik – natürlich mit Gesang und Hula (s. S. 357).

Post-a-Nut: Wer hat die Kokosnuss ... verschickt? Das Postamt auf Moloka'i! Bunt bemalt geht das gute Stück auf Weltreise (s. S. 358).

Hālawa Valley

Wandern im Hālawa Valley: Pilipo, der letzte im Hālawa Valley geborene und aufgewachsene, von Native Hawaiians abstammende Bewohner des Tals, gibt Einblicke in die hier gelebte Kultur (s. S. 348).

Naturspaziergänge im Kamakou Preserve: Das Schutzgebiet ist ein noch weitgehend unberührtes Paradies und beheimatet über 200 Pflanzen, die nirgendwo sonst auf der Welt zu finden sind (s. S. 362).

Moloka'i – The Friendly Island

»Schön langsam, du bist auf Moloka'i«. Die Uhren auf der zweitkleinsten Insel ticken langsamer, ab und zu scheinen sie sogar stehen zu bleiben. Moloka'is Einfachheit und der Widerstand der Bevölkerung gegen den Ausbau touristischer Infrastruktur locken nur wenige Touristen. Allerdings dürfen sich diese über menschenleere Strände, authentisches Alltagsleben und besondere Einblicke in die Kultur Hawai'is freuen.

Vor rund 1,8 Mio. Jahren durchbrachen zwei Schildvulkane die Meeresoberfläche im hawaiianischen Archipel, East und West Moloka'i. Ihre Lavaströme vereinigten sich zu einer Insel. Ein dritter, niedrigerer Schildvulkan bildete später die Kalaupapa Peninsula. Als der nördliche Teil des East-Moloka'i-Vulkans zusammenbrach und ins Meer rutschte, entstanden die Klippen an der Nordküste, die höchsten ihrer Art weltweit.

Die ersten Siedler, die wahrscheinlich von den Marquesas stammten, kamen zwischen 450 und 650 n. Chr. nach Moloka'i. Ein halbes Jahrhundert später ließ eine zweite Siedlungswelle die Bevölkerungszahl anwachsen. Die anderen Inseln des Archipels nahmen von Moloka'i kaum Notiz – wären da nicht seine Priester gewesen, deren magische Kräfte weithin gefürchtet waren. Sie sorgten dafür, dass die Insel von Stammeskriegen lange Zeit verschont blieb. Im 16. Jh. lebte Lanikaula auf Moloka'i, ein Mann mit prophetischen Gaben, der auch von den Bewohnern anderer Inseln konsultiert wurde.

Zu den ersten Konflikten kam es im 18. Jh., als sich die Kunde von Moloka'is reich besetzten Fischteichen auf den anderen Inseln verbreitete und bei den Häuptlingen Begehrlichkeiten weckte. Zunächst fiel die Insel unter die Herrschaft von O'ahu. Im Zuge der Auseinandersetzung mit dem König von Maui, der die Herrschaft über O'ahu beanspruchte, wurde Moloka'i der Schwesterinsel zugeteilt. 1795 eroberte Kamehameha I. die Insel nach einer blutigen Schlacht und schloss sie dem vereinten Königreich Hawai'i an. Die Bewohner mussten während seiner Herrschaft in Fronarbeit Sandelholzbäume fällen und diese dann an die Küste transportieren, wo sie verschifft wurden.

Vermutlich sah Captain James Cook Moloka'i bereits 1778, doch erst 1786 ging mit dem britischen Kapitän George Dixon der erste Europäer an Land. 1832 wurde in Kalua'aha die erste permanente Missionsstation gegründet, deren Kirche bis heute besichtigt werden kann.

Viele Spuren hinterließ König Kamehameha V. auf der Insel, der in der zweiten Hälfte des 19. Jh. über das Königreich Hawai'i herrschte. Am Strand von Kaunakakai ließ er sich eine Sommerresidenz erbauen. Die Hauptstraße Ala Malama Avenue wurde nach dem königlichen Wohnsitz benannt, die State Route 450 trägt den Namen Kamehameha V Highway. Auch die Viehzucht, die auf der Moloka'i Ranch betrieben wurde und die lange den wichtigsten Wirtschaftszweig der Insel darstellte, war ein königliches, von Kamehameha V. initiiertes Projekt. Der Kokospalmenhain in Kaunakakai geht ebenfalls auf ihn zurück.

Dass auf Moloka'i auch erfolgreich Zuckerrohr angebaut wurde, ist dem deutschen Einwanderer Rudolph Meyer zu verdanken, der in den 1840er-Jahren nach Moloka'i kam und in eine hochangesehene lokale Familie einheiratete. Meyer betrieb fast 30 Jahre lang die Meyer Sugar Mill und verhalf der Insel zu einem beträchtlichen wirtschaftlichen Aufschwung. Es gelang ihm auch, auf seinem

Anwesen bei Kala'e Kartoffeln, Kaffee, Weizen und Mais in Exportqualität zu produzieren. In Zusammenarbeit mit König Kamehameha überwachte Meyer außerdem das Farmland und in den 1860er-Jahren hatte er die Oberaufsicht über die Lepra-Kolonie auf der Kalaupapa Peninsula.

Für die Kranken, die man auf die isolierte Halbinsel brachte und sich selbst überließ, war Moloka'i lange ein Ort des Schreckens. Für eine nachhaltige Verbesserung ihrer Lebensumstände sorgte der später heiliggesprochene Father Damien. Der in Belgien geborene Priester kam 1873 nach Kalaupapa und verfolgte bis zu seinem Tod zwei Missionen: den katholischen Glauben zu verbreiten und den Patienten, die vor seiner Ankunft weder über Unterkünfte noch sauberes Wasser oder medizinische Versorgung verfügten, ihren schweren Alltag zu erleichtern und auch geistig Beistand zu leisten.

Heute lebt Moloka'i vom Tourismus, ein großes Entwicklungsprojekt im Westen der Insel wurde jedoch aufgrund des Widerstands der Bevölkerung nie fertiggestellt. Viele Bewohner sind Native Hawaiians, die einer weiteren Erschließung ablehnend gegenüberstehen. Moloka'i ist ursprünglicher geblieben als die übrigen Inseln Hawai'is, und daran wird sich wohl auch in Zukunft so schnell nichts ändern. Die wunderschönen Strandabschnitte im sonnigen Westen sind zumeist menschenleer, die Hauptstadt Kaunakakai ist frei von Geschäften namhafter Marken, und das Hālawa Valley im Osten vermittelt das Gefühl, in ein lebendiges Geschichtsbuch einzutauchen.

Auf Moloka'i geht alles einen langsameren Gang, im Vergleich zu den anderen Inseln ist das Leben hier einfacher und ländlicher. Vielleicht nicht immer unkomplizierter, aber mit Sicherheit bodenständiger. Wenn man auf dem kleinen Airport Ho'olehua landet und aus dem Flugzeug steigt, kommt man tatsächlich in eine andere Welt. Wer Ruhe in angenehmer Umgebung sucht, ist auf der »freundlichen Insel« richtig.

Mana'e Goods & Grindz – bei dem freundlich geführten Shop würde man auch halten, wenn er auf dem Weg von Kaunakakai in den Osten der Insel nicht der einzige wäre

Kaunakakai und die Südküste

Das kleine Herz der Insel schlägt, seelenruhig, in Kaunakakai. Moloka'is Hauptstadt ist der ideale Ausgangspunkt für Erkundungen. Der Kamahameha V Highway führt von hier aus am Pazifik entlang Richtung Osten, vorbei an schönen Stränden, alten Fischteichen und einer erstaunlichen Vielzahl von Kirchen. Er endet im Hālawa Valley, dem wahrscheinlich hawaiianischsten Ort in Hawai'i.

Vom Flughafen aus führt der Maunaloa Highway (460) direkt in die Ortsmitte von Kaunakakai, die Fahrt dauert rund 15 Minuten – außer man ist zu Schulzeiten unterwegs. Dann reduziert sich die zulässige Höchstgeschwindigkeit von 45 mph auf 20 mph – ohne Toleranz. Die Devise »Slow down, this is Moloka'i« gilt auch für den Verkehr, aber schließlich gibt es auf dieser Insel wirklich keinen Grund, sich zu beeilen. Weil es auf Moloka'i zwar keine Ampeln und nur wenige Schilder, aber viele geduldige und entspannte Menschen gibt, regeln sich viele Situationen auf der Straße ganz von selbst. Zu sehen gibt es unterwegs nicht viel, man durchquert eine trockene Ebene, die die vulkanischen Gebirgsstöcke im Westen und Osten der Insel miteinander verbindet. Auf der letzten Etappe führt der Highway zum Pazifik hinab, wo er Richtung Osten abschwenkt und in Kaunakakai endet.

Kaunakakai ▸ 5, H 11

Cityplan: s. S. 335

Von den rund 8100 Einwohnern Moloka'is lebt ungefähr die Hälfte in **Kaunakakai** an der Südküste. Die Inselhauptstadt hat den ländlichen Charme eines Dorfes, in dem die Uhren zwar nicht stehen geblieben sind, die Zeiger sich aber deutlich langsamer bewegen als andernorts. Die Häuser sind niedrig und spiegeln mit ihren offenen Veranden das aufgeschlossene Wesen der Bewohner wider – ihm verdankt Moloka'i seinen Beinamen »The Friendly Island«. Jeder scheint hier jeden zu kennen. Und auch als Tourist wird einem das eine oder andere Gesicht sehr schnell vertraut sein.

Das Zentrum Kaunakakais umfasst gerade einmal drei Blocks. Hier befinden sich das Post Office und die Kirche, eine Tankstelle, ein Supermarkt, der Molokai-Fish-&-Dive-Shop mit seinem großen Angebot an Freizeitaktivitäten und eine ganz besondere, bereits seit 90 Jahren bestehende Bäckerei, Kanemitsu's. Die meisten Restaurants und Geschäfte säumen die Ala Malama Avenue. Viele Einrichtungen, so z. B. auch die Moloka'i Public Library, sind noch in ihren Originalgebäuden beheimatet. Nur wenige Minuten vom Ortskern entfernt, direkt am Meer gelegen, erfüllt der Kaunakakai Harbor sowohl kommerzielle als auch touristische Zwecke.

Moloka'i Public Library 1

15 Ala Malama Ave., Tel. 808 553 1765, www.librarieshawaii.org/branch/molokai-public-library, Mo, Di, Do, Fr 9.30–17, Mi 12.30–20 Uhr

1937 auf einer palmengesäumten Rasenfläche aus Holz erbaut, ist die hübsche, grün gestrichene **Bücherei** die einzige auf der Insel und für Moloka'i nicht nur historisch, sondern auch gesellschaftlich von großer Bedeutung. Hier trifft man sich – zu Vorträgen und Diskussionen, aber auch zu Puzzlewettbewerben oder Computerkursen.

Kaunakakai Harbor 

Kaunakakai Pl. (Ende der State Route 460), www.kaunakakaiharbor.com

Am längsten Pier Hawai'is kommen Frachtschiffe an und Ausflugsboote legen zu Angel- und Walbeobachtungstouren ab. Der **Hafen** wurde Ende des 19. Jh. erbaut, um Handelswaren wie Zuckerrohr zu verschiffen und die Versorgung der Bevölkerung sicherzustellen. Beim Bau verwendete man die Steine von zwei nahe gelegenen, zerstörten Heiaus. Seit damals hat sich nicht viel verändert, der Pier erfüllt nach wie vor seinen kommerziellen Zweck, ist aber auch ein beliebter Treffpunkt. Einheimische kommen hierher, um ihr Abendessen frisch aus dem Meer zu fangen oder bei einem Picknick den Sonnenuntergang zu beobachten. Und der ist an diesem Ort aus irgendeinem Grund besonders friedlich. Es gibt einen kleinen Bereich für Schwimmer, ab und an legen auch Kanufahrer ab, um für ein Rennen zu trainieren.

Kapuāiwa Coconut Grove 3

State Road 460

Eine Hinterlassenschaft von Kamehameha V. auf Moloka'i ist der historische **Kapuāiwa Coconut Grove** am westlichen Ortsrand von Kaunakakai. Der 4 ha große Palmenwald wurde in den 1860er-Jahren im Auftrag des Königs angelegt. Die Zahl der einst über 1000 Bäume hat sich auf einige Hundert reduziert, dennoch ist der royale Palmenwald einer der größten und schönsten seiner Art. Ein Besuch lohnt besonders zum Sonnenuntergang, wenn der rot glühende Himmel mit dem ruhigen Meer verschmilzt und einen stimmungsvollen Hintergrund für die eleganten Silhouetten der langstämmigen Palmen abgibt. Das Gelände befindet sich im Privatbesitz des Department of Hawaiian Homelands. Den besten Blick haben Sie von der Rasenfläche aus, die direkt an den Maunaloa Highway angrenzt. Hier sind Sie (und Ihr Mietwagen) auch vor herunterfallenden Kokosnüssen sicher.

Für Unruhe sorgen in Kaunakakai nur die Pickup-Trucks, mit denen Hawaiianer aus den umliegenden Homesteads zum Einkaufen fahren

Church Row 4

State Route 460, gegenüber dem Coconut Grove

Aufgrund der besonderen Inselhistorie gibt es mehr als 20 Kirchen auf Moloka'i, eine stattliche Zahl, wenn man Größe und Einwohnerzahl betrachtet. Ganz gleich ob Adventisten, Baptisten, Katholiken, Lutheraner oder die Zeugen Jehovas – jede Glaubensrichtung, die genügend Mitglieder versammeln konnte, bekam Land für den Bau eines Gotteshauses. Die sieben kleinen Kirchen der **Church Row** stammen zum Teil aus dem späten 19. Jh., in fast allen werden am Sonntag Gottesdienste zelebriert. Eine besonders schöne Stimmung erlebt, wer sich zu dieser Zeit am Kapuāiwa Coconut Grove aufhält – da die Messen fast alle gleichzeitig stattfinden, weht ein Klangteppich aus Gesängen und Wortfetzen der Predigten auf die andere Straßenseite herüber. Den Blick auf die Palmen gerichtet und die historischen Gegebenheiten im Kopf, ist es nicht schwer, sich das Missionarsleben auf der Insel vor 150 Jahren vorzustellen.

Kaunakakai

Sehenswert
1 Moloka'i Public Library
2 Kaunakakai Harbor
3 Kapuāiwa Coconut Grove
4 Church Row

Übernachten
1 Moloka'i Shores Resort
2 Hotel Moloka'i

Essen & Trinken
1 Paddlers Restaurant & Bar
2 Moloka'i Pizza Cafe
3 Ono Fish & Shrimp Food Truck
4 Moloka'i Burger
5 Lunchbox
6 Sundown Deli
7 A Taste of Moloka'i
8 Kanemitsu's Bakery & Coffee Shop
9 Maka's Corner
10 Kamoi Snack-n-Go

Einkaufen
1 Moloka'i Farmers and Crafters Market
2 Friendly Market Center
3 Misaki's
4 Moloka'i Wines 'n Spirits
5 Kālele Bookstore & Divine Expressions
6 Moloka'i Art from the Heart
7 Something for Everybody
8 Hawai'is Finest

Aktiv
1 Moloka'i Bicycle
2 Moloka'i Fish & Dive
3 Moloka'i Ocean Tours
4 Idylwilde Hawai'i

Infos
Destination Moloka'i Visitors Bureau: Airport Kiosk, 3980 Airport Loop, Ho'olehua, Tel. 808-576 6361, www.gohawaii.com/de/islands/molokai, Mo–Fr 9–15 Uhr.

Übernachten
Die Hotelauswahl auf Moloka'i trifft sich von selbst – es gibt nur ein Hotel auf der Insel, und das befindet sich in Kaunakakai. Alternativ stehen Apartments und einfache Unterkünfte zur Verfügung.

Apartments am Strand – **Moloka'i Shores Resort** 1 **:** 1000 Kamehameha V Hwy., Tel. 808 545 3510, www.castleresorts.com. Ein bis zwei Schlafzimmer große Wohneinheiten, die mit Küche und möblierter Terrasse ausgestattet sind. Gästen stehen BBQ-Plätze und Picknickbereiche sowie ein beheizter Pool mit Meerblick zur Verfügung. Apartment ab 260 $ zzgl. Reinigungsgebühr.

Hoteldorf im Südseestil – **Hotel Moloka'i** 2 **:** 1300 Kamehameha V Hwy., Tel. 877 553 5347, www.hotelmolokai.com. Moloka'is einziges Hotel ist angelegt wie ein kleines polynesisches Dorf. Zweistöckige Bungalows beherbergen Zimmer unterschiedlicher Kategorien, die mit gehobener Ausstattung verfügen über Kitchenette und Meerblick. Frisch renovierte Oceanfront Deluxe Suite. Am Strand gelegen, aber ohne Bademöglichkeit. Das Hotel verfügt über WLAN, einen Pool und ein sehr gutes Freiluftrestaurant mit hawaiianischer Livemusik. DZ ab 140 $.

Ferienhäuser und -wohnungen – **Moloka'i Vacation Rental:** 130 Kamehameha V Hwy., Tel. 808 553 8334, www.molokai-vacation-rental.net. Verschiedene Angebote für Häuser und Wohnungen auf der ganzen Insel. Auch Langzeitvermietung.

Essen & Trinken
Mit Meerblick – **Hiro's Ohana Grill** 2 **:** 1300 Kamehameha V Hwy., Tel. 808 660 3400, www.hirosohanagrill.com, tgl. 11–14, 18–21 Uhr. Das Freiluftrestaurant befindet sich im Hotel Moloka'i und ist kulinarisch die beste Wahl vor Ort. Mit Blick aufs Meer, einer guten und leckeren Auswahl an (regionalen) Gerichten und der entspannten Atmosphäre ist der Wohlfühlfaktor groß. 'Ukulele-Klänge und hawaiianischer Gesang runden den Besuch ab. Um 25 $.

Für jeden Geschmack – **Paddlers Restaurant & Bar** 1 **:** 10 Mohala St., Tel. 808 553 3300, www.paddlersrestaurant.com, Mo–Sa 10–21, Happy Hour Mo–Sa 14–17 Uhr. Von typisch hawaiianischen Gerichten wie Pūpūs (Vorspeisen) und Loco Moco über Burger und Sandwiches bis hin zu asiatischen Spezialitäten wie Korean Fried Chicken und Thai Curry Shrimp bietet das Paddlers zahlreiche Gerichte auch für Vegetarier. Die Füße im Sand, die Augen fasziniert auf die Deko gerichtet und die Ohren gespitzt, um der Livemusik zu lauschen, fühlt man sich hier schnell dazugehörig. Um 16 $ (Fleisch- und Fischgerichte sind teurer).

Ein Hauch Italien – **Moloka'i Pizza Cafe** 2 : 15 Kaunakakai Pl., Tel. 808 553 3288, Mo–Do, So 11–22, Fr, Sa 11–23 Uhr. Pizza geht immer! Auch auf Moloka'i. Das Café ist die erste, beste und einzige Adresse für Pizza (auf der Karte stehen darüber hinaus auch Pastagerichte, Sandwiches etc.). Die Pizzen sind in drei Größen erhältlich. Ab 13 $.

So 'ono (lecker) – **Ono Fish & Shrimp Food Truck** 3 : 53 Ala Malama Ave., Tel. 808 553 8187, Di–Fr 10.30–14 Uhr. Die Auswahl an Gerichten ist nicht riesig, muss sie aber auch gar nicht sein, denn die Qualität stimmt: Fish Plate, Fish Taco, Butter Garlic Shrimp und Deep Fried Shrimp sind die Favoriten, dazu gibt es eine Beilage und ein Getränk. 12 $.

Einfach, schnell, gut – **Moloka'i Burger** 4 : 20 Kamehamea V Hwy., Tel. 808 553 3533, www.molokaiburger.com, Mo–Sa 7–21 Uhr. Ob zum Mitnehmen oder zum Verzehr vor Ort, die Burger werden ganz frisch zubereitet und sind in Fisch-, Fleisch- und Veggie-Varianten erhältlich. Der Paniolo-(Cowboy-)Burger wird mit Zwiebelringen und BBQ-Sauce verfeinert und der Teri-Burger bekommt eine Teriyaki-Marinade – dazu gehören natürlich French Fries. Auf der Karte stehen zusätzlich noch Frühstücksgerichte, Sandwiches, Salate und hawaiianische Plate-Gerichte, z. B. Loco Moco. Die Einrichtung ist die eines Fast-Food-Restaurants, der Burgerladen aber eine Institution! Burger um 8 $, Plates um 11 $.

Lunch in a Box – **Lunchbox** 5 : 70 Makaena Pl., Mo–Sa 10–15 Uhr. Die Lunchbox hieß früher Outpost, ein wirklich passender Name. Aber Lunch und Box trifft es natürlich auch. Die Auswahl ist überschaubar und mit Burgern, Loco Moco, Steaks, Hühnchen- und Schweinegerichten eher fleischlastig. Ab 11 $.

Sandwiches to go – **Sundown Deli** 6 : 145 Puali Pl., Tel. 808 553 3713, Mo–Fr 9–14.30 Uhr. Einfache, aber leckere Sandwiches, Salate und Wraps. Perfekt, um sich für ein Picknick am Strand auszurüsten. Köstliche, hausgemachte Teesorten mit Obst und Kräutern. Unter 10 $.

Food Truck – **A Taste of Moloka'i** 7 : 82 Ala Malama St., Tel. 808 658 9164, Mo–Fr 10–16.30, Sa 8.30–14.30 Uhr. Der Food Truck ist für seine leckeren Poke-Varianten wie Poke Bowls, Poke Cone Sushi und Poke Nachos, seine Açai-Bowls und hawaiianische Spezialitäten wie Poi und Ube bekannt. Ab 8 $.

Im Brothimmel – **Kanemitsu's Bakery & Coffee Shop** 8 : 79 Ala Malama Ave., Tel. 808 553 5855, www.facebook.com/pages/Kanemitsu-Bakery, Mi–Mo 5.30–17 Uhr. Eigentlich passiert nach 21 Uhr auf Moloka'i nicht mehr viel. Mit einer Ausnahme: Ab ca. 22 Uhr wird es in einer dunklen Gasse an der Ala Malama Avenue trubelig, denn dann wird (außer montags) bis 3 Uhr morgens durch die Seitentür an der »Hot Bread Lane« frisch gebackenes, heißes Brot mit Marmelade, Butter, Zucker, Zimt oder Cream Cheese verkauft. Aber auch tagsüber sind die Backwaren in dem vor 90 Jahren gegründeten Shop köstlich – der Kalo-Donut hat nicht nur einen interessanten Geschmack, sondern macht sich auch unheimlich gut als Fotomotiv! Ab 8 $.

Ganz einfach – **Maka's Korner** 9 : 35 Mohala St., Tel. 808 553 8058, Mo–Fr 7–21, Sa, So 8–13 Uhr. Unaufgeregter geht es wahrscheinlich nicht. Aber hier kommt es auch nicht auf ein schickes Erscheinungsbild an, sondern auf einfaches, gutes Essen in Form von Burgern, Pommes oder Pancakes, die den ganzen Tag lang frisch serviert werden, und Mahimahi-Sandwiches, die viele Stammgäste zu ihrem Lieblingsgericht erklären. Vor der Tür gibt es ein paar Picknicktische. Ab 5 $.

Ice Ice Baby – **Kamoi Snack-n-Go** 10 : 28 Kamoi St. # 600, Tel. 808 553 3742, Mo–Fr 10–21, Sa 9–21, So 11–21 Uhr. In dem kleinen Geschäft bekommt man Snacks, Süßigkeiten und Getränke. Der eigentliche Grund, Kamoi Snack-n-Go aufzusuchen, ist allerdings, dass hier Dave's Hawaiian Ice Cream verkauft wird. Das Familienunternehmen stellt schon seit über 30 Jahren klassische und hawaiianische Eissorten her. Ube überzeugt mit seiner tiefvioletten Farbe, Kona Coffee zollt der Kaffeekultur Tribut und Rainbow Sherbet ist mit Guave, Passionsfrucht und Ananas eine Liebeserklärung an Regenbögen und tropische Früchte. Um 4 $.

Einkaufen

Erzeugermarkt – **Moloka'i Farmers and Crafters Market 1 :** Ala Malama Ave., www.facebook.com/MolokaiFarmersMarket, Sa 7–10 Uhr. Der Markt ist nicht nur eine Quelle für frisches Obst, Gemüse und Blumen sowie lokal hergestelltes (Kunst-)Handwerk, sondern auch eine gute Gelegenheit, sich mit Einheimischen auszutauschen. Am Samstagmorgen scheint sich hier ganz Moloka'i zu treffen.

Supermarkt – **Friendly Market Center 2 :** 90 Ala Malama Ave., Mo–Fr 8.30–20, Sa bis 18.30 Uhr. Dieser Supermarkt ist mit allem ausgestattet, was man für einen (Selbstverpfleger-)Aufenthalt auf Moloka'i benötigt.

Grocery mit Tradition – **Misaki's 3 :** 78 Ala Malama Ave., Tel. 808 553 5505, Mo–Sa 8.30–20.30, So 9–12 Uhr. 2017 hat Misaki's sein 95-jähriges Jubiläum gefeiert. Vor drei Generationen wurde der Supermarkt, in dem man auch Näharbeiten in Auftrag geben konnte, als kleiner Süßwarenladen schräg gegenüber dem heutigen Standort eröffnet. Was sich seit 1922 nicht geändert hat: Der Einkauf ist immer mit einem netten Plausch verbunden.

Cheers! – **Moloka'i Wines 'n Spirits 4 :** 77 Ala Malama Ave., Tel. 808 553 5009, Mo–So 9–18 Uhr. Hier werden alkoholische Getränke wie Wein und Spirituosen, aber auch kleine Snacks verkauft.

Bücher, Souvenirs & Storys – **Kālele Bookstore & Divine Expressions 5 :** 64 Ala Malama Ave., Tel. 808 553 5112, www.molokaispirit.com/index.html, Mo 11–18, Di–Fr 10–17, Sa 9–14 Uhr. Es gibt fast nichts, was man in Auntie Teris Geschäft nicht findet – neben Kunst, Schmuck, Kleidung, spirituellem Zubehör und Musik ist es vor allem die Buchauswahl, die zum Verweilen einlädt. Und natürlich Teri selbst, die Kaffee und Wasser anbietet und liebend gerne, auch auf Deutsch, von den Zeiten erzählt, als sie noch die Welt bereiste.

Lokale Kunst und Kunsthandwerk – **Moloka'i Art from the Heart 6 :** 64 Ala Malama, Tel. 808 553 8018, www.molokaigallery.com. Vor über zehn Jahren suchten sieben einheimische Künstler einen Ort, an dem sie gemeinsam ihre Werke präsentieren konnten. So entstand diese Galerie, in der inzwischen mehr als 130 Kreative vertreten sind – einzige Voraussetzung für die Aufnahme ist, dass man auf Moloka'i lebt und arbeitet. Außer Bildern werden in der Galerie auch Fotografien, Schnitzereien aus Holz und Kokosnuss sowie Schmuck und mit tropischen Motiven bedruckte Textilien vertrieben.

SCHMUCKSTÜCKE MIT HERZ – UND SEELE

Fast jeder besitzt ein Kleidungs- oder Schmuckstück, das aus dem Urlaub mit besonders vielen, vornehmlich schönen Erinnerungen verbunden seinen Weg in den Alltag gefunden hat. In meinem Fall ist es ein ganz schmaler Armreif mit einer einzelnen dunklen Perle und einem kleinen Herzen, Markenzeichen von **Kapua U'i.** Tammy Kapua U'i Dunnam ist Gründerin und Designerin des Insel-Labels und fertigt die Schmuckstücke auch selbst an. Tammy ist außerdem Botschafterin der hawaiianischen Kultur. Geboren auf und aufgewachsen in der Abgeschiedenheit Moloka'is, verwendet sie Naturmaterialien wie Muscheln und Perlen, die in ihrer Einzigartigkeit aus jeder Kette, jedem Armreif und jedem Ohrring ein zauberhaftes Unikat machen. Wenn Tammy Zeit hat, bringt sie den Einkauf sogar selbst im Hotel vorbei (www.kapuaui.com, Webshop, kein Ladengeschäft).

Alles plus Aloha Spirit – **Something for Everybody feat. All Things Moloka'i 7:** 40 Ala Malama Ave., # 201, Tel. 808 533 3299, Mo–Fr 10–18, Sa 9–13 Uhr. Viele Produkte sind made in Moloka'i – vom Schmuck über T-Shirts bis hin zu Dekorationsgegenständen. Im Shop wird verkauft und geplaudert – und Besucher werden zudem mit zahlreichen Tipps zu Sehenswürdigkeiten und persönlichen Lieblingsorten versorgt.

Kleidung und Konzerte – **Hawai'is Finest 8:** 75B Ala Malama Ave., Tel. 808 553 5403, www.hifinest.com, Mo–Fr 8.30–16.30, Sa 10–14 Uhr. Das Label wurde von ein paar Freunden auf Moloka'i gegründet. Die Shirts mit Aufdruck und Mustern sind mittlerweile auf allen Inseln erhältlich. Außerdem organisieren die Jungs auch Konzerte – und das alles zu fairen Preisen.

Abends & Nachts

Hawaiianische Livemusik – In **Hiro's Ohana Grill 2** treten an fast jedem Abend der Woche Livemusiker auf. Im **Paddlers Restaurant & Bar 1** ist neben hawaiianischer Musik auch Country und Jazz zu hören, an manchen Abenden legt ein DJ auf oder es wird Karaoke gesungen.

Aktiv

Rundum sorglos – **Moloka'is Outdoors Activities:** Tel. 808 633 8700 oder 808 336 0946, www.molokai-outdoors.com. Der Veranstalter bietet sämtliche touristischen Leistungen wie Transport, Unterkünfte, Ausflüge, Wanderungen etc. auf Moloka'i an. Mindestgruppengröße: 4 Personen. Außerdem können Sie hier auch Kajaks und SUP-Boards ausleihen und diese sogar zu Ihrer Unterkunft liefern lassen.

Radverleih – **Moloka'i Bicycle 1:** 80 Mohala St., Tel. 808 553 5740, www.mauimolokaibicycle.com, Mi 15–18, Sa 9–14 Uhr oder nach Vereinbarung. Verleih von Tourenrädern und Mountainbikes sowie Anhängern. Kostenfreie Lieferung zum Hotel Moloka'i, Moloka'i Shores Resort und Kaunakakai Harbor. Tourentipps auf der Website. Ab 25 $ pro Tag bzw. 85 $ pro Woche.

Wassersport und Walbeobachtung – **Moloka'i Fish & Dive 2:** 53 Ala Malama Ave., Tel. 808 553 5926, www.molokaifishanddive.com, Mo–Do 6–19.30, Fr, Sa 6–20, So 6–19 Uhr. Ob Tauchen, Schnorcheln, Walbeobachtung oder Sportfischen – das Team organisiert Ausflüge und Kurse und verleiht das entsprechende Equipment. Sie können sich auch vor Ort beraten lassen und dann entscheiden, welche Option für Sie am verlockendsten klingt. Im Laden stehen zudem Sonnenschirme und Liegestühle für einen entspannten Strandtag bereit. Whalewatching-Touren ab 79 $.

Bootstouren – **Moloka'i Ocean Tours 3:** 40 Ala Malama St., # 107, Tel. 808 553 3290 oder 808 298 3055, www.molokaiocean tours.com. Die Boote »Alele« und »Manu Ele'ele« wurden speziell für den Veranstalter von Hawaiian Catamaran angefertigt. Die Crew nimmt Sie und maximal fünf weitere Gäste mit auf Walbeobachtungs-, Snuba- und Schnorcheltouren. Bei der Moloka'i-Troll-Fishing-Tour handelt es sich um einen vierstündigen Angelausflug entlang der Südküste an Bord der »Alele«. Sie starten um 6.30 Uhr am Morgen, Angeln werden gestellt. Allerdings mieten Sie das gesamte Boot für 650 $. Wer es romantisch mag, kann die »Manu Ele'ele« auch für eine Hochzeitszeremonie buchen – im stolzen Preis von 1495 $ sind Leis, Dekoration, Champagner, Pūpūs, die Urkunde und der Pfarrer enthalten, der notwendig ist, um die Ehe amtlich zu machen.

Fliegenfischen – **Idylwilde Hawai'i 4:** 1770 Kamehameha V Hwy., Tel. 503 348 4011, www.idylwildehawaii.com. Mal etwas ganz anderes: Sie verbringen rund sechs Stunden – morgens oder abends – mit Zack, der auf Moloka'i aufgewachsen ist, an Bord und halten nach Bonefish Ausschau. Hawai'i zählt zu den Destinationen mit den größten dieser Grätenfische. Ganz gleich, wie erfolgreich Sie beim Fischen sind, der Tag wird allein schon durch Zack unvergesslich, der ein echter »Waterman« ist und die Gewässer in- und auswendig kennt.

Volunteering – **Moloka'i Land Trust:** Tel. 808 553 5626, www.molokailandtrust.org. Mālama 'äina ist ein hawaiianisches Konzept, bei dem es um das Verhältnis zwischen Mensch und Land geht. In verkürzter Form besagt es, dass vom Land etwas zurückbekommt, wer sich um das Land kümmert. Wenn Sie sich in dieser Richtung engagieren möchten, können Sie je nach Zeitbudget verschiedene freiwillige Aufgaben übernehmen. Ziel der gemeinnützigen Organisation ist es, endemische Pflanzen und Tiere zu schützen und invasive Arten an der weiteren Verbreitung zu hindern. Derzeit wird u. a. am Ilio Point im Mo'omomi Preserve daran gearbeitet, das ursprüngliche Ökosystem der Dünen wiederherzustellen. Auch die Dokumentation und der Schutz von historischen Stätten gehört zu den Aufgaben: Im Mokio Preserve kümmert sich der Land Trust z. B. um die Reste von historischen Steinbrüchen, Behausungen und eines Fishing Shrine. Wer an einem Schutzprogramm teilnimmt, lernt abgelegene Landstriche der Insel kennen und bekommt die Gelegenheit, mit Einheimischen in engeren Kontakt zu treten. Die Arbeit umfasst neben Dokumentation Tätigkeiten wie das Pflanzen von Setzlingen, das Sammeln von Samen und das Jäten von Unkraut. Sie ist körperlich anstrengend, aber erfüllend. Kontakt: William (Butch) Hasse, butch@molokailandtrust.org.

Termine

Ka Moloka'i Makahiki Festival: Januar. Traditionell nach der Erntezeit, wenn alle Verpflichtungen erfüllt waren – darunter auch die Steuerzahlungen an den Häuptling des entsprechenden Distrikts – durfte gefeiert werden. Makahiki ist eine Art Olympiade, allerdings mit hawaiianischen Spielen und Wettbewerben. Während des Ka-Moloka'i-Makahiki-Festes, das mittlerweile seit über 35 Jahren stattfindet, werden diese Traditionen gepflegt und vor allem die für Moloka'i charakteristischen bewahrt. Die Veranstaltung umfasst Lesungen, Aktivitäten zu Land und im Wasser, Kunsthandwerks-Workshops, sportliche Wettbewerbe, Gesang und Zeremonien. Hauptveranstaltungsort ist der Baseball-Park gegenüber dem Mitchell Pauole Center im Zentrum von Kaunakakai.

The Moloka'i Earth Day Celebration: April. Bereits seit über 20 Jahren veranstaltet die Naturschutzbehörde dieses Event. Sinn des »Tages der Erde« ist es, Bewohner und Besucher für die natürlichen und kulturellen Ressourcen der Insel zu sensibilisieren. Die Feierlichkeiten im Mitchell Pauole Community Center in Kaunakakai umfassen hawaiianisches Essen und Unterhaltung, informative Ausstellungen und Gewinnspiele.

Kulaia – Moloka'i Canoe Festival: September. Im Zentrum des mehrtägigen Festivals stehen Kanurennen. Zum Rahmenprogramm gehören hawaiianische Musik und Hula-Tänze. Zahlreiche Stände geben Gelegenheit, lokale Spezialitäten zu probieren und Kunsthandwerk made in Moloka'i zu erwerben.

Festivals of Aloha: Oktober. Jedes Jahr steht die Veranstaltung unter einem anderen Motto, doch ihr Anliegen ist immer gleich: die hawaiianische Kultur zu ehren! Zwei Tage lang wird ein traditionelles Ho'olaule'a gefeiert – mit Hula, Musik, Essen, offiziellen Zeremonien, einer Parade und sportlichen Wettbewerben (www.festivalsofaloha.com).

Verkehr

Flugzeug: Der Moloka'i Airport (Ho'olehua Airport, MKK, 3980 Airport Loop, Tel. 808 567 9660, www.airports.hawaii.gov/mkk) liegt ca. 13 km nordwestlich von Kaunakakai im Inselinneren. Direktflüge von Honolulu mit 'Ohana by Hawaiian Airlines (www.hawaiianairlines.com), Mokulele Airlines (www.mokuleleairlines.com) und Makani Kai Air (www.makanikaiair.com), ca. 40 Min. Flugzeit, evtl. abweichende Gepäckvorschriften. Auch von Mau'i aus bestehen Direktverbindungen.

Das Kalaupapa Airfield (LUP, Tel. 808 838 8701, www.airports.hawaii.gov/lup) auf der Kalaupapa-Halbinsel wird von Chartermaschinen und Lufttaxidiensten angesteuert. Besucher, die eine geführte Kalaupapa-Tour (s. S. 359) gebucht haben, können wahlweise mit dem Flugzeug anreisen.

Mietwagen: Alamo, 3980 Airport Loop Building, #2 (die Station befindet sich außerhalb des Terminalgebäudes, gegenüber dem öffentlichen Parkplatz), Tel. 808 567 6381, www.alamo.com; Moloka'i Car Rental, 105 Ala Malama St., Tel. 808 553 3535, www.molokai-carrental.com, Pick up/Drop off: am Flughafen; **Mobettah Car Rentals**, Mahana Gardens on Maunaloa Hwy., Tel. 808 308 9566, www.mobettahcarrentals.com, kleines, lokales Unternehmen, das ältere Autos zu vergleichsweise günstigen Preisen für einen Mindestzeitraum von sieben Tagen vermietet. Ihren Mietwagen sollten Sie unbedingt rechtzeitig im Voraus buchen – die Anzahl der Autos ist begrenzt, vor allem in den Wintermonaten (Nov.–März) und an den Wochenenden kann es zu Engpässen kommen. Für die meisten Ausflüge genügt ein normaler Pkw, ein Fahrzeug mit Allradantrieb benötigt man nur für den Ausflug zum Kamakou Preserve.

Tankstelle: Texaco, 20 Maunaloa Hwy., Tel. 808 553 3214, Mo–Fr 6–20.30, Sa 6–21, So 7–18 Uhr.

Taxi: Hele Mai Taxi, Tel. 808 336 0967 oder 808 646 0608, www.molokaitaxi.com. Transporte zum Flughafen und nach Kaunakakai, andere Ziele auf Anfrage.

Entlang der Südküste zum Hālawa Valley

Eine der schönsten Unternehmungen auf Moloka'i ist die knapp 45 km lange Fahrt auf dem Kamehameha V Highway (450) von Kaunakakai bis zum Hālawa Valley. Die Fahrzeit beträgt zwischen 1,5 und 2 Stunden. Strände, historische Fischteiche und eine Vielzahl von Kirchen säumen den Weg entlang des Pazifiks. In verstreut liegenden Anwesen leben Native Hawaiians, die wie ihre Vorfahren Kalo und Süßkartoffeln anbauen, Fische fangen und im Meer Limu ernten, ein essbares Seegras. Auf der Fahrt entlang der Südküste möchte man immer wieder anhalten, um die Aussicht zu bewundern. Allerdings wird die Straße auf dem letzten Viertel immer schmaler und kurviger, daher sollten Sie zum Genießen des Panoramas die sicheren Halt- und Parkmöglichkeiten nutzen.

Zwischen Kaunakakai und Kamalo ▶ 5, H–K 11

Etwa 5 km östlich von Kaunakakai entdeckt man im Meer Steinwälle, die die Form eines Rechtecks bilden. Es handelt sich um den **Ali'i Fishpond** und den **Kaoaini Fishpond,** zwei alte königliche Fischteiche (s. Thema s. S. 342). Dazwischen erstreckt sich der in zwei Abschnitte unterteilte **One Ali'i Beach Park.** Der Sandstrand ist schmal und das flache, felsige Wasser allenfalls zum Planschen, aber nicht zum Schwimmen geeignet. Dennoch ist One Ali'i ein schön angelegter Park, in dem Picknicktische zu einer Pause mit Blick aufs Meer einladen, auch Toiletten sind vorhanden und mit Permit darf gezeltet werden.

Vorbei an einem weiteren Fischteich, dem **Kanoa Fishpond,** erreicht man den kleinen Ort **Kawela.** Es folgt der **Kakahai'a Beach Park** mit einem Vogelschutzgebiet, in dem man einheimische Seevögel beobachten kann. Noch etwas weiter östlich in **Kamalo** steht beim Mile Marker 10 direkt an der Straße die 1876 erbaute **St. Joseph's Church**. Sie ist das zweitälteste Gotteshaus auf der Insel und eine von vier katholischen Kirchen, die Father Damien auf Moloka'i errichten ließ – zwei weitere stehen auf der Kalaupapa-Halbinsel (s. S. 359). Es lohnt sich, einen kurzen Blick hinein, auf den angrenzenden Friedhof und auf die Bronzestatue Father Damiens zu werfen. Sie wurde von einem ehemaligen Lepra-Patienten geschaffen und steht seit 1979 an diesem Ort. Die schlichte, weiß gestrichene Holzkirche hat nur einen Raum mit fünf Bankreihen (www.damienchurchmolokai.org).

Übernachten

Freundliche Gastgeber – **Ka Hale Mala B & B:** 38 Kamakana Pl. (vor Mile 5), Tel. 808-553-9009, www.bnbmolokai.com. Rund 8 km östlich von Kaunakakai auf der Landseite des Kamehameha V Highway gelegen, ein Strand zum Schwimmen ist nur fünf Gehminuten entfernt. Umgeben von einem Garten, in dem tropische Früchte gepflückt und direkt verzehrt werden können. Island Style Country Breakfast mit selbstgebackenem Brot, Obst und Gemüse aus eigenem Anbau. Familiäres Ambiente, dennoch ausreichend Privatsphäre. DZ 90 $.

Im Hālawa Valley mit seinen versteckten Kultstätten und grünen Kalo-Feldern ist der Geist des alten Hawai'i noch sehr lebendig

Hawai'is Fischteiche – nachhaltige Aquakultur

Ohne Vorwissen würde man die vielen Loko i'a (Fischteiche), die über alle Inseln Hawai'is verteilt sind, vielleicht gar nicht bewusst wahrnehmen. Dabei gehören sie, genau wie Hula und Kalo, zu den wichtigsten Kulturgütern des Archipels. Von ursprünglich knapp 488 Teichen sind aktuell sechs wieder in Benutzung.

Im 13. Jh. haben die Hawaiianer eine Kulturtechnik entwickelt, die auch heute noch einen Geniestreich darstellt: die Fischzucht im Loko i'a. Insgesamt 488 dieser Teiche soll es einmal in Hawai'i gegeben haben. Viele von ihnen wurden im Lauf der Jahrhunderte zerstört oder sind nur noch anhand von ein paar Steinen, die aus dem Wasser ragen, zu erahnen. Doch 13 Fishponds wurden im Rahmen eines wiedererstarkten Bewusstseins für die eigenen Traditionen und Gebräuche restauriert. Von den sechs aktiv genutzten Teichen befinden sich drei auf Moloka'i. Einen weiteren gibt es auf Maui (Ko'ie'ie), einen auf Hawai'i Island (Kalahuipua'a) und einen auf O'ahu (He'eia).

Die Loko i'a stellten ein ganz einfaches, aber höchst effizientes System dar, Fischzucht zu betreiben und so die Ernährung einer Gemeinschaft sicherzustellen. Die Teiche mit einer Fläche von mehreren Hektar befanden sich in der Regel im flachen Wasser eines Riffs und wurden von einem Damm aus Lava- und Korallensteinen (Kuapu) umgeben. In dem geschützten Bereich züchtete man Algen als Fischfutter. Im Wall gab es Durchlässe aus Gittergeflecht (Makaha), durch das kleine Jungfische Zugang zum Teich hatten. Durch die guten Nahrungsbedingungen im sonnendurchwärmten Flachwasser wurden die Tiere aber schnell größer. Falls sie das Fressparadies dann doch verlassen wollten, hielt das Gitter sie auf – sie passten einfach nicht mehr durch die Öffnungen. Durch den porösen Lavastein konnte Salzwasser in den Teich eindringen und eine Zirkulation erzeugen. Manche Loko i'a, z. B. auf Kaua'i, lagen auch im Bereich von Flussmündungen und wurden von Süßwasser gespeist. Durch das Öffnen einer Schleuse konnte bei Bedarf nährstoffreiches Wasser hinzugefügt werden.

Das Fangen der Fische war in dieser Umgebung sogar mit der Hand möglich. Dieser Spaß und ebenso der Verzehr der Beute war allerdings Häuptlingen und Königen vorbehalten, weswegen man die Teiche auch Royal Fishponds nennt. Wenn ein Ali'i ein Stück Land mit vielen Fischteichen besaß, wurde dieses als 'Aina momona, fettes oder süßes Land, bezeichnet. Das Volk durfte nur im Meer oder in den Flüssen fischen, die Loko i'a waren für sie kapu, tabu.

Die meisten Fischteiche wurden an der flachen Südküste von Moloka'i gebaut. Der Keawanui Fishpond (s. S. 343) und der Kahina Pōhaku Fishpond (s. S. 343) fungieren als Lehrzentren und sind nach vorheriger Anmeldung zu besichtigen. Im Rahmen von Volunteering-Programmen kann man sich auch an der Instandhaltung beteiligen.

Aktiv

Ranch-Besuch – **Kapualei Ranch:** 5876 Kamehameha V Hwy., Tel. 808 558 8142, www.kapualeiranch.com. Moloka'i hat, ähnlich wie die anderen hawaiianischen Inseln, eine langjährige Paniolo-Geschichte. Die Kapualei Ranch ist seit 1868 in Familienbesitz und engagiert sich neben dem regulären Viehbetrieb und der Pferdezucht für den Umweltschutz, insbesondere den Erhalt einheimischer Pflanzen.

Termine

Moloka'i Stampede: November. Seit 2006 richtet die Kapualei Ranch jedes Jahr die Moloka'i Stampede aus. Die Teilnehmer kommen von allen Inseln und feiern die hawaiianische Paniolo-Vergangenheit und -Gegenwart. Zu den Disziplinen gehören u. a. Break Away Calf Roping, Kälberfangen mit dem Lasso und Barrel Race – dabei muss der Reiter kleeblattförmige Schleifen um drei Tonnen reiten.

Von Kamalo nach Pūko'o

▶ 5, J–L 11

Die nächste Station auf der Fahrt Richtung Osten ist der **Keawanui Fishpond,** der als Musterbeispiel eines königlichen Fischteichs unter Denkmalschutz steht und im Rahmen von 60-minütigen, geführten Touren besichtigt werden kann. Dabei erfährt man interessante Fakten über diese traditionelle Art nachhaltiger Fischzucht (Führung 20 $ für bis zu 5 Pers., jede weitere Person 5 $, buchbar über Hui o Kuapā, Tel. 808 336 0853, www.huiokuapa.org, eine gemeinnützige Organisation, die sich für die Erhaltung historischer Fischteiche einsetzt).

In **Kalua'aha** steht links der Straße, gegenüber dem Ni'aupala Fishpond, die Kirche **Our Lady of Seven Sorrows.** Sie wurde ebenfalls von Father Damien errichtet, zwei Jahre vor St. Joseph, und ist somit Moloka'is ältestes Gotteshaus. Wegen seines bedenklichen Zustands rekonstruierte man den hölzernen Bau in den 1960er-Jahren entsprechend dem Original. Zur Kirche gehört ein von Palmen umgebener Friedhof – ein schöner, ruhevoller Ort (www.damienchurchmolokai.org).

Der nächste Ort, an dem man vorbeikommt, ist **Pūko'o.** Auch wenn es nur schwer vorstellbar ist: Hier befand sich einst die Inselregierung – mit Gericht, Postamt und Gefängnis. Doch Kaunakakai machte Pūko'o durch seine zentrale Lage Konkurrenz und wurde letztendlich zu Molokai's Hauptstadt erklärt. Heute verpasst man nichts, wenn man ohne anzuhalten einfach weiter dem Highway folgt.

Einkaufen

One Stop Shop – **Mana'e Goods & Grindz:** 8615 Kamehameha V Hwy. (zwischen Mile 15 und 16), Tel. 808 558 8498, Mo–Fr 6.30–18, Sa, So 6.30–17.00 Uhr, »Fenster« Mo–Fr 7–18, Sa, So 8–17 Uhr. Von außen sieht das Häuschen nach nicht viel aus, aber man sollte den Wert dieses Familienbetriebs nicht unterschätzen, denn auf dem Weg in den Osten ist es das einzige Geschäft, in dem man Lebensmittel einkaufen kann. Außerdem gibt es ein kleines Fenster, durch das man Frühstück und Mittagessen bestellt. Ab 6 $.

Von Puko'o zum Kūmimi Beach Park ▶ 5, L 10/11

Die **United Church of Christ Congregational Church** an der Ortseinfahrt von **Waialua,** kurz vor dem Mile Marker 20, ist das letzte Exemplar der Kirchenchronologie an der Südküste. Am Horizont machen die Silhouetten von Lāna'i und Maui die Kulisse perfekt. Nur wenig weiter erblicken Sie auf der Meerseite mit dem **Kahina Pōhaku Fishpond** ein weiteres, beeindruckendes Exemplar eines Fischteichs. Er stammt noch aus der Zeit vor den ersten westlichen Kontakten und wurde nach der Göttin Hina benannt. Der Fishpond ist das Zuhause von Raymond Leimana Naki, Nachfahre von Native Hawaiians, die den Teich vor Hunderten von Jahren anlegten. In den letzten 20 Jahren stellte er die Mauern wieder her und erweckte eine alte Kulturtechnik, die einst ganzen Gemeinden das Überleben sicherte, zu neuem Leben. Der Fischteich kann im Rahmen von geführten Touren besucht werden, längere Aufenthalte geben Gelegenheit, an seiner Instandhaltung mitzuarbeiten (www.kahinapohakufishpond.org).

Vor der Südküste Molokais erstreckt sich auf 45 km das längste durchgängige Saumriff Hawai'is mit einer Vielzahl von Korallenarten und bunten Fischen. Organisierte Schnorchel- und Tauchausflüge sind eine Möglichkeit, die Unterwasserwelt zu erkunden, aber schöne Schnorchelreviere finden sich auch in Eigenregie. Einer der beliebtesten Spots ist die Lagune des **Kūmimi Beach Park** (auch Murphy's Beach oder Twenty Mile Beach). Nahe der Küste gibt es zwar viele Felsen und das Wasser ist sehr flach, aber sobald Sie sich etwas vorgearbeitet haben, wird die Unterwasservielfalt Sie begeistern. Wenn Sie allein unterwegs sind, bleiben Sie besser nah am Strand, am Außenriff gibt es Strömungen. Hier kann man bei geführten Tauchgängen Meeresschildkröten und mit etwas Glück auch Mantarochen begegnen. Fast garantiert sieht man in der Saison zwischen Dezember und April von der Küste aus Buckelwale. Die Meeresriesen halten sich zum Gebären ihrer Jungen – und zum Entspannen! – in den Gewässern zwischen Moloka'i, Maui und Lāna'i, speziell im Kalohi Channel, auf.

Übernachten

Cottages mit Meerblick und Strand – **Dunbar Beachfront Cottages:** 9750 Kamehameha V Hwy., Kainalu, Tel. 808 336 0761, www.molokaibeachfrontcottages.com. In Kainalu stehen zwei Cottages, teils auf Stelzen, gefühlt wie auf einer kleinen Insel direkt am Meer – dazu gibt es noch eine überdachte Lanai und einen privaten Strandabschnitt, der nur von den Gästen genutzt wird und an dem man rund ums Jahr schwimmen und schnorcheln kann. Das **Pauwalu Beachfront Cottage** verfügt über zwei Schlafzimmer, in denen vier Personen bequem Platz finden. Die Küche ist voll ausgestattet, es gibt eine Waschmaschine und einen Trockner. Das Häuschen liegt auf Strandniveau, ein Picknicktisch und ein BBQ-Grill befinden sich in einem schattigen Bereich. Das **Pu'unana Beachfront Cottage** hat die gleiche Größe und Ausstattung. Der Strand ist über ein paar Stufen erreichbar. Die beiden Cottages haben zwar keine Klimaanlage, aber Ventilatoren in den Schlafzimmern und im Wohnzimmer. Der größte Pluspunkt: Von der Terrasse eröffnen sich freie Blicke auf die Nachbarinseln Maui, Lāna'i und Kaho'olawe – und in den Wintermonaten zwischen Dezember und April sorgen vorbeiziehende Wale für jede Menge Wow-Effekte! Cottage 210 $, Mindestaufenthalt drei Nächte, 90 $ Reinigungsgebühr.

Rock Point und Sandy Beach ▶ 1, H 2

Für die nun folgende Etappe sollten Sie sich unbedingt Zeit nehmen, denn die Straße wird hier sehr schmal und als zulässige Höchstgeschwindigkeit sind 5 mph vorgeschrieben. Sie fahren

oberhalb der Küste, mit fantastischen Ausblicken, zwischen Mile Marker 21 und 22 fällt eine imposante Felsformation ins Auge, der **Rock Point** (auch Pōhakuloa, »langer Stein«). Hier treffen sich viele Einheimische, um Surfwettbewerbe auszutragen. Nicht weit entfernt liegt direkt am Highway der **Sandy Beach.** Er hat einen großen Parkplatz und ist neben Murphy's Beach der am besten zum Schwimmen geeignete Strand der Südküste. Vor dem Hālawa Beach Park gibt es keine weiteren Bademöglichkeiten mehr. Die beiden kleinen Felseninseln, die man von hier aus erkennt und die rund 1,6 km von der Küste entfernt sind, heißen **Moku Ho'oniki** (die größere) und **Kanahā Rock.** Während des Zweiten Weltkriegs wurde Moku Ho'oniki von der Air Force für Bombenübungen genutzt. Die Inseln sind mittlerweile geschützt und beheimaten viele Seevögel, unter Wasser kann man Walhaien und Hammerhaien begegnen. Wegen der starken Strömung benötigen Taucher hier aber sehr viel Erfahrung.

Am Rock Point findet im wahrsten und gleichzeitig auch im übertragenen Sinne des Wortes ein Richtungswechsel statt. Die Straße verlässt die Küste, schwenkt ins Inselinnere ab und windet sich in Serpentinen bergauf nach Hālawa. Spätestens ab jetzt haben Sie keinen Handyempfang mehr. Wenn Sie weidende Rinder erblicken, haben Sie das Gelände der Pu'u O Hōkū Ranch erreicht, neben der Moloka'i Ranch der zweite große Landwirtschaftsbetrieb auf der Insel.

Der Kūmimi Beach mit seinem ruhigen Wasser ist einer der besten Schnorchelspots auf Moloka'i

Pu'u O Hōkū Ranch

▶ 5, L 10

Kamehameha V Hwy., Mile Marker 25, Tel. 888 573 7775, www.puuohoku.com
Bereits seit den 1930er-Jahren wird auf dem Areal der **Pu'u O Hōkū Ranch** Viehzucht betrieben. Doch in der hawaiianischen Mythologie ist der »Sternenhügel« schon sehr viel länger als Zufluchtsort von Nakoa bekannt – hier fand er Ruhe und Sicherheit, nachdem er auf Maui ein Kapu, ein Tabu, gebrochen hatte. Pu'u O Hōkū ist ein Familienunternehmen, das nachhaltige Landwirtschaft betreibt und sich für den Schutz endemischer Flora und Fauna einsetzt. Die Farm ist den Auflagen der Hawai'i Organic Farmers Association entsprechend biodynamisch und organisch zertifiziert und verzichtet bereits seit über 25 Jahren auf Chemie. Angebaut werden neben 'Awa (Kava-Kava), einem Pflanzenextrakt zur Schmerzbekämpfung, eine Vielzahl von Obst- und Gemüsesorten sowie Saatgut. Im kleinen Shop kann man alle Produkte kaufen, ebenso das Fleisch von der Ranch. Zu Pu'u O Hōkū gehören auch eine Lodge und Cottages. Letztere sind für Aufenthalte von Einzelreisenden und Familien buchbar (DZ ab 200 $ plus Reinigungsgebühr).

Aktiv

'Ukulele-Workshops – Das in Oregon ansässige Unternehmen **Full Heart Productions** (www.fullheartproductions.com) veranstaltet regelmäßig außergewöhnliche Workshops auf der Pu'u O Hōkū Ranch. Ziel der Gründerin Melany Berry ist es, Menschen durch Musik und Naturerlebnisse zusammenzubringen. Während des Workshops »Uke 'ohana« erlernen die Teilnehmer z. B. das 'Ukulele-Spiel. Zum Rahmenprogramm gehören Wanderungen, Unterricht in der hawaiianischen Sprache und in Hula – außerdem werden hawaiianische Gerichte und Geschichten

Im Shop der Pu'u O Hōkū Ranch werden auch Apfelbananen verkauft – die aromatische Frucht eröffnet ganze neue Geschmacksuniversen

»serviert«. »Hidden Hawai'i« macht mit der einheimischen Flora und Fauna vertraut. Tiere und Pflanzen dienen als Motive für Drucke, die nach traditionellen Methoden auf Papier, Stoff und andere Oberflächen gebracht werden.

Hālawa Valley ▶ 5, L 10

Insgesamt gibt es vier Täler im Nordosten der Insel: Waikolu, Pelekunu, Wailua und Hālawa Valley. Die ersten drei Täler befinden sich im Kamakou Preserve und Besucher bekommen nur durch Aussichtspunkte kleine Einblicke. Das **Hālawa Valley** ist das einzige Tal, das mit dem Auto erreicht werden kann.

Die Wiege des alten, ursprünglichen Hawai'i, das erstmals um 650 n. Chr. von den ersten Polynesiern besiedelt wurde, befindet sich genau hier. Hohe Berge und tiefe Täler, Wasserfälle, einheimische Pflanzen und seltene Vögel, all das findet an diesem besonderen Ort ein Zuhause. Auf dem Kamehameha V Highway ist der **Hālawa Valley Lookout** in einer scharfen Linkskurve nahe dem Mile Marker 26 der perfekte Punkt, um Hālawa in all seiner Schönheit zu bewundern. Die asphaltierte Straße endet nach einer kurvenreichen Fahrt bergab beim **Hālawa Beach Park** an der Hālawa Bay, nach einer kurzen Fahrt auf Geröll kommt man zum Parkplatz. In der Bucht, die man durch Durchqueren eines Flusses erreicht, liegen der **Kama'alaea Beach** im Westen und der **Kāwili Beach** im Osten – die Strände sind wenig gepflegt und sehr steinig, es gibt jedoch Picknicktische und Toiletten. Das Regenwasser aus den Bergen fließt durch den Hālawa Stream am östlichen Ende des Kama'alaea Beach in den Ozean, dadurch lädt das Wasser nicht zum Baden oder Schnorcheln ein. Der Kāwili Beach ist weniger geschützt, die Wellen können sehr hoch und die Strömungen stark sein – für geübte Surfer einladende Bedingungen. Schon die Häuptlinge haben Gefallen am Surfen in der Hālawa Bay gefunden. Heutzutage sieht man ab und an auch Kajakfahrer, allerdings ist höchste Vorsicht geboten, denn die Brandung kann sehr gefährlich sein.

»SONS OF HĀLAWA«

Wer sich über die Geschichte und das Leben im Hālawa Valley informieren möchte, sollte sich unbedingt den Dokumentarfilm **»Sons of Hālawa«** (2016) ansehen. Der Filmemacher Matt Yamashita hat Greg und Pilipo Solatoria (s. Aktiv unterwegs S. 348) in ihrem nicht ganz einfachen Alltag gefilmt und zeigt mit viel Feingefühl die Verbindung zwischen Vater und Sohn und der Familie zur hawaiianischen Kultur und Natur sowie die Bedeutung des Hālawa Valley in der Geschichte Hawai'is.

Hālawa Tropical Flower Farm

www.molokaiflowers.com, Di–Fr, So 10–16 Uhr nach Voranmeldung, Eintritt und Smoothie frei, Spenden erwünscht

Die **Hālawa Tropical Flower Farm,** die im Tal auch Kuleana Work Center genannt wird, kann in Verbindung mit, aber auch ohne den Hālawa Valley Falls Cultural Hike (s. Aktiv unterwegs S. 348) besucht werden (Anmeldung online oder per E-Mail). Auf der Farm werden zahlreiche tropische Pflanzen angebaut, deren Farben- und Formenvielfalt jeden Europäer staunen lassen. Nach dem Rundgang gibt es zur Erfrischung einen leckeren Smoothie, ein Potpourri der hier angebauten Obstsorten, darunter Bananen, Papaya und Passionsfrucht.

Aktiv

Musikalischer Guide – **Mystical Moloka'i:** Tel. 808 558 8396, 808 658 0191, edward.tanaka@yahoo.com, www.mysticalmolokai.com. Eddie Tanaka führt ein Ein-Mann-Outdoor-Unternehmen und ist gleichzeitig ein in ganz Hawai'i be-

WANDERN IM HĀLAWA VALLEY

Tour-Infos

Start: Hālawa Beach Park
Länge: rund 5,5 km
Dauer: Halbtagesausflug
Schwierigkeitsgrad: mittel
Infos und geführte Touren: Hālawa Valley Falls Cultural Hike, Tel. 808 542 1855, www.halawavalleymolokai.com, Mo–Sa, 9 Uhr, Erw. 60 $ (40 $ nur Kulturteil), Kinder 35 $ (20 $ nur Kulturteil), Mindestgruppengröße 2 Pers.

Wichtig: Auf die Wanderung sollten Sie einen Rucksack mit Wasser, Verpflegung, Sonnencreme, Mückenspray, Badebekleidung und einem Handtuch mitnehmen. Festes Schuhwerk ist erforderlich, die Tour kreuzt zwei Flüsse. Bei Regen fallen die Wanderungen aus. Da die telefonische Rückbestätigung der Tour nur über lokale Nummern getätigt wird, unbedingt eine Hotelnummer angeben.

Das **Hālawa Valley** war einst ein im Verhältnis dicht besiedeltes Ahupua'a (traditionelle Einteilung des Gebiets in Parzellen). Mehrere Tausend Menschen lebten hier mit allem, was zu einer Dorfgemeinde gehörte – Schule, Wohnhäuser, Kirche, Tempel etc. Die Bewohner betrieben über ein Jahrtausend lang Ackerbau, kultivierten vor allem Kalo, bis 1946 und erneut 1957 Tsunamis das Tal erfassten und die Felder zerstörten. Obwohl fast alle Einwohner überlebten, blieben nur wenige Familien im Hālawa Valley – die von Anakala Pilipo Solatoria ist eine davon. Pilipo ist der letzte im Tal geborene und aufgewachsene Einwohner, der noch im Hālawa Valley wohnt. Mit fünf Jahren wurde er dazu bestimmt, das kulturelle Erbe seiner Familie zu bewahren und weiterzugeben. Pilipo vermittelt die alten Bräuche und Fertigkeiten durch Geschichten, Lieder, Hula und Aloha. Und das nicht nur an Einheimische, sondern auch an Besucher, denn im Hālawa Valley gilt der Grundsatz, dass die alte hawaiianische Kultur »sacred, not secret« ist. Interessierte und respektvolle Besucher werden herzlich aufgenommen und auf dem privaten Gelände der Solatoria-Familie mit einem Protokoll willkommen geheißen. Geführte Touren sind die einzige Möglichkeit, das in Privatbesitz befindliche Hālawa Valley zu erkunden und zu den über 75 m hohen **Moa'ula Falls** zu wandern. Fast alle Touren werden von Gregory Kawaimaka Solatoria begleitet, einem von Pilipos Söhnen. Genau wie Pilipo wurde Greg von seinem Vater dazu bestimmt, das (Kultur-)Erbe des Hālawa Valley weiterzugeben. Treffpunkt ist der Hālawa Park Pavilion. Von hier aus führt Greg die Gruppe durch privates Gelände zum Eingang des Solatoria-Hauses, wo eine traditionelle hawaiianische Zeremonie stattfindet: Zuerst erbittet Greg Eintritt, indem er in ein Muschelhorn bläst. Wird das Signal erwidert, darf das Zuhause betreten werden. Die Zeremonie umfasst ein Begrüßungsritual, das aus einem hawaiianischen Oli (Gesang) und einer Geste, bei der sich Stirn und Nase berühren, besteht. Wer ein kleines Geschenk aus seiner Heimat mitbringt, verpackt dies vor Ort in Blätter und übergibt es der Familie. Die Gäste erhalten zu Beginn Leis, Ketten aus Blumen oder Blättern. Auf der Terrasse erzählen Greg und Pilipo die Geschichte des Hālawa Valley, erläutern die wichtigsten Traditionen und beschreiben damit auch gleich ihren Alltag, der dem ihrer Vorfahren im Wesentlichen gleicht. Im Anschluss beginnt die Wanderung zu den Moa'ula Falls. Auf dem Weg erklärt Greg die Flora und Fauna, die Bedeutung von Kalo-Feldern, heiligen Felsblöcken und Tempeln. Nach rund 2,7 km erreichen Sie die Wasserfälle – hier wird eine Pause zum Ausruhen, Picknicken (Selbstversorgung) und, je nach Wetter und Laune, Schwimmen eingelegt. Wer sich abkühlen möchte, sollte seine Badekleidung bereits unter dem Wanderoutfit tragen. Eine längere Wanderung zu den versteckt gelegenen, über 150 m hohen **Hīpuapua Falls** ist auf Anfrage ebenfalls möglich. Der Rückweg führt an der 1948 erbauten **Ierusalema Hou Church** vorbei zum Ausgangspunkt zurück. Wer die Möglichkeit hat, den über 70-jährigen Pilipo persönlich kennenzulernen, wird eine unvergessliche Begegnung haben – und eine Erinnerung aus Hawai'i mitnehmen, die unbezahlbar ist.

kannter Musiker. Sein Debutalbum, das ebenfalls »Mystical Moloka'i« heißt, wurde 2012 bei den Nā Hōkū Hanohano Awards, das hawaiianische Pendant zu den Grammy Awards, nominiert. Da das Land im Hālawa Valley privat ist, benötigen Sie einen anerkannten Guide wie Tanaka, der Ihnen Zugang gewährt. Tanaka bietet verschiedene Unternehmungen an – einer der schönsten Ausflüge führt zu den **Moa'ula Falls.** Eine Legende besagt, dass man ein Ki-Blatt aufs Wasser legen muss, wenn man im Pool am Fuße der Wasserfälle schwimmen möchte. Wenn es sinkt, sollte man vom Eintauchen absehen, wenn es an der Oberfläche liegen bleibt, kann man baden. Der Weg tiefer ins Tal zu den Fällen ist ein kultureller und historischer Ausflug und der Wechsel der Flora ein faszinierender Anblick. Auf Noni-Bäume folgen Kukui-Haine und schließlich gelangen Sie zu einem heiligen Kalo-Feld. Am Fluss befindet sich ein Friedhof, der von Steinmauern umgeben wird. Sie passieren zudem Heiaus, ein Areal, auf dem früher die Festlichkeiten zur Makahiki-Saison stattfanden, und zwei große Felsblöcke, sogenannte Geburtssteine, die so positioniert sind, dass sie für den Gebärprozess förderlich waren. Wenn es geregnet hat, wird die Wanderung zu einem besonders nassen Erlebnis, denn Sie müssen den ein oder anderen Fluss durchqueren.

Maunaloa und die Westküste

Von Kaunakakai führt der Maunaloa Highway durch das Landesinnere in Moloka'is Westen. Die Fahrt ist eine Reise in eine andere Welt. Kilometerlang folgt man einer fast kurvenlosen Straße, die von feinem rotem Staub überzogen ist. Rechts und links passiert nicht viel – das Ziel ist entweder die Ortschaft Maunaloa oder einer der schönsten Strände Hawai'is.

Über 10 Jahre ist ein Ereignis her, das den Tourismus auf Moloka'i wesentlich verändern sollte: Die Moloka'i Ranch, deren Land mehr als ein Drittel der Inselfläche ausmacht, wurde geschlossen. Vor 2008 war die Ranch mit zwei Hotels, zwei Golfplätzen, Pferden und Paniolos der Besuchermagnet der Insel und einer der wichtigsten Arbeitgeber. Von der Schließung war auch Maunaloa, damals ein lebendiges Städtchen mit touristischer Infrastruktur, betroffen. Die Betreibergesellschaft, GL Ltd., begründete ihre Entscheidung damit, dass ihre Pläne für weitere Bau- und Entwicklungsmaßnahmen nicht genehmigt wurden. Derzeit wird ein neuer Investor gesucht – wer auf Moloka'i Fuß fassen will, muss jedoch einen gemeinsamen Nenner mit den Einheimischen finden und sicherstellen, dass das Projekt zu Land und Leuten passt. In der Vergangenheit scheiterten schon viele Ideen am Widerstand der Locals, die den ursprünglichen Charakter der Insel bewahrt wissen möchten.

Maunaloa ▶ 5, E/F 10

Seit der Schließung der Moloka'i Ranch haben viele Bewohner **Maunaloa** verlassen, ein heute verschlafen wirkendes Städtchen, das 1923 für die Arbeiter der Ananasplantagen von McNeill & Libby erbaut wurde. 1982 gab man den Ananasanbau wegen schlechter Erträge auf und die Stadt verwaiste, bis die Moloka'i Ranch für neuen Aufschwung sorgte. Heute stoppen die meisten Besucher nur, um sich mit Proviant für den Strand einzudecken. Oder sie besuchen die **Big Wind Kite Factory** (s. unten), in der Drachen als Unikate von Hand hergestellt und verkauft werden.

In der Nähe von Maunaloa ist der Legende nach der Hula entstanden: In **Kana'a** am Hang des erloschenen Vulkans soll ihn die Göttin Laka zum ersten Mal getanzt haben. Zur Erinnerung daran wird alljährlich ein Fest mit Hula-Wettbewerb veranstaltet (s. S. 351 und Thema S. 352).

Einkaufen

Surf's up – **Beach Brake Surf Shop:** 2130 Maunaloa Hwy., auf dem Weg nach Maunaloa, kurz vor der Abzweigung des Highway 470, Tel. 808 567 6091, www.bigwindkites.com/beachbreak, Mo–So 10–16 Uhr. Der Shop wird von Zach Socher geführt, begeisterter Surfer, Künstler und Fotograf. Seiner größten Leidenschaft hat Zach auch die Öffnungszeiten angepasst: 10–16 Uhr – »damit ich davor und danach Wellenreiten kann«. Im Laden gibt es von allem etwas: Kunst und Fotografien, Wassersportausrüstungen, auch zum Ausleihen, Bücher, Kleidung, Schmuck und Kosmetik. Und die größte 'Ukulele-Auswahl der Insel. Unbedingt vorbeigucken!

Drachenparadies – **Big Wind Kite Factory:** 120 Maunaloa Hwy., Tel. 808 567 6776, www.bigwindkites.com, Mo–Sa 8.30–17, So 10–14 Uhr. Jonathan und Daphne Socher, Eltern von Zach, sind Herz und Seele dieses fantastischen Ladens, in dem man wieder zum Kind wird und die Zeit vergisst. Das Geschäft ist eine Mischung aus Antiquariat, Bali-Souvenirshop, Buchhandlung und Kunsthandwerksladen, vor allem aber ist es eine Werkstatt für Drachen. Die werden hier in allen denkbaren Variationen in liebevoller Detail- und Handarbeit hergestellt und verkauft.

Monopolist – **Maunaloa General Store:** 200 Maunaloa Hwy., Tel. 808 552 2346, Mo–Sa 9–18, So 9–12 Uhr. In einem Haus im Plantagenstil im Zentrum Maunaloas befindet sich der einzige Supermarkt des Ortes. Eine Lebensmittelgrundausstattung erhalten Sie hier – sollten Sie ein großes Picknick planen, lohnt es sich, bereits in Kaunakakai einzukaufen.

Frisches in Bioqualität – **Kumu Farms:** 551 Hua Ai Rd., auf dem Weg nach Maunaloa, nicht weit vom Flughafen, Tel. 808 351 3326, www.kumufarms.com, Di–Fr 9–16 Uhr. Einer der Hauptproduzenten für organisch angebautes Obst und Gemüse auf Moloka'i. Für angemessene Preise bekommt man erstklassige Qualität – die Papayas, Bananen, Mangos und Ananas sind einfach köstlich.

Termine

Moloka'i Ka Hula Piko: Mai. Moloka'i gilt als der Geburtsort des Hula. Hula ist viel mehr als ein Tanz, Hula ist die Sprache und Ausdrucksform der hawaiianischen Inseln und eine der schönsten Formen visuellen Geschichtenerzählens. Der Legende nach soll der erste Hula in Ka'ana bei Maunaloa aufgeführt worden sein – jährlich wird hier anlässlich der Feierlichkeiten dieser geschichtsträchtige Hula-Wettbewerb ausgetragen. Das Programm des Ho'olaule'a umfasst Hula, Musik, kulinarische Versorgung und Kunsthandwerk. (www.kahulapiko.com).

Entspannter Aussteigertyp mit windigem Geschäftsmodell: »The kite string is pulling the tension out of you«, erklärt Jonathan Socher Kunden seines Drachen-Shops

Die Renaissance des Hula

Die anmutigen Bewegungen der Hula-Tänzer und -Tänzerinnen ersetzen die Schriftsprache. Mit Hula können Geschichten erzählt, Situationen beschrieben und Gefühle ausgedrückt werden. Hula festigte das Zusammengehörigkeitsgefühl einer Gemeinschaft. Diese Tiefgründigkeit des Tanzes wurde lange nicht erkannt bzw. seine Ausübung wurde sogar zu Missionarszeiten verboten.

Es gibt zwei Arten von Hula. Prinzipiell ist Hula ein Tanz, der von Sprechgesang, Liedern, rhythmischen Trommelschlägen oder Musikinstrumenten begleitet wird. Der alte Hula, Hula Kahiko, wurde aufgeführt, bevor Hawai'i Kontakt mit der westlichen Welt hatte – man sagt, er wurde auf Moloka'i erfunden. Er dient ursprünglich dazu, die Götter zu preisen oder Anführern zu huldigen, und war Männern vorbehalten. Der Hula kommentierte Sprechgesänge durch passende Bewegungen und der Schlag von Pahu-Trommeln, Pu'ili (aufgespaltene Bambusrohre) und Uli'uli (mit Sand, Steinchen oder Saatgut gefüllte Kürbisrasseln) gab den Rhythmus vor. Die Tänzer trugen Röcke aus Kapa (Rinderbast) und verschiedene Leis.

Die modernere Hula-Variante nennt sich Hula 'Auana. Sie wird von Männern und Frauen getanzt und von Instrumenten wie 'Ukulele, Gitarre und Klavier begleitet. Die Kleidung unterscheidet sich ebenfalls, die Tänzer tragen Aloha-Hemden und die Tänzerinnen sind in lockere Mu'umu'u-Kleider gewandet. Die Lieder geben die Choreografie vor, häufig sind die Texte auf Englisch. Diese Art des Hula machte sich schon in den 1930er-Jahren die Filmindustrie zunutze. Mit lasziv die Hüften schwingenden exotischen Schönheiten vor Südseekulisse lieferte der Tanz ein Klischee, das in schwierigen Zeiten die Sorgen für kurze Zeit vergessen ließ.

Hotels und öffentliche Einrichtungen bieten regelmäßig kostenlose Hula-Vorstellungen an. Diese sind zwar Tourismusmagneten, in den meisten Fällen aber nicht (mehr) touristisch. Die Tänzer und Musiker werden in einer Hula Hālau (Hula-Schule) von einer/m Kumu Hula (Hula-Lehrer) ausgebildet. Die Schulen bilden eine 'Ohana, mit der auch für Wettbewerbe trainiert wird. Die Wettbewerbe erfordern eine sehr intensive Vorbereitung – neben der Kleidung und den Leis ist auch die geistige Einstellung von größter Bedeutung. Die wichtigste Veranstaltung für die Hālau ist das jährliche Merrie Monarch Festival (April) zu Ehren von König David Kalākaua, der dem Hula nach dem Verbot durch die Missionare eine Renaissance bescherte. Die Events werden live auf der Website des Festivals übertragen.

In Hawai'i gibt es fast keine kulturelle Veranstaltung, die nicht auch von Hula begleitet wird. Besonders berührend ist es, wenn aus spontanem Anlass getanzt wird und eine Person älteren Semesters die Bewegungen, die sie wahrscheinlich bereits kurz nach ihren ersten Gehversuchen als Kleinkind erlernt hat, in völliger Harmonie mit sich, der Musik und der Natur voller Anmut, Lebensfreude und Hingabe ausführt.

Strände an der Westküste

Der Westen Moloka'is ist vor allem für seine wunderschönen, in der Regel nur wenig bevölkerten Strände bekannt. Von Kaunakakai sind es knapp 24 km, bis die Kalua Koi Road (Mile Marker 15) vom Maunaloa Highway nach rechts abzweigt. Von hier aus gelangt man nach rund 11 km direkt zu einigen der schönsten Strände der Insel – wenn nicht sogar Hawai'is.

Kawākiu Beach ▸5, E 9

Im Norden der Westküste liegt an der Kawākiu Iki Bay der **Kawākiu Beach.** Er ist vor den Winden, die an den weiter südlich gelegenen Stränden häufig sehr stark wehen, zumindest teilweise geschützt und daher vor allem in den Sommermonaten bei ruhigem Meer gut zum Schwimmen geeignet. Das Wasser ist herrlich türkisfarben und der halbmondförmige Strand weiß wie im Bilderbuch. Während der Woche ist es gut möglich, dass Sie diesen Abschnitt ganz für sich allein haben. Den Strand erreichen Sie über die Kaluakao'i Road, dann fahren Sie weiter auf der Lio Place, die zu den Paniolo-Hale-Apartments führt, biegen bei den Condos aber nicht links ab, sondern folgen der Straße geradeaus in Richtung des alten Golfplatzes. Am Ende der Straße können Sie parken und zum Strand hinuntergehen.

Kepuhi Beach ▸5, E 9

Der weißsandige **Kepuhi Beach** ist durch Lavafelsen zweigeteilt, am nördlichen Abschnitt liegt die kleine Condominium-Anlage Ke Nani Kai. Auf dem Kaiaka Rock am Südende stand einst ein Heiau. Im Wasser tummeln sich hier zumeist nur Surfer, da die Wellen vor allem in den Wintermonaten hoch und die Strömungen stark sind. Sie erreichen den Strand, indem Sie der Kalua Koi Road bis zum Kepuhi Place folgen und dort rechts abbiegen. Die Straße wird zur Ke Nani Kai.

Pōhaku Māuliuli Beach (Make Horse) ▸5, E 9

Zur ersten Bucht gelangt man, indem man vom Kepuhi Beach in Richtung Norden geht, auf einem Pfad entlang eines alten Golfplatzes. Die zweite Bucht erreicht man am sichersten über das Kepuhi Beach Resort. Der weißsandige **Pōhaku Māuliuli Beach** mit einigen großen Gezeitenpools ist bestens zum Sonnenbaden und Picknicken, nicht aber zum Schwimmen geeignet. Wegen seiner abgeschiedenen Lage ist er oft menschenleer. Nur im Winter, wenn die Wellen hoch sind, tummeln sich hier die Surfer.

✿ Pāpōhaku Beach ▸5, E 10

Der Kalua Koi Road bis zum Pāpōhaku Beach Park folgen und dort parken. Den Park durchqueren und nach ein paar Schritten haben Sie den gut 100 m breiten Strand erreicht. Der **Pāpōhaku Beach** ist mit knapp 5 km Hawai'is längster weißer Sandstrand. Manchmal lässt sich seine Farbe aber eher als gelb, golden oder sogar orange beschreiben – Letzteres vor allem, wenn die Sonne untergeht. Der Sand findet sich sogar auf O'ahu wieder, denn früher wurde Sand nach Honolulu importiert, um den Strand von Waikīkī damit aufzuschütten. Der Pāpōhaku Beach ist allerdings nur etwas fürs Auge, zum Schwimmen eignet er sich nicht. Die starke Strömung und hohe Brandung sind gefährlich. Auch der Wind kann hier Sturmstärke erreichen und Ihren Sonnenschirm im Nu wegfegen. Die Surfer schätzen das – etwas von der Küste entfernt ist **Third Hole** zudem einer der anspruchsvollsten Surfspots der Insel. Im Park gibt es Picknicktische unter Schatten spendenden Bäumen, Duschen, sanitäre Anlagen und einen Campingplatz. Am Pāpōhaku Beach sollten Sie unbedingt bis zum Abend verweilen, denn von hier aus können Sie zusehen, wie die Sonne rot glühend im Meer versinkt. Je dunkler es wird, umso besser erkennt man Honolulus Großstadtbeleuchtung – an einem Ort, der in Kilometern gemessen gar nicht so weit von der Hauptstadt entfernt, aber gefühlt von einer anderen Welt ist.

Übernachten

Camping – Im **Papohaku Beach Park** darf man mit Genehmigung des Parks Department zelten, in der Nacht ist es allerdings sehr einsam. Wenn Sie übernachten, dann in Begleitung. Sanitäre Anlagen sind vorhanden.

Kapukahehu Beach (Dixie Maru Beach) ▶ 5, D 10

Folgen Sie der Kalua Koi Road bis zur Pōhakuloa Road, biegen Sie dann in Richtung Ozean ab und fahren Sie bis zum Ende. Der Strandzugang ist eine schmale Straße auf der Meerseite, nach ein paar Metern kommt eine Parkgelegenheit. Dank eines vorgelagerten Riffs kann man am **Kapuhaku Beach** fast immer schwimmen, nur in den Wintermonaten brechen die Wellen gefährlich stark an der Küste. Die moderne Bezeichnung für den Strand, Dixie Maru, stammt von einem japanischen Schiff, das hier vor langer Zeit unterging.

Hale O Lono Beaches ▶ 5, E 11

Der Maunaloa Highway macht in Maunaloa eine scharfe Linkskurve, direkt danach rechts in die Mokio Street abbiegen und dieser folgen, bis sie als Hale O Lono Beach Road (nicht durchgängig asphaltiert) zu den **Hale O Lono Beaches** und zum **Hale O Lono Harbor** an der Südküste führt. Hier startet jährlich ein großes Rennen mit Auslegerkanus. In den Sommermonaten eignen sich die Strände in der Regel gut zum Schwimmen. Von Dezember bis April stehen die Chancen gut, vorbeiziehende Wale zu beobachten.

Termine

Na Wahine O Ke Kai: September. Still und heimlich belehrten zwei komplett weibliche Crews im Jahr 1975 die Männerwelt, dass auch Frauen den Ka'iwi Channel mit einem Auslegerkanu überqueren können. Mittlerweile starten Frauenteams aus aller Welt vom Moloka'i Hale O Lono Harbor aus, um ihr Ziel, die Duke Kahanamoku Lagoon in Waikīkī, zu erreichen (www.nawahineokekai.com).

Hawaiian Airlines Moloka'i Hoe: Oktober. Jedes Jahr kommen über 1000 Paddler aus aller Welt nach Moloka'i, um in Auslegerkanus den Ka'iwi Channel zu bezwingen. Nach einer Zeremonie starten die Rennen vom Hale O Lono Harbor aus. Die schnellsten Teams werden nach rund 4,5 Std. und 64 km härtester Paddelarbeit am Dukes Beach (Hilton Hawaiian Village auf O'ahu) erwartet. Zum ersten Mal fand das Rennen am 12. Oktober 1952 statt; damals be-

nötigte das schnellste Team mit nur sechs Männern an Bord 8 Std. und 55 Min. für die Distanz (www.molokaihoe.com).

Mo'omomi Preserve

▶ 5, F 9

Anmeldung für Führungen unter Tel. 808 553 5236 oder hike_molokai@tnc.org

Die im Nordwesten Moloka'is gelegene **Mo'omomi Preserve** wird von der Naturschutzbehörde verwaltet. Auf einer Fläche von 3,5 km^2 steht eine einzigartige Küstenlandschaft mit über 1 km langen Sanddünen sowie einer Vielzahl seltener Pflanzen und Tiere unter Schutz, darunter die grüne Meeresschildkröte und die Hawaii-Sumpfohreule. Es bestehen Pläne, Mönchsrobben und Laysan-Albatrosse wieder anzusiedeln. Bei dem 1988 eingerichteten Schutzgebiet handelt es sich aktuell um das intakteste Strand- und Dünenareal der Hauptinseln Hawai'is. Von März bis Oktober werden einmal im Monat Führungen angeboten. Der Moloka'i Land Trust (s. S. 338) organisiert Volunteering-Programme zur Wiederherstellung der ursprünglichen Dünenvegetation.

Im Hale O Lono Harbor startet das Moloka'i Hoe Race, eine der härtesten, aber auch prestigeträchtigsten Auslegerkanu-Regatten der Welt

Der Norden mit Kalaupapa

Der Norden Moloka'is ist ein Rekordhalter: Mit über 1000 m Höhe sind seine Steilklippen die höchsten der Welt. Fast senkrecht entspringen sie dem Meer, von einem natürlichen grünen Teppich überzogen. Neben der spektakulären Landschaft bringen auch die Geschichten rund um Father Damien und die Kalaupapa Peninsula Besucher zum Staunen.

Es sind vor allem Männer, die Moloka'is Geschichte prägen: König Kamehameha I., der Große, Kamehameha V. und der Entdecker James Cook sind wohl die bekanntesten. Doch wenn es um den Norden geht, spielen der aus Deutschland stammende Ingenieur Rudolph W. Meyer und der belgische Priester Joseph de Veuster, später unter dem Namen Father Damien bekannt, zentrale Rollen. Ebenso wie ein erfinderischer Postangestellter und ein begeisterter Nussfan – diese Herren sind zwar Charaktere der Gegenwart, haben aber ebenfalls über die Inselgrenzen hinaus einen gewissen Bekanntheitsgrad erreicht.

MOLOKA'I PLUMERIAS

Auf dem Maunaloa Highway von Kaunakakai Richtung Norden fahrend, lohnt ein erster Stopp bei **Moloka'i Plumerias.** Dieser Ort ist ein florales Paradies, ein Meer von Blumen, ein Farbklecks in der in dieser Region kargen Landschaft. Die Frangipani-Bäume mit ihren gelben, weißen und rosa Blüten sind ein Fest für das Auge und die Nase. Auf der Farm kann man während einer kurzen Tour mehr über die hübsche Pflanze sowie über die Kunst der Herstellung von Leis lernen. Außerdem erfahren Sie, wohin und für welche Zwecke sie verschickt wird, denn Moloka'i Plumerias ist einer der ganz großen Lieferanten in Hawai'i und über die Inselgrenzen hinaus (1342 Maunaloa Hwy., Tel. 808 553 3391, www.molokaiplumerias.com, Mo–Fr 8–12 Uhr).

Kualapu'u ▶5, H 10

Vom Maunaloa Highway (460) zweigt der Kalae Highway (470) ab und von diesem der Highway 480 nach **Kualapu'u,** dem zweitgrößten Ort der Insel. Sein Name ist vermutlich eine Abwandlung von Pu'u'uala, was übersetzt »Süßkartoffelhügel« bedeutet. In dem kleinen Marktort befand sich in den 1930er-Jahren der Hauptsitz der Del-Monte-Ananasplantage, was Kualapu'u zu einer guten Infrastruktur verhalf. Doch als sich Del Monte Anfang der 1980er-Jahre zurückzog, litt auch die Wirtschaft darunter und viele Menschen verloren ihre Anstellung. Heutzutage baut **Coffees of Hawai'i** hier auf einer der jüngsten Plantagen Hawai'is Kaffee an und röstet und verkauft neben eigenen auch Bohnen von Maui und Hawai'i Island.

Am Fuße des Berges Kualapu'u befindet sich ein riesiges Reservoir, das rund 5,3 Mio. m^3 Süßwasser fasst. Es wurde in den 1960er-Jahren angelegt und stellt die Versorgung des trockenen Westens und der Ho'olehua Plains mit Wasser aus den Regenwäldern im Osten der Insel sicher.

Mitte der 1960er Jahre verließen die letzten Leuchtturmwärter das Moloka'i Kalaupapa Lighthouse - bis dato führten sie ein Leben in Isolation

Coffees of Hawai'i

1630 Farrington Ave., Tel. 808 567 9490, www.coffeesofhawaii.com, Plantage und Store Mo–Fr 7–16, Sa 7–14 Uhr

Coffees of Hawai'i ist eine 2 km^2 große Kaffeeplantage im Herzen der Insel. Man kann das Areal auf eigene Faust erkunden und dabei mehr über die Produktionsprozesse erfahren. Im Plantation Store werden verschiedene Kaffeesorten verkauft, das angeschlossene Restaurant serviert Lunch und kleine Snacks. Jeden Dienstag und Freitag treffen sich zwischen 10 und 12 Uhr auf der Veranda von Coffees of Hawai'i Locals, um zu musizieren – Besucher sind herzlich eingeladen, den Klängen von 'Ukulele und hawaiianischem Gesang zu lauschen und beim Hula-Tanz zuzusehen. Gäste werden schnell Teil der Gemeinschaft und bilden zum Abschluss des nachbarschaftlichen Events mit allen Locals einen großen Kreis, in dem man sich die Hände reicht.

Purdy's Natural Macadamia Nut Farm

Lihi Pali Ave, Ho'olehua, Tel 808 567 6601, www.molokai-aloha.com/macnuts/macfacts.html, Mo–Fr 9.30–15.30, Sa 10–14 Uhr, So, Fei nach Vereinbarung, Eintritt frei

Über die Lihi Pali Avenue erreicht man **Purdy's Natural Macadamia Nut Farm** knapp 1 km nordwestlich von Kualapu'u. Hier bauen Tuddie und Kammy Purdy seit den 1980er-Jahren neben Avocados, Bananen, Mangos und Papayas vor allem Macadamianüsse an, ohne Einsatz von Dünger und Pestiziden. Die Eigentümer erklären den Prozess vom Pflanzen des Macadamia-Baums bis zur Ernte und Verarbeitung der Nüsse höchstpersönlich. Besucher lernen, wie die Nüsse am besten geknackt werden, und können unterschiedliche Geschmacksvarianten probieren. In einem kleinen Shop werden Macadamianussprodukte verkauft, darunter auch Honig aus Macadamiablüten.

Essen & Trinken

Authentisch – **Kualapu'u Cookhouse:** 102 Farrington Ave., Tel 808 567 9655, So, Mo 7–14, Di–Sa 7–20 Uhr. Dieses Restaurant hat Kultstatus. Einheimische und Besucher finden hier zusammen, um drinnen oder an den Picknicktischen im Freien das Tagesgeschehen zu besprechen. Das breite Speisenangebot reicht vom Pancake-Frühstück über einen hawaiianischen Plate-Lunch bis zum Dinner mit Steakvarianten. Alle Mahlzeiten werden mit Aloha serviert – in großen Portionen. Salate um 13 $, Burger mit Pommes um 10 $ (nur Bargeld).

Kaffee und Kultur – **Coffees of Hawai'i:** 1630 Farrington Ave., Tel 808 567 9490, www.coffeesofhawaii.com/molokai, Mo–Fr 7–16, Sa 7–14 Uhr. Im Plantation Store werden Snacks sowie der auf der eigenen Plantage angebaute Kaffee verkauft, die Bar serviert verschiedene Kaffeespezialitäten – der Mocha Mama, eine Art Mokka-Milchshake, ist über die Inselgrenzen hinaus bekannt. Für den kleinen Hunger gibt es auch Salate und Sandwiches.

Einkaufen

Familiengeführte Grocery – **Kualapu'u Market:** 311 Farrington Ave., Tel. 808 567 6243, Mo–Sa 8.30–18 Uhr. Dieser kleine Supermarkt besteht bereits seit vier Generationen und blieb bis heute seinem Motto »A Little Bit of Everything« treu.

Souvenirs – **Blue Monkey:** 1630 Farrington Ave., Tel. 808 567 6776, www.bigwindkites.com, Mo–Sa 10–16, So 13–17 Uhr. Das Geschäft befindet sich mit im Gebäude von Coffees of Hawai'i und ist für Moloka'i-Verhältnisse recht groß. Es gehört zur Big-Wind-Kites-Familie. Sie können hier nicht nur Kaffee, die Fotografien von Zack Socher und Big-Wind-Drachen kaufen, sondern auch Lebensmittel wie hawaiianischen Tee oder Salz von Moloka'i, Kunsthandwerk, Bücher, CDs und DVDs, Schmuck und Hüte.

Aktiv

Abschlag in Zeitlupe – **Ironwood Hills Golf Club:** Kala'e Highway, Tel. 808 567 6000, Spielzeiten auf Anfrage. Auch hier, auf Moloka'is einzigem Golfplatz, spielt Zeit keine Rolle. Die

POST-A-NUT

Wer von Moloka'i lieben Daheimgebliebenen einen Gruß senden möchte, tut dies am besten beim **United States Postal Service** in **Ho'olehua.** Selbstverständlich kann man hier auch Postkarten und Briefe aufgeben, aber die Besonderheit des kleinen Postamtes ist es, Kokosnüsse in alle Welt zu verschicken. Die ausgewählte Frucht wird genau inspiziert, damit sie nicht im Zoll hängen bleibt, und darf dann bunt bemalt werden. Stifte liegen bereit. Auf der Schale werden Absender und Empfänger vermerkt, das Gewicht entscheidet über die Höhe der Versandkosten – die am wenigsten schönste Seite wird entsprechend mit einer Ladung Briefmarken beklebt und ab geht die Nuss … Ihr Urlaubsgruß wird sowohl beim Postboten als auch beim Empfänger in jedem Fall für einen paradiesischen Überraschungseffekt sorgen (69-2 Pu'upe'elua Ave., Tel. 808 553 5112, www.postanut.com, Mo–Fr 8.30–12, 12.30–16 Uhr, Porto nach Gewicht).

Ausblicke von dieser 9-Loch-Anlage auf O'ahu und die Meeresklippen sind einfach zu schön, um sich beim Abschlag zu beeilen. Hier sind keine Pros am Start und auch auf ein Klubhaus muss man verzichten. Was es aber gibt: eine kostenlose Geschichtsstunde, denn dieser Platz ist der älteste hawaiianische Plantagenplatz, erbaut 1928. Erw. ab 20 $.

Kala'e ▶ 5, H 10

R. W. Meyer Sugar Mill und Moloka'i Museum & Cultural Center

Kala'e Hwy., Tel. 808 567 6436, Mo–Sa 10–14 Uhr, Erw. 5 $, Kinder 1 $

Kurz vor dem kleinen Plantagenort **Kala'e** sind am Highway 470 auf der linken Seite die **R. W. Meyer Sugar Mill** und das **Moloka'i Museum & Cultural Center** ausgeschildert. Der aus Deutschland stammende Landvermesser und Ingenieur Rudolph Wilhelm Meyer eröffnete hier 1878 eine Zuckerfabrik, die er bis 1889 betrieb. Meyer experimentierte auch mit anderen neuen Nutzpflanzen wie Kartoffeln, Weizen, Mais und Kaffee. Er heiratete Kalama Dorcas Waha, eine Ali'i, und zeugte mit ihr elf Kinder. Fast 100 Jahre vergingen, bis die Mühle Ende der 1970er-Jahre restauriert und als Museum Besuchern zugänglich gemacht wurde. Zu besonderen Anlässen gibt es Vorführungen, ansonsten wird ein kurzer Film gezeigt und eine Broschüre erklärt die Produktionsprozesse. Das **Museum** bietet eine gute Einführung in die Geschichte Moloka'is, vor allem auf dem Weg zur ehemaligen Lepra-Kolonie Kalaupapa.

Pālā'au State Park

▶ 5, H 9

Am Ende des Kala'e Highway (470) befindet sich der Parkplatz des **Pālā'au State Park,** an dem zwei kurze Trails starten. Der linke führt zum **Phallic Rock** (Ka Ule o Nanahoa), einem heiligen Felsen, der die Form eines Penis hat. Dem Volksglauben nach ließ das Berühren des Steins Frauen mit unerfülltem Kinderwunsch schwanger werden, unfruchtbare Männer erhielten dadurch die Fähigkeit, Kinder zu zeugen.

Auf dem zweiten Pfad erreicht man den **Kalaupapa Lookout.** Von hier aus bietet sich ein weiter Panoramablick auf das Meer und den Kalaupapa National Historical Park. Schautafeln informieren über die Ökologie der Halbinsel, über Father Damien und die ehemalige Lepra-Kolonie (s. Thema S. 361).

Übernachten

Camping im Park – **Pālā'au State Park:** am Ende des Kala'e Highway (Hwy. 470), www.dlnr.hawaii.gov/dsp/parks/molokai/palaau-state-park, Reservierung online. Campsite in einem Eisenholzwäldchen mit schönem Ausblick über die Kalaupapa-Halbinsel, Picknicktische und Pfad zum Phallic Rock. Stellplatz für bis zu 6 Pers. 18 $, jede zusätzliche Pers. 3 $.

Kalaupapa National Historic Park ▶ 5, H/J 9/10

Der Besuch der Kalaupapa Peninsula ist nur im Rahmen von geführten, ca. 4-stündigen Touren möglich, die Mo–Sa stattfinden, Teilnehmer müssen mindestens 16 Jahre alt sein, Buchungen über Damien Tours, Tel. 808 567 6171, www.damientoursllc.com, Anfragen können sich schwierig gestalten, da das Telefon oft nicht besetzt ist, alternativ Online-Buchung als Paket über www.hawaiisbestactivities.com/molokai/father-damien-tour; wegen eines Erdrutsches ist der Maultierpfad nach Kalaupapa bis auf Weiteres gesperrt, derzeit ist nur die Anreise per Flugzeug möglich, Kostenpunkt: 299 $

Wegen ihrer geschichtlichen Bedeutung (s. Thema s. S. 361) wurde die **Kalaupapa Peninsula** mitsamt der ehemaligen Lepra-Kolonie zum historischen Nationalpark erklärt. Die Schließung der Quarantänestation erfolgte 1969, es gab nun Medikamente, die eine Ansteckung ausschlossen. Einige Kranke blieben aber nach ihrer Heilung auf Kalaupapa, weil sie gesellschaftliche Ächtung fürchteten – die Regierung hat ihnen lebenslanges Wohnrecht eingeräumt.

Besuchen kann man die Halbinsel nur in Begleitung eines Guides von Damien Tours, einem lokalen Veranstalter. Es gibt zwei Möglichkeiten nach Kalaupapa zu gelangen: per Flugzeug vom Ho'olehua Airport aus oder zu Fuß bzw. mit Maultieren auf dem von Father Damien angelegten Versorgungspfad. Bei Redaktionsschluss war der Trail wegen eines Erdrutschs gesperrt.

Von der Landebahn bzw. vom Ende des Trails aus bringt ein Guide die Gruppe in einem ausgedienten Schulbus zur Siedlung **Kalawao,** wo zu Zeiten Father Damiens die Kranken lebten (1888 wurde der Ort auf die westliche Seite der Halbinsel verlegt). Hier besucht man die **Philomena Church,** die ursprünglich in Honolulu erbaut, dann aber von Father Damien in ihre Teile zerlegt und hierhertransportiert wurde. Auf dem angrenzenden **Friedhof** markiert ein Gedenkstein die Stelle, wo Father Damien einst unter einer Pandanpalme begraben wurde. 1936 wurden seine Gebeine in sein Heimatland Belgien überführt. Nicht weit entfernt steht die protestantische **Siloama Church of the Healing Spring.** Von der Kirche aus bietet sich ein fantastischer Blick auf Moloka'is Pali Coast (s. rechts) mit ihren zerklüfteten Klippen – ein Anblick, für den man ansonsten einen Helikopterrundflug buchen oder eine Bootsfahrt auf rauer See in Kauf nehmen muss. Kaum vorstellbar, dass ein so paradiesisch schöner Ort einst für viele Menschen die Hölle bedeutete.

Aktiv

Wandern – Der **Wanderweg zur Kalaupapa-Halbinsel** ist ca. 6,5 km lang, unterwegs sind 500 Höhenmeter zu überwinden. Der Abstieg dauert ca. 1,5 Std., für den sehr anstrengenden Aufstieg sollten Sie 2,5 Std. einplanen. Eine gute Kondition und festes Schuhwerk sind erforderlich, in den Rucksack gehört außer Proviant ausreichend Trinkflüssigkeit. Der Trail darf nur mit Genehmigung des State Department of Health betreten werden – der Veranstalter holt das Permit ein. Der Trail beginnt beim Parkplatz des Pālā'au State Park an einem Metallgitter, hier wartet ein Guide auf die Tourteilnehmer. Nach dem Durchqueren eines kurzen Waldstücks erreichen Sie in wenigen Minuten das Klippenareal und ein zweites Gitter mit Warnhinweis. Von hier aus führt ein steiniger Pfad teils über Stufen in 26 Kehren zum Meer hinunter. Bereits nach den ersten Stufen eröffnet sich ein weiter Blick auf Kalaupapa. Nach rund 30 Minuten ist ungefähr die Hälfte der Höhenmeter und Kurven geschafft, durch dichtes Buschwerk hindurch erblickt man immer wieder das Ziel. Aus dem Gebüsch wird schließlich ein Wald aus Kukuinussbäumen. Sobald der Weg die Küstenlinie erreicht, ist man nicht mehr weit vom Kalaupapa National Historic Park entfernt. Hier beginnt um 10 Uhr die Kalaupapa-Tour.

Pali-Küste ▶ 5, H 2

Trotz ihres imposanten Anblicks geraten zwei Attraktionen auf Moloka'i gerne mal in den Hintergrund – vielleicht liegt es daran, dass man sie nur übers Meer oder per Helikopter erreicht: die Pāpalaua und die 'Olo'upena Falls, beide an der North Shore gelegen. Moloka'is **Pali Coast** mit ihren steil aufragenden, zerklüfteten Klippen gehört zu den schönsten, aber auch unzugänglichsten Regionen Hawaiis.

Die **Pāpalaua Falls** sind stattliche 381 m hoch und tief in das saftige Grün des Pāpalaua Valley eingebettet. Sie bestehen aus fünf Fällen, der größte liegt in der Mitte und sein Wasser fließt ganzjährig. Noch spektakulärer sind die **'Olo'upena Falls** etwas weiter östlich zwischen Pelekunu und Wailau Valley. Mit 900 m ist der Fall einer der höchsten der Welt. Er führt nur in der Regenzeit Wasser und ist im Vergleich zu den Pāpalaua Falls schmal, ergießt sich aber über eine senkrecht abfallende Klippe direkt in den Ozean – ein atemberaubender Anblick.

Father Damien – Hawai'is erster Heiliger

Ohne Joseph de Veuster, besser bekannt als Father Damien, würden Besucher Moloka'i und speziell die Kalaupapa Peninsula mit Sicherheit anders erleben. Die Bedeutung des katholischen Priesters für die Insel ist immens, seine Taten der Nächstenliebe beeindruckend. 2009, 120 Jahre nach Father Damiens Tod, wurde er von Papst Benedikt XVI. heiliggesprochen.

Joseph de Veuster, 1840 in Belgien geboren, war ein katholischer Priester und Mitglied der Kongregation der Heiligen Herzen Jesu und Mariens. 1864 entsandte man ihn als Missionar nach Hawaii, wo er auf unterschiedlichen Inseln diente. Viele Hawaiianer starben damals an Krankheiten, die Einwanderer mitgebracht hatten. Besonders schlimm wütete die Lepra, die erstmals in den 1830er-Jahren auftrat und vermutlich durch chinesische Hilfsarbeiter verbreitet wurde. Weil die Seuche hochansteckend und nicht heilbar war, beschloss König Kamehameha V., die Erkrankten zu isolieren, und wies 1866 die unzugängliche Kalaupapa Peninsula auf Moloka'i als Quarantänestation aus. Auf dem Landweg kann sie bis heute nur über einen Eselspfad erreicht werden, der auf Father Damiens Initiative hin als Versorgungspfad angelegt wurde.

Zwischen 1866 und 1969 wurden rund 8000 Menschen in unterschiedlichen Stadien der Erkrankung hierhergeschickt und weitgehend sich selbst überlassen. Die Aussätzigen vegetierten unter erbärmlichen Verhältnissen dahin. Sie erhielten Verpflegung und das Lebensnotwendigste, aber keine medizinische Behandlung oder andere Fürsorge. Beim Umgang miteinander herrschte das Recht des Stärkeren. Father Damien lernte die Lepra-Kolonie auf einer Inspektionsreise kennen, war entsetzt über die Zustände und ließ sich1873 als erster Freiwilliger nach Kalawao versetzen, wo zu der Zeit 816 Lepra-Kranke lebten. Der Priester organisierte das Lagerleben, erbaute menschenwürdige Unterkünfte für die Patienten, eine Schule, eine kleine Kirche und eine Krankenstation. Vor allem aber lebte er in enger Gemeinschaft mit den Betroffenen und versuchte, ihnen bei ihren seelischen Nöten beizustehen.

Während andere Helfer nur kurz blieben, diente Father Damien so lange in der Lepra-Kolonie, bis er sich selbst mit der Krankheit ansteckte. Auch dann ruhte er nicht – obwohl es ihm zunehmend schlechter ging, arbeitete er unermüdlich und versuchte noch möglichst viele seiner Projekte abzuschließen. Der Japaner Masanao Goto entwickelte Heilmethoden für die Lepra und behandelte Damien bis zu seinem Tod am 15. April 1889. Langsam verbesserten sich die Verhältnisse, das Schicksal der Verbannten erregte Anteilnahme, und immer mehr Freiwillige kamen auf die Halbinsel, um Father Damiens Werk fortzuführen. Zu ihnen gehörte auch Mother Marianne Cope, geborene Maria Anna Barbara Koop aus dem hessischen Heppenheim. Im Gegensatz zu Damien steckte sie sich nicht mit der Krankheit an und starb 1918 mit 80 Jahren eines natürlichen Todes. Aufgrund ihres selbstlosen Einsatzes wurde auch sie 2012 heiliggesprochen.

NATURSPAZIERGÄNGE IM KAMAKOU PRESERVE

Tour-Infos

Start: Büro der Nature Conservancy
Länge: Vom Waikolu Overlook zum Pēpē'ōpae Trail 3,5 km; der Pēpē'ōpae Trail ist rund 2,4 km lang und führt zum Pelekunu Overlook.
Dauer: rund 2 Std. zu Fuß
Informationen und geführte Touren: Nature Conservancy, 23 Pueo Pl., Kaunakakai, Tel. 808 553 5236, hike_molokai@tnc.org, www.nature.org, von April bis Okt. einmal monatlich geführte Touren inkl. Transport ab Flughafen, Anmeldung erforderlich
Wichtig: Ob mit dem Auto oder zu Fuß – man sollte nicht starten, ohne sich zuvor bei der Nature Conservancy über die aktuelle Weg- und Wetterlage informiert zu haben. Am besten am Tag des Ausflugs im Büro vorbeischauen, Infos erfragen und sich auf der Besucherliste eintragen. Ein Geländewagen und Offroad-Erfahrung sind unerlässlich.

Der dichte, moosüberwucherte Regenwald im **Kamakou Preserve** wurde von der frühen hawaiianischen Bevölkerung auch als Wao Akua, das Reich der Götter, bezeichnet. Niemand, der das Naturschutzgebiet mit eigenen Augen gesehen hat, könnte eine passendere Bezeichnung finden. Das über 11 km² große Areal beheimatet mehr als 200 einheimische Pflanzen und seltene Vögel wie den 'Amakihi oder die Hawaii-Sumpfohreule. Doch um den Göttern so nahe zu kommen, müssen einige Hindernisse überwunden werden. Das Kamakou Preserve auf eigene Faust zu erkunden ist nur bedingt empfehlenswert. Da der monatliche Termin einer geführten Wanderung der Nature Conservancy sich jedoch nicht immer mit der eigenen Urlaubsplanung deckt, ist die abenteuerliche Fahrt im eigenen Auto (oder eine Tour mit dem Mountainbike) womöglich die einzige Alternative.

Um das Schutzgebiet zu erreichen, fährt man vom Büro der Naturschutzbehörde auf dem Highway 460 rund 5 Min. in nördliche Richtung und biegt dann am Homelani Cemetery rechts ins Landesinnere ab – vom Friedhof bis zum Beginn des Wanderweges sind es insgesamt rund 20 km. Hinter dem Friedhof wird die Straße zu einer Dirt Road, die nach etwa 5 km in eine abenteuerliche Piste übergeht. Auch wenn man sich unbedingt auf den Weg konzentrieren sollte, ist die Veränderung der Landschaft phänomenal: Trockenes Grasland mit einzelnen Kiawe-Bäumen weicht nach knapp 9 km dichtem Wald mit Pinien, Eisenholzbäumen und Seideneichen, dem Moloka'i Forest Reserve. In den 1930er-Jahren vom Civilian Conservation Corps gepflanzt, sollten die Bäume für einen verbesserten Wasserhaushalt sorgen. Auf dem Weg zum Lookout kommen Sie als Nächstes am **Sandalwood Measuring Pit** (Lua Moku 'Iliahi) vorbei, einer Grube, deren Ausmaße in etwa dem Laderaum eines Frachters entsprechen. Darin wurde Anfang des 19. Jh. Sandelholz gesammelt, anschließend den Berg hinuntergerollt und auf Schiffe geladen. An dieser Stelle ist noch nicht absehbar, was Sie am **Waikolu Overlook** in über 1000 m Höhe erwartet – sobald Sie den Aussichtspunkt erreichen, eröffnet sich aber ein spektakulärer Blick tief ins Tal, auf Wasserfälle, Bäche und Flüsse. Zwischen üppig begrünten, steilen Felsflanken hindurch bahnt sich das Wasser seinen Weg ins Meer. Mit etwas Glück krönt ein Regenbogen das Szenario. An dieser Stelle müssen Sie entscheiden, ob Sie mit dem Auto weiterfahren oder die rund 3,5 km zum Beginn des Pēpē'ōpae Trail zu Fuß gehen. Die zweite Variante empfiehlt sich, denn die Piste ist schwer einzuschätzen und nichts für Fahrer mit schwachen Nerven.

Der **Pēpē'ōpae Trail** ist ein schmaler Pfad, der auf metallverstärkten Holzbohlen durch urwüchsigen Regenwald führt. Die Flora und Fauna ist unglaublich beeindruckend und die Geräuschkulisse wie aus einem Meditationskurs. Besonders schön ist der große Bestand an 'Ōhi'a Lehuas, ein Baum mit meist roten Blüten, der die Sage vom schönen Krieger 'Ōhi'a, dem Mädchen Lehua und der eifersüchtigen Feuergöttin Pele erzählt. Nach weniger als 1,6 km endet der Wald abrupt und geht in ein Hochmoor über, den **Pēpē'ōpae Bog.** Dann führt der Boardwalk erneut durch Wald und nach 800 m erreichen Sie den **Pelekunu Valley Overlook.** Bei klarem Wetter ist dieser Aussichtspunkt der Höhepunkt der Wanderung: Sie blicken aus rund 1100 m auf ein weiteres von der Nature Conservancy geschütztes Tal mit dem zweithöchsten Berg Moloka'is, dem Oloku'i. Im Hintergrund leuchtet der tiefblaue Ozean, dem die zerfurchten Klippen der Pali Coast eine grüne Krone aufsetzen.

Aktiv

Bootstour entlang der Pali-Küste – **Moloka'i Action Adventures:** Tel. 808 558 8184. Der aus dem inzwischen unbewohnten Wailau Valley an der North Shore stammende Walter Naki ist nicht nur ein freundlicher, einheimischer Guide, der Kulturführungen anbietet, sondern auch ein Mann mit einem Boot. Und mit Walter am Steuer bringt dieses Boot Besucher zu den besten Walbeobachtungsplätzen und an die unzugängliche Pali Coast – Walter ist der einzige Anbieter dieser besonders empfehlenswerten Tour. Die Preise sind Verhandlungssache.

Helikopterrundflug – **Blue Hawaiian Helicopters:** Tel. 808-871-8844, www.bluehawaiian.com. Nur eines von mehreren Unternehmen, die vom Flughafen Kahului aus Helikopterrundflüge über West-Maui und Moloka'is Pali Coast anbieten. Ab 289 $.

Lānaʻi
Lānaʻi City
Pazifischer Ozean

Kapitel 6

Lāna'i

Von den sechs bewohnten hawaiianischen Inseln ist Lāna'i die kleinste. Schon auf den ersten Blick wird klar, dass hier etwas anders ist als auf den Schwesterinseln, nämlich die Vegetation. Auf der 361 km² großen Insel, die nur etwas mehr als 3000 Menschen beheimatet, sind es nicht Palmen, sondern vor allem Norfolk-Tannen, die das Landschaftsbild prägen. Ihre Anpflanzung geht auf den Neuseeländer George Munro zurück, der Anfang des 20. Jh. mit der Wiederaufforstung der Insel beauftragt wurde.

Heute hat Lāna'i ein weiteres Alleinstellungsmerkmal: Das Eiland gilt als Hawai'is Luxusinsel, denn von drei Hotels sind zwei Unterkünfte Four Seasons Resorts, in denen die Schönen und Reichen weitgehend unter sich bleiben. Dabei muss man gar nicht zwingend auf Lāna'i übernachten, um das kleine Eiland zu erkunden. Dank der Fährverbindung mit Maui kann man von Lāhainā aus Tagesausflüge hierher unternehmen. Natürlich gibt es auch Flugverbindungen – und wer im Four Seasons übernachtet, kann sogar zwischen einer Anreise im Helikopter oder mit dem Privatflugzeug wählen.

Lāna'i eröffnet Hawai'i-Besuchern zwei verschiedene Welten: Luxus in intimer Abgeschiedenheit und schroffe Natur, die nur mit einem Allradfahrzeug zugänglich ist. Im kleinen Ort Lāna'i City kommen Sie mit Einheimischen ins Gespräch, die Ihnen Tipps zu Straßen- und Wetterbedingungen geben – und diese Hilfe ist nicht zu unterschätzen, denn von 640 Wegkilometern sind nur 48 km geteert. Die beiden Resorts organisieren alle erdenklichen Aktivitäten, an denen man zum Teil auch als Tagesbesucher teilnehmen kann. Wer sich auf eigene Faust aufmacht, um einsame Strände wie den Shipwreck Beach und beeindruckende Landschaften wie den Garden of the Gods zu erkunden, sollte über Offroad-Erfahrung und einen Hauch von Abenteuergeist verfügen.

Was ein neuer Besitzer mit Geschmack und unbegrenztem Budget aus einem angejahrten Hotel machen kann, führt das Four Seasons Resort Lāna'i at Mānele Bay vor Augen

Auf einen Blick: Lāna'i

Sehenswert

Hulopo'e Bay: Die zu einem Meeresschutzgebiet gehörende Bucht ist perfekt zum Schwimmen, Tauchen und Schnorcheln. Bei Ebbe können Sie in Gezeitenpools die wunderbare Vielfalt der Unterwasserwelt bestaunen (s. S. 378).

Keahiakawelo (Garden of the Gods): Beim Anblick des wüstenhaften Plateaus fühlt man sich an Bilder vom Mond oder Mars erinnert. Die untergehende Sonne lässt den Sand und die von der Erosion geformten Felsformationen in intensiven Orange- und Rottönen erglühen (s. S. 385).

Schöne Routen

Von Lāna'i City zum Kaiolohia (Shipwreck) Beach: Über eine geteerte, im zweiten Abschnitt sehr kurvenreiche Straße und eine rotsandige Schotterpiste geht es an die Nordküste der Insel. Hier liegen im flachen Wasser zahlreiche Schiffswracks, darunter ein Frachter aus dem Zweiten Weltkrieg (s. S. 386).

Meine Tipps

Lāna'i Culture & Heritage Center: Tribut an die Ananas und mehr – das kleine Museum vermittelt spannendes Hintergrundwissen zu Lāna'is Historie (s. S. 371).

Hale Keaka Lāna'i Theatre: Mehr »local« geht nicht, als sich wie im ganz normalen Leben, nur auf der anderen Seite der Welt, einen Film im Kino anzusehen (s. S. 372).

Blue Ginger Café: Treffpunkt für Einheimische in Lāna'i City bei Kaffee(klatsch) und legendären Apple Turnovers (s. S. 374).

Cat Sanctuary: Menschen aus der ganzen Welt kommen her, um die »Lāna'i Lions« zu besuchen. Für die Katzen springen dabei reichlich Streicheleinheiten heraus (s. S. 377).

Wanderung auf dem Munro Trail: Auf der Tour zum höchsten Punkt der Insel säumen alte Norfolk-Tannen den Weg; vom Lāna'ihale bieten sich tolle Fernblicke bis nach O'ahu, Moloka'i und Maui (s. S. 376).

Immer in Bewegung – Four Seasons Resort Lāna'i: Das Luxushotel bringt seine Gäste mit einer Vielfalt von Aktivitäten auf Trab – das Spektrum reicht von Bogenschießen über Radfahren und Reiten bis hin zu Yoga (s. S. 380).

Lāna'i – The Private Island

Die kleinste der sechs Hauptinseln liegt abseits vom Besucherstrom. 1922 kaufte James Dole fast das gesamte Land und gründete die weltgrößte Ananasplantage. Bis heute befindet sich Lāna'i in Privatbesitz, setzt aber inzwischen auf Luxustourismus. Zwei Edelresorts mit fantastischen Golfplätzen, schicken Gourmetrestaurants und menschenleeren Traumstränden bestimmen seither das Geschick des Eilands.

Der große Stein mit der Aufschrift »Dole Park« in Lāna'i City steht symbolisch für die Jahre, die die Insel und die Hauptstadt zu dem gemacht haben, was sie heute sind. Als James Dole die Insel 1922 kaufte und hier sein Ananas-Imperium aufbaute, rückte Lāna'i zum ersten Mal ins Bewusstsein der Weltöffentlichkeit. Die Geschichte der Insel beginnt aber schon wesentlich früher.

Hawaiianischen Legenden zufolge war das Eiland ursprünglich nicht von Menschen bewohnt, sondern die Heimat von Pahulu, dem Gott der Albträume. Böse Geister bildeten sein Gefolge und sorgten dafür, dass sich lange Zeit niemand nach Lāna'i wagte. Um 1400 wurde Kaululā'au, der Sohn eines Häuptlings auf Maui, wegen verschiedener Vergehen nach Lāna'i verbannt und dort seinem Schicksal überlassen. Kaululā'au wuchs zum Mann heran und konnte im Laufe der Jahre die Geister und schließlich auch Pahulu durch List töten. Sein Vater verzieh ihm daraufhin seine Missetaten und schickte 800 Mann in Kanus nach Lāna'i, um die nun sichere Insel zu besiedeln. Sie ernannten Kaululā'au zu ihrem Häuptling. Um ihren Alltag zu bestreiten, nutzten die frühen Siedler die vorhandenen Rohstoffe: Steine, Holz, Knochen, Pflanzen, Fische, Muscheln und Federn. Das zum Überleben notwendige Wissen wurde mündlich überliefert oder in Form von Sprechgesängen und Hula. Die meisten Überreste von alten hawaiianischen Dörfern sind an Lāna'is Küste zu finden, es gibt aber auch einige historische Stätten im Inselinneren.

Bis zur Vereinigung der hawaiianischen Inseln durch Kamehameha I. im Jahr 1810 wurde Lāna'i von den Königen Mauis regiert. Die Inselbewohner leisteten Widerstand gegen Kamehamehas Eroberungspläne, hatten aber den Feuerwaffen, die der König von den europäischen Siedlern bezog, letztlich nichts entgegenzusetzen. Man vermutet, dass im 18. Jh. so viele Einwohner Lāna'is starben, dass die Europäer in den 1790er-Jahren aufgrund der wenigen Siedlungen und Menschen davon absahen, sich auf Lāna'i niederzulassen. Unter der Herrschaft König Kamehamehas stieg die Bevölkerungszahl langsam wieder an.

Im 19. Jh. veränderten Einflüsse von außen das Inselleben nachhaltig. Große Teile des Landes wurden von Fremden aufgekauft und in den folgenden 100 Jahren großflächig in Plantagen und Ranches verwandelt. Zuerst kamen chinesische Farmer, die auf Lāna'i Zuckerrohr anbauten. 1854 wurde die 300 Personen starke Mormonen-Gemeinde in Pālāwai gegründet. 1861 übernahm Walter Murray Gibson deren Leitung und kaufte mit Geldern der Kirche fast die gesamte Insel auf – allerdings für sich selbst. Die Gegend rund um Kō'ele verwandelte er in einen Ranch-Betrieb und züchtete dort Schafe, deren Wolle und Fleisch nach Honolulu verschifft wurden. Eine blühende Gemeinde mit 30 Wohnsitzen und einer Schule entstand. Hier wurde auch die erste von Hunderten Norfolk-Tannen gepflanzt, die heute die Insellandschaft prägen. Als die Kirche die Veruntreuung der Gelder bemerkte, exkommunizierte sie Gibson – das Land blieb jedoch Eigentum seiner Familie. Zumindest bis 1922, als James Dole, Präsident der Hawaiian Pineapple Company, den riesigen Besitz für 1,1 Mio. Dollar kaufte und in die größte Ananasplantage der Welt verwandelte. Die Viehzucht auf der Kō'ele-Ranch verlor zunehmend an Bedeutung und wurde 1950 komplett eingestellt.

Als die Produktionskosten für Ananas allerdings stiegen und andere Länder die tropische Frucht günstiger exportieren konnten, stellte Dole die Produktion auf Lāna'i ein. Das Unternehmen Castle & Cooke, das zu den Big Five der Plantagenmogule Hawai'is gehört, erwarb die Plantage 1985 und investierte über seine Tochtergesellschaft Lāna'i Company in den Bau von zwei exklusiven Resorts, die aus Lāna'i ein Luxusrefugium für wohlhabende Urlauber machen sollten. 2005 wurde deren Management von der Kette Four Seasons übernommen. 2012 bezahlte Larry Ellison, Gründer des Software-Unternehmens Oracle, 300 Mio. Dollar (anderen Quellen zufolge waren es 600 Mio. Dollar) für die Anteile von Castle & Cooke und besitzt nun 98 % der Insel. Der Plan, Lāna'is Farmwirtschaft durch Luxustourismus zu ersetzen, ging auf – Prominente wie Bill Gates erklären die fernab vom Trubel gelegene Insel zu einem ihrer Lieblingsziele. Denn obwohl Lāna'i geografisch das Zentrum der hawaiianischen Inselgruppe bildet, herrscht auf der Insel eine Atmosphäre von Abgeschiedenheit und Ruhe.

Die rote Erde, die Norfolk-Tannen und das kaum vorhandene Straßennetz verleihen Lāna'i einen ganz speziellen Charakter. Das Leben spielt sich rund um die Luxusresorts und im kleinen Ort Lāna'i City ab. Im Regenschatten der West Maui Mountains gelegen, ist Lāna'i – außer in den höheren Lagen – zumeist sonnig und trocken und ein großer Abenteuerspielplatz für Offroad-Fans.

Die Inselhauptstadt Lāna'i City müsste eigentlich eher Lāna'i Village heißen

Central Lānaʻi mit Lānaʻi City

Der Mittelpunkt Lānaʻis ist, auch geografisch gesehen, Lānaʻi City. Rund 500 m hoch gelegen, ist das Örtchen mit dem Dole Park als Zentrum äußerst überschaubar – und charmant. Lānaʻi City ist zudem der beste Ausgangspunkt für alle Unternehmungen, denn die wenigen geteerten Straßen der Insel führen hier zusammen.

Lānaʻi City ▶ 4, J 14

Cityplan: s. S. 373
Der Ananasbaron James Dole gründete **Lānaʻi City** 1924, um Unterkünfte und Einkaufsmöglichkeiten für die Arbeiter auf seiner Plantage zu schaffen. Heute zählt es knapp 3000 Einwohner und hat mit seinen eingeschossigen Holzhäuschen und blühenden Vorgärten das Gepräge einer amerikanischen Kleinstadt. Klassische Sehenswürdigkeiten gibt es nicht, viel Grün und Schatten spendende Norfolk-Tannen sorgen aber für ein attraktives Ortsbild, besonders rund um den **Dole Park** 1 , das Herz des Ortes.

Der Software-Milliardär Larry Ellison besitzt fast alles auf Lānaʻi – auch den Community Pool

Die wichtigsten Gebäude sowie Cafés und Geschäfte konzentrieren sich an der 7th und 8th Street. Wenn Sie von der Fraser Avenue kommend die 7th Street entlanglaufen, kommen Sie am **Lāna'i Art Center** 2 vorbei. Das Gebäude von 1925 beherbergte einst den Yet Lung Store, einen Lebensmittelladen; der Shop **The Local Gentry** 3 wurde 1928 als Emura Jewelry erbaut. Im heutigen **Blue Ginger Café** 2 befanden sich eine Schneiderwerkstatt und die Wäscherei des Städtchens, die **Mike Carroll Gallery** 2 bezog den Lāna'i Family Store, der Möbel und Elektrogeräte verkaufte. Das **Hale Keaka Lāna'i Theater** 1 an der Kreuzung Lāna'i Avenue zeigte bei seiner Eröffnung 1926 Stummfilme. An der Stelle der **First Hawaiian Bank** gab es schon 1924 ein Geldinstitut, eines der ältesten der Insel. Schräg gegenüber befindet sich das **Lāna'i Culture & Heritage Center** 3.

Von der Lāna'i Avenue laufen Sie nun auf der 8th Street wieder zurück zur Fraser Avenue. Im früheren Dole Plantation Housing Office hat nun die **Bank of Hawai'i** ihren Sitz, **Richard's Market** 1 nahm den Platz des T. Okamoto Store ein, der die Bewohner mit Fleisch und frischem Fisch versorgte. Das **Cafe 565** 3 war einst eine Apotheke. Es folgen der Pine Isle Market, erst Behausung für Plantagenarbeiter, dann Bäckerei, und **Pele's Other Garden** 1, das erste Lāna'i Hotel. Jenseits der Fraser Avenue hat die **Police Station** 4 mit dem **Court House** und dem **Old Lāna'i City Jail** ihre angestammte Position inne.

Dole Park 1

Der **Dole Park** ist das Herzstück von Lāna'i. Er wird von der 7th Street im Norden und der 8th Street im Süden sowie von der Fraser Avenue im Westen und der Lāna'i Avenue im Osten begrenzt. Die von alten Bäumen beschattete Grünanlage dient als Veranstaltungsort und Treffpunkt der lokalen Community mit Spielplätzen, Picknicktischen und Pavillons. Samstags findet hier von 8 Uhr morgens bis mittags ein Wochenmarkt statt. Gedenkstätten zollen Soldaten von der Insel Tribut, die im Zweiten Weltkrieg und im Koreakrieg gekämpft haben.

Lana'i Art Center 2

339 7th St., Tel. 808 565 7503, www.lanaiart.org, Mo–Sa 10–16 Uhr, Eintritt frei

Das **Lāna'i Art Center** ist Galerie und Kunstzentrum in einem. Der lokalen Kreativszene bietet sich hier ein Forum, um Schmuck, selbst gefertigte Postkarten, Keramik, Textilien, Gemälde und Fotos zu verkaufen. Daneben werden Workshops u. a. für Töpfern und Porträtmalerei angeboten. Bei einem Besuch bekommen Sie außerdem Tipps, die Sie wirklich nur im Gespräch mit Locals erfahren.

Lāna'i Culture & Heritage Center 3

730 Lana'i Ave., Tel. 808 565 7177, www.lanaichc.org, Mo–Fr 8.30–15.30 Uhr

Einen Bummel durch den Ort beginnt man am besten im **Lāna'i Culture & Heritage Center.** Hier erfährt man Interessantes über die Histo-

rie der ehemaligen Ananasinsel und bekommt zudem wertvolle Tipps für Ausflüge. Eine Ausstellung dokumentiert jene Zeiten, als die Hawaiian Pineapple Company das Leben auf Lāna'i bestimmte. Im Außenbereich wachsen in einem Garten einheimische Pflanzen, darunter eine Hibiskusart, die nur auf Lāna'i vorkommt. Die Damen und Herren vor Ort sind besonders reizend und freuen sich über Besuch – besonders, wenn er von weit her kommt!

Hale Keaka Lāna'i Theater 1

465 7th St., www.lanai96763.com, Programm online, Erw. 10 $, Kinder 12–18 Jahre 9 $, 3–11 Jahre 7 $

Die Abende auf Lāna'i sind ruhig – warum nicht einmal am anderen Ende der Welt ins Kino gehen? Das **Hale Keaka Lāna'i Theater** gibt es bereits seit der Plantagenära, 2014 wurde es in ein modernes Kino umgebaut. Hier laufen aktuelle Blockbuster zu er-

Lāna'i City

Sehenswert
1 Dole Park
2 Lāna'i Art Center
3 Lāna'i Culture & Heritage Center
4 Police Station mit Court House und Old Lāna'i City Jail

Übernachten
1 Four Seasons Hotel Lāna'i at Kō'ele, A Sensei Retreat
2 Hotel Lāna'i
3 The Lāna'i Plantation Home

Essen & Trinken
1 Pele's Other Garden
2 Blue Ginger Café
3 Café 565
4 Coffee Works

Einkaufen
1 Richard's Market
2 Mike Carroll Gallery
3 The Local Gentry

Abends & Nachts
1 Hale Keaka Lāna'i Theater

Aktiv
1 Lāna'i Surf & Safari
2 Cavendish Golf Course

---

staunlich moderaten Preisen. Das Theater war eines der ersten Gebäude, die am Dole Park errichtet wurden – es eröffnete gleichzeitig mit der Plantage. Damals wurden hier auch Shows und Konzerte aufgeführt.

Infos
Lāna'i Culture & Heritage Center: 730 Lāna'i Ave., Tel. 808 565 7177, www.lanaichc.org, Mo–Fr 8.30–15.30 Uhr.

Im Internet: Die App **Lāna'i Guide** (erhältlich über Google Play und den Apple Store) informiert über Lāna'is Geologie, Naturkunde, Traditionen und historische Stadtlandschaft. Sowohl die App als auch die Online-Version (www.lanaiguideapp.org) umfassen zudem Wanderrouten und detaillierte Fahrtbeschreibungen.

Übernachten
Exklusives Wellness-Retreat – **Four Seasons Hotel Lāna'i at Kō'ele, A Sensei Retreat 1:** 1 Keōmoku Hwy., www.fourseasons.com/koele. Das Hotel wurde umfassend renoviert und Ende 2019 wiedereröffnet. Die luxuriöse Anlage verfügt über einen Weltmeisterschaftsgolfplatz, eine schöne Poollandschaft und ein stilvolles Spa mit einem breiten Spektrum von Anwendungen. Gäste können an einer Vielzahl von Aktivitäten teilnehmen, von Bogenschießen über Reiten bis zu Tauchen und Schnorcheln. Es gibt auch ein Kulturprogramm mit Hula- und 'Ukulele-Unterricht.

Vintage-Hotel – **Hotel Lāna'i 2:** 828 Lāna'i Ave., Tel. 808 999 0974, www.hotellānai.com. Ältestes Hotel auf der Insel, das nach umfassender Renovierung Ende 2018 am Dole Park wiedereröffnet hat. Charmant mit viel Holz und landestypischen Details. Das Ursprüngliche des Hotels ist geblieben, moderne Annehmlichkeiten machen die Unterkunft – auch in Hinblick auf den Preis – zu einer exklusiven Adresse. DZ/ÜF ab 250 $.

Ehemaliges Plantagenhaus – **The Lāna'i Plantation Home 3:** 1168 Lāna'i Ave., Tel. 808 565 6961, www.dreamscometruelanai.com. Das komfortable B & B verfügt über 4 Zimmer mit Küche und Bad und ist von einem schönen Garten umgeben, in dem tropische Obstsorten gedeihen. DZ/ÜF 161 $.

Essen & Trinken
Modern-rustikales Ambiente – **Lāna'i City Bar & Grille 2:** 828 Lāna'i Ave., Tel. 808 999 0974, www.lanaicitybarandgrille.com, Di–Do 17–22, Fr, Sa 17–23, So 10–14 Uhr. Restaurant im Hotel Lāna'i mit Brunch und Livemusik. Inselküche mit asiatischen und Tex-Mex-Einflüssen. Ausgezeichnete Cocktails. Vorspeisen ab 16 $, Hauptspeisen ab 30 $.

Deli & Bistro – **Pele's Other Garden 1:** 811 Houston St., Tel. 808 565 9628, www.pelesothergarden.com/peles, Lunch Mo–Fr 11–14, Dinner Mo–Sa 17–20 Uhr. Familiäre Atmosphäre, schöne kleine Terrasse. Das Restaurant verfügt über eine Barlizenz und kann daher eine gute Bierauswahl vorweisen. Sandwiches 11 $, Pizza ab 11 $, Pasta ab 17 $.

Nachbarschaftstreff – **Blue Ginger Café** 2: 409 7th St., Tel. 808 565 6363, www.bluegingercafelanai.com, Mo, Do, Fr 6–20, Di, Mi 6–14, Sa, So 6.30–20 Uhr. Das Café hat, der Name verrät es schon, ein Gebäude mit blauer Fassade bezogen. Die Mittagskarte umfasst eines der besten Loco Mocos Hawai'is, Mahimahi-Burger und die Spezialität des Hauses, ein Omelett mit portugiesischen Würsten. Ganz egal wie satt und zufrieden die Gäste auch sein mögen, für einen Nachtisch ist immer noch Platz: die frisch gebackenen Turnovers mit Apfelfüllung sind einfach unwiderstehlich. Lunch ab 15 $, süße Teilchen ab 3 $.

Völlig entspannt – **Café 565** 3: 408 8th St., Tel. 808 565 6622, Mo–Fr 10–20, Sa 10–15 Uhr. Kleines, freundliches Café-Restaurant mit japanischer und koreanischer Küche. Zudem werden Burger, Pizza, Sandwiches und vegetarische Gerichte angeboten. Auf der Terrasse gibt es ein paar Tische. Ab 10 $.

Kaffeehaus auf Hawaiianisch – **Coffee Works** 4: 604 'Ilima St., Tel. 808 565 6962, www.coffeeworkshawaii.com, Mo–Fr 7–16, Sa 8–15, So 8–12 Uhr. Auf der großen Terrasse kommt man bei hawaiianischen Kaffeespezialitäten wie Kona Mocha schnell mit anderen Gästen ins Gespräch. Kleine Frühstücks- und Snackkarte. Kaffee ab 3 $, belegter Bagel ab 6 $, warme Snacks ab 10 $.

Einkaufen

Echter Super-Markt – **Richard's Market** 1: 434 8th St., Tel. 808 565 3780, www.facebook.com/LanaiRichardsMarket, tgl. 6–22 Uhr. Wenn Sie ein Picknick planen, finden Sie hier eine große Auswahl an Lebensmitteln und Snacks.

Kunstgalerie – **Mike Carroll Gallery** 2: 443 7th St., Tel. 808 565 7122, www.mikecarrollgallery.com, Mo–So 10–18 Uhr. Besitzer Mike hat sich als Künstler in Chicago einen Namen gemacht. Von der Natur Hawai'is inspiriert, erfüllte er sich mit der Galerie auf Lāna'i einen Lebenstraum. Hier stellt er gemeinsam mit seiner Frau Cathy neben eigenen Gemälden auch Werke anderer Kreativer aus.

Mode und mehr – **The Local Gentry** 3: 363 7th St., Tel. 808 565 9130, Mo–Fr 10–18, Sa 10–17, So 10–14 Uhr. Auch wenn Sie eigentlich nichts kaufen möchten – diese kleine Boutique werden Sie nicht mit leeren Händen verlassen. Die Betreiberin Jenna (Gentry) Majkus hat einen tollen Geschmack und ein Gespür für schöne Dinge. Das Sortiment reicht von Kleidung und Schmuck über Pflegeprodukte bis hin zu schönen Deko-Gegenständen mit Inselflair.

Aktiv

Surfunterricht – **Lāna'i Surf & Safari** 1: 428 Lāna'i Ave., Tel. 808 649 0739, www.surfinglanai.com. Gründer Nick Palumbo ist auf Lāna'i geboren und aufgewachsen und Gewinner vieler Surfwettbewerbe. Die Kurse finden an abgelegenen Stränden statt und sind für Anfänger und geübte Surfer geeignet. Nick verleiht auch Boogie-Boards, Surf-Boards, SUP-Boards und Kajaks.

Golf – **Cavendish Golf Course** 2: Keomuku Rd., Tel. 808 565 7300. Öffentlicher 9-Loch-Platz ohne Klubhaus, Personal und Tee-Times. Ungewöhnlich, wenn nicht sogar einmalig: Es wird keine Green Fee erhoben. Die Bezahlung erfolgt auf der Basis freiwilliger Spenden, die für die Pflege des Platzes verwendet werden.

Termine

Das Kultur- und Eventprogramm auf Lāna'i wird fast ausschließlich durch die Aktivitäten bestimmt, die von den Hotels angeboten werden.

Lāna'i Fifth Friday: An jedem fünften Freitag wird im Dole Park gefeiert (17.30–20.30 Uhr), mit Essensständen, Live-Entertainment und dem Verkauf von Produkten made in Hawai'i. Die Abfahrtszeiten der Fähren von/nach Maui werden an diesem Tag entsprechend angepasst (www.mauifridays.com/Lanai).

Lana'i Pineapple Festival: Juli. Eine Hommage an die Ananas-Vergangenheit. Im Dole Park gibt es Ausstellungen zum Thema, Essensstände, Handwerkskunst von lokalen Kreativen und Liveunterhaltung (www.lanaipineapplefestival.com).

Lāna'i – Die Ananasinsel

Als die Ananas 1813 von Südamerika nach Hawai'i gelangte, wurde sie als Hala Kahiki (fremde Pandan) bezeichnet, da sie der einheimischen Pandanpalme (Hala) ähnelte. Die exotische Frucht bestimmte über 70 Jahre lang das Leben auf Lāna'i und machte James Dole, den Besitzer der weltgrößten Ananasplantage, in den 1920er-Jahren zum »Pineapple King«.

Im Jahr 1902 kauften Charles und Louisa Gay einen Teil des Gibson-Anwesens (s. S. 368) – schon ein paar Jahre später gehörte ihnen fast die gesamte Insel. Sie betrieben zunächst Viehzucht, als 1907 jedoch Ananas als taugliches Anbauprodukt für Lāna'i empfohlen wurde, begann die Erfolgsgeschichte der tropischen Frucht im Hawaii-Archipel. 1910 berichteten Honolulus Zeitungen, dass die Gays im Hinterland von Lāna'i City mehrere Tausend Ananas gepflanzt und für den Vertrieb die Lāna'i Company gegründet hatten. Die geernteten Früchte wurden mit Lastwagen auf einer holprigen Piste zum Mānele Landing im Inselsüden gebracht, dort auf kleine Boote verfrachtet und zur Weiterverarbeitung nach Maui verschifft. Wegen der schwierigen Transportbedingungen kam nur ein Teil der Früchte heil am Zielort an. Die Gays hatten jedoch bewiesen, dass die Bedingungen für den Ananasanbau auf Lāna'i günstig waren, weswegen sich auch andere Unternehmer für den vielversprechenden Wirtschaftszweig zu interessieren begannen.

1917 verkauften die Gays ihren Besitz an Harry und Frank Baldwin, zwei Rancher aus Maui. 1921 nahm James Dole Verhandlungen mit den Brüdern auf und erwarb schließlich die riesigen Ländereien als Grundstock für seine Hawaiian Pineapple Company. Er entwickelte für Pflanzung, Bewässerung und Ernte moderne und sehr viel effizientere Methoden und war bald in der Lage, Tonnen von Ananas unbeschadet nach Honolulu zu transportieren. Die Produktion wuchs stetig, schnell reichten einheimische Arbeiter zu ihrer Bewältigung nicht mehr aus. Einwanderer aus Japan, China, Portugal, Korea, Puerto Rico und von den Philippinen kamen nach Lāna'i, um auf den Plantagen ihren Lebensunterhalt zu verdienen, und veränderten die Gesellschaft der Insel nachhaltig.

Mehr als 70 Jahre lang konnte sich Lāna'i als weltweit größte aktive Ananasplantage behaupten. Mit den sinkenden Preisen entwickelte sich die Frucht vom Luxus- zum Massenartikel. Ab den 1950er-Jahren überholten allerdings die Philippinen und Thailand Hawai'i als Hauptproduzenten, weil die Lohnkosten hier niedriger waren. Zwischen Castle & Cooke und der Hawaiian Pineapple Company entspannen sich Verhandlungen, die die Zukunft Lāna'is bestimmen sollten. Schon in den 1970er-Jahren gab es erste Pläne für Resorts auf der Insel, die den Anfang vom Ende der Ananasproduktion einläuteten. Die letzte Ernte wurde schließlich 1992 eingebracht. Seither hat sich der Tourismus zum wichtigsten Wirtschaftszweig entwickelt. Der Ortskern von Lāna'i City wurde Schritt für Schritt restauriert, der Charme der Arbeiterhäuser, die Dole bauen ließ, konnte bis heute bewahrt werden.

WANDERUNG AUF DEM MUNRO TRAIL

Tour-Infos

Start: am Friedhof von Lāna'i City
Länge: 20 km
Dauer: ca. 7 Std.
Schwierigkeitsgrad: Die teils steilen Anstiege erfordern eine gewisse Kondition.
Wichtig: Der Trail kann nur noch zu Fuß erwandert oder mit dem Mountainbike befahren werden, für Geländewagen ist er mittlerweile gesperrt. Neben festem Schuhwerk sind ausreichend Wasser und Proviant sowie Kleidung im Zwiebel-Look erforderlich. Beginnen Sie die Wanderung frühmorgens, später am Tag können Nebel und Regen auftreten. Nach starken Niederschlägen ist der Weg rutschig und schwer zu begehen.

Ihr Ausflug beginnt auf dem Highway 44, dem Sie von Lāna'i City in Richtung Norden folgen. Rund 1,6 km hinter dem Four Seasons Hotel Lāna'i at Kō'ele biegen Sie nach rechts in eine geteerte Straße ein, die nach ca. 800 m am **Friedhof** endet. Der Trail Head befindet sich links davon. Der Weg schlängelt sich zunächst zwischen jungen Eukalyptusbäumen hindurch, um sich dann an der Bergflanke hochzuwinden. Der nun dichter werdende Bewuchs setzt sich aus Eisenholzbäumen sowie Norfolk-Tannen zusammen, von denen es auf Lāna'i ein großes Vorkommen gibt. Sie speichern Wasser, das sie aus dem Nebel und den Wolken aufnehmen. Der Naturforscher George Munro, der 1890 aus Neuseeland nach Lāna'i kam und nach dem der Weg benannt ist, pflanzte die Bäume in den 1920er-Jahren aus diesem Grund gezielt an.

Auf langen Abschnitten folgt der Trail dem Kammgrat und eröffnet schöne Ausblicke in tiefe Schluchten, die sich in die Ostflanke des Berges geschnitten haben, später auch auf Lāna'i City und das Pālāwai Basin. Schließlich erreichen Sie den **Lāna'ihale,** mit knapp 1027 m der höchste Berg der Insel. An klaren Tagen erkennt man von hier aus alle bewohnten hawaiianischen Inseln – mit Ausnahme von Kaua'i und Ni'ihau. Nachdem Sie die Aussicht genossen haben, kehren Sie auf dem gleichen Weg zum Ausgangspunkt zurück, oder Sie folgen dem Trail weiter, der nun auf einer Strecke von knapp 10 km zum Hauptplateau hinabführt. Lassen Sie die Hügel links liegen und halten Sie sich an der großen Gabelung rechts. Der Munro Trail endet am Highway 440 zwischen Lāna'i City und Mānele Bay, im Pālāwai Basin. Für die Rückfahrt nach Lāna'i City müssen Sie sich ein Taxi bestellen.

Verkehr

Flüge: Der kleine, moderne Lāna'i Airport (LNY) befindet sich im Westen der Insel, rund 6,5 km entfernt von Lāna'i City (Tel. 808 565 7942, www.airports.hawaii.gov/lny). 'Ohana by Hawaiian Airlines und Mokulele Air fliegen ihn mehrmals täglich von O'ahu aus an (ab 80 $ pro Strecke), seltener von anderen Inseln. Es gibt keine Direktverbindung vom Festland. Mokulele Airlines betreibt zudem in Zusammenarbeit mit den Four Seasons Resorts den Luxuscharter Lāna'i Air (Flüge ab/bis O'ahu, Maui und Hawai'i Island ab 250 $). Four Seasons bietet kostenfreie Hoteltransfers an.

Mietwagen: Jeeps können über das Four Seasons Resort Lāna'i gebucht werden, weitere Anbieter sind Dollar Lāna'i (1036 Lāna'i Ave., Tel. 808 565 7227, http://dollarlanai.com), Jeep Lāna'i (Tel. 808 565 7373, www.jeeplanai.net, die Mietwagen werden zum Ferry Dock, zum Flughafen oder zur Unterkunft geliefert) und ABB Executive Rental (Tel. 808 649 0644, www.abbautorental.com). Es gibt nur eine Tankstelle auf der Insel, Lāna'i City Service (1036 Lāna'i Ave., Tel. 808 565 7227, tgl. 6.30–22 Uhr).

Limousinen-Service: Rabaca's Limousine Service, 552 Alapa St., Tel. 808 565 6670. Regulärer Service zum Flughafen und nach Lāna'i City. Auf Anfrage sind auch private Touren (mind. 3 Std.) in andere Inselregionen möglich.

Fähre: Expeditions, 658 Front St., Suite 127, Lāhainā/Maui, Tel. 808 661 3756, www.go-lanai.com. Abfahrtszeiten von Maui nach Lāna'i (Mānele Bay Harbor) tgl. 6.45, 9.15, 12.45, 15.15 und 17.45 Uhr, von Lāna'i nach Maui 8, 10.30, 14, 16.30 und 18.45 Uhr, Erw. 30 $, Kinder 20 $ einfach. Während der Saison Chance auf Walbeobachtung, Delfine sind zu jeder Jahreszeit zu sehen.

Segeltörns: Beliebt sind Tagesausflüge von Maui nach Lāna'i, für die es viele Anbieter gibt. Zum Programm des Unternehmens Sailtrilogy gehören Discover-Lāna'i-Segeltörns inkl. Schnorcheln, Strandaufenthalt und BBQ-Lunch, die im Lāhainā Harbor auf Maui starten (675 Wharf St., Lāhainā/Maui, Tel. 808 874 5649, www.sailtrilogy.com/tour/discover-lanai, 220 $).

Umgebung von Lāna'i City

▶ 4, J 14

Pālāwai Basin

Die Inselhauptstadt liegt am Rand des **Pālāwai Basin,** einer rund 65 km² großen Caldera, die sich durch den Einsturz des Schildvulkans gebildet hat. Seit der Plantagenära wird hier Ackerbau betrieben, der fruchtbare Boden und effiziente Bewässerungssysteme sorgen für eine reiche Ananasernte. Informationstafeln machen auf interessante Orte aufmerksam. Nicht ganz leicht zu finden sind die **Petroglyphen von Luahiwa,** 34 Felsblöcke mit Ritzzeichnungen, die neben abstrakten Symbolen auch Menschen und Tiere darstellen. Man erreicht sie, wenn man auf dem Highway 440 nach Süden in Richtung Mānele Bay fährt und in die erste Schotterstraße nach links abbiegt. Anschließend folgt man dem Zaun einer Farm, um sich an der nächsten Gabelung wieder links zu halten. Nach etwa 500 m muss man scharf nach rechts abbiegen, um nach weiteren 600 m einen Hügel zu erreichen – an seinem Fuß befinden sich von Buschwerk umgeben die Steine.

Cat Sanctuary

1 Kaupili Rd., www.lanaicatsanctuary.org, tgl. 10–15 Uhr, Eintritt frei, Spenden erwünscht

Mit Sicherheit ist ein Katzentierheim nicht das Erste, womit man Lāna'i in Verbindung bringen würde. Aber das **Cat Sanctuary** ist mittlerweile zur Institution geworden und für Katzenfans eine Möglichkeit, auch im Urlaub – und auf der anderen Seite der Welt – ihre Tierliebe zu zeigen. Sie können einfach vorbeifahren und mit den Katzen und Keoni, die diese tolle Einrichtung betreut, Zeit verbringen. Fast 600 Katzen haben hier eine neue Heimat gefunden, fast sämtlich ehemalige Streuner. Dass sie nun versorgt und gefüttert werden, kommt auch der einheimischen Vogelwelt zugute. Das Cat Sanctuary finden Sie nach rund 10 Minuten Fahrt von Lāna'i City aus im Südwesten der Insel.

Süden und Südwesten

Es ist nicht verwunderlich, dass eines der beiden Fünfsternehotels der Insel im Süden, an der wunderschönen Hulopo'e Bay, liegt. Luxus bedeutet an diesem Ort auch, dass Sie traumhafte Sonnenauf- und -untergänge beobachten können. Und weil das so schön romantisch ist, gibt es noch eine – wenn auch tragische – Liebesgeschichte als Dreingabe.

Hulopo'e Bay

▶4, J 15

Insgesamt verfügt die kleinste Insel des 50. US-Bundesstaates über eine knapp 29 km lange Küstenlinie, die ein paar sehr schöne Strände vorweisen kann. Die **Hulopo'e Bay** wird von einem vorgelagerten Lava-Riff geschützt und ist am besten für Wassersportaktivitäten geeignet. Den weitläufigen Sandstrand erreichen Sie am einfachsten über das Four Seasons Resort Lāna'i, auch wenn Sie hier nicht übernachten. Vom Hotel aus gelangen Sie über Stufen zum Meer hinunter und können es sich dort an einem schattigen Plätzchen gemütlich machen oder Ihren Tatendrang beim Schwimmen, Schnorcheln und Surfen ausleben. Eine Besonderheit sind die großen Gezeitenbecken im Osten der Bucht, in denen man allerlei Meeresgetier beobachten kann – Krebse, Muscheln, Seesterne und kleine Fische. Wenn Sie in den Wintermonaten hier sind, sollten Sie Ausschau nach Walen halten – Delfine können das ganze Jahr über auftauchen. Der Beach Park ist mit Toiletten, Duschen und Umkleidekabinen ausgestattet; es gibt auch ein paar Zeltplätze.

Kapiha'ā Village

Von der Hulopo'e Bay aus können Sie eine kleine Reise in die Zeit unternehmen, bevor sich der westliche Einfluss auf Lāna'i bemerkbar machte: Der Kapiha'ā Village Interpretive Trail ist ein knapp 1,6 km langer Lehrpfad, der beim Four Seasons Resort beginnt und zu den Ruinen des alten Dorfes **Kapiha'ā** führt. Er endet am Klubhaus des Mānele Golf Course. Unterwegs weisen Infotafeln auf historische Stätten hin, die zeigen, wie Native Hawaiians auf Lāna'i gelebt, gearbeitet und ihren Göttern geopfert haben, darunter Reste von Häusern,

Feldern, ein Ko'a und der ehemalige Heiau des Dorfes. Auch die Flora und Fauna sowie landwirtschaftliche Praktiken werden erläutert. Der Weg folgt zunächst weitgehend eben der Küste, an einem Blowhole vorbei, um dann ins Landesinnere abzuschwenken. Hier sind einige kleine Steigungen zu bewältigen. Mittags kann es sehr heiß werden, daher sollten Sie unbedingt an Sonnenschutz, Wasser und eine Kopfbedeckung denken.

Pu'u Pehe

Ein 25 m hoher Felsvorsprung, der **Pu'u Pehe,** trennt die Hulopo'e Bay von der östlich gelegenen Mānele Bay. Vom Four Seasons Resort aus erreichen Sie den schönen Aussichtspunkt in rund 20 Minuten. Dazu gehen Sie am Strand in Richtung Südosten, noch an den Gezeitenbecken vorbei, und steigen dann den an den Klippen entlangführenden Pfad hinauf. Besonders am Morgen und Abend bringt die Sonne das rostrote Gestein zum Leuchten. Mit dem Felskap ist eine Legende verbunden: Makakēhau, ein junger Krieger, hatte sich so sehr in die aus Lāhainā stammende Pehe verliebt, dass er sie nach Lāna'i mitnahm und in einer Höhle am Fuß der Mānele-Klippen versteckte. Eines Tages bemerkte er, während er unterwegs war, dass ein Sturm aufzog. Er eilte zur Bucht zurück, musste aber bei seiner Ankunft feststellen, dass Pehe ertrunken war. In tiefer Trauer umarmte er die Geliebte und bat die Götter verzweifelt, ihm auf den steilen Fels hinaufzuhelfen, um Pehe dort zu beerdigen. Sein Flehen wurde erhört, Makakēhau bettete Pehe zur letzten Ruhe und stürzte sich danach selbst in die Wellen.

Der schöne Strand in der Hulopo'e Bay hat die Form einer Mondsichel

IMMER IN BEWEGUNG – FOUR SEASONS RESORT LĀNA'I

Tour-Infos

Start: Lobby oder Lower Lobby Level
Dauer/Länge: je nach Unternehmung

Wichtig: Der Aktivitätenkalender wechselt täglich, Informationen zum Programm unter www.fourseasons.com/Lanai/calendar

Das Four Seasons Resort Lāna'i ist eines von zwei exklusiven Fünfsternehotels, denen die Insel ihren Beinamen »Luxusinsel« verdankt. Da es insgesamt nur drei Hotels gibt, ist die kulturelle Verantwortung der Unterkunft besonders hoch. An einem Ort gelegen, an den sich die Legende von Pu'u Pehe knüpft, und von vielen historischen Stätten umgeben, bietet das Hotel ein sehr umfangreiches Angebot an Aktivitäten. Für ausgewählte Touren und Programmpunkte können sich auch Tagesgäste anmelden.

Die ersten Aktivitäten im Four Seasons beginnen schon vor Sonnenaufgang. Während ein Guide Sie zum Pu'u Pehe begleitet, erfahren Sie mehr über die Landschaft Lāna'is und die mit ihr verknüpften Mythen. Viele der Führer sind auf Lana'i aufgewachsen und kennen die Insel wie ihre Westentasche, zusätzlich haben sie eine umfassende Ausbildung auch zu kulturellen Themen absolviert. Sunrise Yoga findet an wechselnden Orten im Resort statt. Alternativ kön-

nen Sie mit Meditation in den Tag starten oder, wenn Sie im Urlaub nicht so früh aufstehen möchten, einen späteren Termin für eine Yogastunde wählen.
Das Four Seasons arbeitet mit ausgebildeten Tauchlehrern zusammen, die Ihnen Lāna'is Unterwasserwelt zeigen: In den Gewässern rund um die Insel gibt es rund zehn Tauchplätze, darunter Cathedrals mit Höhlen, Felsbögen und einem 30 m langen Lavatunnel. Sie erreichen die Dive Sites mit dem hoteleigenen Boot, das mit Ausrüstungen für zwei Tauchgänge ausgestattet ist. Wenn Sie sich für die dreistündige Snorkel & Sail Tour entscheiden, können Sie an Bord des Katamarans einfach nur tagträumen oder Schnorchelausrüstung und SUP-Boards ausleihen. Die Segeltour wird auch zum Sonnenuntergang angeboten.
Wanderungen können Sie entweder auf eigene Faust unternehmen oder sich dafür einen privaten Guide buchen. Im Adventure Center des Hotels stehen zudem Fahrräder zur Verfügung, die für einen halben oder ganzen Tag zu mieten sind.
Ein besonders schöner Ausflug für Reitbegeisterte führt zu den Kō'ele Stables. Hier befand sich einst das Zentrum des Ranch-Betriebs. Außerdem liegt hier das zweite Hotel der Gruppe: das Ende 2019 nach umfassender Renovierung wiedereröffnete Four Seasons Hotel Lāna'i at Kō'ele, A Sensei Retreat. Anela Evans ist die Kulturbeauftragte im Four Seasons Hotel – ihr Lieblingsplatz sind die Ställe. Anela steht Ihnen für alle Fragen rund um die hawaiianische Kultur und speziell zum Paniolo-(Cowboy-)Leben gerne zur Verfügung.
Haben Sie schon einmal Bogenschießen ausprobiert? Auf Lāna'i finden Sie dazu Gelegenheit! Zwischen 9 und 15 Uhr gibt es im Wald auf dem Parcours mit 14 Stationen stündlich eine Einführung in die Sportart, die Konzentration und innere Ruhe fördert.
Im Resort werden bei 30-minütigen Cultural Tours die Kunstwerke und Artefakte des Hotels erklärt. Zweistündige Workshops machen mit hawaiianischen Traditionen wie dem Hula-Tanz, dem 'Ukulele-Spiel oder dem Weben von Armbändern vertraut.
Für etwas mehr Adrenalin sorgen die Cultural UTV Tours: Ihr Guide, der auch gleichzeitig Ihr Fahrer ist, bringt Sie mit dem Quad zu kulturellen Sehenswürdigkeiten auf der Insel. Sie halten immer wieder an, um Hintergründe zu Pflanzen und Orten zu erfahren, und werden zu den schönsten Aussichtspunkten gebracht.
Am späten Abend sollten Sie sich in den unteren Bereich der Lobby setzen. Um 17.30 Uhr erklingen das Muschelhorn (Pū) und Sprechgesänge (Mele), Musik begleitet die traditionelle Zeremonie zum Anzünden der Fackeln. Bei Snacks und Getränken können Sie sich mit anderen Gästen über die Erlebnisse des Tages austauschen.

Übernachten

Luxuriöses Strandresort – **Four Seasons Resort Lāna'i:** 1 Mānele Bay Rd., Tel. 808 565 2000, www.fourseasons.com/lanai. Abgeschiedenes Traumresort, eingebettet in üppige Vegetation mit direktem Strandzugang. Das Hotel besitzt eine exquisite Sammlung pazifischer Kunst und bietet jeden nur erdenklichen Luxus, darunter auch ein Spa und einen Golfplatz. Die großzügigen Zimmer und Suiten verfügen je nach Kategorie über Balkon oder Terrasse. Die Anlage ist weitläufig und liegt erhöht, sodass der Blick aufs Meer – besonders vom Lobbybereich und von den Restaurants – außergewöhnlich schön ist. Als Gast hat man das Gefühl, von einem botanischen Garten mit einer unglaublichen Vielfalt exotischer Gewächse umgeben zu sein; wer gerne Pflanzen fotografiert, kann sich hier den ganzen Tag damit beschäftigen. Das Four Seasons ist zudem auf Lāna'i einer der wichtigsten Touranbieter. DZ mit Gartenblick ab 1100 $.

Camping – Am Hulopo'e Beach gibt es einige Zeltplätze. Wer dort campen möchte, muss zuvor bei Pulama Lāna'i ein Permit beantragen (Tel. 808 565 2695, info@lanaibeachpark.com. 80 $ pro Nacht für bis zu 4 Pers.

Essen und Trinken

Im Four Seasons Resort – Im **Four Seasons Resort Lāna'i** s. S. 381 gibt es mehrere exklusive Restaurants, in denen auch Nicht-Hotelgäste willkommen sind. Durchschnittspreise für Hauptspeisen: Lunch ab 18 $, Dinner ab 40 $. Das **Nobu** ist bekannt für innovative japanische Küche und exzellentes Sushi (tgl. 17.30–21 Uhr). Auf der Terrasse des **One Forty** kann man schön frühstücken oder am Abend bei tollem Meerblick Steaks und fangfrisches Sea-Food genießen, in einer eleganten, aber nicht einschüchternd vornehmen Atmosphäre (tgl. 6.30–11, 17.30–21 Uhr). Die **Malibu Farm** setzt auf leichte, gesunde Gerichte mit Zutaten aus eigenem organischem Anbau, es gibt auch frische Säfte. Das Restaurant ist wunderschön in die Anlage integriert, mit Blick auf den Ozean (tgl. 11–17, Cocktails bis 18 Uhr). Leger und informell geht es in der **Sports Bar & Grill** zu, wo neben leckeren kleinen Häppchen auch Bar-Food wie Steaks, Ribs und Burger auf der Karte stehen (tgl. 11–22, Cocktails 22–23 Uhr). Im **Kope** gibt es Frühstück (auch zum Mitnehmen), Kaffeespezialitäten und Gebäck (tgl. 5.30–11 Uhr).

Eine Aussicht zum Verlieben – **Views at Mānele Golf Course:** 1 Challenge Dr., Tel. 808 565 2230, www.fourseasons.com/lanai/dining, tgl. 11–15 Uhr. Das ebenfalls zum Four Seasons gehörende, aber am anderen Ende des Resorts gelegene Restaurant ist ein absoluter Traum. Dank des Blicks auf den unendlich scheinenden Ozean fällt es schwer, sich auf das Essen zu konzentrieren. Allerdings nur so lange, bis es vor einem steht, dann kann man gar nicht anders, als den Gerichten die volle Aufmerksamkeit zu schenken. Unglaublich lecker! Vorspeisen wie Poke oder Grilled Flatbread mit Trüffelöl, vegetarische Tacos und frische Fish & Chips verleiten dazu, nicht nur einmal an diesem schönen Ort Platz zu nehmen. Ab 15 $.

Aktiv

Breites Outdoor-Angebot – **Four Seasons Resort Lāna'i:** 1 Mānele Bay Rd., Tel. 808 565 2000, www.fourseasons.com/lanai. Über das Hotel können die unterschiedlichsten Aktivitäten und Kulturprogramme gebucht werden (Aktiv unterwegs s. S. 380).

Paradiesisch entspannen – **Hawanawana Spa:** im Four Seasons Resort Lāna'i, Tel. 808 565 2088, www.fourseasons.com/lanai, tgl. 8.30–20 Uhr. Im Hawanawana Spa werden klassische Anwendungen und hawaiianische Wellnessbehandlungen wie der Ti Leaf Relief Wrap und andere Körperbehandlungen mit lokalen Inhaltsstoffen angeboten. Am Pool können Sie sich mit einer Kopf-, Nacken-, Fuß- oder Schultermassage verwöhnen lassen. Es gibt auch Yoga- und Tai-Chi-Kurse.

Abschlag in traumhafter Kulisse – **Mānele Golf Course:** 1 Challenge Dr., Tel. 808 565 4000, www.fourseasons.com/lanai/golf, tgl. 7.30–18 Uhr. Spektakulärer 18-Loch-Platz mit Blick auf den Ozean, drei Löcher auf der Klippe über der Hulopo'e Bay. Der Golfplatz ist eine der renommierten »Signature Jack Nicklaus«-Anlagen. Zur hypermodernen Ausstattung gehören auch GPS-Carts mit Bluetooth-Funktion. Buchbar über das Four Seasons Resort Lāna'i.

Surfen, Kayaking, Bikes und mehr – **Lāna'i Adventure Club:** Tel. 808 565 7373, www.jeeplanai.net. Organisation verschiedener Outdoor-Aktivitäten und Verleih von Schnorchel- und Surf-Equipment sowie von Mountainbikes. Geführte Offroad-Abenteuer, Verleih von Jeeps für Touren auf eigene Faust.

Mānele Bay ▶ 4, J/K 15

Die **Mānele Bay** ist genauso wie die Hulopo'e Bay Teil eines Marine Life Sanctuary and Underwater Marine Park (http://dlnr.hawaii.gov/dar/marine-managed-areas/hawaii-marine-life-conservation-districts/lanai-manele-hulopoe) – das verspricht optimale Bedingungen zum Schnorcheln und Tauchen. Ganz im Osten der Bucht gibt es einen kleinen, von Felsen unterbrochenen Sandstrand, der flach abfällt und ebenfalls über sanitäre Einrichtungen verfügt. Im **Mānele Small Boat Harbor** im Westen der Bucht legen die Fähren aus Maui an. Die Schiffe verkehren täglich und die Abfahrtszeiten sind ideal, um

Lāna'i auch ohne Übernachtung im Rahmen eines Tagesausflugs zu erkunden. Im Hafen gibt es ein kleines Geschäft, das Lebensmittel und Getränke für ein Picknick sowie einfache Lunch-Gerichte verkauft.

Aktiv

Schnorcheln und Tauchen – **Lāna'i Ocean Sports:** Mānele Small Boat Harbor, Tel. 808 866 8256, www.lanaioceansports.com. Schnorchel-, Tauch- und Segelausflüge mit einem Katamaran. Der Coastal Sail dauert 2 Std., unterwegs erfährt man viel über das Leben unter Wasser. Mit etwas Glück beobachtet man Spinnerdelfine und in der Saison auch Wale. Das Schiff legt täglich um 13.30 Uhr ab, kleine Snacks und Getränke sind bei diesem Ausflug inklusive.

Hochseefischen – **Sport Fishing Lāna'i:** Mānele Small Boat Harbor, Tel. 808 565 7676, www.sportfishinglanai.com. Exkursionen mit der »Fish 'n' Chips« zu den besten Hochseeangel-Spots rund um Lāna'i. Den frischen Fang kann man sich in den feinen Restaurants der Insel nach Wunsch zubereiten lassen.

Kaunolū Village

▶ 4, H/J 15

Für diesen Ausflug benötigen Sie einen Geländewagen. Fahren Sie auf dem Highway 440 von Lāna'i City aus nach Westen in Richtung Kaumālapa'u Harbor. Nachdem Sie den Abzweig zum Flughafen passiert haben, biegen Sie nach links in die Kaupili Road ab, eine unbeschilderte Dirt Road. Dieser folgen Sie rund 4 km, bis Sie rechter Hand ein gelbes Standrohr erblicken. Hier biegen Sie auf einen felsigen, zum Meer hinabführenden Weg ab. Nach knapp 5 km erreichen Sie **Kaunolū Village,** das schon von Weitem an seinem weißen Leuchtturm zu erkennen ist. Bis zum Ende des 19. Jh. war Kaunolū ein Fischerdorf, das König Kamehameha I. gern zum Angeln aufsuchte und in das er sich nach der Eroberung von Maui, Moloka'i und Lāna'i zurückzog. Als größter erhaltener Überrest eines alten hawaiianischen Dorfes wurde die Stätte 1962 zur U.S. National Historic Landmark erklärt und 1966 ins National Register of Historic Places eingetragen. Kaunolū bietet fantastische Ausblicke auf die Shark Fin Cove und die Steilküste im Süden Lānai's, außerdem können Sie die Überreste des **Halulu Heiau** bewundern, der auch die Funktion eines Zufluchtsorts hatte. Ganz in der Nähe stellen Petroglyphen vogelähnliche Wesen dar, wie sie bisher nur auf Lāna'i gefunden wurden. Am **Kahekili's Leap,** einem Felsdurchbruch, stellten Krieger ihren Mut beim Sprung von den knapp 20 m hohen Klippen unter Beweis. Bitte verhalten Sie sich respektvoll, dies ist ein heiliger Ort.

Kaumālapa'u Harbor

▶ 4, H 14/15

Die Zufahrt zum Hafen ist nur Di, Mi und Do möglich

Von Lānai'i City ist der **Kaumālapa'u Harbor** 22 km entfernt, vom Flughafen sind es nur 5,6 km. Der Highway 440 (Kaumalapau Highway) ist die einzige befahrbare Straße in Richtung Westen und führt direkt zu Lāna'is Handelshafen, wo sie endet. Der Industriehafen wurde Mitte der 1920er-Jahre für die großen Frachtschiffe der Hawaiian Pineapple Company angelegt, die zur Erntezeit bis zu 1,5 Mio. Ananasfrüchte nach Honolulu verschifften. Nachdem Wirbelstürme schwere Schäden angerichtet hatten, musste die Mole erneuert werden. Hierzu wurden 35 t schwere weiße Bewehrungskörper verwendet, die die Form riesiger Kristalle haben und geradezu extraterrestrisch anmuten. Sie sollten diesen kleinen Ausflug möglichst am späten Nachmittag unternehmen, denn von hier aus haben Sie einen freien Blick auf die untergehende Sonne. Die Steilküste präsentiert sich bei Kaumalapau mit Höhlen und ins Meer mündenden engen Tälern besonders dramatisch, mit etwas Glück können Sie in der Ferne Delfine sehen. Die beiden steil aus dem Wasser ragenden Felstürme der kleinen Insel **Nānāhoa** beheimaten viele Seevögel. Wassersport ist an diesem Küstenabschnitt nicht möglich.

Nordwesten

Das Kanepu'u Preserve, Keahiakawelo und Polihua Beach gehören zu den beliebtesten Attraktionen auf Lāna'i. Auch wenn die Ziele – urwüchsiger Trockenwald, eine Mondlandschaft und ein Traumstrand – sehr unterschiedlich sind, lassen sie sich auf einem Ausflug gut miteinander verbinden. Für Ihre Erkundungen benötigen Sie allerdings auf jeden Fall einen Mietwagen mit Allradantrieb.

Kanepu'u Preserve

▶ 4, H 13

www.nature.org, tgl. von Sonnenauf- bis -untergang, Eintritt frei, ein Lehrpfad erschließt das Gelände; Gruppen können bei der Nature Conservancy of Hawaii geführte Touren buchen

Von den Ställen der Kō'ele Lodge in Lāna'i City aus erreichen Sie auf der Polihua Road, einer staubigen Piste, durch Rinderweiden und Zuckerrohrfelder fahrend in etwa einer halben Stunde das **Kanepu'u Preserve.** Hier blieb ein Rest des Trockenwalds erhalten, der einst ganz Lāna'i bedeckte. Auf dem 240 ha großen Areal stehen 48 einheimische Pflan-

Ergebnis eines Wettkampfs zwischen zwei Priestern – der Felsengarten von Keahiakawelo

zenarten unter Schutz, darunter die seltene Hibiskussorte Mau Hau Hele, der Lama, ein einheimischer Ebenholzbaum, und der Olopua (Hawaii-Olive). Das Holz des ʻAiea wurde für den Bau von Kanus genutzt. Auf dem Rundweg durch das Gelände kann man auch seltene einheimische Vögel wie den Pazifischen Goldregenpfeier (Kōlea) beobachten, am Wegrand wurden Werke hawaiianischer Künstler aufgestellt.

Keahiakawelo

▶ 4, H 13

Wenn Sie der Dirt Road weitere 15 Minuten folgen, erreichen Sie ein wüstenhaftes Plateau, das einen krassen Kontrast zu Kanepuʻu bildet – **Keahiakawelo,** auch als **Garden of The Gods** bekannt, ist ein verzauberter Garten aus Stein. Die bizarre Mondlandschaft aus rotem Sand und großen Felsblöcken wurde über Jahrmillionen von der Erosion geformt. Eine Legende erklärt das Naturphänomen auf ganz andere Weise: Auf Lānaʻi und Molokaʻi entzündeten einst zwei Priester (Kahunas) ein Feuer und wetteiferten darum, welches länger brennen würde – dem Gewinner winkten große Reichtümer. Der Priester von Lānaʻi, Kawelo, opferte, um den Wettkampf für sich zu entscheiden, jede einzelne Pflanze in weitem Umkreis. Deshalb ist die Gegend heute so karg.

Die wechselnden Lichtverhältnisse schaffen ganz unterschiedliche Stimmungen. Nicht nur für Fotografen ist die blaue Stunde ein absoluter Höhepunkt: Kurz vor Einbruch der Dämmerung lässt die untergehende Sonne die Felsen in intensiven Orange-, Rot- und Lilatönen erstrahlen. Keahiakawelo (»Die Feuer von Kawelo«) ist für die Hawaiianer ein Ort von großer Bedeutung, klettern Sie daher bitte nicht auf die Felsen. Das Bewegen oder Mitnehmen von Steinen ist verboten.

Polihua Beach ▶ 4, H 13

Der Ausflug zum **Polihua Beach** steht unter dem Motto: Der Weg ist das Ziel. Allerdings ist auch das Ziel grandios, denn der Strand ist endlos weit und einsam genug, dass Meeresschildkröten im goldfarbenen Sand ihre Eier ablegen. Um hinzugelangen, biegen Sie von der Polihua Road auf den Polihua Trail Richtung Meer ab. Die Strecke erfordert Offroad-Erfahrung – wer sich nicht sicher fühlt, bucht am besten ein Allradfahrzeug mit Fahrer. Von Keahiakawelo aus dauert die Fahrt abhängig vom Zustand der Piste eine halbe bis ganze Stunde. Der Trail endet an einem Parkplatz kurz vor dem Strand. Polihua Beach ist der perfekte Ort, um einen Tag lang mit sich und dem Ozean allein zu sein. Suchen Sie sich an dem rund 3 km langen Küstenabschnitt ein schönes Plätzchen und lauschen Sie der Brandung. Zum Schwimmen ist der Strand wegen der starken Strömung nicht geeignet. Es gibt keine sanitären Anlagen, Proviant muss mitgebracht werden.

Nord- und Ostküste

Der Highway 440 (Kaumālapa'u), eine von drei Asphaltstraßen auf der Insel, führt von Lāna'i City Richtung Norden. Kurz vor dem Meer endet sie, ab hier geht es nur noch auf Dirt Roads weiter. An der Küste wechseln sich schroffe Klippen mit einsamen Stränden ab und historische Stätten wie Heiaus und Fischteiche säumen die holprigen Schotterpisten.

Zum Kaiolohia (Shipwreck) Beach

► 4, J 13

Nachdem sie den Lāna'i Market Place passiert hat, wird die Lāna'i Avenue zur Keōmoku Road. Es ist die einzige geteerte Straße zur Nordküste, es besteht also keine Gefahr, sich zu verfahren. Vom Stadtzentrum bis zum Parkplatz am **Kaiolohia Beach** (auch Shipwreck Beach) sind es etwas über 13 km. Allerdings wird die Strecke in der zweiten Hälfte extrem kurvig. Auf dem Weg zum Strand lohnen zwei Aussichtspunkte einen Stopp: Vom ersten Lookout aus überblicken Sie das Pālāwai Basin, vom zweiten die Meeresstraße zwischen Lāna'i und Maui. Kurz bevor Sie die Küste erreichen, endet der geteerte Weg und die Fahrt ist nur noch mit Allradantrieb fortsetzbar, oder Sie gehen zu Fuß.

Auf der Dirt Road biegen Sie nach links, Richtung Nordwesten, ab und folgen dem Küstenverlauf etwa 1,5 km, bis Sie die Ruine eines alten Leuchtturms erreichen. Von hier aus sehen Sie das Wrack eines Tankers, der in den 1940er-Jahren vor Lāna'i auf Grund lief und nie geborgen wurde – ein gespenstisches Szenario. Nicht weit entfernt führen Markierungen vom Meer weg zu alten hawaiianischen Petroglyphen. Wenn Sie zu Fuß am Strand entlanggehen, stoßen Sie auf weitere Überreste gestrandeter Schiffe. Aufgrund von Untiefen und heftigen Stürmen kam es vor der Nordküste von Lāna'i häufig zu Havarien. In der Zeit nach dem Zweiten Weltkrieg erhielt der Schiffsfriedhof weiteren Zuwachs: Frachter, die von der Navy nicht mehr gebraucht wurden, versenkte man hier im Meer. Erfreulicher ist der Anblick von Schildkröten, die sich am Strand sonnen. Auch die Gezeitenpools sind voller Leben, interessant geformtes Treibholz liegt herum. Wenn Sie einen längeren Spaziergang planen, nehmen Sie eine Windjacke mit. Zum Schwimmen ist der Shipwreck Beach nicht geeignet.

Nach Keōmoku ▶ 1, H 2

Die Dirt Road, die am Ende der Keōmoku Road nach rechts abbiegt, führt nach **Keōmoku.** Die heutige Geisterstadt war einst der größte Ort Lāna'is. Vom verschlafenen Fischerort mauserte er sich gegen Ende des 19. Jh. zu einem florierenden Zentrum mit fast 2000 Einwohnern. Ihren Unterhalt verdienten sie auf den Plantagen der Maunalei Sugar Company und in der angegliederten Zuckerfabrik. Anfang des 20. Jh. wurde der Zuckerrohranbau jedoch infolge von Wassermangel eingestellt. Versuche mit genügsameren Pflanzen wie Baumwolle scheiterten ebenfalls. Schließlich kaufte die Familie Gay das Land und züchtete darauf Vieh. Doch auch diese Unternehmung blieb erfolglos. Die letzten Bewohner Keōmokus zogen nach Lāna'i City, wo sie Anstellung bei der Hawaiian Pineapple Company fanden.

Sämtliche Häuser von Keōmoku wurden abgerissen. Die rustikale **Ka Lanakila O Ka Mālamalama Church** ist, neben Überresten der Zuckerfabrik, die einzige verbliebene Erinnerung an die Stadt. Die Kirche wird nach und nach renoviert und es finden regelmäßig Gottesdienste in hawaiianischer Sprache statt.

Die Weiterfahrt auf der schlechten Straße ist schwierig und lohnt nur für Offroad-Fans. Man erreicht zunächst **Halepalaoa,** von dessen Hafen früher das Zuckerrohr nach Maui verschifft wurde. Am Strand des früheren Club Lāna'i, der von Maui aus angesteuert wird, findet man Reste eines Heiau und einen japanischen Friedhof. Steine des Heiligtums wurden in der Plantagenära für den Bau eines Eisenbahndamms durch die Zuckerrohrfelder genutzt – in den Augen der Hawaiianer ein Frevel.

Am schönen **Lopa Beach** vorbei erreicht man schließlich mit dem kleinen Fischerhafen **Naha** das Ende der Piste. Die Küste wird hier felsiger und lässt wenig Platz für den schmalen Strand. Spuren früher Besiedelung sind ein überwucherter Heiau und ein Fischteich.

Im flachen Fahrwasser vor dem Shipwreck Beach sind schon viele Schiffe auf Grund gelaufen

Kulinarisches Lexikon

Im Restaurant

Ich möchte einen Tisch reservieren.	*I would like to book a table.*
Bitte warten Sie, bis Ihnen ein Tisch zugewiesen wird.	*Please wait to be seated.*
Es gibt eine Wartezeit von 15 Minuten.	*There is a waiting time of fifteen minutes.*
Wir rufen Sie, sobald Ihr Tisch frei ist.	*We will let you know as soon as the table is available.*
Buzzer	*kleines elektrisches Gerät, das beim Warten auf einen freien Tisch akustische Signale gibt*
Kellner/Kellnerin	*waiter/waitress*
Möchten Sie so lange an der Bar Platz nehmen?	*In the meantime, would you like to have a drink at the bar?*
Die Speisekarte, bitte.	*The menu, please.*
Die Rechnung, bitte.	*The check, please.*
Die Weinkarte, bitte.	*The wine menu, please.*
Kostenloses Nachschenken bei Getränken	*free refill*
Vorspeise	*appetizer / pūpū*
Suppe	*soup*
Hauptgericht	*main course*
Nachspeise	*dessert*
Beilagen	*side orders*
Tagesgericht	*special of the day*
Gedeck	*cover*
Besteck	*cutlery*
Messer	*knife*
Gabel	*fork*
Löffel	*spoon*
Glas	*glass*
Flasche	*bottle*
Salz/Pfeffer	*salt/pepper*
Zucker/Süßstoff	*sugar/sweetener*
Milch/Voll-, Mandel-, Soja-, Kokosnussmilch	*milk/whole milk, almond milk, soy milk, coconut milk*
vegetarisch/vegan/ glutenfrei	*vegetarian/vegan gluten-free*
allergisch auf	*allergic to*

Zubereitung

broiled	gebraten
char-grilled	vom Holzkohlegrill
deep fried	frittiert (meist paniert)
fried	gebraten
hot	sehr scharf
medium-rare/medium/ medium-well/ well-done	innen noch roh/rosa/ rosa-durchgebraten/ durchgebraten
spicy	scharf

Frühstück

Açaí Bowl	Basis Açaí-Püree (kalt) mit Milch/Joghurt, Obst und Müsli
Avocado toast	Brot mit Avocadocreme
bread basket/ assorted breads	Korb mit verschiedenen Brotsorten
chocolate/banana nut/liliko'i pancakes	Pfannkuchen mit Schokoladenstückchen/Bananen/ Passionsfrucht
Danish/pastry	süßes Teilchen/ Gebäck
eggs sunny side up/ over easy	Spiegelei mit dem Eigelb oben/beidseitig gebraten
soft/hard boiled egg	weich/hart gekochtes Ei
egg white	Eiweiß
yolk	Eigelb
french toast (with cinnamon)	in Eiern und Milch geschwenkter, angebratener süßer Toast mit Zimt
hash brown	Rösti
pancakes with maple syrup	Pfannkuchen (dick und fluffig) mit Ahornsirup
scrambled eggs	Rührei
smoothie	kaltes Mixgetränk aus Obst (optional mit Milch/Joghurt)
taro bagel/donut	lila Bagel/Donut

Fisch und Meeresfrüchte

ahi/tuna	Thunfisch
calamari	Tintenfisch
clam chowder	Muschelsuppe
crab	Krabbe
dungeness crab	Pazifischer Taschenkrebs
fish tacos	Tacos gefüllt mit Fisch
garlic shrimps	Shrimps mit Knoblauchsauce
hapu'upu'u	Seebarsch
kampachi	Heilbutt
kūmū	Meerbarbe
lobster	Hummer
lobster tail	Hummerschwanz
lox	gebeizter Lachs
mahimahi	Goldmakrele
marlin	Speerfisch
monchong	Seebrasse
onaga	roter Schnapperfisch
ono	Wahoo
'ōpakapaka	pinker hawaiianischer Schnapperfisch
oyster	Auster
prawn	Riesengarnele
red ahi sashimi	rotes Thunfisch-Sashimi
scallop	Jakobsmuschel
shrimp	Garnele
snapper	Schnapperfisch
swordfish	Schwertfisch

Fleisch und Geflügel

bacon	(Frühstücks-)Speck
beef	Rindfleisch
chicken	Hähnchen
duck	Ente
ground beef	Rinderhackfleisch
ham	Schinken
filet mignon	Filetsteak
lamb chops	Lammkotelett
meatloaf	Hackbraten
pork	Schweinefleisch
prime rib	Hochrippe
sausage	Würstchen
slider (with cheese)	kleiner Hamburger (Cheeseburger)
spare ribs	Rippchen
turkey	Truthahn
veal	Kalbfleisch
wild boar	Wildschwein

Spezialitäten

kalo	Taro
kālua pig	Im imu (Erdofen) gegartes Schweinefleisch
loco moco	Hamburgerbratling und Spiegelei mit Bratensoße auf Reis
lomilomi salmon	hawaiianischer Lachssalat
macadamia nut	Macadamianuss
malasadas	portugiesische Krapfen mit Füllung
manapua	chinesisches Baozi (gefüllte Teigtasche)
mochi	japanischer Reiskuchen mit Füllung
ohi'a ai	Bergapfel
pineapple wine	Aus Ananassaft hergestellter Wein
pineapple beer	Bier mit Ananasnote
poi	Püree aus Kalo
ramen	japanische Nudelart
saimin	würzige chinesische Eier-Nudelsuppe, weiterentwickelt durch japanische Einflüsse
spam	Frühstücksfleisch
shave ice	Von einem Eisblock abgekratzte Eisraspeln, die mit Sirup übergossen werden
spam musubi	In Algenblätter gewickelter Reis mit einer Scheibe Frühstücksfleisch
ube	Ube-Wurzel

Gemüse und Beilagen

asparagus	Spargel
beans	Bohnen
cabbage	Kohl
carrots	Karotten
celery	Sellerie
cole slaw	Kohl-Karotten-Salat mit Mayonnaise
(sweet) corn	(Zucker-)Mais
cucumber	Gurke
cilantro	Koriander (als Kraut)
eggplant	Aubergine
french fries	Pommes frites
ginger	Ingwer
guac(amole)	Avocadopaste
kabocha squash	Kürbis
mushrooms	Pilze
onion	Zwiebel
onion rings	Zwiebelringe
pepper	Paprika
potato salad	Kartoffelsalat
radish	Rettich
sweet potato	Süßkartoffel
tomato	Tomate

Obst

apple banana	kleine Banane mit Apfelnote
avocado	Avocado
banana	Banane
ginger	Ingwer
guava	Guave
liliko'i	Passionsfrucht
lime	Limette
lychee	Litschi
mango	Mango
melon	Melone
orange	Orange
papaya	Papaya
pineapple	Ananas
rambutan	Rambutan (Litschifamilie)
strawberries	Erdbeeren
starfruit	Sternfrucht
tangerine	Mandarine

Käse

cheddar	Kuhmilchkäse
cottage cheese	Hüttenkäse
goat cheese	Ziegenkäse
cheez whiz	Käsecreme

Nachspeisen und Gebäck

cinnamon roll	Zimtschnecke
chocolate haupia cream pie	üppiger Kuchen mit Kokosnuss und Schokolade
coco puff	gefüllter Windbeutel z. B. mit Macadamia-butterglasur
guava chiffon cake	Biskuit-Kuchen mit Guave
haupia	Kokosnusspudding
shave ice	geraspeltes Wassereis mit Sirup in unterschiedlichen Geschmacksrichtungen
waffle	Waffel
whipped cream	Schlagsahne

Getränke

beer (on tap/draught)	Bier (vom Fass)
blue hawaii	Rum, Ananassaft, Blue Curaçao (evtl. Wodka)
decaffeinated coffee	koffeinfreier Kaffee
lemonade	Limonade
ice cube	Eiswürfel
iced tea	Eistee
juice	Saft
light beer	alkoholarmes Bier
liquor	Spirituosen
pog	Saftmischung aus Passionsfrucht, Orange und Guave
red/rose/white wine	Rotwein, Roséwein, Weißwein
soda	Selterswasser
soft drink	Erfrischungsgetränke (Cola etc.)
sparkling water	Mineralwasser
tap water	Leitungswasser

Sprachführer

Ausspracheregeln

Die zwei offiziellen Sprachen in Hawai'i sind Hawaiianisch und Englisch. In der Praxis wird hauptsächlich Englisch gesprochen, doch einige hawaiianische Wörter sind fester Bestandteil in Alltagskonversationen. Die Aussprache von hawaiianischen Wörtern ist der deutschen Aussprache recht ähnlich. Mit nur 13 Phonemen weist die hawaiianische Sprache nur sehr wenige bedeutungsunterscheidende Laute auf. Das 'Okina trennt Silben und signalisiert eine Sprechpause. Ein Kahakō-Zeichen (Makron) über einem Vokal bedeutet, dass der Vokal lang gesprochen und die Silbe betont wird.

Allgemeines

Guten Morgen!	Good morning!
Guten Tag!	Good afternoon!
Guten Abend/ Gute Nacht!	Good evening/ good night!
Auf Wiedersehen!	Good bye!
Entschuldigung	excuse me/I am sorry
Hallo	hello/hi
bitte	you're welcome/ please
danke	thank you
ja/nein	yes/no
Wie bitte?	Excuse me?/Say that again, please!
Wann?	When?
Wie?	How?

Unterwegs

Auto/Mietwagen	car/rental car
Bus	bus
Fahrkarte	ticket
Haltestelle	stop
Ausfahrt/-gang	exit
Tankstelle	gas station
Benzin	gas
rechts	right/on the right-hand side
links	left/on the left-hand side
geradeaus	straight ahead
windseitig	windward
leewärts	leeward
Auskunft	information/help desk
Telefon	telephone
Handy	cell phone/mobile
Postamt	post office
Flughafen	airport
Stadtplan	city map
alle Richtungen	all directions
Einbahnstraße	one-way street
Sackgasse	dead end street
Eingang	entrance
geöffnet	open
geschlossen	closed
Kirche	church
Museum	museum
Galerie	gallery
Strand	beach
öffentlicher Zugang	public access
(einspurige) Brücke	(one-lane) bridge
(einspurige) Straße	(single-track) road
eng	narrow
Straße	road
Platz	place/square
Schnellstraße/ Autobahn	expressway/highway/ freeway
Straßensperre	road closure
Privatgelände	private property
Geländewagen	Off-road vehicle, 4WD (Four Wheel Drive)
öffentliche Toilette	public restroom

Zeit

2 Uhr (morgens)	2 a. m.
14 Uhr (nachmittags)	2 p. m.
Stunde	hour
Tag/Woche	day/week
Montag	month
Jahr	year
heute	today
gestern	yesterday
morgen	tomorrow
morgens	in the morning
mittags	at noon

nachmittags	afternoon
abends	in the evening
jetzt	now
spät/später	late/later
noch nicht	not yet
vorher/danach	before/after
Feiertag	public holiday
Winter	winter
Frühling	spring
Sommer	summer
Herbst	fall

Notfall

Hilfe!	Help!
Polizei	police
Arzt	doctor
Zahnarzt	dentist
Apotheke	pharmacy
Krankenhaus	hospital
Arzttermin	doctor's appointment
Unfall	accident
Schmerzen	pain
Medizin	medicine/drug
Panne	breakdown
Rettungswagen	ambulance
Notfall/Notruf	emergency/ emergency call
Feuerwehr	Fire Department

Übernachten

Hotel	hotel
Übernachtung	accommodation
B & B	Bed & Breakfast
Pension	guesthouse/cottage
Zimmer	room
Einzel-/ Doppelzimmer	single room, double room
Einzel-/Doppelbett	Queen/King Bed, double/with two beds
mit/ohne Bad	with/without bathroom
mit WC	ensuite
Toilette	toilet
Dusche	shower
mit Frühstück	including breakfast
Gepäck	luggage
Rechnung	invoice
Steuer	tax
Kaution	security deposit
Hotelgebühr	resort fee
Balkon	balcony
Schließfach	safe
Klimaanlage	air-condition
Meerblick	ocean view

Einkaufen

Geschäft	shop
(Wochen-)Markt	(farmers) market
Bargeld	cash
Kreditkarte	credit card
Unterschrift/PIN	signature/pin code
Geldautomat	ATM (automated teller machine)
Lebensmittel	groceries
teuer	expensive
billig	cheap
bezahlen	to pay
Betrag	amount
Größe	size
Einkaufstüte	bag
Sonderpreise	sale

Zahlen

½	a/one half
¼	a/one quarter
1	one
2	two
3	three
4	four
5	five
6	six
7	seven
8	eight
9	nine
10	ten
11	eleven
12	twelve
13	thirteen
14	fourteen
15	fifteen
16	sixteen
17	seventeen
18	eighteen
19	nineteen
20	twenty
21	twenty-one
30	thirty
40	fourty
50	fifty
60	sixty
70	seventy
80	eighty
90	ninety
100	one hundred
150	one hundred and fifty
1000	a thousand

Die wichtigsten hawaiianischen Ausdrücke

Hallo/Auf Wiedersehen	*aloha*
danke	*mahalo*
Vielen Dank!	*mahalo nui/mahalo nui loa/much mahalo/ mahalo plenty!*
Familie	*'ohana*
Frau	*wahine*
Mann	*kāne*
Herzlichen Glückwunsch zum Geburtstag	*hau'oli lā hānau*
Frohe Weihnachten	*mele kalikimaka*
Frohes neues Jahr	*hau'oli makahiki hou*
Kind	*keiki*
Bergseite	*mauka*
Meerseite	*makai*
lecker	*'ono*
fertig / Feierabend	*pau / pau hana*
Blumenkranz (für den Kopf)	*lei (haku lei)*
Flip-Flops	*slippahs*
(sehr) schnell	*wiki(wiki)*
Land	*'aina*
Meeresschildkröte	*honu*
Wal	*koholā*
Cowboy	*paniolo*
Verantwortung	*kuleana*
sich um etwas kümmern, etwas bewahren	*mālama*
Hilfe, Unterstützung	*kōkua*
Vulkannebel	*vog*
Haus	*hale*
Herzlich willkommen!	*e komo mai*
Auf Wiedersehen!	*a hui hou*
Respektvolle, familiäre Bezeichnung für ältere Personen (sollte man aber als Besucher nicht einfach sagen)	*uncle/auntie*
Schmeckt sehr lecker	**broke da mouth*
Geste zur Begrüßung/ zum Abschied/um danke zu sagen	**shaka (Daumen und kleiner Finger ausgestreckt, Zeige-, Mittel- und Ringfinger nach innen)*
lokales Essen	**grinds/grindz*
Ding	**da kine*
Wie gehts?	**howzit?*

**einige Ausdrücke stammen aus dem Pidgin – eine Sprache, die aus Sprachelementen verschiedener Einwanderer, die über keine gemeinsame Kommunikationsebenen verfügten, entstanden ist*

Die wichtigsten Sätze

Allgemeines

Sprechen Sie Deutsch?	*Do you speak German?*
Ich verstehe nicht.	*I do not understand.*
Wie geht's?	*How are you?*
Bis bald (später).	*See you soon (later).*

Unterwegs

Wie komme ich zu/nach …?	*How do I get to …?*
Wo ist bitte …	*Sorry, where is …?*
Könnten Sie mir bitte … zeigen?	*Could you please show me …?*

Notfall

Können Sie mir bitte helfen?	*Could you please help me?*
Ich brauche einen Arzt. Hier tut es weh.	*I need a doctor. I feel pain right here.*

Übernachten

Haben Sie ein freies Zimmer?	*Do you have any vacancies?*
Wie viel kostet das Zimmer pro Nacht?	*How much is a room per night?*
Ich habe ein Zimmer bestellt.	*I have booked a room.*

Register

Register

Register

Umschlagfoto
Titelbild: Surfer auf Maui

Abbildungsnachweis/Impressum

Abbildungsnachweis

Getty Images, München: S. 216 (Babylon and Beyond Photography/Vicki Jauron); 11 (Image Source/Rosanna U); 375 (John Seaton Callahan); 202 (Lea Lee); 344/345 (Michael Runkel); 184 (Monica und Michael Sweet); 160/161 (Riddhish Chakraborty)

Hālawa Valley Falls Cultural Hike LLC, Molokai, Hawaii: S. 348

iStock.com, Calgary (CA): S. 189 (YinYang)

Kaua'i Backcountry Adventures, Lihue, Hawaii: S. 294

laif, Köln: S. 153 (ARCHIVIO GBB); 222 (Archivolatino/Lorenzo Moscia); 362 (Aurora/Jonathan Kingston); 146 (Aurora/Joshua Rainey); 80 o. li., 109, 110 (Aurora/Sean Davey); 325 (Bernd Jonkmann); 45, 60/61, 91 u., 115, 132/133, 168, 187, 208, 237, 240, 269, 271, 283, 302/303, 304/305, 331, 333, 329, 340/341, 342, 351, 352 (Christian Heeb); 157 (Elyse Butler); 100 (Entertainment Pictures/eyevine); 250 (hemis.fr/Patrick Frilet); 35, 47, 57, 80 u., 95, 118/119, 140/141, 173, 212 (Insa Hagermann); 26/27 (Le Figaro Magazine/Stanislas Fautre); 77 (Polaris/Christina House); 220/221 (Redux/Kevin J. Miyazaki); 52, 62, 364, 369, 367, 370/371, 380 (Redux/Mark Peterson); 229, 318/319 (Redux/NYT/Marco Garcia); 197 (Redux/NYT/Susan Seubert); 23, 276 (Redux/Peter Frank Edwards); 281 (robertharding/Michael DeFreitas); 179 (robertharding/Michael Nolan); 252/253 (robertharding/Michael Runkel)

Lookphotos, München: Titelbild, 321 (age fotostock); 91 o. (Brigitte Merz); 159 (Cannon, Brown); 357 (Cavan Images); 151, 194/195 (Design Pics)

MATO, Hamburg: S. 68 (Guido Cozzi); 65 M (Luca Da Ros)

Mauritius Images, Mittenwald: S. 258 (Alamy/Andre Jenny); 248 (Alamy/Greg Vaughn); 122 (Alamy/Jeffrey Isaac Greenberg 1); 144/145 (Alamy/Ozgur Coskun); 260/261 (Alamy/Sergi Reboredo); 40 (Alamy/The Picture Art Collection); 65 u. (Alamy/Zoonar/Roy Henderson); 55 (Aurora Photos/Alexandra Simone); 293 (Danita Delimont/Micah Wright); 326 (Michael Runkel); 354/355 (Pacific Stock/Joss); 200/201 (Pacific Stock/Ron Dahlquist); 65 o. (Science Faction/Karen Kasmauski)

Nadine Budde, München: S. 9

Sabrina Hasenbein, München: S. 30, 227, 256, 378/379

Shutterstock.com, Amsterdam (NL): S. 33 (Adcour); 346 (aodaodaodaod); 306 (Bluegrass Imagery); 361 (CREATISTA); 29 (Jeanne Provost); 386/387 (Joe West); 279, 289 (Kelsey Neukum); 80 o. re. (Kuznetcov_Konstantin); 310 (LUC KOHNEN); 384/385 (Lynn Yeh); 97 (Maridav); 154 (Ritu Manoj Jethani); 314/315 (Ventu Photo); 58 (Yi-Chen Chiang)

Wikimedia Commons: S. 317 (CC BY-SA 3.0/Christopher P. Becker); 39 (CC BY-SA 3.0/Phil Uhl)

Kartografie

DuMont Reisekartografie, Fürstenfeldbruck

Hinweis: Autorin und Verlag haben alle Informationen mit größtmöglicher Sorgfalt geprüft. Gleichwohl sind Fehler nicht vollständig auszuschließen. Alle Angaben erfolgen ohne Gewähr. Bitte schreiben Sie uns! Über Ihre Rückmeldung zum Buch und über Verbesserungsvorschläge freuen sich Autorin und Verlag:
DuMont Reiseverlag, Postfach 3151, 73751 Ostfildern, E-Mail: info@dumontreise.de

1. Auflage 2020

Autorin: Sabrina Hasenbein
Lektorat: Anja Lehner
Grafisches Konzept: Groschwitz/Tempel, Hamburg
Printed in China